庄家克星

职业操盘手
解析坐庄全过程

麻道明 ◆ 著

清华大学出版社
北京

本书封面贴有清华大学出版社防伪标签,无标签者不得销售。
版权所有,侵权必究。举报:010-62782989,beiqinquan@tup.tsinghua.edu.cn。

图书在版编目(CIP)数据

庄家克星:职业操盘手解析坐庄全过程/麻道明著.--北京:清华大学出版社,2016(2025.4重印)
ISBN 978-7-302-43971-4

Ⅰ.①庄… Ⅱ.①麻… Ⅲ.①股票投资-基本知识 Ⅳ.①F830.91

中国版本图书馆 CIP 数据核字(2016)第 117615 号

责任编辑:彭　欣
封面设计:汉风唐韵
责任校对:宋玉莲
责任印制:宋　林

出版发行:清华大学出版社
　　　　　网　　址:https://www.tup.com.cn, https://www.wqxuetang.com
　　　　　地　　址:北京清华大学学研大厦 A 座　　邮　　编:100084
　　　　　社 总 机:010-83470000　　　　　　　　　邮　　购:010-62786544
　　　　　投稿与读者服务:010-62776969, c-service@tup.tsinghua.edu.cn
　　　　　质量反馈:010-62772015, zhiliang@tup.tsinghua.edu.cn
印 装 者:三河市人民印务有限公司
经　　销:全国新华书店
开　　本:185mm×260mm　　印　张:31.25　　字　数:700 千字
版　　次:2016 年 7 月第 1 版　　　　　　　　印　次:2025 年 4 月第 10 次印刷
定　　价:67.00 元

产品编号:069369-01

前　言

本书问世已经有14个年头了。

14年前，望着散户亏损日益增大的时候，倾心写出《庄家克星——职业操盘手解析坐庄全过程》一书，旨在为散户投资者提供一个识庄、跟庄、克庄的思路，实际上也起到甚至超越了这个作用。许多散户投资者至今念念不忘本书给他们的帮助，因为是这本书指导他们正确地认识股市和庄家，是这本书教会了他们"与庄共舞"的操作方法和思维方式，也是这本书给他们带来丰厚的经济利润。

14年来，中国股民亲历生死劫难、风雨沧桑、市场磨炼，如今已经思维成熟、理智分析、理性投资，并总结出不少的成功经验，甚至有的已上升为一种理论。而且，市场造就了一批又一批的成功人士和股坛圣人，这些都是值得骄傲和欣喜的。

14年来，中国证券市场得到空前的繁荣和发展，市场规模日益壮大，为国家经济建设募集了大量的资金，对保障和促进国民经济的健康、稳步发展和资源合理配置起到了重要的作用。

14年来，世界经济格局发生了巨大的变化，美国次贷危机引发全球经济大动荡，欧债危机继续发酵，冰岛宣布破产，希腊主权债务危机，西班牙、墨西哥、阿联酋、塞浦路斯等国家也出现金融动荡，世界经济复苏之路坎坷艰难。

也是在这14年间，中国股市发生了翻天覆地的变化，沪指下跌到998.22点后，扭转跌势，反转而上，一路上涨到6 124.04点，而后又跌到1 664.93点，从此股市步入漫长的巨幅震荡走势之中。2015年上半年股指快速飙升到5 100点上方，但很快爆发了一场前所未见的"股灾"，股指急转直下，市场出现千股跌停，不到两个月的时间股指又回落到3 000点之下，大部分个股跌幅超过50%。庄家操作手法不断变化、不断翻新，与股指期货同时运作、联动进行，并与国外势力相结合来对抗国家，这是一种新的坐庄模式。因此，为了适应投资环境，根据市场变化规律和读者的合理建议，在第三版的基础上进行重大修改、增删、完善，增加了第十章"庄家变盘"内容和其他相关章节，使其内容更加贴近市场，更加具有操作性，更加全面地剖析了庄家坐庄的全部过程，为散户提供一套防身制胜的武器。可以说，本书出版发行后，在相当长一段时间内，将被用作研究庄家坐庄运作全过程的最重要的炒股专用参考书。

纵观20多年中国股市，看股价涨跌。庄家傲立潮头，股价翻江倒海，股民生死沉浮。长期以来,中国股市存在幕后的庄家几乎是不争的事实,特别在当前投机气氛较浓的情况下,庄家更是肆虐于市。中国证监会前首席顾问梁定邦曾说:"证券市场不论是初级时期还是成熟时期,都会有庄家炒作股票。关键是及时发现,及时打击。"因此,在目前突出规范和监管的大背景下,庄家的操作手法必然会受到客观环境的约束。但庄家为了躲过监管机构的视线,其坐庄手法更为新鲜,行迹更为隐蔽,盘面更为复杂,走势更为迷茫。庄家如同一条"变色龙",散户必须具备一套防身制胜术,才能笑傲股林,畅游股海。

作为散户,在这个高风险的市场中,拿什么来保护自己并使自己获胜呢?本书就从此入手,分别以坐庄前的准备、建仓、试盘、调整、初升、洗盘、拉升、出货、反弹以及砸盘、变盘、庄家自救和散户克庄等几个阶段和坐庄相关内容,全面解析庄家坐庄全过程。本着以理论为基础、以事实为准绳、以实例为依据的原则,彻底揭露庄家在各个阶段中的种种运作手法、盘口现象、技术特征、量价关系、时空关系等,对一些相关的易混淆的重要概念作了辨析。层层深入、递进式展开,客观再现了中国股市20多年的运行规律,是反映庄家坐庄全貌的生动范本。

本书能为散户提供识庄、跟庄、克庄的技巧,让散户领悟坐庄意图,掌握克庄技法,提高跟庄水平,成为庄家不可防范的克星。本书对研究中国股市现状,辨析股海钩沉,思索中国股市未来发展趋势也具有十分深远意义。本书是国内迄今为止一本权威、全面、深入地揭露庄家运作规律的炒股奇书。

本书理论联系实际、图文并茂、言简意赅、通俗易懂,对于新老股民、中小散户、职业操盘手和专业股评人士来说,均是一本不能不读的参考书。

麻道明

于楠溪江畔

目　录

第一章　庄家概述　1
一、庄家的概念及其本质　1
    1. 庄家的概念　1
    2. 庄家的本质属性　2
二、庄家的历史演变　3
三、庄家的作用　5
四、庄家的种类　7
五、庄家的优势　7
六、庄家的劣势　8
七、庄家的本性　9
    1. 庄家的善意　10
    2. 庄家的恶意　10
    3. 庄家不露本意　10
八、庄家坐庄流程　11

第二章　准备阶段　15
一、坐庄的前期准备　15
二、坐庄前的市场调查　16
    1. 市场调查的作用　16
    2. 市场调查的程序和方法　16
    3. 市场调查的内容　17
三、拟订坐庄计划　17
    1. 坐庄计划的主要内容　17
    2. 坐庄计划实例　18
四、庄家的选股思路　19
    1. 按资金实力选股　19
    2. 按公司本身选股　20
    3. 按市场性质选股　20
    4. 按板块效应选股　20

第三章　建仓阶段　21
一、庄家建仓的三大要素　21

1. 时间 21
2. 价格 22
3. 数量 22

二、庄家建仓的基本路径 22
1. 横盘式的建仓路径 23
2. 下行式的建仓路径 23
3. 上行式的建仓路径 25
4. 先下后上式的建仓路径 26
5. 先上后下式的建仓路径 26

三、庄家建仓的运作方式 27
1. 横盘式建仓 28
2. 缓升式建仓 32
3. 缓跌式建仓 33
4. 拉高式建仓 35
5. 反弹式建仓 36
6. 打压式建仓 38
7. 隐蔽式建仓 40
8. 利空式建仓 42
9. 陷阱式建仓 43
10. 拉锯式建仓 44
11. 箱体式建仓 45
12. 逆势式建仓 47
13. 巨量式建仓 48
14. 跌停式建仓 49
15. 周末式建仓 50

四、建仓时的盘口现象 51
1. 日K线盘口 51
2. 分时图盘口 51
3. 量价关系 53

五、建仓时的技术特征 54
1. 均线特征 54
2. 指标特征 54
3. K线特征 54
4. 形态特征 55

六、建仓阶段的盘面特点 56

七、建仓阶段的时间与空间 58
1. 建仓时间 58
2. 建仓空间 58

八、如何计算庄家的持仓量 59
1. 持仓量的构成 60

2. 判断庄家持仓量的基本方法　　60
九、如何计算庄家的持仓成本　　61
　　1. 庄家成本的构成　　61
　　2. 测算庄家成本的基本方法　　62
　　3. 特殊个股成本的预测方法　　64
十、如何判断庄家建仓是否结束　　65
十一、如何判断股票有无庄家进驻　　67
十二、散户在底部阶段的操作策略　　68
　　1. 如何区分底部　　68
　　2. 底部操作原则　　69
　　3. 跟庄抄底技巧　　69
十三、如何识别底部的真假　　72

第四章　试盘阶段　　74

一、庄家试盘的目的　　74
二、庄家试盘的种类　　75
　　1. 进庄之前试盘　　75
　　2. 进庄之后试盘　　75
　　3. 庄家随意试盘　　75
　　4. 庄家主动试盘　　76
　　5. 向上拉升试盘　　76
　　6. 向下打压试盘　　76
三、庄家试盘的运作方式　　76
　　1. 利用震荡市试盘　　76
　　2. 利用强势市试盘　　78
　　3. 利用弱势市试盘　　79
　　4. 利用技术位试盘　　80
　　5. 庄家不参与试盘　　85
　　6. 利用消息式试盘　　86
　　7. 利用板块式试盘　　87
四、试盘时的盘口现象　　88
　　1. 日K线盘口　　89
　　2. 分时图盘口　　93
　　3. 量价关系　　93
五、试盘阶段的盘面特点　　94
　　1. 市场量能突增　　94
　　2. 市场振幅加宽　　94
　　3. 市场人气难聚　　95
　　4. 市场变化无常　　95

六、试盘时的技术特征　　　　　　　96
　　1. 均线系统　　　　　　　　　　　96
　　2. 指标特征　　　　　　　　　　　96
　　3. K线特征　　　　　　　　　　　96
　　4. 切线特征　　　　　　　　　　　97
　　5. 形态特征　　　　　　　　　　　99
七、试盘阶段的时间与空间　　　　　　99
　　1. 试盘时间　　　　　　　　　　　99
　　2. 试盘空间　　　　　　　　　　　99
八、庄家试盘时散户应注意什么　　　100
　　1. 怕跌　　　　　　　　　　　　100
　　2. 怕涨　　　　　　　　　　　　101
九、散户在庄家试盘时的操作策略　　102
十、多头陷阱与空头陷阱　　　　　　102
　　1. 多头陷阱　　　　　　　　　　102
　　2. 空头陷阱　　　　　　　　　　103

第五章　整理阶段　　　　　　　　107
一、庄家整理的目的　　　　　　　　107
二、庄家整理的基本路径　　　　　　108
　　1. 横向式盘整路径　　　　　　　108
　　2. 下倾式盘整路径　　　　　　　109
　　3. 上倾式盘整路径　　　　　　　110
三、庄家整理的运作方式　　　　　　112
　　1. 快速式整理　　　　　　　　　112
　　2. 慢速式整理　　　　　　　　　113
　　3. 推升式整理　　　　　　　　　113
　　4. 回落式整理　　　　　　　　　114
　　5. 水平式整理　　　　　　　　　115
　　6. 波浪式整理　　　　　　　　　116
四、整理时的盘口现象　　　　　　　118
　　1. 日K线盘口　　　　　　　　　118
　　2. 分时图盘口　　　　　　　　　118
　　3. 量价关系　　　　　　　　　　119
五、整理时的技术特征　　　　　　　119
　　1. 均线系统　　　　　　　　　　119
　　2. 指标特征　　　　　　　　　　120
　　3. K线特征　　　　　　　　　　120
　　4. 波浪特征　　　　　　　　　　120

5. 切线特征　120
　　6. 形态特征　120
六、整理阶段的时间与空间　121
　　1. 整理时间　121
　　2. 整理空间　122
七、认识震荡、对敲、探底、突破　123
　　1. 震荡　123
　　2. 对敲　123
　　3. 探底　125
　　4. 突破　125

第六章　初升阶段　128

一、初升阶段的运作方式　128
　　1. 盘升式　128
　　2. 拉升式　130
　　3. 暴涨式　131
二、初升阶段庄家有哪些阴谋　134
　　1. 边拉边洗阴谋　134
　　2. 快速爬高阴谋　136
　　3. 大幅震荡阴谋　138
三、初升时的盘口现象　140
　　1. 沿30°角上升　141
　　2. 沿45°角上升　142
　　3. 沿60°角上升　142
四、初升时的技术特征　143
　　1. 均线系统　143
　　2. 指标特征　144
　　3. K线特征　144
　　4. 波浪特征　144
　　5. 切线特征　144
　　6. 形态特征　144
　　7. 量能特征　144
五、初升阶段的时间与空间　145
　　1. 初升时间　145
　　2. 初升空间　145
六、如何识别突破的真假　146
　　1. 突破盘局的原因　146
　　2. 突破盘局的辨别　147
七、散户在初升阶段的操作策略　147

八、初升与试盘的区别　　　　　　　　148

第七章　洗盘阶段　　　　149

一、庄家洗盘的目的　　　　　　　　149
二、庄家洗盘的运作方式　　　　　　150
    1. 假阴式洗盘　　　　　　　　　151
    2. 打压式洗盘　　　　　　　　　152
    3. 平台式洗盘　　　　　　　　　154
    4. 震荡式洗盘　　　　　　　　　156
    5. 跌停式洗盘　　　　　　　　　158
    6. 涨停式洗盘　　　　　　　　　160
    7. 快速式洗盘　　　　　　　　　161
    8. 边拉边洗式洗盘　　　　　　　164
    9. 冲高回落式洗盘　　　　　　　166
    10. 固定价位式洗盘　　　　　　　167
    11. 对敲放量式洗盘　　　　　　　168
    12. 利用技术位洗盘　　　　　　　169
三、洗盘时的盘口现象　　　　　　　172
    1. 日K线盘口　　　　　　　　　172
    2. 分时图盘口　　　　　　　　　173
    3. 量价关系　　　　　　　　　　173
四、洗盘阶段的市场特点　　　　　　174
    1. 股价波动异常　　　　　　　　174
    2. 股价单边下跌　　　　　　　　174
    3. 股价持续压低　　　　　　　　174
    4. 股价击穿支撑　　　　　　　　175
    5. 股价小涨大跌　　　　　　　　175
五、洗盘时的技术特征　　　　　　　175
    1. 均线系统　　　　　　　　　　175
    2. 指标特征　　　　　　　　　　175
    3. K线特征　　　　　　　　　　176
    4. 波浪特征　　　　　　　　　　176
    5. 切线特征　　　　　　　　　　176
    6. 形态特征　　　　　　　　　　176
六、洗盘的K线结构　　　　　　　　177
    1. 上影线洗盘　　　　　　　　　177
    2. 大阴线洗盘　　　　　　　　　179
    3. 平台破位洗盘　　　　　　　　180
    4. 三连阴洗盘　　　　　　　　　181

  5. 黄昏之星洗盘　　　　　　　　　183
 七、洗盘阶段的时间与空间　　　　　184
  1. 洗盘时间　　　　　　　　　　184
  2. 洗盘空间　　　　　　　　　　184
 八、散户如何对待庄家洗盘　　　　　185
 九、散户在庄家洗盘时的操作策略　　187
  1. 散户常见错误　　　　　　　　187
  2. 巧认洗盘结束点　　　　　　　188
  3. 洗盘时的买卖技巧　　　　　　188
 十、洗盘与建仓的区别　　　　　　　189

第八章　拉升阶段　　　　　　　　　191

 一、庄家拉升的目的　　　　　　　　191
 二、庄家拉升的时机选择　　　　　　192
 三、庄家拉升的运作方式　　　　　　193
  1. 狂飙式拉升　　　　　　　　　193
  2. 急速式拉升　　　　　　　　　195
  3. 台阶式拉升　　　　　　　　　197
  4. 波段式拉升　　　　　　　　　198
  5. 洗盘式拉升　　　　　　　　　200
  6. 震荡式拉升　　　　　　　　　202
  7. 推进式拉升　　　　　　　　　203
  8. 随意式拉升　　　　　　　　　204
  9. 圆弧式拉升　　　　　　　　　205
 四、拉升的分时波形　　　　　　　　207
  1. 一波式拉升　　　　　　　　　207
  2. 二波式拉升　　　　　　　　　210
  3. 三波式拉升　　　　　　　　　212
  4. 震荡式拉升　　　　　　　　　212
 五、拉升的K线结构　　　　　　　　215
  1. 一字涨停拉升　　　　　　　　215
  2. 连续大阳拉升　　　　　　　　217
  3. 阴阳交错拉升　　　　　　　　219
 六、拉升的量价形态　　　　　　　　221
  1. 放量拉升　　　　　　　　　　221
  2. 缩量拉升　　　　　　　　　　223
  3. 缩量上涨的意义　　　　　　　225
 七、拉升时的盘口现象　　　　　　　227
  1. 日K线盘口　　　　　　　　　227

2. 分时图盘口　　　　　　　　　　227
　　3. 量价关系　　　　　　　　　　　230
　　4. 拉升速度　　　　　　　　　　　231
八、拉升阶段的市场特点　　　　　　　232
九、拉升时的技术特征　　　　　　　　233
　　1. 均线系统　　　　　　　　　　　233
　　2. 技术指标　　　　　　　　　　　233
　　3. K线特征　　　　　　　　　　　233
　　4. 波浪特征　　　　　　　　　　　233
　　5. 切线特征　　　　　　　　　　　234
　　6. 形态特征　　　　　　　　　　　234
十、拉升阶段的时间与空间　　　　　　235
　　1. 拉升时间　　　　　　　　　　　235
　　2. 拉升空间　　　　　　　　　　　236
十一、拉升阶段研判方法　　　　　　　236
　　1. 判断股价即将启动　　　　　　　236
　　2. 判断股价上涨真假　　　　　　　237
　　3. 判断突破是否有效　　　　　　　238
　　4. 判断上涨气势强弱　　　　　　　239
　　5. 判断股价持续长短　　　　　　　240
　　6. 判断走势是否极端　　　　　　　241
十二、涨停板分析技巧　　　　　　　　242
　　1. 分时涨停的盘口现象　　　　　　242
　　2. 涨停股的买入时机　　　　　　　242
　　3. 涨停股强弱分析　　　　　　　　243
　　4. 涨停之后开板原因　　　　　　　245
　　5. 涨停股的后市研判　　　　　　　247
十三、散户在拉升阶段的跟庄策略　　　248
　　1. 散户常见错误　　　　　　　　　248
　　2. 基本操作策略　　　　　　　　　249
十四、拉升与试盘的区别　　　　　　　251
十五、拉升与初升的区别　　　　　　　251
十六、多头陷阱与上涨行情的区别　　　252

第九章　出货阶段　　　　　　　　253
一、庄家出货的三大要素　　　　　　　253
　　1. 时间　　　　　　　　　　　　　253
　　2. 价格　　　　　　　　　　　　　254
　　3. 数量　　　　　　　　　　　　　254

二、庄家出货的征兆   254
三、庄家出货的几个阶段   256
    1. 高位派发阶段   256
    2. 中位派发阶段   257
    3. 低位派发阶段   259
四、庄家出货的运作方式   260
    1. 持续拉高法   261
    2. 拉高突破法   261
    3. 涨停出货法   264
    4. 边拉边出法   266
    5. 先拉后跌法   268
    6. 高位横盘法   269
    7. 放量滞涨法   272
    8. 反复震荡法   273
    9. 快速出货法   276
    10. 高抬跳水法   278
    11. 持续阴跌法   279
    12. 除权派息法   281
    13. 借台演戏法   283
    14. 逐级出货法   284
五、出货时的盘口现象   286
    1. 日 K 线盘口   286
    2. 分时图盘口   287
    3. 盘口玄机   288
    4. 量价关系   289
六、典型的分时出货形态   290
    1. 高开低杀   290
    2. 低开高冲   292
    3. 顽强攻击   293
    4. 停而不封   294
    5. 尾盘异动   295
    6. 上下穿梭   297
    7. 定位对敲   298
七、出货阶段的市场特点   300
    1. 市场人气狂热   300
    2. 股价巨量天价   301
    3. 股价大跌小涨   301
    4. 股价快速脱顶   301
八、出货时的技术特征   301
    1. 均线系统   301

2. 指标特征　302
3. K线特征　302
4. 波浪特征　302
5. 切线特征　303
6. 形态特征　303

九、出货阶段的时间与空间　304
1. 出货时间　304
2. 出货空间　304

十、散户在出货阶段的操作策略　305
1. 散户常见错误　305
2. 基本操作策略　306
3. 基本操作原则　306
4. 看穿庄家动作　307

十一、散户如何才能将股价卖得更高　308

十二、散户如何免遭被套　309
1. 免遭套牢的要领　309
2. 解套的基本诀窍　310

十三、空头陷阱与下跌行情的区别　311

十四、如何判断庄家在洗盘还是在出货　312

第十章　反弹阶段　315

一、什么时候出现反弹　315
1. 获利保本而反弹　315
2. 技术支撑而反弹　316
3. 利好消息而反弹　317
4. 股价超跌而反弹　319

二、庄家反弹的运作方式　321
1. 强势式反弹　321
2. 弱势式反弹　321
3. 快速式反弹　323
4. 慢速式反弹　325
5. 波段式反弹　326

三、反弹时的盘口现象　327
1. 日K线盘口　327
2. 分时图盘口　328
3. 量价关系　328

四、反弹阶段的市场特点　328
1. 盘面压力重重　328
2. 市场量能趋弱　329

     3. 市场风险增大 329
　　五、反弹时的技术特征 329
     1. 均线系统 329
     2. 指标特征 329
     3. K线特征 330
     4. 波浪特征 330
     5. 切线特征 330
     6. 形态特征 330
　　六、反弹阶段的时间与空间 331
     1. 反弹时间 331
     2. 反弹空间 331
　　七、如何判断反弹力度的强弱 332
　　八、散户在反弹阶段的操作策略 333
     1. 散户常见错误 333
     2. 分析反弹性质 333
     3. 抢反弹的若干事项 334
     4. 抢反弹的若干原则 334
     5. 抢反弹的若干条件 334
     6. 抢反弹的操作定律 335
     7. 哪些个股可以抢反弹 335
     8. 反弹阶段的自身规律 336
     9. 反弹阶段的换股技巧 336
　　九、反弹与反转的区别 337
　　十、反弹与回抽的区别 338
　　十一、反弹与反攻的区别 339

第十一章　砸盘阶段　　340

　　一、为什么会出现砸盘 340
　　二、庄家砸盘的运作方式 342
     1. 断崖式砸盘 342
     2. 逐级式砸盘 342
     3. 空头式砸盘 345
     4. 惯性式砸盘 346
     5. 探底式砸盘 347
　　三、砸盘时的盘口现象 350
　　四、砸盘时的技术特征 351
     1. 盘口特征 351
     2. K线特征 351
     3. 波浪特征 352

  4. 切线特征 　　　　　　　　　　352
  5. 形态特征 　　　　　　　　　　352
五、砸盘阶段的时间与空间　　　　　　354
  1. 砸盘时间 　　　　　　　　　　354
  2. 砸盘空间 　　　　　　　　　　354
六、如何辨别砸盘的真假　　　　　　　355
七、散户在砸盘阶段的操作策略　　　　356
  1. 砸盘时的操作策略 　　　　　　356
  2. 砸盘时的操作原则 　　　　　　356
  3. 砸盘时的注意事项 　　　　　　357

第十二章　庄家自救　　　　　　　358

一、自救行情的产生　　　　　　　　　358
二、自救行情的运作方式　　　　　　　360
  1. 拉升式自救 　　　　　　　　　360
  2. 反弹式自救 　　　　　　　　　361
  3. 止损式自救 　　　　　　　　　363
  4. 抵抗式自救 　　　　　　　　　364
  5. 利好式自救 　　　　　　　　　366
  6. 停牌式自救 　　　　　　　　　368
三、如何识别庄家自救　　　　　　　　370
  1. 放量对敲 　　　　　　　　　　370
  2. 量价背离 　　　　　　　　　　371
  3. 持续飘红 　　　　　　　　　　372
  4. 小阴小阳 　　　　　　　　　　374
  5. K线形态 　　　　　　　　　　375
四、庄家在自救中如何护盘　　　　　　377
  1. 护盘的特征 　　　　　　　　　377
  2. 护盘的方式 　　　　　　　　　378
  3. 对敲式护盘 　　　　　　　　　378
五、庄家自救的盘面特点　　　　　　　379
  1. 走势独立于大盘 　　　　　　　379
  2. 股价波动无规律 　　　　　　　379
六、散户在自救行情中的操作策略　　　380
  1. 把握庄家自救的机会 　　　　　380
  2. 识别受困庄家 　　　　　　　　380
  3. 基本操作策略 　　　　　　　　381
七、自救行情与反弹行情的区别　　　　383
八、自救行情与反转行情的区别　　　　383

第十三章 庄家变盘　　384

一、变盘和变盘临界点　　384
二、变盘的主要原因　　385
1. 基本面因素　　385
2. 技术面因素　　385

三、变盘的征兆　　389
1. 区间震荡狭窄　　389
2. K线实体较小　　390
3. 个股波澜不兴　　391
4. 量能出现异常　　393
5. 人气出现冷热　　395
6. 市场走势极端　　395

四、变盘实战分析　　396
1. 开盘——高开低开　　396
2. 收盘——急涨急跌　　400
3. K线——大阴大阳　　402
4. 量能——天量地量　　405
5. 信号——事不过三　　408

五、变盘时间窗口　　412
1. 日历预测法　　413
2. 涨跌等长周期　　414
3. 重要时间周期　　414

六、变盘和洗盘的区别　　416
1. 价格变动的识别特征　　416
2. 成交量的识别特征　　416
3. 持续时间的识别特征　　416
4. 成交密集区的识别特征　　416

第十四章 散户克庄　　417

一、传统经验新解　　417
1. 久盘必跌　　417
2. 天量天价　　418
3. 地量地价　　419
4. 低位放量　　422
5. 利好买入　　423
6. 利空卖出　　424

二、庄家经典的盘面阴谋　　425
1. 涨、跌停板阴谋　　425

  2. 尾盘拉高,真出假进阴谋   425
  3. 高位盘整放巨量突破阴谋   426
  4. 盘口委托单阴谋   426
  5. "推土机"式拉升阴谋   426
  6. 强庄股除权后放巨量上攻阴谋   426
三、庄家惯用的做盘手法   426
四、破解指标陷阱   427
  1. 假位置信号   427
  2. 假方向信号   428
  3. 假突破信号   428
  4. 假交叉信号   429
  5. 假形态信号   430
  6. 假背离信号   431
五、破解 K 线陷阱   432
  1. 假大阳线   432
  2. 假红三兵   433
  3. 假三只乌鸦   434
  4. 假早晨之星   434
  5. 假黄昏之星   435
  6. 假乌云盖顶   436
六、破解形态陷阱   437
  1. 假底部形态   438
  2. 假顶部形态   452
七、识别庄家设置的骗线   464
  1. 识别技术分析骗线   464
  2. 识别行情走势骗线   465
  3. 识别指数涨跌骗线   466
  4. 识别成交能量骗线   466
  5. 识别消息题材骗线   467
八、看盘的基本套路   468
  1. 看盘功夫的修炼   468
  2. 观察盘面的方法   469
  3. 观察盘面的内容   470
九、外盘和内盘的研判   474
  1. 外盘和内盘的含义   474
  2. 外盘和内盘的技术要点   475
  3. 识别主动性大买单的真伪   477

后　记   479

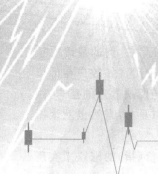

第一章 庄家概述

一、庄家的概念及其本质

1. 庄家的概念

根据《现代汉语词典》的解释,庄家是指某些牌戏或者赌博中每一局的主持人。"庄家"一词早期出现在赌博之中,自有了资本市场以后,才慢慢地被引入到股市之中。

在股市中,"庄家"是使用频率最高的词语之一。庄家的一举一动可能引发股市的大起大落,由此招来无数股民赤热的追捧,散户以跟庄为幸,大户以控庄为喜,股评以荐庄股为荣。"庄股"热情温柔又冷酷无情,它的飙涨给人带来暴富的机会,让人乐不可支;它的暴跌将人打入冷宫,让人苦不堪言。

那么,什么叫庄家呢?迄今为止没有一个统一的、确切的概念。有人认为,一切通过证券市场操纵股市大涨大跌的机构或个人就是庄家。也有人认为,庄家是指那些具有雄厚的资金实力、高超的操盘技能、灵通的市场信息、杰出的专业人士的机构、财团,通过对大资金的调配,左右大盘一时的起落或个股长期的涨跌。笔者以为,股市中的庄家是一个历史性的概念,在不同的时期有不同的表述,产生不同的作用,并应当从狭义和广义两个方面去解释。狭义的庄家通常是指凭借一定的资金实力,通过操纵股价或转嫁风险的手段,以牟取暴利为目的的机构或个人。广义的庄家(也叫主力)是指具备一定资金实力的机构或个人,选择一只或数只股票在较合适的价位介入,且获得一定的筹码,经过一段时间的运作后产生适当的差价,获取并补偿其付出的成本费用,由此实现一定的差额利润。我们平常所说的"庄家",通常是指广义上的庄家。

根据目前及今后很长一段时间的发展趋势,我们可以给"庄家"这样定义:所谓庄家,是指在证券市场中,具备一定资金实力的机构或个人,单独或联合买进一只或数只股票的一定筹码,在法律规定范围内,根据自己的意志通过市场运作后产生适当的差价,获取并补偿其付出的成本费用后,力求实现尽可能大的差额利润。

2. 庄家的本质属性

我国股市中的庄家具有以下本质属性：

（1）庄家意志通过市场行为得以体现。所谓意志，就是通过市场行为达到的最终愿望和要求，所体现的是庄家的根本利益，任何有损于庄家根本利益的市场行为（如散户在低位抢货或在高位抛货），均为庄家所不容。从根本上讲，庄家不会也不可能反映散户的意志，因为在证券市场中，庄家与散户的利益是根本对立的，没有共同的愿望和要求，当然也就谈不上共同的意志了。

（2）庄家行为是证券市场的调整器。庄家对市场的调整是通过股价（指）的涨跌来实现的。比如当股价（指）过低时，庄家就会入市接盘，推动股价（指）止跌上涨。当股价（指）过高时，庄家就会派发，导致股价（指）的滞涨回落。庄家就是通过这样的涨跌震荡来调整市场关系，稳定和活跃证券市场。

（3）庄家行为具有一定的制约性。根据《证券法》第71条规定："禁止任何人以下列手段获取不正当利益或者转嫁风险：①通过单独或者合谋，集中资金优势、持股优势或者利用信息联合或者连续买卖，操纵证券交易价格；②与他人串通，以事先约定的时间、价格和方式相互进行证券交易或者相互买卖并不持有的证券，影响证券交易价格或者证券交易量；③以自己为交易对象，进行不转移所有权的自买自卖，影响证券交易价格或者证券交易量；④以其他方法操纵证券交易价格。"可见，任何证券交易行为都要在上述法律规定的范围之内进行正常交易，否则就是违法犯罪行为，要追究相应的法律责任。

（4）庄家行为具有一定的隐蔽性。我国股市采用的是集合竞价交易方式，庄家隐居其后，在别人看不见的地方进行操作。为了不被人察觉，有的庄家开办了十几个乃至几百个户头，这对散户来说真可谓"明枪易躲，暗箭难防"。当前，由于我国证券市场还不十分成熟，不能与西方成熟证券市场相提并论，如美国纳斯达克（NASDAQ）证券市场实行的做市商制度，做市商的一举一动都处于严密"监控"之下，实行双向买卖报价，不能也不敢轻易用手中的巨资去控制市场。

（5）庄家是相对而言的。在这只股票中是庄家，在另一只股票中就不一定是庄家，可能就是随风的跟庄者。同样，并非控制一定筹码的就成为庄家，没有达到一定筹码的就不是庄家。如在同一只股票中，一方持有流通盘的35%筹码，另一方持筹45%，另有20%的筹码分散在散户手中。按理说，持筹45%的一方是庄家，可是在某一时段里，持筹35%的一方发力上攻，抬高股价，从中获取差价后退出市场，在这一时段里他就是短线庄家，而持筹45%的一方就不是庄家（可能是长期的投资者）。

（6）以获利为根本目的，而且是尽可能获取最大利润或暴利。这种利润的获得，要经过精心的运作过程，要么在二级市场通过筹码、资金运行、操纵图表和技术指标，要么直接参与公司基本面的改造等。

由上述本质属性所决定，庄家必须具备以下几个要素：①具有一定的资金实力。不同时间、不同个股、不同目标位的资金额相差会很大，这里的资金实力是相对于中小散户入市资金而言的。②掌握大多数的低价位筹码。庄家拥有的低价位筹码多少，直接决定坐庄成功与否及其日后能否顺利出局。③拥有杰出的人才，包括英明的领导决策者、顶尖的操盘能手、敏锐的公关人员、睿智的调研人员、灵通的消息人士等。④要有周密的操作计划。操前的计划是否可行,也关系到整个坐庄过程的成功与否,草率行事有可能造成中途崩溃的结局。

二、庄家的历史演变

"庄家"一词最先被引用到期货、证券市场的是欧美国家(后来发展成为做市商及做市商制度),被引入到我国证券市场中的时间比较晚。

我国第一次庄家行为始于1989年5月9日,当时证券公司将2180股深发展股票以每股73元的价格公开招标,结果被一姓方股民以每股120元全部竞得。这位股民之所以以如此高的代价收购深发展股票,就是想通过购买行为,引起市场注意并借机拉高股价。虽然之后股价未能冲破120元的价位,这次坐庄行为也以失败告终,但却开创了国内坐庄史的先河。

这次庄家行为毕竟只是单个投资者的孤军作战,比起现在股市中的庄家来讲,实力与水平要差得多。1990年3月,随着深圳股票热潮的一浪高过一浪,庄家的活动也逐渐活跃起来。

我国第一次庄家的大兵团作战发生在1990年6月,当时深圳股市行情的火爆愈演愈烈,而上海股市却仍是一片沉寂,因此一群眼光独到的深圳大户联手筹集巨资,赴沪大肆收购上海股票,使沪市股价大幅飙升。从这时候开始,庄家的活动也开始从街头走入交易所的大雅之堂,庄家正式登上了中国股市的历史舞台,成为影响股市的重要力量。

1992年的上海,大户们持着豫园商城的股票大幅炒作,结果股价火箭般地上涨,最后竟然到了每股10 500元,成为中国股票史上的第一"天价"。一时间报刊称这只股票为庄家所操纵。

然而,由于当时的历史条件,股市规模不大,场内资金十分有限,只要有上千万资金就可以进行大规模的操作了,因而在股市发展初期,庄家多是由个人大户构成,或独自作战,或联手炒作。而这些大户庄家相对于机构庄家来讲,存在着消息不灵通、资金实力有限及专业水平不高等不利之处,经过几番的较量之后,大户庄家逐渐败下阵来,而改由机构庄家一统天下,尤其是在开放证券商自营业务之后,机构庄家如雨后春笋般涌现出来。

中国股票史上首次出现数以十亿计的超级大庄,是在1994年8月份,上海股市跌至333点时进场的一大庄家机构,俗称"333庄家"。该庄家机构投入资金的数量比起当时沪市三巨头——上海三大证券公司投入资金的总和还要多,估计有数十亿元之多,这是中国股票历史上出现的第一个超级航母庄家。"333庄家"的出现,标志着中国股市庄家一个新纪元的开始。

最令人记忆犹新的是2001年年初爆发的"中科系"事件中的庄家们。中科创业(现更名为"康达尔")股价自1998年4月的17元开始发动,扶摇直上,屡创高峰。到2000年2月21日股价已令人不敢置信地飙升到每股84元,此时市盈率高达400倍。那么,是谁缔造了这个奇迹?这就是震惊全国的超级庄家吕梁和操盘手朱焕良共同编织的股市庄家经典,他们签订了"5年合作计划",通过乌鸡变凤凰将一家养鸡专业公司包装成"高科技加金融"概念的公司,从而开始只手遮天,演绎黑庄轨迹。后来他们背信弃义,2000年12月23日开始骤然崩盘,史无前例地连续报收9个跌停板,其间毫无抵抗、无量空跌,股价跌幅超过60%,累计跌去50多个亿的市值。广大投资者愤怒之下,终于将庄家们告上法庭,2002年6月,北京市第二中级人民法院对中科创业的庄家们及有关责任人进行了公开审理,此案是迄今为止中国涉案金额最大的一起"操纵证券交易价格"案,仅卷宗就多达500多册,涉案违规资金高达54亿余元,案件涉及中国20多个省、自治区、直辖市,百余家单位及个人、120多家证券营业部卷入其中,也成为中国第一次对庄家操纵股票案进行公开审理的案件。

中科创业暴跌的阴影迅速蔓延开来,整个"中科系"全军开始走麦城了。岁宝热电、莱钢股份也应声而落,连收5个跌停板,曾与中科创业有牵连的鲁银投资、中西药业也紧随其后,加入跳水行列。"中科系"的惨败还进一步牵连到股市中的同类长庄,2000年年底至2001年年初,久负盛名的强庄股"德隆系"(湘火炬、合金投资、新疆屯河等)、"明天系"(明天科技、黄河化工、华资实业等)也开始悲壮的"跳水"表演。与此同时,亿安科技也连续6个跌停仍未能止住下滑的势头。就连众所周知的大科技股清华同方、东方电子、大唐电信、东方钽业等也跌个不停。深沪两市大盘因庄家大溃败受到冲击,步入漫长的熊市调整期。上证指数从2001年6月14日的2 245.43高点一路下滑,期间仅仅出现几次弱势反弹,到2003年4、5、6月又有世纪中天、正虹科技、徐工科技、百科药业等连续多个跌停板,股价深幅下跌。直到2005年6月6日股指最低下跌到998.22点后,才真正见底反转。难怪有人说:"一部庄家史,几多散户泪"。

进入2005年中期,中国股市历经5年的熊市调整,上证指数从2 245.43下跌到了998.22点,暴跌55%,两市市值从18 866亿元减少到9 900亿元,绝大部分股民亏损超过50%。大多数股票价格跌到了对折以下,不少股票价格仅剩下不到1/3,28只股票跌破发行价,176只股票跌破净资产,并出现了30多只1元股票,有7只股票低于1元,当时1 300多只股票的市场平均价格不足5元。这时庄家的脾性又瞄准低价超跌股,"3元股"成为庄家追逐的对象,此后陆续走出亮丽行情。如国嘉实业、春兰股份、力诺工业等短期涨幅十分巨大。随后又有冠农股份、中国石化、中金黄金等发力而上,一轮波澜壮阔行情悄然而生。期间出现了诸如贵州茅台、中国平安、小商品城等多只股票超过100元。中国船舶突破每股300元,成为涨跌停板限制以来第一高价股。

2007年10月16日,这是一个载入中国证券史册的日子,这天上证指数创出了6 124.04点的顶峰,涨幅超过5倍。当时,中国股市市值达到32.71万亿元,在亚洲仅次于东京,排名第二,在全球排名第五。大型国有企业中国石油、农业银行、中国国航在成功上市后,成为各自领域内全球市值最大的公司。此时,如火如荼的炒股热潮一浪高过一浪,一时间大江南北、长城内外掀起一股风风火火的全民炒股热潮,他们纷纷开设证券账户,将巨额银行存款转入股市,从而将股份推到最高位。刚开始时,政府管理者对这些新股民大加鼓励,但很快股市的上涨就使人们对上市公司未来业绩最乐观的估计都受到了挑战。由于害怕社会动荡,中国证监会提高了股票交易印花税并采取其他措施抑制股价上涨。

此时,美国的沃伦·巴菲特、香港的李嘉诚等金融巨头就中国股市酝酿的风险发出警告。加之,时值美国次贷危机、国际原油持续飙涨、越南出现金融动荡、国内收紧货币供应等。其间,欧债危机继续发酵,冰岛宣布破产,希腊主权债务危机,西班牙、墨西哥等国家也出现信贷危机。2013年年初,塞浦路斯出现了金融动荡,英国35年来首次出现信用等级下调。金融动荡,此起彼伏,世界经济复苏雪上加霜,前景不容乐观。中国上市公司的收益预计也将大幅下降,先知先觉的庄家早已逢高出逃,此后中国股市步入漫漫熊市路。

中国股市到 2008 年 9 月,短短 11 个月沪指从 6 124.04 点跌去了 4 460 点,跌到 1 664.93 点,跌幅达到 72.8%,市值缩小到 13 万亿元以下。随后出现一轮较大的反弹行情,可是市场很快又陷跌势,2013 年 6 月 25 日股指下跌到了 1 849.56 点,直到 2014 年下半年市场才渐渐回暖,股指从 2 000 点下方稳步走高,2015 年 6 月 12 日股指创出了 5 178.19 点,市场似乎又见到了光明。

可是,很快爆发了一场前所未见的"股灾",从 2015 年 6 月中下旬开始市场急转直下,股市出现了大面积千股跌停的悲惨场面,不到 2 个月的时间股指又回落到 3 000 点之下,大部分个股跌幅超过 50%。这时大家才明白,前期股指上涨完全是庄家依靠"编故事"、发布虚假信息等手法,动用大资金推动股指上涨的,同时庄家采用了将股市与股指期货同时运作、联动进行的坐庄手法。而且,在这次"股灾"中庄家与国家对抗,造成千股跌停,这是一个利益集团与国外势力相结合的结果,这与过去的庄股是不一样的,是一种新现象、新手法,值得日后认真总结和思考。

不过,值得庆幸的是,中国股市繁荣与萧条的交替循环并没有超越金融领域的防火带而影响实体经济。随着股市的迅速扩容与发展,市场规模越来越大。26 年来,股市为国家经济建设募集了大量资金,目前沪深两市上市公司接近 3 000 家,两市总市值最高超过 50 万亿元,截至 2015 年 4 月 17 日,全国 A 股账户数为 1.98 亿户。中国用 20 多年的时间走完了西方国家用百年走过的资本市场发展之路。与此同时,"庄家"的队伍也在不断壮大,在股市中的影响也与日俱增,在活跃证券市场的同时,对保障和促进我国经济的健康、稳定发展和资源的合理配置起到了重要作用。但是,庄家的操作手法也越来越复杂多变,蛮横凶悍,欺诈误导,恶庄、黑庄趁机浑水摸鱼,搅浑了市场。令人欣慰的是,管理层监管力度不断加强,一大批恶庄、黑庄受到了法律的惩处,相信中国股市将不断走向成熟和繁荣。

由此可见,庄家是一个变动的、历史的概念,切实把握庄家的发展脉络,对于认识庄家、跟随庄家会有一定的帮助。

三、庄家的作用

证券市场肩负着为国企改制上市、脱贫解困提供资本支持的重任,因而市场交易的活跃程度非常重要,可以从一个侧面反映出市场资金的多少——这直接决定了国有企业上市的进程。在一个市盈率高、股票本质低、交易成本高的证券市场上,活跃市场的唯一可能便是默许庄家的存在。庄家之所以被称之为庄家,就在于它有足够的资金实力和运作技巧可以让股市表现得波澜起伏、惊心动魄。正因为庄股巨幅涨跌所带来的高额利润差,才吸引了越来越多的散户入市。因此,包括一些经济学家也认为庄家能够增强市场流动性,没有庄家,市场就没有流动性,证券市场就缺乏活力。所以,股市的繁荣和发展,庄家功不可没。

(1) 大市、个股的转势,常常都是由庄家一手导致的。股市的运行,是呈现周期性波动特征的。这种波动行情的顶点与低点,是不以人们的主观意志为转移的。作为一般的个人投资者来讲,只能被动地去接受现实,而作为资金实力雄厚的庄家来说,由于其专业水平较高,颇具远见,往往较一般投资者更早地感觉到底部的即将来临,从而领先于投资大众入市吸纳,由于庄家大量买盘的涌入吸纳,使股价受到买盘的强力支撑,并真正形成底部。由于庄家的大举入市,往往成为扭转大势的领导者与先驱者。同样,在一个长期升势即将走到尽头之时,庄家会更敏锐地觉察到大市极有可能发生逆转,从而大举沽售,使头部真正形成。

(2) 不少投资机会都是由庄家一手挖掘出来的。股票的炒作,实际上就是对公司前景的炒作。炒作的题材十分重要,如业绩增长、资产重组、进军某些高成长领域等都是市场极好的炒作题材。作为专业水平较高的庄家,由于调动了大笔资金,不可能草率从事,而且对股价的拉抬必须得到市场的认可,因而庄家在入市之前,对大市及上市公司必须先做出详细的调查研究,对政策取向及上市公司基本面情况的了解必须十分透彻,因此往往比广大投资者更早更敏锐地发现潜在的投资机会。他们之所以能够起到如此重要的作用,是由于庄家的认识总是走在广大投资者的前头。

(3) 庄家资金的介入,使行情变得更加壮观。目前中国股市还处于机构操纵的时代,没有形成严格"监管"下的做市商制度,庄家的行为对市场的影响非常明显,庄家是否介入炒作,往往对股票投资机会、个股炒作题材的充分发挥,起着举足轻重的作用。同样的一类题材,如果有庄家积极介入,通常会形成一轮波澜壮阔的上升行情,甚至于可以成为板块及大市的领头羊。如果庄家根本不予以理睬,最好的股票、最有潜质的公司,没有庄家资金在其中动作,完全靠市场自发崛起,行情始终是难以发动和持续的。

可见,庄家的确为散户创造了许多赚钱的机会。于是,有人得出这样的理念:有了庄家,股海就有了灵魂,就有可能使股价迅速飙升;有了庄家,散户就有了主心骨,不用担心股价起不来;有了庄家,散户就可以放心跟庄前行,坐收股价上涨后的渔利。但是需要清醒,散户都获了利,那庄家怎么办呢?于是,这个市场就变得扑朔迷离起来。

尽管庄家有如此诸多的魅力,但是如果庄家泛滥,就会成灾。在股市中,庄家为了达到某种目的,就竭力打造一副自己理想的盘面。庄家就像一条"变色龙",当他想要筹码的时候,就会装出一副十分恐惧的"丑相",吓得散户不寒而栗,抛下筹码急忙奔命,远离市场紧急避险;当他想抛出筹码的时候,就会装出一副和蔼可亲的"美相",引诱散户纷纷抢购筹码,当散户忘乎所以时,庄家一改笑脸,将其一网打尽,遂成瓮中之鳖,苦不堪言。因此,在二级市场上的股票交易就会出现不正常的波动。这种异动不仅扰乱了市场秩序,增加了监管难度,还给整个市场和股民带来深深的痛苦和灾难。投资者只有练就看盘的本领,识破并战胜庄家这种魔力时,才能笑傲股林,畅游股海。

令人作难的是,庄家的"变脸"过程十分复杂,或直观可见,或隐约其中,或有虚有实。殊不知,庄家坐庄是要花费很多钱的,但这些钱绝对不是"毫不利己,专门利人"的。庄家想要赚钱又不让别人赚钱,就需要收集低廉筹码、震荡洗盘、拉升派发……但这一切又不得不在盘面上留下抹不掉的"踪迹"。所以,我们通过认真研究庄家盘面上的每一个"细节",结合当前市场特征,分析庄家实力、筹码分布、持仓数量、持仓成本、运行周期、洗盘程度、控盘情况、股价位置、量能变化、股价气势及其真实程度、庄家意图和目标等,进而推测市场是否具有投资潜力以及潜力大小,从而掌握市场未来的波动趋势。

四、庄家的种类

目前,庄家队伍日趋庞大,因此有多种多样的划分方法,不同类型的庄家有不同的个性,不同的操盘手法,从而与之周旋的策略当有所别。在研究庄家时,应了解庄家的基本类型。

(1) 依据其操作的主体不同,可分为政府救市庄家、综合券商庄家、投资基金庄家、上市公司庄家、投资公司庄家、超级大户庄家。

(2) 依据其操作的阶段不同,可分为新庄家、老庄家和被套庄家。

(3) 依据其运作时间跨度长短不同,可分为短线庄家、中线庄家、长线庄家。

(4) 依据其手法和给市场留下的后果,可分为恶庄和善庄。

(5) 依据其入场时机的不同,可分为顺市庄家和逆市庄家。

(6) 依据其对大盘的影响力和控制力的不同,可分为大势庄家、板块庄家、个股庄家。

(7) 根据其炒作方式和风格不同,可分为独庄、跟庄、混庄和帮庄。

(8) 依据其愿意与否,又可分为主动庄家和被动庄家。

此外,如果以投资理念来划分,可分为业绩型庄家、题材型庄家、成长型庄家和投机型庄家;如果以坐庄实力强弱不同,可分为强庄和弱庄;按操作手法不同,还可分为保守型庄家、稳健型庄家和激进型庄家等。

投资者在买卖时,一定要分清自己跟的是什么庄家,然后才可以采取相应的投资策略,如果不三思而后行,张冠李戴盲目跟进,采取错误的跟庄策略,就会人仰马翻,坐失良机。应当指出,尽管股票市场上的投资者形形色色,但在具体的操作实力上只能被划分为散户或者庄家,这种划分有助于我们明确市场中的角色,从而很好地把握自己的操作行为。

五、庄家的优势

无数事实证明,庄家坐庄每每得胜,而散户跟庄屡屡失败。究其原因:庄家拥有明显的优势。那么庄家的优势表现在哪儿呢?

(1) 资金优势。庄家具有雄厚的资金实力和强大的融资能力,能使"乌鸦变凤凰"。近年来,机构资金得到快速壮大,一大批证券投资基金募集成立,一般的证券投资基金达到 20 亿~30 亿元的规模;一批老基金通过改造、扩募、合并等方式,也达到 5 亿~10 亿元的规模;一批券商通过增资扩股或合并的方式,壮大了资金实力;还有一批民间投资机构、个人大户在迅速崛起、壮大等。这一切都表明,庄家机构的资金优势得到了进一步增强,其实力可以说是空前的。同时,庄家还有其他方法壮大自己的资金优势,如抵押贷款、担保贷款和委托理财等,最不济的可以找几个大户帮助锁仓分成也是一种方法。

(2) 信息优势。庄家信息多、快、准。从地域上看有国际的和国内的,从结构上看有宏观的和微观的,从性质上看有政治的和财经的等。总之,凡是对坐庄有影响的信息,都在收集之列。由于信息量大,而且有些内容要求有较强的专业知识和良好的分析能力才能正确使用;有些内容需要广泛的社会关系才能获得;有些内容需要强大的资金实力支持才能去炮制。而散户不具备这些条件,这点客观上存在着不对称。

(3) 人才优势。庄家在炒作股票之前,拥有一批高水平的操盘手和精通股市基本面和技术面的人才。主要是优秀的操盘手、政策研究员、行业分析师以及高级公关人才等,都是坐庄时重点招揽的人才,对于大型投资资金和券商而言,他们天然具备人才优势。

(4) 技术优势。能利用消息与常规技术制造出良好的技术图形,将K线、趋势、波浪、切线和指标等作为操作对象,制造出"美相"或"丑相"的图案,引诱或吓唬技术派散户。

(5) 成本优势。庄家融资后,表面上在更高的位置加仓或拉升,提高了持仓成本,但实际上筹集的资金多,则坐庄成功的概率高,拉升空间大,相对于其初始自有资金而言,获利的可能性增大,获利空间增加,无形之中降低了成本。另外,庄家可以反复进行做波段降低成本,不断高抛低吸,在不丢失筹码的情况下得到差价,从而进一步降低成本。对散户而言,波段操作简直是个梦想,要么做波段被套牢,要么做波段把筹码做丢了,少有屡屡成功的。

(6) 公关优势。庄家除了具备上述优势之外,由于他们本身地位的特殊性,后天也可以创建出优于中小投资者的关系网,这就是公关优势。它包括对券商的公关、银行的公关、管理层的公关、上市公司的公关、中介机构的公关等。

(7) 盘面优势。由于庄家拥有大量的筹码,盘中的一举一动最了解不过的,如买档中的托单和卖档中的压单,多少是庄家自己的,多少是散户的,庄家一目了然。股价上升到什么价位会遇到强大的抛压,下跌到什么价位会出现强大的接盘,只有庄家清楚。散户仅凭公开的技术分析去研判(不少属于想当然),因此往往落入庄家设下的陷阱。在操盘中,股价未到压力区庄家已开始撤退,未到低点偏偏转身而上,常常打"擦边球",使散户追撤不及。

庄家坐拥巨资,对股价可以呼风唤雨,要涨要跌,全凭其对市场的判断及采取的行动,这些都是散户全然不能顾及的。这就是"庄家的优势,散户的劣势"。然而,尽管庄家有明显的优势,但任何事情都有相反的一面,庄家有其优势也必然有其劣势,散户可以抓住庄家的弱点进行攻击,战胜庄家。

六、庄家的劣势

庄家有多方面的优势,但不等于散户就一定怕庄家。许多散户被庄家战败的原因在于未战先胆怯,要克服这种错误,须有"不怕庄家"的思想。要树立这种思想,必须先知己知彼。了解自己弱中有强、小中有大、短中有长的一面;同时也要掌握庄家强中有弱、大中有小、长中有短的弱处。然后,扬我之长,避我之短;攻其之弱,避其之强。在盘面上,体现其强大的是震仓和拉升过程中,体现其弱小的是吸筹和派发过程中。深入研究庄家操作中不可避免的技术弱点,是中小投资者提高投资水平的关键。在此,主要探讨一下庄家的弱小之处。

(1) 选股弱点。职业庄家的选股弱点:由于其资金实力所限,大多庄家机构的选股标准是流通盘小,主要控股股东少,股份公司最好与集团公司有关联经营联系,基本面普通,同时含有可分配利润的次新股。券商庄家的选股弱点:由于其体制原因,多数券商机构的选股标

准主要是基本面成长性最为突出的品种,其运作的特点为平时不动,一动就是不惜资金的连续涨升,一次到位。超级庄家的选股弱点:由于超级庄家的操作目的主要在于控制指数,赢利是第二位的,因此选股的标准主要是市场影响力大的大盘股,其发动的特征是连续的巨量出现。如果不符合上述条件的品种多数沦为大众股。

(2)吸筹弱点。建仓时庄家当然力图以尽可能低的价格成交,最怕散户知道他在某只股票上进行收集筹码,因为此时先知先觉的散户跟庄家所吸的筹码,便在同一条起跑线上,拥有庄家的最低成本,成为将来与庄家争夺最大利益者。故此时庄家最为保密,否则前功尽弃。其实,庄家最怕的是筹码已经吸足而不具备拉升派发时,这时被称为庄家的"咽喉部位"。因此时庄家既无法弃庄,又白白地看着散户拾便宜筹码,奈何不了。如果我们盘面功底深,能看出此处是庄家的咽喉部位,便可直刺其咽喉,庄家便会元气大伤。

(3)洗盘弱点。经过一段时间的收集,庄家已持有大量筹码,但又担心其他机构拥有部分短线集中性的低成本筹码由于种种原因未抛出。为了在拉升的初期更加顺利与在低位吃到最后的筹码,同时彻底击溃散户的持股信心,庄家会较为激烈地做出上下震荡走势,其特征是走势吓人。但在低位停留的时间、震荡的幅度都要做到"恰到好处",否则会丢失筹码或增加筹码,这对坐庄十分不利。

(4)拉升弱点。庄家拉升初期会是较为迅猛的连涨方式,其后便参照某一个技术指标进行规律性的涨升,这个技术指标可能是均线系统、上升通道或是某个动、静态指标,通过仔细分析都能发现。在通过重要阻力区时,会进行窄幅震荡走势来消化阻力,越过阻力后又将加速无量上扬,拉升的主要特征是涨升有量,下跌无量;大盘强时不动,整理时加速,具备独立走势。

(5)派发弱点。在高位空仓的散户不追高接盘,而持有便宜筹码的散户反而将筹码交给庄家。这样,套在山顶的不是散户,而是庄家了。当然,这仅仅是理想的描述。在节节上升的股市面前,在高额利润的诱惑之下,在众多股评的鼓动之下,很少有人经得住这个考验……一部部散户失败史,便是这样写下来的。

作为散户投资者,抓住一个良好的庄股后,应集中精力操作,不要见异思迁。庄家拥有上亿元的资金也只操作一只股票,中小资金也没有必要操作太多的股票。凡每天都要同不同的庄家斗法的投资者,失误的概率远大于成功的概率。在确认观察的股票是庄股后要有耐心,机构的操作周期一般也要一个季度,不要一跌就认为庄家出货,一涨就是庄家进货。在分析时应站在机构的立场上客观一些,避免一买入某股,就只看见利好,看不见一些明显的利空,反之亦然。

七、庄家的本性

在股市中,庄家与散户其实既是朋友又是敌人。庄家离开了散户群体,这个庄子没法坐,自拉自唱是庄家最痛苦不过的了;同样,散户没有庄家的存在,就没有股价的大幅飙升,也就无法从市场上得到利益。但是,两者的根本利益是对立的——都想从对方身上得到好处。于是,这个市场就变得激烈、险恶起来。但庄家占有绝对优势,处于主导地位,散户处于

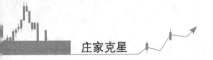

劣势,是从属地位。投资者没有一身硬功夫,很容易被庄家所吞没。因此,掌握庄股盘面,有助于投资者在布满荆棘的股市沙场里多一分清醒。

总体来讲,庄家有两种本性:善意和恶意,但庄家不露本意。

1. 庄家的善意

在股市中,庄家善意的盘面可能会招揽多数人的追捧。庄家利用人性固有的思维定式,极力制造善意盘面。那么,庄家在什么时候最容易摆出善意的盘面呢?当庄家需要散户帮忙的时候,就会摆出善意的盘面。这时庄家主动地与散户套近乎,一幅和蔼可亲、笑容可掬的善意盘面。这时散户看到庄家如此善意,就失去了警惕,容易往里进,但要注意两种情况。

第一种,庄家在底部吸足低廉的筹码后,进入拉升阶段时,往往会摆出善意的盘面,希望有众多的散户帮他抬轿子。这时散户不要以为抬轿子就是苦差事而谢辞,应当诚心诚意地去抬一把,有多少力就出多少力,不必打折扣。经过庄家的抛砖引玉,散户朋友的竭力哄抬,股价走势波澜壮阔、气势磅礴,散户最后也能分享到一份报酬,但这里绝对不是公平分配的,要眼快手快脚快,慢了可能连残羹剩饭也分不到,甚至还要往里添钱。

第二种,当股价经过一轮拉升后,庄家想兑现账面利润时,最需要摆出善意的盘面,希望有更多的散户来为他买单,在盘口似乎向散户说:"朋友,这里有钱可赚,快进来吧!"其实,这是一个美丽的陷阱,最后的晚餐。这时投资者应当睁大眼睛,不可雾里看花,谨防上当受骗。在高位走出向上突破的走势,当散户跟进时,庄家脸色突变,反手向下做空,不知个中缘由的散户还以为洗盘而个个拴在上面,如不及时割肉恐怕一两年内无望解套。

2. 庄家的恶意

庄家的背后尽管是一群人在操作,但与常人的思维不同,有时刻意追求一幅恶意的盘面来装扮自己。那么,庄家在什么时候最容易露出恶意的盘面呢?当庄家不需要散户帮忙的时候,就会露出恶意的盘面。这时庄家主动与散户闹别扭,摆出一幅可怕的盘面,气势汹汹,狰狞恐惧。散户见此即会撤退往外跑,生怕自己成为饿狼之食。

恶意的盘面常见于庄家吸货阶段,有时也见于洗盘阶段。在吸货阶段,庄家为了获取散户手中的低廉筹码,就采取恶意的盘面手法。庄家在底部向下砸低股价,突破长时间形成的横盘整理区,使散户产生新一轮恐慌,大量的杀跌盘涌出,庄家便一概通吃。可见,其实用效果比较明显,因此恶意的盘面成为庄家吸货时常用常胜的利器之一。

相对于吸货,洗盘没有那么凶猛,否则会吓跑所有散户,庄家只好自己驮着沉重的大包袱。因此,庄家在洗盘时,要做到恰如其分,过浅达不到洗盘的目的,过猛会增加坐庄压力。

3. 庄家不露本意

我们知道,庄家不是无偿捐钱的慈善家,更不是充当套牢股民的"解放者"。庄家进入股市的目的是为了获取利润,而且是追求暴利,但股市本身不会产生利润,只能从广大投资者身上榨取,因此他怎么能向投资者袒露真情呢?由此可见,无论是善意盘面还是恶意盘面,庄家都不露本意。善意盘面过后呈恶意盘面,恶意盘面过后变善意盘面。也就是说,股票涨多了之后会跌,大牛股会有一天变成大狗熊;跌多了之后会涨,乌鸦也会有一天变成金凤凰。

如此反反复复,涨涨跌跌,红红绿绿,弄得投资者摸不着头脑。比如,亿安科技(000008,现更名为宝利来)从5.50元起步,一路笑脸向上,创出了126.31元,股价翻了25倍多,但不久股价反转向下,跌到6.00元下方。安硕信息(300380)上市后不久,一幅"善意盘面"阴跌而下,不久股价见底回升,牛市行情延续一年多,涨幅十分之大。

善意盘面和恶意盘面都是相对的,而且善意盘面也好,恶意盘面也罢,最终目的只有一个,让你上当受骗。有时也许在盘面上可能出现真实的买盘、卖盘,但这是一个真实的谎言;有时在盘面上出现一连串的红箭头或绿箭头,但这是一颗彩色的迷魂丹;有时还在盘中放出大成交量将股价推高或压低,但这是一场虚假的皮影戏。股市就这样真中有假,假中藏真;虚中有实,实中藏虚;真真假假,虚虚实实,难分难辨。因此令多少投资者深感叹息:"不识庄家真面目,只缘身在股市中。"

于是,将唱红一时的《雾里看花》歌曲进行少许修改,也能反映投资者的一些心态:"雾里看花,股中盼钱,你能分辨这变幻莫测的股市。时去钱飞,翻红翻绿,你能把握这手法多变的庄家。你知哪个是真哪个是假,哪只股票是市场黑马。借我借我一双慧眼吧,让我把这股市看个清清楚楚明明白白真真切切……"

这首修改后的《雾里看花》,虽然不能全面反映股市的特点,但至少从一个侧面说明市场的弊端和投资者对股市的某些看法。可见,股市里的庄家没有一个是真君子,脸上的任何表情都不是庄家真实意图的反映。我们就是通过深度透析庄家变化规律、特点、方法等,彻底掀开庄家的神秘面纱,将庄家的内心世界活动袒露于投资者面前。

八、庄家坐庄流程

坐庄的基本原理是利用市场运作的某些规律性,人为控制股价使自己获利。怎样控制股价达到获利的目的呢?不同的庄家有不同的坐庄路线。最简单、最原始也最容易理解的一种路线是低吸高抛,具体地说就是庄家发现一只有上涨潜力的股票,就设法在低位开始吸货,待吸到足够多的筹码后,开始拉抬,拉抬到一定位置把筹码抛出,中间的一段空间就是庄家的获利空间。

这种坐庄路线的主要缺点是做多不做空,只在行情的上升段控盘,在行情的下跌过程不控盘,没有把行情的全过程控制在手里,所以随着出货完成坐庄即告结束,每次坐庄都只是一次性操作。这一次做完了下一次要做什么还得去重新发现机会,找到机会还要和其他庄家竞争,避免被别人抢先做上去。这么大的坐庄资金,总是处于这种状态,有一种不稳定感。究其原因在于只管被动地等待市场提供机会,而没有主动地创造机会。

所以,更积极的坐庄思路是不仅要做多,还要做空,主动地创造市场机会。按照这种思路,一轮完整的坐庄过程实际上是从准备入驻开始的。庄家利用大盘下跌和利空打压股价,为未来的上涨创造空间,然后入驻吸货,最后拉抬和出货。出货以后寻找时机开始打压,进行新一轮坐庄。如此循环往复,不断地从股市上获取利润。

本书将通过十个阶段详尽地分析研究庄家的操作流程,从中找出识庄、跟庄、克庄的技巧。这十个阶段以时间顺序安排:进庄前的准备、建仓、试盘、调整、初升、洗盘、拉升、出货、反弹、砸盘等。这是一个比较完整、标准的坐庄流程，思路非常清晰，可称为庄家坐庄的学院模式。庄家坐庄流程图见图1-1。在后续章节中，对坐庄流程中的各部分内容及庄家自救、庄家变盘、散户克庄等将进行深入详细的探讨研究。

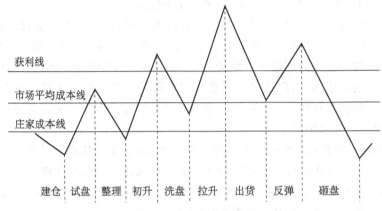

图1-1　庄家坐庄流程图

这个模式的每一个阶段，庄家都有其侧重点。如在进庄前的准备阶段讲究充分调研。在建仓阶段讲究耐心温和，并如何散布利空传闻让市场不看好该股，以便进货。试盘阶段讲究控盘程度。调整阶段讲究底部构筑情况，强调股市有风险，入市须谨慎。初升阶段讲究股价脱离成本区的种种现象。在洗盘震仓阶段讲究盘中的技巧，瞬间巨幅震荡，并保持消息的真空，股价大起大落，让人不明不白。在拉抬阶段讲究高举猛打，强调高风险高收益，并以此维持市场人气。在派货阶段强调真做假时假也真，假做真时真也假。引诱公众投资者进场接货，最终实现低吸高抛的目的。反弹阶段讲究以高度和减仓为主。砸盘阶段讲究庄家如何不计成本地压价，寻找孕育新一轮行情。

当然，庄家的风格千姿百态，不是所有的庄家都以学院派风格坐庄，也不是每个庄家都经历这几个阶段。有的庄家采取交叉进行，各阶段的操作手法很难截然分开，往往是吸、洗、拉等并举。有的庄家省掉其中的一些环节，采取快速吸筹，只要你肯卖，他就通盘吃掉，并强硬拉抬，一路进货一路拉高，目标位一到则坚决出货。行情来得快，涨得猛，去得急。

实例1-1

图1-2，海南矿业(601969)：2015年5月，庄家在底部建完仓后，不经过试盘、初升、洗盘这几个阶段，而直接进入拉升阶段，一步到位，连拉5个涨停板。然后，开始慢慢出货，成功地完成了一波短线操作行为。这种操作手法，一旦停止拉升就会快速下跌，股价往往会回到起涨点。

实例1-2

图1-3，风暴科技(300431)：该股庄家从一级市场获得了大量的低价筹码，2015年3月24日上市后一路飙升，连拉34个涨停，股价从上市首日的9.43元飙涨到了327.01元，涨幅超过34倍。这种走势毫无章法，庄家不跟市场讲什么道理，凭的是自己雄厚的资金实力，可称之为坐庄的海盗模式。当然，这类庄家最终也受到了相应的查处。

第一章 庄家概述

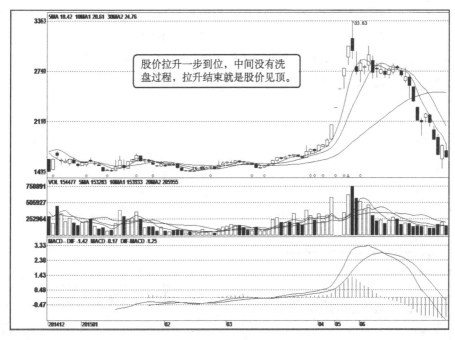

图 1-2

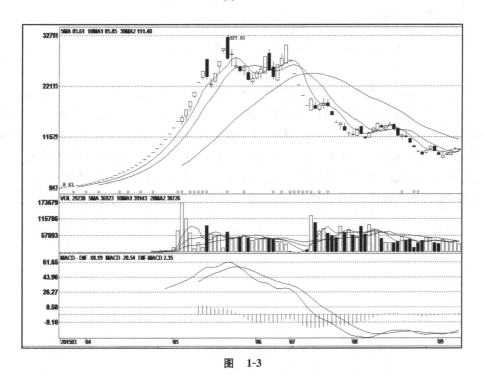

图 1-3

实例 1-3

图 1-4,特力 A(000025):庄家吸纳了大量的低价筹码后,股价脱离底部区域,然后大幅回调,股价从 40 元上方快速下跌到了 14 元以下,跌幅超过 67%。2015 年 7 月 9 日开始一

路拉高,股价从13.83元开始飙涨到了72.79元,涨幅超过4倍。8月14日开始,股价又快速下跌64%。9月8日企稳后,股价再次形成暴涨行情,连续狂飙式涨停,涨幅又超过3倍。股价的暴涨暴跌反映了庄家在市场中可以胡作非为,这是不成熟市场中的普遍现象。

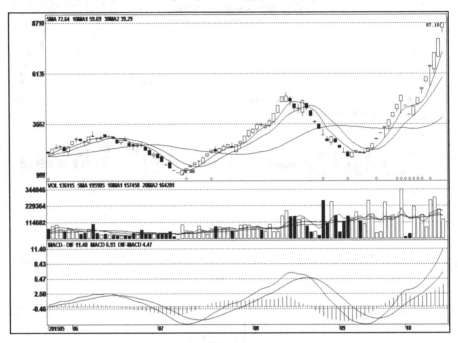

图 1-4

但是,不论是哪一种类型的庄家,总是离不开建仓、拉升、出货这三个阶段,这是庄家坐庄最基本的"三部曲"。另外,这十个阶段的时间顺序也不是绝对的,比如试盘,可以是拉升前的试盘,也可以是下跌前的试盘;洗盘可以在建仓后进行,也可以在初升后进行;砸盘可能是拉升前的诱空式砸盘,也可能是跌势末期的砸盘。这一点投资者应当有所区别,不可混淆。笔者对庄家操盘过程的十个阶段的划分和顺序上的安排,主要是彻底揭露庄家坐庄的基本规律,提高散户跟庄、克庄技能,使散户在股市中成为庄家不可防范的克星。

第二章 准备阶段

准备阶段，也叫策划阶段，是中长线庄家不能不重视的预先工作。俗话说：良好的开端是成功的一半。开好这个头，对庄家来说尤为重要，它关系到整个坐庄的成功与失败。庄家在进行任何一次炒作之前，都必须经过事先认真研究，精心策划，打有备之仗。这样做才能在整个坐庄过程中运筹帷幄，成竹在胸。

准备阶段的目的是：一方面，有助于对形势的准确分析，减少失误；另一方面，对于可能发生的不测，事先定好了应对之策，这就避免了临事之时造成手足无措而延误战机，或仓促决断而酿成大错。

一、坐庄的前期准备

庄家之所以在市场上能呼风唤雨，除了具备散户力所不能及的资金实力之外，还有散户所不具备的诸多优势。如何将这些优势发挥到极致，是所有庄家梦寐以求的事情。那么，是不是所有的庄家一开始就具备这些优势呢？非然。庄家也需要经过一系列准备工作，才能完成这些优势的积累。

（1）人才准备。庄家背后是一个团队在共同活动，这个团队可以说是股市杰出人才的汇集。其中有英明的领导决策者、睿智的政策研究员、独到的行业分析师、顶尖的实战操盘手、精明的社会公关人员，以及灵通的消息人士等，都是专业庄家坐庄时不可缺少的专业人才。

（2）资金准备。资金是庄家的生命线，一般坐庄之前都会有一大笔随时可调用、使用周期相对较长的资金（如自有资金），但为了达到资金增值最大化这一终极目标，或者坐庄过程中出现不测情况，庄家经常面临阶段性的资金紧张，这样融资就成为庄家的必备工作。多数庄家仅用自有资金吸纳仓底货——最廉价的筹码，而用各种融资手段来筹集拉抬资金。

通常，炒作的资金来源很广泛：一是自营资金；二是关联资金；三是其他游资（股市或其他市场如期货市场甚至海外市场的资金）。资金的性质决定了炒作的周期，资金量的大小决定了炒作的方式。自营资金大都比较稳定，在投入炒作前已经有比较明确的规划，在没有突发事件的情况下,一般不会突然撤资。出于监管和舆论的压力,其炒作的个股大部分走势比较温和,比较有节奏感,和大盘走势配合得较好,一般不会炒得很显眼,长庄股和慢牛股经常是此类资金的杰作。

关联资金或叫集资资金,相对于炒作的个股而言资金量很大,其来源往往是和上市公司有关的利益团体,如资产重组和收购的关联交易方,或者就是上市公司本身,或是能得到并且跟踪这种信息的某个资金集团。这类资金入市炒作的周期一般不很长,有些是不能跨年度的,他们炒作的个股启动后十分凶猛快速。有时这些资金为炒而炒,不需要任何理由和借口,把某个股票当作一个符号标志。

其他游资一般只是在大盘累积跌幅很大,走势十分疲弱到了跌无可跌的时候,或者是突发重大利好的时候,这时只要某个大庄家带头启动指标股,这些资金立刻就会蜂拥而入。这些资金在市场内停留时间很短,一般最多几周,滚滚而来,席卷而去。被它们光顾的个股在大盘回调的时候常常回到原地甚至破位下行,只有极少数资金会留下来坐庄。

(3) 其他准备。主要指账户方面,绝大多数庄家并非以真面目示人,而是在券商处开办多个账户,化整为零,这样庄家就以个人投资者的身份进场。好处有:①不易被交易所发觉,避免持筹过于集中而违法,或不得不出面公告。②防止过分集中持仓而被跟踪,暴露自己的行为。

二、坐庄前的市场调查

1. 市场调查的作用

市场调查的作用主要体现在三个方面:描述状况、解释原因、预测趋势。

描述状况。了解和描述市场现象是人们深入认识这一现象的基础。比如,要深入认识我国家电行业,就必须首先对目前家电行业有一个客观、整体的了解,弄清市场总体上的特点,继而准确地描述出家电行业在不同时期、不同地域、不同消费者等方面的基本情况。

解释原因。如果说,市场调查所具有的这种描述状况的作用可以回答市场现象"是什么"或"怎么样"这类问题的话。那么,另一个作用就是解释市场现象发生的原因,就可以理解成回答市场"为什么是这样"或"为什么会如此"这样的问题。可见,这一作用比单纯地描述状况要更为深入一些。比如,家电行业在不同时期、不同地域的需求关系和消费层次等,从而达到更加深入地认识和理解家电行业的当前市场状况。

预测趋势。这是对未来市场现象做出的一种预测。根据描述状况和解释原因得到的情况,分析行业的发展趋势,是上升、下降,还是持平,从而指导投资行为。

2. 市场调查的程序和方法

作为一种系统的、科学的认识活动,市场调查有着一种比较固定的程序,这种固定的程序可以说是市场调查自身具有的内在逻辑结构的一种体现。总体上,可以将市场调查的程序分为五个阶段:选题阶段、准备阶段、调查阶段、分析阶段和总结阶段。

市场调查根据不同的标准有多种调查方法,根据调查对象的范围,可以分为普遍调查和抽样调查;根据收集资料的方法,可以分为问卷调查和访问调查;根据调查的目的或作用,可以分为描述调查、解释调查和预测调查;根据调查的性质或应用领域,可以分为行政统计调查、生活状况调查、社会问题调查、民意调查和研究性调查。通过招股说明书、上市公告、财务报告、事项公告、相关分析等收集分析材料。

3. 市场调查的内容

大家知道,基本面是股市发展的原动力,股市又是国民经济的晴雨表。因此庄家主要围绕基本面展开市场调查工作。

第一,宏观分析。以整个国民经济活动作为考察对象,研究各个有关的总量及其变动,特别是研究国民生产总值和国民收入的变动及其与社会就业、经济周期波动、通货膨胀、经济增长等之间的关系,及相关的国内外政治、金融环境等,主要包括宏观政策分析、经济因素分析、政治因素分析和国际金融市场分析。

第二,行业分析。行业是指由于产品在很大程度上可相互替代而处于一种彼此紧密联系状态的公司企业组合。股市中投资者普遍认为,与其投资成长性一般的行业的企业,不如投资于成长性强的行业的企业。

目前,市场上对基本行业的划分是:农业、制造业、化工业、医药和医疗器械业、造纸和包装业、纺织业、信息产业、基础设施业、交通运输业、商业、金融业、房地产业、电力业、建材业、食品和饮料业、钢铁和冶金业、家电业、旅游业、汽车和摩托车业等。需要注意的是,我国两个证券交易所为编制股价指数而对行业进行的分类显然是不完整的,这与我国证券市场发展状况有关。在证券市场发展初期,上市公司数量少,不能涵盖所有行业,今后还将有新的行业产生,并可能编成单独指数。

第三,公司分析。公司分析的意义在于可以减少投资的盲目性。一般投资者很难也不可能掌握公司的内部消息,主要通过招股说明书、上市公告、财务报告、事项公告、相关资料等收集分析材料,对企业进行由表及里、去伪存真、勘破迷津的剖析,进而从各类信息中获取对企业真实状况的评价,由此指导投资行为。

三、拟订坐庄计划

1. 坐庄计划的主要内容

庄家在坐庄之前,必须有一个详细周密、切实可行的操作计划,这样才能运筹帷幄,善始善终,达到利润最大化。坐庄计划一般由开头、主体、结尾三部分构成。主体部分的主要内容如下。

(1)选定股票。根据市场调查反馈情况,结合自身资金实力、市场性质,具体选定哪些板块(行业)中的哪类股票作为坐庄对象。

(2)控筹程度。指庄家需要达到的筹码控制量。根据选中股票的流通盘大少,及庄家自己的操盘风格,需要控制流通盘的40%或50%,还是60%或70%,才能使坐庄获得成功。

(3) 操作时间。指庄家从介入到退出所需的整个坐庄时间,其中包括各个阶段所需的时间。不同庄家、不同时期、不同个股的坐庄时间长短不一,如需要坐庄3个月或1年、3年或5年不等。坐庄时间长短是区别短线、中线、长线庄家的主要标志。阶段时间是指何时吸筹结束、何时洗盘结束、何时开始拉升,以及何时开始出货等阶段所需的时间。

(4) 资金预算。指庄家操作选定股票所需要的实际资金预测。根据选中股票的流通盘大少和控筹程度,对实际资金进行预算,包括自筹资金多少,融资资金多少,以及融资手段都应有明确可靠的安排,以防止中途资金出现断链现象。

(5) 操作手法。指庄家通过什么样的方法和途径达到坐庄目的。其中要重点明确几个主要阶段的操作安排,如以何种方式完成建仓、以何种方式进行拉升、以何种方式实施出货等。

(6) 目标价位。指通过庄家炒作后,最终要求达到的股价目标位置。通过几个阶段的操作后,把股价拉升到什么价位,然后开始出货。

(7) 盈利估计。指通过庄家炒作后最终要求获得的目标利润。估算资金收益率高不高,合不合算,这是庄家最关心的,也是最根本的目的。

(8) 应急措施。指庄家在操盘过程中,可能遇到不测因素时的应变情况。如在拉升或出货时,突然遇到某种不可预知的、不可抗拒的利多或利空消息,大户抢货或盘中出货等,如何采取应变措施,事先都应有个安排。

(9) 其他附注。需要说明的其他问题,如手续费或相关费用的折扣和支付以及公关方面等。

上述坐庄计划是相对中长线庄家而言的,一般短线庄家的坐庄计划有所不同,有时因为来不及拟定坐庄计划,而直接进入操作阶段,因而对短线庄家刻意强调坐庄计划也是不切实际的。坐庄计划拟定好后,若是机构庄家,则将"坐庄计划书"交由该机构最高决策层通过,并经主管领导签字后付诸实施;若是合作庄家,则由全体合作人员同意后,进入实施阶段;若是个人大户庄家,则自行参考即可。

需要指出的是,坐庄计划仅是对整个坐庄过程的大体安排,在实际操作过程中,可能与原计划有很大出入。因为股市千变万化,任何一个庄家很难也不可能事先设计一套十全十美的操作计划。关键是如何在瞬息万变的股市中,镇定自如,从容应对,达到一变应万变的功夫,这才是一个真正成功的庄家。

2. 坐庄计划实例

举一实例说明,名噪一时的庄股中科创业(现"康达尔")的坐庄计划,虽然有些离谱,但仍可引以为鉴。下面是该股庄家坐庄计划的主要内容。

几年前,康达尔(000048)因"禽流感"而遭重创,深圳著名个人大户庄家朱焕良深套其中。第二年初,他赴京找吕梁商量后,共同抛出了一个惊天计划:将康达尔的股价做到1 000元!如果可能,做到2 000元(在不除权的基础上),这也就是说,将该股流通市值从3.5亿元做到350亿元以上。这个方案近乎疯狂,但在当时的市场条件下,是严密和可行的。

(1) 计划的最初阶段是广泛搜罗筹码,股价在10元左右,流通股3 488万股。力争在这个阶段,控筹90%以上。整个计划要求6亿元左右的自有资金。

(2) 择机购买部分法人股,进入公司董事会。这一阶段在10~14元之间完成,可以边拉边吃货。14~20元之间,通过与公司配合放利空等方法,震荡上行,用1年左右的时间,在

20元以下将股票筹码控制在85%左右。

（3）在资金分配上，经估算前一阶段的资金损耗，应当在5亿元左右。其中花在二级市场上4.5亿元，花在法人上0.5亿元。但是，控制的流通筹码的市值在6亿元左右。用这6亿元市值在券商处抵押，即使按1∶0.4，也可以换来透支款2.4亿元。加上余下的1亿元，手中还有3.4亿元。然后在20元以上，有多少筹码无论价格多高通吃。当控制筹码90%以上时，就成功了。

（4）随后经过不停地除权，最终将股价推高到复权价格每股1 000元，也就是说流通市值达到350亿元。到那时，庄家控制了流通市值里的90%，也就是315亿元，但是成本仅6亿～7亿元。用这些钱即便按1∶0.3透支，也可透出100亿元的资金。用这些资金来打新股，扣除透支的成本，一年可以有9亿元以上的净赢利。

（5）用这些利润，可以控制公司股权，然后不停重组，将最好的项目注入公司，甚至可以注册影子公司，每年将数亿元利润转入公司。这样，公司的股价就被认可，从流通股上每出2.5%的货，就可收回7亿元左右的现金！通过5～7年左右的操作，最初的6亿元，可能变成400亿元以上的收益！

康达尔的庄儿们也承认，这种操作是严重违规的，但在当时监管环境下，如果熟悉证券市场、通晓法律，是可以回避风险、达到成功的。

但后来由于种种原因所致，这个计划失败了。

四、庄家的选股思路

庄家拟订了操作计划后，接下来就入场选择股票实施坐庄了。选股的实质就是信息评判和研发能力的较量。在研发能力上一些大的证券机构占有很大的优势，他们对个股的研究调查是很复杂、很专业的，需要花费较长的时间。简言之就是"竖着摸，横着比"，"竖着摸"即从产业政策、母公司或主管部门、公司自身的管理者和管理水平、再到产品结构和市场潜力等进行调查。"横着比"就是从国内外的相同或相近行业、关联行业以及潜在竞争者等角度分析，从中找出最佳的目标。一般而言，庄家选股是从基本面、技术面进行考虑的，最终选出适合于自己操作的股票。具体地说庄家有以下几种选股思路。

1. 按资金实力选股

根据自身资金状况选择自己力所能及的股票，以便坐庄成功。若资金量较大，将选择多种股票坐庄，往往构成板块，形成市场板块联动。

（1）对于救市的政府庄家来讲，他们往往选择龙头股，这样既可集中资金便于拉抬，又可坚定市场信心，达到一呼百应的效果。这类庄家往往以权重股作首选对象。

（2）对于资金丰裕的大市庄家来说，大盘股进出相对比较方便，一方面易于吸纳多的筹码，投入巨额资金；同时也由于这类股票成交量大，出货也方便，不至于太过显眼。

（3）对于资金实力小的短线庄家来讲，比较喜欢流通盘小的股票，因为这种股票相对易于控盘。深沪股市历史上，尽管炒作题材不断变化，但庄家多数时候选择小盘股，原因恐怕就在于此。一般来讲,一波行情中,也的确总是小盘股升幅大。

资金的性质和大小决定了其选股的目标。投资性资金一般把上市公司的业绩和成长性放在首位,追求的是安全性,炒作题材是其次的。有些资金为了达到年收益率水平,经常进行中线波段炒作,这也是很多机构投资者的操作方式。

2. 按公司本身选股

(1) 绩优型。上市公司业绩优良,市场属性良好,易于庄家拉抬与派发,不少中线庄家尤其钟爱绩优股,而且广大股民也愿意跟随这类庄家,即使被套牢也在所不惜,因为大都可以"柳暗花明又一村",短线被套也不怕。

(2) 成长型。上市公司业绩每年有望大幅或稳步增长,具有投资价值。这类股票企业大都内部管理优秀,技术领先,行业垄断性强,从而公司业绩特别优良,成长速度快,一般回报率也高。庄家介入风险小,利润大,因而作为主要选股品种。

(3) 题材型。题材炒作是市场永恒的主题,庄家想要炒作一只股票时,要么该股确实是某种题材或概念,要么设法炮制出题材。如拥有庞大土地资产可望升值,合资合作或股权转让,增资配股或送股分红,控股或收购,高新技术,资产重组等,因此庄家可借题发挥,充分利用市场跟风效应,使自己顺利坐庄,获取厚利。

3. 按市场性质选股

(1) 超跌股。股价长期连续下挫的股票,处于超跌,股价严重偏低。其优点为庄家介入成本较低,拉升一两倍,价格仍然不是很高,市场容易接受。

(2) 冷门股。冷门股由于长期备受冷落,极少有人关注,往往被市场所遗忘,获利盘消化彻底,且股价较低。庄家可以吸到足够低廉的筹码,以伺机炒作,可获取丰厚利润,因此备受庄家青睐。真正的黑马股往往产生于题材股、超跌低价股、冷门股里。

(3) 热门股。市场属性好,股民基础好,盘面比较活。庄家易于拉升,也易于派发,但坐庄成本较高,故仓位不会太重。

4. 按板块效应选股

股票板块就是指具有某一共同特征的一类股票。它的归类是人为的,划分标准也五花八门。可从地理上划分,如北京板块、四川板块、浦东板块等;也可从行业上划分,如金融板块、券商板块、钢铁板块等;还可以根据股价的高低,分为高价股、中价股和低价股板块;根据业绩的优劣可分为绩优股和绩差股板块;根据股本的大小,可分为大盘股、中盘股和小盘股板块。目前沪深两地交易所挂牌的近3 000多只股票根据不同的标准,可以分为许多板块,有时一只股票因同时具有两个或两个以上的特征而被划进多个板块。

板块是作为题材而推向市场的,庄家常常利用板块作为炒作的题材。中国证券市场经过20多年的发展,股票数目从最初的8只发展到近3 000多只,市场规模还在不断扩大,股市设立之初那种几乎所有股票齐涨共跌的情形几乎不复存在,取而代之的是不同板块的起落。对于广大中小投资者而言,要从这么多股票中选出有投资价值的实在不易。但倘若先对板块进行研究,再对板块内的个股进行细致分析,选出有潜力的个股,这种方法不仅比漫无边际的乱打一气要高明,也比单纯研究股票指数更务实。

第三章 建仓阶段

目前,中国股市没有卖空机制,只有买多,不能卖空;只有买股,才能卖股;只有卖股,才有赚钱的机会。因此,要坐庄的庄家,也必须有一个买股——吸筹的过程。吸筹一般分为底部吸筹和中部吸筹。底部吸筹价位较低,因而庄家的成本也较低,但需要的时间较长,短的需要两三个月,长的需要半年以上,并且要悄悄地进行。一旦泄密,为广大散户知悉,跟着庄家在底部吸筹,便会前功尽弃。中部吸筹是指要购买的股票价格已脱离底部区域,庄家筹码不足,又必须坐庄,只好在中途高价收购筹码。

掌握庄家建仓的手法及规律,是散户与庄共舞、战胜庄家的第一步。在这一阶段中跟庄家一起买入,散户才能变被动为主动,从而有可能成为庄家克星。

建仓在坐庄流程中,是必经阶段,不经过建仓就无可谓坐庄。

一、庄家建仓的三大要素

庄家建仓必须具备时间、价格、数量三大要素。

1. 时间

时间,要符合天时、地利、人和。

天时,指投资环境被认同,宏观经济向好,政策面支持股市的繁荣,从时机上具备了炒作的条件。最好的进庄时机应当在宏观经济运行至低谷而有启动迹象之时。此时的股市已经过了漫长的下跌,风险释放殆尽,渐近熊市尾声,在日后的炒作过程中能得到来自基本面的正面配合,能顺应市场大趋势的发展。

地利,即选择合适的个股,选中的股票必须有它适于炒作的理由,庄家选中某只股票、某个价位入庄,必然对它进行全面的调查,对该公司所处行业的国家产业政策、经营情况有全面的了解,能得到上市公司的默许或配合。

人和,即与各方面关系协调,包括对管理层意图的理解。大的机构与上市公司、交易所均有

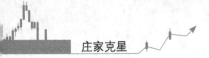

十分密切的关系,各大机构之间也常保持通气,这样在今后的拉升中才能一呼百应,八面来风。

当天时、地利、人和必备而又具备资金实力的时候,庄家会毫不犹豫地投身于股市。建仓时机的选择,一般有三种类型:一是行情启动之前悄悄建仓;二是行情启动时同时建仓;三是行情启动之后快速建仓。

从历史实践证明,我国股市真正意义上的大底,往往是双重底,一是政策底;二是市场底,而且是先有政策底,后有市场底,由于因政策而引发的反弹行情尚需要第二次探底,进而构筑完善的双重底形态。例如,在2012年12月股指跌破2 000点后,遇到政策底支撑而出现反弹,然后再度回落,在2013年6月创出了1 849.65点后企稳回升,形成了市场底,此后股价渐渐走高,2015年6月股指突破5 000点。

2. 价格

价格,要获得尽可能低廉的筹码。

庄家坐庄的根本目的是从市场中获取利润,股价是庄家也是所有投资者的生命线,因此最敏感、最关注,获取低价筹码是这个阶段的中心任务。大家知道,庄家坐庄是需要成本的,股价高,成本大,获利则小;股价低,成本小,获利则大。庄家在什么价位介入,在什么价位出货,获利区间有多大,都是经过精心计算的。凡是庄家认可的低价筹码,一概通吃;庄家认为高价的筹码,拒不接盘。因此,已入驻的庄家往往采用各种各样的手段,获取中小散户手中低廉的筹码。未入驻的庄家尽可能选择一个阶段性低点建仓,如熊市末期、长期下跌、无故暴跌等。如上证指数在2007年10月见顶后,一路盘跌而下,调整时间长达7年之久,股指跌幅超过70%,两市市值缩水过半,大批个股跌破发行价和净资产,市场重现1元股。这时的庄家瞄准低价超跌股,5元以下的股票大受庄家青睐,随后股指在2014年7月开始出现大幅反弹行情。

3. 数量

数量,要拿到尽可能多的筹码。

庄家坐庄的前提就是控制筹码,因此实力强大的庄家在符合"时"和"价"时,在这个阶段里尽可能多地收集筹码。庄家坐庄要符合"一个中心和两个基本点",即以追求利润为中心,以价和量为基本点。因此,价和量是庄家坐庄的核心部分,价高量多不能坐庄,价低量少也不能坐庄,只有价低与量多同时具备时才能坐庄。那么,控制流通盘的多少才可以坐庄呢?是30%、40%、50%,还是60%、70%、80%?不同的庄家有不同的控筹标准,一般短线庄家控筹在20%~30%左右;中线庄家在40%左右;长线庄家在50%以上,个别绝对高度控盘的甚至达到80%以上。但无论是哪一类庄家,应根据坐庄计划和资金实力而定。

在建仓阶段,时间、价格、数量三大要素必须同时具备,缺其一就会影响坐庄效果,影响坐庄利润,甚至造成坐庄失败。

二、庄家建仓的基本路径

一般而言,流通筹码的转换过程是:①散户卖出,散户买进;②散户卖出,庄家买进;③庄家卖出,散户买进;④庄家卖出,庄家买进。其中第④种可能是庄家自己对倒所为,也可能是庄家之间的换庄转让所为。

庄家建仓的基本手法是通过主动震荡来完成的。在某个价位上守株待兔,等待散户沽售而接盘,是不可能吸到既定持筹要求的。同样,纯粹的横盘式震荡整理,也是很难吸到筹码的。盘面看起来杂乱无章,没有规律,其实透过现象,认真分析,其庄家建仓是围绕一定的路径进行的。

纵观庄家建仓手法,共有以下五种建仓基本路径。

1. 横盘式的建仓路径

这种路径的表现是,股价在一个投资价值区域里,呈横向小箱体运行(不是单纯的横盘震荡),振幅很窄,时间较长(至少一个月)。这是庄家为了避免提高收集成本而在一个窄小的区间里悄悄收集筹码所致。盘面上,往往是在某一个高点堆放大卖单,封堵股价的继续上涨,避免建仓成本过高,当股价遇阻下跌到某一个低点时,又有买盘介入,阻止了股价的继续下跌。久而久之,股价走势几乎呈一条横线。吸筹量分布呈"均匀"状态,整个横盘期均为吸货期。

庄家坐庄意图:在精神上、心理上消磨散户的持股意志和信心,让散户从内心深处产生绝望,逼迫散户产生强烈的换股欲望,从而悻悻地抛出股票,庄家则如愿达到吸筹目的。

散户克庄方法:散户平时可多关注一些"市场弃儿",特别是那些一年半载无人理睬的个股,不要天天盯着涨幅榜前列的个股,那是别人的"媳妇",看也白看。关注长期横盘之后出现的第一根长阳,此时往往是庄家吹响冲锋陷阵的号角,也是我们与庄家抢钱的大好时机。

具体操作策略:①密切注视,但不要过早介入,免得受庄家折磨。一旦突破,即成为买卖信号。②横盘时间越久,突破的威力越大,升跌幅越大。横盘时间越短,升跌幅也越小。③盘局打破之后,不管升跌,如成交量大增,则升跌力量强大,狂升狂跌推测更有把握。

实例 3-1

图 3-1,盛屯矿业(600711):该股庄家介入后,长时间横盘震荡,庄家暗中悄然吸货,股价在一个较小的范围内波动。经过4个多月的吸纳、试盘、整理,庄家达到了控盘能力。2014年7月,股价向上突破后,形成主升浪行情。这类个股投资者可密切关注,一旦突破立即追进,切莫过早介入。

2. 下行式的建仓路径

庄家在建仓时,股价是呈下跌态势的,整个下跌过程就是庄家建仓过程(实际上是跌势的中后期),股价止跌即是庄家建仓结束之时。因此吸筹量分布呈"少开头,多后头"状态,即开始入驻时吸取少量的筹码,随着股价的持续下跌,庄家的进一步打压,逐步增加吸筹量,到最后庄家见筹就收,一概通吃,从而全面完成建仓任务。

庄家坐庄意图:通过持续的下跌走势,一方面继续加大先前套牢者的亏损额度;另一方面把低位介入者加入套牢之中,使他们的资金出现亏损,这样场内所有散户全线被套,庄家每打压一个点位,散户就增加一分损失,最后散户因承受不了巨大损失而被迫离场观望,筹码轻而易举落入庄家仓中。

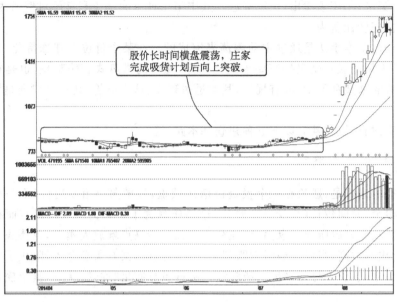

图 3-1

散户克庄方法：在成交量萎缩至地量后，股价出现跌无可跌时，试探性介入；在股价放量向上突破下降趋势线或均线系统出现多头排列时，可以大胆加仓介入。

实例 3-2

图 3-2，山东黄金（600547）：股价反弹结束后继续回落，在跌势后期，庄家悄然入驻接盘，通过4个多月的打压吸纳，达到了庄家的目标仓位。股份从2014年7月企稳上行，股价涨幅超过一倍。

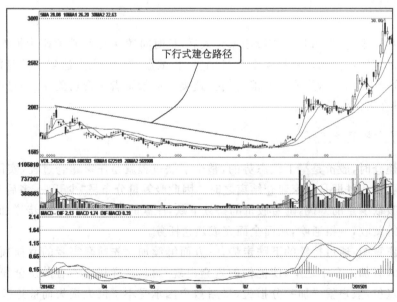

图 3-2

3. 上行式的建仓路径

这种路径与"下行式"的建仓路径相反,庄家在建仓时,股价是呈微升态势的,整个升势过程就是庄家建仓过程(实际上是升势的中前期)。吸筹量分布呈"多开头,少后头"状态,即开始入驻时就吸取大量的筹码,基本上达到目标仓位的70%以上,然后逐步补筹,随着股价的缓升而逐渐减少吸筹量,直至最终吸足筹码,最后经过试盘、整理,时机一到即展开拉升行情。这种方法要求庄家对底部判断绝对准确,否则就身陷其中。

庄家坐庄意图:通过股价的微幅上涨,一方面为先前套牢者提供一个解套的机会,因为散户长期被套后心急如焚,一到解套之日便心花怒放,于是不假思索地抛出股票,以免再遭套牢之苦;另一方面给低位介入者以小恩小惠,让他们高兴而来微笑而去,这样庄家就可以顺利完成建仓。但总体涨幅不能过大,应当控制在庄家的成本线以内,否则会增加坐庄成本。

散户克庄方法:这种建仓方式通常在拉升之前有一个"挖坑"过程,股价回落到30日均线之下,但很快又返回到30日均线之上,且30日均线保持上行状态,投资者可以在股价返回到30日均线时介入,或者在股价突破前期小高点时追进。

实例 3-3

图 3-3,贵人鸟(603555):该股上市后出现盘跌走势,然后企稳回升,庄家逐步向上推升股价,表明其实力相当强大,操盘手法稳健,炒作题材丰富,在形态上构成上行式建仓路径。当庄家吸足筹码后,经过短暂的试盘、整理,马上展开拉升行情,成为当时的一匹大黑马。

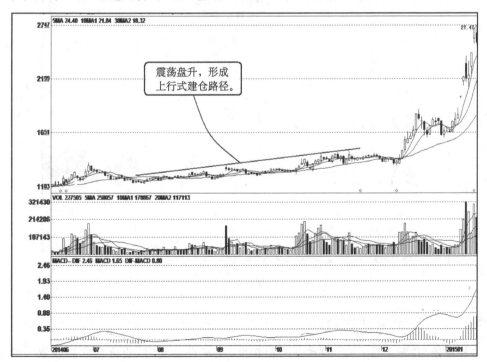

图 3-3

4. 先下后上式的建仓路径

庄家在股价下跌时吸取一部分筹码,然后待股价见底回升时,再吸取一部分筹码,直到完成目标仓位。吸筹量分布呈"多中间,少两头"状态,即开始入驻时吸取少量的筹码,随着股价的持续下跌,逐步增加吸筹量,见底时通吃筹码,然后股价回升时补足少量筹码,即可顺利完成建仓任务。在底部形成"圆弧底"形态。

庄家坐庄意图:先通过下跌走势,将盘内散户套牢,使他们的资金处于亏损状态,让其中部分经不起亏损的投资者割肉出局。夺得这部分投资者的筹码后,股价反转向上推升。这时,先前没有割肉出局的投资者得到解套,在低位介入的投资者得到微利,让他们解套和获微利出局。这样经过"一下一上",庄家就可以轻松地完成建仓任务。

散户克庄方法:当股价远离 30 日均线时,轻仓介入;当股价突破 30 日均线时,适当加仓;当 30 日均线掉头向上时,在均线附近积极做多。

实例 3-4

图 3-4,冠城大通(600067):股价见顶后逐波下跌,2014 年 4 月底出现加速下跌态势,此时庄家大举吸纳低价筹码,股价获得企稳盘整。在该股中庄家就采用了"先下后上"式的建仓路径,在底部吸取了大量的低价筹码,然后慢慢盘升而上,经过洗盘换手后,股价坚挺上行,累计涨幅较大。

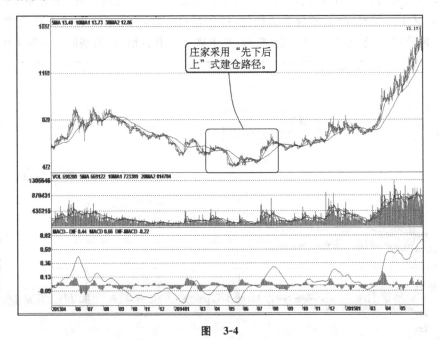

图 3-4

5. 先上后下式的建仓路径

这种路径与"先下后上式"的建仓路径相反,庄家在建仓时,股价见底后吸取一部分筹码,然后股价呈微幅上升。此时由于庄家持筹并不多,还不足以达到坐庄控盘的要求,于是又把股价打压下来,再次大规模建仓。吸筹量分布呈"多两头,少中间"状态,即开始入驻时就吸取大量的筹码,随着股价缓升时吸取少量筹码,然后在再次下跌时通吃筹码,以此完成建仓任务,在底部形成"双重底"形态。

庄家坐庄意图:先将股价缓慢地向上推升,成交量小幅放大(不排除偶尔放量),在推升过程中,部分先前套牢者和获微利者陆续抛盘离场,庄家即可顺利接盘。当股价推升到一定的幅度后,庄家就将股价慢慢地往下压,形成下跌态势。这时投资者误以为庄家在出货,前期没有出局又缺乏持股信心的投资者,便会做出抛盘离场的决定。这样经过"一上一下"的运作,庄家能吸的筹码就吸到了。

散户克庄方法:在前期低点附近轻仓介入,当股价放量向上突破"双重底"颈线时,应加仓介入。

实例 3-5

图 3-5,国新能源(600617):该股经过大幅下跌后,于 2012 年 7 月企稳回升,庄家吸取了大量的低价筹码。在股价向上推升过程中,接纳了少量获利盘。然后打压吸货,股价回落到前期低点附近,此时再次吃进了部分筹码。当完成建仓计划后,突然发力将股价拉高,股价连续拉出多个涨停板,庄家获利十分丰厚。

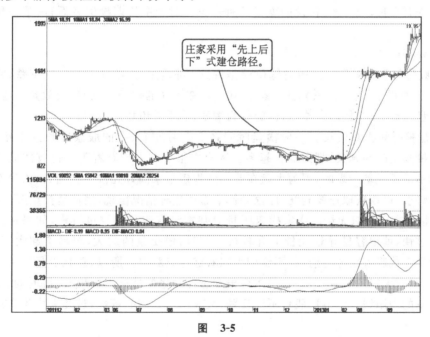

图 3-5

三、庄家建仓的运作方式

股谚云:"头部一日,谷底百日。"庄家资金雄厚,阵容强大,要想顺利地拿到足够多的低价筹码,非一日一时之功。往往需要各种手法巧取豪夺,或长期横盘令短线高手难耐寂寞而另觅新欢,或上蹿下跳引诱散户低抛高吸,或"升一日,盘半月"模仿小脚女人走路,让人忍无可忍,最后敬而远之。虽然庄家进场悄无声息,秘而不宣,但在盘面上总会留下进入的蛛丝马迹,在图表上多少也会表现出一些特征。根据中国股市多年的运行特点,庄家常用的建仓方式如下。

1. 横盘式建仓

股价在经过漫长的下跌后,庄家悄然入驻,股价止跌企稳,庄家只让黑马"埋头吃草",不让其"抬头看路",从而形成横向盘整格局。这类个股抗跌也拒涨,其他个股纷纷高调涨停"争艳",它闷声不响;别的个股争先恐后跌停"减肥",它纹丝不动。由于庄家在这一区域调动资金进行收集,强大的买盘使股价表现得十分抗跌,图形上形成一个明显的平台或箱形底的形态,股价方向不够明确。这种方式往往时间较长,一两个月、半年甚至更长,期间股价起伏极度疲软,又没有明显的放量过程。但是,如果单纯横盘的话,将使得市场中的抛盘迅速减少,不久就会出现没人抛售的现象,这时只能采用震荡的手法,逐出部分意志不坚定的投资者,成交量会略有活跃迹象,但由于没有大阳线、大阴线,不容易引起散户的注意,使得庄家在横盘中吸货的意图得到极好的隐蔽。在低位长期横盘的股票一旦启动,其涨幅往往十分惊人,"横有多长,竖有多高"说的就是这种形态。对于中长期投资者而言,是一种很好的选择。

其主要特征:

(1)股价处于相对低位。所谓低位就是说这只股票已经经过了长期的下跌,跌到了前期高点的50%以下,有时候跌幅甚至超过70%。在下跌的初期,也会形成放量过程,但在低位开始横盘之后,成交量渐渐萎缩,盘面较为清淡,似乎被市场所遗忘。

(2)盘整时间相对较长。一般横盘时间在3个月左右,有的股票则长达半年,甚至更长。因为横盘的时间越长,割肉盘就越多。散户中很少有人能看着手中持有的股票连续长时间纹丝不动而无动于衷的,因为大盘在此期间肯定是来回好几次了。通常,大家都会割肉去追随强势股,以期获取短线利润,庄家则恰恰希望这种情况出现,悄悄地接纳廉价筹码。

(3)整理期间相对无量。庄家横盘吸货时基本没有明显的放量过程,如果在某一时段庄家吸筹过快,就很容易导致股价上升较快。而且,成交量的放大,容易引起大家的关注。庄家在没有完成吸筹任务之前,并不希望大家看好这只股票。所以,总是少量的一点一点地吃进,尽量避开大家的关注。当然,偶尔会出现脉冲放量的情况,就是隔一段时间,出现一两根小幅放量的中阳线。但事后股价不涨反跌,大大出乎人们的意料,过几天大家自然又将它忘记了。

(4)震荡幅度相对较窄。横盘并非一成不变,纹丝不动。通常来讲,横盘总是发生在一个较小的箱体中,这个箱体上下幅度不大,一般在20%以内。但上下的差价,也是很长时间才能见到,短期内根本无利可图,不会吸引短线跟风盘。在大部分的时间里,上下不过10%,谁也没兴趣去做。庄家连续吸筹一段时间后,股价上升了一点,为了降低成本,一般会在三五天时间内,把股价打回原处,然后重新再来。不过,有的庄家很狡猾,做出的箱体十分不规则,震荡的周期来回变,振幅也不固定,有的时候根本触不到箱体的上下沿。这时只要把握"总的箱体未被破坏"就可,中间有许多的细节不去管也罢,免得受捉弄。

横盘可细分为低位横盘、中继横盘和高位横盘三种。一只股票在一轮行情中,可能出现其中之一种形态,也可能出现其中之二或之三种形态。

第一,低位横盘。股价经过大幅下挫后见底,这时庄家进场压顶吸货,形成长时间(3个月左右)的横盘走势。由于长时间不能上涨,先前高位持股者继续割肉出局,低位介入者也平仓或微亏出局,以此完成建仓任务。

庄家坐庄意图:以时间拖垮投资者的持股信心和意志,使持股者无利可取又费时间而出局,持币者因无钱可挣而不愿入场,从而实现低位建仓目的。

散户克庄方法:面对这种盘面走势,已经介入的持股者,应当学会与庄家比耐心,这也是无奈之举,当然也要知道庄家花巨资入场炒作,不会等待太长的时间,股价迟早要上涨的。持币者不要急于介入,保持观望,养精蓄锐,时机成熟,立即行动,最好的入场机会就是在股价放量向上突破盘整区域之时。当然,如果是战略性投资者,不妨在低位跟随庄家建仓。

实例 3-6

图 3-6,智慧农业(000816):股价经过长期下跌调整后在底部企稳,再次打压后在低位呈现横盘震荡,成交量大幅萎缩,维持盘局 3 个月左右。在这段时间里,估计盘中不少散户也割肉逃之夭夭了,庄家却一一将筹码收于囊中,在完成建仓计划后股价慢慢回升,底部向上抬高,并在前期高点附近消化上方压力。2014 年 9 月 23 日发力向上突破,此后股价震荡上行,进入牛市上升阶段。

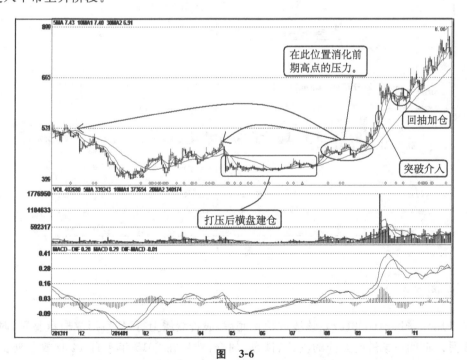

图 3-6

第二,中继横盘,也叫中继平台。庄家在底部收集到一定数量的筹码后,股价向上反弹一段距离,庄家此时由于仓位不够,便停滞上涨脚步,但又不敢把股价压下来而丢失筹码,从而形成平台走势,使散户误以为反弹结束而退出,庄家在平台盘整中继续收集筹码,同时对在底部介入的筹码进行一次清洗,消除后市股价上涨的阻力。通常一个中继平台需要1~2个月时间,成交量也会出现萎缩现象,一旦放量向上突破中继横盘,其上涨力量和幅度相当惊人。

庄家坐庄意图:①让先前介入者出局,继续收集筹码;②庄家也可以做高抛低吸的差价;③进一步夯实底部基础;④有的庄家可能是等待拉升时机。

散户克庄方法:遇到这种盘面走势时,在先前底部介入者,不妨逢高先行退出,等待股价回调低点再介入,可以获得小幅度差价,或者干脆与庄家告别,而另觅他股。持币者可以在横向盘整的后期,盘面出现向上突破时择机介入。

实例 3-7

图 3-7,万达院线(002739):该股上市后就出现一波较大的拉升行情,然后滞涨在高位形成横盘整理。这时先期在一级市场获得筹码的散户,获利丰厚,估计此时应获利了结。由于庄家筹码锁定性好,加上有良好的题材支持,庄家在此位置进行成功的换手。2015年4月,股价再次向上突破,展开新一轮拉升行情,股价又涨了150%。

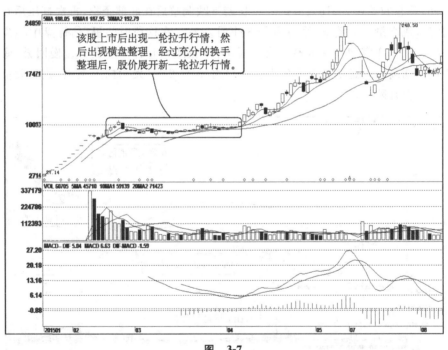

图 3-7

实例 3-8

图 3-8,沃华医药(002107):该股成功见底后,股价缓缓上行,然后形成横盘整理,时间长达3个月。期间庄家进行充分的洗盘、试盘、加仓,然后在2015年1月14日放量向上突破平台整理区域,股价进入一个新的运行区间。投资者在股价向上突破时,应积极跟进做多。

第三,高位横盘。高位横盘一般是完全控盘的强庄所为,是建仓的特殊方式之一(在实盘中多数是在此做换手工作,真正的建仓任务已经在此前完成)。大多出现在近一两年或历史的高位密集区附近,依庄家习惯,可能略高于或低于该位置。横盘的时间通常1~2个月,

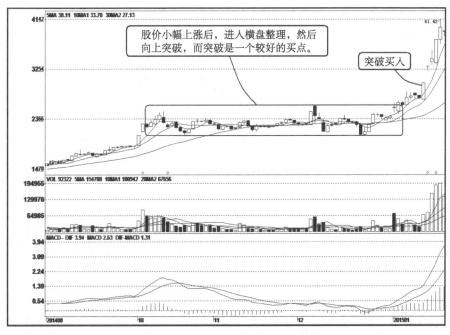

图 3-8

整体成交量比较低,盘中成交稀疏。有些庄家不喜欢操盘,就让股票随波逐流,只有达到预定的低点附近时,才会拉上一把,或者达到预定的高点时,打压一把。有些庄家希望靠盘中走势多吃一些筹码,偶尔会放巨量,出现大的阴线。

高位平台的初期,盘面技术形态与头部非常相似,所以初期庄家往往会砸出一个低点,以后的横盘多在此点以上运行。高位平台与低位平台、中继平台所起的作用是相同的,与出货平台有所区别,主要是看盘中走势,因为日 K 线上,往往会出现假突破。

需要指出的是:高位横盘是相对于建仓当时来说的,对中长线来讲又是底部或中继横盘。

庄家坐庄意图:经过一轮涨升后,获利盘较丰富,但由于股票本身潜在投资价值还没有充分被挖掘,或者没有达到庄家预定的炒作目标,所以在中途停止涨势,以便做好充分的换手工作,同时庄家也可以做高抛低吸的差价。

散户克庄方法:如果是股价经持续下跌后形成的横盘走势,或者是经过一波反弹行情后形成的横盘走势,可以在向上成功突破盘局时介入或加仓买进;如果是涨幅较大或经过两波行情后形成的横盘走势,则要特别谨慎操作,进行综合分析,不可贸然而动。如果是三波以上行情后形成的横盘走势,不论后市走势如何,千万不要碰,晚餐虽美但不好吃。

实例 3-9

图 3-9,营口港(600317):从走势图中可以看出(复权图),超级强庄入驻后,在低位吸纳了大量的低价筹码,然后股价拔地而起,出现两波较大拉升,股价已经翻番。2014 年 6 月开始股价进入横盘震荡走势,波动幅度渐渐缩小,成交量明显萎缩。经过 2 个多月的蓄势整理后,2014 年 8 月 20 日股价再次向上突破,展开新一轮拉升行情,涨幅依然十分巨大,成为沪

深两市的超级大黑马。

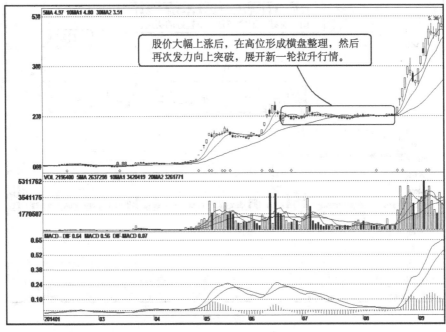

图 3-9

2. 缓升式建仓

缓升式建仓，也叫推高式建仓或边拉边吸式建仓。庄家采用这种方式，多是由于股价已被市场慢慢推高脱离底部，市场前景看好，投资者出现惜售，只能逐步推高进行收集。在图表上会出现阶段性特征，即进二退一或进三退一，先拉出两三根小阳线，再拉出一根小阴线。由于庄家无法在相对底部吸到足够的筹码，因而成本较高，风险也相对较大。因此庄家在选股时必须配合丰富的市场题材，否则得不到市场的认同，根本没有获利派发的空间。采用此方式建仓的前提，通常是在大势中短期已见底，并开始出现转跌为升的迹象时进场。当然，有时也反映庄家实力弱小的一面。主要盘面特征：

（1）成交量总体不大，但能够维持活跃的市场人气。

（2）单日涨跌幅度都不是很大，在日K线上呈小阴小阳形态。

（3）小浪推升，30日均线稳健有力，很少形成大型的技术形态。

庄家坐庄意图：通过股价的缓慢上涨，达到边建仓、边洗盘、边换手的目的，逐步抬高底部，为日后拉升奠定基础。同时，也表明庄家不愿意与短线激进型投机者合作，不温不火的缓升走势，让投机者无利可图。而且，也使庄家保持低调走势，不想过分袒露于散户面前，有利坐庄的开展。

散户克庄方法：持股者坚定持股信心，持币者买阴不买阳，即在股价下跌收阴线时买进，不在冲高阳线时追涨。介入后捂股不放，以中、长线操作为主，待盘面放出巨量进入加速拉升时出局。在技术指标方面以30日移动平均线作为重要参考依据，一旦有效跌破30日均线的支撑，则立即卖出，或者股价加速上涨，远离均线时退出。

实例 3-10

图 3-10，沈阳机床（000410）：该股庄家介入后，股价企稳回升，此时由于庄家仓位不够，但打压吸货容易导致低位丢失筹码，而快速拉升建仓也不切实际，于是庄家就采用缓升式建仓，在盘面上进二退一、涨多跌少的走势，边拉边吸来完成建仓任务，让一些持股不够坚定的散户离场。然后股价向上拉高，2015 年 2 月开始股价出现一波较大的上涨行情，累计涨幅超过四倍。

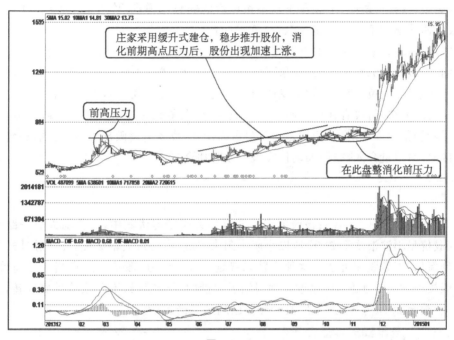

图 3-10

3. 缓跌式建仓

缓跌式建仓也叫边压边吸式建仓，与缓升式建仓相反。这种手法大多出现在冷门股或长期下跌的股票里，庄家在吸货时常以缓跌的方式完成，因为这类股票已基本为市场所遗忘。在走势上阴气沉沉，黏黏糊糊呈小阴小阳下行，疲弱态势不见终日。通常，缓跌很少出现跳空走势，股价总体下跌速度缓慢，单日下跌幅度也不大，但下跌周期很长，很难判断股价在什么时间可以真正见底。期间震荡幅度不大，成交量萎缩，开盘以平开为多，有时庄家为了做盘的需要，故意以低开高走的方法，制造出实体很大的假阳 K 线，但当日股价仍在下跌，而且可能连续以这种方式下跌。投资者多持悲观态度，对后市的涨升不抱太多的希望，认为每次盘中上冲都是解套或出逃的最佳时机，早一天出售少一分损失，于是纷纷抛售股票，这样庄家就可以吃进大量便宜的筹码。其主要特征：

（1）整个缓跌期间的成交量总体水平是萎缩的，缓跌途中遇反弹成交量可能略有放大但不会很充分，也不能持续，而单日突发巨量的反弹则不太正常，显得过激，但到了后期特别是逼多的时候，成交量可能会放大不少。

（2）股价缓跌中不断以反弹的方式进行抵抗，甚至走出局部小型的V形、W形或头肩底等反弹形态，股价维持一段虚假繁荣以后，又继续下跌，这种反弹为继续回落积蓄下跌的能量，直到无力反弹时股价才有可能见底。只要股价还有较大的反弹，则股价就无望看到底部，这叫反弹无望或反弹衰退。

（3）股价运行似波浪运动，只不过像退潮的海水一样，一个波浪比一个波浪低，也就是说股价反弹的每一个高点都不及前期高点，高点一个比一个低，低点一个比一个矮，而且从波浪形态和数量很难判断股价何时真正见底。在一个波浪形态内，一般股价贴5日均线下行，很少突破30日均线（一个波段下跌结束以后的弱势反弹，股价可能上摸到30日均线附近）。股价回落整体角度一般在30°、45°、60°左右。

庄家坐庄意图：通过缓慢的下跌走势，使股民失去投资信心，达到边建仓、边打压、边换手的目的，为日后上涨腾出空间（如果下跌50%的空间，就有100%的上涨空间）。同时通过缓跌的方式，培养高位套牢者的"承受能力"，不至于一下子击垮投资者的信心。

散户克庄方法：持股者在反弹高点卖出或减仓，在急跌时逢低补进，以摊低平均持仓成本。持币者勒紧钱袋不松口，密切跟踪观察盘面走势，待放量突破压力位（均线、趋势线或成交密集区等）时适量介入，在回抽确认突破有效时加仓买入。

实例 3-11

图 3-11，跨境通（002640）：该股上市后即有实力庄家埋伏其中，股价随大势一路向下阴跌，其间股价呈小波浪式下跌，K线以小阴小阳来完成，成交量大幅萎缩，几次脉冲式反弹后股价再创新低，直到跌无可跌。这种阴跌态势延续3个多月，股价与上市当天最高价相比，最大跌幅接近50%。此间，庄家顺利地吸纳了大量的低价筹码，不久股价见底反转，成交量温和放大，截至2013年11月月底股价涨幅已超过三倍。

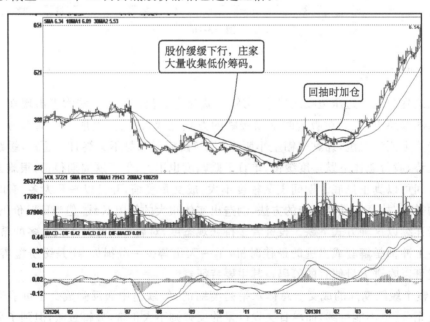

图 3-11

4. 拉高式建仓

拉高吸货,哄抢筹码,表明庄家实力雄厚或作风凶悍。这种形式大多出现在大盘下跌阶段末期和平衡市况中,或冷门股和长期下跌的股票。庄家在被市场认为是不可思议中将股价迅速抬高,甚至个别凶悍的庄家可以使股价连续冲破前期阻力,创出历史高点,从而顺利完成建仓。其优点是:牺牲价位,赢得时间。其原因是:背后蕴藏着重大题材,一旦公布将直接导致股价大幅上升,时间较为仓促,来不及于低位吸筹或出于严格的保密需要,担心其他资金在低位抢筹码,提前打市场的"突袭战",即使拉涨停板也在所不惜,往往在较短的时间内完成建仓计划。从逻辑上说,既然庄家肯出高价急速建仓,表明股价未来应该有极大的涨幅,拉高建仓事实上反映了庄家急于吸货的迫切心态,如果将来没有极大的上升空间,庄家是不会把大量资金投入其中的。

这种吸筹方式,通常表现出以下几种盘面现象:一是股票在很短的时间内换手率高并迅速从分散到集中;二是市场利好消息不断,炒作氛围较好,并形成明显联动效应;三是洗盘手法凶悍,狂涨暴跌,使骑马者纷纷落马。

拉高建仓主要有两种手法:一步到位和连续拉升。

(1) 一步到位。有些庄家性子急,不喜欢推高建仓,就采用在一两天时间突然拉升,快速放大量拉出一两根大阳线或一两个涨停板,将股价迅速拉高到目标位,然后通过大幅震荡,形成高位平台或旗形整理态势,给散户造成出货假象,而庄家悄悄接手散户获利盘抛出。这样做成本要高一些,但是建仓时间可以缩短(另一方面也降低了坐庄利息)。有这种形态的股票,易于推断启动时间,而且短期涨幅往往很大。这种情况大多出现在个股流通盘小、业绩不好,股价不高,庄家对目标股大肆建仓,造成短线技术指标超买引发抛盘,利用投资者见好就收的心理,迅速完成建仓。

庄家坐庄意图:通过短期的大涨诱惑散户,使其落袋为安而纷纷抛出股票,同时场外持币者也会因短期涨幅过大,而不敢意追涨买进,以此完成建仓任务。

散户克庄方法:持股者在股价暴涨、乖离率偏大时,可以先在高位卖出,待股价回落到均线附近时重新买入,做一波短线差价,这样就跑赢庄家。持币者此时不要看到股价快速上涨而贸然去追高,否则很容易造成短线被套,可以待股价回落时逢低买入,或者随后股价突破该高点时跟进。

实例 3-12

图 3-12,中成股份(000151):股价经过大幅下跌后,在低位企稳盘整,这时场内该卖的人早已卖出,持股的人怎么也不卖了,因此庄家很难继续在低位吃到便宜货,只好变换建仓手法才能达到建仓目的。于是,庄家在 2014 年 5 月 23 日放量拉出一个涨停板,第二天高开低走,让低位介入者获得小利,同时也给前期套牢者一个出局的机会。庄家通过这种拉高手法达到建仓目的,同时带有试盘性质,其后经过一段时间的蓄势整理,股价出现向上突破,累计涨幅较大。

(2) 连续拉升。股价底部已经出现,投资者惜售,庄家无法在底部收集到足够的筹码,为了赶时间、抢筹码,而出现连续拉高,K 线角度陡峭,乖离率偏大。庄家在此制造大幅震荡,引发散户抛盘出现(庄家也在做高抛低吸的差价)。

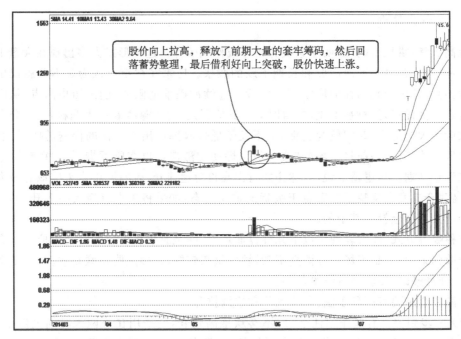

图 3-12

庄家坐庄意图：在持续的涨升中，盘内积累了一定的获利盘，当股价出现波动时，散户就会蜂拥而出，庄家可以达到与底部建仓相同的效果。

散户克庄方法：低位介入者可以逢高先出局观望，持币者不要急于跟庄，应观察随后几天的股价走势。如果股价回调确认后强势放量上涨，则及时跟进；如果股价持续走弱，量能萎缩，则后市不容乐观，不宜跟进，可以判断先前的上涨可能是多头陷阱。

实例 3-13

图 3-13，深华发 A(000020)：股价见顶后大幅下跌，再叫散户割肉已不切实际，股价在底部获得企稳，陷入沉闷的盘局走势。2014 年 3 月中旬，庄家连续拉高股价，成交量异常放大，然后进入调整再吸货。盘内散户以为反弹结束而纷纷抛售股票，而庄家却悄悄吃进筹码，随后庄家配合利好快速拉升行情，连续出现 5 个"一"字形涨停板。

5. 反弹式建仓

股价下跌到一个低点以后，无法在底部吸到足够的筹码，为了节省吸筹的时间，就采用反弹式吸筹。这时庄家利用股民"反弹出货""高抛低吸"的心理，通过反弹方式，大口吃进筹码，从而快速完成建仓任务。反弹到位后，庄家采取两种吸筹策略：

（1）反弹后回落。股价经过反弹后回落整理，但未到前期低点位置股价再次拉起甚至飙升，使"高抛低吸"者踏空而后悔，被迫到高位去追涨。

庄家坐庄意图：投资者在长期的下跌行情中，亲历了股价涨了又跌，跌了还跌的辛酸场面，熊市思维一时难以改变。庄家就抓住这一点，在低位通过反弹走势，引诱散户抛出手中的筹码，以此达到建仓的目的。

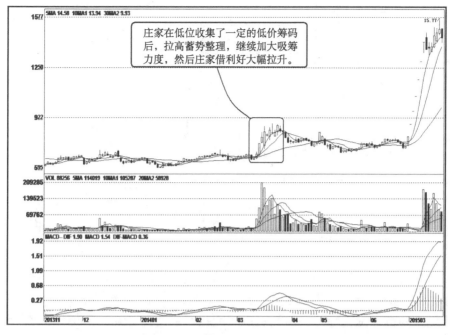

图 3-13

散户克庄方法：持股者在反弹高点卖出或减仓，卖点可以选择在大阳线或盘中冲高时，此处不宜采用杀跌动作。然后在急跌时逢低重新补进，买点可以选择在均线或前期低点附近。稳健型投资者可以不理会短暂的下跌调整，坚持以中长线的投资眼光。持币者不追涨，在回调低点买入。

实例 3-14

图 3-14，深深房 A(000029)：股价随大势一跌再跌，此时该抛的人都已经离场了，不抛的人死活抱着股票不动。因此，庄家无法再吃到低廉筹码了，于是在 2014 年 3 月展开一波反弹行情，成交量十分异常。在反弹见顶时，散户纷纷止损离场或高抛低吸，庄家却在暗中继续吃货。不难看出，庄家通过这一轮反弹行情，吃到了大量的低价筹码。

（2）反弹后横盘。股价反弹到一定价位后不随大市回落，而是长时间作平台整理。人们看到大盘走软，便萌发高抛低吸的念头。岂知，庄家照收不误，硬是不让股价回落，反而轻松吸到足够的筹码。但这种吸筹法必须对后市有一个正确的判断，对所建仓的个股的前景了如指掌，有充足的资金作后盾，才可为日后的飙升奠定良好的基础。

有时候庄家把价位推高一个台阶后，若大盘走弱，庄家无法抵挡蜂拥的抛盘，只好且战且退。待空方力量消化殆尽时，庄家再调集重兵，做好打歼灭战的准备。此类个股往往具有未来大黑马的潜质。

庄家坐庄意图：股价在长期的下跌行情中运行，股民还没有摆脱熊市思维，当出现一波短期的反弹行情时，不少获利盘、浅套盘、割肉盘就会抛出，庄家在盘中悄然接走筹码，同时庄家也利用反弹时机做高抛低吸的差价。

散户克庄方法：如果已在底部介入的投资者可以先出局观望，待股价回落到前期低点附

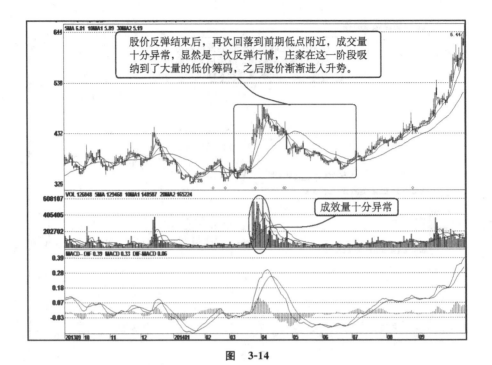

图 3-14

近重新买入,此时买入比较安全,被套牢的可能性不大,因为即使后市没有涨升行情,通常庄家在此位置也有一个震荡过程,散户应有机会退出。如果反弹后横盘走势,可以待股价放量向上突破时买入或加仓。

实例 3-15

图 3-15,莲花味精(600186):股价经过大幅下挫后企稳见底,随后展开向上反弹,2014 年 8 月当股价反弹到前期高点附近时,出现明显的滞涨现象,股价进入横盘蓄势整理。那么,庄家这么做是为什么呢?目的就是逼迫在底部介入的投资者获小利抛售,同时让前期套牢者解套离场,以此完成建仓任务,庄家目的达到后股价展开上升行情,累计涨幅巨大。

6. 打压式建仓

这种吸筹方法,庄家的操盘风格非常凶悍,股价常是暴涨暴跌行情。庄家运用手中已有的筹码,向下不计成本地大幅打压,图表上出现直线式或瀑布式地向下走。通常在图表上股价急跌三四个点之后在低位横盘震荡,集中了主要的成交量,庄家通过这一平台吸纳筹码。这种走势使散户在心理上完全崩溃,走为上策,纷纷争先恐后地出逃,而庄家则一一笑纳。这种收集方式,在大势向下调整时,或是个股有较大利空出现时,效果更佳。但要求庄家控筹程度高,实力强大,且跌幅不要过大,时间也不会太久。这是因为:一方面过分地打压只能使更多的卖盘涌出,吃进的筹码将比预期的要多得多,很难控制局面,一旦失控,满盘皆输。另一方面若是实质性利好时,还会遭到其他对手的抢货,从而造成筹码损失。

这种吸筹方式通常表现出以下几种情况:一是市场或个股在底部时利空消息不断,成交

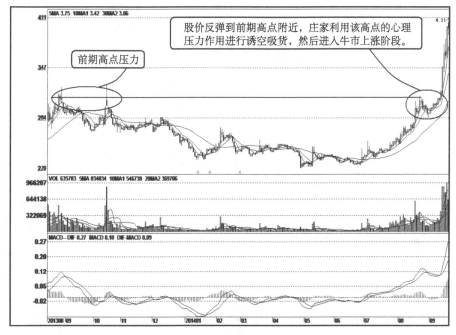

图 3-15

量急剧萎缩。二是大盘及个股跌破重要的技术支撑位,比如均线、颈线、密集区等,引发投资者恐慌性抛售。三是股价长期阴跌,底部量能创新低。四是低价区反复出现带有长上下影线K线,有时出现逐级向上的小阳线。

庄家坐庄意图:通过股价向下打压,特别是深幅打压,加重散户心理负担直至崩溃,从而夺取散户手中的筹码。

散户克庄方法:如果还是浅套,股价又刚刚起跌时,可以斩仓出局,待低点补仓介入。买点可以选择在前期低点附近,或者在股价突破重要位置后不跌反涨时买入,或者在股价远离均线系统时买入。如果股价跌幅已达到50%以上,不能盲目杀跌。持币者待底部企稳时买入。

实例 3-16

图 3-16,莱茵体育(000558):股价反弹结束后回落,2015年1月中旬出现明显的放量打压现象,股价击穿前期低点支撑,均线系统呈现空头排列,形成加速下跌势头。此时,胆小的散户便选择离场操作,而庄家成功地在低价接纳筹码,顺利地完成建仓任务。不久,庄家发力向上突破,股价强势上涨,尽显强庄本色。

实例 3-17

图 3-17,跨境通(002640):股价经过一轮炒作后,庄家在高位完成减仓计划,然后开始打压股价。2013年12月2日出现跳水走势,阶段跌幅接近50%,此时不少散户选择止损离场操作,而庄家则通吃筹码,顺利地完成建仓计划。2014年7月庄家借利好大幅拉升,股价出现飙涨,阶段涨幅接近300%。

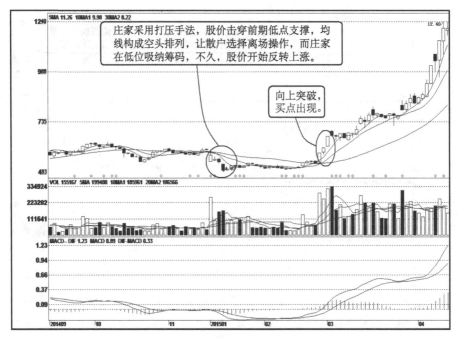

图 3-16

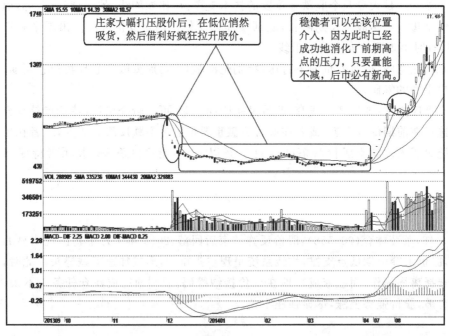

图 3-17

7. 隐蔽式建仓

这种方式通常被上市公司庄家或券商庄家所采用,因为这种隐蔽式的收集不是通过二级市场来完成的,而是在一级市场上通过认购、配售新股或承销商包销而获得了大量的筹码,因而这种方式根本无法在二级市场被发现。有时几个庄家同时看准某一只股票,且持仓量相当,但任何一方都不敢担当主庄而拉升股价,最后只好协议转仓,让其中一方独揽筹码,这样双方得利。由于不通过二级市场进行交易,一般投资者难以在盘面上发现这种行为。

在二级市场中,隐蔽式吸货手法大多出现在冷门股,庄家不露声色,在相对较低的价位进行箱形盘整,与大盘的趋势一致,成交量很小,尽量不能让人察觉有大资金介入,不会出现大手笔买单,而将大资金拆小,这对资金量大的庄家来说,相对建仓时间较长,必须要有足够的耐心和耐力,因为在底部吸的筹码越多,其建仓的成本越低。通常在低位盘整时间越长,则未来涨幅越大。

庄家坐庄意图:这类庄家的坐庄意图不十分明显,主要根据一级市场所获得的筹码多少而定,有的甚至是被迫坐庄,也很无奈。

散户克庄方法:投资者如果中签持股,二级市场定价合理,在上市当天有冲高动作时可以逢高退出。场外投资者以观望为主,尽量不参与。对于冷门股投资者只要注意就可以了,不必介入其中和庄家比耐心。

实例 3-18

图 3-18,清水源(300437):该股庄家从一级市场获得了大量的低价筹码,2015 年 4 月 23 日上市后一路飙升,连拉 26 个涨停,股价从上市首日的 13.77 元飙涨到了 180.85 元,涨幅十分巨大。这种走势散户没法从技术去把握,庄家不跟市场讲什么道理,凭的是自己雄厚的资金实力。当然,股价一旦见顶,其跌幅也是惊人的,散户尽量不要参与此类个股的操作。如 2015 年上半年的广生堂(300436)、鹏辉能源(300438)、鲍斯股份(300441)、康斯特(300445)和乐凯新材(300446)等都属于这种类型。

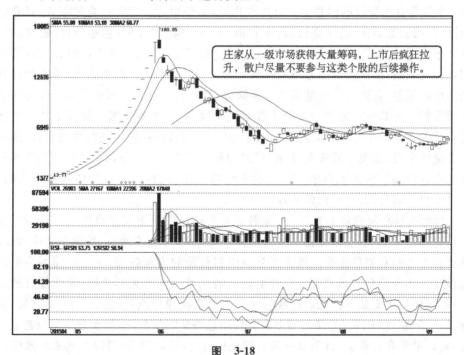

图 3-18

8. 利空式建仓

这是庄家借助政策面、基本面上的利空消息,来加强操盘力度的一种常用手法。由于庄家具有信息优势,往往先于市场获得内幕消息,从而预先做好接货的准备。在利空来袭之际,逼迫部分投资者因为忍受不了压力而出局,庄家轻而易举顺利接走散户的恐慌性杀跌盘,达到迅速建仓或洗盘的目的。有时庄家与上市公司联手,制造一些非实质性的利空消息或故意夸张利空消息事实,人为制造恐慌气氛,损人利己来完成建仓任务。如从技术面上制造空头陷阱,引发崇尚技术派炒手上当。这些都是最快也是效果最好的建仓或洗盘方式,故长期成为庄家戏弄散户的伎俩。

其主要特征:

(1) 利空消息具有不可预见性,由于一般散户不可能事先获得某些内幕消息,一旦突然公布,使人措手不及,恐慌效果极盛。在盘面上,前几天还十分坚挺甚至涨得好好的,突然受消息的打击,引发股价的大跌,一根大阴线封闭了前面的数根 K 线,这种形态十分可怕。

(2) 成交量明显放大。庄家往往通过大单刻意向下砸盘,引发抛单出现。如果成交量低于或平于前几日而股价大幅下跌,则属于无量下跌,一般假消息的可能性较大。

(3) 股谚语:"利空出尽变利好,利好出尽变利空。"据经验总结,此谚语在假消息中实盘效果较好,但在真消息中就不管用了。如果在实盘中据此操作,恐怕吃亏的多。比如,利空消息出来是真的,可能引发股价大跌,股价不会在短期内产生升势,如果按"利空出尽变利好"而介入,必将深套于其中。同样,利多消息出来是真的,可能引发股价大涨,股价不会在短期内产生跌势,如果按"利多出尽变利空"而出局,必然损失一大截利润。因此,判断消息的真假十分必要,是投资者必须具备的境界。

(4) 个股具有恐慌性的消息主要有这样几类:①公司遭受突发性自然灾害、高管层涉嫌经济问题、公司面临破产、公司造假、行业衰退、业绩下降、原计划(包括项目、题材)被取消、公司涉诉或担保、股权质押或冻结等,对这些消息是真是假,是大是小,扑朔迷离,投资者无法做出正确的判断,因此更加引起恐慌气氛。②公司公告债务缠身的消息,给人的感觉就是这家公司形象很差,且面临亏损甚至马上要摘牌,其实这不过是庄家的计策。③公司公告将出现严重亏损。并非所有公告亏损的个股都能变成黑马,但不少黑马确实是从那些让人避之唯恐不及的亏损股中诞生。大家可关注那些公告亏损之后,股价连续跳空下行,随后在低位连续放量的个股,此类个股多是庄家利用"亏损"来骗筹。④公司公告将被 ST 或暂停上市。庄家在低位骗筹码并非易事,ST 制度变相帮了庄家的一个大忙,庄家利用人们对 ST 的恐惧将股价大幅打低,再在低位将筹码一一笑纳。

(5) 判断消息真假的基本方法:①辨别消息来源。来自正规渠道的,可信度高;道听途说的,可信度差。②观察盘面变化。真消息会大涨大跌,一去不回头;假消息虚涨虚跌,很快会反转运行。③判断消息性质。重大消息会引起股价的大幅波动;一般新闻不会引起股价的大幅波动。④看消息的透明度。公开明朗的消息可以作为买卖依据,朦胧传言的消息可信度差,不能作为买卖依据。⑤看涨跌幅度。假消息跌幅较浅,一般在 10%~20%;真消息跌幅较深,一般超过 30%。⑥从时间上看。假消息持续时间较短,股价很快复位甚至超过前期峰点,可以追涨介入做多;真消息持续时间较长,股价难以回升,可以割肉杀出做空。

庄家坐庄意图:运用舆论手段,制造盘面恐慌气氛,恐吓散户离场。

散户克庄方法：持股者首先判断消息的真假，然后再做买卖决定。持币者保持观望，不要贸然介入，以免造成误判而影响财富缩水。

实例 3-19

图 3-19，宝泰隆（601011）：2014 年 12 月 19 日，因公司涉嫌操纵股价被监管机构立案查处，受此利空消息影响，12 月 22 日股票以跌停板收盘，次日继续下跌，盘面形成一定的恐慌气氛，散户也纷纷止损出局。随后股价渐渐企稳回升，庄家利用向下跳空缺口进行诱空吸货。当庄家达到建仓计划后，股价重回上升通道。

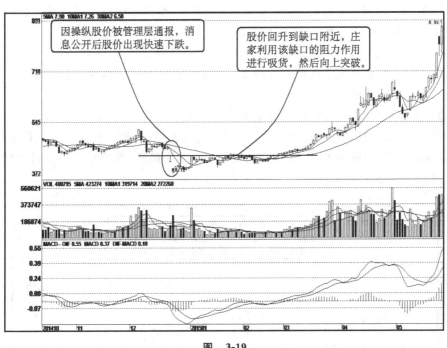

图 3-19

9. 陷阱式建仓

在建仓阶段，庄家与散户实际上是处于博弈的两端，庄家总是力图制造出假象迫使散户低价吐出筹码。正因此，在底部区域的顶端，庄家往往发布种种利空，或从技术面上制造空头形态，使市场发生心理恐慌，主动促成股价下跌，引发技术派炒手的止损盘出现。

这种下跌要与建仓失败的图区分出来，从下跌的幅度大小就可以分辨出庄家的目标。如果庄家在下跌途中坚定持筹，并且继续逢低吸纳，这时股价就不会下跌到前期成本密集区以下，而出货形态就没有这种情况。有时候，当股价回落临近某些重要的技术支撑位（线）时，如黄金分割线、短期移动平均线、形态颈线位、重要心理关口、成交密集区、前期的甚至历史性的底部等，庄家用事先已吸进的部分筹码进行疯狂的打压，故意击穿支撑位（线），极力制造一种恐慌气氛，使投资者产生恐惧的心理，造成股价还有很大下跌空间的感觉，从而迫使散户争相斩仓割肉，庄家则顺利地吃进大量的廉价筹码，然后又立即将股价拉回支撑位（线）之上。一只股票在建仓的阶段，这种情况可能会出现多次，但随着庄家筹码的增加，振幅会减少。另外,当大盘急跌,那些振幅很小的个股,更加是庄家持仓位大小的表现。

庄家坐庄意图:技术是骗人的最好手段。庄家经常运用技术手段制造各种虚假形态、虚假信号,引诱散户上当受骗,从而完成建仓任务。

散户克庄方法:千万不要盲目地追涨杀跌,这样可以避免上庄家的当。要仔细观察盘口,看下跌是否有理由,目前的价位高低,庄家是否抽身逃离,跌停后是否迅速关门,成交量是大是小,换手率是高是低,以及庄家持仓成本和坐庄意图,然后再决定操作方向。

实例 3-20

图 3-20,海南橡胶(601118):该股上市后逐波下跌,股价小幅反弹后继续走低。2013年6月24日一根接近跌停的大阴线,向下击穿了前期低点支撑,突破了散户的心理防线,预示股价将产生新一轮下跌走势,因此构成卖出信号。可是,股价只是小幅下跌,然后在前期低点附近震荡盘整,庄家在此等候散户的抛盘。当庄家完成建仓计划后,9月2日股价放量向上突破,从此股价步入涨升行情。

从该股走势图中可以看出,股价向下突破时成交量没有放大,表明下跌动能不强,盘中筹码已经锁定,浮动筹码很少,属于无量空跌走势。另外,股价经过长期的下跌调整后,已经处于底部区域,下跌空间不大,因此向下突破是一个空头陷阱,当股价向上突破底部盘整区域时,就是一个很好的买点。

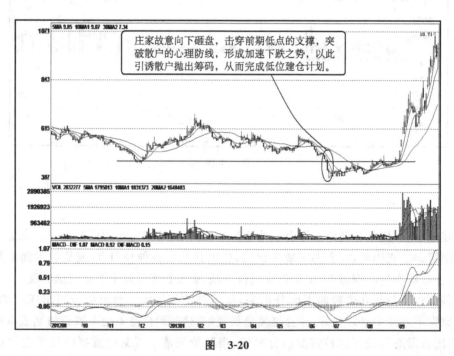

图 3-20

10. 拉锯式建仓

这种建仓方法振幅相对较大,庄家的手法极为凶悍,来回拉锯,上打下拉,股价大起大落,快跌快涨,让投资者真正领略到"乘电梯"的感觉。庄家的实力一般都较强大,在很短的时间内把股价拉上去,当散户在暗暗盘算利润时,股价已经回到原来的位置上,获利的希望又破灭。庄家反复地将股价快速拉高,又快速打压,拉高和打压相结合,很多散户经不住庄家的几番折腾,继而以离场为幸,把廉价筹码送给了庄家。出现这种现象的股票一般股性比较活跃,成交量也较温和,基本上运行在一个不规则的箱体之中。

庄家坐庄意图:通过股价的快速涨跌,不给散户获利机会,动摇散户持股信心,从而获得散户手中的筹码。

散户克庄方法:遇到这种盘面时不要追涨杀跌,短线技术高手可以高抛低吸,以前期高点和低点的上下限作为买卖点位进行操作,一般散户不参与为宜,可以在股价有效脱离盘整区域后再做买卖决策。

实例 3-21

图 3-21,生意宝(002095):股价小幅上涨后,形成平台整理,期间股价大起大落,呈现拉锯式走势,盘面毫无轨迹可循,搅乱了散户的操作思维,而庄家也在震荡中做高抛低吸的差价。当建仓计划完成后,在 2015 年 1 月 16 日开始向上突破,从此走出一波较大的上升行情。

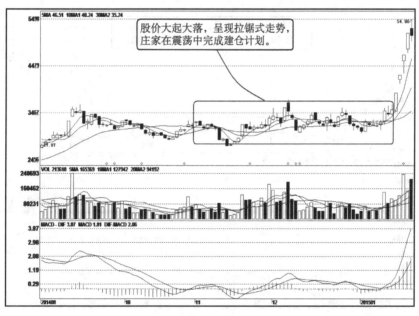

图 3-21

11. 箱体式建仓

这种建仓方式与拉锯式建仓方式相似,其特点:股价走势犹如关在箱体内的顽鼠上蹿下跳,庄家此时左右开弓,围追堵截,既扮买家又演卖家,价格跌下来则吸,价格涨上去则压,用"大棒加胡萝卜"的两手策略。在分时图上多为急跌后缓慢爬升,升时成交量逐渐放大。庄家时而对持股者用小阳线之类的小恩小惠诱使其抛售,时而用高开低走的阴线之类的大棒逼使其吐出筹码。这里介绍两种特殊的建仓方式:压顶式建仓和保底式建仓。

(1)压顶式建仓。压顶式建仓也叫压盘式建仓。就是庄家经过研究策划后,在某一目标价位以下低吸筹码,每当股价碰触该价位时便很快回落,在 K 线上往往形成长长的上影线,被市场认为上行压力重大而纷纷将筹码抛给了庄家。有时,庄家为了偷懒而干脆在目标价位处挂出大笔卖单压盘,任凭散户在下面游动,以此获得低价筹码。

庄家坐庄意图:庄家的目的就是将自己的坐庄成本控制在一定的范围以内,防止股价大幅波动而影响持仓,这种走势通常借助于低迷的市场。

散户克庄方法:激进型持股者可以跟随庄家在箱顶附近抛出,在低位买入,进行高抛低吸。稳健型持币者不必急于介入,可以待股价有效突破箱顶时买入。

实例 3-22

图 3-22,中金岭南(000060):该股庄家就采用了压顶式建仓。股价在底部获得支撑后,形成横向盘整走势。但股价每次反弹到前期高点附近时,似乎都遇到很大的阻力,股价出现回落走势。庄家在震荡中不断获取低价筹码,2014 年 6 月 23 日股价放量向上突破,从此进入牛市上涨期。

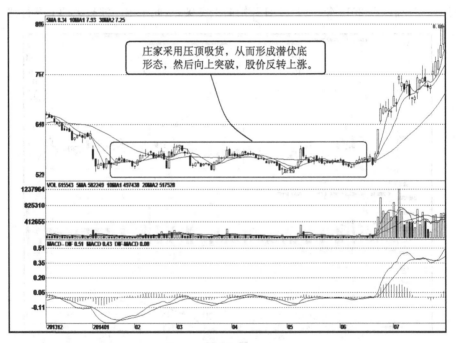

图 3-22

(2)保底式建仓。保底式建仓也叫护盘式建仓,与压顶式建仓正好相反。股价形成底部后,庄家先确定一个仓底价,然后在此价位附近震荡,这是庄家的基本成本区,若股价随大势上行后再下跌时,通常会在仓底价的底边线价位上护盘,这种方式通常以延长时间来吸筹。

庄家坐庄意图:通过压顶和保底手法,将股价控制在一个狭小的范围里,减小散户获利空间,增加散户操作难度,很多散户因此离场,从而完成建仓任务。同时,庄家又可以将自己的坐庄成本控制在一个理想的区间内。

散户克庄方法:遇到这种盘面走势不要追涨杀跌,短线技术高手可以在箱体内进行高抛低吸,即前期低点附近买入,前期高点附近卖出。一般散户不参与为宜,可以在股价有效突破箱体后介入。据观察经验,箱体一般出现 2～4 的高点或低点,如果股价出现在箱体的第 5 个高点或低点附近时,大多数股票会出现变盘走势,投资者应引起注意。

实例 3-23

图 3-23,隆基股份(601012):该股庄家就采用了保底式建仓。该股上市后逐步下跌,在低位出现横向窄幅震荡走势,形成长方形整理形态。在整理末端庄家制造一个空头陷阱,股价向下突破长方形下限支撑,预示股价将产生新一轮下跌走势,因此构成卖出信号。可是,股价只是小幅下跌,然后很快返回到长方形之内,再次经过短期的整理后,在 2013 年 1 月 4 日股价以放量涨停的方式向上突破长方形上限压力,从此股价步入涨升行情,到 8 月底股价涨幅已超过 150%。

从该股走势图中可以看出,股价向下突破时成交量没有放大,表明下跌动能不强,盘中筹码已经锁定,浮动筹码很少,属于无量空跌走势。另外,股价经过长期的下跌调整后,已经处于底部区域,下跌空间不大,因此向下突破是一个空头陷阱。

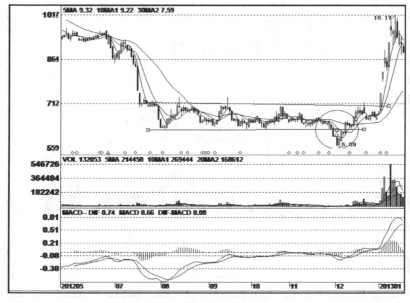

图 3-23

12. 逆势式建仓

逆势就是逆大势而行,逆市上涨的股必然有庄。高位逆势飘红是庄家护盘,逆市翻绿是庄家出货;在低位无论逆势飘红或翻绿都是庄家吸筹,而且敢于逆市建仓的庄家应该是实力庄家。

在大势上涨时,庄家压价在底部徘徊或微幅上涨(或下跌),给人以"无庄家"之感。散户看到其他的股票大幅上扬,自己捂的股票却纹丝不动,由于暴富心理强烈,心急如焚,从而动摇持股信心,纷纷抛出股票去追热门股;在大势下跌时,庄家却竭力托价或微幅下跌(或上涨),散户以为自己持的股票也会出现补跌行情,于是先走为快,免得其套,拿着庄家赐给的小惠夺门而出,离场观望,庄家皆大欢喜去接筹。这种进庄方式由于庄家常常不按规律操作,怪招频出,让投资者捉摸不定,建仓效果较佳。但庄家这种操作有一定风险性,毕竟逆市操盘难度要大,一旦失手,便会作茧自缚,最终无法兑现利润。

庄家坐庄意图:在顺势操作不够奏效时,庄家通过反大众心理操作,迫使散户交出筹码,是建仓的一种特殊方式,能够达到快速建仓。

散户克庄方法:如果大盘已经启动一轮行情,该股若是底部区域,应持股不动。若是高位区域,要谨防庄家出货,一旦开始出货就会迎来"跳水"走势;如果大盘已经见顶回落,无论该股处于底位还是高位,都应防止庄家出货。

实例 3-24

图 3-24,长亮科技(300348):在 2014 年 7 月份之前大盘走势十分疲软,而该股同期却在底部温和放量,股价稳步盘升而上,走势十分坚挺。此时散户受大盘弱势影响,担心股价出现回落整理,而纷纷"高抛低吸"卖出股票,结果丢失了筹码,从而使庄家快速完成建仓任务。此后,在大盘企稳上涨时,股价出现加速上涨,涨幅远远超过大盘。

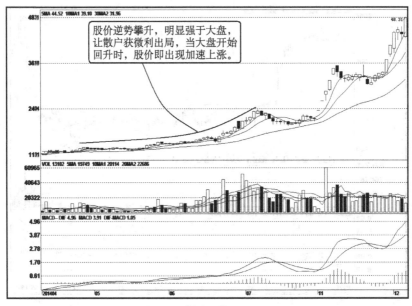

图 3-24

13. 巨量式建仓

庄家在建仓过程中,突然在某一天或几天时间里放出巨大的成交量,以制造"天量天价"、"放量不涨"的假象,引发场内抛盘。以高开低走的形式,K 线在相对高位产生大阴线,或以低开高走的形式,K 线产生带长上影线的阳线,给人留下"很不舒服"的感觉,认为庄家出货或撤庄,以此引诱投资者抛盘。这种吃货的好处是庄家利用较高的成本、缩短资金投入时间,减少运作风险。这种方式可以是一天放巨量,也可以是连续多日放巨量;可以是间歇性放巨量,也可以是持续性放巨量;可以出现在底部,也可以出现在相对高位。

庄家坐庄意图:通过对倒手法制造巨大成交量,给散户以庄家放量出货的假象,从而达到快速建仓的目的。

散户克庄方法:若是股价处于底部放量,可能是大黑马启动的征兆;若是股价有一定的涨幅,可以进行高抛低吸操作,待股价回落时重新介入;若是股价经过充分炒作后的放量,要谨防庄家出货,应选择逢高离场。

实例 3-25

图 3-25,恒顺众升(300208):股价见底后渐渐回升,庄家大规模收集筹码,2014年5月连拉两个"一"字形涨停板后,连续多日放出巨量,仅5月13日、14日的换手率均超过90%,造成庄家放量出货的假象。散户看到如此大的成交量,又不见股价上涨,而动摇了持股信心。庄家很顺利达到了建仓的目的,随后股价开始震荡上扬。

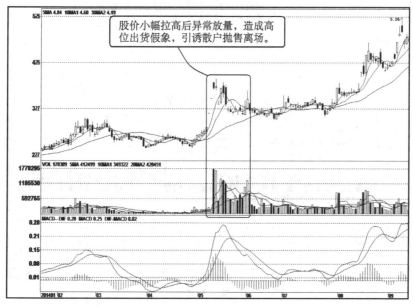

图 3-25

14. 跌停式建仓

根据时间优先原则,在涨跌停板制度下,市场中个股涨或跌停是经常出现的。显然,在已经跌停的情况下,作为卖方,已经无法通过压价与其他卖方竞争,要想获得较大卖出机会,只有抢时间早些时候以跌停价挂卖单排队,越早越好,迟者可能痛失卖出机会。如果庄家想进货,他就在跌停板价位处挂巨额卖单,吓得散户纷纷以跌停价杀出。此时,庄家悄悄撤掉原先挂出的巨额卖单,然后填买单将散户筹码一一吃进,与此同时再挂与撤单大小相近的卖单在后头,在表象上没有明显变化。这一过程可以反复进行,直到吸足筹码,或大多散户发觉时为止。

庄家坐庄意图:通过股价跌停走势,制造盘面恐慌气氛,而跌停往往伴随着技术上的破位,从而形成后市还有较大的下跌空间假象,以此引诱恐慌盘涌出,庄家则在跌停板位置通吃筹码。

散户克庄方法:要进行综合分析,不可盲目地杀跌,以防上当受骗。看盘口走势,分析跌停的理由,并结合价位高低和成交量的大小、换手率高低,然后再作决定。如果出现在长期下跌后的低位,那么下跌空间就不大了,应当持股不动;若在涨幅较大的高位,谨防庄家打压出货。

实例 3-26

图 3-26,科泰电源(300153):股价小幅攀高后,庄家开始打压股价,连续两个交易日股价出现跌停,均线系统空头发散,形成加速下跌态势,而庄家则在跌停板位置挂单吸货。此后,股价企稳形成横盘整理,庄家利用向下跳空缺口继续加大建仓力度,经过 20 多个交易日的蓄势整理后,股价在 2015 年 2 月开始反转向上,市场进入牛市格局。

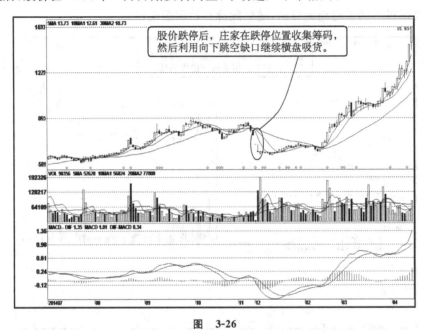

图 3-26

15. 周末式建仓

这种建仓方式是巧妙地利用时间差进行吸筹,大多在周五或节假日前夕,更多地在节前最后一个或半个小时里甚至尾盘最后几分钟,利用散户来不及做出反应的时候,以迅雷不及掩耳之势迅速打压股价,在分时图上向下跳水,在 K 线图中留下大阴线,形态十分难看。这一现象出现,意味着次日极有可能会出现大跌。然后通过周六、周日或节日期间以充分的时间通过报纸、电视、网站以及股评等宣传攻势鼓动散户跟风,极力渲染"减仓、观望"气氛,以此吸取散户的筹码,从而可以轻松完成建仓任务。

庄家坐庄意图:利用周末或节假日营造不利气氛,诱导散户抛盘。同时也利用周末或节假日消费高峰期,逼迫散户拿筹码换现金。

散户克庄方法:要重点关注周末或节假日期间,有没有实质性利空消息公布,若没有实质性利空消息,要进行综合分析,不要盲目追涨杀跌,以防上当受骗。看盘口走势,分析下跌理由,并结合价位高低和成交量的大小、换手率高低,然后再作决定。若有实质性利空消息,则根据其消息对股价影响大小再作定论。

上面介绍的几种庄家建仓方式,是庄家坐庄过程中常用的运作手法,有时只采用其中的一种建仓方式,有时可能采用多种建仓方式组合运用,但无论庄家采用什么样的方式建仓,只要领悟了上述建仓方式的坐庄意图,就能从盘面上察觉到庄家的建仓迹象,也就顺利地找到了克庄方法。

四、建仓时的盘口现象

可以说,庄家自始至终地在与散户玩游戏,在这场游戏中庄家是主持者,散户只是参与者。在游戏中,庄家可以根据游戏的进程情况摆出不同的姿态来欺骗散户,而散户只有察言观色,发现庄家的蛛丝马迹,并抓住其弱处,来对付庄家。

1. 日 K 线盘口

开盘形式大多数以平开为主,或微幅低(高)开出现,很少有大幅跳空低开或高开的情况。庄家通常运用手中已有的筹码,不计成本地掌控盘面,在日 K 线上拉出一两根阳线(或十字星)后,接下去更加猛烈地向下打压股价,股价一抬头就打压,走势逐波下移,均线系统成空头排列,呈一条斜线下移。期间有小型的波峰浪谷,但却无规律。通常,每一轮的波幅在 10%～20%,而反弹的高度可能只有跌幅的 0.382 倍或 0.618 倍,累计总跌幅可能超过 30%,甚至在 50% 以上。盘面一张一弛,庄家玩散户,就像大人逗小孩。在这一阶段里,常见的日 K 线形态有小阴小阳线、十字星线、长上下影线或阴阳夹形态等。

比较典型的盘口现象:

(1) 带长上、下影的小阳小阴线,并且当日成交量主要集中在上影线区,而下影线中存在着较大的无量空体,许多上影线来自临近收盘时的大幅无量打压所致。

(2) 跳空高开后顺势打压,收出一支实体较大的阴线,同时成交量放大,但随后未继续放量,反而急速萎缩,股价重新陷入表面上的无序震荡状态。

(3) 小幅跳空低开后借势上推,尾盘以光头阳线报收,甚至出现较大的涨幅,成交量明显地放大,但第二天又被很小的成交量打下来。

2. 分时图盘口

观察庄家动向就是观察个股交易的买卖盘,即观察一只股票委托买入的价格、数量及委托卖出的价格、数量的变化,庄家动向在这里经常暴露出来。

(1) 挂单卖出。股价上冲几个价位后,庄家故意在卖盘上挂出不能成交的大卖单,从而吓唬跟风盘以显示抛盘汹涌,同时压制股价上涨,然后用少量筹码向下压价,使投资者错误地认为庄家在出货,而将手中的持股打低几个价位抛售,这时庄家可以从容进行收集。当在这一价位没有了卖盘之后,再改挂高一点的价位继续收集。这笔挂单通常是几百手甚至几千手的,而且是故意出现在盘面上,但一般不会挂留太久,否则极有可能被其他庄家抢去。

一般情况下,庄家总会在卖盘处(特别是卖三处)挂一些相对大一点的卖单,让散户看不到价位升上去的希望,然后庄家的买盘会不断地将卖二、卖一处的抛单卷走。如果庄家非常有耐心,最终就会出现连续多日股价难升,但买盘不断卷走筹码的过程,大盘趋势稳定时,会导致股价走平台。大盘走势疲态时,由于庄家压盘会导致股价走下降趋势。如果庄家性情急躁就会出现拉高扫盘的吸筹方法,但扫完卖盘后,会择机再将股价打回原形或更低的位置,即使有一些浮动亏损也在所不惜。

在低迷状况中,某日股价有所异动,在卖盘上挂出巨大抛单,买单却比较少,此时如果有资金进场将挂在卖档的压单吃掉,可视为是庄家建仓动作。注意,此时的压单并不一定是有人在抛空,有可能是庄家自己的筹码,在吸引投资者注意。此时,如果持续出现卖单挂出便被吃掉的情况,可反映出庄家的实力。投资者要注意,如果想介入,千万不要跟风对着卖盘买进,应待到大抛单不见了,在股价回调时再介入,避免当日追高被套。庄家有时卖单挂出大单,也旨在吓走持股者。但在低位出现上述情况,介入一般风险不大,庄家向上拉升意图明显,短线有被浅套可能,但最终将会有所收益。与此相反,如果在个股被炒高之后,盘中常见巨大抛单,而买盘不济,此时便要注意风险了,一般此时退出,可有效地避险。

(2) 挂单买入。在下降趋势中,庄家利用开盘时下档承接盘稀薄的机会,先抛出一部分筹码将股价打低,同时在买档位置挂出大买单,然后打出一大笔一大笔的卖单,将买盘逐步消掉。接着在稍低一点的价位同样垫上大单,再打出大笔抛单。但庄家抛出的筹码并不太多,否则会得不偿失。此时,一般散户受大势影响和庄家开盘时的低价暗示诱导,投资者误以为庄家出货而纷纷抛售筹码,庄家就悄悄地笑纳了。如此反复,直到完成建仓计划。

但应注意,这种情况股价不一定能马上企稳,因为在股价下跌过程中,光靠庄家护盘是护不住的,一般股价还会有小幅下跌空间,这时应密切注意,一旦市场转强就会有不错的表现。

(3) "炸单"打压。打压吸筹俗称炸单,如果大盘或板块的形势非常严峻,或者个股有利空袭来引起一片恐慌的时候,下档就会无人承接。庄家会在下档首先埋下大单子,然后以小单子向下卖出,让那些关注者,眼看着下档买单被卖单一点点吞噬掉。其实庄家"一点点吞噬"的都是自己的筹码,目的就是向下诱导股价,让大多数人看到股价下方支撑不住了,而且还是带量下跌,这时就把持不住了,纷纷卖出筹码,这正符合庄家意图。

这种方法只适用于市场形象差和庄家仓位较轻的股票。如果在市场形象较好的个股中炸单,往往会被其他庄家捷足先登,结果偷鸡不成反而蚀把米。庄家仓位较重的股票也不能炸单,否则会造成一些跟风或者炒底盘介入者的成本比自己还低,对自己以后的拉抬和出货形成威胁。

(4) 在大盘不景气的时候,庄家悄悄地在股价缓慢上升中完成吸筹,而不引起投资者注意。当盘面上档有大卖单挂出,庄家如果照单全收,会引起股价上涨,被人察觉。因此,庄家会采取多进少出的形式,在以实质性买单买进上方大单筹码几秒钟后,用另一台电脑确认向下以实质性卖单卖出极小部分的筹码,这样既不引起价格上涨,又能吸到廉价筹码。

当上档只有小卖单出现时,庄家按兵不动,让股价自由回落,直到再次有大卖单出现。如果大盘形势不好,有时上档不断地有大卖单出现,庄家也会都吸收进来,这样股价会有所上升,在当天的K线上出现一个中阳线。这时庄家可以在临近收盘的时候,利用下档承接盘稀少的机会,用少量筹码将股价打下来,这就形成尾盘"跳水"。第二天,则在同一价位附近反复吸纳筹码。

随着时间的推移,某个价位上的流通筹码会越来越少,很难再吸到廉价筹码时,庄家会小幅度地以实质性的小买单稍稍推升一下股价,然后进行新一轮的吸筹。由于交易量不大,一般不会引起别人的注意。但是日积月累,仍然会在K线或走势图上出现小规模的上升线而被人察觉。这种股价的长期稳定中有小幅上升的情形,使一些散户持观望态度,不愿低价卖出筹码,庄家吸筹越来越困难,便会转变战术。

(5) 横盘震荡。这种方法多用于绩优大盘股,有时候由于个股基本面非常优秀,股价稍稍变动,就会引来大批的跟风者,使庄家还没吸够筹码,股价就已经涨了。庄家就会采用横盘吸筹,就是在大盘上涨的时候,在上档的阻力位放上大卖单,阻止股价上涨,吓走多头,其实只是虚张声势。在股价下跌的时候,则在下档分批埋上小买单,吸纳筹码。庄家会利用主动性的买卖单控制股价,由于横盘时间较长,幅度不大,有时候连差价也打不出来,看着其他的股票潮起潮落,频频有差价可赚,绝大多数散户会撑不住劲,抛出廉价筹码去追求短线收益。庄家就可以尽情地吸筹了。

(6) 尾市盘口。庄家在收盘前几分钟,突然出现一笔或几笔大卖单,将股价砸到低位。其目的是让散户来不及做出反应,使日K线图形十分难看,让散户产生恐惧心理,以为第二天股价会下跌,于是在第二天抛出股票,庄家则乘机买进。如果庄家在第二天继续打压一下,散户抛盘会更多涌出,庄家就可以一一吃进。

上下五档买卖盘中的盘面语言:①上档卖盘较大,短线买盘较活跃,该股有短线上攻潜力。②上档卖盘较大,短线买盘不活跃,该股有庄家在短线诱多。③下档买盘较大,并持续不间断上挂,该股有出货嫌疑。④下档买盘较大,并跳跃有大买单出现,该股有短线上攻潜力。⑤上下档挂盘均较大,该股波动幅度不大,该股有出货嫌疑。⑥尾市单笔砸盘,短线有上攻潜力;尾市单尾上拉,短线有出货嫌疑。

吸筹玄机重重,是庄家获利的基础和关键环节,分时盘口信息出现在买档和卖档、笔数和手数之中。要了解和读懂盘口信息语言,必须长期跟踪观察,盯紧盘口变化,在操作中不断探索,不断完善自己,深刻领悟庄家意图,这是散户投资者的基本功,因此必须潜心苦练、细心琢磨。

3. 量价关系

在这一阶段,经常出现上涨时成交量显著放大,但出现涨幅不高的滞涨现象,随后在下跌过程中成交量却以极快的速度萎缩。有时,则是上涨一小段后便不涨不跌,成交量虽然不如拉升时大,但始终维持在较活跃的水平,保持一到两个月后开始萎缩。由于庄家比出的多,OBV线就会向上。尽管庄家暂时未必有力量拉升,但纵控个股走势的能力还是有的。此时的量价关系:

(1) 价涨量增。股价上升而成交量比平时增加,为庄家买盘积极的表现。一般来讲,股价在底部出现价涨量增,反映在低位已有庄家积极吸纳,后市可望止跌回升。

(2) 价跌量增。股价下跌而成交量增大,价量出现背离。股价累计已有一定的跌幅(30%或50%),且跌幅已经逐渐收窄,此时如果成交量突然大增,可视为有庄家趁低分批买货的举动,后市可望止跌回稳。在股价底部,价格突然急挫且成交量显著大增,视为最后解脱现象,沽盘全数涌现后,看好的一批买盘接货,从而令后市出现无阻力的反弹升势。

(3) 价跌量缩。股价下跌而成交量减少,是势道趋弱、买盘欠积极表现,此时观望为宜。若股价已有一定的跌幅,跌幅减少且成交量萎缩至地量,甚至没有成交,反映沽压已减少,只要有买盘出现,股价可望见底回升。

(4) 价平量增。股价持平,涨跌幅很小,但成交量却突然增加。若股价接近跌势末期时,

出现价平量增,反映低位出现承接力,庄家可能正在低位收集货源,后市有机会反弹回升。

(5)价平量缩。股价升跌幅微少,且成交量减少。若股价处于明显跌势,累计跌幅很多,突然出现价平量缩,反映其时有可能暂时止跌筑底,宜密切留意。若股价下跌已多,止跌回升初期,出现价平量缩,反映市场买盘仍见犹豫,未敢大量买盘,其时涨势仍不明确。

总之,建仓阶段的成交量总体维持在较低水平,个别庄家在底部吸筹时出现脉冲式放量现象。反弹式、拉高式、利空式、跌停式等建仓方式可能会出现短期的放量过程,一般很少出现持续性放量态势。

五、建仓时的技术特征

1. 均线特征

均线系统由建仓初期的杂乱无章,纠缠不清,渐向脉络清晰起伏有致转变。从技术上说,这是建仓成功与否所表现出来的区别之处。内在机理是:在初期由于筹码分散,持仓成本分布较宽,加上庄家刻意打压,股价波动的规律性较差,反映到均线系统上,就是短、中、长均线不断地交叉起伏,随着庄家手中所持筹码的沉淀,市场上的浮动码减少,当庄家持筹到了一定程度,往往会把股价的波动幅度减下来以摊平市场平均成本,减少其他的投资者来回做短差。当均线之间的距离渐渐缩小甚至是黏合时,就会开始试盘拉升或者是打压,由于庄家对股价有掌控力,尽管每日盘中震荡不断,但是趋势渐渐形成,而反映趋势的均线系统自然是错落有致。

一般情况下,缓跌式、打压式、利空式、陷阱式等建仓手法,多数均线系统呈明显的空头排列;横盘式、拉锯式、箱体式等建仓手法,多数均线系统呈水平或黏合状态;缓升式、拉升式、逆势式等建仓手法,多数均线呈多头排列。对这阶段均线系统的认真分析,有助于投资者进一步了解庄家坐庄手法。

2. 指标特征

这阶段的技术指标买卖信号频繁出现,操作难度较大。DMI、MACD 等趋势型技术指标方向不明朗,几乎失效。MA、EXPMA、BBI 等均线型技术指标多空转换频繁,操作难度较大。BRAR、PSY 等人气指标极度疲软,交投清淡。RSI 强弱指标走势较弱,出现双底或底背离现象。KDJ、W%R 等超买超卖型技术指标,经常出现底背离现象。BOLL、MIK 等压力支撑型技术指标,在常态中运行。OBV 指标在底部横盘或已缓缓向上,而此时股价仅是横向波动甚至下跌。

3. K 线特征

在庄家建仓过程中,不但在分时图上留下蛛丝马迹,在日 K 线上也同样会留下踪迹。庄家建仓是有计划地将股价控制在一个区域内波动,当股价经过一段慢牛走高之后,庄家会以少量筹码迅速将股价打压下来,以便重新以较低的价格继续建仓,如此反复,在 K 线图上就形成了一波或几波"牛长熊短"的 N 形 K 线形态。

在这一阶段，经常出现一些特殊的 K 线形态，日 K 线经常会在低位拉出小十字星，或者小阴小阳 K 线。这些 K 线的含义：一方面，庄家压低后慢慢吸纳，又不想收高，不然造成今后吸货成本提高，故收盘时打压到与开盘相同或相近的价位，这就形成十字星 K 线；另一方面，庄家想隐蔽些，在这种盘局中悄悄吸纳便宜货，因而打压也不敢太放肆，收集不敢太疯狂，所以振幅较小，成十字星 K 线。到收集后期，出现实体较长的阳线或上影线较长的 K 线，伴随较大成交量，代表这一阶段收集顶峰。

在这一阶段经常出现的 K 线组合有：十字星、长十字、早晨之星、早晨十字、锤头、倒转锤头、穿头破脚、曙光初现、身怀六甲、十字胎、平底、好友反攻等。

4. 形态特征

在建仓阶段，经常出现的形态有圆形底、潜伏底、岛形底、阶梯底、V 形底、扇形底、盘形底、W 形底、头肩底、长方形、横向形等，均为明显的底部形态。可以将其划分为三种：单谷底、双谷底和三谷底（多谷底）。

第一种：单谷底。单谷底包括：圆形底、潜伏底、岛形底、阶梯底、V 形底等。

第二种：双谷底。双谷底又可分为：W 形底、单肩底（头肩底的变异形态）等。

第三种：三谷底（多谷底）。三谷底又可分为：头肩底、三重底、扇形底、盘形底、长方形、横向形等。

实例 3-27

图 3-27，新湖中宝(600208)：股价在底部庄家建仓期间，形成横向震荡走势，波动幅度越来越小，在后期连续 50 多个交易日里，日内震荡幅度很少超过 1%，就连庄家自己也无法进行差价操作，成交量逐步萎缩至地量，5 日、10 日、30 日均线呈现黏合状态，此时几乎所有技术指标失灵，市场到了最后选择方向的变盘临界点。2014 年 7 月，股价终于突破盘局，出现向上变盘。

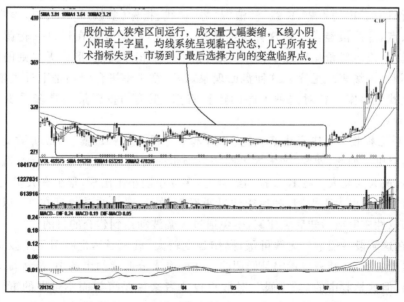

图 3-27

六、建仓阶段的盘面特点

从大势看,市场呈现跌多涨少的普跌格局,权重股止步不前,板块效应不突出,涨跌参差不齐,先前上涨或未跌的个股出现补跌行情,股份上涨受均线压制明显,成交量逐步减少,做多动能难以聚集,大势弱势运行非常明显。个股盘面特点如下。

(1)市场人气涣散。庄家吸货不仅需要一定的时间,还需要一定的市场环境才能完成建仓。大家知道,火爆的市场便于出货,低迷的市场便于进货。所以,有的庄家在整个建仓过程中,特意制造低迷市场,达到吸货的目的。低迷市场分为两种:一种是大势低迷;一种是个股低迷。

大势低迷时,人气涣散,交投清淡,证券交易大厅人数稀少,市场凄凄惨惨,冷却到了极点,甚至对股市产生怀疑或丧失吸引力。个股低迷时,一般表现为局部行情,多属非主流板块或主流板块中的个别个股,除基本面因素外,往往缺乏庄家资金关照,交投清淡,盘面死气沉沉,走势黏黏糊糊,或者是由于庄家"晚来一步"所致。

(2)市场量能减弱。庄家在建仓的整个过程中,一般的盘面表现为:成交量从大到小逐步缩小直至地量水平,到了建仓后期,几分钟甚至半个小时才成交一两手或笔,全天交投也不过几十、几百手或笔(这是黎明前的黑暗);量能从强到弱逐步衰竭直至无力抵抗,盘中反弹的高点一个比一个低,低点一次比一次矮,直到最后扒底沿着一条近似水平的直线作窄幅波动,形成一条拖地的"狐狸尾巴",不知哪天能甩起来(这是风雨前的宁静)。这种现象,若过早介入,难免被庄家折磨得精疲力竭;若过晚介入,又怕出现"旱地拔葱"(个别现象)行情。建仓时的能量减弱往往伴随着人气低迷,因此两者有一定的互动性。

(3)市场波动无序。股价到了真正的底部时,往往是无规则的自然波动,无法从技术面上去分析研究后市的走势,K线、波浪、趋势、切线、指标(多数)基本失效,很难找到一个合适的切入点,这阶段经常出现这种盘面现象。另外,有的股票在经过一轮调整后,到了一个相对低点,或者股价见底经小幅回升后,到了一个相对高点,形成无规则的自然波动,上下方向不明,市场表现无序。这种盘面现象,是下跌中继平台?还是上升中继平台?无法从盘面上找到答案。针对这种无序的运行特点,正确的投资策略是多看少动,方向明朗,立即决断。

(4)市场振幅收窄。庄家战略性建仓时,基本上没有大幅的震荡,股价波动幅度很小,尤其是中后期更是如此,就像"老太太上路——碎步而行"。在盘面上表现为,涨时没劲,跌时不猛,盘时最久熬死人。在K线排列组合上,多以小阴小阳出现,很少有大阴大阳的产生,即使偶尔出现一两根大阴大阳,随后很快又重蹈覆辙,一般日波动幅度在3%以内,甚至更小。但个别急性庄家或后知后觉庄家,不免通过大幅波动达到建仓的目的。

可见,在这阶段一般散户无钱可赚,操作难度较大,盘面当然也吸引不了投资者。没有众人火热追捧的股市,其表现肯定是低调的。在一个十分低迷的市场中,虽然每天都有红盘报收的股票,但这是股市的"马虎眼",对散户投资者来说是可望而不可即的事。今天涨一点,明天跌一点,上上下下折腾一段时间后,来来回回还是不够手续费。因此,在建仓时期非操盘高手不可为之，一般投资者尽量少操作为宜。

实例 3-28

图 3-28，中国一重（601106）：该股经过长时间的下跌调整后，盘面一片沉寂，庄家碎步而行，不慌不忙，小阴小阳。在这一时段中，股价振幅收窄，人气极度低迷，能量大幅萎缩，股价运行没有规律性，根本无法从技术分析角度去研判未来走向。投资者在这段时间内，精神上被庄家折磨得几乎崩溃，别说是赚钱，不亏钱已经是万幸了。在庄家建仓后期，成交量开始复苏，盘面暗流涌动，股价向上缓缓推进。2014 年 9 月 12 日，庄家"酒足饭饱"后，股价一跃而起反转向上，展开一轮轰轰烈烈上扬行情，股价从 2 元下方涨到了 20 元之上，累计涨幅超过 10 倍。

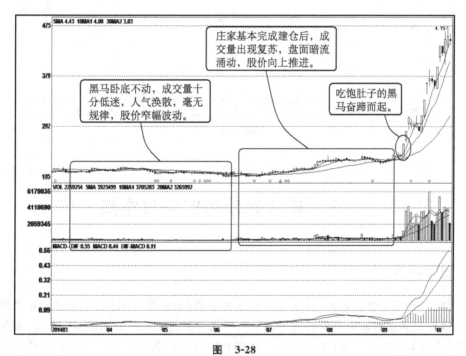

图 3-28

实例 3-29

图 3-29，山西证券（002500）：该股上市以后随大盘逐波走低，庄家不慎失手被套其中而不得动弹，其间盘面走势十分疲软，但庄家依然淡定，不慌不忙，继续收集低价筹码。盘面小阴小阳，窄幅波动，股价扒底形成一条近似水平的直线。在这一时段中，人气极度低迷，能量大幅萎缩，场内交投清淡，股价运行没有任何规律可循，就连短线高手也无法施展技术。投资者在这段时间内，精神上被庄家折磨得几乎崩溃，别说是赚钱，能撑下去就算是成功了。直到庄家吸足筹码后，才慢慢脱离底部区域，进入拉升前的爬坡阶段。2014 年 11 月，庄家终于拨开云雾见天日，股价进入拉升阶段。

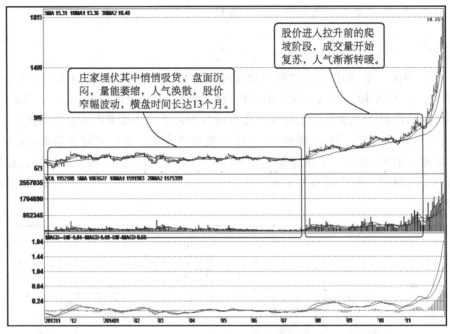

图 3-29

七、建仓阶段的时间与空间

1. 建仓时间

庄家建仓需要足够的时间,通常庄家建仓时间越长,收集筹码越多,未来股价上升潜力就越大,因此时间在底部也是重要的因素。但不同类型的庄家有不同的时间要求,通常短线庄家的建仓时间为1周左右,中短线庄家的建仓时间大约为10~30天,中长线庄家的建仓时间大约为1~3个月,但很多时候都超出这个时间。构筑一个完整的中级底部形态的建仓时间可能会延长到5个月左右,新股的建仓时间在其上市最初几日就可以完成建仓任务。操作手法不同时间长短也不同,拉高式、打压式、利空式、陷阱式、巨量式、破位式的建仓时间可能较短,一般在10~20天就能完成,而横盘式、缓慢式、箱体式的建仓时间相对较长,一般需要1个月以上才能完成。庄家建仓时间长短与当时所处的宏观经济、公司背景、市道状况、技术形态及人气冷热有关。

2. 建仓空间

建仓空间就是庄家吸货的一个活动范围,也就是股价的波动幅度和区间。庄家建仓必须要有空间,股价过低没人舍得卖,吸不到货;股价过高会提高庄家的持仓成本,意味着压缩了股价上涨空间和庄家获利空间。因此,庄家将股价压缩在一个不太高又不太低的空间里,所以了解这个空间的大小,对散户跟庄取胜大有裨益。

通常，庄家建仓空间是最低价之上的30%左右。但建仓方式的不同，建仓空间也有别，拉高式的建仓空间一般在20%～30%，甚至可能达到40%以上（一般出现在大多头行情里）；打压式、利空式、陷阱式、破位式的建仓空间在20%左右；横盘式、缓慢式的建仓空间一般在10%～20%；箱体式的建仓空间一般在10%～20%。一个完整的中级底部形态的建仓空间一般在30%～50%，如圆形底、潜伏底、扇形底、盘形底、W形底、头肩底等。对于新股，如果上市定位恰当，当日成交均价的正负10%左右就是建仓空间，其建仓空间不如老股幅度大。

实例 3-30

图3-30，永泰能源（600157）：股价经过连续的阴跌后，在低位企稳震荡，庄家埋伏其中悄悄筹码，形成横向盘整走势，建仓时间大约在4个多月左右，由于庄家采用横盘建仓方式，建仓空间基本维持在10%～20%。庄家成功完成建仓计划后，2014年7月24日股价以"一字形"涨停方式向上突破，展开一波快速拉高行情。

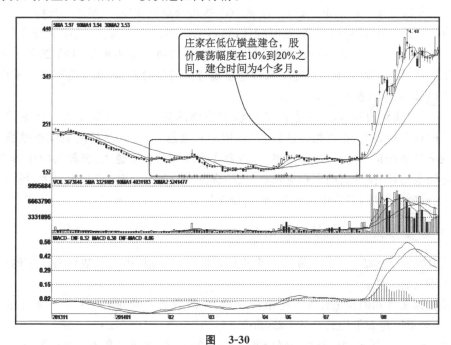

图 3-30

八、如何计算庄家的持仓量

一只股票能不能涨起来，涨升的方式如何，洗盘的时间和力度怎样，以及股价上涨的目标价位在哪里？这些都是散户最希望了解的信息。要做出较全面和准确的判断，必须分析庄家的持仓量。

庄家的持仓量，是指庄家持有某只股票流通盘的那一部分筹码。筹码收集到什么程度才有条件坐庄？无法一概而论，这与股票流通盘的大小、股票基本面、大盘行情，以及庄家的资金实力和操盘风格等因素都有关系。

1. 持仓量的构成

(1) 持仓量的大概分布。在透析庄家的持仓量时，必须对股票流通盘的持仓分布做一个大致的分析。通常，流通盘中20%左右的筹码是锁定不动的，这部分股民，是正儿八经的长线投资者，无论庄家如何震仓、洗盘，也不容易收集到，当然，它们对庄家的拉高和派发也不会造成太大的干扰。剩下80%左右的筹码在中短线投资者手中，其中大约有30%的筹码，于高位深幅套牢，这部分筹码在庄家拉升时构成强大的阻力，所以在吸筹阶段，往往通过长期低位横盘或小幅震荡，散布利空消息，在大盘上涨时故意压价，让套牢者割肉出局，丧失解套希望，才能达到筹码收集的目标。另有30%左右属于我们通常所说的浮动筹码，这部分筹码最容易拿到手。还有20%左右的筹码落于其他大户(或老庄)之手，庄家必须消灭掉这一部分筹码，在拉升时才不会遇到太大的困难。

(2) 庄家需要多少持仓量。通常，庄家坐庄的持仓量在20%～80%。长线庄家持仓量占流通盘50%～70%的情况居多，这时股性活跃，易走出独立行情；中线庄家持仓量占流通盘的30%～50%，这时股性也活跃，易于操盘；短线庄家持仓量占流通盘的20%～30%，股价一般随大势涨跌而动。个别强悍庄家持仓量超过流通盘的80%，由于筹码过于集中，盘面未免过于呆板，散户可操作性不强。

通常，一只股票的升幅，一定程度上由该股筹码的分布状况以及介入资金量的大小决定。庄家的持仓量越大，控盘能力越强，其运用的资金越大，拉升之后的利润也越高。但是持仓量也不是越高越好，因为持仓量越大，需要庄家投入的资金越大，损耗的费用越大，筹码收集的时间也越长，操盘周期也相应延长，风险会加大。另外，庄家持仓量过大，场内散户很少，无法形成赚钱效应，股性变得较死，派发难度较大。

2. 判断庄家持仓量的基本方法

(1) 用数学计算结果进行判断。对吸货期很明显的个股，可大致估算出庄家的持仓量。主要有以下三种方法。

一是根据吸货期的长短计算。庄家持仓量＝(吸货期×吸货期每天平均成交量÷2)－(吸货期×吸货期每天平均成交量÷2×50%)。

式中：吸货期每天平均成交量＝吸货期成交量总和÷吸货期；2代表内盘和外盘；50%＝大约有30%是根据持仓分布确定的浮动筹码＋大约有20%是庄家对敲量。从等式看，吸货期越长，庄家持仓量越大；每天成交量越大，庄家吸货越多。因此，若投资者看到上市后长期横盘整理的个股，通常为黑马在默默吃草。注意：吸筹期的选定一定要参照股价走势，主要根据投资者的悟性判定。吸货期选定失误，会造成估算结果的失真。

二是根据换手率大小计算。换手率＝吸货期成交量总和÷流通盘×100%。

在低位成交活跃、换手率高、股价涨幅不大的个股，通常为庄家吸货。此间换手率越大，庄家吸筹越充分，"量"与"价"似乎为一对不甘示弱的小兄弟，只要"量"先走一步，"价"必会紧紧跟上"量"的步伐，投资者可重点关注"价"暂时落后于"量"的个股。

三是根据内盘和外盘计算。计算公式：当日庄家买入量＝(外盘×1/2＋内盘×1/10)÷2。然后，将若干天的庄家买入量进行累计，当换手率达到100%以上才可以，取值时间一般以30～60个交易日为宜。

(2) 用整理时的盘面表现来判断。有些个股吸货期不明显,或是老庄卷土重来,或是庄家边拉边吸,或是在下跌过程中不断吸货,难以划分吸货期。这些个股庄家持仓量可通过其在整理的表现来判断。老股的庄家要想吸筹,必须是股价已有了充分地回调,场内几乎无获利盘。一般而言,股票从前期高位回落超过50%时,基本上可认为回调到位。当然,前期庄家如果用"造山运动"拉升的高位,则另当别论。若前期上涨幅度不是特别大的股票,回调幅度超过30%时,市场中的获利盘已微乎其微了。

(3) 用上升过程中的放量情况判断。一般来说,随着股价上涨,成交量会同步放大,某些庄家控盘的个股随着股价上涨,成交量反而缩小,股价往往能一涨再涨,这些个股可重势不重价,庄家持有大量筹码,在未放大量之前即可一路持有。

(4) 用新股上市后的走势情况判断。有些新股不经过充分的吸货期,其行情往往难以持续,近期出现大批新股短期走势极强,市场呼声极高,但很快即走软的现象。可以说,没有经过庄家充分吸筹期,行情必然难以长久,投资者对多数新股不妨等其整理数个月之后再考虑介入。据实盘经验:①上市首日换手率超过50%。②完成首个100%换手率时,股价有强势表现。③在大盘无忧时,新股中的庄股股价不会跌破上市首日的最低价。偶尔跌破也是为了震仓,时间短,幅度浅(不超过10%)。

(5) 用上市公司股东总户数来判断。据统计,凡是庄家派发充分、筹码全部转移到散户手中后,流通盘在3亿左右的,一般单户持有流通股都在3000股左右。这样,在年报或中报时,根据上市公司披露的股东总户数,可以通过计算得到目标公司的单户持有流通数。单户持有流通股凡是在5000股左右的,说明已有庄家在场,但持仓比例不超过50%,难以控盘;凡是单户持有流通股超过10000股的,说明庄家的持仓已有可能达到70%,应予以重点关注,日后拉升幅度一般都在100%以上。但随着大盘股的逐步上市,单户持有流通股数可能随之增加。

(6) 用走势与量价配合情况来判断。在建仓阶段庄家持仓量从0开始,所以一只股票从高位下来,跌到地量地价,庄家持仓量是最低的时候。从底部开始,庄家的持仓量逐步增加。有些股票是在低位做大底。其实这个底,不见得是庄家做出来的,也许是市场做出来的,是规律的产物。这样的底,不管多大,庄家持仓量都等于零。另外一种底,是庄家做出来的,在底部震荡过程中,庄家持仓量是在增加的。如何分辨这两种底?前一种底,形态是随波逐流,往往弱于大盘,成交量是在短期头部时较大,其他时候都很小;而后一种底,往往是强于大盘,即大盘连续下挫时,该股能够守住底线不破。成交量比较均匀,上涨和短期头部时都不是很大。而且后一种底部时间要比前一种短,一般在3个月之内。

九、如何计算庄家的持仓成本

1. 庄家成本的构成

持仓成本是指为炒作某一只股票而消耗的费用。庄家坐庄如同其他生意,需从"销售收入"中减去成本,才能获取利润。投资者不妨帮庄家算算账,目前价位庄家有无获利空间,以及获利大小。若目前价位庄家获利菲薄,甚至市价尚低于成本,该股前景光明;若目前价位庄家已有丰厚的账面利润,庄家操心的是如何将钱放进口袋,亦即是伺机脱逃的问题,此时指望其再攻城夺寨、勇创新高显然不现实,不宜将"钱"图寄托在这样的逃兵身上。

庄家的操盘成本主要包括进货成本、利息成本、拉升成本、公关成本、交易成本等。

(1) 进货成本。庄家资金量大,进场时必然会耗去一定升幅,尤其是拉高建仓或者接手前庄的筹码,其进货成本比较高,这类庄家一般后续题材比较丰富,志向高远,不计较进货价格。但有人看见股价从底部刚涨了10%,便担心升幅已大,不敢再买。其实,升20%、甚至50%有可能为庄家在吸筹,关键要看在各价位区间成交量的多寡。低位成交稀少,庄家吸筹不充分,即使已有一定的涨幅亦不足为惧。我们很多跟庄的朋友会有这样的体会,抓到了黑马,不是在庄家的震仓洗盘中割肉出局,就是马儿刚上路在小有获利时出局,最终与黑马失之交臂。

(2) 利息成本。利息成本也叫融资成本,除了少数自有资金充足的机构庄家外,大多数庄家的资金都是从各种渠道筹集的短期借贷资金。要支付的利息很高,有的还要从坐庄赢利中按一定比例分成。因此,坐庄时间越久,利息支出越高,持仓成本也就越高。有时一笔短期借贷款到期,而股票没有获利派发,只好再找资金,拆东墙补西墙了,甚至被迫平仓出局。因此,股价越需向上拓展空间。

(3) 拉升成本。正如庄家无法买到最低价,同样亦无法卖到最高价,通常有一大截涨幅是为人作嫁衣:船小好调头的跟风盘跑得比庄家还快。有的庄家拉升时高举高打,成本往往很高,短期会有大涨幅;有的喜欢细水长流,稳扎稳打,成本较低,为日后的派发腾出空间。手法高明的庄家拉高时只需借助利好煽风点火,股价就能由追涨的散户抬上去。但是大多数庄家需要盘中对倒放量制造股票成交活跃的假象,因此仅交易费用一项就花费不少。另外,庄家还要准备护盘资金,在大盘跳水或者技术形态变坏时进行护盘,有时甚至要高买低卖。

(4) 公关成本。庄家的公关优势包括很多层面,主要有管理层、券商、银行、上市公司、中介机构等,为机构的重要性是不言而喻的,但庄家也应为此付出必要成本,否则就难圆其美了。

(5) 交易成本。尽管庄家可享受高额佣金返还,但庄家的印花税还是免不了的,这笔费用不得不计入持仓成本之中。

2. 测算庄家成本的基本方法

在股市中,庄家介入的资金大多在谋求利润最大化,很少会形成亏损离场的局面。正因为如此投资者越来越关注庄家的持仓成本,希望通过这种分析方法来达到获利的目的。但是庄家的真实持仓成本,外人一般很难准确了解到,不过可以通过一些统计方法,对庄家在某一阶段的市场平均成本作大致的评估,并利用这个评估结果,对短期调整的支撑位或者反弹的阻力位加以判断。庄家的成本,可通过以下几种方法来测算:

(1) 通过平均价测算庄家成本。庄家若通过长期低位横盘来收集筹码,则底部区间最高价和最低价的平均值就是庄家筹码的大致成本价格。此外,圆形底、潜伏底、双重底、箱体等也可用此方法测算持仓成本。庄家若是通过拉高吸筹的,成本价格会更高一些。

实例 3-31

图 3-31，罗顿发展（600209）：股价经过一波急跌后，形成三重底形态，形态内最低价为 3.53 元，最高价为 5.16 元。形态内成交量比较均匀，也没有异常的价格波动，可以排除其他非正常因素的干扰，因而可以采用算术平均数计算。通过计算市场平均价为 4.34 元，这个平均价就是庄家的大概持仓成本区。用这种市场平均成本的分析方法判断庄家的持仓成本十分有效，而且可以说相当精确。

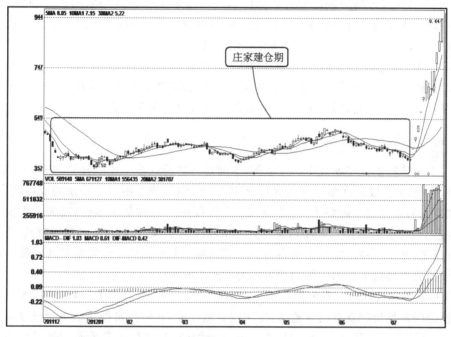

图 3-31

（2）统计换手率测算庄家成本。对于老股票，在出现明显的大底部区域放量时，可作为庄家建仓的成本区，具体计算办法是计算每日的换手率，直到统计至换手率达到 100% 为止，以此时段的市场平均价，作为庄家持仓成本区。有时候庄家的成本区距最低点的价差有相当大的差距。对于新股，很多庄家选择在上市首日就大量介入，一般可将上市首日的均价或上市第一周的均价作为庄家的成本区。以上图为例，为了计算准确以三重底中间的底为准，向两边计算换手率达到 100% 的市场平均价，通过计算平均成交价格为 4.32 元，反映出庄家在此期间已经收集到了相当多的筹码。

（3）根据最低价测算庄家成本。在最低价位之上的成交密集区的平均价就是庄家建仓的大致成本，通常其幅度大约位于最低价的 15%～30%。以上图为例，最低价上涨幅度的 15% 为 4.07 元，30% 为 4.62 元，因此庄家成本区就在 4.07～4.62 元，其平均价为 4.34 元。

（4）根据股价测算庄家成本。此方法也是以最低价格为基准，低价股在最低价以上 0.50～1.50 元，中价股在最低价以上 1.50～3.00 元，高价股在最低价以上 3.00～6.00 元。以上图为例，该股属于低价股，据此可以推定庄家的平均成本在 4.03～5.04 元，其平均价为 4.53 元。

(5) 用 SSL 指标测算庄家成本。SSL 指标是显示股价的成交密集区和支撑位、压力位，这一指标用成交量和价位图显示某一时间段内不同价位区间的累计成交量分布情况。这些累积的成交量所显示的价位区间不仅是支撑、压力的参考，也是庄家成本的大"暴露"，成交密集区内平均价位附近对应的巨大成交量的价位就是庄家的建仓成本。以上图为例，SSL 指标所指的位置大约为 4.50 元左右，表明此阶段庄家建仓价位。

(6) 还有一种计算方法是：庄家持仓成本＝(最低价＋最高价＋最平常的中间周的收盘价)÷3。作为一个庄家，其控盘的个股升幅最少应在 50% 以上，大多数为 100%。一般而言，一只股票从一段行情的最低价到最高价的升幅若为 100%，则庄家的正常利润是 40%。因此就可算出庄家的最基本目标位，在这个目标价位以下介入，都可以赚钱。仍以上图为例，庄家持仓成本＝(3.53＋5.16＋3.96)÷3＝4.22(元)。

运用上述 6 种方法测算，测得该股的庄家持仓成本分别为：4.34、4.32、4.34、4.53、4.50、4.22，计算结果差别较小，持仓成本大体一致，准确性比较高，因此可以断定庄家的成本区间在 4.22～4.53 元，知道了这个区间，散户就可以与庄家斗智斗勇了。

3. 特殊个股成本的预测方法

除了上述几种测算庄家成本的方法外，下面对一些特殊性个股的预测方法作一探讨：

(1) 新股、次新股。许多人喜欢炒新股、次新股，但又苦于不了解庄家的成本区。其实，新股、次新股的庄家成本最好了解：若为该股十大股东之一的基金坐庄，其成本为发行价加上 15% 左右的发行价费用。如果从发行到上市的时间长，融资的利息和费用较高，附加便多一些；反之，则少一些。如果是上市首日新庄入驻，可选取当日密集成交区的价格或均价作为新庄的成本区或上市第一周的均价作为庄家的成本区。

(2) 横盘整理的庄股。在底部或中底部有较长时间(3 个月以上)横盘的庄股其成本一般都为横盘时的均价。横盘时间愈长，庄家吸货愈充分，其横盘价即为成本价愈准确。由于种种原因，造成某只庄股在高位久盘、之后又往上做的，其高位久盘的平均价可作为该股的第二成本价。至于其总成本区，可视其中的放量情况。如果从第一成本区到第二成本区之间，未曾放量的，其总成本区可简单取两者的算术平均值；如果在高位横盘之前已放量的，则第二成本区即为其成本区。

(3) 震荡上行的庄股。在市场中有许多震荡上行的慢牛庄股，其走势沿着一条坚挺的上升通道，每次调整时间不长，幅度不大，极少超出上下通道线。对这类庄股，如果在拉升之前，并无底部长时间的横盘供其吸货。拉升之前又无放量拉升的情况，庄家无法一开始就控盘，只能边拉边吸货。此时庄家的成本区，常常就是整个上升通道的中间价格。从盘面上可以发现，每当股价回调到该成本区时，便止跌上行，并且缩量，在 OBV 指标上几乎呈一条平滑直线。

(4) 急拉放量的庄股。在中低部，由于形势紧迫(如获知有重大利好题材)，某些庄家匆忙入市，采用急拉快速建仓的手法，往往在三五天内便完成建仓任务。对这类庄股，其成本价通过统计放量拉升这几天的成交量，若达到流通盘 30%～50% 的，这几天的均价也大体反映了庄家的成本价。因为之前并没有机会让庄家有过多的吸货，中低价又适合庄家吸筹。

(5) 箱体整理的庄股。这是指几乎呈水平方向作大箱体形整理的庄股，若是震荡上行的则按第(3)点处理。对这类庄股,庄家的成本价当在箱体形的中轴附近,其算术平均价即是成本价。期间,如果有间歇放量的,其放量区的价格也是重要的参考价。

十、如何判断庄家建仓是否结束

股价涨不涨,关键看庄家炒不炒。庄家什么时候最有炒作激情?在吃饱了廉价筹码时最有激情。那么,如何判断庄家建仓是否完成?庄家坐庄过程中,大家最关心的是建仓,若庄家刚刚处于建仓阶段,此时介入犹如啃未长熟的青苹果,既酸又涩;若某股处于拉升末期,此时买入犹如吃已过保鲜期的荔枝,味道索然。因此,散户跟庄炒股如能准确判断庄家的持仓情况,盯住一只建仓完毕的庄股,在其即将拉升时介入,必将收获一份财富增值裂变的惊喜。大家知道,表现良好的个股前期都有段较长的低位整理期,而拉升或许仅仅十几个交易日,原因在于庄家建仓耗时较多。通常,庄家吸货时所耗的时间与盘子大小、坐庄风格、大盘整体走势有密切的关系。据多年经验,具备下述特征之一,可初步判断庄家建仓已渐入尾声:

(1)用量少就将价拉高。放很小的量就能拉出长阳或封死涨停。庄家相中股票后,进场收集筹码,经过一段时间收集,如果庄家用很少的资金就能轻松地将股票拉至涨停,那就说明庄家筹码收集工作已近尾声,大部分筹码已经被庄家锁定,浮动筹码很少。这时候庄家具备了控盘能力,可以随心所欲地控制盘面。尤其是在开盘30分钟内就将股价拉到涨停板,全天封盘不动,成交量即时萎缩,大有充当领头雁之风范。通常,在低位经过反复整理,成交量萎缩至地量后,慢慢地出现脉冲式放量,不断地向阻力位发起冲击,表明建仓工作准备充分,庄家拉升跃跃欲试。

(2)走势不受大势影响。走势独立,我行我素,不理会大盘走出独立行情,即大盘涨它不涨,大盘跌它不跌。这种情况通常表明大部分筹码已落入庄家囊中:当大盘向下,有浮筹砸盘,庄家便用筹码托住,封死下跌空间,以防廉价筹码被人抢了去;大势向上或企稳,有游资抢盘,但庄家由于种种原因此时仍不想发动行情,于是便有凶狠的砸盘出现,封住股价的上涨空间,不让短线热钱打乱炒作计划。此时,股票的K线形态出现横向盘整,或沿均线小幅震荡盘升。

(3)股价开始剧烈波动。股价在起涨前,走势起伏不定,而分时走势图剧烈震荡,成交量极度萎缩。庄家到了收集末期,为了洗掉短线获利盘,消磨散户持股信心,便用少量筹码作图。从日K线上看,股价起伏不定,一会儿到了浪尖,一会儿到了谷底,但股价总是冲不破箱顶也跌不破箱底。而当日分时走势图上更是大幅震荡。委买、委卖之间价格差距也非常大,有时相差几分,有时相差几毛,给人一种莫名其妙、飘忽不定的感觉。成交量也极不规则,有时几分钟成交一笔,有时十几分钟才成交一笔,分时走势图画出横线或竖线,形成矩形,成交量也极度萎缩。上档抛压极轻,下档支撑有力,浮动筹码极少。

(4)遇利空时不跌反涨。遇利空消息打击,股价不跌反涨,或当天虽有小幅无量回调但第二天便收出大阳,股价迅速恢复到原来的价位。突发性利空袭来,庄家措手不及,散户筹码可以抛了就跑,而庄家却只能兜着。于是,在盘面可以看到利空消息袭来当日,开盘后抛盘很多,但此时的接盘更多,不久抛盘渐渐减少,股价慢慢企稳。由于庄家担心散户捡到便宜筹码,第二日股价又被庄家早早地拉升到原来的位置。

(5) 新股换手率超过100%。对新股可关注上市数天内、特别是首日换手率。新股上市首日成交量大,应是庄家有意将其作为坐庄目标,一般都会利用上市首日大肆吸纳,完成大部分的建仓任务。在短的时间内出现大幅换手,没有庄家的掺和难以想象。新股判断依据如下。

第一,上市首日换手率超过50%,随后几天超过200%。越高,说明庄家介入的可能性越大,日后拉升的高度可能会较高。若换手率较低,则说明筹码惜售,不便于庄家建仓或控盘,上攻的空间会打折扣。当然,这里还要区分有无多家机构争抢筹码,如有,则股票日后的表现会延期或打折扣。

第二,上市后换手率超过200%时,股价有强势表现。强庄在做新股时可能会采取连续拉升的方法,这一般出现在上市首日股价定位不高的情形,更多的庄家会选择横盘震荡来完成换手,以完成建仓任务。

第三,在大盘无忧时,新股中的庄股股价不会跌破上市首日的最低价。首日庄家如果大举介入,后市必然会护盘,否则让散户拿到一大批比自己仓底货还要便宜的筹码,那是庄家难以容忍的。偶尔跌破也是为了震仓,时间短,幅度小(不超过10%)。若大盘出现中期调整,反正市场上敢于买进的人会很少,庄家借机打压再补更低位的筹码则又另当别论。满足以上条件时,新股的庄家基本上得以确定。日后如何演绎行情,不同的庄家手法自然各异。

实例 3-32

图3-32,联创节能(300343);2012年8月1日,上市当天换手率达到79.58%,5个交易日达到262.30%,说明已经有实力庄家介入。其后,股价稍稍回落呈横盘整理,庄家继续加仓,在长达4个多月的底部震荡中,庄家成功完成建仓计划。在有效突破横盘整理区后,庄家以较小成交量将股价封于涨停,说明庄家已经完全控盘,股价出现飙升行情。

(6) 突破重要压力位置。建仓完成时通常都有一些特征,如股价先在低位构筑一个平台,然后再缓缓盘出底部,均线由互相缠绕逐渐转为多头排列。特别是若有一根放量长阳突破盘整区,更加可确认建仓期完成,即将进入下一个阶段。

(7) 低位整理时间充分。从低位整理的时间长短判断,通常在低位盘整的时间越长,庄家越有时间从容进驻,行情一旦启动,后市涨幅往往越大。一般来说,在低位横盘时间超过3个月,庄家基本完成了建仓任务,只是默默等待拉升时机的到来。

股价见底的位置可以大致估算预测,方法是:以最高股价×一定的比例,如2/3、1/2、1/3、1/4等,就可以大致估算出股价回落见底的可能位置。如,最高价为20.00元,则股价见底的大致位置可能在20.00元×2÷3=13.33元,以此类推的价位依次为10.00元、6.66元、5.00元等。

需要指出的是,庄家建仓完成并不等于会立刻拉升,庄家拉抬通常会借大盘走强的东风,已完成建仓的庄家通常采取沿某一价位反复整理的姿态等待拉抬时机。因此,投资者当看中某只股票后,要有耐心地等待主升行情的出现,与庄家一同分享丰收的喜悦。

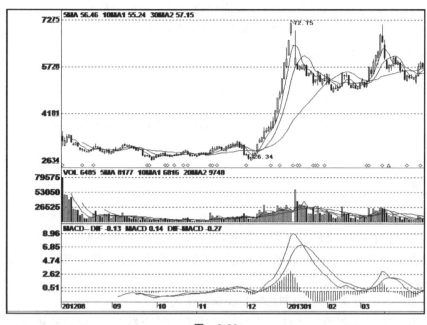

图 3-32

十一、如何判断股票有无庄家进驻

在个股盘面出现以下现象时,就是说明有庄家介入,投资者可以密切关注。

(1) 股价大幅下跌后,进入横向整理的同时,股价间断性地出现宽幅震荡。当股价处于低位区域时,如果多次出现大手笔买单,而股价并没有出现明显的上涨。

(2) 股价在近阶段既冲不过箱顶,又跌不破箱底,但是在分时走势图上经常出现忽上忽下的宽幅震荡,委买、委卖价格差距非常大,给人一种飘忽不定的感觉,说明有庄家在暗中搅局。

(3) 委托卖出笔数大于成交笔数,也大于委托买进笔数,且价格缓慢上涨。

(4) 近期每笔成交数已经达到或超过市场平均每笔成交股数的 1 倍以上。例如,目前市场上个股平均每笔成交为 600 股左右,而该股近期每笔成交股数超过了 1 200 股,这通常不是散户行为,而是庄家进驻的迹象。

(5) 小盘股中,经常出现 100 手以上买盘;中盘股中,经常出现 300 手以上买盘;大盘股中,经常出现 500 手以上买盘;超大盘股中,经常出现 1 000 手以上买盘。

(6) 在 3~5 个月内,换手率累计超过 200%。近期的换手率高于前一阶段换手率 80% 以上,且这种换手率呈增加趋势。

(7) 在原先成交极度萎缩的情况下,从某天或某段时间起,成交量逐步放大,出现"量中平"或"量大平"的现象,股价在低位整理时出现逐渐放量。

(8) 股价在低位盘整时,出现逐渐放量,经常出现小十字星。

(9) 遇利空时,股价不跌甚至反涨。盘面比同类其他股的走势坚挺。

(10) 大盘下跌它盘跌,大盘横盘它微升,大盘反弹时,它强劲反弹,且成交量放大。股价每次回落的幅度明显小于大盘。

十二、散户在底部阶段的操作策略

1. 如何区分底部

所谓股价波动的底部形态是指股价由下跌转为上升的转折点,这种转折可以是一个急速的过程,也可以是一个缓慢的过程。在底部股价可能是急剧震荡的,也可能是平缓波动的,由此形成了从最平缓的潜伏底到最陡峭的V形底的各种不同的底部形态。按行情的规模大小可将底部划分短期底部、中期底部和长期底部。

那么,如何区分短期底部、中期底部与长期底部呢?

(1) 短期底部。是指股价经过一段不长时间的连续下跌之后,因导致短期技术指标超卖,从而出现股价反弹的转折点。短期底部以V形居多,发生行情转折的当天经常在日K线图上走出较为明显的下影线,在探到底部之前,常常会出现几根比较大的阴线,也就是说,每一次加速下跌都会探及一个短期底部。短期底部之后,将是一个历时很短的反弹,这一反弹的时间跨度多则三五天或一周左右,少则只有一两天,反弹的高度在多数情况下很难超过加速下跌开始时的起点。在反弹行情中,以低价位的三线股表现最好,而一线优质股则波幅不大。

(2) 中期底部。是指股价经过长期下跌之后,借助于利好题材所产生的历时较长、升幅可观的上升行情的转折点。中期底部各种形态出现的可能性都有,其中W形底和头肩底出现的概率稍大些。中期底部一般是在跌势持续时间较长(10周以上)、跌幅较深(下跌30%以上)后才会出现。在到达中期底部之前往往有一段颇具规模的加速下跌。中期底部的出现,一般不需要宏观上基本因素的改变。但却往往需要消息面的配合,最典型的情况是先由重大利空消息促成见底之前的加速下跌。然后再由于利好消息的出现,配合市场形成反转。在见底之前的加速下跌中,往往优质股的跌幅较大,其间优质股的成交量会率先放大。中期底部之后,会走出一个历时较长(一周至数周)、升幅较高的上升行情。这段上升行情中间会出现回调整理。大体来讲升势可分为三段:第一段由低位补仓盘为主要推动力,个股方面优质股表现最好;第二段由炒题材的建仓盘推动,二线股轮番表现的机会比较多;升势的第三段是靠投机性炒作推动的,小盘低价股表现得会更活跃一些。在中期底部之后的升势发展过程中,会有相当多的市场人士把这一行情当作新一轮多头市场的开始,而这种想法的存在正是能够走成中级行情而不仅仅是反弹的重要原因。

(3) 长期底部。是指弱势行情完全结束,多头行情重新到来的转折点,即熊市与牛市的交界点。长期底部的形成有两个重要前提,其一是导致长期弱势形成的宏观基本面利空因素正在改变过程当中、无论宏观基本面利空的消除速度快慢,最终的结果必须是彻底地消除;其次是在一个低股价水平的基础上投资者的信心开始恢复。长期底部之后的升势可能是由某种利好题材引发的,但利好题材仅仅是起一个引发的作用而已,绝对不是出现多头行情的全部原因,也就是说,市场须存在出现多头行情的内在因素、才有走多头行情的可能性。而这种内在因素必须是宏观经济环境和宏观金融环境的根本改善。长期底部的形成一般有简单形态和复杂形态两种。所谓简单形态是指潜伏底或圆弧形底,这两种底部的成交量都很小,市场表现淡静冷清,而复杂形态是指规律性不强的上下震荡,V形底或小W形底的可能性不大,见底之后将是新一轮的多头市场循环。

可见,作为散户投资者应当十分重视中期底部和长期底部形成的认识。一旦看准中、长期底部出现,可以下大注去博,而对于短期底部,可以不予理睬为上策,即使确实有兴趣进行短线投机,也应遵守反弹的有关操作原则进行。

2. 底部操作原则

(1) 不要指望抄最低点。大部分股民认为反弹即是底部,担心错过买入时机,次日无法追高,但由于抢反弹是高风险的行为,建议股民千万不要希望能买到一个最低点。因此等待底部形态成熟后再大量买进,以免在跌势中被低点后的再一个低点套牢。

(2) 不要迷信底部量能。价跌量缩,大家都知道,但量缩了还可以再缩。所以应等待大盘指数走稳后,5日均量连续3日迅速增加才能确认。

(3) 不要认为底部是一日。俗话说"天价三天、地价百日"就是这个道理,W形底及圆弧底是较为常见的底部形态,绝不要去抢V形底。因为V形底经常就是一个左肩,一买入就会被套住的可能性。

(4) 底部确认的标准。一般而言,底部出现必须符合三大条件,并从三个方面考虑。技术方面的三大条件:①各种技术指标必须向上突破下降趋势线,由于各阶段其下降趋势线均有所不同,一般以30日移动平均线为准。②从形态上看,过去的最低底部都会是参考点。如果在一年内有几次都是在某一最低位置反弹上升的,那么该位置即可认为是一处中期的底部。③在KDJ、RSI等技术指标的周K线已成多头排列时,5日均量连续3日迅速增加。在技术方面符合上述三大条件的同时,还要从三个方面进行考虑:技术面、基本面、其他因素。

3. 跟庄抄底技巧

当股价进入阶段性底部区域后,应把握正确的时机买入,以下技巧供参考。

(1) 在大盘和个股均经过了长时间下跌之后,已经出现了企稳迹象,日K线形成了双重底、三重底、潜伏底的形态,底的右侧已经开始放量,一旦突破了颈线位,可大胆买入。在头肩底形态中,右肩部位已经开始放量,并突破了颈线位,可大胆买入。在圆弧底形态中,近期已经开始温和放量,可大胆买入。

实例 3-33

图 3-33,新南洋(600661):股价快速大幅下跌后,在底部出现震荡整理走势,盘整中形成一个小型的双重底形态和一个大型的三重底形态。2015年9月23日,股价放量突破小型双重底形态的颈线,11月3日放量涨停突破大型三重底形态的颈线,两次突破均是较好的买点。

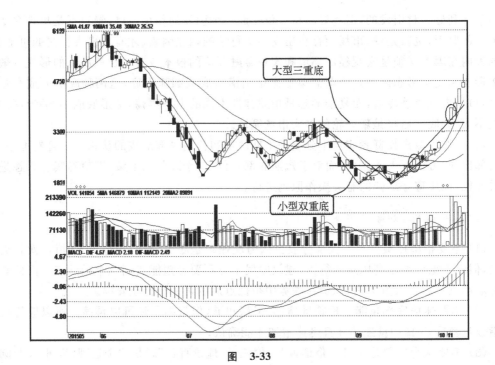

图 3-33

（2）在大盘和个股均经过了长时间的大幅下跌之后，经过一段时间的盘整后，又出现了加速下跌，然后企稳放量上涨，意味着股价二次探底成功，在股价回调可大胆买入。

例如，2015年6、7月大盘出现一轮暴跌行情，经过一段时间震荡整理后，从8月18日开始再次出现急跌行情，然后大盘渐渐企稳回升，形成阶段性底部。在这一时期，大部分个股与大盘同步企稳回升，不少个股出现大涨。

实例 3-34

图3-34，市北高新（600604）：该股从2015年6月12日开始出现快速下跌，然后企稳形成小幅反弹，从8月14日开始再次出现急跌走势，股价击穿了前期低点，此时新多头资金进场，股价快速拉起。这种盘面意味着底部已经探明，投资者可以大胆介入，随后股价出现快速拉升行情。

（3）股价经过长时间的下跌调整后，当月线、周线、日线KDJ指标在20以下低位形成共振，金叉向上攻击发散时，可以积极介入。如果RSI指标的月、周、日线也在20以下形成共振，是千载难逢的买进机会。

（4）一般来说，底部放量的第一个涨停板，是买入股票的最佳时机，无论是从短线还是从中线来看，都会有很好的获利机会。

（5）个股在经过长时间盘整后，股价开始向上突破，在放量收出了一根大阳线之后，又连续收出了不断向上的小阳线或十字星（三个以上），预示着后市将大幅上涨，可果断跟进。

实例 3-35

图3-35，中南重工（002445）：该股在长时间的震荡盘整中，均线系统渐渐收窄，接近黏合

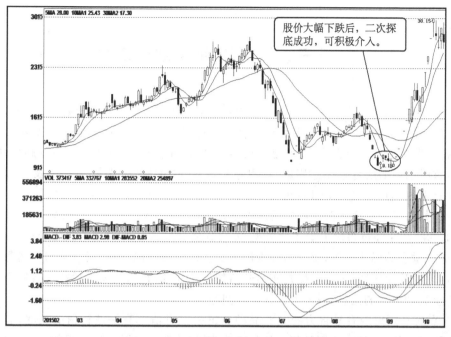

图 3-34

状态，成交量持续大幅萎缩，意味着股价到达变盘临界点，此时投资者应关注盘面变化，一旦向上变盘应立即介入。2015年3月5日，一根光头光脚的放量涨停大阳线拔地而起，股价突破整理平台，均线系统向上发散，这根大阳线成为站立式标志性K线。在此后三个交易日里，股价强势震荡上涨，收出三根小阳线，说明股价突破有效，此时投资者应大胆介入。

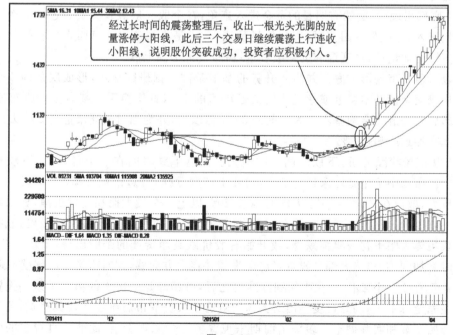

图 3-35

十三、如何识别底部的真假

如何识别底部的真假？在长期下跌途中，突然出现一两根阳线，是最迷惑人的，不少人觉得既然已经跌了这么久了，也该见底了吧。于是，持币的迫不及待地加入抄底大军的行列。而持股者更加不愿意抛了：既然已经见底了，应该补仓才对，根本不会想到趁反弹逃命。实际上，这时出现的底部往往是假象，是假底。轻率抄"底"者没被套在头部，反倒被套在腰部，而补仓者则"旧伤未愈，又添新伤"。

那么，如何区别真底和假底呢？可从以下几方面入手：

（1）真底往往经过多次下探才会出现，才会扎实。V形底往往多是假底，底部形态多以双重底或三重底的形式出现，也就是很少出现一次构筑成功的，因此V形底最不可靠。在相对低位出现的放量阳线，极有可能是庄家开始初步建仓的信号，建仓之后往往会有个打压的过程，甚至会创出新的低点，图形上往往呈现假底。

（2）真底必须出现有号召力的龙头品种。每一波行情都有一波行情的灵魂，假如股指大涨，有明显的热点板块，特别是领涨的是科技股、优质股、指标股时，出现的多是真底，而且见底之后出现的必然是一波大行情。而领涨的热点杂乱无章、无号召力的品种，此时出现的多是假底。

（3）从时间上看，真底往往出现在持续大跌之后，特别是股指出现大阴线、向下跳空缺口之后，阴跌行情是无法形成真底的。从历史上看，每年的12月份以及第一季度经常出现年内的底部，而8、9月份经常出现假底。

（4）底部出现时，必然有明显的资金进入迹象，在个股一般表现为资金连续3个交易日以上大幅流入，即使是在回调时，资金仍显示流入，或是小幅流出。盘面表现特征就是成交量大幅萎缩至地量后，出现温和的持续放量过程，股价小幅上涨。

资金入市是市场形成底部并步入升势的基本条件。据研究显示，形成底部前5个交易日的日均成交金额基本接近或超过当时流通市值的1%，日均换手率基本接近或超过1%。形成底部后日均成交金额基本上为之前的3～4倍以上，并为当时流通市值的2%以上，日均换手率基本接近或超过2%。

（5）从市场状况分析，下跌时间长空间大。大盘下跌时间在三个月以上，下跌幅度在40%左右。市场中不论是庄家还是散户，均处于高度亏损状态，市场亏损面70%以上，且亏损幅度较大，散户在30%～50%以上，庄家在20%以上。个股大面积破发破净，如果新股大面积破发，庄家打新资金也被套，甚至斩仓出局，尤其是一些大盘绩优股出现破发，成批的个股或板块集体大幅下挫或集体跌停，或开始有股价跌破净资产的个股出现，市场一片悲观，跌势随时有加剧迹象，绝大部分投资者已经失望并丧失方向感，这时市场离底部就不远了。

（6）市场对利好麻木，一次次的利好推出之后，市场却是一次次的再度下跌。投资者对利好已经完全麻木了，利好再度推出对大盘影响已不大。熊市思维变得极其严重，前期看多的机构开始悲观和实际做空。多头由前期乐观看多变为悲观看空，此前一直看多的分析师或媒体上主流的咨询机构也开始悲观看空，对市场前景开始出言谨慎，渲染利空的同时对宏观面和政策利好变得麻木不仁。投资者对市场绝望,市场保持一种匀速下跌,无论利好推出或利空出现,大盘都毫不理会。因为绝大多数的投资者对市场彻底绝望而选择了离开,而既然要离开了,这时候下跌与否或者跌多跌少已经不值得关心。

通过以上分析,对底部认识可以得出一个大概的结论:①沉寂多时的股票,成交持续活跃,交易量明显增加。②换手率由不到1%逐渐增加至单日换手5%,甚至10%以上。③有人为刻意打压行为。④与大盘走势出现明显背离。⑤盘中持续出现明显大资金活动的迹象。

第四章 试盘阶段

试盘也叫验盘,通俗地讲就是试一试盘面情况,这是庄家利用量价信息有目的地对多空双方力量进行反馈分析的操作方法。庄家对反馈来的信息,进行研究分析后以决定是否拉升、用什么方式拉升、拉到什么价位等。试盘并非只在吸货之后、拉升之前出现,在底部或顶部、吸货或出货等各个阶段都会出现。我们这里的研究是以庄家坐庄流程所产生的一个独立的运作阶段,即庄家建仓后期、拉升之前为前提的。

试盘在坐庄流程中,是次要阶段,有的庄家无试盘阶段。

一、庄家试盘的目的

庄家吸货完毕之后,并不一定马上进入拉升状态。虽然此时涨升的心情十分急切,但还要最后一次对盘口进行全面的试验和反馈,称作"试盘"或"探路"。庄家通过盘面试验和反馈来的第一手信息资料,进行认真的分析研究,给自己一个准确的市场定义。这个市场定义的恰当与否,也会影响到庄家坐庄的成功与否,因此它是确定行动时间和运行计划的必要手段。

一般来说,庄家持有的基本筹码占流通盘的30%～70%,剩余的30%～70%在市场中。在较长的吸货阶段,庄家并不能肯定在此间没有其他的庄家介入,通常如果有10%～15%以上的"非盘"集中于同一庄家手中,就会给庄家造成不小的麻烦,这就要求庄家试一试盘面情况了。

具体说来,试盘不外乎有以下几个目的:

(1)测试盘中是否有其他庄家存在,以免作对,相互制约。

(2)测试盘内筹码稳定性情况,从而决定是否到了拉抬时机。

(3)测试庄家之外的那部分筹码,是集中于民间大户之手,还是分散在大众投资者手中,若集中在大户之手,庄家则继续与之周旋较劲,竭力捣散外围筹码,以免将来拉抬时遭遇不测。

（4）测试股价近期的支撑位和阻力位，以便确定价格的波动区间。

（5）测试市场追涨杀跌现象，庄家的每一个动作都是在无数双眼睛注视下进行的。有追涨者，庄家拉抬轻；有杀跌者，庄家拉抬重。

（6）测试市场对该股的关注程度，是热门股还是冷门股。

（7）通过测试，决定究竟采取哪种方式拉抬股价，是连续快速拉抬呢，还是缓升推高，或者波浪式上扬等。

二、庄家试盘的种类

1. 进庄之前试盘

庄家通过一系列的准备工作后，在成熟的时机里选择目标股票进驻，这时首先要测试一下盘面变化情况，这属盘前试盘。其作用有二：一是观察盘中有无其他庄家存在，如果没有其他庄家存在，就可以安心埋伏其中建仓；如有强庄进驻其中，就要费脑筋了。这时的应变策略是：①换。忍着点，这个窝就让给他吧，到别的地方重找。②斗。与对方斗智斗勇，展开筹码争夺战，结果胜负难分，两败俱伤而收兵。③和。互利双赢，和气生财，双方达成建仓、拉升、出货以及利润分成等种种合作协议。不管怎么样，大部分庄家均不希望同一目标股票中有两个以上庄家存在，因为这种合作操盘的风险极大，一方食言，后果可想而知。如在2015年上半年行情中，两个庄家同时看好一浙江的民营上市公司的股票，该股是一只小盘股，双方在吸货之后，都已持仓相近的流通筹码，这可进退两难了。由于庄家之间不能进行"和好"，所以该股上下震荡，彼此相互制约，不能顺利上攻。所以，进驻前要进行"试盘"，从而决定进庄与否。二是判断场中筹码的稳定度，以计算建仓的时间和建仓所需的成本。若筹码有松动，便于建仓，可以缩短建仓时间；若筹码锁定性好，则要延长建仓时间与散户周旋夺筹码了。

2. 进庄之后试盘

庄家进驻股票后的试盘，也叫庄后试盘，包括吸货试盘、拉升试盘、出货试盘、砸盘试盘、阻力位试盘、支撑位试盘等，各阶段的试盘目的都不同。我们分析的试盘是拉升行情之前的一个独立阶段，是为拉升行情的顺利进行作铺垫的一个辅助阶段，也是本章所讲述的内容。

3. 庄家随意试盘

随意试盘就是庄家不主动进行打压或拉升股价，让股价自由波动，庄家自己不参与其中的买卖操作，由散户担当主角，股价涨跌全由市场决定，但不排除庄家在重要位置的点拨作用。庄家静观其变，根据盘面抛盘和接盘的变化情况，判断当前市场性质，做出相应的操盘方法。通常，接盘力度大于抛盘力度时，股价会出现缓升走势；接盘力度与抛盘力度相当时，股价会维持盘整走势；接盘力度小于抛盘力度时，股价会出现缓跌走势。在实盘中，这种试盘方法一般不连续使用，通常是庄家间歇休整时的放任姿态。

4. 庄家主动试盘

主动试盘与随意试盘正好相反,就是整个试盘活动过程中,是在庄家的掌控之下进行的,轻重深浅、时间长短由庄家自己把握。包括在平衡市试盘、强势市试盘、弱势市试盘、技术位试盘以及利用消息、板块试盘等都是庄家的主动行为。

5. 向上拉升试盘

庄家完成建仓后,在某个时段里突然放量向上拉升试盘,摆出一副上攻的架势,让场内资金明显感到有庄家进场操作,当股价快速上升到重要阻力位遇阻而回落。有时庄家为了吸纳更多的低价筹码,在底部采用涨停板的手法来强行试盘,并在涨停板位置不断开板,以吸引筹码松动,趁机收货。场内筹码遇股价反弹上涨机会斩仓离场,筹码出现松动,庄家则照单全收。场外资金见盘面异动而介入操作,提高散户持仓成本。向上拉升试盘的目的是,测试盘中筹码稳定性情况和抛压大小,以及散户跟风情况,从而确定拉升股价的上限即压力位。

6. 向下打压试盘

有时候股价的真实底部,庄家未必能知道,因此只有经过反复探测,才能探明底部的位置。底部未探明之前,就不能指望涨升行情的出现。为了探测这个底部位置,庄家便使用各种手法来恐吓投资者,直到投资者不肯抛出股票,股价跌无可跌,这才是真正的底部。通常,庄家故意在K线图上做出横盘的姿态,高低点之间的空间幅度越来越窄,最后股价于某日突然破位下跌,下跌时能量放大,场中散户以为股价再次大跌,于是纷纷斩仓。庄家在低位照单全收,并于当天收盘时将股价拉回至开盘附近,在K线图上留下一根较长下影线阴(阳)K线。有时庄家利用砸盘动作,将股价砸到跌停板位置,制造加速下跌的恐慌气氛,使盘中斩仓筹码蜂拥而出,庄家趁机卷走低位仓。向下打压试盘的目的是,测试盘中抛压情况,以及场外买盘的力度,从而确定打压股价的下限即支撑位。

三、庄家试盘的运作方式

通常,从庄家试盘的基本路径讲,只有两种:向上拉升试盘和向下打压试盘。但其中的运作方式是多种多样的,目前庄家常用的试盘方式如下。

1. 利用震荡市试盘

庄家在底部经过长时间悄悄建仓后,基本上达到了坐庄目标仓位。股价运行在一个基本平衡的市况中,买卖双方交投较为平静,庄家在某个时段里突然放量向上大幅拉升或向下大幅打压股价,在日K线上收出一根大阳线或大阴线,或上下影线较长的阴线或阳线。通过试盘,观察盘内筹码锁定性程度,以及市场参与追涨杀跌情况。

庄家坐庄意图:通过大幅度地拉动股价,使盘内震荡加剧,以观察盘面变化。在股价拉高时，如果跟风盘大、抛盘小，那么拉升时机基本成熟；反之，还不具备拉升条件，需要进一步整理。在打压股价时，如果抛盘大、接盘小，表明盘内筹码锁定性差，股价在底部得不到明显的支撑，还不能进入拉升行情；反之，拉升时机基本成熟，底部也比较扎实，行情可能进入拉升阶段。

散户克庄方法：若放量向上试盘，回调时缩量，表明抛盘比较小，可以在股价回调到前期低点附近时买入做多；若缩量向下试盘，下跌幅度不深，回升时放量，表明筹码比较稳定，可以在股价回升时买入做多。

实例 4-1

图 4-1，长城动漫（000835）：庄家在底部完成建仓任务后小幅走高，然后形成横盘震荡走势，为了检验盘内筹码锁定性情况，在 2014 年 2 月至 5 月期间多次出现向上试盘动作，成交量大幅放大，表明庄家已经蠢蠢欲动，箭在弦上，等待突破时机。经过一段时间整理后，2014 年 12 月借利好发动行情，股价连续拉出 6 个"一"字形涨停板。

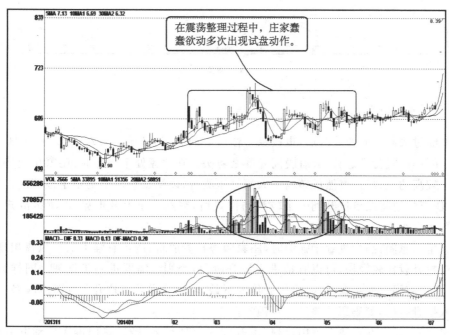

图 4-1

实例 4-2

图 4-2，浩宁达（002356）：股价在长时间的弱势震荡中，形成一条横向盘整带，庄家在盘整中吃进了不少的低价筹码，然后股价小幅向上推高，再次出现横盘走势。从 2015 年 1 月至 2 月的走势中可以看出，庄家先后采用了两次试盘动作，先是以连续的小阳线向上盘升到前期高点附近，以测试该位置的压力大小和市场跟风情况，然后以连续的小阴线不断向下压制股价，以测试底部支撑情况。这样一升一跌，试盘行为十分明显，经过一段时间的修整后，进一步夯实了底部根基。2015 年 3 月 24 日股价向上突破，走出一轮波澜壮阔的上涨行情。

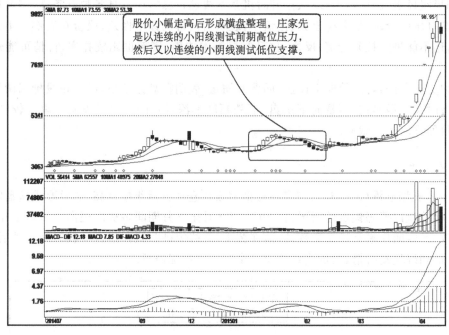

图 4-2

2. 利用强势市试盘

庄家经过底部耐心的吸筹后,也按捺不住内心的寂静,开始萌发动荡念头,在日K上起先出现小阴小阳式盘升走势,大有脱离底部之势头。在大盘处于强势时,庄家快速将股价拉升到一个较高的位置后,突然反转向下大幅打压股价,以测试盘内筹码稳定性情况。另一种方式是,庄家快速将股价拉升到一个较高的位置后,突然中止上升走势,以测试散户的接单能力或抛盘大小。

庄家坐庄意图:当大盘处于强势时,庄家顺势拉升股价,应当有强大的跟风盘出现,若是这样后市拉升就比较轻松,可以直接进入拉升阶段,否则还需要进一步整理。同样,在打压股价时,应当有强大的买盘介入,阻挡股价的下跌,若是这样后市拉升条件基本具备,否则还不能进入拉升行情,筹码还需要进一步锁定。

散户克庄方法:在强势市道中,股价涨升到一个高点后,经过整理再次启动并有效突破时,可以买进或加仓做多。在强势市道中向下试盘时,在股价第一次触及或跌破20日或30日均线时,可以大胆重仓买进;在股价第二次触及或跌破20日或30日均线时,可以适量参与,仓位不宜过重;如果是第三次及以上触及或跌破20日或30日均线,则不宜做多,待股价回升到前期高点附近时减仓或清仓出局。

实例 4-3

图4-3,甘肃电投(000791):股价长时间在底部箱体震荡,2014年6月5日开盘后快速拉高到7%以上,股价到达前期盘整区域,然后快速回落到前一天的收盘价上方震荡,以测试盘中筹码稳定性情况。6月30日,股价稳步推高到涨停板附近,随后几个交易日在相对高位维

持盘局走势,以测试散户的跟风能力或抛盘大小。庄家根据盘面反映出来的信息,拉升时机并未成熟,只好改变策略,转攻为守,再次进行短期整理后,股价开始向上突破,从此进入牛市格局,累计涨幅巨大。

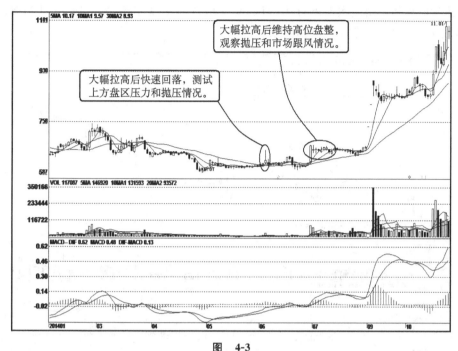

图 4-3

3. 利用弱势市试盘

庄家成功完成吸筹后,股价依然处于底部盘整之中。在大盘处于弱势时,庄家借题发挥,快速将股价打压到一个较低的位置后,突然中止下跌步伐,以测试盘内筹码稳定性情况。另一种情况是,庄家快速将股价打压到一个较低的位置后,突然反转向上拉升股价,以测试散户的跟风和抛盘情况。

庄家坐庄意图:当大盘处于弱势时,庄家顺势打压股价,夸大股价下跌空间,加大市场恐慌气氛。在打压过程中,若有大量恐慌盘涌出,则底部不够坚实,持股者心态不稳,这给庄家拉升造成难度,仍需进一步整理后才能拉升,反之如果在打压时抛盘轻,表明筹码锁定性好,在回升时又有买盘介入助力,则表明底部已现,时机一到就可以直接拉升了。

散户克庄方法:在弱势市道中,散户可以从两方面观察盘面变化,进而分析庄家下一步操作思路,即量和价。在量方面,若无量下跌,则筹码没有松动,盘面状态良好,散户不必过于心慌,在股价回升有效突破时买入。反之,若放量下跌,筹码可能有异动,要引起注意,不宜过早介入。在价方面,虽然弱势但跌幅不大,大多为庄家故意所为,散户不必为短期亏损而忧。反之,若深幅下跌,股价可能要下一个台阶再行整理,拉升时间要延期,不宜过早介入。

实例 4-4

图 4-4,法尔胜(000890):庄家在低位吸纳了大量的低价筹码后,在 2014 年 2 月至 6 月

的走势中,先后4次向下打压试盘,以观察散户的抛压情况。从走势图中可以看出,前面3次故意向下击穿30日均线的支撑,形成技术破位之势,以测试盘中抛压情况。在破位后并未发现有恐慌盘涌出,这一点从成交量上可以做出判断,表明盘中筹码锁定性较好,基本能够控制住盘面局势。第4次向下打压测试30日均线的支撑力度,在得到30日均线的支撑后,股价稳步向上攀高,累计上涨幅度较大。

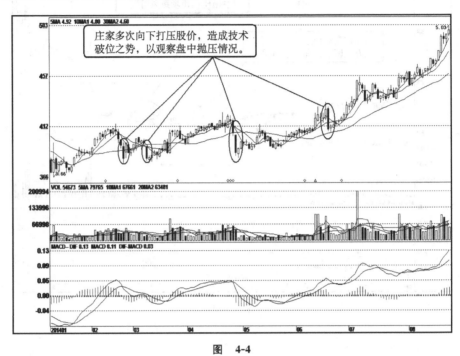

图 4-4

实例 4-5

图4-5,粤宏远A(000573):股价经过大幅下跌后,在低位企稳盘整,形成一个小平台整理区域,成交量大幅萎缩。2014年6月19日开盘后弱势震荡,下午2点以后出现快速下跌,股价被打压到跌停板附近,然后又快速拉起,形成一根带下影线的"锤头线"。庄家通过这样的打压来观察盘中筹码锁定性,随后几个交易日围绕当天收盘价进行整理,然后开始向上突破,市场进入牛市上涨通道。

4. 利用技术位试盘

庄家建仓后,利用关键技术位即阻力位(线)或支撑位(线)进行试盘,如短期移动平均线、趋势线、颈线位、重要技术形态、成交密集区、重要心理关口等,当向上或向下突破这些重要技术位置时,观察买盘和卖盘的变化情况,从而决定下一阶段的操盘思路。

庄家坐庄意图:当股价通过这些重要技术位置时,可以反映出很多盘面信息,因为这些重要技术位置是大多数散户包括庄家在内所关注的。一个重要技术位置的攻克和失守,往往预示着一轮行情的产生和结束,所以试盘效果较好。如果股价通过这些重要技术位置时,没有什么大的阻力和支撑,行情就可能向纵深发展,反之要重新调整坐庄计划。

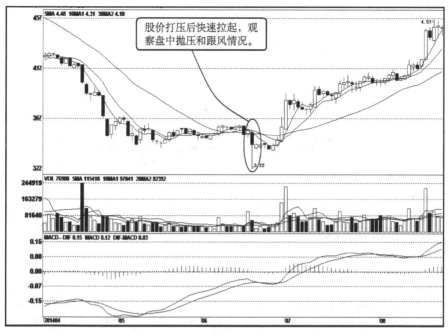

图 4-5

散户克庄方法：在突破重要技术位置时，重点关注成交量的变化。在向上突破时一定要有量，但向下突破时无须有量。散户在股价突破后，经回抽确认有效时，决定买卖行为，过早买卖风险较大。

这种情况通常有四种盘面现象：

（1）股价到达支撑位附近时，得不到支撑位的支撑，股价向下破位式试盘，重点测试突破后的盘中抛压情况。

实例 4-6

图 4-6，金叶珠宝（000587）：股价经过长期下跌后，庄家在底部吸纳了大量的低价筹码。2014 年 12 月 22 日庄家故意打压股价，一根大阴线击穿前期低点的支撑，从而造成技术形态破位，以此观察盘中的抛压情况。在技术破位之后，并没有出现太大的抛盘，这从不大的成交量上可以得到验证，说明盘内筹码稳定性好，操作时机基本具备。几天后，股价重回技术位之上，然后经过短期整理，在 2015 年 4 月借利好开始向上突破。这种走势是测试支撑位的经典，股价一旦返回到支撑位之上，可以大胆买入。

（2）股价到达支撑位附近时，受到支撑位的支撑，股价向上回升式试盘，重点测试股价获支撑后的跟风情况。

实例 4-7

图 4-7，平庄能源（000780）：股价见顶后逐波下跌，从 18 元上方跌落到 4 元下方，累计跌幅超过 80%。2014 年 3 月 11 日，股价下探到 3.60 元后开始企稳盘升，K 线图形成一个显著低点。4 月 29 日，当股价再次回落到该位置附近时，得到前期低点的支撑而企稳，然后在

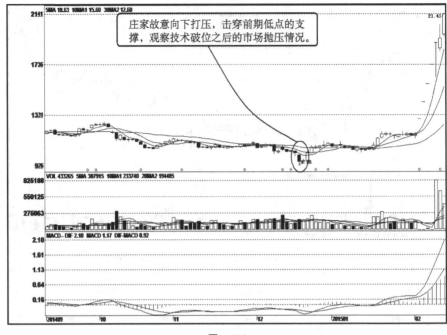

图 4-6

5月12日放量拉升试盘,以观察股价得到支撑后的跟风情况。通过盘面反映出来的信息可以看出,成交量快速萎缩,这说明市场跟风并不积极,立即上涨的时机还不具备,因此庄家只好继续回落整理,当股价再次回落到前期低点附近时,再次得到有效支撑,随后股价反转上涨,此时是难得的入场时机。

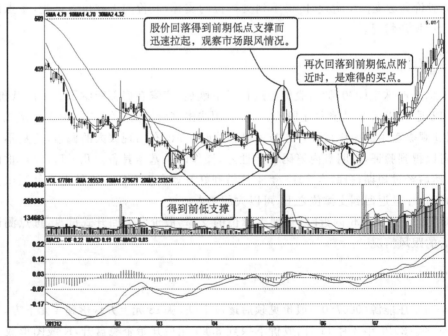

图 4-7

(3) 股价到达阻力位附近时,受到阻力位的压制,股价向下回落式试盘,重点测试股价受阻力后的抛压情况。

实例 4-8

图 4-8,新民科技(002127):股价大幅下跌后,在低位形成震荡走势,庄家在低位大举建仓。2013 年 6 月初,庄家先是选择向上试盘,在股价挑战前期高点时遇到压力,随即庄家反手向下试盘,击穿前期的低点支撑,继续寻求底部支撑。但在股价下跌时并没有太多的恐慌盘出现,庄家基本控制了整个盘面,很快股价开始转跌为升,出现一波快速拉升行情。

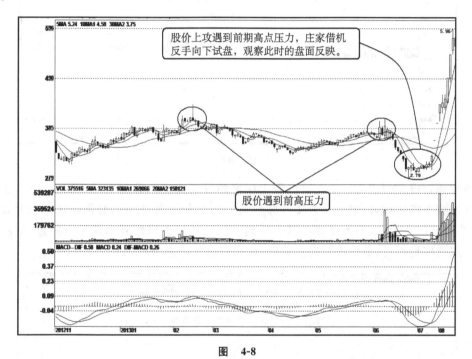

图 4-8

(4) 股价到达阻力位附近时,不受阻力位的压制,股价向上突破式试盘,重点测试突破后的盘中跟风情况。

实例 4-9

图 4-9,中成股份(000151):股价在底部震荡过程中形成多个小高点,这些小高点对股价上涨构成明显的压力。2014 年 5 月 23 日股价放量涨停,突破前期盘区小高点的压力,以测试盘中抛压和跟风情况,然后股价回落形成假突破,以进一步夯实底部基础。7 月 16 日股价向上突破后,出现一波强劲的拉升行情。

实例 4-10

图 4-10,中海科技(002401):庄家在建仓过程中,多次测试 30 日均线的阻力程度,通过盘面的量价变化可以看出,当股价突破或触及均线时,没有吸引更多的跟风盘,同时在 30 日

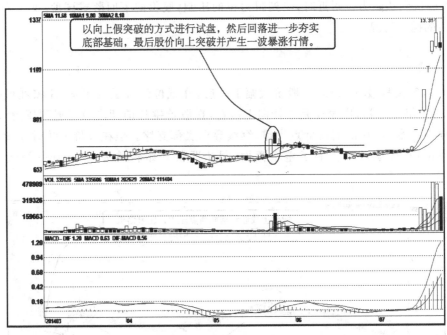

图 4-9

均线附近遇到很大的压力。由此可以看出庄家的快速大幅拉升时机还不成熟,所以庄家后来选择继续下跌整理,以进一步夯实底部基础。2012年8月21日,股价再次向上突破均线时,成交量有所放大,表明市场底部基本得到确认。然后再回落到前期低点附近,成功构筑了一个双重底形态后,股价放量向上突破,连续拉出5个涨停板。

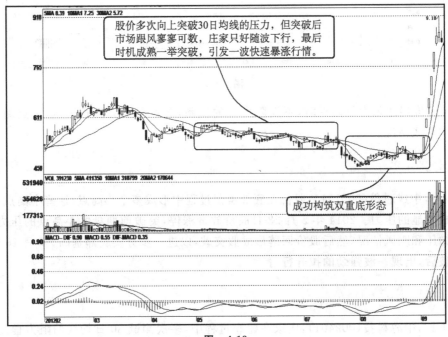

图 4-10

5. 庄家不参与试盘

庄家通过制造某一种技术图表后,让股价自由波动,庄家既不拉升,又不打压,不参与其中买卖操作,由散户担当主角,自由买卖,庄家静观其变。根据盘面变化情况,判断当前市场性质,继而决定操作策略。

庄家坐庄意图:庄家将股价拉升或打压到一个位置后停止操作,让股价自由波动,这时盘面反映出现很多信息。若股价出现上升走势,表明买方力量强大,跟风盘踊跃,庄家拉升股价会轻松;若股价出现横盘拉锯走势,表明买卖双方力量均衡,盘面状态一般,庄家拉升还需外部环境的配合;若股价出现下跌走势,表明卖方力量强大,盘面抛压较重,庄家还没有到拉升的时机。

散户克庄方法:这种试盘方式的盘面比较难以判断,通常的盘面特征是以小阴小阳出现,股价升跌幅度都不大,成交量也明显萎缩。老股民可以根据成交量的变化,结合技术形态分析判断庄家的操作行为。新股民可以等待走势明显脱离底部,股价回调到前期低点附近时,做试探性介入。

实例 4-11

图 4-11,万方发展(000638):2015 年 2 月上旬,股价回落到前期低点附近时,庄家采用了不参与成交的试盘手段,既不拉升,又不打压,以此观察盘中抛压情况。在庄家不参与的情况下,成交量明显萎缩,股价没有形成持续下跌走势,始终逗留在前期低点附近,说明盘子抛压已经很轻,散户惜售心理明显,拉升时机基本成熟,于是庄家展开向上盘升行情。

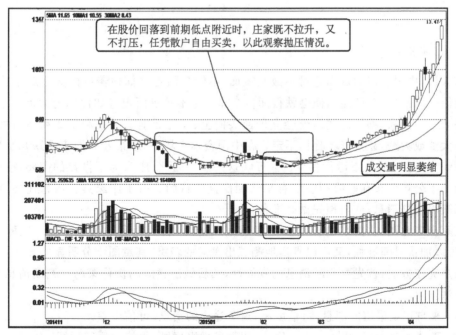

图 4-11

实例 4-12

图 4-12，索芙特（000662）：2015 年 1 月初，庄家借利好连拉 4 个涨停板后，采用了不参与式试盘手法，既不拉升，又不打压，以此观察盘中抛压情况，同时进行筹码换手，具有试盘和洗盘双重性，然后发力上行，进入主升浪行情。

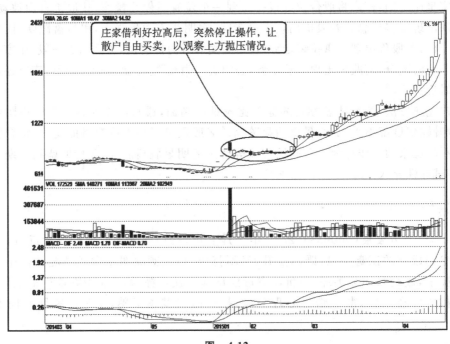

图 4-12

6．利用消息式试盘

有人说，中国股市的盘面绝对不敌政策面，不管盘面走势如何美好的大市或个股，只要利空政策一出来（甚至传闻），便会跌得面目全非。也不管盘面走势如何坏的大市或个股，只要利好政策一出来（哪怕传闻），便会立即迎头向上、一往无前。一条利多或利空消息，引发股市的大涨或大跌，让投资者捉摸不定。在中国资本市场中，政策左右股市涨跌几乎成了人们的共识，20 多年的股市运行多少也能反映这一点。因此，庄家为了做盘的需要，往往借助或配合上市公司公布利好或利空消息来达到操盘的目的。由于庄家具有信息优势，往往先于市场获得内幕消息，从而预先做好准备。

庄家坐庄意图：主要是测试利多消息的跟风情况，利空消息的抛盘情况。这种试盘方式，既可以加快时间进程，又可以真实地测试出盘面的轻重，其意图十分明显。

散户克庄方法：首先要判断消息的真假性，然后做出相应的操作策略。判断消息真假的基本方法：

（1）来自正规渠道的消息，可信度高；道听途说的消息，可信度差。

（2）真消息会大涨大跌，一去不回头；假消息虚涨虚跌，很快会反转运行。

（3）重大消息会引起股价的大幅波动；一般新闻不会引起股价的大幅波动。

（4）公开明朗的消息可以作为买卖依据，朦胧传言的消息可信度差，不能作为买卖依据。

（5）假消息跌幅较浅，一般在10%～20%；真消息跌幅较深，一般超过30%。

（6）假消息持续时间较短，股价很快复位甚至超过前期峰点，可以追涨介入做多。真消息持续时间较长，股价难以回升，可以割肉杀出做空。

实例 4-13

图 4-13，远东传动(002406)：2014年12月19日，因公司涉嫌操纵股价被监管机构立案查处，受此利空消息影响，庄家借机向下打压试盘，12月22日股价以跌停板收盘，次日继续低位震荡，然后渐渐企稳回升，股价步入上升通道。

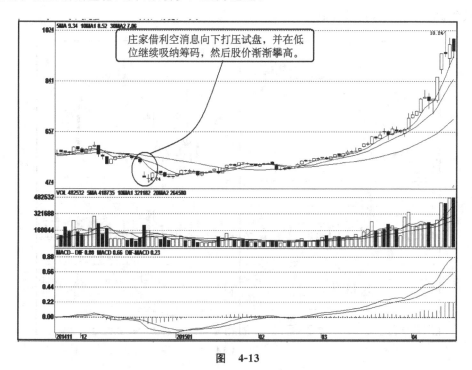

图 4-13

7. 利用板块式试盘

这种方式通常有两种情形：一种是在市场中出现某个热点板块后，庄家可借机进行试盘，看自己入驻的股票反映情况，以决定是否拉升。另一种是在某些板块出现整体下跌时，庄家借机进行试盘，以观察盘面抛压情况，从而决定撤退或留守。

庄家坐庄意图：通过板块的联动性特点进行试盘，其效果十分明显。当相同板块中的龙头品种出现大涨时，庄股也出现蠢蠢欲动，表明跟风盘踊跃，庄家可以借机拉升股价，反之拉升条件不成熟。同样，当相同板块中的龙头品种出现大跌时，庄股也出现下跌，表明筹码松动，抛盘较重，庄家不会在此时拉升股价。反之，庄股没有出现明显的下跌，表明筹码稳定性好，盘面状态良好，但庄家也不会选择在此时拉升股价。

散户克庄方法：紧跟龙头品种，与庄共舞到底。若买入的不是龙头股票，则要密切关注龙头股票的走势，一旦龙头股票出现走弱，就应及时离场。散户应当知道，板块中的非龙头股票的起涨时间比龙头股票要晚,涨幅比龙头股票要小;同样,非龙头股票下跌的时间比龙头股票要早,跌幅比龙头股票要大。

实例 4-14

图 4-14,山西汾酒(600809,左图):2014 年 7 月 14 日,该股放量向上突破,当天股价以涨停报收,随后股价震荡上行,而同属酿酒造酒板块的燕京啤酒(000729,右图),这一天依然弱势盘整,股价仅微涨 0.48%,显然属于跟风性质。从对比中可以发现,山西汾酒的走势明显强于燕京啤酒的走势,当山西汾酒在高位出现强势整理时,燕京啤酒却出现跳水,股价回落到原来的位置,累计涨幅山西汾酒比燕京啤酒大。所以,散户在跟庄时,尽量选择龙头股,除非跟风个股隐藏着重大的炒作题材。

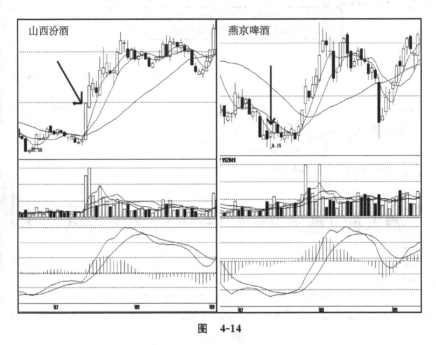

图 4-14

上面介绍的几种庄家试盘方式,是庄家常用的运作手法。庄家在坐庄过程中,有时只采用其中的一种方式试盘,有时可能同时采用多种方式试盘,但无论庄家采用什么样的方式试盘,只要领悟其坐庄意图,就能从盘面上察觉到庄家的试盘迹象并从中获得信息。

四、试盘时的盘口现象

庄家试盘时的特点,归纳起来就是"快、急、短、小"四个字。快,就是试盘来得快,毫无预先征兆;急,就是大起大落,来得急、去得快,令人追杀不及;短,就是行情持续时间短暂,有的仅在几分钟完成;小,就是涨跌幅度小,可操作性不强。

试盘与建仓相比,试盘时在盘面上留下的迹象更清晰,但庄家手法复杂多变,想方设法画一些复杂的图表来,以迷惑投资者。精明的投资者,在盘面上多少会找出一些规律来。根据中国股市 20 多年的运行特点,试盘时常见的盘口现象如下。

1. 日 K 线盘口

(1) 开盘。异常开盘是庄家刻意制造的一种震荡试盘形态,实际上也是走势异动中的一种特有形态。由于这种形态的出现毫无疑问是庄家的刻意所为,由此可以发现并判断出庄家的炒作手法和实力。注意两种异常盘面现象:

一是大幅跳空高开。开盘时以涨停板或大幅跳空高开(涨幅在 5% 以上),但随后股价迅速回落(几乎就在第一笔交易时股价已经回落,否则就变成强势行情了),股价全天在前一日收盘价附近震荡,K 线形成一根光头的大阴线,收盘价较前一日小幅下跌或基本持平。其目的:①突破了关键价位,庄家不想由于红盘而引起他人跟风,故意做成大阴线,也有震仓的效果;②吸筹的一种方式;③试盘动作,测试上方抛盘是否沉重。

实例 4-15

图 4-15,中弘股份(000979):股价随大盘一路下跌,累计跌幅较大,庄家大量吸纳低价筹码。2014 年 6 月 18 日和 7 月 3 日,股价分别大幅跳空高开 6.73% 和 8.90%,测试前期盘整区域的压力,但随后股价快速回落,在 K 线上形成几乎光头的大阴线,表明市场上方有一定抛压存在。后经短期调整,底部构筑成功,股价进入上升通道。

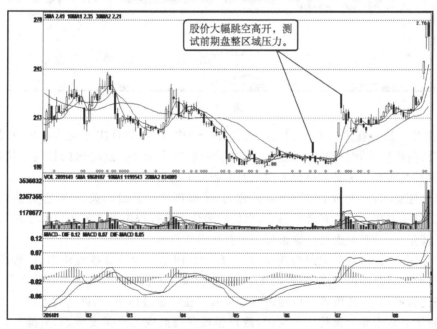

图 4-15

二是大幅跳空低开。开盘时以跌停板或大幅跳空低开(跌幅在 5% 以上),随后股价迅速拉起(几乎就在第二笔交易时股价已经不跌了,否则就变成其他单边下跌走势),股价全天在前一日收盘价附近震荡(离前日收盘价越近越好),K 线形成一根光脚的大阳线,收盘价较前一日小幅上涨或基本持平。这种走势预示庄家建仓已经结束,股价很快将盘出底部。其目的:①庄家出货;②为了收出大阳线,使图形好看;③探底的一种方式。

这两种开盘形式往往在盘面上形成一根孤立的K线,其形态有大阴线、大阳线。

实例 4-16

图 4-16,中科英华(600110):庄家在股价下跌过程中,吃进了大量的筹码,顺利地完成建仓计划。2015年2月2日,庄家刻意大幅跳空低开9.75%,之后股价迅速向上回升,当日以一根光脚的大阳线收盘。这种走势表明股价已经见底企稳,将很快步入上升行情。

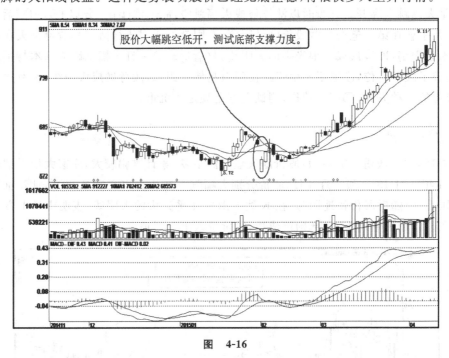

图 4-16

(2)盘中。股价在原先通道(上行、横盘、向下)中运行,某日庄家突然在盘中瞬间放量大幅拉高或打压股价,然后又迅速返回,形成长针射击式形态。这样做的目的是拉出长上、下影线,测试盘面变化情况。可分为向上射击和向下射击两种形态。

庄家坐庄意图:一是为了吸引市场注意力,了解市场对该股的关注程度,是热门股还是冷门股;二是庄家在考验持有者的信心,以检验股价下跌过程中的支撑力度和上涨过程中的有效跟风能量;三是有时也是庄家最后一次打压吸货行为。

散户克庄方法:出现向上射击式试盘时,在股价回落到前一日收盘价附近,持股者可以离场观望,此时万万不可追涨;出现向下射击式试盘时,在股价回升到前一日收盘价附近时,持股者坚定持股信心,持币者可以考虑适量买入。在实盘操作中,无论是向上射击还是向下射击,这种走势在盘面上只是一闪而过,散户很难在高点或低点买卖股票,只能选择在上一个交易日的收盘价附近作为买卖位置。

一是向上射击式试盘,股价瞬间大幅拉升。股价在平稳的走势中,盘中突然出现较大的买盘成交量,将股价急速大幅拉升(涨幅在5%以上),但庄家为了防止抛盘出现而加重成本,股价只维持一瞬间或很短的一段时间,就快速回落到前一日收盘价附近甚至翻绿小幅下跌,K线形成一根带超长上影线的阴线或阳线,则形成长针射击形态。

这种走势有单日射击式和多日射击式两种。多日射击式由于有前几日作铺垫,其射击力度更大。庄家这样做的目的:①试盘动作,测试上方抛盘是否沉重;②使图形难看,达到洗盘效果;③上方遇到较大抛压,股价被迫回落。

在K线中经常出现上、下影线较长的十字星。试盘型上影线,是用上影线试探上方抛压,也可称为"探路"。上影线长,但成交量未放大,股价在一个区域内经常收出带上影线的K线,这是庄家试盘所为,如果在试盘后该股放量上扬,则可安心持股,如果转入下跌,则证明庄家试出上方确有抛压,此时可跟庄抛股,一般在更低位可以接回。注意,当一只股票大涨之后拉出长上影线,最好马上退出。

实例 4-17

图4-17,山东高速(600350):股价大幅下跌后,长时间在底部震荡整理,庄家大量吸纳低价筹码。2014年2月26日和4月11日,先后两次采用向上射击式试盘,收出带长上影线的K线,以测试这一区域的压力程度。此后,股价继续横盘整理,与此同时庄家也继续吸纳低价筹码。当充分消化上方压力后,股价进入牛市上涨行情。

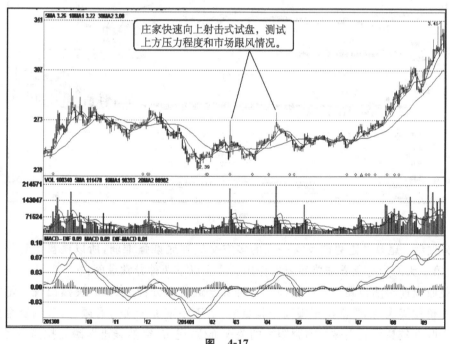

图 4-17

二是向下射击式试盘,股价瞬间大幅打压。股价在平稳的走势中,盘中突然出现较大的卖盘成交量,将股价急速大幅压低(跌幅在5%以上),但为了防止胆大而高明的投资者轻易捡到这样廉价的筹码,股价只维持一瞬间或很短的一段时间,就被迅速拉回到前一日收盘价附近甚至翻红上涨,K线形成一根带超长下影线的阳线或阴线,则形成长针射击形态。此种走势是试盘、震仓等各种因素综合出现的一种形态,预示庄家在进行最后的打压以后,试图展开攻击态势,在为持续上升前做好准备。

这种走势也有单日射击式和多日射击式两种。庄家这样做的目的:①试盘动作,测试下方接盘的支撑力及市场关注度;②做出长下影,使图形好看,吸引投资者;③庄家资金不足,抛出部分后用返回资金拉升。

实例 4-18

图 4-18,鹏欣资源(600490):在长时间的震荡盘整过程中,庄家吸纳了大量的低价筹码。2014 年 3 月 31 日,午盘出现急速下跌,一度触及跌停板位置,但股价在尾盘又快速拉回到前一个交易日的收盘价附近,收盘时仅下跌 1.52%。此后,庄家结合试盘情况,经过短暂的休整后,股价出现拉升行情。

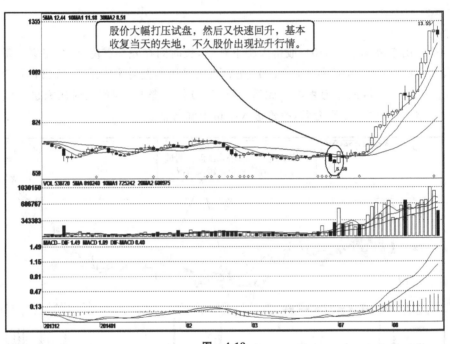

图 4-18

(3) 收盘。尾盘的走势能反映一天的多空交战到底谁强谁弱,所以尾盘走势是重要的指标,对第二天的走势起着非常重要的作用。注意以下两种异常盘面:

一是收盘前瞬间拉高。在收盘前几分钟甚至最后半分钟(14:59)突然出现一笔大买单提高几个价位买入,把股价拉至很高。其目的:由于庄家资金实力有限,为节约资金而能使股价收盘收在较高位或突破具有强阻力的关键价位,尾市"突然袭击",瞬间拉高。尾市偷袭由于大多数人未反应过来,反应过来时也收市了而无法卖出,庄家因此达到目的。

二是收盘前瞬间砸低。在收盘前几分钟甚至最后半分钟(14:59)突然出现一笔大卖单减低很大价位抛出,把股价砸至很低。其目的:①使日 K 形成光脚大阴线,或长上影线的十字星,比较"难看"的 K 线使持股者恐惧而达到震仓的目的。②使第二日能够高开并大涨而跻身升幅榜,吸引投资者的注意。

另外,在 K 线组合方面,股价经过短期(3~5 个交易日)的上升或下跌,形成一个小的通道,K 线一根比一根长,在到达重要阻力位(30 日、60 日均线或趋势线等)附近时,出现长针射击形 K 线,收出长上、下影线的十字星。然后,股价缩量朝相反方向运行(回抽),当股价到达前期低点或高点附近时,形成反向运行,表明回抽确认成功,二次探底完成,股价突破前期高点,试盘宣告结束,股价进入拉升阶段。

2. 分时图盘口

试盘时,分时图中注意两种盘口现象:

(1) 庄家用几笔大买单,把股价推高,看看市场的反应。庄家将大买单放在买二或买三上,推动股价上涨,此时看看有没有人在买一上抢售。如果无人理,就说明盘面较轻,但股性较差;如果有人抢盘,而且盘子较轻,就成功了一半。当股价拉升到一定的价位时,庄家忽然撤掉下面托盘的买单,股价突然回落。而后,庄家再在卖一上压下一个大卖单,这时股价轻易下挫,这说明无其他庄家吃货。在推升过程中,盘中有较大的抛压,这时庄家大多先将买盘托至阻力位之前,忽然撤掉托盘买单,使股价下挫。如此反复,高点不断降低,使持有者以为反弹即将结束。突然庄家打出一个新高之后,又忽转直下,此时比前期高点高,眼看很快要跌回原地,非庄股再不敢不减仓了,于是集中的抛单被拆散了。

(2) 在开盘后不久就将股价小幅打低,来测试盘中浮动筹码的多少。如果立即引来大量的抛盘出场,说明市场中持股心态不稳,浮动筹码较多,不利于庄家推高股价,那么庄家会稍作拉抬后进一步打低股价,以刺激散户离场,洗清盘面。如果庄家的打压没有引出更大的抛盘,股价只是轻微下跌,并且成交量迅速萎缩,说明市场中持股心态稳定,没有大量浮动筹码。当洗盘已经持续了一段时间,且整体看成交量已萎缩到一个较低的水平,若出现这种分时走势图,股价的大幅上升即将出现。

有时在当日即时走势中,开始基本保持某一斜率地上行,之后突然直线大幅跳水,形成类似一根"鱼竿"及垂钓的"鱼线"的图形。此为庄家对倒至高位,并吸引跟风盘后突然减低好几个价位抛出巨大卖单所至。此时若接盘不多,可能庄家仍会拉上来,反之继续打压建仓。

在正常平稳的运行之中,某日股价突然被盘中出现的上千手的大抛单砸至跌停板或停板附近,随后又被快速拉起。或者股价被盘中突然出现的上千手的大买单拉升然后又快速归位,出现这些情况则表明有庄家在其中试盘。向下砸盘,是在试探基础的牢固程度,然后决定是否拉升。如果在一段时期内总是收下影线,则向上拉升的可能性大,反之拉升的条件还不成熟。

3. 量价关系

在成交量方面,有时温和放大,有时突然放大,成交量经常时大时小,或呈量价背离等走势。主要量价关系如下。

(1) 价跌量增。庄家为了测试某一时段内的卖压程度,某日,开盘后向外抛出少许筹码,并一路单边下行,将股价压下来,观测市场反应。如果随后出现下跌超过庄家预期幅度且成交量放大,说明此价位区卖压重,散户不因价跌而惜售。如果庄家看好后市,已吸了些筹码,则此处或继续收集或洗盘,或被动护盘,不适合拉抬;如果庄家看淡后市,可能先拉高,然后出脱手中股票,到尾盘反手为空。

(2) 价跌量缩。为测试散户持股意愿,庄家在开盘时先低价抛出一笔筹码,随后股价缓慢下滑,回档幅度也不深,且下跌量缩。这说明,散户惜售,不愿追杀。庄家如果看淡后市,

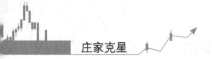

此价位区可拉高后再出货;如果看好后市,可以顺势拉抬,不必再往下洗盘了,因为此时浮动筹码已较少,自己抛出去的筹码不一定都能以原价捡回来呢。

(3)价涨量增。庄家为了测试散户追高意愿强弱,往往不断地向上推高股价,单边上扬,呈现强势特征。如果散户看好后市,踊跃购买,表现为价涨量增。面对此种旺盛人气和强烈的追涨意愿,庄家对后市无论持何种态度,往往都会因此决定拉抬,再往上做一波行情。如看空后市,庄家可边拉边出,全面清仓。

(4)价涨量缩。庄家向上推升股价时,如果散户追涨意愿不强,盘中表现价涨量缩。庄家此时硬拉很费劲,而且,恐怕资金方面有困难。因此,若看淡后市,可能反手做空;而刚吸完计划筹码的庄家,可能只守不攻,或联络上市公司和传媒放出利好消息,或等待大市升温时搭顺风车,总之,要等待合适时机。若看好后市,可以先把股价放下来,继续吸取更多的廉价筹码。

(5)量价均衡。庄家通过盘中价量关系分析,测知散户不杀跌而追涨心理,盘中价涨量增,价跌量缩,且全日维持在昨日收盘价之上,明显属于强势盘。有鉴于此,庄家在后市中往往发起强力攻击,以急拉作收尾盘轧死短空,以刺激明日买气。

(6)量价失衡。庄家根据盘中价量关系变化,了解到散户急于出脱持股,追高意愿弱,盘面表现为价涨量缩,价跌量增的背离走势,且价位始终在昨日收市价以下波动,盘势极弱无疑。若是已有相当涨升,后市不看好,庄家或是制造利好掩护出货,或是先跑为快。若后市看好,筹码未吸足,庄家会打压进货;若筹码已吸够,庄家也只能采取守势,等待时机。

洗盘结束后,庄家为了测试散户的追高意愿,会采取小幅高开后放量拉升的手法,观察是否有人跟风买入。假如伴随着成交量的不断放大,股价持续上升,说明散户追高意愿强烈,股价将在庄家与散户合力买盘的推动下步步走高;相反,如若随着庄家对倒将股价小幅拉高后,盘面表现为价升量缩,股价上升乏力,表明散户追涨意愿并不强烈,庄家很可能反手做空,将股价打低。

五、试盘阶段的盘面特点

1. 市场量能突增

建仓阶段大多成交量萎缩,而在试盘时成交量较前期有所放大,其中不乏对敲放出的量,不然很难达到试盘效果。如突破时,一般会出现放量过程,否则就体验不到跟风和抛压的感觉。这是为什么呢?因为突破是为了引起市场的注意(无论向上或向下),引发买盘或卖盘的出现,这样庄家才能有吞或吐的机会。由于试盘有"快、急、短、小"的特点,成交量放得非常突然,量比悬殊,均量线(VOL)指标在图形上出现一两根或几根"顶天立地"柱状,然后又恢复往日的平静。

2. 市场振幅加宽

庄家的活动反映到股市盘面上就是震荡,而且相对建仓来说,试盘时震荡幅度明显加大。一会儿将散户托到顶头，一会儿将散户摔在地上，散户上上下下"坐电梯"，来来回回折腾得青皮瘦骨，最后保命离场，这是庄家的常用手法。而且试盘的一个重要特征就是股价该跌不跌，该涨不涨。当股价向下突破后，按照技术分析理应有一轮下跌行情，可是股价小跌后，企稳向上开展升势，股价该跌不跌，属于典型的空头试盘。同样，当股价向上突破后，按照技术分析理应有一轮涨升行情，可是股价小涨后，受阻向下形成跌势，股价该涨不涨，属于典型的多头试盘。由于此时量能放大，宽幅震荡，在日K线上往往出现长阴长阳，这不同于建仓时的小阴小阳，但一般又不能按照K线组合去研判未来趋势，在盘面上常常出现阳包阴、阴包阳、二阳夹一阴、二阴夹一阳等跳跃式的、不规则的K线排列。

3. 市场人气难聚

在试盘过程中，市场人气有所活跃，包括空头人气和多头人气渐渐地有所表现，但并未形成单边市场，多空分歧较大，股价忽上忽下，市场时冷时热，人气难以凝聚。可见，短线操作难度较大，股价起伏不定，上下宽幅震荡，抛出容易踏空，买入容易被套，弄得散户举棋不定。因此，此阶段观望乃是上策。

庄家的试盘一旦被人识破，往往以其之矛攻其之盾。庄家在盘面上玩弄特技，有时也聪明反被聪明误，做多头陷阱时散户却跑了，做空头陷阱时散户却介入了。由于量能放大、宽幅震荡、长阴长阳的特征所决定，市场上投机机会开始增多，短线高手可以博取一定的差价。但由于是试盘阶段，趋势并不明朗，因此非短线高手不可为之。

同时对于庄家来说，试盘时股价涨跌幅度也要适可而止，既然是"试"，就应"点到为止"，防止"树大招风"，引来众多投资者的目光。庄家坐庄一旦被人盯住了，就有人来捣蛋，这个庄就难坐了。

4. 市场变化无常

股谚说："水无常形，股无常态。"在这阶段，如果用正常的趋势、K线、形态、波浪、切线等技术分析手法去解读股市，就很容易犯错误。如趋势线或切线被突破后，不久股价却朝相反的方向运行，红三兵、三只乌鸦等K线组合并非人们想象的那样，标准的形态或波浪却没有标准的行情出现，凡此等等，不胜枚举。一般而言，标准的图表出现大涨或大跌的概率较小，而真正的涨跌行情往往隐藏在或虚或实的图表之中。道理很简单，庄家不会用"显而易见"的走势去"作图"的。这就需要散户有识破这种图表的本领，练就"雾里看花"的功夫。

实例 4-19

图 4-19，昌九生化（600228）：2012年12月26日，股价跳空高开形成向上跳空缺口，成交量成倍放大，可是第三天跳空低开，留下一个向下跳空缺口，呈"岛"形态势。按通常理论，"岛"形是重要的反转形态，一旦形成将有一定涨跌幅。此时的盘面十分零乱，K线组合杂乱无章，股价变化无常，忽上忽下，人气不能聚集。这个"岛"形出现之后，股价并没有出现大幅下跌，之后股价小幅下探后戛然而止，立即出现上涨行情，属于"该跌不跌"的空头陷阱。

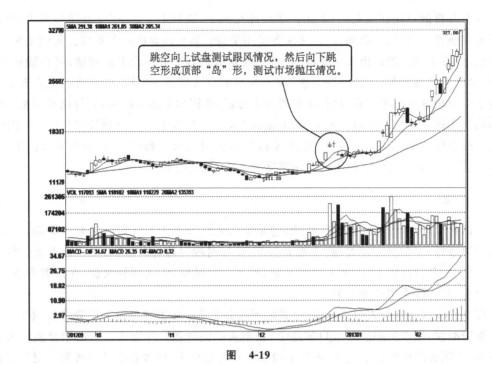

图 4-19

六、试盘时的技术特征

1. 均线系统

在均线统中，①弱势股 5 日均线金叉 10 日均线，而 20 日均线、30 日均线仍然下移；②5 日均线金叉 10 日均线后，再次金叉 30 日均线，10 日均线上移，而 20 日均线走平，30 日均线仍然下移；③强势股 5 日均线乖离率（BIAS）加大，10 日均线金叉 20 日均线，20 日均线上移，30 日均线呈水平走势。

2. 指标特征

在股价向上试盘时，常用指标 MACD 中的 DIF 线与 MACD 线靠近，BAR 指标绿柱缩短或红柱增长；DMI 指标中的＋DI 金叉或即将金叉－DI，但 ADX、ADXR 微升（力度不大）或基本沿水平走势；KDJ、W％R 等技术指标快速到达强势区，不久重新回到常态区；RSI 指标在超卖区拐头向上，但滞留在常态区，很少进入强势区；VR 指标向上角度较陡，超过 80°，很快回落；OBV、WVAD 等技术指标急速上升，但多数不能完成一个向上的"N"形。在股价向下试盘时，上述指标则出现相反态势。

3. K 线特征

日 K 线中多以小阳伴大阴、小阴伴大阳的形式，或阳包阴、阴包阳、二阳夹一阴、二阴夹一阳的形式,或上下影线较长的 K 线形态出现,有时甚至出现单根大阴大阳 K 线。

这阶段常见的 K 线组合形态有大阳线、红三兵、射击之星、跳空缺口、"一"形、"T"形等。

4. 切线特征

(1) 庄家将股价向上(向下)突破或不突破某一个阻力位或支撑位、成交密集区(前期高点或低点)时,看看此时的市场反映情况,是追涨还是杀跌,并分析追杀的力量大小。

实例 4-20

图 4-20,山水文化(600234):该股在 2014 年 6 月形成一个阶段性高点,然后回落整理,2015 年 1 月 27 日向上冲击该高点时,遇到强大抛压而无功而返,股价回落到前低附近。随后在 4 月 9 日又一次向上攻击时,虽然同样没有突破,但在上一次冲高过程中,已经有大量的解套盘退出,这次攻击时上方抛压明显减轻许多,说明拉升条件基本具备。随后经过短暂的修整后,5 月 13 日股价放量涨停,从此开启一轮拉升行情。

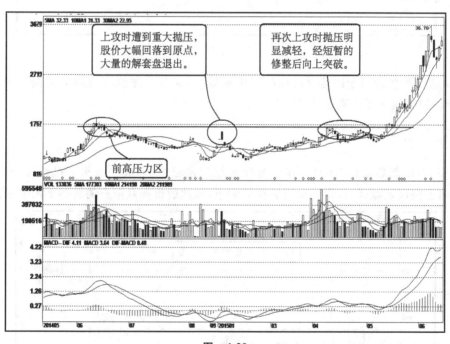

图 4-20

(2) 股价原先运行于一条上升或下降趋势线之中,突然庄家刻意在某一天向下或向上突破该趋势线,通过市场反馈的信息,来判断该趋势线的支撑或阻力程度。

实例 4-21

图 4-21,汇鸿集团(600981):该股经过一波快速拉高后,进入慢牛运行阶段,从而形成一条上升趋势线,有力支撑股价走高。2015 年 5 月,庄家故意打压股价向下击穿了这条上升趋势线,以观察盘中抛压大小,但股价击穿上升趋势线后,并未引发大的抛盘出现,反而有逢低买盘介入,说明拉升条件基本具备。很快,股价返回趋势线之上,并出现一波快速拉升行情。

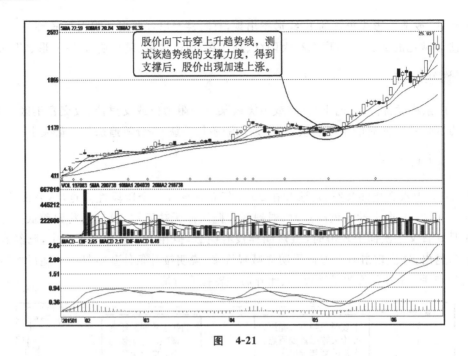

图 4-21

（3）股价原先运行于因建仓形成的水平横线中，某日庄家脸一变向上或向下脱离这条水平横线，以观察市场的追涨杀跌情况。

实例 4-22

图 4-22，市北高新（600604）：在长时间的整理过程中，形成一条水平盘整带，2015 年 2 月股价向上突破该盘区时，得到市场的积极响应，从此股价在众散户的簇拥下向上走高。

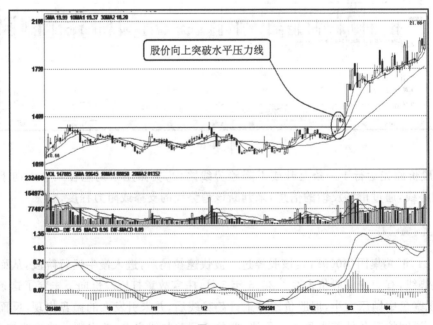

图 4-22

5. 形态特征

在此阶段主要对建仓阶段形成的圆形底、潜伏底、阶梯形、V 形底、W 形底、扇形底、头肩底、三重底、盘形底、长方形、横向形等形态进行测试和反馈。此外,在该阶段有时还产生独立的形态,即直角形。由于篇幅所限,这里仅对直角形形态作一介绍,其他形态的试盘情况,请读者自行检验。

直角形,又可分为前直角形和后直角形两种。庄家在底部经过长时间的建仓,在日 K 线图上形成水平状走势,庄家突然在某一两天大幅向上拉升(向下打压)股价,然后进行整理,在形态上几乎呈直角形,称为前直角形。庄家在底部悄悄建仓后,在某几天时间大幅向上拉升(向下打压)股价,然后在此价位维持水平状走势,日 K 线图上几乎呈直角形,称为后直角形。

七、试盘阶段的时间与空间

1. 试盘时间

掌握庄家试盘时间,有助于提高实盘操作技巧,在股市中少一分险情,多一分安全。一般来说,庄家的试盘时间都比较短,来得猛、去得快,但不同类型的庄家有不同的时间要求。有的短线庄家几分钟、十几分钟即完成一次试盘动作,中线庄家不乏持续几天时间的,长线庄家的试盘可能达几周时间。对不同形态的底部试盘时间也有所区别,长期底部横盘走势的试盘 2~5 天,一般形态试盘在 1~2 周。同时,试盘次数可以一次性完成,也可以分阶段进行,投资者在试盘阶段操作难度非常大。

通常,庄家试盘时间长短与控筹数量、大势状况、操作风格、坐庄思路以及当时所处的宏观经济、公司背景、技术形态及人气冷热等因素有关。

2. 试盘空间

试盘空间亦叫试盘幅度,它也是在一定范围内波动,做到恰如其分,过高过低均达不到试盘效果,了解这个空间的大小,有助于在股市中取胜。

一般个股的试盘空间在 10% 左右。长期底部横盘走势的试盘空间在正负 5%~15%,弱市中的试盘和庄家不参与操作的试盘,其空间在 10% 左右。消息式试盘和射击式试盘或在技术位试盘的空间在 20% 左右,一般形态试盘空间在正负 15%~30%。

实例 4-23

图 4-23,天润乳业(600419):该股在上升过程中形成一个整理小平台,期间庄家使用了两次明显的试盘动作。第一次在 2015 年 4 月 27 日放量向上试盘,突破整理小平台的高点,试盘时间只有 1 天,试盘幅度在 5% 左右。第二次在 5 月 6 日、7 日向下试盘,股价击穿 30 日均线支撑,试盘时间为 2 天,试盘幅度在 4% 左右。

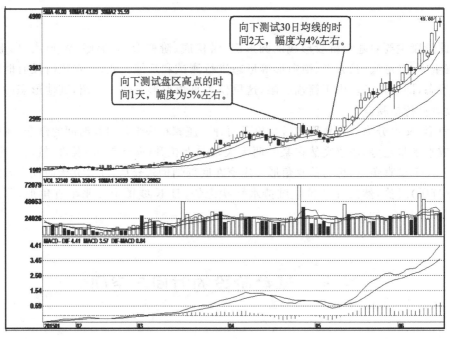

图 4-23

八、庄家试盘时散户应注意什么

根据投资者的大众心理，在庄家试盘时有"两怕"：一怕跌；二怕涨。庄家围绕这"两怕"而竭力打造各种精美的图形，让散户入瓮。这是"怕跌反涨，怕涨反跌"的道理，也就是庄家利用"反大众思维"的坐庄方式。

1. 怕跌

在股市中无论新老股民，最让人惧怕的莫过于行情下跌。下跌，宛若一只猛虎，顷刻间账户上的资金大幅缩水；下跌，宛若一条铁链，把人拴在高楼之上；下跌，宛若一颗毒素，牵动着多少人的神经；下跌，甚至使人失去理智……有谁不担心下跌呢？的确，下跌是人人不愿意看到的、也不希望发生的行情，可是越是不希望发生的事情又偏偏容易出现。

一种怕跌的心理是，股价经过长时间的下跌调整后见底企稳，并快速向上反弹，当股价反弹到一定的幅度后（一般涨幅在20%以内），展开调整走势。此时，由于投资者受熊市思维的影响，担心股价再次步入下跌行情，于是把握"反弹出局"的机会，纷纷抛售股票离场。可是，庄家在此时同散户玩了一把游戏，股价不跌反涨，向上发起凌厉的攻势。"黑马"就这样擦肩而过，急得散户直跺脚。其实，投资者反过来想一想，如果庄家真的要下跌，一般是不会给投资者有"反弹出局"的机会，多以平台整理而后向下突破。

另一种怕跌的心理是，股价经过一轮涨升之后（一般涨幅在30%以上），行情进入主动调整走势,庄家刻意在此做出头部迹象,如倒 V 头、圆顶、M 顶、头肩顶等。此时,散户以为行情已经见顶,股价将转入下跌走势,因此纷纷抛出股票,获利了结,落袋为安。可是,股价并没有下跌多少价位,很快又展开一波新的上攻行情,而且涨幅十分巨大。这下,散户又尝了一回摔下马背、中途下轿的滋味。其实,只要分析一下股价位置、量价关系、庄家运作手法以及是否已经出局等,就可以解决这个问题。

2. 怕涨

置身于股市中的人,最让人欣喜的莫过于行情上涨。上涨,宛若一个聚宝盆,很快使你的资金膨胀起来;上涨,宛若一根救命草,把你从套牢的高楼上解救下来;上涨,宛若一勺催化剂,唤起人们对股市的许多憧憬和梦想;上涨,甚至使人腰缠万贯……有谁不盼望股市的上涨呢?的确,上涨是人人都愿意看到的、也是希望发生的行情。投资者不禁要问,行情上涨有如此迷人之处,怎么还怕涨呢?

一种怕涨的心理是,股价经过大幅上涨后,庄家为了达到自己的坐庄要求,刻意在盘面上制造再次上攻态势,散户看到这种势头后,以为上涨或主升行情开始,就产生了"怕涨"的心理。在这种心理支配下,生怕买不到股票,而争先恐后地挂单买入。然而,这是庄家虚张声势,不久股票不涨反跌,而且越跌越深。就这样上错花轿、嫁错郎,赔了精力又折财。

另一种怕涨的心理是,股价经过一轮下跌之后(一般累计跌幅在 30% 左右),行情展开阶段性反弹,庄家刻意在此做出底部迹象,如 V 底、圆底、W 底、头肩底等。此时,散户以为行情已经见底,股价将转入上涨走势,怕上涨买不到便宜股票,因此纷纷买进股票,等待拉升获利。可是,股价并没有上涨多少价位,很快又开始新一轮下跌行情,而且跌幅较深。无奈,原本精皮瘦骨的散户又被剥去了一层皮,甚至被弄得缺肢断腿还难以出来。

进入股市的人们,都有不少启示和经验可谈。大家议论最多的一个话题是:指数涨了那么多,怎么没赚到大钱?指数进入调整,怎么手中的股票跌得那么惨?于是有人说,股票投资到头来总是后悔。没买或少买股票,股价上升了要后悔;卖少了或买多了股票,股价下跌了又要后悔。

其实,大牛股很好观察,至少在一段时间内,股市的领头羊会一升再升,这就是大牛股。敏感的投资者一见到走得强劲,且基本面比较好的股票,就可以进入。如果手中拿有这类强势股,千万别换马,经验告诉我们,换马只会越换越糟。大牛股与大牛市的行情一样,大市股也是升完又升。当然,也正是因为是大牛股,它的波幅也要远远高于其他股票,很多投资者最终吃不消这种震荡而出局。那么,不问青红皂白地持股不放吗?不!市场比你聪明,当它有一天走向疯狂时,就是最佳的、也是最后的下马时机。

可是,有人在市场中眼看马儿跑不动了,还骑马不下,愣将病马当好马、老马当壮马,在马背上折腾来折腾去,直到马儿趴地不动时,幡然醒悟,真可谓"千里马常有,而伯乐不常有"。比如,2007 年 10 月沪数成功突破 6 000 点大关时,市场到了疯狂,其后股指上冲到 6 124.04 点后回落,至 2008 年 9 月经历 11 个月的调整。期间,股指展开了数次较大的反弹,也遇到数次较大的政策调控。就在此时,不少投资者铁定了 3 000 点为"政策底",将反弹行情当成反转行情,善良的散户捂股不动。可是,股指一跌再跌,很快跌到了 1 664.93 点,其后出现一波力度较大的反弹行情。之后,股指又现调整走势,2012 年 12 月股指再次跌破 2 000 点大关。一批又一批的股民被套其中,且越捂损失越惨重。

因此,可以将市场概括为:大牛市升完又升,每次下跌都是买进的机会;大熊市跌完又跌,每次上涨都是卖出的机会。大牛市里忧虑声不断,股评们屡次言顶,但屡屡失败;大熊市里四处信心鼓劲,不时建议底部买进,但底部还有底部。大牛市里的利多理由层出不穷,利空消息则置若罔闻;大熊市里的利空理由完整系统,利多消息则成耳旁之风。

九、散户在庄家试盘时的操作策略

在试盘阶段中,散户应把握十大操作策略:

(1) 对时间短暂,涨幅不大的试盘行情,非高手者不可为,建议散户多看少动。

(2) 对时间稍长的试盘,涨幅也较大的个股,可以做高抛低吸,进行波段操作。

(3) 对抛压较轻、业绩优良、题材丰富的个股,可以在回调时介入做多。

(4) 不追高买入,一旦追高套牢,短期难解其套。

(5) 不在阻力位买入,包括前期高点、中长期均线、BOLL 上轨线等。

(6) 不轻易做大盘股、大流通市值的股票。

(7) 超跌股没有利好不做。一有利空、随时短线开溜。

(8) 目标利润不可过高,不重仓、不贪心。一旦重仓被套,尤其是被套于小盘股的话,则进货容易出货难,原因在于成交低迷、没有接盘。

(9) 快进快出,不久留、不捂股。牛市要善于捂股,熊市做多是小偷,买了一两天就走。绝大多数情况要打了就跑、不赚也跑、最多波段化操作。这与牛市的"捂多长时间,赚多大利润"不一样,熊市"捂股越长,亏损越大"。

(10) 宁可不做,不盲目抄底。如果屡做屡错的话,不必急于扳回损失。可以离场休息一段时间,留得资金在,不愁没大底。抓住一个大底,胜过十把短线。善于有所为、有所不为的投资人,才是有大智大慧的人,才有可能翻身做大事的人。

十、多头陷阱与空头陷阱

庄家为了达到坐庄的目的,总是想方设法引诱中小投资者进场追涨或杀跌。随着投资者对庄家操作手法的认识,庄家制造陷阱的手法也越来越隐蔽,越来越多变。投资者只有正确的区分多头陷阱和空头陷阱,才能正确把握主流行情。

1. 多头陷阱

多头陷阱往往发生在行情盘整形成头部区域里,股价突破原有区域达到新的高峰,然后又迅速地跌破以前交易区域的低点(支撑位),这就是"多头陷阱"。更具体地说,是"多头陷阱"捕捉到了那些在股价最后上涨时买进的人,或者是在突破后买进的人,使这些投资人遭受损失。此时由于成交量已开始萎缩,但多数投资者对后势尚未死心,不愿杀跌出场,因而其形态完成时间相对较长。

多头陷阱一般具有以下特色：①在多头市场中，形成多头陷阱往往是在中段整理过程中；在空头市场中，则必然是出现在大举反弹之后的盘头阶段。②主要均价线的支撑有愈来愈靠近市场行情价格的趋势，原上升角度逐渐从陡峭趋于缓和，这种情形暗示只要未来有一根长阴，则均线的支撑系统将悉数被破坏。③成交量的萎缩期开始形成，且中短期均量线有形成下降的趋势，甚至可能略微形成 M 头的态势。

多头陷阱的识别技巧：

(1) 消息面。庄家利用宣传优势，营造做多氛围。从以往看越是股价涨高了，股民热情高涨了，越有人吹捧，所以股民要格外小心。

(2) 基本面。个股基本面要关注一些长期稳定优良的公司，对于业绩大起大落，或业绩异常好的公司还是小心为上，以免落入庄家的多头陷阱。宏观基本面如果在股市政策背景方面没有特别的实质性做多支持，而股价却持续性地暴涨，这时就比较容易形成多头陷阱。

(3) 成交量。随着股价的持续上涨，量能始终处于不规则放大之中，有时盘面上甚至会出现巨量长阳走势，盘中也会不时出现大手笔成交，给股民营造出庄家正在建仓的氛围。这时，庄家往往可以轻松地获利出逃，从而构成多头陷阱。因此在辨别多头陷阱时，主要是看成交量是否突破支撑线。正常状况是股价以高成交量在主要的上升趋势中到达了新的高点，然后以稍低的成交量回档，只要回档不跌破目标的支撑线，就认为是属于多头市场。如果成交量不大而且向下回档又跌破了支撑线，则应认为是多头陷阱了。

(4) 技术面。在 K 线走势上往往是连续几根长阳线的急速飙升，突破各种阻力位和长期套牢成交密集区，有时伴随向上跳空缺口的出现，引发市场热烈兴奋的连锁反应，让股民误认为后市有上涨空间，从而使庄家顺利完成拉高派发目的。

(5) 多头陷阱会导致技术指标上出现严重的顶背离特征。但如果仅依据其中一两种指标的顶背离现象进行研判，仍然容易被庄家欺骗。这不仅需要我们反复验证，逐渐把握区分真伪的尺度，还要求我们注意研判多种技术指标，只有多种技术指标显示相同性质的信号、相互佐证时，判断的准确性才能得到提高。因为无论庄家如何掩饰或制造多头陷阱，多种指标的多重周期的同步背离现象都会直接揭示出庄家的真实意图。所以，股民要注意观察多种指标是否同一时期在月线、周线、日线上同时发生顶背离。如是，就很容易构成多头陷阱，而且极有可能形成一个中长期的顶部。

多头陷阱的应对策略是：在盘头形态或尚未确认的中段整理时，可保持观望的态度，待支撑固定后再行做多。否则，多头陷阱一旦确立，必须在原趋势线破位后停损杀出，因为在以后的一段跌势中，放空的利润或许足以弥补做多的停损损失了。

实例 4-24

图 4-24，罗平锌电(002114)：该股在高位长达 7 个多月的震荡后，2015 年 6 月 19 日借利好向上突破前期高点，似乎要出现大涨。可是，突破后的前三天股价冲高回落，形成倒"V"形反转走势，股价出现暴跌，从而形成多头陷阱。

2. 空头陷阱

空头，泛指看淡后市，先卖后买，以图赚取差价利润的投机行为。空头市场，是指延续相

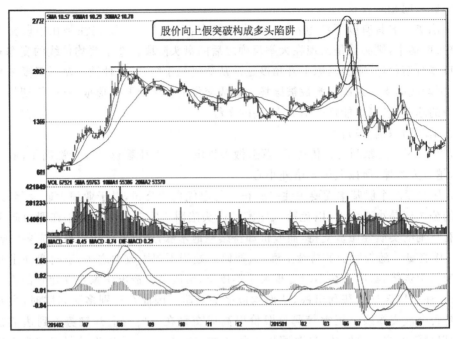

图 4-24

当长时期的大跌市,即行情普遍看跌的市场。空头陷阱,是指股价处于底部区域时,庄家刻意打压股价,造成向下的假突破,使市场产生恐慌气氛,待散户纷纷抛售股票其低价筹码落入庄家手中后,股价迅速向上拉起的操作行为。一般来说,"空头陷阱"形成后,几天内有一个中级波动(上升10%～25%),而有时是一个主要波动(上升25%～35%),在最低点抛货或犹豫不决没有进货的投资者,就成了空头陷阱的受害者。

空头陷阱是行情启动前的一种极端的假行为,一般出现在股价的底部或中部区域。庄家在炒作个股时,将更多地注重从技术形态上不让中小散户过多地分享牛股的利润。随着大量翻倍或翻几倍的牛股在市场中出现,使得庄家对利润的预期大大提高。为了达到一种暴利性的炒作,他们常会在操作中故意制造短线顶部的陷阱,让一些懂技术者在其回档过程中抛出股票。因为投资者害怕股价下跌被套,便在"头部"形成时先于庄家出局,可谁知"聪明反被聪明误",原来这是一个假"头部"或阶段性小"头部",很快又展开新一轮更为猛烈的升势。因此,为了实现坐庄目标,在盘中放量大幅单边下跌,有时无量单边下跌,刻意击穿一些重要技术部位,如成交密集区、轨道线、趋势线、移动平均线等,投资者普遍感到后市渺茫,多数投资者因极端看淡后市而不愿买多介入,故其形态完成也相对较长。市场出现恐慌气氛,筹码开始出现松动,终于使前期还算坚定的一部分投资者动摇意志。为了减少损失,多头投资者反手做空,纷纷卖出股票,使空头的力量更加强大,结果造成恶性循环、相互追杀的局面,从而使股价快速大幅下跌,这就是我们常说的"多翻空""多杀多"。

空头陷阱一般具有以下特色:①在多头市场中,空头陷阱往往处于大回档调整后的盘整阶段;在空头市场中,往往出现在阶段性下挫之后的盘底阶段。②主要均价线的压力有越来越接近市场行情价格的趋势,原下跌角度逐渐从陡峭趋于缓和。这种情形只要未来有一根长阳,则均线的反压系统将可能被克服。③量虽是萎缩,但中短期均量线有形成上翘之势,甚至可能略微形成 W 底态势。

空头陷阱以庄家是否建仓为分界线，可以划分为两类。一类是建仓前期的空头陷阱，这时的空头陷阱是以打压建仓为目的，通常下跌幅度大，下跌持续时间长。另一类是庄家建仓后属于震仓性质的空头陷阱，这类空头陷阱是为了清洗浮筹，抬高散户成本，减轻拉抬股价压力。由于此时庄家已经大致完成建仓过程，通常不愿让其他资金有低位吸纳的机会。所以，这一时期的空头陷阱往往下跌速率快，但持续时间却比较短。

空头陷阱是大"黑马"、大"牛股"的前奏，无论是哪种类型的空头陷阱，它都会伴随着底部的同时出现，而且空头陷阱制造出来的底部，最低限度也是一处阶段性底部。投资者如果能准确识别空头陷阱，并在空头陷阱中积极做多、勇于抄底的结果，往往是获利不菲。

空头陷阱的识别技巧：

（1）空头陷阱在 K 线走势上的特征往往是连续几根长阴线暴跌，贯穿各种强支撑位，有时甚至伴随向下跳空缺口，引发市场中恐慌情绪的连锁反应，从而使庄家顺利完成建仓和洗盘的目的。

（2）从大盘的政策面和个股基本面分析是否有做空因素，如果这些方面没有特别的做空动能，而股价却持续性暴跌，这时比较容易形成空头陷阱。

（3）在成交量上的特征是随着股价的持续性下跌，量能始终处于不规则萎缩中，有时盘面上甚至会出现无量空跌或无量暴跌现象，这时往往会构成空头陷阱。因此辨别空头陷阱时，主要看股价在跌到一个新的低点时成交量的大小，如果破位时成交量较大而且在上升时无法突破阻力线，则可基本上认定是一个空头市场。如果处于新的低价位上，成交量较小并且上升时又放量突破阻力线，则应认为是"空头陷阱"了。

（4）从形态分析上，空头陷阱常常会故意引发技术形态的破位，让投资者误认为后市下跌空间巨大，而纷纷抛出手中股票，从而使庄家可以在低位承接大量的廉价股票。

（5）空头陷阱会导致技术指标上出现严重的背离特征，但如果仅仅依据其中一两种指标的背离现象，仍然容易被庄家欺骗，所以要观察多个指标是否在同一时期中在月线、周线、日线上同时发生背离。因为，无论庄家如何掩饰或骗线，多种指标的多重周期的同步背离现象都会直接揭示出庄家的真实意图。

空头陷阱的操作策略是：在盘底形态或筑底过程中，可保持观望的态度，待多头市场的支撑失守或者空头市场的压力确认成功后，再行放空。否则，空头陷阱一旦确立，必然在原趋势线突破后介入做多，因为以后的一段可观的涨势中做多的利润将远大于放空停损的损失。

实例 4-25

图 4-25，新海股份（002120）：该股经过一波拉高行情后，在相对高位形成横盘整理走势，在长达 3 个多月的震荡整理过程中，成交量大幅度萎缩，浮动筹码渐渐减少，从而形成一个箱形的成交密集区域。庄家为了进一步加仓和测试市场抛压情况，2014 年 12 月 22 日以跌停板的方式向下击穿前期成交密集区域。但股价很快企稳回升，并走出一轮大幅上涨行情，散户因此吃了空头陷阱的亏。从该股走势图中可以看出，庄家阴谋就是通过打压股价达到这样三个目的：一是继续完成低位加仓计划；二是测试底部支撑力度和市场跟风情况；三是进一步巩固底部基础。

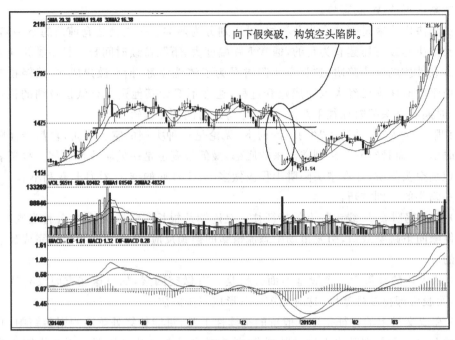

图 4-25

第五章 整理阶段

整理,就是庄家对那些不符合坐庄意图的因素进行修整疏理,以达到锁定筹码、积蓄能量和适合利润的要求。整理有低位整理、中位整理、高位整理。前面讲过,庄家在底部悄悄买进低价筹码,当收集到差不多筹码时,便进行试盘。这时股价会出现震荡,大小机构之间、机构与散户之间、长线与短线之间、投资者与投机者之间开始从统一走向了新的对立。肯定的走势出现了否定的阶段,价格的杠杆第一次向空间倾斜,股价出现拉锯式整理。我们就重点研究这个变化过程,多属低位整理,也叫筑底。

股市的价格走势总的来说,就是涨、跌、盘(整理)三种情况,上涨让人兴奋,下跌让人恐慌,而整理最让人心烦。可是,股价的绝大部分时间都处于整理之中,整理往往比上涨和下跌的时间都要多,着实让人心烦。但不整理是不行的,因为股价是在涨涨跌跌中运行的,不可能一气呵成。从运行规律看,整理就是为股价运行清除"障碍"和"阻力",并积累继续运动的"能量",才得以使股价继续维持原来的运动趋势。由此可见,面对整理即使心烦,也得耐心对待。我们常常因为就缺那么一点点"耐性",而放跑了大"黑马"甚至撞上大"狗熊"。没有一股韧劲对付整理,这钱还是不好赚!

整理在坐庄流程中,是次要阶段,有的庄家就省去整理阶段。

一、庄家整理的目的

庄家通过试盘,从市场中获得信息反馈,然后进行认真分析研究,所以整理就必然出现了。用辩证法的规律分析,经过试盘,多空矛盾统一被打破,新的对立开始出现;从内容与形式分析,从建仓阶段的内容与形式的基本适应,出现了基本不相适应,且新的好形式尚未即时产生;从必然与偶然、肯定与否定分析,试盘的必然走势出现了偶然的整理阶段,肯定中出现了否定的形式。

由此可见,庄家整理的目的是:

(1)换手。让能适合继续发展的新形式进来(即换散户,换小机构,换消息)。庄家坐庄过程中,最喜欢的是短线投资者,他们胃口小,胆子也小,庄家略施雕虫小技,就被驱逐出局。庄家最怕的是那些死捂股票不动的持股者,他们不获利不出局,这无疑是从庄家身上割一块肉。因此,庄家一定得变换方法,想方设法让他们出局。

(2) 调仓。如试盘时升幅过大,庄家还要调整持仓比例的要求,如把2∶8比例(即持币20%,持股80%)调整成3∶7或4∶6等,或与之相反。也就是常说的减仓或增仓,从而有利于今后的拉高出货。一个成功的庄家,必须保持一定的持仓比例。如果持仓量过高的话,散户参与少,庄家就成了孤家寡人,这样容易造成被动;相反,持仓量太低的话,浮动筹码太多,庄家很难控制局面,也不利于坐庄。因此,通过整理使仓位更加趋向合理,更加有利于日后拉升。

(3) 蓄势。拉升量就是拉升时用的量,专为拉升股价而备的,可以理解为流动资金,也可以理解为上升时的启动量和护盘量,一般占总资金的20%~30%。庄家在试盘时,可能花费了不少的量,因此通过整理对这部分量进行还原,储存量能用于日后拉升,这就是通常所说的蓄势。

(4) 给力。庄家坐庄光靠实力还不行,必须借助于外部环境,依靠散户大众给力。拉升时机成熟,可以达到事半功倍的效果;拉升时机不具备,即使用了九牛二虎之力,也是无功而返。

二、庄家整理的基本路径

1. 横向式盘整路径

股价横向震荡,形成水平的盘整带,整个盘面呈横向走势,这种走势较强。在横向震荡中,有时股价也会跌破5日、10日均线,但是低价刺激了其他投资者的购买欲望,股价在强大的买力推动下,重新回到5日、10日均线之上。此时由于价位偏高,购买欲望下降,股价再次回落。如此循环反复,其5日、10日均线始终保持横向走势,故称它为"平整盘面"水平。当这种水平震荡持续一段时间后,庄家基本上完成了整理任务,于是一轮飙升行情呼之欲出。因此,对于平整盘面,应特别引起注意,十有八九是匹大黑马。

这种情况往往有以下几种可能:①坐庄时机未成熟;②庄家仓位不够;③庄家资金未到位;④内部可靠消息有待证实,包括多、空消息;⑤多个庄家之间相互争斗。

庄家坐庄意图:进一步夯实底部基础,巩固筹码的稳定性。

散户克庄方法:持股者坚定持股信心,等待方向明确后再采取运动。持币者保持观望,不要急于介入,以免忍受震荡之苦。重点关注低位横盘整理和小幅上涨后的横盘整理,一旦股价放量向上突破,立即跟进。

实例 5-1

图5-1,中国武夷(000797):股价反弹结束后再次回落到前期低点附近,然后形成低位横盘震荡,时间接近3个月,庄家大规模建仓。2014年7月,股价小幅推高到前期高点附近,再

次形成中位横盘整理,以消化前期高点的压力,经过一段时间的整理后,基本达到庄家的要求,于9月15日向上突破盘局,成功脱离底部区域,此时投资者应积极跟进,股价从此走出大牛市行情。

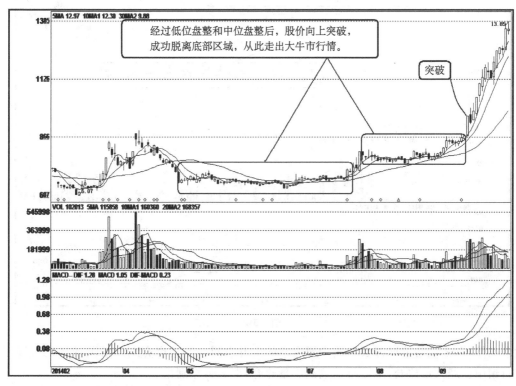

图 5-1

实例 5-2

图5-2,中粮地产(000031):在长期的底部盘整中,庄家吸纳了大量的低价筹码。2014年7月,股价放量向上突破,成功脱离底部区域,然后进入横盘整理,时间长达3个多月。经过充分的蓄势整理后,在11月底再次放量向上突破,中线上涨趋势确立。此时,投资者应大胆跟进做多,中短线结合波段操作更宜。

2. 下倾式盘整路径

股价左高右低,形成向下倾斜的盘整带,整个盘面是向下倾斜的,这种走势较弱。在这种整理形态中,股价见底后,向上反弹形成一个短期高点,然后以小阴小阳的方式缓缓回落,步步逼低。投资购买欲逐日降低,股价似乎每天都在跌。5日、10日均线呈下行状态,但下行角度不会陡峭,一般角度在30°之下。这种走势大多是庄家刻意打压所为,一般持续到一个明显的低点形成之后,或有买盘出现并增多时,才结束整理,出现上攻。

这种情况往往有以下几种可能:①大势正在下跌过程中;②庄家一时资金有限;③可能有某种利空隐患;④可能遇到几个庄家相互之间争斗;⑤庄家控筹量不高,刻意打压继续吸

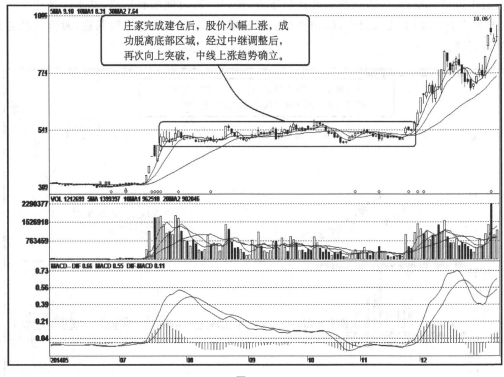

图 5-2

货。显然，以上这些情况都会影响个股未来的上升空间。但是也有例外情况，假如庄家在上波行情中已经大量建仓，本波行情只是小量建仓，那么另作别论。

庄家坐庄意图：由于跟风盘不大，抛盘较重，需要经过缓慢的下行走势，消磨先前底部介入者的持股信心，同时让场外资金介入，一旦时机成熟就立即展开拉升行情。

散户克庄方法：先前在底部介入的投资者可以逢高退出，等待回落时重新介入，或者干脆持股不动，等待上涨行情的产生。持币者保持观望，不要急于介入，在股价出现有效突破时择机介入。

实例 5-3

图 5-3，山东矿机（002526）：股价经过一轮拉高行情后，开始向下回落整理，股价缓缓下行，形成下倾式盘整走势。这种走势盘面比较弱，不会引起其他投资者的购买欲望，就庄家坐庄而言，吸货、洗盘、试盘一举多得，盘整效果比较好。2015 年 2 月 17 日，股价向上摆脱下降轨道的压制，其后股价盘升而上，形成一轮主升浪行情。

3. 上倾式盘整路径

股价左低右高，形成向上倾斜的盘整带，整个盘面是向上倾斜的，这种走势最强。这种形态呈稳步上扬走势，在这里没有出现先冲高回落的过程，而是以小阳小阴的方式稳扎稳打，步步推进。说明庄家或其他投资者的购买欲望是每一天都在提高，因此不得不每一天都增加几分钱的价位去追高。刚开始，由于庄家掌握该股的利好消息，而进行压价吸筹，但是

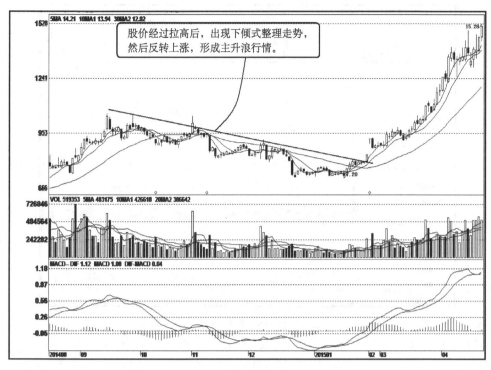

图 5-3

随着利好消息的缓慢泄密,庄家可能放弃压价,而采用大规模买入,于是股价上升速度加快。股价越涨,就越证明该股利好的存在,也就吸引更多的人买入该股,终于引发连续不断的涨停板。在沪深股市中,许多超级大黑马的"盘面"都是向上倾斜的。

这种情况往往有以下几种可能:①后市蕴藏许多重大利好消息或业绩成长性稳定;②大势环境俱佳,适宜做高;③基本上已经达到控盘程度;④庄家实力强大,脱离大势影响,我行我素;⑤坐庄手法独特怪异,凶悍蛮横。

庄家坐庄意图:通过股价的上行走势,稳定盘中筹码,同时又不给场外资金以低价介入的机会,迫使其追高买入。

散户克庄方法:散户可以依托 30 日均线买入,在放量加速上涨时短线卖出;或者进入主升浪之前,在"黄金坑"的低位介入,当放量突破盘整走势中的高点时,加仓买入。

实例 5-4

图 5-4,物业物流(000889):庄家在底部成功吸纳了大量的筹码后,2014 年 7 月股价向上拉高脱离底部区域,然后进入盘整阶段。在盘整过程中,由于后市存在一定的炒作题材,庄家不敢打压股价,以免丢失低价筹码,而是以小阴小阳的方式向上振荡缓升,形成一条向上倾斜的盘整带。庄家的资金实力、控盘程度和操作手法可见一斑。2015 年 1 月,在进入主升浪之前,向下挖出一个"黄金坑",然后形成一波亮丽的主升浪行情,股价涨幅超过一倍。

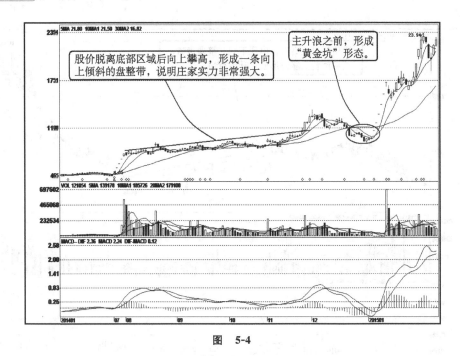

图　5-4

三、庄家整理的运作方式

庄家整理的基本运作方式与建仓方式大体相似。根据中国股市多年的运行特点,庄家常用的整理方式如下。

1. 快速式整理

庄家通过试盘发现,盘中抛单数量不多,且股价升幅不大。或庄家预先知道该股的某种利好,怕整理时间过长,延误拉升时机,因此经过短暂(一般10天左右)的整理后即转入下一阶段或直接进入主升段行情。一般出现在市场行情已经转暖,或热点板块已现,或重大利好题材,或庄家已吸纳足够筹码。

庄家坐庄意图:庄家完成建仓、试盘后,根据盘面反映出现的信息,筹码稳定性好,盘面得到很好控制,快速对一些不利因素进行整理,即可进入拉升阶段。

散户克庄方法:持股者可以在股价向上波动时,择高卖出;在向下滑落时,择低买进。但是快速整理的时间不会持续很久,操作难度大,尽量少操作为宜。持币者在股价放量向上有效突破时(持续3天以上),买入做多。

实例 5-5

图5-5,烯碳新材(000511):股价经过一段时间的横盘走势后,终于在2014年1月6日选择了向下突破,成交量同步放大,抛盘大量涌出。这时庄家继续在低位加仓,使股价企稳回升,当股价触及前期横盘区域附近时,未能向上突破而出现调整。这时广大投资者误以为

阻力重大、反弹结束而纷纷抛售股票，筹码落入庄家票仓之中，使庄家快速完成调整计划，3月4日股价向上突破，从此出现一轮拉升行情。

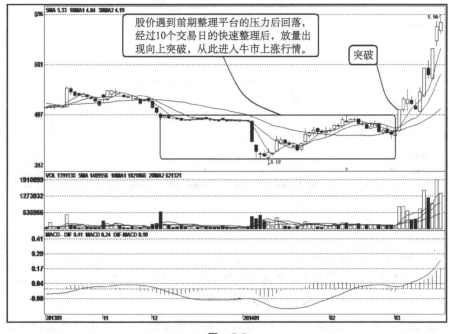

图 5-5

2. 慢速式整理

这种整理方式表明庄家根基不实，准备不充分，有许多事情或环节尚待落实。比如，持仓不足、资金不够，或大势环境欠上升条件，或有其他大户捣乱。因此，整理时间往往较长，至少要得几周、几个月，甚至更长时间。

庄家坐庄意图：根据盘面反映出现的信息，筹码有待巩固，盘面比较凌乱，庄家还需对这些不利因素进行耐心的修整，才能进入拉升阶段。若仓促急于拉升，可能会扰乱坐庄计划，甚至前功尽弃。

散户克庄方法：持股者可以捂股不动，庄家整理阶段是考验散户耐性的时候，尽量减少操作频率，以免陷入被动局面。持币者不要过早介入，在股价放量向上有效突破时（持续3天以上），买入做多。

实例 5-6

图 5-6，青岛双星（000599）：庄家埋伏底部慢慢吸货，盘整时间及其慢长。吸货结束后开始向上试盘，然后形成横向盘整走势，整理时间长达5个月。整理结束后，于2015年3月17日向上脱离盘整区域，股价出现一波暴涨行情，短期股价涨幅超过一倍。

3. 推升式整理

这种方式通过边拉边整理，通常是大势中短期已见底，并开始出现转跌为升的迹象，市场前景被普遍看好，此时股民心态比较好，对后市充满信心，惜售心理较强，股价慢慢推高容

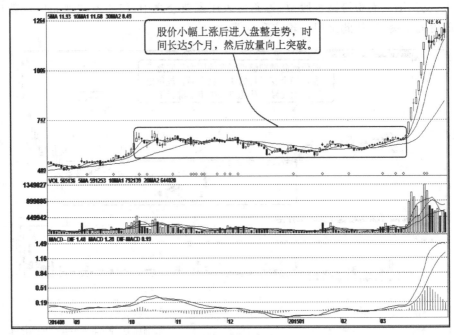

图 5-6

易被市场所接受。此方式整理,一般出现在庄家控盘程度较高,盘面上张弛有序,阴阳相间,量能适中。

庄家坐庄意图:庄家在整理过程中,盘面一张一弛,股价涨跌有序,不断地把获利盘清理出局,同时又让持币者果断介入,这样筹码完成一进一出,就相当于把筹码锁定了,庄家日后拉升就轻松了。

散户克庄方法:这种整理方式的时间都不长,波动幅度也不大,一般在10%~15%的振幅,当股价一旦出现上升乏力时,短线应及时离场。持币者可以待股价回落到上涨趋势线的底边线附近时,轻仓买入做多。在股价推升结束之后,进入主升浪之前,大多有一个挖"黄金坑"过程,当"黄金坑"有效构成时,可以重仓介入,后面出现的将是一波主升浪行情。

实例 5-7

图 5-7,河北宣工(000923):庄家在底部吸纳了大量的低价筹码后,在 2014 年 3 月向上脱离底部区域,股价小幅回落后企稳回升,形成推升式整理走势,底部不断上移,股价依托 30 日均线稳步走高。当推升式整理结束后,在 2015 年 1 月初形成一个有效的"黄金坑"形态,股价回升到前期高点附近,成功消化上方压力后,于 2015 年 3 月 11 日向上突破,由此出现一轮暴涨行情,股价累计涨幅较大。

4. 回落式整理

这种整理方法就是庄家将股价拉高后,股价向下回落,庄家有可能在股价回落过程中,逐点小量买入;也可能先不作买入,等到股价降低到满意的程度,再作买入。或采用震仓的方法,打压股价,使股价快速到达满意的价位。一般出现在大势向下调整,或个股有较大利空出现,或庄家筹码不够。但无论哪种现象,都应适可而止,不能持续太久,否则又构成不利一面。

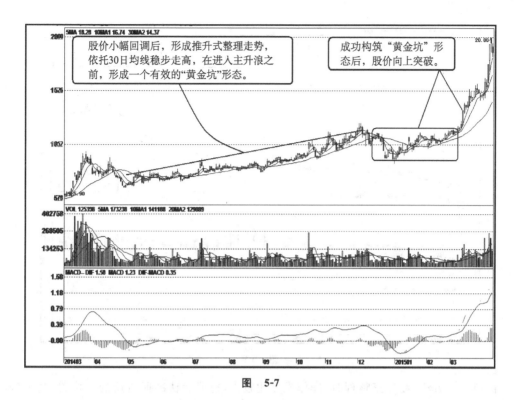

图 5-7

庄家坐庄意图：经过试盘发现没有到达拉升时机，需要将股价重新放下来，进行蓄势整理，进一步修整不利因素，等待时机成熟再行拉升。

散户克庄方法：持股者可以在股价冲高时卖出，在股价滑落到前期低点附近时再次买入。持币者可以待股价回落到前期低点附近时，轻仓买入做多，在股价突破高点压力位时，可以重仓介入。

实例 5-8

图 5-8，银广夏 A(000557)：庄家在股价下跌过程中吸纳了大量的低价筹码后，开始向上试盘，连拉多个涨停板。但由于跟风盘并不多，上方抛压较重，股价不得不回落进行整理，并再次吸纳了大量的筹码。2015 年 2 月，股价企稳渐渐攀高，此时投资者可以轻仓跟进。2015 年 4 月 20 日，股价向上突破前期高点压力，此时投资者可以大胆加仓，随后股价强势上涨，短期获利丰厚。

5. 水平式整理

股价在经过试盘后，发现未到拉抬时机，于是股价在一个小范围内波动，呈上下胶着状态，以横向水平式运行。这种整理方式一般持续时间比较长，短则一两周，长则一两个月或半年以上。在整理过程中，股价波动幅度相对较小，成交量也维持在低量水平，偶尔有脉冲式放量。这种整理方式多反映庄家控盘程度相对较高，或多空双方力量相对平衡，整理一旦结束，往往有一波快速拉升行情。

庄家坐庄意图：首先将盘中的一部分筹码锁住不动，然后对盘中的短线筹码和持股信心不坚定的散户进行清洗，达到以时间换空间的效果，减少因震荡带来的成本费用。

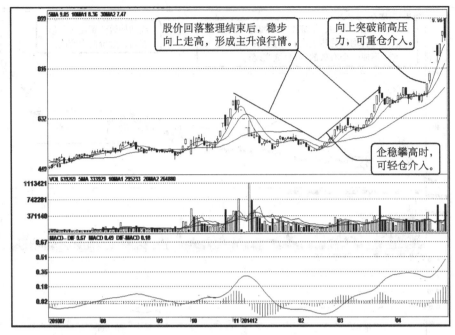

图 5-8

散户克庄方法：在庄家整理时，操作难度比较大，持股者认准股价所处的位置，坚定持股信心。持币者应掌握买入的时间技巧，因为这种整理方式的持续时间比较长，过早介入不仅会被庄家缠住，还会影响资金利用率。最佳的买入时机是在股价放量向上突破，并得到有效确认后。

实例 5-9

图 5-9，荣安地产（000517）：在庄家完成洗盘换手后，于 2015 年 2 月股价再次拔高，然后形成横盘整理走势，股价上下两难，盘面陷入僵持状态。持续 20 多个交易日后，在 3 月 30 日股价放量突破水平整理区域，由此引发一轮中级大行情。

6. 波浪式整理

股价有节奏地呈波浪形运行，以时间换空间的方式达到坐庄意图。股价完成一波涨升行情后，回落进行整理，然后再向上拉升一波行情后，再次回落进行整理，盘面上波峰浪谷十分清晰，庄家操作脉络明显，股价波动规律容易掌握（但最后会打破这种格局）。一般每一次的回落幅度为上涨幅度的 1/2~2/3，甚至回落到前期低点附近。这种情况大多发生在成长性较好的个股，外部环境比较良好，后市有炒作的潜力。此类现象多是强庄、长庄控盘所为。

严格地讲，波浪式整理可分为上涨式波浪整理、下跌式波浪整理和横盘式波浪整理（箱形整理）三种类型。

庄家坐庄意图：股价经过几个来回的涨跌后，形成明显的高点和低点，促使散户把握股价的运行规律，并形成自己的操作定式。但最后当散户按照这个思维定式进行操作时，庄家根据盘面情况，彻底改变老手法。当散户抛出股票时，股价却一往无前地直线拉升，不再回落了，让抛离的散户深感悔意；当散户买入股票时，股价却一落千丈深幅下跌，回升无力了，

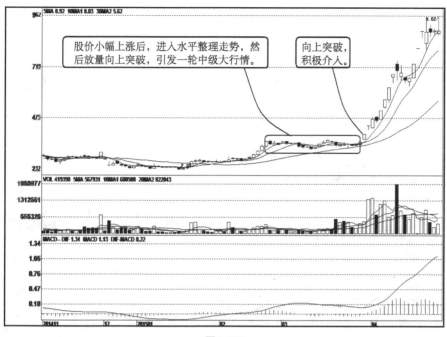

图 5-9

让介入者亏损累累。

散户克庄方法:遇到波浪式整理走势,可以根据高点和低点适当进行波段操作,但仓位不宜过重。通常,后一个波浪的涨跌幅度,等长于前一个波浪的涨跌幅度,相差一般不会大于10%,可以相互参考。据观察经验,前面3波的浪形规律性较强,准确率较高,4波以后的浪形其准确率不高,可能会出现变盘,应谨慎操作。需要说明是,这里的波浪浪形不是艾略特波浪理论中的浪形,应严格加以区别。

实例 5-10

图 5-10,龙建股份(600853):庄家介入后,在低位吸纳了大量的低价筹码,然后开始向上逐级推升股价。在盘升过程中,股价很有规律,逐波推升,逐波整理,形成波浪式整理走势,30日均线坚挺上行,股价稳步走高。这类个股投资者可以依托30日均线做多,远离30日均线时减仓。应当注意的是,在持续4波以上形态时,尽量不要介入,此时可能会出现变盘,即变换另一种运行方式。该股也是一个较好的例证,经过4波推高后,庄家变换了另一种操作方式,从2015年1月以后出现横向震荡走势,然后放量向上突破,出现两波有力的拉升行情。这就得出这样的结论,任何一种运行模式都不可能长期持续下去,"一而再,再而三,三而竭。"当一种模式运行时间长了或重复多了,就会改变这种模式。所以,前面的走势可以参考,但不能以此作为买卖依据。这也证明了"历史往往会重演,但绝对不会重复。"

上面介绍的几种整理方式,是庄家坐庄过程中常用的运作手法。庄家在坐庄过程中,有时只采用其中单一的方式整理,有时可能同时采用多种方式进行整理,但无论庄家采用什么样的方式整理,只要认真分析并观察盘面迹象,就能领悟到庄家的坐庄意图。

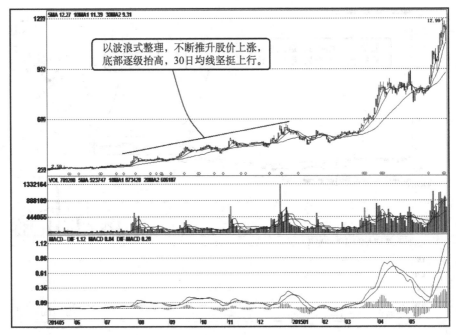

图 5-10

四、整理时的盘口现象

1. 日K线盘口

整理时的盘口现象与建仓时的盘口现象相近,大多数以平开为主,或微幅低(高)开出现,很少有大幅跳空低开或高开的情况。盘中随大盘的涨跌而动,很少出现大幅拉高和大幅打压的情况。通常是快速先将股价拉升或打压到一定点位后,进行震荡盘整。尾市很少出现异动走势,不搞"突袭"行为。当然,如果通过试盘还不具备拉升条件时,庄家就采取花样,继续加强震仓和吸筹,对试盘后的筹码进一步锁定,做好突破和拉升准备工作。在这阶段的K线以小阴小阳居多,这是黎明前的黑暗。

2. 分时图盘口

(1) 大单压盘。此现象在个股不同阶段性走势下说明的意义也不尽相同。个股在处于阶段性震荡盘整的走势时,尤其是其股价处于阶段性的底部区域时,在五档委卖盘中经常连续出现的大单压盘现象,通常是庄家压盘吸货的行为;个股在处于阶段性上涨时,盘中经常连续出现大单压盘现象,且大单在涨升中不断被吃掉,并随着股价的上涨压盘大单的价位越来越高,这通常是个股上涨中正常的行进换手现象,这里的大单压盘带有洗盘的意味。

(2) 大单托盘。此现象在个股不同的阶段性走势和不同的市况下也有不同的意义。在个股处于阶段性上涨阶段时,在上涨时盘中五档买盘当中如经常出现连续的大单托盘,这通常是个股庄家为了减少抛压或者诱多出货的所为;在个股处于阶段性下跌时,在下跌时这种大单托盘通常是个股庄家为减少抛压的所为;在大盘整体趋势向坏时,个股盘中的大单托盘通常是庄家为减少抛压的护盘行为。

(3) 大单买入。在个股阶段性上涨时,个股经常出现连续性、主动性的大单买盘,这通常是庄家在减少抛压和诱多出货的行为。在个股阶段性下跌时,大单买盘通常是庄家为减少抛压的所为,有时也是为了制造恐慌盘面。

(4) 大单卖出。在个股阶段性盘整,且股价处于相对的底部区域时,个股盘中经常出现的连续性、主动性的大单卖盘,这通常是说明庄家在打压吸货。在个股处于阶段性上涨时经常出现连续性、主动性的大单卖出,这通常是庄家边拉升边震仓洗盘的行为。

3. 量价关系

(1) 当股价呈现底部状态时,若"每笔成交"出现大幅跳升,则表明该股开始有大资金关注;若"每笔成交"连续数日在一较高水平波动而股价并未出现较明显的上升,更说明大资金正在默默吸纳。在这段时间成交量倒未必出现大幅增加的现象。当发现这种在价位底部的"每笔成交"和股价及成交量出现明显"背驰"的个股时,应予以特别关注。一般而言,当个股"每笔成交"超过平均水平50%以上时,我们可以认为该股已有庄家入驻。

(2) 庄家入驻后,无论股价是继续横盘还是呈现"慢牛"式的爬升,其间"每笔成交"较庄家吸纳时是有所减少还是持平,也无论成交量有所增加还是萎缩,只要股价未见大幅放量拉升,就说明庄家仍在盘中。特别是在弱市中,庄家为引起散户注意,还往往用对敲来制造一定的成交假象,甚至有时还不惜用对敲来打压震仓。若如此,"每笔成交"仍维持在一个相对较高的水平。此时用其来判断庄家是否还在场内,十分灵验。

(3) 若股价放量大阳拉升,但"每笔成交"并未创新高时,应特别提高警惕,因为这说明庄家可能要派发离场了。而当股价及成交量创下新高但"每笔成交"出现明显萎缩,也就是出现"背驰"时,跟庄者切不可恋战,要坚决清仓离场,哪怕股价再升一程。

由此,得出一个简单的结论:当"每笔成交"与其他价量指标出现明显"背驰"时,应特别引起我们的注意。同时,我们应注意"每笔成交金额"(股价×每笔成交量)。因为10元/股的每笔成交显然比5元/股的庄家实力强劲。

五、整理时的技术特征

1. 均线系统

在均线系统中:①弱势股均线系统成空头排列,但10日、20日、30日均线下移速度较慢,坡度不是很陡峭,乖离率(BIAS)小;②均线系统黏合在一起,5日、10日均线交叉频繁,20日、30日均线平行移动,操作准度较大;③强势股均线系统成多头排列,但10日、20日、30日均线上移速度较慢,坡度不是很陡峭,乖离率(BIAS)小。

2. 指标特征

在技术指标体系中,DMI、MACD等趋势型技术指标方向不明朗,几乎失效。EXPMA、BBI等均线型技术指标多空转换频繁,按买入信号介入后,不久又发出卖出信号,操作性不强。BRAR、PSY等人气指标极度疲软,交投清淡。RSI强弱指标走势较弱。KDJ、W%R等超买超卖型技术指标,经常出现"背离"现象。BOLL、MIK等压力支撑型技术指标,在常态中运行。

3. K线特征

在这阶段日K线实体逐渐变小,小阴小阳实体方块或十字星屡见于盘面。一方面,庄家压低股价继续慢慢吸纳,收盘时打压到与开盘相同或相近的价位,这就形成小阴小阳或十字星K线;另一方面,庄家想隐蔽吸纳便宜货,因而打压也不敢太放肆,收集不敢太疯狂,所以振幅较小。到整理后期,出现实体较长的阳线或上影线较长的K线,伴随较大成交量,代表这一阶段基本结束。

这阶段经常出现的K线形态有十字星、长十字、锤头、倒转锤头、穿头破脚、身怀六甲、十字胎、反攻线等。

4. 波浪特征

在这一阶段很少形成完整的大波浪走势,多数以小型波浪形态出现,可以将波浪理论与其他技术分析综合研判。

在对试盘阶段升幅较大的个股,可能出现2浪调整形态。第2浪是对第1浪升幅的调整,第2浪调整以a、b、c三浪运行。第2浪调整通常是第1浪的0.382、0.5、0.618倍,其成交量比第1浪明显萎缩,庄家诱空吸筹,惜售很明显,成交量明显减少。第2浪调整的形态直接决定后市的强弱。

5. 切线特征

庄家将股价向上(向下)突破某一个阻力位(线)或支撑位(线)、成交密集区(前期高点或低点)时,成交量放大,表明整理阶段完成。有时庄家刻意在某一天向下(向上)击穿上升(下降)趋势线,或者向上(向下)脱离原先形成的水平横线,来完成整理任务。

6. 形态特征

在整理阶段中,主要技术形态有旗形、三角形、楔形、箱形(横向形)这几种,扇形、V形、W形、长方形等形态也时有出现。

(1)旗形。旗形被公认为可靠的整理形态,在指示方向及量度目标方面,准确性较高。旗形形态经常出现于上升或下降中段整理之中,由一根旗杆和一块旗面构成。它与矩形相似,上方的压力线和下方的支撑线是平行的,但却不是水平的。

形成旗形走势的原因:①受到某些利好(空)消息刺激,价位急剧上升(下降),形成旗杆;②利好(空)出尽,于是有人获利回吐(抢反弹),形成旗面;③庄家想要低(高)位时多吸(出)货,却引起少数精明散户的注意,因而跌(涨)幅不大;④最后利好(空)消息终于兑现,价位也跌不下去(涨不上来),就形成向上(下)突破⑤上升(下跌)之后,往往是最后一波,很快就会急速回落(上升)。

（2）三角形。当上升到某一位置区域时,股价在庄家的打压下或获利回吐的压力下,开始震荡回调。在股价下调到一定幅度后,卖出的抛压逐步被买盘所消化,股价止跌回升,但是在回升到前期高点或未到前期高点时,再次遇到庄家的抛压或获利回吐的压力,股价再次回探,但在第二次股价回调的时候,由于庄家的护盘行为或在新增资金的介入下,股价在达到或未曾达到前期低点的时候,第三次回升。这样股价高低点之间的波动幅度逐渐收敛,震荡区域也越来越小,促使买进和卖出的价位越来越近,使上档的卖压和下档的买力逐步逼近,在形态内进行低吸高抛的短线散户,也逐渐无利可图。

三角形形态至少有两个高点和两个低点组成,将该形态的两个高点互相连接成一条直线,将两个低点也互相连接成一条直线,而这两条边线最终交汇于一处,形成一个三角形的形态。根据这些三角形中的高点与高点,低点与低点所出现的价位不同,又分为对称三角形、上升三角形和下降三角形,此外还有一个扩散三角形。

（3）楔形。楔形形态可分为下跌楔形和上升楔形,它与对称三角形在形态上有些相似,不同之处是楔形形态的两条趋势线同时向上或向下倾斜,只不过两线的角度大小有别,而对称三角形形态的方向是水平的。

一般来说,楔形形态的方向与股价的趋势方向相反。也就是说,上升趋势中的楔形形态是向下的,而下降趋势中楔形形态是向上的。或者说,向下的楔形形态后市看涨,向上的楔形形态后市看跌。楔形形态有时也在顶部或底部出现,股价在低位,如果出现向下的楔形,则标志着底部形态的完成,紧接着将是一轮上升行情;股价在高位,如果出现向上的楔形,则标志着顶部形态的完成,紧接着将是一轮下跌行情。

（4）箱形。当股价上行到某个价位附近时,即遭到庄家的打压,强制股价回调;当下行到不远的另一个价位时,即遇到庄家护盘或新多头吸纳,股价企稳回升,在某一个区域内出现多空完全平衡的状态。这样反复震荡把上档形成的高点互相连接成一条水平阻力线,而把下档的低点也相互连接成一条水平支撑线,两条直线形成平行的通道,不上倾,也不下移,而是水平发展,形成长方形走势。市场筹码在箱体区域内震荡换手。

这种洗盘方法适合于牛皮市、盘整市,其意义是股价在箱体内上下错落,由于散户在庄家的心理战术诱导下,失去了对市场正确的感知能力,见到股价上涨即追涨买入,买入后股价反而下跌,看到股价下跌即割肉出局,但卖出后股价却又拐头向上。这样不断追涨杀跌,垫高散户的持仓成本,也从而促进信心不坚定的散户出局观望,使筹码在股票箱内充分换手,同时也逐步培养铁杆追随散户。

六、整理阶段的时间与空间

1. 整理时间

从理论上讲整理时间不宜太长,以有新散户开始进货为依据,如果时间太长,会使长线投资者等待不住而出货,从而增大庄家的吃货成本和浪费拉升量,所以这时一旦有了人气,或大势看好，板块共升，就应果断上攻，以免失去战机。

在整理阶段中，持续时间长短不一，少则一两天，多则几个月甚至半年以上。股价上涨一个台阶以后的整理，一般需要 1～2 个月，短期需要 1～2 周，时间较长的需 3 个月以上。股价上涨几倍以后的高位整理，时间在 2～3 个月，时间较长的需要半年以上。一个完整的形态整理时间在 3～5 个月，但旗形整理的时间较短。此外，如果整理时出现了大势暴跌或行业利空，这时通常会帮助整理，使整理时间缩短。对于长线庄家，为使下次拉升的幅度增大，整理时间相对会长一些。

2. 整理空间

整理的空间非常好理解，简单地把它看作整理时所需要的震荡幅度就可以了。股价经过试盘后，如果以横盘方式强势整理，则整理幅度在 10% 左右；下跌方式进行整理的，则整理幅度在 20% 左右；以箱体方式震荡整理，则整理幅度在 20% 左右；如果以假头部形态的方式整理，则整理幅度在 20%～30%；不断以大幅震荡上行方式进行边洗盘边整理的，整理幅度较大，可能达到 50% 左右。一个完整的形态出现的整理空间在 30%～50%，如旗形、三角形、楔形等。

实例 5-11

图 5-11，青山纸业（600103）：庄家埋伏在底部悄悄建仓，当达到一定的仓位后，通过试盘将股价拉升到一个相对高点。然后，从 2014 年 7 月开始股价进入整理阶段，在时间长达 2 个多月的整理期中，股价呈横向窄幅震荡，整理空间在 20% 左右。整理结束后，庄家发力向上拉高，展开一波强劲的盘升行情，股价涨幅较大。

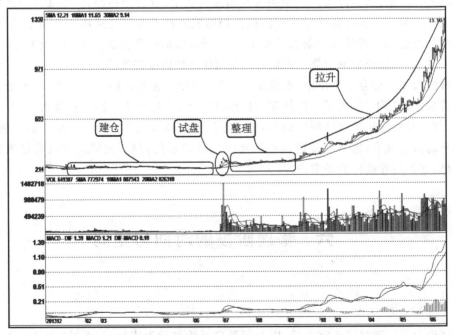

图 5-11

七、认识震荡、对敲、探底、突破

1. 震荡

股价在经过一轮上涨或下跌后,庄家的意志和散户的意愿便会悄悄地发生改变,于是就出现震荡。震荡就是股价以忽上忽下、时涨时落的方式大幅波动,股价涨跌变化似乎没有规律,且涨跌幅度较大。

如果把横盘比作和风细雨,波动就是大风大浪,而震荡则是暴风骤雨,震荡的力度远比横盘和波动大。在震荡中股民的心跳会加快,情绪会更激动,与横盘和波动相比,如果没有丰富的实盘经验,股民更难对付震荡这种运作方式,更容易在震荡中付出高昂的代价。借助于震荡,庄家可以完成吸货、洗盘、整理、派发等一系列"动作",并力争让别人中途下轿或者赔钱。其主要特征为:

(1)震荡可以出现在行情的任何阶段。在整理阶段,股价以日K线和分时波动为主,震荡刚开始时,幅度最大,到整理阶段后期,幅度逐步减少,股价将选择突破方向。在吸货阶段,股价以日K线为主,忽涨忽跌,K线忽阴忽阳,震荡幅度相对较大,震荡次数最频繁,持续时间最长。在拉升阶段,股价以分时波动为主,震荡次数较少,震荡幅度不大,持续时间最短。在出货阶段,股价以分时波动、日K线震荡为主,震荡幅度相对最大,但震荡次数相对不是最多,持续时间相对较短。在回落阶段,股价以日K线波动为主,震荡幅度忽大忽小,呈单边下跌特点。

(2)在试盘、整理、洗盘阶段,股价运行规律性不强。在吸货阶段,震荡大多呈规律性下跌态势,因为庄家需要别人买卖,并不想把图形做得十分好看。在出货阶段,震荡大多呈规律性上涨态势,这是由于庄家仍然需要别人跟风买入,并不想把图形做得过于难看。在分时走势上,股价逐波上行,有节奏、有波浪,规律性很强,高点低点一目了然,其实这是庄家在暗中出货。

(3)震荡幅度。在吸货或出货时,日K线震荡幅度一般在20%以内,分时波动幅度一般在5%~10%(但振幅超过此限的也不鲜见),以小波段走势为主,且呈规律性运行。在洗盘或整理时,震荡幅度相对于吸货或出货时要小一些,股价一般很少出现涨、跌停现象。

(4)震荡期间成交量显著放大,成交量伴随着震荡逐步收尾而随之减少。若庄家越是着急坐庄,股价越是上下来回震荡,一会儿拉起来,一会儿砸下去,成交量也就随着放大。

(5)震荡体现了股市变化反复无常的特点,在分时图、日K线中振幅较大,股价大起大落,忽上忽下,时涨时跌,对一般的投资者来说,震荡意味着"风险",但是对经验丰富的投资者来说,震荡意味着"魅力",因为没有震荡的股票涨势肯定不大,而一只股票的震荡意味着有人在背后"活动",通过震荡更能够看出庄家的"意图",所以震荡意味着"机会"。

2. 对敲

对敲,是指庄家一边在盘面上堆积大量筹码,一边扮演买家或卖家,吃进或吐出自己的筹码(筹码从一个账户转移到另一个账户),使股价或成交量出现明显变化。目的在于制造无中生有的成交量以及利用成交量制造有利于庄家的股票价位。庄家操盘常用对敲,过去一般是为了吸引散户跟进,而现在则变成了一种常用的操盘手段,建仓时对敲、洗盘时对敲、拉升时对敲、出货时对敲,做反弹自救行情仍然运用对敲。

(1) 对敲建仓。在建仓时,庄家为了能够在低价位搜集到更多的筹码,往往通过对敲的手法来压制股价。在个股的 K 线图上可以看到股价处于较低价位时,往往以小阴小阳的形式持续性上扬,这说明有较大的买家在积极吸纳。然后,出现成交量较大的并且较长的阴线回调,而阴线往往是由于庄家大手笔对敲打压股价形成的。从较长的时间上看,这期间股价基本是处于低位横盘,但成交量却在悄悄地放大。这时候盘面表现的特点是股价下跌时,单笔成交量明显大于上涨或者横盘时的单笔成交量。如果能够在这个时候识别出庄家的对敲建仓,可以踏踏实实买一个地板价。

(2) 对敲洗盘。当股价被拉抬到较高的位置之后,外围跟风盘的获利已经比较丰厚,庄家随时有可能在继续拉抬过程中兑现出局。为了减少进一步拉抬股价时的压力,庄家采用大幅度对敲震仓的手法,使一些不够坚定的投资者出局,从而使持仓者的成本提高。这期间的盘面特点是在盘中震荡时,高点和低点的成交量明显较大,这是庄家为了控制股价涨跌幅度而用相当大的对敲手笔控制股价造成的。如果投资者看到这样的走势,除了少数短线高手外,一般投资者应该注意不宜介入这样的股票。

(3) 对敲拉升。以大幅度拉抬股价为目的的对敲,一般是庄家在基本完成建仓过程之后的常用手法。在庄家基本完成建仓过程之后,股价往往会以很快的速度上扬,以巨量长阳甚至是以跳空缺口突破层层阻力,往往以较大的手笔大量对敲,制造该股票被市场看好、大买家纷纷抢盘的假象,提升其他持股者的期望值,减小日后在高位盘整时的抛盘压力,使筹码锁定更牢,股价能够比较轻松地拉抬起来。在这个时期,一般散户投资者往往有追不上股价的感觉,往往看准了价格,下了买单后股价却飘起来了,似乎不高报许多价位就几乎不能成交。这时候盘面特点是小手笔的买单往往不易成交,而单笔成交量明显放大并且比较有节奏。

(4) 对敲出货。当经过高位的对敲震仓之后,这只股票的利好消息会及时以多种多样的方式传播,股评分析等也都长线看好。股价再次以巨量上攻,其实这已经是庄家开始出货的时候了,在盘面上显示的数据,往往是出现在卖档上成交的较大手笔,而并没有看到卖档上有大的卖单,而成交之后,原来买档上的买单已经不见了或者减小了。这往往是庄家利用多个账户,以比较微妙的时间差挂单方法,对一些经验不足的投资者布下的陷阱,也就是平常所说的"吃上家,喂下家",吃的往往是庄家事先挂好的卖单,而喂的往往是跟风的散户。

(5) 对敲反弹。经过一段时间的出货之后,股票的价格有了一定的下跌幅度,许多跟风买进的中小散户已经纷纷套牢,抛盘开始减轻,成交量明显萎缩。这时,庄家往往会不失时机地找机会,以较大的手笔连续对敲拉抬股价,但是这时的庄家已经不会再像以前那样卖力,较大的买卖盘总是突然出现又突然消失,因为庄家此时对敲拉抬的目的只是适当地抬高股价,以便能够把手中最后的筹码也卖个好价钱。

(6) 庄家对敲的目的。对敲是庄家同时利用多个账户进行股价操纵的行为,目的是制造大量的大买单来吸引跟风盘买入,然后达到出货的目的。通常有以下几个目的:

第一,利用对敲交易吸引投资者参与活跃个股交易气氛,有时属于庄家为日 K 线制造一定的成交量以维持该股人气。

第二,利用对敲制造交投活跃气氛,吸引跟风盘涌入,以达到利用场外散户资金入市共同推高股价,节省庄家拉升成本的目的。

第三,利用对敲推高股价,为日后出货腾出空间或吸引跟风入场接货庄家减仓派发。

第四,利用对敲交易制造大量不明交易,以迷惑欺骗投资者,让其看不清庄家机构的真正操作意图。

庄家对敲的多种目的中,往往第三条对投资者是最有意义的。熟悉庄家利用对敲推高股价减仓出货行为,一是可以回避买入这类股票带来不必要的损失;二是手上如果持有这类股票,在出现明显的庄家对敲诱多行为时可以及时退出。

观察对敲盘需要耐心的长时间连续观察,结合大盘情况和个股的价位以及消息面等情况综合分析,一旦学会观察和把握对敲盘,就好像是掌握了庄家的脉搏,只要有足够的耐心,就等着庄家给你送钱吧。

3. 探底

探底,几乎是每个庄家都要做的一件事,它关系到坐庄成功与否。底部未探明之前,就不能指望涨升行情的出现。底部和顶底是两个敏感的位置,始终是庄家和散户必争必惧之处,庄家在顶部采用引诱术,骗散户接上"最后一棒";在底部则采取恐吓术,让耐不住久套之苦的股民尽快割肉断臂斩仓出局。

有时候股价的真实底部,庄家未必能知道,因此只有经过反复探测,才能探明底部的位置。为了探测这个底部位置,庄家便使用各种手法来恐吓投资者,直到投资者不肯抛出股票,股价跌无可跌,这才是真正的底部。投资者在实盘中,要是在探底中途出局,这倒是一种较好的止损方法,可不少投资者较着劲熬过了一大段痛苦的日子后,在庄家最后的探底过程中,杀低出局,结果大黑马、大牛股从眼前溜走。

对于持股者来说,底部出现的主要错误便是杀跌。庄家营造股民杀跌的气氛有三条:

(1)利用持续走低折磨。庄家对在底部的股票,当他的筹码未吸够时,或者觉得未到坐庄有利时机时,总是非常耐心地等待,不管别的个股如何涨升,甚至不理大市场如何走暖,他都按兵不动,让耐不住寂寞的股民斩仓出局。因此,人们常说股市是一个与庄家斗智斗勇斗耐心的场所。

(2)利用利空消息恐吓。对于底部的个股,我们听到不少传闻,说某某股票要跌到多少,目的都是吓唬胆小者尽快斩仓出局。其实股价并没有下跌多少就走出上升行情。

(3)利用技术骗线恐吓。庄家在底部制造的骗线,则是向下假突破之线。在盘面上常表现为在"锅底"突然出现一根带长下影线的阳 K 线,或大幅低开之后又上冲的大阳线。这种在底部的突然打压,往往令惊慌的股民最早匆忙斩仓出局。当股价继续向下调整、散户正在欢呼相庆之际,股价却突然反转向上,并再不回头,让他们后悔不已。

4. 突破

(1)平台突破。股市里平台整理是积蓄能量最强的一种形态,一旦向上或向下突破后的威力都是巨大的。股谚有"横有多长,竖有多高"的说法,股价突破后的上升或下跌空间就有平台那么长。股价在一个震荡幅度不大的价格区域内横向波动,在震荡期间既不选择上涨又不选择下跌，似乎没有了涨跌方向，于是就形成平台形态，但这个平台迟早会被突破的。有两种情况：一种是在股价上升途中进行横盘，目的是让底部跟进者"下轿"。因为有的股民求富心切，恨不得自己的股票天天上涨，这样很容易产生急躁情绪，耐不住寂寞的股民，往往会卖出手中长期不涨的股票而去追别的股票。庄家就是利用人们急于暴富的急躁心情，以拖延的手法进行周旋，以此磨炼别人的耐心和意志，消耗别人的时间和精力，使之丧失斗志和信心，以达到其"整理"目的。一种是在股价下跌途中横盘，有的股票在下跌初期进行横盘，那是因为庄家手中的筹码还没有派发完毕，或者因为股价过高根本没办法派发，庄家又不甘心让股价的重心下移，只得进行护盘，由此走出了横盘的态势，这种横盘是在积蓄下跌的能量。如果是庄家基本出完货的股票，在下跌一大段以后可能进行横盘，这种情况是横盘中最为多见的。看起来似乎没有庄家在其中，所以该涨的时候不涨，又由于长期不涨且跌幅很深，股价又相对便宜，到该跌时候也没有多大跌幅，所以最终走出横盘态势。但是，一旦熊市来临的时候，因为没有人护盘，其迅速下跌之势可能一样毫不逊色。

一般情况下，股价长时间形成的平台一旦向下突破具有很强的杀伤力（平台持续时间越长，下跌空间越大），因此庄家常常利用突破平台的手法，制造恐慌局面，而且突破平台后，往往连续压低股价，造成极大的恐慌盘面，形成深幅下跌态势。投资者看到这种形态后，纷纷抛出手中的股票，庄家却在低位悄悄承接筹码。这种走势是庄家进行吸货、整理、洗盘时常用的一种手段。

（2）支撑突破。股价上涨所形成的走势、形态等构成了股价总体上升走势，它反映了股价运动的趋势和方向。上升趋势是由K线、形态、移动平均线、轨道线等构成的。这些图形或线条非常直观，一旦股价下跌破坏了原先的上升轨迹，图形就会变得非常难看。通常股价下跌到某一成交密集区或者关键位置时，将得到支撑而不再下跌或者抵抗下跌。如果股价脱离上升轨迹而下跌，并击穿那些应有的支撑位置时，就会产生破位的图形，庄家吸货、洗盘、整理的目的就可以达到。

股价在哪些地方应有支撑呢？庄家的持仓成本或者平均成本附近有支撑；股价原先突破一个较大的技术形态以后再回档时，这个形态的密集成交区域附近有支撑；股价10日、20日、30日移动平均线有一定的支撑；庄家正在出货和未出货完毕以前，在其预定的出货区域有支撑。此外，从未炒作过的股票，如果市场定位合理，在密集成交区域附近股价也有较强的支撑等。在大多数情况下股价在底部区域震荡，是有一定支撑的，如果庄家需要击破包括技术派在内所有看好者的信心而进行凶狠洗盘时，各种形式的破位就是在所难免的，这时可以说股价几乎没有支撑的，庄家正是借此进行吸货、洗盘、整理。

常见的盘面现象有：①击穿移动平均线；②击穿上升趋势、上升通道、上升角度、波浪趋势；③击穿颈线位、前期低点；④击穿重要技术形态；⑤击穿长期形成的平台；⑥股价脱离庄家持仓成本区、平均持仓成本区、密集成交区；⑦股价脱离庄家预定的出货区。需要注意的是，在顶部区域庄家出货完毕以后，股价是没有支撑的。另外，在熊市中大部分情况下股价也是没有支撑的，仅个股控盘程度较高的强庄股有"支撑"。

（3）压力突破。攻破压力与击穿支撑正好形成相反走势。股价在长期的震荡走势中会形成明显的支撑和压力区（线）。

通常，股价上涨到某一重要位置时，将受到压力而不再上涨或者遇阻回落。如果股价一举攻破那些应有压力的位置时，就会出现突破的图形，图形也会变得非常漂亮，庄家拉升、出货、自救的目的就可以达到。

　　常见的盘面现象有：①攻破移动平均线；②攻破下降趋势、下降通道、下降角度、波浪趋势；③攻破颈线位、前期高点；④攻破重要技术形态；⑤攻破长期形成的平台；⑥股价脱离庄家持仓成本区、平均持仓成本区、密集成交区；⑦股价脱离庄家底部的吸货区。其实，在一轮真正的上涨行情中，股价几乎是没有压力的。

第六章 初升阶段

庄家经过建仓、试盘、整理阶段之后，将转入初升阶段，也叫离底阶段。股价在没有进入初升阶段以前，是不能指望上涨的。也就是说，此前的日子股价没有可能启动的，我们把此前买进的股票，称为"无理操作"；在进入初升阶段以后，股价才有可能上涨。也就是说，此后的日子股价才有启动的可能，我们把此后买进的股票，称为"有理操作"。这个阶段既是前几个阶段的必然延续，又是进入拉升角色（体现庄家风范）的前奏曲，具有承前启后的作用，因此在本章里重点研究初升阶段的运作方式、盘面现象、技术特征及操作技巧等。

初升阶段在坐庄流程中，属于次要阶段，有的庄家无此阶段。

一、初升阶段的运作方式

庄家完成建仓并经过试盘之后，将转入爬高阶段，股价渐渐脱离底部，这是股价上涨的起始阶段，还没有真正进入拉升时期，属于主升浪前的"热身运动"。在此之前的所有庄家行为都是准备阶段，在进入爬高阶段以后，股价出现新的运行格局，最后庄家实施拉高出货计划。因此这个阶段既是前期工作的必然延续，又是拉高出货的前奏，具有承前启后的作用，甚至决定着后面的运行方式。目前，在市场上已经出现并惯用的初升方式主要有：

1. 盘升式

盘升式爬高也叫慢速式爬高，盘面表现形式上不温不火，以缓慢上行的方式将股价推高，股价进二退一，逐步脱离底部区域。在日K线图上，常常以两阳一阴、多阳少阴或长阳短阴交替上升，或连续小阳和十字星式上行，盘中出现的跳空缺口都将被回补，涨多跌少，循环盘升。成交量呈温和状态，偶尔有脉冲式放量出现。在形态循环间，前后循环有时会重合，即股价出现第一个循环以后，第二个循环又回到了第一个循环的高点或起点位置。显示庄家控盘程度较高、资金实力强大、炒作风格稳健，后市将有较大的上升空间（但主升期往往出现在行情的中后期）。这种操作手法，一般是中、长线实力庄家控盘所为。

庄家坐庄意图：以夯实并抬高底部为主要目的，不温不火的盘面表现，使散户误以为没有庄家进驻或庄家实力弱小，从而消磨持股耐心。持币者见盘面走势软弱无力，短期无利可图，也不愿意进场操作。但让一些中长线投资者战略性分批介入，这部分投资者的眼光看得比较远，对庄家坐庄不构成太大的威胁，这样就可以使股价保持健康地向上推升。

散户克庄方法：这种走势的盘面规律性不强，在盘面上根本体会不到有实力强大的庄家埋伏在里面，散户完全以理性或悟性决定买卖行为。由于股价上涨速度比较缓慢，持续时间比较长，操作此类股票时，要有一定的耐心。短线可以在股价出现明显回落时，择机适量介入，在持续放量冲高时逢高退出；中长线可以不理会股价一时的涨跌，但如果获利丰厚还是落袋为安好，或进行高抛低吸操作。

实例 6-1

图 6-1，华孚色纺（002042）：庄家手中收集了大量的低价筹码后，从 2014 年 6 月开始向上回升，但庄家没有急于冒进，大幅拉升股价，而是采取了阴阳相间的交替上行。这种看起来软弱无力实则后劲十足的形态，迷惑了大多数投资者，并持续诱导散户出局。常常出现，大阳线突破以后，第二天股价高开低走，收出了阴线，虽然盘中一度全数吞吃了突破长阳，但收盘稳稳高居在阳线实体顶部，成交量大幅萎缩，表明庄家入多出少。有时股价低开高走，几乎完全光脚光头的大阳线强劲上攻，强势特征完全毕露。有时一阴一阳、一阴两阳、一阴三阳、长阳短阴，循环而升。在阴阳互现的形成过程中，K 线形态几乎无一例外呈现高开低走收阴线，低开高走收阳线的规律，盘中不留任何不被回补的跳空缺口，收盘价几乎不出现二次循环中的重叠，阳线总是比阴线长。在成交量不断放大中，也出现对应的阳线放量、阴线缩量的规则，庄家炒作意图从盘面中淋漓尽致地表露出来。

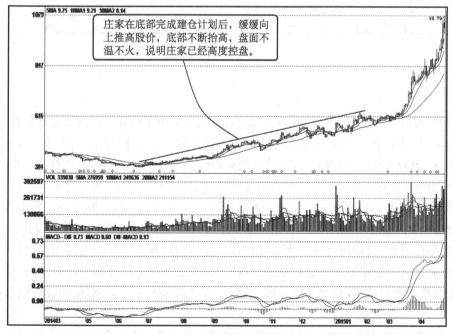

图 6-1

股价以盘升式脱离底部后,往往在相对高位形成小平台整理区域,然后放量向上突破,出现加速上涨,即形成主升浪行情。

实例 6-2

图 6-2,中天城投(000540):该股庄家完成建仓计划后,从 2014 年 7 月开始企稳回升,股价以盘升的方式渐渐脱离底部区域。盘升结束后,在相对高位以小平台整理的方式,转变运行方式(即变盘),然后放量向上突破,形成加速上涨的主升浪行情,此时是最佳的入场时机。

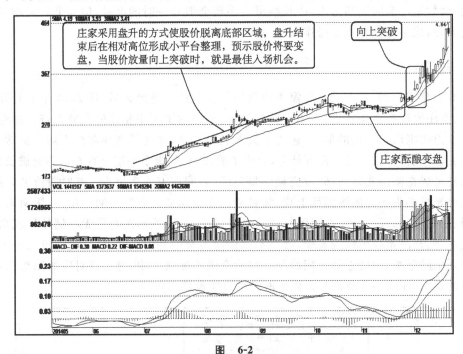

图 6-2

2. 拉升式

拉升式爬高也叫快速式爬高,这种方式比盘升式上涨凶猛得多。庄家在底部整理成功后,出现连续以中、大阳线往上拉升,股价明显脱离底部区域。在日 K 线图上,宛如一天天往上砌的"红砖墙",红霞漫天,势如破竹,当股价回调到均线附近时,会再度拉起,常有跳空缺口出现。成交量与先前相比有所放大。在当日分时走势图上,呈现低开高走、高开高走的方式,买档中常有大单出现,股价回调至当日均线附近时企稳向上,一波比一波高,有的强庄股干脆沿一条直线上升,不管风大浪急,我行我素。这种操作手法,大多是中、长线实力庄家控盘所为。

庄家坐庄意图:股价通过拉升表现,吸引市场注意力,博得场外资金进场拉抬股价,为庄家减轻拉升压力。但庄家又不会把股价拉得太高,因此将股价拉升到一段距离后,停止拉升动作,让股价有所回落,或放缓拉升速度,对盘中的浮动筹码进行清理,也即进行洗盘后再行拉升。

散户克庄方法:在股价成功脱离底部,出现明显的放量过程时跟庄进入。由于上涨速度较快,持续时间较短,当股价出现滞涨时短期退出,等待股价回落时择机重新买入。通常是以均线附近作为回落位置的介入点,具体方法是:第1次到达此位置时,可重仓或加仓买入;第2次到达此位置时,可适量买入;第3次以上到达此位置时,待股价回升时减仓或退出为好。另外,股价呈缩量回落时,买入较为理想。若放量下跌,可能短线抛压较重,回落幅度较深,后市股价回升的幅度也大打折扣。

实例 6-3

图 6-3,雷曼股份(300162):庄家吸足筹码并经过充分整理后,在 2014 年 8 月开展初升行情走势,K 线大多以中阳线或涨停的形态出现,上涨势头较为强劲。表明庄家实力强大,有备而来,炒作手法不可忽视。此后,该股经过充分的洗盘整理,进入主升浪行情,股价涨幅超过 150%。

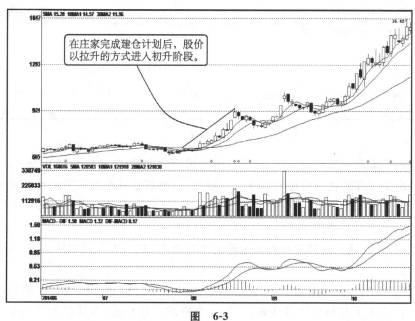

图 6-3

实例 6-4

图 6-4,华泰证券(601688):庄家构筑底部形态后,在 2014 年 7 月开展初升行情走势,连续以小阳线形式出现,成交量温和放大,盘面开始活跃,经过一段时间的整理后,有效消化了上方的压力,于 2014 年 10 月放量向上突破,股价出现一轮飙升行情。

3. 暴涨式

暴涨式爬高也叫急速式爬高,这种方式比拉升式上涨更为凶猛,走势凌厉,势不可当,一路狂涨。在日 K 线图上,多以大阳线出现,或以"一"形或"T"形式连续涨停,成交量出现明显且持续性放大。表明庄家实力非常雄厚,操作手法极其凶悍,不管大盘走势如何,义无反顾地大肆拉抬,让股价出现狂飙行情,使人不敢想象。此时,场内持股者见股价短期暴涨,担心股价上涨而可能出现回调,因此见好就收,纷纷抛出股票,同时也计划在回落时重新买入。但庄家并没有给那些试图做"高抛低吸"的散户过多的机会,股价续升不减,令其深感懊悔;

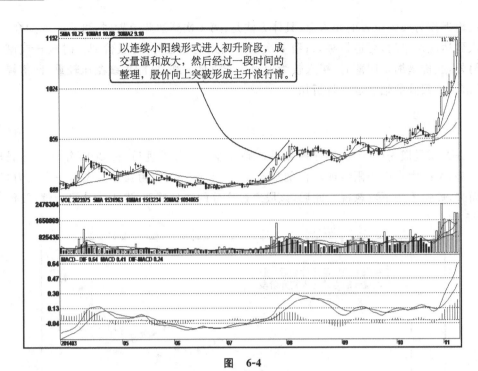

图 6-4

场外持币者因受暴涨刺激而捺不住寂寞,也纷纷进场抢购筹码,从而协助庄家以高举高打的形式完成一次全过程的初升阶段的炒作。一般而言,出现这种暴涨拉升的个股背后,都隐藏着突发性或潜在性的重大利好,并被庄家首先获悉,而市场中的众多投资者并不知晓,所以庄家提前将股价拉高一截。

庄家坐庄意图:这种走势与拉升式上涨的坐庄意图相似,所不同的是其操作手法更加凶狠蛮横而已。

散户克庄方法:在操作策略上,可以参考拉升式克庄方法进行买卖。但不同的是,暴涨式的股票 5 日均线上升角度比较陡峭,一般不会跌破 5 日均线,即使偶尔跌破 5 日均线,也会迅速被拉起。短线高手可以进行高抛低吸操作,等待股价回落到 30 日均线附近时,可以考虑重新买入。另外,涨升幅度也比拉升式上涨要大,了解这一特征有助于使利润最大化。散户对放量冲高回落也要引起注意,可能是拉升即将结束的信号,庄家有可能进入休整或洗盘阶段,因此散户应先行退出,尽量避免因庄家洗盘带来的损失。

实例 6-5

图 6-5,西安民生(000564):该股在初升阶段,庄家采用的就是暴涨式手法,从走势中可以看出,操作手法极其凶猛,一股势不可当之势,股价连续出现三个"一"字形涨停板。随后,成交量出现持续温和放大,根本不让股价大幅回落。经过高位一段时间的横盘整理后,2015年 8 月再次借利好发动暴涨行情。

实例 6-6

图 6-6,安源煤业(600397):庄家完成建仓计划后,在 2014 年 7 月以暴涨方式快速脱离

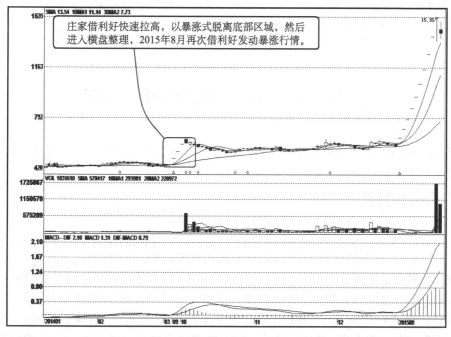

图 6-5

底部区域，然后在相对高点进行洗盘换手，等待时机再发动主升浪行情。在实盘操作中遇到这类个股时，原先持股者可在快速拉高时，先作获利了结处理，然后等待低点再次入场机会；持币者不要盲目追高，应在相对高位调整结束后，出现放量向上突破时跟进做多。

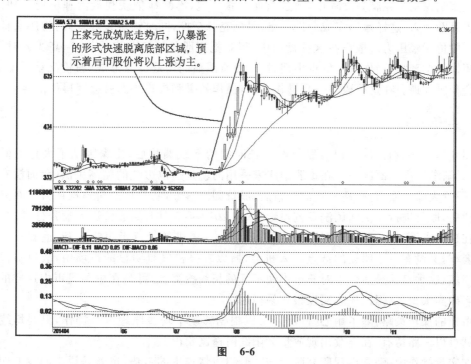

图 6-6

上面介绍的只是几种常见的初升方式，由于股市不断在变化发展，可能也会出现未曾见到的初升方式,但无论庄家采用什么样的方式,只要认真分析观察盘面迹象,就能领悟到庄家的坐庄意图,并能找到有效的克庄方法。

二、初升阶段庄家有哪些阴谋

在爬高阶段中,庄家阴谋是既要让散户参与,又不让散户获利,而散户在这一阶段中想参与,但又很难获利,不小心容易遭受被套。这就是股价涨了,而散户没有获利甚至亏损。具体有以下几种盘面阴谋。

1. 边拉边洗阴谋

这种操盘方式是将洗盘寓于拉升之中,在股价拉升过程中伴随回档,庄家先是连续拉高股价,然后突然停止做多,由于短线有了一定的升幅,庄家在高位抛出一小部分筹码,使股价出现回落走势,将短炒者及信心不坚定的浮筹震出。这种爬高方式,庄家采用的是化整为零的操作策略,在日K线图上,以小阴小阳或十字星的K线形式出现,找不到明显的拉升走势,也没有明显的回调图形,有时在当日分时走势中完成边拉边洗行为。在技术形态上,股价每次回落的低点一个比一个高,每次拉升的高点也一个比一个高,股价的重心不断地往上移。采用这种方式爬高的庄家,其实力往往都比较强大,控筹程度比较高,大多为长线庄家行为,在时机上多数选择在大势向好的环境之中。

庄家阴谋就是在爬高过程中,通过盘面一张一弛,不断地把获利盘清理出局,同时又让持币者果断介入,这样筹码完成一进一出,得到充分交换,同时锁定长线筹码,为庄家日后大幅拉升股价减轻压力。散户在这种盘面中,很难把握股价运行节奏,当你追高买入时,容易遭受短线回调套牢,当你等待低点出现时,却没有明显的回落低点形成,股价又重新上涨,买入机会稍纵即逝。在这阶段中一旦操作不慎,操作效果和投资心态就会变得很糟糕。

实例 6-7

图 6-7,华宇软件(300271):股价经过长时间的下跌调整后,庄家吸纳了大量的低价筹码,然后渐渐脱离底部区域。在该股中庄家采用的就是边拉边洗的爬高手法,盘面没有大起大落,股价大涨小回,每爬高一小波行情后,股价即回落整理,然后股价再次回升。在完成爬高阶段后,股价进行一次回调洗盘调整走势,从2013年5月开始股价进入盘升行情。

在这种盘面当中,股价没有明显的低点和高点,激进的投资者很难获利,追高买入就会短线套牢,又没有一个明显的低点介入机会,所以在投机气氛明显的市场中,散户却很难获利。当然,这种盘面最适合于对股市不闻不问的长线投资者,可是在中国股市中这样的长线投资者确实太少了,因此庄家阴谋很容易得逞。

散户的操作策略:除了耐心持股外,可以根据移动平均线原理进行操作,只要均线保持完好就可以一路持有,在连续出现放量大阳线时逢高卖出。

在实盘操作中,经常出现爬高阶段与主升浪行情连贯的走势,也就是说中间没有明显的回调洗盘过程,分不清爬高阶段与主升浪行情的界限,直到最后股价越走越凶。整个上涨过

第六章 初升阶段

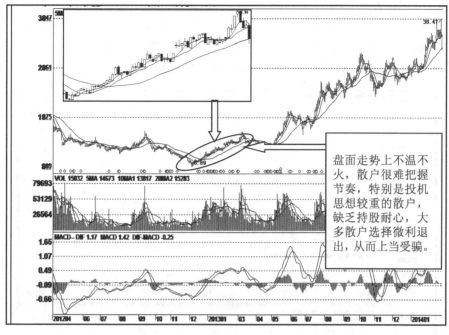

图 6-7

程如同"飞行理论",也是进入跑道、开始滑行、离开地面、加速爬高、高空飞行等几个过程。庄家完成建仓后,股价慢慢脱离底部,然后底部缓缓抬高,上涨步伐渐渐加快,最后达到加速爬高,股价呈圆弧形上涨态势,速度越来越快,角度越来越陡峭,最后形成快速冲刺走势,此时成交量也明显放大。

实例 6-8

图 6-8,上海莱士(002252):庄家在长时间的底部震荡过程中,成功吸纳了大量的低价筹码,然后股价渐渐脱离底部区域,缓缓向上推升。从走势图中可以看出,股价走势如诗如画,爬高阶段与主升浪行情一气呵成,飘带式上涨,图形十分完美。股价上涨的速度越来越快,角度也越来越陡峭,最后出现快速冲刺走势。股价经过一阵疯狂之后,将结束阶段性上涨行情,基本完成了一轮坐庄任务,后市也许仍有上涨可能,但风险已经渐渐降临,投资者还是不参与为好。

散户在这类个股中的操作难度就更大了,抛出怕踏空,买入怕套牢。这类个股在认识判断上,可从以下几方面进行把握。

(1)从上涨角度上进行把握。一般上涨角度在45°左右比较理想,提速到45°~70°属于快速上涨阶段,加速到70°以上则属于最后的疯狂飙升阶段,股价很快面临回调,这时明智的做法就是回避风险,保持场外观望乃为上策。

(2)从上涨幅度上进行把握。一般而言,累计上涨幅度超过一倍的要谨慎操作,超过两倍甚至更高的,要拒绝参与,耐心当一位旁观者。

(3)从市场热度上进行把握。当市场出现一片沸腾、大家一致看好时,反映市场投机过热,这时投资者容易失去理智,市场很快就会形成顶部,因此需要投资者冷静思考,避免仓促入市,切记"股市在沸腾中死亡"的股谚。

(4) "最后冲刺"是上涨过程中最凶猛、最疯狂的阶段,也是最引人注目的过程,更是风险聚集的阶段,往往是上涨行情即将结束的时段。因此,投资者在这时一定要沉得住气,一旦在高位被套牢的话,无异于瓮中之鳖,短期内难以脱身。

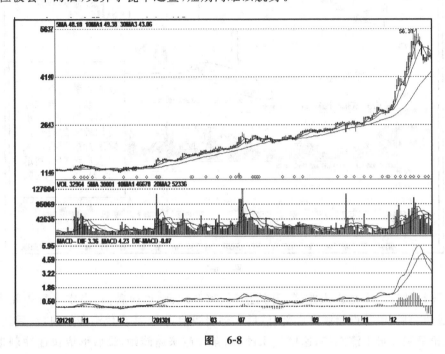

图 6-8

2. 快速爬高阴谋

庄家成功完成建仓计划后,以快速拉高的方式脱离底部区域。庄家通过这种爬高方式有两种阴谋:一种阴谋是通过短期的快速上涨,让低位持股者产生盈利,这时就有部分散户选择获利了结的操作习惯,这也是中国多数散户的炒股特点。在我们身边发现不少散户,买入股票后一旦被套,就死捂不放,以至于越套越深,而有了蝇头小利时,就拿不住股票,跑得比什么都快,这就是止盈容易止损难,这也是散户在大牛市中赚不到钱的一大原因。另一种阴谋是通过快速拉升,吸引市场注意力,诱导场外资金积极跟风,而跟风介入的资金由于短期获利并不大,一般不会选择离场,这样市场平均持仓成本就会提高。特别是高位追涨筹码,如果股价短线回调就会套牢,而一旦套牢却很少有人做出止损操作,因此这部分筹码目前对庄家不会构成影响,在后市股价继续上涨时,新的散户入场接单,前期套牢的部分散户就会解套出局。这样股价逐波上涨,散户在盘中不断地交换筹码,市场平均持仓成本越来越高,庄家阴谋越来越成功,获利也就越来越大。

实例 6-9

图 6-9,光线传媒(300251):该股上市后一路盘整走低,庄家在低位顺利完成建仓计划后,股价在 2012 年 12 月企稳回升,快速脱离底部区域,在短短的 20 多个交易日里,股价从 8.99 元一路上涨到 17.57 元(复权价),涨幅接近一倍。2013 年 1 月 4 日,在高位收出一根

带长上影线 K 线后,股价出现短期回调走势,但股价回落幅度并不大,得到 0.382 黄金分割线的支撑,然后再次向上盘升,在 3 月中旬股价向上突破前期高点压力,即 17.57 元位置。经过回抽确认突破有效后,股价从 4 月 17 日开始步入新一轮上涨行情之中,到 10 月 8 日股价创出了 65.23 元的高价,累计涨幅超过六倍。

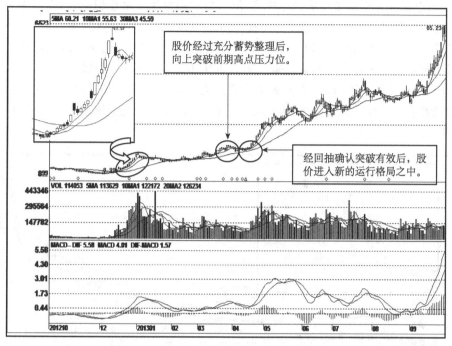

图 6-9

在该股中,虽然股价累计涨幅超过六倍,但散户很难获得利润最大化,如果能从该股中赚到一倍的盈利已经相当不错了,因为庄家不断地使用技术阴谋。在此重点分析一下爬高离底阶段的阴谋所在,该股上市后一路走低,先期入场的散户如果没有及时退出的话,则全线套牢,当股价探底成功后,庄家采用了快速爬高方式脱离底部。经过较大幅度的快速爬高后,前期大部分被套的散户得到一次"解放"的机会,此时不少散户会选择解套平仓退出。在低位介入的散户,因为短期已经获利,这时就拿不住股票了,也急切地兑现获利筹码,尤其是 2013 年 1 月 4 日的这根放量冲高阴线,加强了散户的抛空操作,且股价短期已经有不小的涨幅。此时短线投资者几乎全部离场了(当然庄家也在高抛低吸),同时少量追高和在回调过程中介入的人已经被套牢,然后股价回落到 30 日均线获得技术支撑,这时又有新的技术派人士入场做多,庄家顺势将股价推高,这样市场平均持仓成本大幅提高,随后股价出现逐波走高的行情。

实例 6-10

图 6-10,华宜嘉信(300071):庄家在低位顺利完成建仓计划后,从 2013 年 1 月 24 日开始连续出现多根上涨大阳线,股价快速脱离底部区域,成交量出现明显放大,短期股价涨幅超过 50%。然后,股价小幅回落调整,经过短暂的蓄势整理后,从 3 月 4 日开始股价出现新一轮上涨行情,此后股价不断向上攀高,累计涨幅非常之巨。

在该股中的庄家阴谋与上一个例子相似,同样是通过短期的快速上涨,让低位持股者产生盈利后退出,同时吸引新的散户跟风入场,以提高市场平均持仓成本。总的来说,庄家不能让散户产生很大的利润,这是庄家的最终目的,如果市场堆积大量的散户获利筹码,则会对庄家构成威胁,因此庄家想尽办法让散户微利或亏损出局。

在这两个例子中剖析了庄家的坐庄意图后,散户的操作策略也明确了,实盘中遇到这种走势时,应根据移动平均线进行操作,当股价远离均线、乖离率(BIAS)偏大时,可择高先行退出;在股价回落遇到均线支撑时,可择低介入。也可以根据上升趋势线或轨道线进行买卖判断,当股价触及上升趋势线的高点或轨道线的上沿时,卖出做空为宜;当股价触及上升趋势线的低点或轨道线的下沿时,买入做多为宜。同时,参考成交量进行操作,在股价快速上涨时,伴随着急剧放大的成交量时,可以择高先行退出,等待成交量恢复正常后,股价重新走强时再度介入。

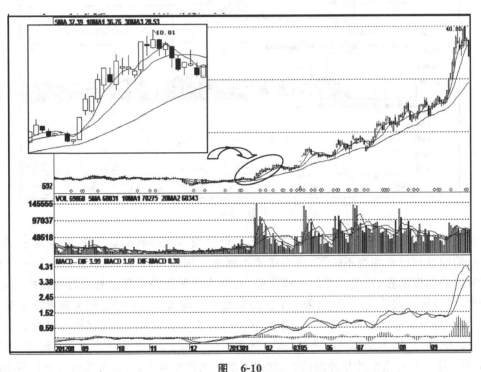

图 6-10

3. 大幅震荡阴谋

在股价进入主升浪之前,盘中经常出现大幅度震荡走势,庄家在震荡中实现自己的阴谋。因为,在股价大幅震荡过程中,散户一会儿看涨,一会儿又看空,今天说这只股票好,明天说这只股票差,一天一种看法,买卖在瞬间发生变化,因此对后市很容易产生误判,很多散户难过这一关,往往会选择退出,而场外一些散户发现盘面异动后,有短线差价机会而入场做多,经过几个回合的上下震荡后,市场平均持仓成本就提高了,由于散户的持仓成本比庄家高,后市拉高股价时就不会有太大的风险,庄家阴谋也就轻易得逞。这种盘面大致有两种现象:一种是上下震荡频繁,看不出明显的波形;另一种是出现波段震荡,波峰浪谷较深。

实例 6-11

图 6-11，上海钢联（300226）：庄家在长时间的底部震荡过程中，成功地吸纳了大量的低价筹码，然后从 2013 年 5 月开始股价渐渐向上爬高。在爬高过程中，股价出现大幅震荡走势，大阴大阳 K 线交错运行，成交量也不断放大。经过一段时间的震荡后，股价从 7 月初开始进入拉升行情，累计涨幅较大。

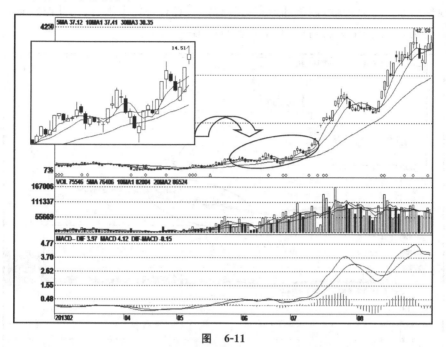

图 6-11

从图中可以看出，在大幅震荡过程中散户容易失去持股信心，也失去了对后市方向的判断，此时没有被套的散户一般不会长时间持股，一时躲过一劫的散户，也会在后续的震荡中离场，这样庄家就会轻而易举地将他们赶下马。同时，场外的散户看到成交量放大，盘面出现异动，而逢低介入，这样股价不断向上爬高，而散户却很难获利，这就是庄家所要达到的结果。

这种盘面走势其实正是短线高手大显身手的最好时机，此时进行高抛低吸，波段操作，收益更丰。中长线投资者可以参考 30 日均线，只要 30 日均线保持完好，应一路持股不动，不必理会 30 日均线之上的任何震荡现象，这是对付庄家的最好策略。

实例 6-12

图 6-12，美晨科技（300237）：股价见顶后逐波下跌，在长时间的底部震荡过程中，庄家吸纳了大量的低价筹码，然后从 2013 年 4 月开始股价渐渐向上爬高。在爬高阶段的中后期，股价出现大幅震荡走势，K 线阴阳交错，股价跌宕起伏，散户对后市股价运行趋势难以做出正确的判断，特别是在 7 月 24 日和 25 日两天的走势中，日 K 线形成了一个"镊顶"形态，从而增强了盘中散户的离场意愿，与此同时场外激进的投资者相继介入，形成一个多空平衡区域，股价渐渐恢复平静。经过一段时间的横盘整理后，股价从 10 月初开始出现一波快速涨

升行情,短期涨幅超过一倍。

该股中的庄家阴谋也非常明显,既吸引散户的积极参与,又不让散户获得太大的盈利。在实盘操作中,投资者遇到这种盘面时,应结合盘面技术进行分析。从图中可以看出,量价配合得当,30日均线支撑有力,虽然一时击穿30日均线,但始终未能形成有效的突破,很快重返30日均线之上,表明庄家对筹码控制得非常好,能使盘面恰到好处。而且,在日K线形成"镊顶"形态后,股价并没有出现大幅下跌走势,投资者对此应当有所感悟,说明这是一个虚假的顶部形态。不言而喻,假顶部形态背后肯定孕育着一轮上涨行情,此时投资者应密切关注盘面变化,一旦向上突破,就应毫不犹豫地在第一时间介入。

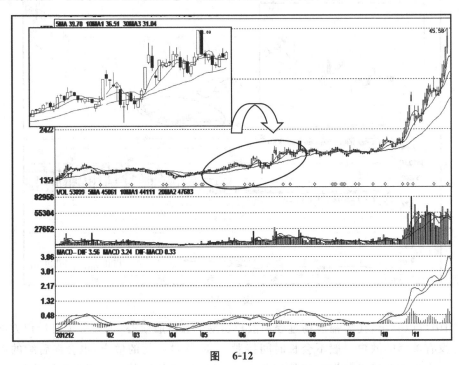

图 6-12

三、初升时的盘口现象

股票的运行与日常生活中的许多现象、规律很相似,如汽车、轮船、飞机等运输工具,在起始状态时,所消耗的能量是比较大的,其速度却是比较慢的,而后在推力和惯性的作用下进入正常运行轨道,速度与能量也趋向合理。联想到股市,在初升阶段其所消耗的能量也是很大的,股价上升速度也是比较慢的。这不难理解,因为股价在先期的建仓、试盘、整理之中,散户的信心一下子未能从熊市之中恢复过来,宁愿看清势道,见真的行情产生时才行动,故初升阶段的速度比较慢。所以,可以根据这个特征,来分析研究初升阶段的盘口现象。

这阶段的盘口现象主要体现在,庄家让股价在平缓的上升通道中慢慢爬行,这为我们捕捉初涨股提供了时间上的可能性。在股价运行中,大部分时间是在低价区进行涨升前的整理震荡,只有小部分时间用来拉升股价。因此,过早地进入正在上下震荡中的个股,是不经济的;同样,过晚地进入一个已经拉升的个股,也是不经济的。于是,着重寻找那些在底部刚刚萌动的初涨股。在实盘操作中,重点关注以下三种盘口现象。

1. 沿30°角上升

这种走势依托均线系统上行,不受大盘升跌影响,同时又受到了均线系统的制约,一旦距离均线较远时,会有集中抛盘出现,因此就形成了30°角上升形式。此盘口现象看起来庄家力量脆弱、控盘程度较低。正因为表面上有这些感觉,迷惑了不少投资者的眼睛,但到中后期均有快速拉升的动作。其实,这是长线实力庄家的一大策略,在一年半载后,当你站在高位俯视现在的股价时,大有"一览众山小"的感悟。

但如果低于30°的走势,又落后于大盘的涨幅,表明盘势过弱,多空双方的斗争与大势的上升不能统一,应引起注意。其原因可能是:①继续吸筹;②资金不足;③利空隐患;④无庄入驻等。

实例 6-13

图 6-13,银邦股份(300337):在初始阶段,股价见底后慢慢穿过30日均线,依托均线系统缓缓上行,不受大盘升跌影响,形成30°角上升走势。表明庄家实力强大,操作手法稳健。然后经过洗盘整理,在2015年4月股价进入拉升阶段,角度变得陡峭起来,行情延续时间较长。

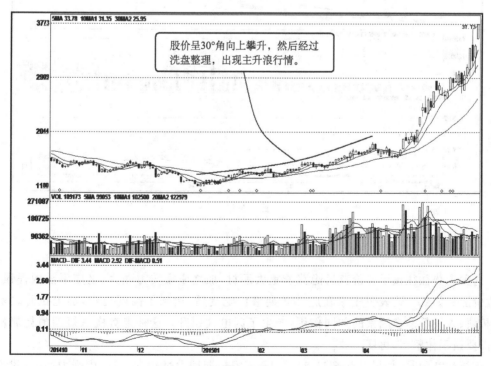

图 6-13

2. 沿 45°角上升

这种走势最强劲、最理想。经过仔细观察,不少大幅盘升的个股前期都在平缓的上升通道中运行一段时间,股价阴阳相间、交错上行,角度多为 45°,成交量错落有致。这种形态通常是庄家控筹所为,由于庄家大规模介入,必然使股价重心逐渐上移,慢慢形成一条上升通道,且初涨期升势一般很缓慢,既可降低持筹成本,又不至于过早招人耳目。这类个股上升通道维持的时间越长,庄家准备工作越充分,日后的爆发力越大。

实例 6-14

图 6-14,瑞凌股份(300154):庄家完成建仓计划后,渐渐步入上升通道,以 45°的角度上升,其间不理会大盘的走势。经过充分的准备工作,为该股日后快速拉升埋下伏笔,于 2015 年 5 月展开一波持续拉高行情。

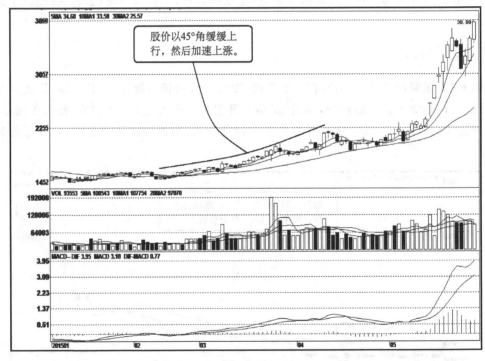

图 6-14

3. 沿 60°角上升

这种走势往往预示股价背后隐藏着重大题材,加之庄家实力强大,坐庄手法凶悍怪异,令股价涨势如虹。这表明庄家在底部长期潜伏吃货后,达到了高度控盘,加上拉升之初大势、板块、人气等诸多因素的共同作用,产生了闪电式拉升。这种走势庄家短期消耗能量过大,需要换手休整后,再度上攻。

需要注意的是,如果升势超过 60°以上,庄家短期用力过猛,必然产生强力回抽,建议逢高减磅,波段操作。但个股出现真正的主升浪行情时,日 K 线上升角度往往大于 60°角。

实例 6-15

图 6-15,赛为智能(300044):股价经过长时间的回调后,于 2015 年 1 月企稳回升,以 30°角缓慢上行,然后渐渐加速到 60°角强劲上行。庄家坐庄手法如剑,气势很大,但短期力量消耗过猛,需要回调休整后,积蓄一定的能量或等待时机再度上攻,方能使行情持久延续。经过一段时间的蓄势整理后,于 2015 年 5 月进入拉升阶段,充分展示了实力庄家的坐庄风范。

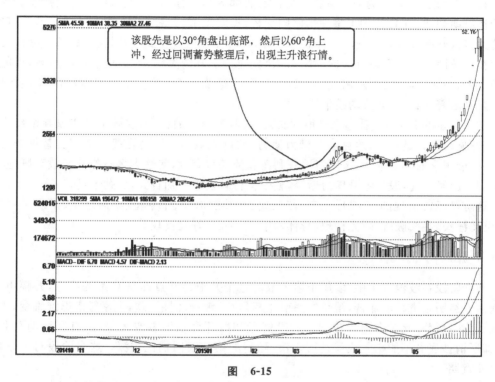

图 6-15

四、初升时的技术特征

1. 均线系统

在均线系统中,①弱势股 5 日均线金叉 10 日均线,10 日均线上行,20 日、30 日均线平行;②5 日、10 日均线金叉 20 日均线,20 日均线向上,30 日均线平行,均线系统偏向多头发散;③强势股 10 日均线金叉 20 日均线,20 日、30 日均线上行,乖离率(BIAS)加大,均线系统呈多头发散,做多信号明显,可适当参与波段操作。

2. 指标特征

在技术指标体系中，RSI、W%R、MACD 等技术指标出现向上金叉，强势特征初现。PSY、BRAR、CR、VR、PUCU 等技术指标转强，人气、意愿、能量开始恢复。DMA、TRIXR、LONG 等技术指标在底部走平或向上拐头或金叉。BOLL、MIK 等技术指标初步形成清晰的上升通道。

3. K 线特征

在日 K 线图上表现为股价从长期潜伏的底部突起，在周 K 线上形成旗杆式形态。由于股价在启动初期，日 K 线图上呈现出阴阳交替、长阳短阴、大涨小回的缓慢上升趋势。其间，股价大多低开高收、高开高收，一环紧扣一环，环环相连的阶梯式推升状态，日 K 线之间几乎不存在不被回补的跳空缺口。这种阴阳相间、交替上升的过程，不会是单一的形态，可能是一阴一阳、一阴二阳、二阴三阳、三阳二阴、以"一"形或"T"形等多个形态出现在 K 线图中，股价几乎沿着 5 日或 10 日均线平缓上升。

初升阶段的 K 线图，看起来显得软弱无力、弱不禁风的样子，实际上是庄家在演练太极拳，充分显现出太极拳"以柔克刚""借力使力"的巨大威力。因为在股价阴阳交替推升的过程中，由于庄家的反复推磨，不断清洗获利盘和消耗解套盘，使绝大多数投资者放弃阵地，弃甲而归。历经反复，股价上升压力渐轻，整个上行就显得更加自如，后劲十足。

这阶段经常出现的 K 线形态有：红三兵、上升三部曲、十字星、早晨之星、早晨十字、锤头、倒转锤头、穿头破脚、曙光初现、身怀六甲、十字胎、好友反攻等。

4. 波浪特征

初升阶段在波浪理论中，多属于第 1 浪。这个升浪的起点即是 C 浪的终点，升幅不大，此前由于经历了下跌的痛苦，漫长的熊市尤其是 C5 浪破坏性下跌，大家熊市思维难变，大多数人认为是反弹，此时多空争论很大。投资者和股评者依旧看空大势，稍有利润即获利了结，即所谓抄底者不能赚大钱就是第 1 浪，随后的第 2 浪回档比较深。这个阶段对人来讲，算是儿童期。

第 1 浪是底部形态的一部分，上升幅度无法预测，且第 1 浪以五个子浪完成。

5. 切线特征

在初升阶段，股价成功向上突破长期形成的下降趋势线、成交密集区、水平震荡横线。初步呈现出上升趋势线的雏形，投资者可在支撑线附近逐步介入。

6. 形态特征

在这一阶段，常见的形态有圆形、潜伏形、阶梯形、V 形、W 形、扇形、盘形、头肩形等，很少出现独立的形态，有时出现一些变体形态。上述有关形态的特征和操作策略，将在有关章节中解述，此不赘述。

7. 量能特征

初升阶段的一个显著特征就是成交量出现温和放大，盘面已不再像构筑底部阶段那样死气沉沉,成交量呈持续均匀性,场外资金开始陆续介入,交投出现活跃。周成交量一般可以达到前5周平均成交量的5倍以上。具体把握以下两种量价关系。

(1) 价涨量增。股价上升而成交量比平时增加,为买盘积极的表现。一般而言,反映市场投资者买卖情绪高涨,属典型升市现象。但应根据当时股价处于哪个行情阶段(低、中、高档)。若股价在升势初段或中段时间,出现价涨量增,反映庄家及散户竞相追逐吸纳,构成足够的上升动力,预示后市继续上升机会很大。

(2) 价平量增。股价持平,涨跌幅很小,但成交量却突然增加,若股价处于上升初期或中段时,价平量增反映有人逢低承接吸纳,股价涨势可期,但要留意后市变化,若股价无法突破前面的最高位,则要小心判断,后市涨势可能不能持续。

五、初升阶段的时间与空间

1. 初升时间

有独立初升阶段的坐庄过程,初升是需要一定时间的。通常,初升期越长,庄家实力越强,未来股价上升潜力就越大。初升期的时间长短与当时所处的宏观经济、公司背景、市道状况、技术形态及人气冷热有关。另外,不同类型的庄家有不同的时间要求,通常短线庄家的初升时间一两天就能完成,中线庄家的初升时间一般在2周左右,长线庄家的初升时间一般在10～30天。暴涨式、拉升式的初升时间在1周左右;盘升式的时间长短不一,短的在10天左右,长的达30天以上。在初升阶段中,如果出现了大势暴跌、暴涨或行业利空、利多,往往会使初升时间缩短或延长。

2. 初升空间

初升空间就是股价在本阶段中所能到达的涨升幅度。由于初升阶段是第一次拉升,形成上升第1浪,其上升高度在起始阶段投资人是很难预料的,庄家对第一波的目标高度很多时候是随机决定的。通常,在初升阶段的涨幅较小,一般涨幅在30%以下。基本面向好、技术面支撑、庄家控盘高的个股,初升幅度较大,可能达到50%左右。暴涨式的空间在20%～50%,拉升式的空间30%左右,盘升式的时间在10%～40%。了解初升空间的大小,对散户跟庄取胜大有裨益,可以帮助投资者避免盲目追高而造成短期被套的被动局面。

实例 6-16

图6-16,万顺股份(300057):庄家在底部盘整过程中完成了建仓计划,在底部构筑大型的W底形态(见压缩图),然后渐渐企稳上行,出现初升行情。在初升阶段中持续时间超过30个交易日,股价涨幅在40%左右。此后经过充分的洗盘整理后,于2015年4月走出快速拉升行情,庄家成功完成了一轮炒作行为。

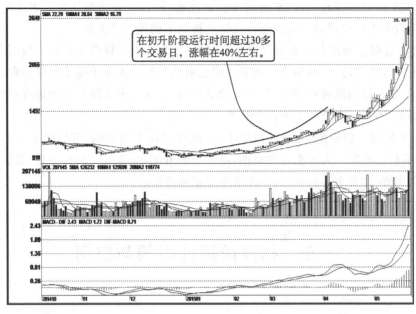

图 6-16

六、如何识别突破的真假

1. 突破盘局的原因

从股价总体运行趋势来说,就是涨、跌、盘(震荡整理)三种情况,上涨让人兴奋,下跌让人恐慌,而震荡整理最让人心烦。可是,股价的绝大部分时间都处于震荡整理之中,它比上涨和下跌的时间都要长。但不震荡整理是不行的,因为股价是在涨涨跌跌中运行的,不可能一味地上升,也不可能一味地下跌,多空双方都必须有一个蓄积攻击能量的过程,才得以使股价继续维持原来的运动趋势。

震荡整理之后必然有一个突破,盘局突破有向上与向下两种可能。它是股价上升或下降的中间状态,又同时往往是必由之路。故有"久盘必升"或"久盘必跌"之说。但震荡横盘之后是升是跌向哪一个方向突破,令人颇费心思,也令人颇为犹疑。散户在震荡整理中易犯的错误,主要在假突破上。或迷信于向上假突破,陷入了多头陷阱;或屈服于向下假突破,掉落了空头陷阱。一般情况下,高位突破后应果断减仓,低位突破后果断加仓。

最为常见的向上突破原因有:
（1）低位突发利多消息,或者利空明朗化。
（2）低位成交量逐渐放大,均线形成初步的多头排列。
（3）低位突发非实质性利空出现,股价不跌或微跌。
（4）低位进入报表公布期,业绩亮丽。

最为常见的向下突破原因有:

(1) 高位突发利空消息,或者利好明朗化。
(2) 高位成交量逐渐萎缩,均线形成初步的空头排列。
(3) 高位较大利好公布,股价不涨或微涨。
(4) 高位进入报表公布期,业绩堪忧。

2. 突破盘局的辨别

突破,是指股价在一个相对平衡的市道里运行一段时间以后,突然单边朝一个方向运行。它经常出现在吸货或出货行情中。在吸货行情中,在盘面上大致有两种现象:一种是历经几次破位下跌后,股价在底部突然放量刻意向下压价,造成再次破位的势头,使经受深套的股民彻底绝望,这时似乎"聪明"了许多的散户,"止损"出局,可是不久股价不跌反涨,这是"悲壮"的割肉;一种是股价跌到了底部,突然股价向上急拉10%左右,给散户"反弹出局"的机会,因为场内大部分散户已吊在高楼之上,死猪不怕开水烫,再跌一次又如何,于是给散户一份安慰,但股价单边走高,这是"喜悦"的割肉。同样,在出货行情中,在盘面上大致也有两种现象:一种是行情经过几波上扬后,股价在高位突然放量刻意向上拉升,形成再次上攻的势头,这时后知后觉者经不住诱惑而入场,可是不久股价不涨反跌,这是"贪婪"的套牢;一种是股价涨到了顶部,突然向下急跌,形成洗盘或超跌假象,给散户"逢低吸纳"的机会,可是股价单边一路走低,这是"无奈"的套牢。这两种盘面现象,都被庄家的手法所诱。因此在实盘中,投资者经常为突破是真是假而伤透脑筋,那么如何判断股价的有效突破呢?其主要特征为:

(1) 突破的首要前提是股价的位置和阶段。如果处于底部吸货区域、中途整理区域、庄家成本区域附近的,若向上突破其真突破的概率较大,若向下突破其假突破的概率较大。如果处于高位派发区域、远离庄家成本区域的,若向上突破其假突破的概率较大,若向下突破其真突破的概率较大。

(2) 有效突破一般都建立在充分蓄势整理的基础上。充分蓄势整理的形式有两类:一类是我们常知的各类形态整理,如三角形整理、楔形整理、旗形整理、箱体整理等;一类是庄家吸完货以后,以拖延较长时间作为洗盘手段,或者因等待题材或拉升时机,长期任股价回落下跌,股价走出了比形态整理时间更长、范围更大的整理。股价一旦突破此种整理,则往往是有效突破。由于这种整理超出了形态整理的范围,因而有时候是难以察觉和辨别的。

(3) 在突破时成交量应有效放大,如果成交量过低突破肯定不能成立,如果成交量特别巨大股价位置又高,需提防庄家以假突破的方式出货。

(4) 股价上涨必须有气势,突破后并能持续上涨,既然是突破就不应该磨磨蹭蹭,如果放量不涨就有出货的嫌疑。

(5) 对庄家选择突破时机需要仔细研究,市道较好股位又不高的时候没有疑问,如果市道一般就需要结合庄家成本、股价位置、庄家类型及其控盘特点进行分析,在大势较好的时候前期走势不逆势的,在市道不好的时候突然逆势突破,提防庄家出货。

七、散户在初升阶段的操作策略

长期躺底不动的股票,进行爬高阶段时,小荷才露尖尖嘴,形态非常吸引人。但在实际操作中,投资者还要把握以下操作要点:

(1) 如果是缓升式的走势,持股者坚决不动,直到放大量收大阳线或阴阳十字星时,短线离场,待回调低点重新介入,做波段操作收获更丰。持币者可在当天分时走势图中的均线之下方介入。为了保证形态出现的准确性,可在出现两个以上循环走势时开始介入,且应选择在阴线出现以后,股价回调到5日均线或10日均线附近时介入。

(2) 若是暴涨式或拉升式的走势,持股者可在放大量收阴阳十字星(有滞涨迹象)时,短线离场,待回调低点重新介入,做波段操作获利更丰。持币者可等回调充分整理后,在均线附近逢低介入,在此阶段介入以不超过20%为宜,否则宜慎,以免买到波段的高点。

(3) 在初升阶段往往是热点板块轮动炒作,要准确把握市场节奏,并精心研究各个板块的特点和脉搏规律,科学地编制出第一、二、三梯队的板块,做到第一梯队出货,进入第二梯队,同时观察第三、四梯队的异动情况。对已轮动炒作过的板块不可恋战,未有表现过的板块不可轻易换股,因为"风水轮流转,股票轮流涨",否则容易出岔子。

(4) 初升阶段中的热点强势股,在深幅回调或深幅补跌时,大胆介入。在一轮牛行情中,热点强势股一般都有二轮以上的升势,因此在第二轮涨升开始时坚决介入(如果已有三轮以上的涨升应小心为之)。

(5) 如果在涨升初期成交量出现异动,并呈持续性放大,交投活跃,量价配合,表明沉寂多时的庄家开始行动了,此时应及时介入或回调时加仓买进。

(6) 一只股票先期没有出现过较大的涨幅,如果在某一时段里出现持续放量,并出现第一个涨停板时,可大胆追进。买入方法是当股价涨升到8%以上并趋向封于涨停时及时买入,或者在已经封涨停的价位上,根据时间优先原则提早挂买单排队,或者在第一次打开涨停(有重新封涨停之势)时杀进。

八、初升与试盘的区别

初升阶段与试盘阶段有相似之处。比如,两者此前都没有大幅涨升过;两者涨幅都不十分大,尤其是盘升式走势更为相似;两者都出现在底部区域。但深入分析不难发现其不同之处:

(1) 盘面表现不同。试盘出现比较突然,事先毫无征兆,且来也匆匆去也匆匆。初升阶段股价却暗流涌动,来也姗姗去也姗姗,精明人已经发现其出现异动而跟庄介入。

(2) 放量过程不同。试盘阶段成交量时大时小,或单日放量,一般持续性不强。初升阶段却出现明显的持续放量过程,且有一定的均匀性。

(3) 持续时间不同。试盘阶段持续时间一般不长,多则几天或一周(一般很少超过一周),少则一天,甚至几小时就完成。初升阶段往往持续时间比较长,几天、几周甚至几个月的也并非少见。

(4) 累计涨幅不同。试盘阶段总的涨幅比较小,一般在正负5%~30%。初升阶段一般涨幅要比试盘时大,大多在30%左右。

(5) 盘内振幅不同。试盘时震荡幅度比较大,以全面测试盘内追涨杀跌情况。初升阶段的震荡幅度较小,往往在平缓中运行。

(6) K线组合不同。试盘时K线组合没有规律可循,很难用K线组合研判,且上下影线较长。初升阶段的K线组合有一定规律性,上下影线较短。

(7) 市场性质不同。试盘时可以向上或向下突破运行。初升阶段本质上无下跌之说。

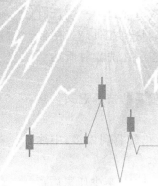

第七章 洗盘阶段

做股票的人个个都想骑黑马、赚大钱，但不幸的是黑马常常是爬上去了却坐不稳。持有一只本来可以赚大钱的股票，却因走势太可怕而斩仓离场，然而刚刚斩仓，股价却飞一样涨起来。庄家似乎就差散户手中这几股，散户不抛庄家就不拉。这种痛苦相信人人都经历过，而且大都不止一次。其实，这种现象并不是偶然的，因为就算庄家吸饱了筹码也不可能一味地盲目拉高股价，股价无回档地大幅上升会使得散户无惊无险地大赚庄家的钱，这在逻辑上是不可能成立的，也是投下了巨资的庄家无法容忍的，于是股市中就有了洗盘的产生。

洗盘，就是庄家运用种种手段，摧垮散户持股的信心，迫使其交出筹码，同时让看好后市的新散户进场，以提高市场平均持仓成本。在庄家坐庄过程中，散户持有的筹码平均成本越高，越有利于减少庄家后市拉升时的压力和后续高位出货操作。换句话说，就是把盘子冲洗干净，把对后市不看好的量洗掉，让后市看好的量进来，使矛盾的对立走向统一。

从坐庄流程中，洗盘多属主要阶段，除少数短线庄家不经洗盘外，中、长线庄家必须经过洗盘阶段才能完成拉升出货，经过充分的洗盘才能产生大黑马、大牛股。

一、庄家洗盘的目的

庄家无论手段多么高明，也只能控制流通盘中的部分筹码，市场上仍然保留着一定数量的流通筹码，这部分筹码的持有者，随着股价的逐步上涨，获利渐渐扩大，这些获利筹码犹如没有被排除引信的炸弹，揣在庄家怀中，时刻威胁着庄家资金的安全，很大程度上制约和牵制着庄家再次拉高股价，因此中长线庄家少不了洗盘。

洗盘，就是庄家运用种种手段，驱逐场内散户离场，吸引场外散户进场，使流动筹码成功交换，即换手，提高市场平均持仓成本，达到顺利拉升和派发。这是为什么呢？因为在底部区域，不少投资者因看好个股而持有或介入，此时如果技术形态或股价走势也十分"漂亮"的话，那就更加增加了参与者的持股信心，坚定地与庄共舞，攀登到股价的顶点，在高位一有风吹草动就先于庄家出货，那么庄家在高位怎么办？于是，洗盘就不可避免，在底部必须想法把原先持股者赶出去,或者在中途让盘中持股者提前下轿。同时让新的、长期看好后市的坚定者进来,协助庄家抬轿,尽可能地提高散户平均持仓成本,减少拉升压力和阻力。洗盘时的下跌或调整本是上升途中的一种假象,可是庄家借题发挥,在盘面上制造头部形态,使散户误以为庄家在出货而纷纷离场,结果大黑马、大牛股失之交臂,这是庄家在洗盘时所达到的目的。

洗盘是处于拉升和再拉升之间的一个承前启后的阶段,有着十分重要的技术意义。具体地说,庄家洗盘主要有以下几个目的。

(1)对庄家计划之外的筹码进行换手,把先期持股者赶下马去,防止其获利太多,中途抛货砸盘,最终威胁庄家的拉升和派发,从而使庄家付出太多的拉升成本。

(2)在不同价位不断更换新的持币者入场,以垫高其平均持股成本,进一步减少庄家后市拉升股价的压力,以便日后在高位从容派发,最终将最后跟进的人套牢在阶段性的高点上。

(3)通过洗盘,提高平均持仓成本,有利于庄家在高位抛货离场,防止庄家刚一出现抛货迹象,就把散户投资者吓跑的情况。

(4)在震仓过程中高抛低吸,庄家可以兼收一段差价,以弥补其在拉升阶段所付出的较高的交易成本。这样,既增添了其后拉升股价的勇气和信心,拉开获利空间,又可使市场弄不清庄家的持仓成本,辨不清庄家今后的出货位置。

(5)调整资金比例,如果庄家在底部吃进筹码比例较大,即没留足够的拉升量,可利用洗盘之始的较高价位出货,还原出拉升量。

(6)调整仓位结构,如果庄家持有多只股票的筹码时,可以通过洗盘调整所持股票的持仓比例,分出主、次,使其更能显现板块效应。

(7)等待拉升时机进一步成熟,有的利用洗盘继续多吃货,也有的庄家等待大势或板块的配合。

(8)使原本想"高抛低吸"的人被弄得晕头转向。一些自作聪明的人,原来想在庄家洗盘时高抛低吸,但结果往往是"低抛高追",许多人在低位踏空后,便到高位去增仓追涨,当了庄家的义务"轿夫"。这样,庄家可以使跟庄者"吃一堑,长一智",令他们今后务必不要再做差价,不能轻易抛售股票。否则,你一抛,它就会大涨。这就为庄家日后大幅炒高股价,进行胜利大逃亡,奠定了基础。

可以说,庄家洗盘是折磨大户、驱赶散户的手段。散户只要了解庄家洗盘的目的,在遇到庄家洗盘时,就不会手忙脚乱了。保持良好的心态,敢于做别人做不到或不敢做的事,勇于抵挡小利的诱惑,甘于忍受暂时被套的煎熬,不理睬庄家洗盘的各种骗术,咬定青山不放松。那么,黑马股的大半段利润,将是属于你的。

二、庄家洗盘的运作方式

庄家的洗盘行为,一般出现在中、长线庄家之中,短线庄家由于筹码不集中、驻庄期短,一般没必要也没能力进行洗盘。庄家洗盘的方式不外乎有两种:第一种是不作为式的,让股价随波逐流,由散户自由完成换手,这时往往会出现成交量极度萎缩的情况;第二种是作为式的,庄家主动参与、制造股价的震荡,波幅加大,盘中利用对敲方法刻意让股价大幅震荡、吸引散户做差价,这种洗盘法往往时间较短。具体地说有以下几种手法。

1. 假阴式洗盘

股价在平稳的上升、横盘及下跌途中的末端,某日大幅高开(开盘价高出前一天收盘价很多,甚至以涨停板开盘),且开盘集合竞价成交量巨大(为了制造全天放量收阴的假象),然后瞬间股价回落到前一天的收盘价附近震荡,最后收盘时股价涨跌幅度不大,在日K线上出现一根高开的大阴线,即假阴线。

庄家坐庄意图:通过高开低走收出大阴线,制造盘面恐慌气氛,目的就是既不想让股价下跌,又要洗出心态不稳的跟风者,于是刻意做出这种大阴线,让散户产生错觉,从而使筹码得到充分的交换,以此达到快速洗盘的目的。

散户克庄方法:投资者遇到或发现这种大阴线后,千万别被它所蒙骗而卖出股票或者不敢介入。这种大阴线所透露出来的市场信息就是该股离上涨不远了,或者次日就会止跌创出新高。因此,当次日股价上涨突破了大阴线的开盘价,就可以确认大阴线是一次快速地洗盘行为,此时投资者可以积极介入做多。应重点关注以下几种盘面现象。

(1) 大盘连续下跌的后期,股价已连续下跌,散户套牢较深不肯再卖,因此成交量极度萎缩,股价也难以下跌。此时庄家为了再收集一部分更廉价的筹码,往往做出假阴线。由于假阴线具有一定的威慑力,因此出现假阴线后会再有恐慌盘杀出,其股价还将下跌10%左右(时间为1～2周)见底。此时应果断杀入,股票出现大涨的可能性极大。

(2) 股价缩量横盘,某日做出大假阴线,之后股价连续收阴(多阴)横盘或微跌,是庄家洗盘拉升的前兆,当股价上行吃掉假阴线时可及时介入。

(3) 股价缓慢上升途中的某一天出现假阴线,往往为庄家中途洗盘。经几日缩量调整后,仍将向上拉升,且成为大牛股的可能性极大。所以,当股价将要包吃假阴线时,应果断杀入。

(4) 缓慢爬升的股票,借助于大盘大跌进行放量连拉大阴线(往往跌到20日线附近)。一旦该股企稳并收大阳线包容吃掉放量阴线后,证明前面巨阴是洗盘,是快速拉升的前兆,应坚决介入。股价经过缓慢的爬升拉一涨停板,第二日高位震荡放量突破前期密集区,收出阴十字、并留下跳空缺口,且在2～3日内不补跳空缺口,每日收盘价站稳5日均线之上(尤其是阳线包吃阴十字),证明前面阴十字为震荡洗盘,预示着后市还将拉升。

实例 7-1

图7-1,索芙特(000662):2015年1月初,庄家借利好连拉4个"一"字形涨停板后,第5天股价大幅跳空高开8.48%,然后股价逐波下跌,当天以下跌2.17%收盘,在高位形成一根长长的大阴线。这根大阴线在散户心里具有一定的恐惧感,不少散户见此形态而纷纷离场,因此庄家洗盘效果非常好。经过短暂的横盘整理后,于2月17日股价放量越过这根大阴线的开盘价,从而构成理想的买入信号,此后股价大幅上涨。

在实盘操作中,股价经过波段下跌后企稳回升,在反弹过程中出现高开低走大阴线,然后股价再次回落在前期低点附近企稳。此时在K线图中形成一个双重底形态,这种高开低走大阴线属于庄家洗盘行为,有时也是庄家阶段性减仓所致,后市仍然看好。在这种形态

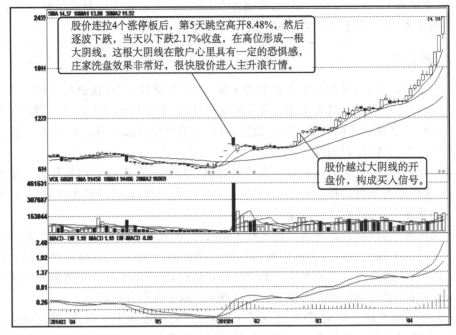

图 7-1

中,存在三种不同的盘面现象,分别是以高开低走大阴线为双重底形态的中点,左右两边股价低点基本持平;右边低点高于左边低点;右边低点在左边低点之下。

出现这种大阴线时,其操作方法是在高开低走大阴线右边 5 日、10 日、30 日均线向上发出金叉,股价上涨突破大阴线实体的 1/2 价位以上时买入,这样才能确定双重底形态的真实性。

实例 7-2

图 7-2,华润双鹤(600062):股价经过一轮快速大幅下跌后,渐渐企稳回升,当反弹到一定幅度后,庄家开始调整走势,股价出现小幅回落,然后企稳小幅上涨。在整理过程中,股价突然大幅跳空到前期高点附近开盘,以测试上方的抛压情况,此后再次小幅回落到前期低点附近时企稳盘整,形成一个小型双重底形态。不久,多方发力上攻突破双重底的颈线,从此股价步入新的上涨行情。

2. 打压式洗盘

打压式洗盘也叫回档式洗盘,这是目前市场中庄家使用最多的一种典型的洗盘方式,整个洗盘过程以大幅回落为主。打压式洗盘的特点是"快"和"狠",其打压股价的速度非常迅速,而且打压手法非常凶狠。这样既节省了洗盘的时间,又达到了非常好的洗盘效果。庄家在大幅拉升股价之后,盘中积累了大量获利盘,利用投资者较强的获利回吐欲望,以凶狠快速的方式向下突然砸盘,使股价大幅回落,形成一根长长的阴线。根据投资者容易产生恐惧的弱点刻意打压,制造市场的恐慌气氛,从而动摇投资者的持股信心,使他们最终无法接受股价大幅下跌的可能而抛出股票,达到将获利筹码震荡出局的目的。

庄家坐庄意图:打压式洗盘的最佳时机是在大市调整的时候,多数针对那些投机性强,

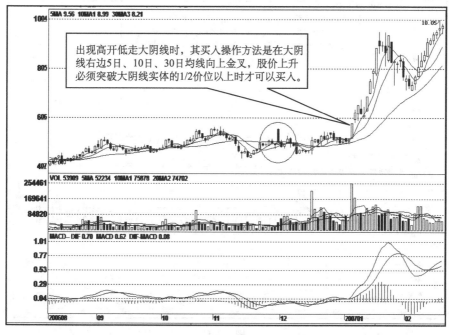

图 7-2

没有实质性投资价值,短线升幅过大的个股。因为这些股票本身不确定因素就多,投资者的持股信心容易产生动摇,股价的回落,极易使跟庄者产生"大势已去"的错觉,继而迅速将手中的股票获利了结出局。但一般在低位停留的时间(或天数)不会太长,一般在一周内甚至第二天跌势就停止了,让前日抛股者莫名其妙。

散户克庄方法:中长线投资者可以不理会股价的一时涨跌起落,免得从马背上摔下来。短线投资者应根据均线、成交量、阻力位和支撑位等技术要素进行综合分析。比如,股价放量上涨远离均线时,预示洗盘将要出现,为短期卖出时机;当股价缩量回落到均线附近时,预示洗盘将要结束,为短期买入时机。

实例 7-3

图 7-3,方正科技(600601):该股小幅上涨后进入横盘整理,2014 年 12 月 22 日在整理末期,庄家放量打压股价洗盘,收出跌停大阴线,股价向下突破平台整理区域和均线系统的支撑,导致均线系统向空头发散,在走势图中形成进一步下跌的势头。不少散户见此形态,深感不安,纷纷抛售筹码离场。可是,股价并没有出现大幅下跌走势,很快企稳并重回升势,此后迎来快速上涨行情。

实例 7-4

图 7-4,锦江投资(600650):该股经过前期快速大幅下跌后企稳回升,在回升过程中庄家采用打压手法洗盘。先是利用 30 日均线的压力进行打压,然后在 2015 年 8 月 20 日开始连续出现 4 个跌停板,股价重新回落到前期低点和 30 日均线之下,使形态产生空头气势,洗盘效果非常好。然后,股价回升到前期高点附近时,再次利用该位置的压力进行洗盘,庄家运

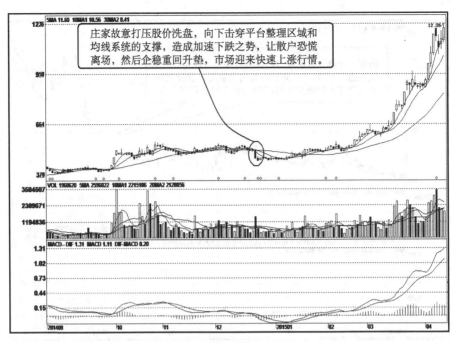

图 7-3

作迹象明显。踏准庄家节拍,收益定然多多。

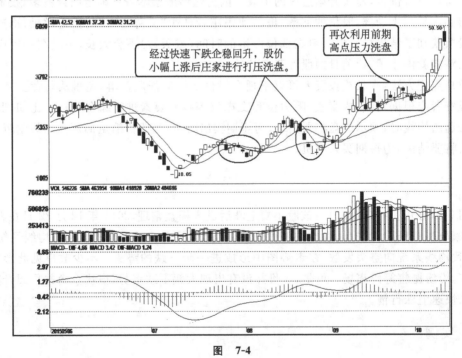

图 7-4

3. 平台式洗盘

平台式洗盘也叫横盘式洗盘,其特征是股价在某一区域形成时间较长的横盘格局(并非

绝对的横向移动,而是小幅度的上下震荡),针对投资者缺乏耐性的弱点,用时间去消磨跟庄者的意志和信心。在横盘期间,成交量呈萎缩状态,偶尔有脉冲式放量出现。这种洗盘方式,侧重于用时间去消磨,以时间换空间,平台横行的时间越长,波幅越窄,洗盘越彻底,后市涨幅就越大。这种洗盘方式,较多地出现于大盘上升的时候,因为大盘上升,市场相对比较活跃,股票出现普涨,面对个股牛皮盘整的走势,很多跟庄者有强烈的换股欲望,往往会失去持股耐心,使庄家达到洗盘震仓的目的。

这种试盘方法比较适用于绩优白马类股,由于这类股票的市场口碑好,为投资大众所喜爱,所以持股心态比较稳定。如果运用打压方式洗盘的话,散户不但不会抛售原有的筹码,反而还会逢低买进以摊低持仓成本,而其他虎视眈眈的场外资金也会进场抢走低价筹码,这样很容易造成庄家低位丢失筹码。

这种洗盘方法是所有洗盘方法中耗时最长的一种,一般的大盘绩优股的中级洗盘,往往要耗时 3~6 个月,甚至一年不等。在这漫长的等待中,面对大盘的跌宕起伏和其他个股的纷纷飘红,绝大多数散户按捺不住寂寞与孤单,纷纷换股操作,选择追涨杀跌的操作方法。等股价突破平台快速上涨时,他们往往会快速杀回来,追涨买进,从而起到促进他们买高卖低,提高投资成本的目的。也有极小部分的散户经历了长期的煎熬后,享受到胜利的喜悦而更加坚定了持股信心,为庄家后续出货贡献微薄之力。

庄家坐庄意图:主要是防止降低市场平均持仓成本。庄家将股价维持在一个较高的价位上进行横盘洗盘,让散户将所持的筹码在这个平台内完成充分自由换手。庄家将股价控制在一个很窄的范围内,形成长期的牛皮沉闷走势,从而消磨散户的持股信心,同时又让一些眼光远见的投资者进入,这样就能完成筹码换手,提高市场平均成本了。

如果实力较弱的庄家,往往保持一定幅度的震荡,在震荡中不断以低吸高抛做差价;实力较强的庄家,往往将股价振幅控制在很窄的范围内,使其走势极其沉闷,主要侧重于通过长期的牛皮沉闷走势来打击和消磨散户的投资热情和信心毅力。

散户克庄方法:持股者在股价放量滞涨时,择高先行退出;在股价缩量整理时,保持观望;在放量突破时,再度买入。

实例 7-5

图 7-5,光大证券(601788):庄家在长时间的底部震荡中,吸纳了大量的低价筹码。2014年 7 月股价小幅拉高,脱离底部区域的牵制后,在相对高位维持横盘整理,庄家不理会大盘的涨跌情况,这使许多缺乏耐性的投资者见大盘震荡而纷纷抛售离场,庄家成功完成了洗盘目的。之后,从 10 月下旬开始步入上涨行情,成交量逐步放大,股价出现飙升走势。

从图中可以看出,横盘整理的形态在 K 线上的表现常常是一条横线或者长期的平台,从成交量上来看,在平台整理的过程中成交量呈递减的状态。也就是说,在平台上没有或很少有成交量放出。成交清淡,成交价格也极度不活跃。为什么会出现这种情况呢?其内在机理是当股价上升到敏感价位时,庄家适时抛出一部分筹码,打压股价的升势,用一部分资金顶住获利抛盘,强制股价形成平台整理的格局,在这个阶段内,成交量稍显活跃,一旦平台整理格局形成,成交量即迅速地萎缩下来。

成交量的迅速减少,也进一步说明了场内的浮动筹码经过充分换手后日趋稳定。随着新增资金的陆续入场,成交量也逐步呈放大状态,股价也开始缓缓上行。此阶段的成交量和第一阶段强制股价进入平台时的成交量遥相呼应,形成漂亮的圆弧底形态,预示着股价即将突破平台,形成新一轮的升势。

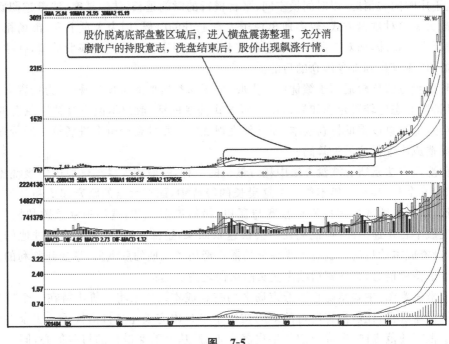

图 7-5

对于向上突破平台走势的个股,可能出现多级平台突破现象,这类个股应重点注意:第1次放量向上突破平台时,可重仓或加仓买入;第2次放量向上突破平台时,积极参与;第3次放量向上突破平台时,轻仓参与,可能是最后的冲刺动作;第4次以上放量向上突破平台时,禁止参与,应做好随时退出的准备。

实例 7-6

图7-6,大名城(600094):该股见底后底部不断向上抬高,2015年2月初,向下回落洗盘,中旬出现向上突破(后市研判时,可以看作第1次向上突破),可以重仓参与。3月初,进入横向震荡洗盘,3月24日向上突破,第2次向上突破平台,可以积极参与。4月中旬开始又进入横向震荡洗盘,5月中旬向上突破,第3次向上突破平台,可以轻仓参与,此时要提防最后的拉高动作,一旦发现见顶苗头,应尽快离场。

4. 震荡式洗盘

震荡式洗盘既运用了打压震仓的原理,又运用了长时间消磨耐心的技巧,将拉升、横盘、打压融合贯穿到一起,可谓中庸之道,这是庄家最常用的洗盘手法之一。其优点在于:和横盘式洗盘相比,可以缩短洗盘时间;和打压式洗盘相比,可以避免低价筹码的损失。

庄家利用开高走低、拉高、再惯低、再拉高,股价上冲下洗,将筹码集中在手上,通过反复上下震荡的方式进行洗盘。在股价长时间频繁上下震荡中,扰乱投资者的跟庄步伐,让跟庄者捉摸不定,常处于追涨杀跌之中,根本无法搞清股价的运行方向,从而被迫离场观望,能够

第七章 洗盘阶段

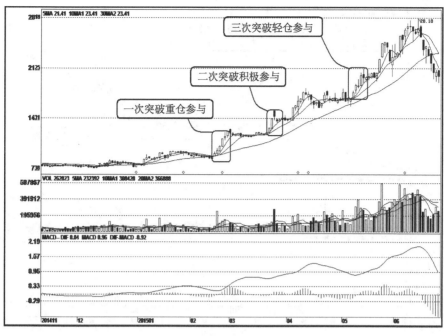

图 7-6

忍受这种庄家洗盘的投资者往往是市场中的佼佼者。

震荡式洗盘方法较为温和,成交量比较活跃,使股价维系在一个区域之内上下震荡,在日K线图上阴阳结合,起伏不定。经常出现如三角形、箱体形、旗形、楔形等典型的洗盘整理形态。虽然庄家会故意制造股价走势的疲软假象,但一般不会有效击穿重要的技术支撑位,否则容易引发一轮大的恐慌性砸盘,对庄家尤其是实力较弱的庄家来讲是极为不利的。

庄家坐庄意图:这是根据散户的追涨杀跌心理而进行的洗盘方式。散户买进股票后,遇到了横盘或打压走势,这时买入的计划发生改变,心理上容易产生失衡,经过庄家的盘面诱导战术,往往选择割肉出局。可是,股价没有下跌多少又开始上涨了,此时场外散户又入场了,但股价没有上涨多少又开始下跌了,弄得投资者迷惑不解,买也不对,卖也不对。庄家采用这种反复震荡的洗盘方法,不断诱导散户追涨杀跌,成功提高市场平均持仓成本。

散户克庄方法:散户遇到这种走势时,多看少动为宜。在先前底部介入者,若耐不住震荡的话,可择高先行退出,在股价放量突破盘整区域时,重新考虑介入。或者成交量不断扩大时,设法再低价买进股票。

实例 7-7

图7-7,东方南洋(002086):庄家在长时间的下跌过程中,吸纳了大量的低价筹码。2014年9月,股价脱离底部区域后,庄家展开洗盘整理走势,采用横向箱体震荡的方式清洗浮筹。股价打下去又拉起来,涨起来又打下去,如此上下大幅震荡,成交量时大时小,日K线图起伏不定,阴阳相继交错,没有什么规律可循。场内散户被庄家折腾得精疲力竭,不少散户无法忍受如此折磨而被迫离场。此后,股价稳步向上推升,出现大幅上涨行情。

从图中可以看出,在洗盘过程中股价上下震荡,不少散户看到股价上涨时,就追涨买入,

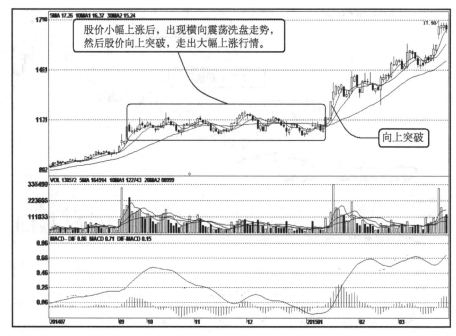

图 7-7

这是由于他们的心理准备不够充分,买入理由就是股价涨了才买进。可是买进后股价也许稍微上涨一点或立即进入横盘或遭庄家控盘打压,这时散户买入的理由随即消失。由于买在相对高点或次高点,心理很容易失去平衡,股价稍有风吹草动,就会引起心理恐慌,尤其当庄家控盘打压的时候,极容易产生割肉卖出的冲动。很多散户都是在这种心理压力下,经过庄家的心理诱导战术,克制不住自己的恐慌情绪,在低位割肉出局。这时庄家已经初步达到洗盘的预期目的,进而向上展开拉抬震荡。这时割肉出局的散户看到股票刚一卖出,股价就上涨了,心里懊悔不已,又产生新一轮的买入冲动。当股价再次行到前期高点或次高点附近时,上次在相对高点买入的套牢盘好不容易熬到了解套的机会,也极容易产生卖出解套的冲动。如有意志坚强的多头不肯卖出,当再次遭遇庄家控盘打压股价时,他们往往会痛惜自己错失解套的大好机会,而后来又反手买进的投资者更是迷惑自己,怎么卖出是错了,买进也不对,左右挨巴掌。庄家不断诱导散户追涨杀跌,进一步促进和提高散户的持仓成本。

5. 跌停式洗盘

跌停式洗盘是最恐惧也是最有效的一种洗盘方式,这种方式有两种盘面现象:一种盘面是,股价以跌停板开盘,大部分时间处于封盘状态;另一种盘面是,以正常形式开盘后,股价直奔跌停板,封盘几分钟后再打开,多次跌停,多次开板,尾市稍向上拉动。散户看到股价跌停,内心十分悲观,唯恐第二天继续跌停,于是也抢先在跌停板价位挂卖单杀出。庄家待散户卖单达到一定程度数量而不再增加时,迅速将自己挂在散户前面的卖出单撤掉,几乎在同一时间里,又在散户后面挂出数量与撤单相近的卖出单,这样盘面上看封盘数量没有变化,不会引起散户的注意。然后,庄家将散户的抛单慢慢地吃光,封盘被巨大买单打开。这时持币者见打开封盘,股价开始往上拉抬,也加入买盘行列。不久,股价又向下跌停。庄家如此反复多次进行,盘中浮动筹码得到很好的交换,从而达到洗盘的目的。若洗盘还不够充分的话,则第二天可能还会如法炮制。

庄家坐庄意图:这是根据散户看到股价跌停而产生的恐惧心理所采取的洗盘方式。庄家通过股价的深幅下跌,制造极度恐慌盘面,把散户逼到墙角边,使其被迫交出筹码。

散户克庄方法:持股者可以择高先行出局,免得因洗盘造成利润缩小而影响操作心态。持币者可以等到股价真正企稳回升时买入。在分析时注意两点,一是跌停缩量,庄家是出不了多少货的。若放量跌停后,很快缩量,庄家也很难出货,且放量反而惊动散户抛盘,一般不属于真出货动作;二是跌停之后该股并没有往下破位,而是小阴小阳K线不断修复这个跌停破坏的形态。当后面均线多头排列再度进攻时,就可以判断出这样的跌停板是庄家洗盘行为,明确之后可以大胆介入,等待短线股价爆发。

实例 7-8

图 7-8,深信泰丰(000034):股价经过快速拉高后,庄家开始打压洗盘,2015年9月2日、7日连续两个交易日股价放量跌停,够吓人的,估计此前低位介入的散户基本上兑现盈利出局。9月15日,同样采用跌停式洗盘,开盘后低开低走巨量封跌停。经过两次打压跌停走势,浮动筹码基本上逃之夭夭,此后股价继续强劲上涨。

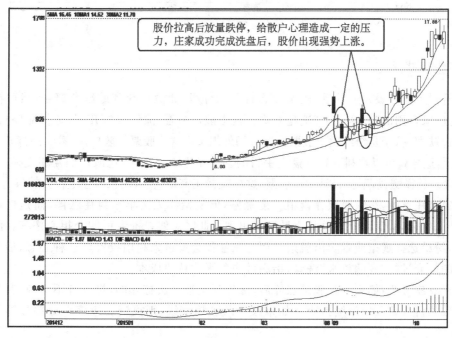

图 7-8

实例 7-9

图 7-9,天兴仪表(000710):股价经过一波爬升行情后,庄家采用跌停式洗盘换手。2014年12月22日、23日连续两个交易日放量跌停,股价回落到30日均线之下,在形态上造成极大恐慌,让散户选择离场操作。可是,谁也没有想到这种跌势未能继续下去,股价很快止跌

企稳,随后进入加速上涨阶段。

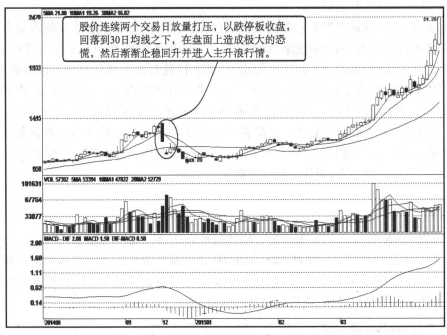

图 7-9

6. 涨停式洗盘

股价封上涨停板几分钟后,庄家故意打开涨停板,让散户获利或解套离场,然后再封涨停,这是庄家常用的"开闸放水"洗盘方式。盘中散户一看,涨停板打开了,觉得涨停封不住,担心股价跌回去,于是纷纷卖出股票。这时场外想买入这只股票的散户,一看涨停打开了就追这只股票,这样就可以顺利达到洗盘换手目的。庄家坐山观虎斗,让散户们互相交换筹码,新进来的散户还没赚钱,不会轻易卖出股票,这样就帮庄家锁仓了,庄家再往上拉升就省力了。

庄家坐庄意图:一只股票在盘中一度涨停,但是始终无法牢牢封住涨停,而是封住又打开,打开又封住,从盘面上看总是大量抛盘出现。此时短线投资者可能会担心庄家在涨停板上出货,纷纷选择观望或者卖出股票。而庄家往往会反过来利用投资者这种心态,借助涨停板打开的机会进行"开闸放水"洗盘,抬高散户的平均持股成本。

散户克庄方法:如果一只股票涨停后,涨停板又被多次打开的,投资者不必惊慌,只要股价不跌破均价线就可以继续持有。如果股价跌破均价线,则投资者应该卖出部分筹码回避风险。

实例 7-10

图 7-10,中铁二局(600528):2014 年 12 月 12 日,开盘后经过一段时间的横盘震荡,然后放量一波式拉涨停,股价向上突破底部盘区。封盘半小时后,庄家"开闸放水"洗盘,随后巨单封涨停,抛盘立即减少,庄家洗盘行为非常明显。

一般而言,低位第一个涨停板,刚开始封涨停板的时候,庄家一般会在封上涨停的 3～5

分钟之后(若此时大盘强势封盘时间会长一些),开一次涨停板,时间大约几分钟。其实盘含义是在以后的凶狠拉升前做最后一次洗盘,此时庄家能洗出多少短线跟风盘就洗多少,因为拉上涨停板后,一般会有短线散户选择获利了结的,而在此进行"开闸放水"洗盘,则起到较好的清洗短线浮动筹码的作用。

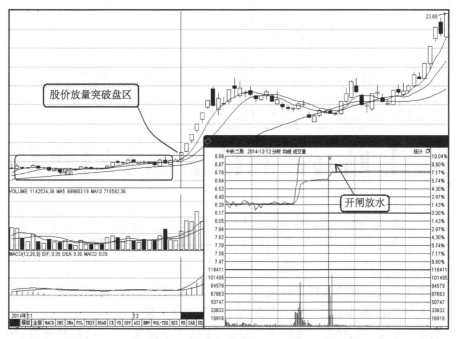

图 7-10

实例 7-11

图7-11,全运激光(300220):2015年5月8日,开盘后股价逐波走高,很快封于涨停板。虽然之后涨停被多次"开闸放水",但股价始终没有跌破均价线(黄线)。经过短暂的"开闸放水"后,股价重新封于涨停,此后有了较大的上涨幅度。这种走势对于已经入场的投资者不必惊恐,可以稳定持股;有经验的场外散户,可在股价快要再次封涨停时追涨停买入,这样的介入机会稍纵即逝,会获得不错的短线收益。不过,需要小心注意的是,这种短线股,涨得快也跌得快,所以特别需要控制风险,做好止损和止赢目标。如果把握不住,也不是说跟庄的技术不够,因为这样的机会,有时要靠一定的机缘。

7. 快速式洗盘

快速式洗盘也叫强势式洗盘,对股价上涨速度快慢节奏的掌握,能使庄家坐盘增色不少,许多优秀的操盘手,往往能将时间与速度有效地结合起来,达到最佳的操作效果。在庄家制造恐慌盘面时,更是离不开速度这个概念。其主要特征为:

(1)速度与时间的关系。下跌速度快,持续时间短,恐慌气氛浓;下跌速度慢,持续时间长,恐慌气氛淡。暴风骤雨式的下跌,来得快,跌得猛,让人难以承受,这多是洗盘所为;慢慢悠悠的下跌,来得慢,跌得柔,使人容易接受,这多是出货所为。

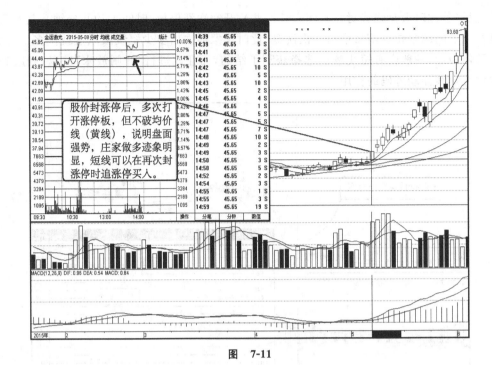

图 7-11

（2）快速洗盘经常在当天就完成洗盘计划，次日重回升势，特别是加速上涨过程中，大多一两天就能完成洗盘计划。一般7个交易日内都能结束洗盘，然后向上突破，继续升势。

（3）快速下跌的一般伴有较大的成交量，庄家用大单向外发货，将股价压低；慢速下跌的一般成交量不大，但有时庄家刻意对敲放大量。

（4）在盘面上，一般低开后快速向下砸盘，直逼跌停，或逐波向下，最后封于跌停，有时甚至一开盘就跌停，而在尾盘又放量打开封盘，这样持续多个交易日，给投资者造成极度恐慌。

庄家坐庄意图：这也是根据散户的恐惧心理所采取的洗盘方式。但这是庄家运用速度概念，通过快速下跌走势，制造极度恐慌盘面，吓唬散户抛出筹码。而且快速下跌又打乱了散户的操作计划，在手忙脚乱中抛出股票。

散户克庄方法：持股者可以在放量冲高时择机先行出局，再次上攻时重新介入；持币者可以等到股价真正企稳回升时再买入。

实例 7-12

图 7-12，潜能恒信（300191）：该股上市以来一直处于盘整状态，庄家在低位吸纳了大量的低价筹码，2013年9月出现一波快速飙升行情。在上涨过程中出现超强势洗盘走势，9月27日股价从涨停板价位开盘后，在分时走势中逐波盘低，当天收出一根高开低走的下跌大阴线，通常预示着股价后市出现回落调整走势，但是第二天股价高开高走，收出一根光头光脚的涨停大阳线，收盘位置站于前一天大阴线的2/3位置之上。从这个细节上可以看出，该股涨势极为凶猛，庄家实力非常强大，此后股价继续出现飙升行情。在实盘操作中，激进的投资者可以在第二天收盘前几分钟抢单介入，稳健的投资者还是观望为好，涨高了毕竟风险大。

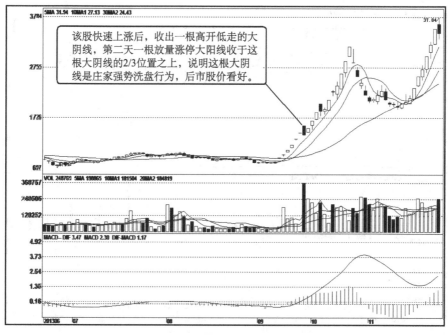

图 7-12

实例 7-13

图 7-13，龙生股份(002625)：庄家借利好从 2015 年 3 月 26 日开始出现暴涨行情，股价连拉 19 个"一"字形涨停板，累计涨幅非常之大。4 月 23 日开板洗盘，此时前期低位介入的散户，大多选择逢高了结策略，经过 6 个交易日的高位震荡洗盘，于 5 月 4 日股价再次向上突破，又出现翻倍以上的涨幅。为什么股价在这么高的位置还会出现洗盘呢？道理很简单，因为此时前期低位介入的散户基本上跑光了，而庄家一时无法完成出货计划，只有通过洗盘换手，更换新散户，才能实现高位出货计划，所以快速洗盘后，股价必将展开新一轮上涨行情。这类个股在时间上不允许洗盘过长，在洗盘幅度上也不能有大幅回落，这样才能维持市场人气和保持技术形态完整。

实例 7-14

图 7-14，特力 A(000025)：2015 年 9 月，股价大幅飙升到前期高点附近时，庄家利用该高点的心理压力作用进行凶狠洗盘，连续出现两个"一"字形跌停板，此时不少散户以为股价又要暴跌了，于是纷纷在跌停板位置挂单卖出。谁知，此后股价连拉 8 个涨停板，着实涨得让你不敢相信。

可以试想一下，如果股价真的见顶了，那么庄家为什么将股价拉得这么高，把前面所有的套牢盘"解救"出现，想必庄家没有这般好的"善心"，庄家宁可低几个价位出现，也不会让散户全部解套，庄家既然"解救"了全部散户，那么后面必然有戏。散户只要把庄家拉高的意图搞清楚了，那么一切操盘"心结"就迎刃而解。

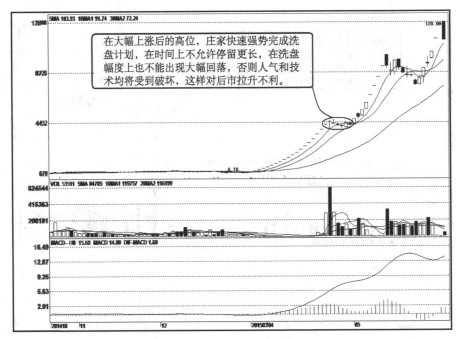

图 7-13

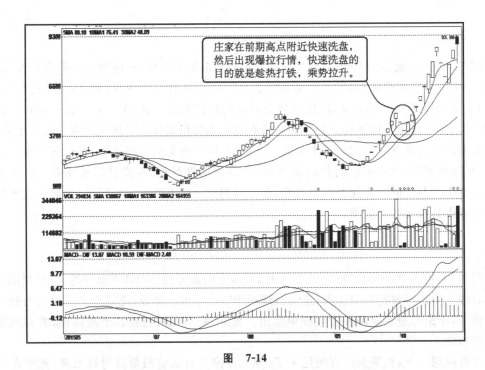

图 7-14

8. 边拉边洗式洗盘

这种洗盘方式最显著的特点是在日K线上没有标志,这也是区别于其他洗盘方法的一个显著特征。将洗盘寓于拉升之中,在拉升过程中伴随回档,庄家先是连续拉高股价,然后突然停止做多,由于短线升幅过大,庄家在高位抛出一小部分筹码,使股价出现回落走势,将短炒者及信心不坚定的浮筹震出。

这种洗盘方式庄家采用的是化整为零的操作策略,在日K线图上,以小阴小阳或十字星的K线形式出现,找不到明显的洗盘图形,有时在当日分时走势中完成边拉边洗行为。在形态上,股价每次回落的低点一个比一个高,每次拉升的高点也一个比一个高,股价的重心不断地往上移。采用这种方式洗盘的庄家,其实力都比较强大,控筹程度比较高,时机上多数出现在大势向好的环境之中。

庄家坐庄意图:庄家在洗盘整理过程中,盘面一张一弛,不断地把获利盘清理出局,同时又让持币者果断介入,这样筹码完成一进一出,得到充分交换,同时锁定长线筹码,为庄家日后大幅拉升股价减轻压力。

散户克庄方法:在股价远离短期移动平均线、乖离率(BIAS)偏大时,可择高先行退出;在股价接近短期移动平均线时,可择低介入。也可以根据上升趋势线或轨道线进行买卖判断,当股价触及上升趋势线或轨道线的上沿时,卖出做空为宜;当股价触及上升趋势线或轨道线的下沿时,买入做多为宜。

实例 7-15

图 7-15,深深宝 A(000019):该股从 2015 年 1 月步入上升通道后,庄家采取边拉升、边洗盘、边整理的坐庄手法,逐波将股价向上推高。从走势图中可以看出,每拉一小波段行情后,股价即回落整理,并多次突破 10 日均线,造成空头气氛,使部分跟庄者震荡出局,但股价很快拉起,重新回到 10 日均线之上,在洗盘时一般不击穿 30 日均线,使 30 日均线保持上行状态,股价呈圆弧形上涨。

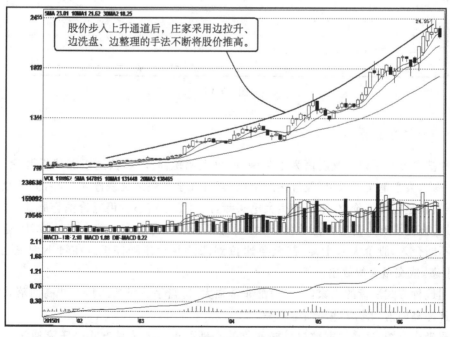

图 7-15

实例 7-16

图 7-16，南京新百（600682）：该股从 2015 年 2 月步入上升通道后，庄家不慌不忙，将股价稳稳推高，任凭散户自由换手，不管股价涨跌，过几天再次推高股价，庄家只管寻找机会推升股价，散户自行买卖，这是边拉边洗的一大景观。虽然在日 K 线上找不到庄家明显的洗盘痕迹，但是庄家采取化整为零，少吃多餐的策略，可使散户在盘中得到换手、洗盘。有了一定涨幅后，庄家一般将股价拉升一定价位后，会在相对高位抛出一小部分筹码，在相对低位则无大抛单。如有大抛单，则在大抛单出来后股价立即转跌为升，或放量止跌。庄家洗盘后的股价上升更加轻松，只需少量买盘即可将股价推高。

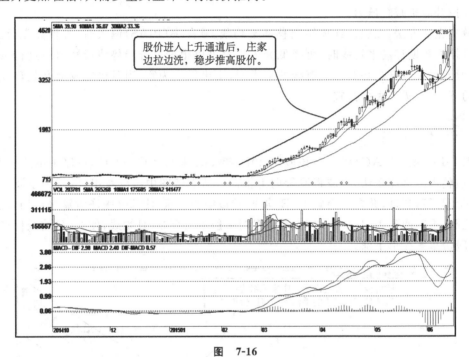

图 7-16

9. 冲高回落式洗盘

这种洗盘方式是以大幅震荡为主基调，股价大幅跳高开盘，甚至以涨停板开盘，然后通过对敲方式，大手笔卖单杀出，股价逐波下探，而且几乎是快杀到跌停才甘心，但是股价却不跌停，不然就是在跌停价位，不断产生大笔买盘，此时缺乏信心者仍低价抛售股票，庄家于是统统吃进，直到没有人愿意再低价卖出为止。然后，股价再向上一档一档地拉升，随着场外资金的不断介入，股价大幅走高，甚至急速拉到涨停并封住涨停板。在日 K 线图上，出现"T"形形态，成交量大幅放出。

采用这种方式洗盘的庄家，其实力都非常强大，操盘手法极其凶猛。冲高回落式洗盘可分为单日冲高回落和多日冲高回落两种。

庄家坐庄意图：这是根据散户见好就收的心理而进行的洗盘方式。庄家通过一波涨升行情后，展开洗盘动作。如果抛压不大，没有砸盘出现，浮动筹码得到充分交换，就能提高市场平均持仓成本,日后拉升也就不会遇到大的阻力。如果抛压较大,有大量砸盘涌出,表明盘内筹码出现松动,就会造成洗盘失败的处境。这种洗盘方式要恰到好处,既让获利盘出局,又让跟风盘介入。

散户克庄方法:这种洗盘方式一般前期股价都有较大的升幅,保守的投资者还是出局观望为好。虽然不排除后市有更为猛烈的拉升行情出现,但这种走势难以把握。如果洗盘回调幅度较深的话,可以在低位大量成交时,少量介入。

实例 7-17

图 7-17,内蒙古发展(000611):该股庄家采用了冲高回落洗盘走势,2015 年 4 月股价连续冲高到前期高位盘整区域,然后快速回落洗盘,形成多日冲高回落走势,这给散户造成前期高位压力重大而无法突破的假象,让其抛售筹码离场。当筹码得到充分换手后,股价走出一波快速拉升行情。这种手法同时也具有试盘性质,起到一石二鸟的作用。

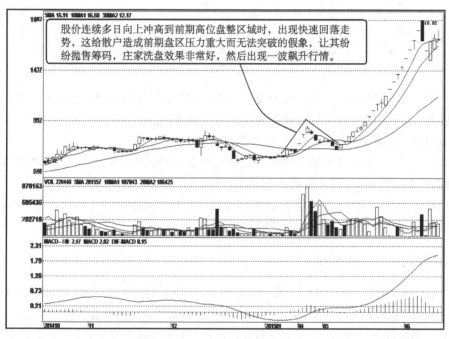

图 7-17

实例 7-18

图 7-18,湖南发展(000722):该股经过一波拉高行情后,形成横盘整理。2015 年 4 月 24 日、27 日连拉两个涨停板后,股价出现快速回落走势,以此达到洗盘和试盘的目的,然后再次出现一波快速拉升行情。

10. 固定价位式洗盘

股价基本维持不动,但成交量未见明显缩小。其方法为:经过一波拉升行情后,庄家将股价维持在这个价位上,或打压到某个理想的价位后,挂出巨大的买入单和卖出单,使股价

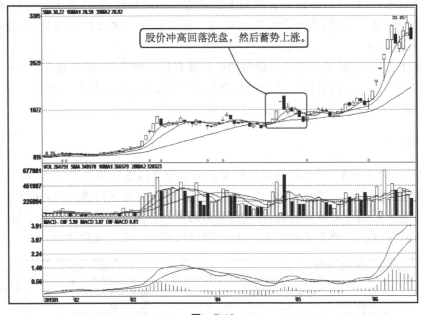

图 7-18

维持在一个狭窄的空间里,由散户自由交换筹码,这样股价久盘不动,大部分散户忍耐不住而抛出股票,而让看好后市的投资者进场接走这批筹码,这样筹码就得到了交换。这种情况有日线固定价位洗盘和分时固定价位洗盘两种方式。

庄家坐庄意图:庄家采用不参与的方式进行洗盘,以时间换取空间,当盘中筹码按兵不动时,预示洗盘将要结束,股价将展开新一轮攻势。

散户克庄方法:在股价成功摆脱盘局后介入,过早买入容易受庄家折磨而影响操作情绪。持股者遇到这种情况,可以坚定持股信心。

实例 7-19

图 7-19,荣安地产(000517):庄家构筑底部后,于 2015 年 2 月股价向上拔高,然后形成横盘整理走势,股价上下两难,基本围绕中心轴上下窄幅震荡,盘面陷入僵持状态,以此消磨持股信心不足的散户。经过 20 多个交易日震荡后,庄家达到了洗盘目的,3 月 30 日股价放量突破水平整理区域,由此引发一轮中级大行情。

11. 对敲放量式洗盘

这种方式多用于有重要利好支持的个股类型。短期拉升到一定高度后,散户就会担心股价回调,庄家借机对敲,使股价于相对高位放出巨量,有时再玩点其他手法,如高开低走(阴线),使散户误以为庄家出货,或加强做差价的欲望,从而纷纷抛出股票。

庄家坐庄意图:这是根据高位放量会跌的传统经验所采取的洗盘方式。庄家通过对敲放出巨大的成交量,造成庄家出货的错觉,尤其是放巨量收阴线时,洗盘效果更佳。

散户克庄方法:在出现大幅放量时,如果股价远离短期移动平均线、乖离率(BIAS)偏大时,可择高先行退出;在股价接近短期移动平均线时,可择低介入。

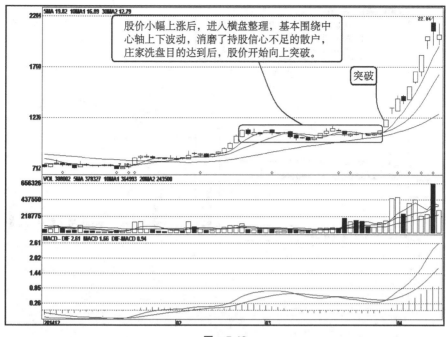

图 7-19

实例 7-20

图 7-20，南华生物(000504)：2015 年 1 月 29 日，庄家借利好连拉 6 个"一字形"涨停板，第 6 天开板后大量获利盘涌出，庄家借机进行对敲洗盘，K 线当天在高位收出"缍纺线"，成交量大幅放大，换手率达到 9.62%，这给散户造成心理上的压力。次日，庄家采用打压洗盘手法，直接以跌停板开盘，然后在低位强势震荡。经过这两天的大幅震荡，短线获利散户基本上已经离场，有的散户试图高抛低吸做差价，谁知筹码抛出后股价并没有大幅下跌，很快重回升势，展开新一轮拉升行情。

12. 利用技术位洗盘

这种洗盘方式就是人们常说的"空头陷阱"。庄家利用关键技术位即阻力位(线)或支撑位(线)进行洗盘，如短期移动平均线、趋势线、颈线位、重要技术形态、成交密集区、重要心理关口等。当股价向下突破这些重要技术位置，或股价上行时受到这些重要技术位置阻力时，必然会引起一部分技术派人士的恐慌而出现抛盘，促使庄家加快洗盘进程。

这种方式兼建仓、试盘、洗盘于一体，而且有时也难以明显识别，一个共同特点就是无论何种情况，散户都可以逢低介入。

庄家坐庄意图：通常，当股价到达某些重要技术位置时，如均线、颈线、趋势线、盘区、心理关卡、黄金分割位等，或多或少会遇到技术阻力和支撑。庄家为了洗盘的需要，往往会制造虚假的盘面现象，故意使股价受到阻力，出现假回落洗盘，或股价向下击穿支撑，出现假突破，从而使散户产生误判，做出错误的买卖举动。

散户克庄方法：当股价向下跌破某一个重要技术支撑位时，可以观察后续是否持续下

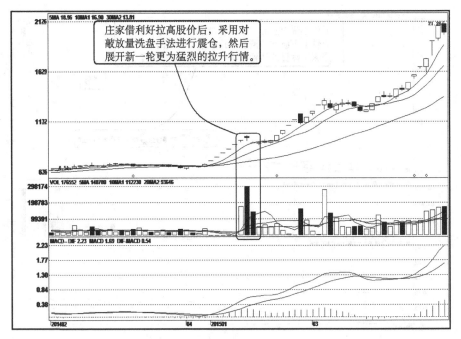

图 7-20

跌。如果持续下跌的话,说明真突破的可能性大;如果股价在突破位置附近徘徊,则假跌破的可能性较大。同时,参考成交量的变化,若持续放量下跌,说明还有下跌空间;若缩量阴跌,虽然股价走势疲软,但下跌力度不大。最好的介入点是在放量向上突破后,经回抽确认成功时介入。同样,当股价上涨遇到某一个重要技术压力位时,可以观察此时的盘面变化。如果快速回落的话,说明上方遇到真正的压力,股价一时难以突破;如果股价在压力位附近震荡,说明上方没有太大压力,庄家借该压力位进行洗盘换手的可能性较大,成功消化上方压力后,股价会选择向上突破。

(1) 利用支撑位洗盘。伴随庄家建仓任务的完成,成交量在低位出现明显的规则或不规则的放量,必有部分投资者留意到这些盘面变化而跟庄进入。此时,凶悍的庄家有时不经过初升行情,就直接选择向下破位进行洗盘,让你信心动摇,美梦破灭在幻想之中。但这种破位是有限度的,尤其是大势尚好时,风险更大,极有可能在低位造成筹码损失。破位的幅度以建仓成本而定,一般在15%左右。

实例 7-21

图 7-21,天龙光电(300029):股价小幅上涨后进入横盘震荡走势,2014年12月16日开始出现一波持续下跌走势,股价先后向下击穿了前期两个低点的技术支撑,造成技术上完全破位,并向下脱离均线系统,使均线系统形成空头排列,股价似乎有加速下跌的可能,此时散户纷纷抛售离场。但是,股价并没有大幅下挫,很快企稳后重回盘整中枢,这时庄家改变洗盘手法,利用前期盘区的压力作用进行洗盘换手,造成股价遇阻无法突破的假象,让散户在压力位附近抛出。庄家利用支撑位和压力位进行洗盘,达到操盘目的,很快股价进入牛市上涨格局。

(2) 利用阻力位洗盘。股价到达阻力位附近时,受到阻力而回落式洗盘。这种方式就

第七章 洗盘阶段

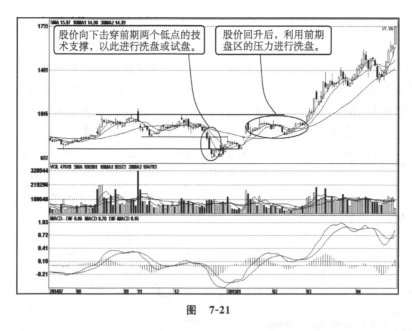

图 7-21

是庄家将股价拉升到前期高点或成交密集区附近时,刻意向下震荡回落,造成难以突破的假象,散户投资者见此以为后市无戏而放弃持股,以达到庄家洗盘要求。

实例 7-22

图 7-22,中南建设(000961):庄家成功完成建仓计划后,在 2014 年 7 月向上回升到前期高点附近(成交密集区),然后停止拉升,在此价位出现震荡走势,造成上方压力重大而股价难以突破的假象,让散户在此抛售筹码。经过一段时间的震荡洗盘后,股价开始向上稳步攀高,累计涨幅超过两倍。

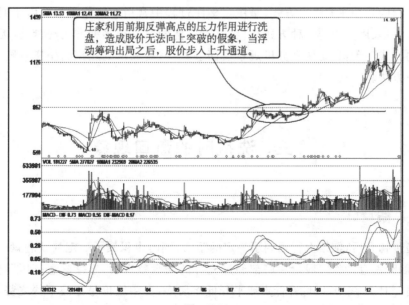

图 7-22

171

实例 7-23

图 7-23,上海普天(600680):股价快速下跌后,庄家完成筑底阶段,2015 年 8 月股价回升到前期高点附近,庄家利用高位成交密集区的压力进行洗盘,股价滞涨回落到前期低点附近。然后企稳回升,股价第二次回到前期高点附近,庄家继续利用该压力位进行洗盘。将前面的套牢盘和底部的获利盘清理出去之后,股价开始向上突破,展开拉升行情。

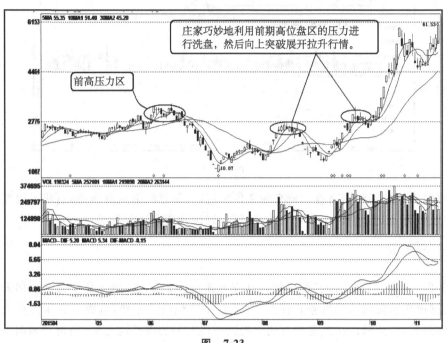

图 7-23

上面介绍的几种庄家洗盘方式,是庄家坐庄过程中常用的运作手法。由于股市千变万化,庄家有时只采用其中的一种方式洗盘,有时可能同时采用多种方式洗盘,但无论庄家采用什么样的方式洗盘,只要认真分析观察盘面迹象,就能领悟到庄家的坐庄意图,并能找到有效的克庄方法。

三、洗盘时的盘口现象

1. 日 K 线盘口

股价经过初升后,继续上行遇到了一定的阻力,同时也积累了一定的获利盘。这时股价主动回撤,展开洗盘动作。股价在底部经过充分的横盘整理后,庄家刻意打压股价,将最后的浮筹赶出。日 K 线中,以低开低走或平开低走居多,盘中股价呈逐波下探之势,股价下跌一波后反弹受当日均价压制明显,尾市微幅收高,或次低点收盘。

洗盘时股价快速走低,但下方往往会获得支撑。下跌之时庄家多会与大势或技术配合,如跌破上升通道或重要支撑位(线)等。洗盘之始都做出一种顶部下跌的假象,下跌之尾还常见诱空动作。这阶段的K线经常出现中阴线、大阴线,或二阴夹一阳、三阴夹一阳的K线组合。

达到控盘要求的庄家,多有复合洗盘动作,或诱空充分吃货动作,或按大势赋予的时间不同,洗盘时的盘口现象也不同。如果时间充足,可能在日K线上产生不同的形态;如果时间紧迫,可能只在分时走势图上产生不同形态。洗盘之始升幅都不大,洗盘之中跌幅都不深,一般不跌破庄家的吃货成本。如果庄家凶悍,其盘口现象有:①跌停式洗盘,股价突然跌停,引起全场皆惊,胆小者更是拔腿而逃,能够达到很好的震仓目的。②高开低走,巨阴砸盘,大家纷纷抢乘顺风车,庄家却顺水推舟往下砸盘,日线图上留下一条长长的阴线再拖着长长的阴量,给市场人士巨大的心理压力,趁把人吓得闻风丧胆之际,庄家独吞低价筹码。③冲高回落,留下长长的上影线,做出见顶假象。

2. 分时图盘口

在庄家洗盘阶段,总要刻意让盘口显示这是弱势股,后市无大戏的假象。既然洗盘是为了吓出信心不足的散户筹码,庄家必然会制造出疲弱的盘面假象,甚至凶狠地跳水式打压。但在关键的技术位,庄家往往会护盘,这是为什么呢?答案很简单,庄家要让另一批看好后市的人进来,以达到垫高平均持股成本的目的。在分时图中的盘口现象为:

(1)大单压盘。在股价底部区域时,卖盘中经常连续出现的大单压盘现象,通常是庄家压单洗盘行为;或者在股价回升时,盘中经常连续出现大单压盘现象,且大单在涨升中不断被吃掉,并随着股价的上涨压盘大单逐步提高,大多是正常的换手现象,也是洗盘行为。

(2)大单托盘。当股价下跌到达一定幅度或重要价位时,庄家为了防止盘面失控,在买盘当中经常出现连续的大单托盘,对走势进行必要的护盘行为。

(3)大单买入。在下跌途中,经常出现连续性、主动性的大单买盘,是庄家为了阻止下跌速度过快或下跌幅度过深而做出的抵抗行为,以防抛压过大。

(4)大单卖出。在股价处于相对的底部区域时,个股盘中经常出现的连续性、主动性的大单卖盘,且股价不断被压低,这通常是庄家在打压洗盘。在盘升行情中出现这种现象,通常是庄家边拉升边震仓洗盘的行为。

3. 量价关系

洗盘时,成交量总体上从量大到量缩再到缓慢放大的过程,基本呈"大、小、大"的走势规律。期初洗出胆小和不耐烦者多,故成交量大;到中期,浮码洗净,成交量因惜售萎缩;到后期,庄家补仓和拉抬,价格上移,成交量放大。

洗盘完毕,向上突破时,一般都伴随巨大的成交量。对于边拉边洗式洗盘,拉升时不一定有很大的成交量变化,因为在洗盘当时成交量已经很大;对台阶式、打压式洗盘方式而言,最后向上突破时需相对较大的成交量。这一方面没有耐心者逢高出货,被浅度套牢者解套;另一方面,是庄家的拉抬及散户追买所引起。总体而言,洗盘时盘面浮码越来越少,下跌时成交量无法持续放大,在重要支撑位会缩量盘稳,最终向上突破并放出大成交量时,表明洗盘完成,新的升幅即将开始。

四、洗盘阶段的市场特点

1. 股价波动异常

在洗盘过程中,庄家突然在某个时段里出其不意(非外因所致)地出现异常现象,从而使市场产生恐慌气氛。常见的有以下几种现象。

(1) 股价异常。股价原先运行于一个相对平稳的势道中,庄家突然在某个时段里急速地向下大幅打压股价,形成空头行情,这是庄家常用的一种洗盘手法。有时先向上急拉后再急跌,击穿所有支撑并创出新低,盘面达到最佳洗盘效果。

(2) 量能异常。股价原先运行于似乎没有资金关注的势道中,庄家突然在某个时段里大幅放量,但股价似乎没有太大的变化,散户顿感莫名其妙。

(3) 开盘异常。股价原先运行于一个相对平稳的势道中,庄家突然在某个时段里大幅高开或低开,使盘面出现异常情况。包括两种情况:一是高开低走,有的个股突然高开7个点以上甚至以涨停价开盘,然后一路走低,甚至以最低价或跌停收盘,在当日K线图上出现一根大阴线,并伴随着大成交量,给人以空方力量强大、庄家正在出货的假象,以此达到洗盘的目的。二是低开高走,有的个股突然低开7个点以上甚至以跌停价开盘,然后一路走高,甚至以最高价收盘,当日K线图上出现一根大阳线。这种开盘手法同样能产生恐慌气氛,由于大幅低开,散户担心股价会冲高回落,因此在股价上扬时抓住出货机会坚决派发。

2. 股价单边下跌

在股市中经常出现单边市场,单边上涨让人兴奋,单边下跌令人恐惧。庄家为了制造更为恐慌的市场,常常炮制单边下跌行情。包含两种现象:一种是在当日的分时图上逐波下跌,股价全天运行在前一交易日的收盘价下方,每一次反弹时股价不及前一交易日的收盘价,而且在下跌时多以"跳水"式完成,以造成市场恐慌气氛。一种是在日K线图上阴阳相间,股价一天比一天走低(一般6~9天,但下跌超过10天的也不少见),或者在日K线图上连续收出多根下跌阴线(一般6~9根,但超过10根阴线的也不少见),在市场中足以产生恐慌气氛,早一天出货就会少一分损失。

3. 股价持续压低

这种手法与单边下跌十分相似,所不同的是,持续压低在盘面上表现为,股价每下跌一个或几个价位后,在卖盘(在卖一或在其中某一档位中挂出,或在卖一至卖五档中同时挂出)上挂出巨大的卖单来压盘,这样持续地往下压盘,股价整天呈单边下跌态势。散户看到这种盘面后,以为卖盘沉重、庄家出货,从而产生恐慌心理而纷纷抛盘。这是庄家特意制造的常用恐惧手法,亦即假出货动作。这种走势常出现于探底、洗盘、制造假头部阶段,有时持续几天,不少散户看到一根阴线不怕,能承受得住,两根阴线能坚持,三根阴线硬撑着,四根阴线就恐慌了,不得不割肉;跌一个价位打平手,两个价位损失不大,三个价位能承受,四个价位摧垮了,不得不离场;刚开始跌时不出货,下跌了不甘心,跌深了就恐慌了,不得不出局。

4. 股价击穿支撑

股价上涨所形成的走势、形态等构成了股价总体上升走势,它反映了股价运动的趋势和方向。上升趋势是由K线、形态、移动平均线、轨道线等构成的。这些图形或线条非常直观,一旦股价下跌破坏了原先上升轨迹,图形就会变得非常难看。通常股价下跌到某一成交密集区或者关键位置时,股价将得到支撑而不再下跌或者抵抗下跌。如果股价脱离上升轨迹而下跌,并击穿那些应有支撑的位置时,就会产生破位的图形,庄家吸货、洗盘、整理的目的就可以达到。

5. 股价小涨大跌

股价上升到了一个相对高点后,庄家为了制造恐慌盘面的需要,有时采用小涨大跌的手法。这种手法看上去很温和,但持续的下跌,给散户造成难以承受的压力,看到这种盘面后,早一天出局就少一分损失,往往先跑为快。在日K线组合中,多以小阳伴大阴、二阴夹一阳、三阴夹一阳等形式出现。

五、洗盘时的技术特征

1. 均线系统

洗盘时股价多数在10日均线之上,并远离10日均线时开始的。这意味着一些跟庄者已有短期利润,应该让他们出场,换进新的跟庄者,从而抬高散户持股成本,避免获利盘的回吐压力。

在均线系统上,10日、30日和60日均线维持多头排列,即使股价跌穿10日均线,也在其附近徘徊,不会太深,一般不破30日均线,即使破了,也很快会拉回来,这是避免将来拉抬时遇到强大的解套盘压力。一般横盘式调整到触及10日均线即结束,展开升势。期限长的调整会破10日均线,但一般不等10日均线向下触及30日均线即应结束洗盘。道理是庄家不会让10来天内进场的散户都套牢,到时拉抬遇到这样大的解套盘压力,怕难成功,达不到四两拨千斤的功效。

2. 指标特征

在技术指标体系中,DMI指标中的+DI死叉-DI,ADX、ADXR回落呈盘整走势。MACD指标走平或形成死叉,BAR红柱缩短或消失、绿柱出现或增长。KDJ、W%R等技术指标死叉后,从强势区进入弱势区整理,有时在底部出现"背离"走势。RSI指标进入弱势区域。BOLL、MIK等技术指标围绕或下穿中轴。PSY、BRAR、CR、VR等技术指标向下回落在低位盘整,人气低迷。TRIX、DMA、LONG等技术指标的快线向其平均线靠近,但一般其平均线趋势仍然向上。

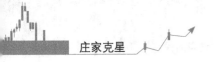

3. K线特征

日K线组合形态变化多端,阳线、阴线经常交替产生,屡现空头陷阱,而盘中动作难以把握。概括起来,主要有以下几种特征。

(1) 大幅震荡,多空拉锯,阴线阳线夹杂排列,走势不定。

(2) 常常出现带上下影线的十字星。

(3) 股价一般维持在庄家持股成本的区域之上。若投资者无法判断,短线可关注10日均线,非短线高手则可关注30日均线。

(4) 按K线组合理论分析,洗盘是一个整理过程,所以图形上大多显示为三角形、旗形和箱体形等K线组合形态。

按K线组合的理论分析,在这阶段常见的K线组合有十字星、长十字、穿头破脚、下跌三部曲、三只乌鸦、大阴线、平顶、乌云盖顶、吊颈、黄昏十字、垂死十字、射击之星、下肩带裂口等。

4. 波浪特征

洗盘阶段在波浪理论中,一般属于第2浪或第4浪。

第2浪是对第1浪升幅的调整,股价经过长时间的a、b、c浪调整,虽有1浪的小幅上升,但人们还没有从熊市的思维中转变过来,一遇到2浪的调整,常常恐慌杀出,调整的幅度一般较大,成交量逐渐萎缩。常呈下列三种情形。

(1) 调整的幅度通常是第1浪的0.382倍、0.5倍、0.618倍。

(2) 第2浪多以a、b、c三浪运行。

(3) 若第1浪以5波的形态上升,则第2浪很可能回吐到上述第4小浪的位置。此外,第2浪调整的形态直接决定后市的强弱。

第4浪和第2浪调整有很强的互换性,如第2浪以简单形态出现,第4浪调整就以复杂形态出现,反之亦然。时间也是这样,若第2浪调整时间过长,则第4浪时间就比较短。第4浪跌幅通常是第3浪升幅的0.382倍,且第4浪底部必定高于第1浪顶部。

5. 切线特征

在上升型洗盘中,形成一条向上的趋势线;在下降型洗盘中,形成一条向下的趋势线;在水平型洗盘中,形成一条横向的趋势线。在洗盘时,庄家一般以趋势线的下限线为极限线,但有时凶悍的庄家洗盘力度较大,往往刻意跌破重要的支撑位(线),以制造更大的恐慌气氛,使跟风者失去持股信心。然后在某一天突然放出巨量上行,散户不敢追高而全线踏空。

6. 形态特征

洗盘阶段经常出现的典型形态有横向形、三角形、旗形、楔形、箱形、V形、W形、圆形、扇形等。这些形态的特征和操作策略,将在有关章节中介绍,此不赘述。在洗盘阶段中,常常出现独立的"N"形态,这里仅就该形态作一介绍。

"N"形形成过程,股价在上升趋势中不断地盘升,连续创出新的高点,成交量也随之增加。此时先期低位持仓者开始沽货套利,股价回落,形成一个顶端,成交量逐步减少。当股价下跌至某一点位（支撑位或线）时，获得企稳，股价重新向上，成交量逐步增大，成功突破前期高点，形成一个"N"形。我们对于一浪高于一浪的 N 形波，称其为上升潮。一个上升潮包含"上升—下跌—上升"，当股价向上超越 N 形波的转折高点时，为一个完整的向上 N 形，为短期买入信号。一个大的 N 型波可以包括许多个小的 N 形波。"N"形的特征及操作策略如下。

（1）"N"的两次上行角度越接近，上行力度越大。如果第二次上行角度较陡，短期爆发力越强，但往往持续时间较短；如果第二次上行角度较缓，则力度较弱，涨幅相对较小，但往往持续时间较长，走势较为坚挺。

（2）突破前期高点时，必须有大成交量的配合（与前期成交量相当），才视为有效突破信号。当股价向上突破颈线时，一般以收市价超过前一个高峰达 3% 以上，"N"形获得成功确认。

（3）当股价成功向上突破后，有时可能产生短暂的反抽，以收市价计，只要不跌破颈线 3 日以上，仍可视为反抽之内，后市应作乐观买货准备。

（4）"N"形形成的时间长短尚无标准，一两日有之，几周、几月也有之。实盘中，形成时间短的，短期爆发力却很强；形成时间长的，后市升幅较大，利多信号更为明显。

（5）量度升幅。测出第一次回调低点至颈线间的垂直距离，再从突破颈线点向上量出等距离，即为至少量度升幅。一般情况，实际升幅比量度出来的大得多。

（6）买卖策略。当股价突破颈线或回抽颈线成功时，持股者坚定做多，持币者应第一时间入场。

六、洗盘的 K 线结构

1. 上影线洗盘

上影线洗盘是庄家借助前期高点之势和上影线之形而实施的一种洗盘技巧，不但消化了前期被套盘，而且由于其形态出现在前期小高点附近，迫使抄底资金离场出局，而后股价快速拉起。此洗盘形态的应用条件为：

（1）股价运行在上涨趋势之中，上影线出现在 30 日均线上方。

（2）股价在前期调整后，出现了两周左右的缩量横盘走势。

（3）股价在调整震荡期间，不能出现大的震荡。

（4）根据该形态介入后，一般短线获利 10% 或 20% 左右落袋出局。

（5）其变化形态，洗盘后可以出现几天（不超过 5 个交易日为宜）的无量小阴或阳线，随后股价突破上影线高点。

实例 7-24

图 7-24，金杯汽车（600609）：2015 年 3 月 3 日收出一根长上影线的 K 线（C 点），这根长长的上影线对于前期被套盘（A 点）及获利未出局者（B 点）有着强烈的震慑力。对于在 B 处介入者利用其恐惧心理使其出局，充分清洗了浮动筹码后，股价继续稳步上涨。

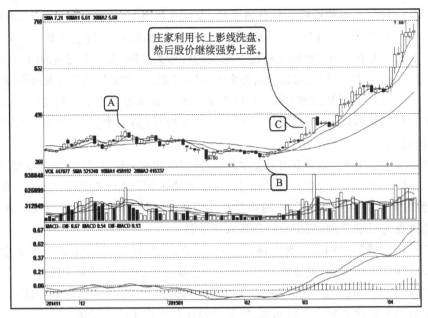

图 7-24

实例 7-25

图 7-25，同方国芯(002049)：股价运行在上涨趋势之中，30 日均线保持上行状态，2015 年 4 月 24 日创出新高后，股价出现回落调整，形成一个阶段性小高点(A 点)。股价回落得到 30 日均线(B 点)的支撑后企稳回升，5 月 13 日冲击前期高点回落，收出一根长上影线的 K 线(C 点)，此后出现 4 个交易日的小阴小阳 K 线，然后股价向上突破。

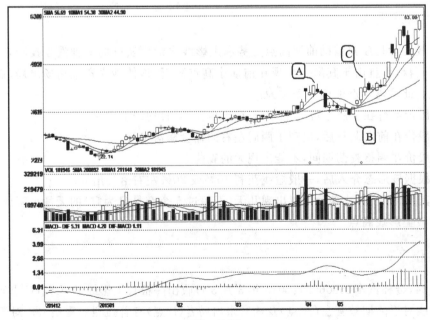

图 7-25

2. 大阴线洗盘

在股价缓慢推升或震荡走高至 30 日均线上方时,由于大盘原因或庄家刻意洗盘而出现几乎没有下影线的大阴线,形态极为恶劣。但股价第二天会高开或快速拉起,并不给散户抄底机会。这种形态显示了庄家持筹不多,有急切拉高心理,不会进行较长时间或较为深幅的打压洗盘,一般选择市场合适机会快速拉高股价,这种形态多与星线配合。

判断这样的大阴线是庄家洗盘还是出货,当天真的很难确定,但第二天或二三个交易日答案基本就明确了,那就是大阴线之后没有继续出现大跌就是庄家洗盘,若继续走弱则是见顶信号,但必须满足以下两个前提条件:

(1) 股价没有大幅拉升,而是处于中低位阶段。
(2) 股价处于上涨趋势之中,30 日均线坚挺上行。

此外,如果是无量大阴线,那么洗盘信号更可靠,介入后获利要求不宜过高。

实例 7-26

图 7-26,杉杉股份(600884):该股构成小型三重底后,股价缓缓向上攀高,上涨趋势初步形成,30 日均线拐头上行,支持股价走高。2015 年 10 月 21 日,收出一根接近跌停板的大阴线,这根大阴线无疑给刚刚转暖的市场泼上一盆冷水,多头燃起的火焰几乎被熄灭。那么市场反弹行情就此结束了吗?此后几天市场给出了答案。第二天股价高开高走,两个交易日全部收复失地,且此时 10 日、30 日均线依然坚挺上行,没有遭到任何破坏,支撑股价继续走高,成交量方面也未见异常现象,可见这是庄家洗盘行为,而非反弹见顶信号。

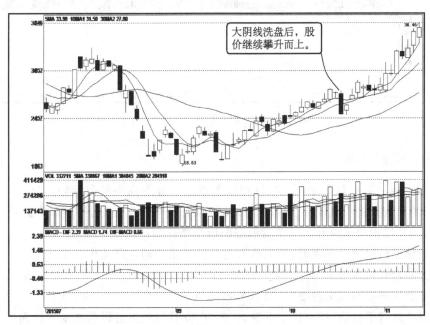

图 7-26

在实盘中,经常出现高开巨阴涨盘,也就是前面所说的假阴式洗盘。股价处于前期技术高点成交密集区或底部横盘区域,庄家采取一种大幅高开而后走低的手法,做出一根高开巨阴线,进行震仓洗盘,让持股者失去方向感,同时巨大的阴线对持股心态有着极强的威慑作用,持股意愿不坚定者轻易被洗盘出局。如此凶悍的洗盘手法,同时也决定了庄家一般采取极端的拉升方式。

实例 7-27

图 7-27,长百集团(600856):股价企稳后渐渐向上盘升到前期盘整区域附近,2015 年 2 月 5 日股价大幅跳高 9.15% 开盘,然后股价逐波回落,当天以下跌 5.38% 收盘,出收一根高开巨阴 K 线,受此惯性影响第二天股价继续弱势走低,但此时 30 日均线仍然完好,且股价在 30 日均线上方获得技术支撑,此后股价稳步走高,出现一轮拉升行情。

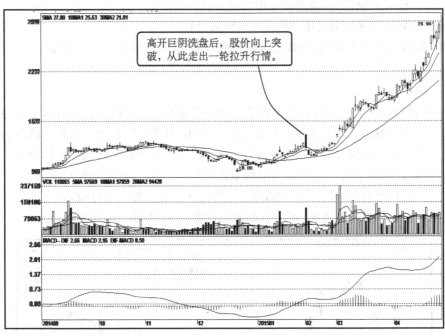

图 7-27

3. 平台破位洗盘

股价成功筑底后小幅上涨,在 30 日均线附近或上方形成小平台走势,股价出现窄幅横盘,之后突然出现大阴线跌破或连续的几根大阴线打破平台支撑,这种形态多是庄家设置的诱空陷阱,随后股价快速拉升。此洗盘形态的应用条件为:

(1) 股价已经脱离底部束缚,不久前有过一次放量小幅拉高动作。
(2) 上涨趋势初步形成,30 日均线坚挺上行。
(3) 平台整理期间成交量萎缩,股价窄幅波动。
(4) 股价跌破平台后,没有持续下跌,一般在 30 日均线附近得到技术支撑而回升。

实例 7-28

图 7-28,西部证券(002673):2014 年 9 月,股价放量向上脱离底部区域,然后进入横向

震荡整理,成交量萎缩,股价窄幅波动。10月27日,股价跳空低开低走收出一根超过8个多点的大阴线,向下击穿了整理小平台,这给投资者带来了很大的打击。但随后股价并没有持续下跌,得到30日均线支撑后,股价继续向上攀高,此后出现拉升行情。

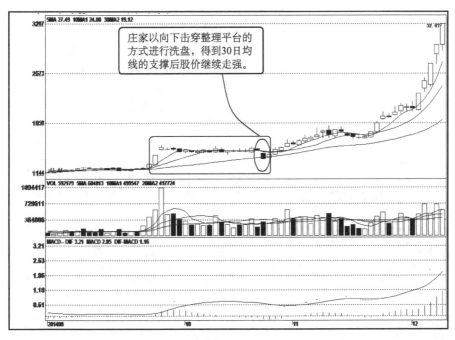

图 7-28

4. 三连阴洗盘

这种洗盘形态是股价在一波上涨之后,庄家在前期头部反向利用传统K线分析方法"三只乌鸦"制造的洗盘陷阱。其形态意义上,前面没有出现天量大阳线或吸引跟风的走势,盘口显示较轻,但突然高位收阴线,并在第二天、第三天继续走低收阴线,从而出现三连阴走势。这是一种较狠的庄家洗盘手法,随后则以大阳线连续拉抬,甚至连续地涨停,或者在"三连阴"实体之内,进行缩量横盘整理数日后向上突破。此洗盘形态的应用条件为:

(1) 股价运行在上涨趋势中,30日均线坚挺上行。
(2) 在"三只乌鸦"形态出现后,股价没有持续下跌。
(3) 股价在30日均线附近得到技术支撑而回升。
(4) 在"三只乌鸦"形态中,成交量呈递减态势。之后,呈现缩量调整,或者放量拉高。

实例 7-29

图7-29,北京城乡(600861):股价见底后缓缓向上推高,成交量温和放大,均线系统多头排列。2015年5月5日开始连收三根大小相似的下跌阴线,构成完美的"三只乌鸦"K线组合形态,疑似头部信号。那么股价是否就此见顶呢?从盘中可以看出,在"三只乌鸦"形态内成交量不大,说明庄家筹码没有大规模出逃,上涨趋势保持完好,30日均线坚挺上行,"三连阴"后股价没有持续走低,得到30日均线的支撑,并出现缩量调整,对"三连阴"进行修复走

势,这些现象有力地佐证了庄家洗盘行为。洗盘与出货的区别是下跌缩量是洗盘行为居多,下跌放量是出货居多。

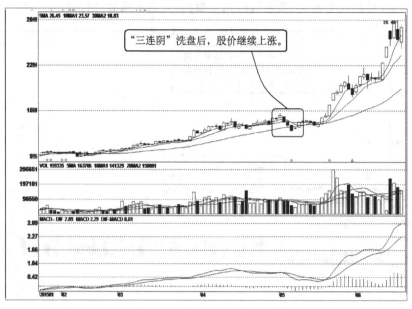

图 7-29

实例 7-30

图 7-30,春兰股份(600854):该股在 2015 年 5 月收出"三连阴"后,被随后出现的连续小阳线所修复,股价没有持续下跌,30 日均线坚挺上行,符合上述洗盘形态的应用条件,因此散户可以在 30 日均线附近买入做多。

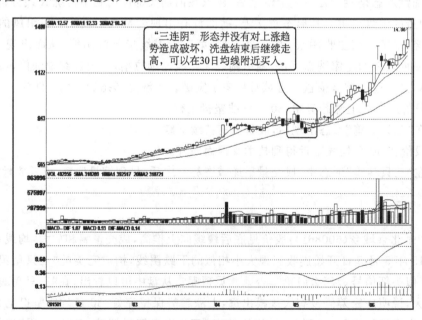

图 7-30

5. 黄昏之星洗盘

股价见底后,依托 30 日均线稳步上行,当股价出现连续几天加快上涨时,在走势图上经常出现"黄昏之星"形态,这是庄家利用传统经典的 K 线组合形态进行洗盘,尤其在相对的前期高点或成交密集区,常用此种洗盘手法。此洗盘形态的应用条件为:

(1) 股价运行在上涨趋势中,30 日均线坚挺上行。
(2) 在"黄昏之星"形态出现后,股价没有持续下跌。
(3) 股价在 30 日均线附近得到技术支撑而回升。
(4) 在"黄昏之星"形态之后,必须缩量调整,或放量拉高。

实例 7-31

图 7-31,博闻科技(600883):股价见底后稳步向上攀高,2015 年 4 月 2 日、3 日连拉两个涨停板,出现加快上涨之势,随后几天股价高位震荡回落,形成标准的"黄昏之星"K 线组合形态,但股价并没有持续下跌,在 30 日均线上方得到有效支撑而继续走强。

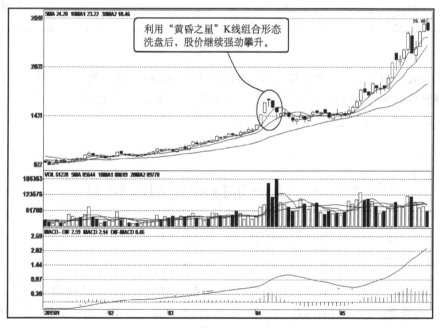

图 7-31

实例 7-32

图 7-32,运盛医疗(600767):该股在 2015 年 2 月向上突破后,股价强劲上行,其间出现 5 个"黄昏之星"K 线组合形态,但均未对上涨趋势造成破坏,洗盘结束后股价均出现不同幅度的上涨。

以上列举了几种典型的洗盘 K 线形态,同时也是介入获利的时机。强化对形态的分辨与认识,从中洞察庄家意图与操作方向是一个投资者必须具备的基本看盘技巧之一。除了以上几种洗盘 K 线结构之外,还有技术形态洗盘,利用均线及技术指标洗盘等。其内在市场

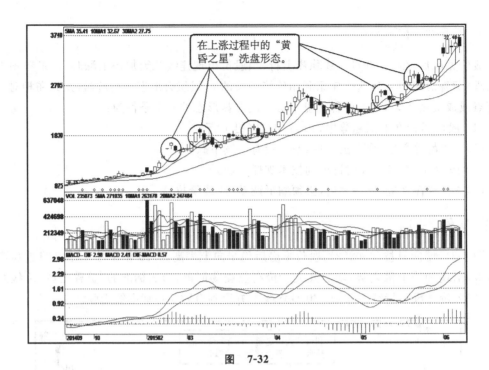

图 7-32

原理就是有效利用市场技术分析定式而采取相反的技术操作,动摇散户持股信心,迫使其离场。把握股价所处的阶段位置,细致分析洗盘过程、洗盘后的筹码稳定性和洗盘后庄家采取的拉抬方式,方能准确抓住市场投资获利机会。

七、洗盘阶段的时间与空间

1. 洗盘时间

庄家洗盘也需要时间。初升阶段后的洗盘,时间一般不长,以10个交易日为宜。若时间太短,一般不能洗彻底;若时间过长,又会引来新的散户吃货。如果庄家压价时,散户惜售不出货,说明洗盘即将结束。盘子一旦洗干净就应迅速拉升,不给别的机构提供补货的机会。

此外,底部吸货过程中的洗盘,K线洗盘两三天,K线组合洗盘一周左右,形态洗盘短的则1个月左右,长的则3个月至半年。拉升过程中的洗盘通常需要1周左右,而快速洗盘只需要二三天,以形态方式洗盘的则在3周左右。在方式上,打压式、跌停式、杀低式、破位式、对敲式的洗盘时间较短,一般在3～7天,而平台式、震荡式和利用阻力位式的洗盘时间较长,需要10～30天。

2. 洗盘空间

洗盘空间亦即洗盘所需要的震荡幅度,在底部吸货阶段的洗盘,回落幅度可以等同于吸货的空间(跌落到前期最低价位附近)。股价脱离底部后的洗盘,回落幅度是拉升幅度的1/3或1/2,如果前期是多重底部形态,则回落位置是形态顶部最高价价位或者比其略低的价位附近,最低不低于前期最低位,使底部进货的散户有小的获利空间,以便于他们出货。

股价经过充分整理后再次快速拉升过程中的洗盘,一般也以快速洗盘为主,洗盘幅度在10%以内。以大幅震荡上行方式进行边洗边整理的,洗盘整理幅度较大,可能达到50%左右。采用打压式、跌停式、杀低式、破位式、对敲式的洗盘空间在15%~40%,而平台式、震荡式和利用阻力位式的洗盘空间在10%~20%。

实例 7-33

图7-33,中信证券(600030):股价筑底成功后,于2014年11月放量向上突破,然后回落洗盘,庄家采用的是快速打压洗盘战术,洗盘时间只有3个交易日,洗盘空间在10%以内,回落幅度为上涨幅度的1/3附近,洗盘时间和空间均恰到好处,随后股价开始大幅拉升。

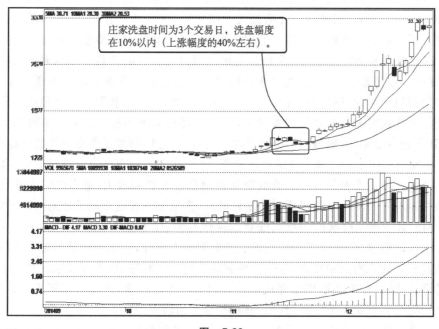

图 7-33

八、散户如何对待庄家洗盘

按照庄家洗盘程度不同,一般可以分为轻度洗盘、中度洗盘、强度洗盘即强力洗盘三种洗盘方式。轻度洗盘力度较小,盘面震荡幅度不大,股价走势比较温和,没有形成恐慌局面,一般洗出获利盘;强度洗盘则力度较大,盘面大起大落,股价走势比较凶猛,在盘面上出现恐慌气氛,不仅能洗出获利盘,且还能洗出部分割肉盘,盘内浮筹清洗比较彻底,后市升幅十分巨大;中度洗盘力度适中,介于轻度洗盘和强度洗盘之间。

这里重点介绍一下强力洗盘时的一些盘面特征,在庄家即将拉升股价以前,常会表现得股性不佳,成交量较小,这是庄家在建仓。但在建仓结束后,股价会出现推升或突然上涨,由于场外资金的积极介入会使成交量明显放大,当股价到达一定升幅后,开始强力洗盘。其操作手法是,股价向下逐波压低,在卖档上挂出大卖单,每压低一个价位时,总在卖一上挂出大单,给散户留下上档压力重大的假象。有的庄家刻意击穿或破坏一些重要技术位置,如短线移动平均线、上升轨道线、某些技术形态等。从形态上看,在盘面上出现一、二根大阴线,或者大阴大阳交替进行,或者连续出现大阴线,成交量急剧放大。这样不但会使股价出现较大的震荡,而且会使短线跟进的获利盘或套牢的割肉盘,在盘中恐慌抛出,同时让一些抢反弹者进场。

庄家在拉升过程中,必须边拉升边清洗短线的获利筹码,如果单纯地从建仓的成本区域开始拉升,常常会将流通盘大部分集中在手中,这样的话一是不易出局,二是容易增加持仓成本。庞大的中小投资者对付震仓性的走势还能挺过去,但大都难以回避回档过深的洗盘手法。不少投资者买入该股后刚才还在幻想如何从中获取收益,但突然之间却出现了下跌,而且跌幅也不浅。据此,当股价出现第二次的拉升后,持股者常会有一种"如果不抛再下跌就没有盈利了"的想法,这种想法的产生常常使庄家顺利地达到了震仓的目的。

(1) 庄家借助股民对大盘走势判断产生困惑时进行疯狂的洗盘。每当大盘从底部刚刚拉起,市场中一般还是空声一片,大多数股民的心态也还停留在前期股市下跌的恐惧之中,这时往往稍有风吹草动,很容易就把自己的宝贵筹码抛了出去,从而让庄家轻松地完成了洗盘的过程。其实这时我们最好反过来想想,发现道理再简单不过。因为既然前期大盘跌了那么多,到了此时此刻,一般散户手中除了深套的筹码之外,哪里还剩有宝贵的资金呢?

(2) 庄家也惯用个股以及大盘的所谓利空,进行疯狂的打压洗盘。这种时候,我们首先应该观察个股前期成交量的变化。若成交量在前期没有特别放大,那么先知先觉的庄家难道会和散户一起听到利空才抛股票吗?换种说法,庄家不是在洗盘难道还是出货吗?

(3) 同股评及舆论鼓吹的相反式洗盘。股评看多,庄家做空;股评唱空,庄家做多。现在市场中的大多数股评家,除了少数缺乏职业道德的人之外,应该说还是具备一定的理论基础和实践经验。庄家有所动作之时,他们往往能发现蛛丝马迹,但当股评家们把他们的发现用来大肆评论之时,庄家也许仍未完成原定计划。对于股评家,庄家倒是不用放在眼里,反而可以借力打压。试想一下,大家都想坐轿子,谁来抬轿子呢?

(4) 经典理论是庄家洗盘时不破 10 日均线,且成交量呈递减之势。但实盘中发现,在市场上的庄家往往并不遵守这一规则,不仅砸破 10 日均线,还有时砸破 30 日均线,甚至是放量砸破。问题的关键是,这么大的成交量,一般的散户有几个敢到相对高位去接这种火棒呢?何况还是这样的放量下跌。所以除了庄家对倒,很难再想到别的可能。所以千万别被这种洗盘给吓出局,否则就无法享受最后疯狂的喜悦。

实例 7-34

图 7-34,申通地铁(600834):该股见底后稳步攀高,2015 年 4 月 15 日开始进入洗盘阶段。庄家在洗盘过程中,手法十分凶狠,不仅砸破 10 日均线,还一举砸破 30 日均线,极力制造盘面恐慌气氛。但是有经验的投资者看出了庄家的洗盘破绽,一是 30 日均线保持完好,坚挺上行;二是缩量突破,说明筹码依然没有大规模出逃;三是股价累计涨幅不大,庄家就此

离场的可能性不大。所以,这是庄家的打压洗盘动作,投资者可以逢低介入。

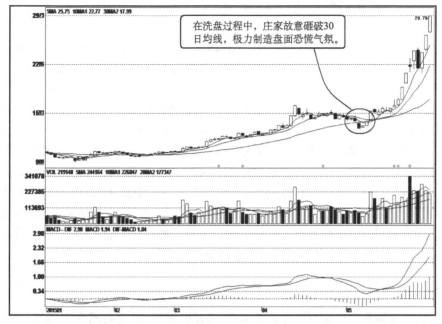

图 7-34

九、散户在庄家洗盘时的操作策略

1. 散户常见错误

股市如战场,既是心理的抗衡,又是智慧的较量。谁的智谋高明,谁就能识破对方的骗局,把握先机,争取主动。散户在操作中的失误以致被套,其实就是被庄家所骗的结果。庄家在做盘时,就是让散户产生"怕",以至于产生操作错误。那么股民怕什么?有以下"四怕"。

(1) 怕庄家。庄家势强力大,散户势单力薄,几乎没有一个股民从内心深处不是既爱庄家又怕庄家;既处处跟随庄家,又时时提防庄家的。这是因为:①庄家具有鳄鱼般的凶狠,主要表现在拉升和打压之中,当跟风的散户有些小利润之后,便进行震仓洗盘,用凶狠的手法,一再打破重要的支撑位,造成一个大跌之势,如果不赶快逃跑,会跌得更惨,亏得更多,意志不坚定的或害怕的散户,就纷纷抛出手中筹码。②庄家具有狐狸般的狡猾,主要表现在许多反习惯、反技术操作里的花样翻新。如许多人认为股价超过前期高位之后会往上做,庄家却在创近期新高前悉数交给散户。或者许多人打算在前期高位之前八成高时出货,庄家却在股价升到六七成高时走人。下一个会逼得散户在五成高时出货,庄家接盘后,不仅创新高,还要在新高基础上大幅拉升,逼过早出货的散户高位追涨买入。③庄家具有猴子般的精灵,主要表现在设置技术骗线上,让散户往"坑"里跳。

(2) 怕亏钱。散户有一个普遍的特点是赢得起,输不起。几乎没有人不怕亏,尤其是用自己血汗钱或借钱来炒股的新股民。经常提心吊胆,看到自己的股票跌了心烦意乱,坐立不安,睡也不好,吃也不好。稍有获利立即"落袋为安",仅仅吃到鱼头或鱼尾,失去了中间一大截利润。

（3）怕赢钱。人们常说"新股民怕亏,老股民怕赢"。在一个大牛市行情里,有不少股票的股价涨到让你不敢相信。久经套苦、多次逃不过顶的老股民,面对节节上升的股价亦是坐立不安,卖也不是,不卖也不是。根据老经验还是卖了,却也只赚到半截鱼身,十分后悔。

（4）怕套牢。许多成熟的股民,都是从亏蚀和被套中学得聪明起来的。套牢是股市中最难熬、最痛苦和最伤心的事。尤其是满仓被套的人,股票跌得深了,无钱补仓摊低成本,无法动弹,只有让它慢慢解套。或者自己无法斩仓,又眼睁睁看着行情启动,别人大把大把地赚钱,此时的心情用如坐针毡来形容最为恰当。因为怕套,一遇风吹草动,三十六计走为上,却因此失去一匹大黑马。最后就是怕利空。中国股市是一个政策市,假如不设涨停板制度的话,在特大利好或利空消息之下,某些股价会升到你害怕或跌到你害怕。因此,买了股票的股民,形成害怕利空消息的习惯。不管是大市的利空抑或是个股利空,都会令持股者胆战心惊,做出非理性的操作,过早或过迟卖出了股票。

2. 巧认洗盘结束点

在实盘中,能够判断出庄家洗盘的结束点,并适时跟进,无疑是成为大赢的关键,真正做到之后,其快乐不亚于武林高手练就了一剑封喉的绝招。那么,如何判断洗盘结束点呢?洗盘结束经常出现的三种形式为:

（1）下降通道扭转。有些庄家洗盘时采用小幅盘跌的方式,在大盘创新高的过程中该股却不断收阴,构筑一条平缓的下降通道,股价在通道内慢慢下滑,某天出现一根阳线,股价下滑的势头因此被扭转,慢慢站稳脚跟,表明洗盘已近尾声。

（2）缩量之后再放量。部分庄家洗盘时将股价控制在相对狭窄的区域内反复振荡整理,庄家放任股价随波逐流,成交量与前期相比明显萎缩,而某天成交量又突然重新放大,表明庄家开始有所动作,此时即可跟进。

（3）洗盘与均线的关系。股价回落后构筑小平台,均线由持续下行转向平走、再慢慢转身向上。洗盘时股价向下调整,导致技术形态转坏,均线系统发出卖出信号,但股价跌至一定位置后明显受到支撑,每天收盘都在相近的位置,洗盘接近结束时均线均有抬头迹象。

总之,要判断是否是庄家洗盘,重要的是判断前期高点是否是头部,这需要从累计涨幅、股价的相对位置以及经验等各方面来综合判断。

3. 洗盘时的买卖技巧

缩量调整时并不是最佳买点,因为庄家有可能继续缩量洗盘,前景并不明朗,所以在确定洗盘结束时是最佳买点。

（1）放量买入。①当日放量。前期缩量表明浮筹在减少,当天放量应该不是浮筹在卖出,极有可能是庄家资金流入,要开始拉升了。②分时庄家资金。最直接的还是看庄家资金线,如果当日分时庄家资金在大量买入,表明放量不是浮筹或散户所为。③占比。也就是主动性买入或主动性卖出所占成交量的比量,这里的主动性买入或卖出不仅仅是特大、大单,它包含了所有的单子,这样就能解决庄家用中小单做盘。

(2) 上下背离买入。所谓"上下背离买入",其含义是"上"是指盘面上方的移动平均线,"下"是指盘面下方的 MACD 指标。"上下背离买入"是指在股价的上涨过程中,出现横盘或下跌,此时,5 日移动平均线与 MACD 指标的运动方向产生了背离。一种情况是在股价暂时下跌过程中,5 日移动平均线同时下行,接近 10 日移动平均线或已经与 10 日移动平均线发生"死叉",而 MACD 指标却拒绝下滑,DIF 指标不减反增;另一种情况是在股价暂时横盘期间,MACD 指标同时下滑甚至出现"死叉",而 5 日移动平均线拒绝下行,不跌反涨。当出现以上情况时,说明市场庄家正在洗盘,没有出货,股价的下跌或横盘是暂时的,其后的行情往往是上涨而不是下跌,这一阶段投资者应以买入或持股为主。

这里需要说明的是,对"上下背离买入法"的使用有着严格的要求,并不是所有符合"上下背离"的股票都能涨。一个较为成功的"上下背离买入点"在符合以上要求的同时,还必须满足条件:①"上下背离"发生在上升三浪起点效果最好,也就是说,出现这种情况时股价刚刚起涨,或涨幅有限,还没有进行过主升浪。②"上下背离"发生时,股价刚刚上穿 30 日移动平均线,30 日移动平均线开始走平或刚刚翘起向上,这说明股价已止跌企稳。③"上下背离"发生时,MACD 指标已经运行在 0 轴之上,这表明市场已处于强势之中,如果符合"MACD 指标连续二次翻红",效果更佳。④"上下背离"发生时,如果出现的是第一种背离,当日成交量大于 5 日平均量时可考虑介入,如果出现的是第二种背离,当 DIF 由跌变涨的那一天,可考虑介入。

(3) 连续多阴买入。从微观的角度识别庄家的洗盘动作,对投资者及时捕捉进货时机将起到积极的作用。当股票在一个较高平台(或股票已慢涨了一段时间)横盘时,K 线图上连续拉多根阴线,但股价并不跌或只微跌。此种情况就是一种洗盘术(串阴洗盘),往往是股价大幅拉升的前兆。因为,再傻的庄家在出货时也不会让股价不跌而 K 线天天收阴,如果天天平台收阴,散户害怕怎敢接盘?散户不但不敢接盘还会因害怕引起抛盘。此种情况就是一种洗盘术,往往是股价大幅拉升的前兆。相反,而天天平台放量收阳,但股价不涨或微涨即串阳往往是庄家出货的征兆。多阴洗盘的实盘应用原则为:

第一,连续多阴的应用是在上升途中和底部横盘时,如果股价经过充分炒作后在大跌途中出现连续多阴时禁用。

第二,阳线包容串阴时,为最佳进货点。

第三,有些上升途中的股票,股价在相对高位缩量横盘连续多阴洗盘后,某日横盘震荡,成交量放大,尾市收出阳线。此情况往往是快速拉升的前兆,应在 1~4 日后介入。因为,庄家在连续多阴后,在拉升前要场外带些资金进来。但由于极度缩量,很难买到,因此进行大单横盘对倒,由于此时看盘者亦会跟进,因此往往该阳线出现后还要阴线洗盘 1~4 日,然后进行拉升。

十、洗盘与建仓的区别

有人认为,洗盘就是建仓,其实这是两个相近但又不相同的概念。两者主要区别是:
(1) 目的不同。建仓是为了获得尽可能多的低价筹码,洗盘是为了交换筹码,有利于日后拉升。

（2）时段不同。建仓一般出现在底部区域,股价已经过大幅下跌;而洗盘大多出现在一轮升势之后,股价往往已经见底回升,脱离底部区域。

（3）量能不同。建仓一般成交量极度萎缩,洗盘时成交量比建仓时要大一些。

（4）手法不同。建仓可以拉升建仓也可以打压建仓,而洗盘多数以下跌方式完成。

（5）持仓不同。吸纳是庄家建仓的主要标志,低价筹码庄家一概通吃,手中筹码与日增多,直至达到坐庄预定仓位为止。换手是庄家洗盘的主要标志,这里的换手是指将庄家控筹之外的那部分筹码进行交换,比如散户甲抛出筹码,由散户乙接走,提高了散户持仓成本,而庄家仍保持原仓位和成本。

（6）手法不同。建仓是庄家坐庄流程的必经阶段,而洗盘是坐庄流程的次要阶段,有的庄家就不经过洗盘这一环节。

第八章 拉升阶段

庄家通过吸筹、试盘、洗盘等一系列工作后,多空双方形成了高度的统一,上升就成了必然。在辩证法上叫有其因,必有其果,有内容就有形式,质变后的量变。

股价的快速上涨叫拉升,可是上涨速度有多快,幅度有多大才可以叫拉升呢?从成本上讲,拉升的价位应在目标利润线之上。目标利润线是庄家在进货时就已设定的最低利润价位,它不是用数学公式计算出来的,而是根据个股的质所能承受的上极限与庄家的总成本决定的。从速度上讲,有先速后缓的过程,先速主要是怕别的机构在低位补货,后缓主要是股价到高位时有出货出现,在这段行情中不否认有偶然下跌现象。

拉升可分为出货拉升、整理拉升、中继拉升和价差拉升等,这里重点研究出货拉升。股价经过洗盘整理后,被拉升到预定的出货区域,庄家才能把手中的筹码派发掉。拉升令人心潮澎湃,股价走势一改底部盘整状态,勇往直前地冲破一切阻力,气势磅礴地奔向预定价位。因此,寻找进入拉升阶段的股票几乎是绝大多数短线高手孜孜不倦的追求目标。但是拉升阶段具有"高收益,高风险"的特点,若不适可而止,就会深套其中,其损失也势必十分惨重。可见,对股票的拉升进行深入分析研究,是十分必要的。

拉升在坐庄流程中,是必经阶段,不经过拉升就不可能有获利机会。

一、庄家拉升的目的

我们知道庄家在初升阶段之前的漫长日子中,悄悄地建仓,当所有准备工作就绪后,千年等一回,把股价快速拉高获利。其目的是:

(1)庄家手持大量的筹码,动用了巨大的资金,而这些资金是有成本的,每过一天,都会提高庄家的成本,尽快地拉高股价,是为了尽快地出货,从而把股票变卖成钞票,降低庄家的操作成本。

(2)随着坐庄时间的延长,难免会有庄股消息的泄露,尽可能地缩短股价在低位运行时间,这是防止庄股消息泄露的有效方法,快速将股价拉升到高位,此时庄股消息越泄露,对鼓动跟风盘越有好处。

（3）股价"加速爬升"，使散户疲于奔命，追不胜追，最终追到的都是高价位。如果股价上升速度太慢，就达不到这个效果。

因此，庄家在拉升股价时，力求连续上涨，一气呵成到达预定目标，形成"冲天火箭"，或先拉高到预定目标价位的一半，稍作休息后，再拉到预定目标价位，形成"盘旋"走势。

二、庄家拉升的时机选择

任何一个庄家，都非常重视拉升时机的选择。因为时机适合，可使拉升达到事半功倍的效果；若时机不适合，可能事倍功半，难以达到预期效果，造成坐庄失败。一般来说，庄家在以下一些条件出现时，才会展开拉升动作。

（1）在大势趋热有加速上升时。此时，市场人气高昂，场外资金蜂拥入市。庄家借机拉升，可以引起投资者的注意，纷纷入市帮庄家抬轿，起到风助火势、火借风威的效果，庄家用较少的资金，就可以四两拨千斤，成功地把股价做高，然后在市场狂热的背景下完成最后的出货。

（2）在大势基本处于平静时。"散户怕庄家，庄家怕大势"，顺势而为是庄家操作的基本原则。庄家在拉升时期一般不会选择大盘环境极差或者恶劣的条件下进行，这样就很难得到散户群体参与，庄家只能自拉自唱。所以庄家在拉升期，一般会选择大盘处于平静没有风险的时期，这样容易激活市场。

（3）在重大利好消息发布时。重大利好消息发布，使原先市场鲜为人知或炒作的朦胧题材明朗化，让投资者做出积极的判断，此时庄家的拉升，使投资者更加确定自己的判断是正确的，从而踊跃跟风。有时，一些成熟的庄家会把消息逐步向外公布，将一个题材反复进行炒作，创造多次拉升的机会。

（4）在高比例送配消息公告时。股票的分配方案本身就是庄家的一个炒作题材。同时，庄家可以利用股票除权的缺口效应、低价效应，让投资者将股价的走高与填权补缺口联系起来。市场中有些投资者十分热衷于除权股票的炒作，因为他们认为除权的股票有潜在的填权要求，同时除权后的股价相对比较低，尤其是经过大比例的送配之后。除权后的低价效应，使投资者产生"捡到便宜货"的心理，而这实际上是一种比价上的错觉。因此庄家利用这些除权的缺口作为拉升的借口，走出一轮波澜壮观的填权行情，使投资者产生较大的想象空间，成功激发市场的跟风热潮。

（5）在"美人图"精心构筑完毕时。实力较弱的庄家由于在拉升时在一定程度上要依靠市场的力量，所以往往会将图形、指标、K线等做得非常漂亮，人见人爱，其目的就是为了要引起市场的注意，并引诱投资者的跟风入场。一般实力较弱的庄家较少在底部进行打压震仓，而是希望在吸足筹码之后尽快将股价拉升脱离成本区。因此这类庄家会通过图形以及技术指标向市场投资大众发出多头信号，吸引场外资金的跟风入场。如楔形突破、三角形突破、头肩底突破、颈线位突破、趋势线突破、成交密集区突破等假象，乘众人看好时顺势拉高，吸引投资者杀入推波助澜。

(6) 在市场热点板块形成时。大盘处于强势时,一般是热门股板块庄股表现的黄金时候,此时如果有某只股票率先涨停板,那些与此股票有相关概念的庄股会迅速上扬,在这种时候新庄股与一些有机构主持的大盘股会有良好表现,而一般有强庄主持的老庄股则容光焕发易在多数交易时间产生整理的走势,也有时会在尾市大手买单急拉。

(7) 在低迷市、微跌市或牛皮市时。此时,人气散淡,成交萎缩,多数人是持币观望。若哪一只个股庄家敢脱颖而出,使股价拔地而起,甚至逆势放量上扬,庄家要尽风头,市场往往称之为"黑马""强庄"股,跟风资金最容易去追涨。

三、庄家拉升的运作方式

一般而言,相对于建仓、洗盘、出货来说,拉升阶段的时间周期最短。如果投资者无法准确把握拉升节奏,很容易错失暴利行情,或者入场时间太晚,导致利润空间有限,甚至被套。因此,投资者必须熟悉庄家常用的拉升手法,以便在庄家拉升初期就入场埋伏,静待庄家攻城略地之后满载而归。但庄家的拉升手法因不同操盘风格、不同市场背景,个股拉升方式也千姿百态,强庄股的走势更是千变万化。目前庄家常用的拉升方式有以下几种。

1. 狂飙式拉升

当庄家洗盘完毕,采用连续"一"字形或大阳线的方法迅速推高,股价大多以涨停板的形式出现,在K线组合上形成"火箭冲天"的形态。这样做,既可以节省资金,缩短拉升时间,又可以打开上升空间。特别是当个股有重大题材即将公布之时,庄家往往会迫不及待地用此法拉高股价。

采用这种拉升方法的庄家一般具有较强的实力,在日K线上经常会呈现出连续跳空高开的现象,股价有时会形成多个向上突破的跳空缺口,并且这些向上跳空的缺口,在短期内一般不会被回补,这类个股一般都成为市场中的大黑马。

庄家坐庄意图:采用这种方式拉升股价时,庄家根本不会去考虑回头整理或中途洗盘震仓,而是让股价一飞冲天,因为庄家在拉升股价之前,已经在底部吸足了低价筹码,并对个股已高度控盘。这种方式多出现在小盘股或部分中盘股,通常具备投资价值或有诱人的利好题材作为支持,市场基础良好,这些个股对庄家来讲比较容易控制筹码。另外,在散户追涨意愿非常强烈的市场环境下,对那些具备价值投资的个股,或者是具备利好题材的个股,庄家也经常会采用这种方式拉升股价。

散户克庄方法:狂飙式拉升的个股,一旦进入拉升阶段,其股价涨幅都是非常大的,并且拉升的速度也非常快。一般来说,狂飙式拉升的个股,短期内的上涨幅度都在50%以上。因此,只要散户能把握好进场的时机,短期内获取的利润是相当丰厚的。对于狂飙式拉升的个股在拉升前期,股价都会有一个走势低迷的过程,成交量也会呈现萎缩状态。在这个时候,散户就应该密切注意股价的走势,来判断该股是否已经建仓完毕,是否经历了洗盘的过程。如果庄家已经建仓完毕,并且也已经完成了洗盘过程,那么可以肯定,其接下来就会进入拉升阶段,并且其拉升股价不会是小动作,一旦股价出现放很小的量就能向上突破口时,散户就应该立即跟进,这是进场操作的最佳时机。

如果说散户在庄家拉升股价时没来得及跟进,并且接下来几天股价一开盘就出现涨停的现象,根本无法进场买入,这时也不用着急。狂飙式拉升的个股,一开始进入拉升阶段时,上涨的速度都是非常快的,但经过一段快速拉高后,大部分庄家都会让股价有一个回落的动作,或是让股价停滞不前,进行短暂的休整和洗盘。如果股价是选择回落方式洗盘的话,回落的幅度最多是在5日和10日均线之间。当股价回落到5日和10日均线之间时,散户可以在这个价格区间进场操作。如果股价是横盘休整的话,那么在股价再次放量上攻时,就是进场操作时机。

实例 8-1

图8-1,特力A(000025):庄家吸纳了大量的低价筹码后,股价脱离底部区域,小幅攀高后出现大幅回调,股价从40元上方快速下跌到了14元以下,跌幅超过67%。2015年7月9日企稳后一路拉高,股价狂飙式拉升,从13.83元开始飙涨到了72.79元,涨幅超过4倍。从8月14日开始,股价又出现快速下跌,跌幅达到64%。9月8日企稳后,再次出现狂飙式上涨,股价连续疯狂涨停,涨幅超过3倍。股价的狂飙式反映出庄家实力非常强大,操作手法极其凶悍。

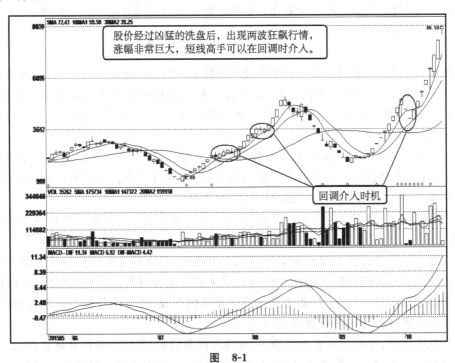

图 8-1

实例 8-2

图8-2,鲍斯股份(300441):该股庄家从一级市场获得了大量的低价筹码,2015年4月23日上市后一路飙升,连拉24个涨停,股价从上市首日的14.03元飙涨到了139.02元,涨幅十分巨大。从图中可以看出,股价连拉8个"一"字形涨停后,从第9个交易日开始庄家开

板放量洗盘,经过连续多个交易日盘中大幅震荡洗盘后,继续拉出多个"一"字形涨停。短线高手可以根据收盘情况进行操作,如果当天能强势封涨停,说明后市仍有上冲能力,介入后密切留意盘面变化,发现异常立即跑掉,不可久留。当然,一般散户尽量不要参与操作为好,因为此类个股很难从技术上去把握,股价涨跌完全凭庄家兴趣而动。

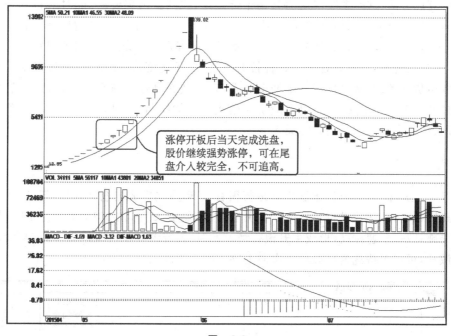

图 8-2

2. 急速式拉升

急速式拉升属于逼空式拉升,庄家在极短的时间内将股价拉升到目标位,期间基本没有调整。此类庄家一般资金实力十分雄厚,在低位收集了大量筹码,达到了高度控盘,操作手法极其凶狠,庄家并不在乎剩余筹码的威胁,如果你中途下马,立即就会后悔。这样既可以节省资金,缩短拉升时间,又可以打开上升空间。在日K线图上,常常连续拉出大阳线,或连续出现涨停板,甚至连续跳空高开,这些向上跳空缺口,在短期内一般不会回补,形成一波"井喷式"行情。在拉升过程中,成交量也同步放大,但以跳空涨停形式出现时,成交量反而见小,这说明庄家高度控盘了。这种方式多出现在小盘股或中盘股,通常具备投资价值或有特大的利好题材作为支持,市场基础良好。急速式拉升的股票,一般都是市场中的"黑马",投资者的追涨意识十分强烈。盘面技术特征为:

(1)经常走出独立于大盘的走势,一般发生在大势乐观之时。
(2)强调急速,具有爆发性。
(3)在拉升初期经常出现连续逼空的走势。
(4)成交量呈现涨时放量、跌时缩量的特点。
(5)在同一交易日开盘后不久或收盘前几分钟最易出现拉升现象。
(6)具有良好的技术形态。如均线系统呈典型的多头排列,主要技术指标处于强势区,日K线连续飘红收阳。

庄家坐庄意图：一是急速拉高，一气呵成，产生坐庄利润，在高位实施出货；二是引发市场关注，诱导跟风盘介入，帮助抬轿拉高；三是若有重大利好支持，可防止消息泄露或来不及拉升而影响坐庄利润。

散户克庄方法：这类个股启动前有一个低迷期，成交量出现萎缩，此时应跟踪关注。当股价出现放量向上突破，或者以很小的成交量就能把股价拉到涨停且封盘不动，就应立即跟庄进入，这是最佳进场时机。如果此时没有发现或没有来得及介入，而接着股价一开盘就涨停，根本无法买进时，也不必着急。这种拉升方式，由于速度快、涨幅大，庄家很难在高位一次性完成出货任务，通常股价有一个回落整理过程，或在高位维持平台整理走势，然后展开第二波拉升。若是回落整理，可以在股价回落到5日均线与10日均线之间买入；若是平台整理，可以在平台放量向上突破时买入。

实例 8-3

图 8-3，生意宝（002095）：该股庄家运行很有节奏，成功完成建仓计划后，于 2014 年 8 月放量脱离底部区域，然后进行长达 4 个多月的洗盘、试盘整理，在 2015 年 1 月 16 日股价放量向上突破，股价急速拉高，形成主升浪行情。此时，投资者应积极跟进做多，如果没来得及跟进的散户，可以等待洗盘结束后再次向上突破时大胆介入。

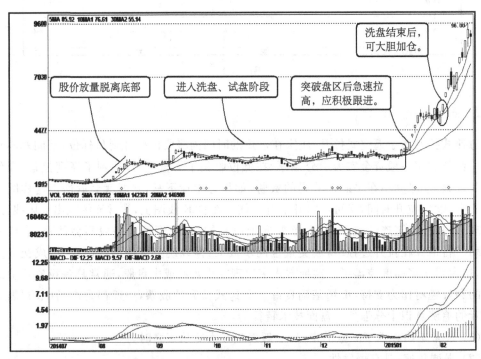

图 8-3

股价进入主升浪后，具有两个明显的强势特征：一是不会出现大幅回落走势，一般回调幅度在 15% 以内，很少超过 20% 跌幅；二是中途停留时间不会过长，一般在 3～5 个交易日，很少超过 10 个交易日。

📈 **实例 8-4**

图 8-4，如意集团(000626)：该股在 2015 年 1 月进入拉升阶段后，在中途出现洗盘整理时，最大回调幅度在 19％左右，调整时间为 8 个交易日，随后展开新一轮拉升。因为，如果拉升过程中回调幅度过大，停留时间过长，就会给市场人气和技术形态造成影响，一旦市场人气涣散或技术形态遭到破坏，那么庄家继续拉升就吃力得多，所以拉升具有一鼓作气、急速上涨的特点。

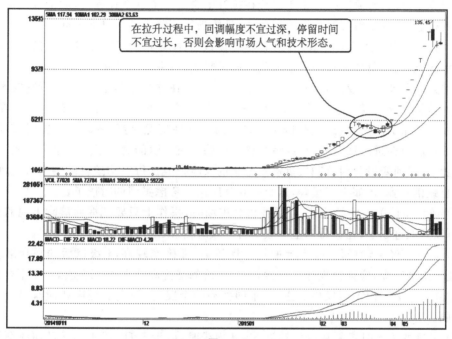

图 8-4

3. 台阶式拉升

庄家将股价拉高一定幅度后，采取平台或强势横盘整理一段时间，在此赶出一部分摇摆不定的散户后，再将股价拉高一截，然后又横盘整理一段时间，如此反复进行，不断把股价拉升至目标价位，在 K 线组合形成逐级向上的台阶形状。在日 K 线图上，拉升时以大阳线、"一"形或"T"形出现，横盘整理时阴阳交替，小阴小阳排列。在成交量方面，拉升时放量，横盘时缩量。

采用这种方式拉升股价的主要有三类庄家：第一类是资金实力较弱，控盘能力不是很强的庄家，由于担心顶不住市场获利盘的抛压，所以采取稳扎稳打、循序渐进的方式拉高；第二类是操盘手性情较为温和，喜欢不温不火地做波段；第三类可能因为保密工作做得不太好，导致股升阶段跟风盘太多，因此在迫不得已的情况下，只好采用这种方式赶走跟风者。

这种方式在拉升过程中，成交量会逐步温和放大，而当股价停顿休整时，成交量会有明显的缩小。在股价拉升阶段，会伴随着成交量的放大，同时 K 线图上也时不时地出现中阳线或大阳线，并且每次拉升的高点都高于前一次拉升的高点，而每次回落形成台阶的低点，都高于前一次回落形成台阶时的低点。这表明股价的重心整体上是不断向上移动的,每次拉高时的上升角度,一般都会维持30°角以上的坡度。

庄家坐庄意图:这种拉升方式能够起到边拉升边清理短线获利筹码的效果,对看不懂庄家意图的短线散户来说,突然看到股价滞涨不前,就担心股价下跌调整,持股信心开始动摇,卖出手中的股票。有些散户在小有获利的情况下,会选择卖出手中的筹码,落袋为安。与此同时,一些先前没有买入且又长期看好该股的散户,在庄家展开调整时借机买入,这对庄家后市拉升起到推波助澜的作用,而且可以保证今后庄家横盘出货时不引起恐慌。

散户克庄方法:台阶式拉升由于股价在拉升中会有一个盘整过程,这就给散户带来了进场操作的机会,只要把握好时机便可以操作,具体操作策略应掌握以下三点。

(1) 散户手中已经持有该股票时,若不是短线技术高手,可以一路持股到底,在第三个整理平台区域,当股价放量冲高回落或收出放量阴线时,可以考虑卖出。

如果其判断能力比较强,技术功底比较扎实,那么在这个过程中,可以进行短线操作,赚取其中的差价。这时需要掌握的要点是:一般在每次拉高的后期,大多出现放量冲高回落,或收出一根放量的阴线,或出现高位十字星。出现这种情况,持股者就应该警惕了,因为这时股价很可能就会进入回落阶段,或者是横盘震荡构筑台阶的时候了。在这个时候,散户应该考虑卖出,以回避股价回落和横盘震荡带来的风险。股价每次构筑台阶结束时,盘面上都会出现止跌信号弹,比如十字星等,这个时候就应该是考虑买回的时候了。

(2) 散户持币关注此类股票,并寻找机会进场时,操作上只要把握回落时出现的止跌信号,就可以逢低进场了;在放量向上突破平台区域时,就果断进场操作。

(3) 据观察经验,前面3级平台的规律性较强,准确率较高,4级以后的平台准确率较低,可能会出现变盘,应谨慎操作。通常,一个台阶的涨升高度在30%左右,一个平台的整理时间在20日左右。但不同风格的庄家,不同类型的个股,其拉高的幅度和横盘整理的时间都不相同。

(4) 最好的买入时机是在股价接近30日均线时,或者5日、10日、30日均线渐渐黏合时。无论何种情况买入,30日均线必须保持上行状态,若30日均线平行移动,则可靠性大大降低,若30日均线下行,则坚决放弃买入举动。波段涨幅不要有过高的期望,一般一个台阶涨幅在15%~30%,可以参照前一个台阶的高度。

实例 8-5

图8-5,中天城投(000540):该股在2014年11月进入牛市上涨通道以来,庄家就采用台阶式拉升手法。股价向上拉高一波后,形成平台震荡整理,然后再将股价推高一个台阶,再形成平台震荡整理,股价拾级而上,累计涨幅较大。投资者遇到这类个股时,可在股价突破平台整理区域时,积极跟进做多。这类个股实盘中也较常见,如中国武夷(000797)2014年9月至2015年6月的走势,大名城(600094)2015年1月至6月的走势。

4. 波段式拉升

这种方式多发生在大盘股及中盘股中,在市场中表现出十分稳健的姿态,比较容易被投资者所接受,并达到推波助澜的目的,多数庄家乐意采用这种方法。采用这种方式拉升时,当股价在加速爬升的过程中,由于短期拉升速度太快,累计的获利盘太多,于是当股价拉升

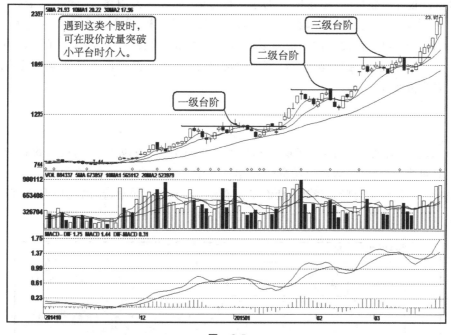

图 8-5

到一定高位时，获利盘蜂拥而出，庄家不得不释放部分获利盘，股价回落经过充分的洗盘换手后，再进行下一波拉升。一个大波浪之中，有许多小波浪组成，即大浪套小浪，浪中有浪。

此手法通常在拉升过程中进行洗盘，尤其是在重要阻力区域，以小回或横盘震荡的整理走势来消化阻力，并完成散户由低成本向高成本换手的过程，尽量减轻上行时的压力，然后趁着利好消息或市场良好的氛围再将股价拉高一个波段，这样股价重心不断上移，庄家不但降低了成本，而且增加了利润。最后股价会打破这个规律，这时产生两种结果：一种结果是，形成向上突破，股价进入加速上扬阶段。另一种结果是，股价向下调整，结束波段式拉升行情。

波段式拉升呈盘旋形式上行，有一次盘旋、二次盘旋、三次盘旋，但很少见到有四次以上盘旋的例子。此外，从盘旋时间看有短盘旋、中盘旋、长盘旋，故投资者须多加注意。在日K线图上，股价拉升时以大阳线、"一"字形或"T"字形出现，股价回落时阴阳交替，常有大阴线出现。在成交量方面，拉升时放量，回落时缩量。

这种拉升方式，也反映出庄家的一些弱点，可能是庄家实力不够，控盘程度不高，支撑不住获利盘的抛压，因此只能选择在大势良好的情况下，采取循序渐进、稳扎稳打的方式推高股价。

庄家坐庄意图：这种拉升方式的坐庄意图与台阶式拉升的坐庄意图相似，都起到边拉升边清理短线获利筹码的效果，所不同的是这种方式的股价回落幅度比较大，波浪起伏比较明显，洗盘换手的效果也十分充分，有利于后市的进一步发展，同时庄家也加入高抛低吸行列之中。

散户克庄方法：由于这种方式的波浪起伏比较明显，运行规律容易被散户掌握，高抛低吸比较容易。在股价出现放量冲高回落，收出长上影线的阴线、黄昏十字星等，可以考虑卖出;在股价经过充分整理后,出现明显的止跌信号时,如放量大阳线、早晨十字星等,可以考虑买入。通常,后一个波浪的涨幅,等长于前一个波浪的涨幅,相差一般在10%左右,可以相互参考。据观察经验,前面3波的浪形规律性较强,准确率较高,4波以后的浪形其准确率较低,可能会出现变盘,应谨慎操作。需要说明的是,这里的波浪浪形不是艾略特波浪理论中的浪形,应严格加以区别。

实例 8-6

图 8-6,安硕信息(300380):该股在 2015 年 1 月开始,呈波段式上升,股价每拉升一小段行情后,就回落进行整理,然后继续向上拉抬。在浪形上大浪套小浪,浪中有浪。庄家操盘手法干净利落,K 线走势脉络清晰,股价张弛有序,走势如诗如画,盘面气势有加,形态坚挺有力,行情延续时间较长,股价累计涨幅超过 8 倍,成为两市的超级大牛股。

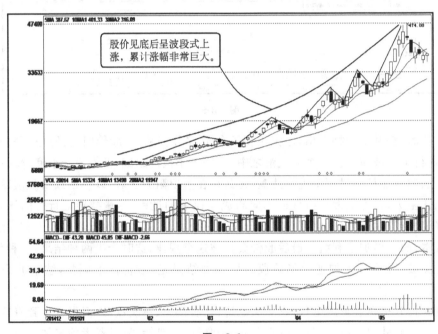

图 8-6

实例 8-7

图 8-7,京天利(300399):该股在 2014 年 10 月 9 日上市后,即被实力强大的庄家相中,庄家顺利完成建仓后,采用波段式拉升手法,每完成一波拉升后,股价回落整理,整理结束后再次上涨,股价依托 30 日均线呈盘旋式不断向上飘扬。每一波的拉升手法极为相似,就连中间出现的两次调整的方式也出奇的相近,庄家实力和操盘手法可见一斑。

5. 洗盘式拉升

这种方式在拉升过程中一气呵成,中间没有出现比较明显的大幅度洗盘动作,将洗盘与拉升结合起来,也叫边拉边洗式拉升。常见的有两种现象:一种是股价拉升到阶段性高点

第八章 拉升阶段

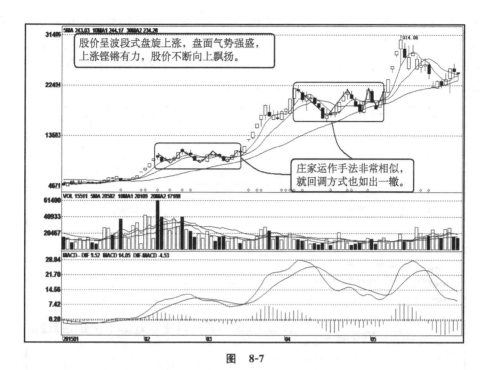

图 8-7

后,放出巨额成交量,走势上形成阶段性顶部。由于庄家在暗处,一般人很难分辨是最终顶部还是局部小顶,从而被洗出局。另一种是股价向下回落,跌破某一个被大众公认的技术位置,造成出货假象,破位之后的股票即使再次被拉升,也会误认为是反弹,因此被骗出局。

边拉边洗式拉升绝大多数采用依托均线的方式进行,股价在上涨过程中始终不过度远离均线。采用边拉边洗式洗盘,庄家拉升思路明确,股价走势轨迹明显,常常走出单边上扬的独立上升态势。一般而言,当庄家开始大幅度洗盘之际,就是拉升行情结束之时。

这种方式可以分为三个阶段。

(1)拉升初期。在此阶段,股价常常走出小阴线、小阳线交错上涨行情,如同慢牛爬坡。

(2)拉升中期。在此阶段,庄家依托均线系统边拉边洗,走势非常有规律,吸引多头资金积极买进股票,帮助庄家推高股价。

(3)拉升末期。在此阶段,常常出现快速拉升的"疯牛"行情,诱导、促使场外的投资者失去正常的投资心理、控制能力,产生一种过量、过度的放大和虚化的投资激情,这是行情即将见顶的信号。

庄家坐庄意图:通过洗盘的手法将先前底部介入的散户出局,让长期看好该股的散户进场帮助庄家抬轿,减少拉升成本和拉升阻力。

散户克庄方法:在股价远离短期移动平均线、乖离率(BIAS)偏大时,择高先行出局,当股价第一次、第二次回落到均线附近时,可以重新介入。在上升过程中,股价已经有了三次回调均线附近的走势,在四次以上回落到均线附近时,可能就要变盘了,此时应谨慎做多。

实例 8-8

图 8-8,金利华电(300069):该股在 2015 年 1 月步入上升通道,庄家采用边拉升、边洗盘

的手法不断向上推高股价。在拉升初期，K线小阴小阳交错上行，股价缓缓向上盘升。在拉升中期，股价依托均线走高，K线以中阳中阴交错上行，盘面走势颇有规律，成交量与前期相比明显放大，说明多头资金积极进场，帮助庄家推高股价。在拉升末期，出现明显的加速拉升行情，上涨角度变得陡峭，诱导散户追高，预示股价将要见顶。

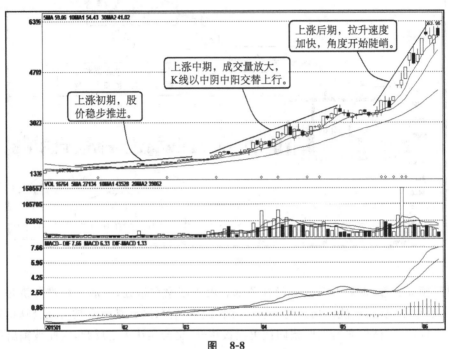

图 8-8

6. 震荡式拉升

震荡式拉升主要采取低吸高抛的方法，以波段操作博取利润差价为目的，以时间换取空间为手段进行运作。其主要特征是股价拉升一段距离后，就会调整一段时间，有非常明显的边拉升、边洗盘的特点。采用这种方式拉升股价，庄家可以不断地降低持仓成本，调整筹码结构，同时也降低了散户的盈利空间，提高了市场持仓成本。振荡式拉升主要适用于基本面无重大题材或者庄家资金不够充裕、实力较差的股票。

这种拉升方法颇有将各类风险化整为零的特点，可谓好处多多，既回避了来自管理层的监管压力，又节约了资金成本，还能回避由于基本面过于一般，没有重大炒作题材，而招致猜疑等不利因素，可谓一石三鸟。震荡式拉升一般有以下几个特征。

（1）每次震荡产生的低点，都不会低于前一次震荡时下探的低点，并且在拉升前期，股价的重心是逐步往上移动的。

（2）成交量的特征是股价向上震荡时放量，股价向下回落时缩量。

（3）在箱体震荡的区域中，股价每次向上冲到前一次高点或高点附近时，就会有一股抛压盘出现，把股价再次向下打压。同样，股价每次下探到前一次回落低点或低点附近时，也同样会有股很大的买盘力量把股价拉起来。

（4）在K线走势图上，经常表现为低点和高点逐步上移，走出比较规律的宽幅上升通道。庄家可在上升通道的下轨积极吸纳筹码,在上升通道的上轨附近抛售。庄家正是通过这种反复低吸高抛的手法,从二级市场上获取丰厚的利润。

庄家坐庄意图:庄家通过震荡式的拉升,可以诱骗获得散户的廉价筹码,使筹码集中到自己的手里,并且可以在震荡过程中消化前期的套牢筹码,同时促使后期的跟风盘获利回吐,让流通筹码在某个区域充分换手,以不断提高市场持有的总成本。因为,每个市场的参与者都是抱着营利的目的参与进来的,甚至有些参与者抱着不赚钱不走人的态度,所以通过让筹码充分换手,有利于后期进一步拉抬股价。

散户克庄方法:由于震荡式拉升的股票都会有一定的震荡幅度,这就给散户带来了高抛低吸的短线投机机会。对于中长线散户来说,如果把握好了机会,也可以在每次震荡的下限逐步吸纳相对廉价的筹码。

采用震荡式拉升的股票,一般股价是在拉离了底部区域后,才会采取这种震荡式拉升。这种情况一般可以分为两种形态:一种是先让股价在一个平台上进行箱体式震荡,然后再将股价向上拉高一个台阶,之后继续进行箱体震荡。庄家会反反复复地这样控盘,慢慢地把股价拉高。另一种震荡拉升的形态,就是股价在整个拉升过程中是逐步震荡向上的,每次震荡的高点都在不断提高。遇到这种情况的股票,散户可以在每次震荡的低点进场操作,但切记不要追高。作为短线散户,可以在股价每次震荡到高点附近时先出来。股价每次震荡上行后,当马上要进入震荡向下走势时,大多会出现一些见顶信号,比如收出一根带长上影线的K线,或者是收出一根高开低走的大阴线等。

散户遇到这种走势的股票,可以在每次震荡下探企稳后买入。在震荡式拉升中,每次股价下探到低点后,成交量都会出现缩量的情况,并且在K线图上出现止跌的信号,比如倒锤头、十字星等K线形态。如果出现止跌信号的第二天能收出一根上涨阳线的话,这时就是买进的时机。

实例 8-9

图 8-9,和佳股份(300273):该股的走势就是采用洗盘式拉升,庄家边拉升、边洗盘、边整理,将股价逐波向上推高。从图中可以看出,从 2014 年 11 月开始步入上升通道,30 日均线坚挺有力,不断支撑股价向上走高,先后分别在 2015 年 1 月、3 月、5 月三次回落到 30 日均线附近,均获得有效支撑而回升。可是,在 6 月下旬第四次回落到 30 日均线附近时,却是一次有效的向下破位走势,此时投资者应尽快退出,随后股价出现大幅下跌。

7. 推进式拉升

庄家沿着一定的斜率直线拉高股价,在当日分时走势图上,表现为下方有大量买单出现,以显示庄家实力强大,避免股价出现下跌,然后一分一秒地把股价一分一分地往上拉升;拉升一段时间后,还常常故意打压一下股价,凶猛的庄家还放下"鱼钩"式的走势,以吸引买盘去逢低吸纳,然后又将股价拉上去。采用此法拉升的庄家实力一般较强,出货时往往还会有上市公司题材配合。

庄家坐庄意图:股价以稳健的上升步伐,吸引更多的买盘资金加入,帮助庄家拉高股价。打压股价是为了让短线获利散户出局,让看好后市的散户入场,以完成筹码交换,提高市场平均持仓成本。

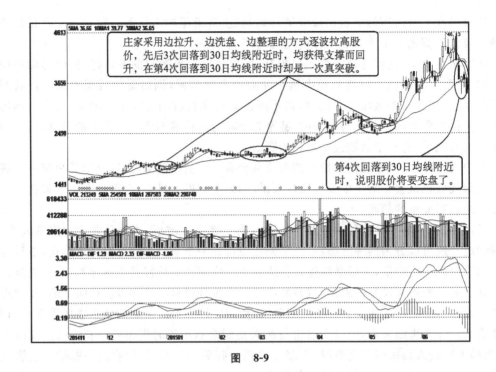

图 8-9

散户克庄方法：推进式拉升的累计涨幅是很大的，散户入场后要保持良好的心态，不要频繁操作。上涨过程中出现的小幅震荡，是正常的盘面现象，没有出现异常波动，上涨行情就没有结束。当股价出现冲高回落，以大阴线报收的话，应该引起注意。

实例 8-10

图 8-10，京城股份（600860）：该股庄家采用的就是推进式拉升。庄家完成洗盘整理后，在 2015 年 2 月步入上升通道，股价稳步向上推升，其势如同推土机缓缓有力推进，盘面坚挺有力，均线支撑强劲，量价配合得当，日 K 线阴阳相间，走势十分稳健，股价累计涨幅较大。

8. 随意式拉升

采用这种方式拉升的庄家，其资金实力非常雄厚，筹码达到高度控盘，操纵股价时不讲章法，随心所欲，其拉升的目标价位非常之高。由于这类股票散户持筹不多，绝大部分筹码落在庄家手中，庄家拉升股价时遇到的阻力不大，所以庄家想怎么炒就怎么炒，随心所欲地控制股价。大胆的散户完全是"博傻"式跟进，无法预测其目标价位。或者是被快速拉高的暴利效应所诱惑，在高位接下庄家抛出的筹码。

庄家坐庄意图：这类股票的坐庄意图原先入驻时可能不是这样的，原本想炒一把就走，但由于种种原因，或是因为操盘手法不当，使自己被套其中，或是因为过分地看好该股，所持筹码过多等，导致自己不能顺利出局。现在的坐庄意图是，在高位硬撑着不放，能出多少货就出多少货，最终实在撑不了的话，就选择"跳水"自杀。其处境是不得已而为之，只能自己拯救自己。

散户克庄方法：由于这类股票涨跌没有什么章法和规律，操作难度比较大，最好是观赏

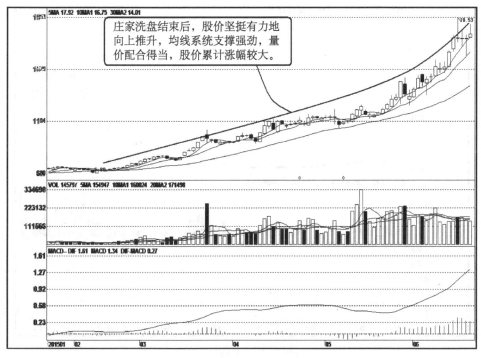

图 8-10

为上,少碰为佳。若是底部已经介入,倒是可以持股不动,等到壮马变成老马跑不动时,下马离场。若是中途出现大幅调整时,可以择低少量介入,试探性操作。

实例 8-11

图 8-11,宝利来(000008):这是近年来证券市场上的第一大超级黑马,强庄完全控盘,股价怎么炒?炒多高?完全由庄家说了算,其手法捉摸不定,随意拉升,不讲章法,不按常理。当其股价快速拉到 126 元多时,庄家散出消息说将把该股炒到 200 元以上,于是不少大胆的股民勇敢地追了进去,结果肯定是套牢。

9. 圆弧式拉升

庄家在底部吸足筹码后,步入上升通道,但升势尚处于初升阶段,其速度比较缓慢,K线阴阳相间,交替上升,成交量较小。然后,在推力和惯性的作用下,股价进入正常运行轨道,速度与能量也趋之合理。最后,行情进入冲刺阶段,股价越涨越快,角度越来越陡,势头越来越猛,成交量越来越大。不久,行情宣告结束,整个拉升过程呈圆弧形上升。

这种方式的盘面特点是,在刚刚进入拉升时,上涨速度比较慢,上涨幅度也比较小。随着股价逐步脱离底部,成交量也出现温和放大,也吸引不少多头资金跟进,为庄家起到推波助澜的作用。当股价进入拉升的中后期时,上涨速度开始加快,进一步刺激多头买盘人气,使股价涨势达到了高潮,人气狂热,市场沸腾,这也是行情快要结束的标志。

庄家坐庄意图:在起涨底部阶段,放缓上涨速度是为了不让底部介入者以更多的利润,尽量让浮动筹码在底部自由交换,使市场平均持仓成本向高处转移。中后期的快速拉升,是

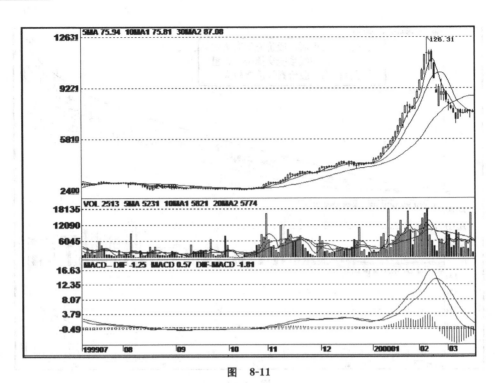

图 8-11

引发更多的买盘资金加入,帮助庄家拉高股价,实现胜利大逃亡。

散户克庄方法:这种拉升方式的累计涨幅较大,散户入场后要保持良好的心态,不要频繁操作。可以忽视上涨过程中出现的小幅震荡,当股价出现异常波动,冲高回落,有大阴线产生时,考虑卖出。持币者可以在股价回落到均线附近时,买入做多。

实例 8-12

图 8-12,冠豪高新(600433):该股庄家采用了圆弧式拉升方式,完成主升浪行情。2012 年 12 月在初入升势时,庄家让股价在平缓的上升通道中慢慢爬行,盘面呈现小红小绿,多空拉锯,以小幅震荡盘升的方式上行。这可能是因为股民的信心一下子未能恢复过来,不敢盲目追涨,随着势道的盘坚,散户开始逐步追进,增加了股价推升的力量,使股价越走越快,形成圆弧形上升走势。

圆弧式拉升的后期,大多有一个放量加速上涨期,即最后的冲刺和疯狂,这是行情结束的标志。在此之前,投资者大可不必担心市场风险,一路持有到疯狂时退出。

实例 8-13

图 8-13,金马股份(000980):庄家洗盘结束后,成功构筑一个小双重底形态。2015 年 2 月股价开始向上盘升,呈现圆弧式上涨,最后股价出现加速上涨,行情在疯狂中结束。

上面介绍的几种庄家拉升方式,是庄家坐庄过程中常用的运作手法。在坐庄过程中,庄家有时只采用其中的一种方式拉升,有时可能同时采用多种方式拉升,但无论庄家采用什么样的方式拉升,只要认真分析观察盘面迹象,就能领悟到庄家的坐庄意图。

第八章 拉升阶段

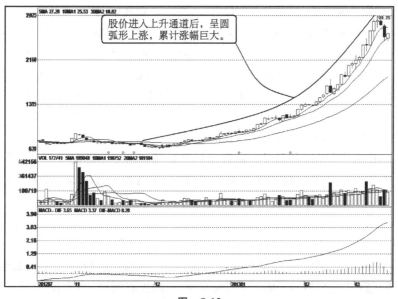

图 8-12

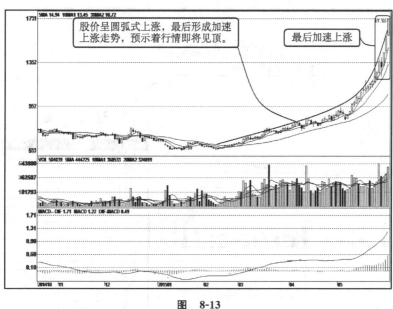

图 8-13

四、拉升的分时波形

1. 一波式拉升

开盘之后或在盘中某一时段出现直线式上升，股价不回调，一波拉涨停。这种盘面气势，仅次于"一字形"涨停的个股,说明多方明显占优,空方弃守观望,盘面气势磅礴,势如破竹。这种盘面后市大多具有上升动力,是中短线介入品种。一波涨停具体可分为以下三种情况。

(1) 高开不回调,直奔涨停。这种方式在分时走势图中运行的轨迹相对而言比较简单,股价在昨日收盘价之上高开几个点开盘后,没有出现下探过程,而是直接上涨直至涨停板,大体上是一条斜线上涨。跳空高开高走,显示多头攻击力量强大,投资者对该股前景看好,愿意以高于昨日收盘价格买入,同时,也表明空方没有丝毫反击能力,市场完全由多方控制局面。这种情况大多是承接上一个交易日的强势表现,有强势上涨的盘面基础。

操盘技巧:根据昨日(或几日)盘面和今日开盘情况,快速捕捉强势股,以高出开盘价3~5个价位挂单买入,如果不能成交则放弃,尽量不要追高。若中盘开板时,视大盘强弱选择合适点位介入,一般在均价线附近选择买点。

实例 8-14

图 8-14,西陇化工(002584):该股见底后渐渐向上攀高,股价进入上升通道,2015 年 4 月 2 日小幅高开后,10 分钟内股价一口气拉涨停,中间没有回调,当天收出一根上涨大阳线,盘面气势磅礴,势不可当。

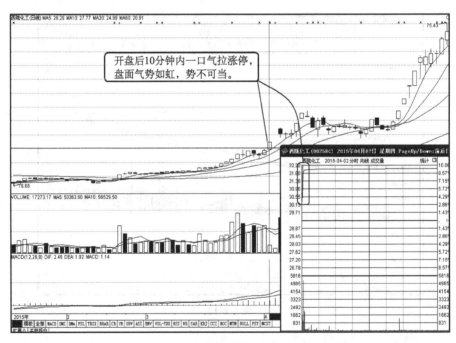

图 8-14

(2) 在昨日收盘价附近开盘,一波式拉涨停。股价在上一个交易日收盘价附近开盘,然后迅速拉至涨停板。这种方式在分时走势图中的运行轨迹也是比较简单的,大体上也是一条陡峭的直线。

在昨日收盘价附近开盘,表明股价在开盘时供求双方大体平衡,多空双方力量对比基本一致,只是随着行情的展开,多空双方的力量才发生变化,多头力量在运动中得到了增强,而空方力量受到削弱。多方成功地阻击了空方的力量。

操盘技巧：根据昨日（或几日）盘面表现情况，确定今日目标个股，以高出开盘价3～5个价位挂单买入，尽量不要追高。

实例 8-15

图8-15，精工科技（002006）：2015年9月9日，股价低开一分，然后出现一波式快速涨停。为什么有如此强势的表面呢？因为该股前日盘面表现良好，创出新高后以最高价收盘，多方上攻欲望十分强烈，所以投资者可以在高出开盘几个价位挂单买入。选择这类股关键要分析前几个交易日的盘面表现，然后决定买卖计划。

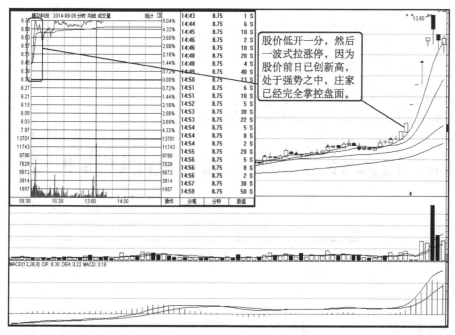

图 8-15

（3）开盘后先回档，再一波式拉涨停。股价开盘后先是来一个快速下探动作，有时下探速度非常快，只是一个瞬间的颤抖动作一闪而过，在分时图上没有留下任何迹象，只是在成交明细上有打压记录，在K线形成一条下影线，然后快速拉起直奔涨停。这种涨停方式在分时图中一般有两种情形：一种是斜线直拉式上涨（分时图中看不出下探痕迹）；另一种是呈"√"形上涨，在拉升时也是直线式上涨。这两种情形的盘面含义基本相当，都说明空方先是来一个下马威，但维持不了多久即被多方制服，最后市场向多方一边倒上涨直至涨停板。另外，也表示多方仍在加紧收集筹码，兼有洗盘性质，当然这种情况如果出现在大幅上涨后的高位，也可能是"出货形涨停"走势。

操盘技巧：在快速下探过程中轻仓介入，突破昨日收盘价或和今日开盘价时，可以适当加仓，也可在均价线附近买入。

实例 8-16

图8-16，金出开发（600679）：2015年6月8日，股价开盘后先是出现小幅下探动作，然后

反转向上一波式直拉涨停,全天封盘不动,呈"√"形态。这种盘面表明庄家通过下探动作释放了短线获利盘,然后轻松拉向涨停。投资者可以在下探过程中轻仓介入,或者在股价冲破均价线(黄线)、昨日收盘价或和今日开盘价时买入。在实盘中,大多数强势股都有这种走势(尽管后面走势各异),投资者应多加研判。

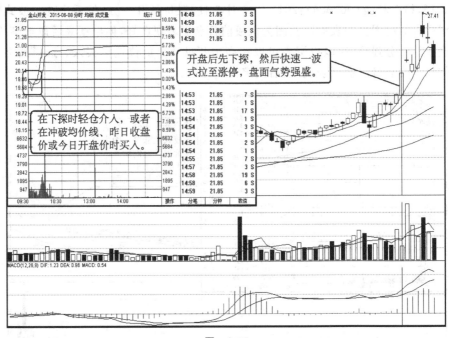

图 8-16

2. 二波式拉升

在分时走势图中,股价分二波拉升,经过一波拉高后开始回落洗盘蓄势,然后大幅上拉,甚至涨停板。这种盘面后市也具有较强的上升动力,也是中短线介入品种。

这种盘面继上一个交易日的强势表现,开盘后出现向上拉高走势,表明多头攻击力量强大,同时也给市场部分投资者带来了获利空间,致使抛盘加重,从而迫使股价回调。经回调蓄势后,多头在退却中不断储备力量,并且在较短时间内成功阻击空头的打压,再次向上发力上攻,从而推动股价快速上涨。通常盘中回调幅度不大,说明庄家不愿让市场跟风盘获得更多的廉价筹码,一般均价线是向上的有力支撑。

操盘技巧:市场悟性好的投资者可在开盘价时立即介入,一般投资者可以等待第一波拉升结束后,当股价回落到均价线附近并获得支撑时介入,这是比较理想的买入点位。

实例 8-17

图 8-17,宜安科技(300328):该股经过蓄势整理后,在 2015 年 3 月 3 日股价放量强势涨停,收出一根具有看涨意义的突破性大阳线。从分时图中可以看出,股价开盘后就出现向上拉高,第一波就拉升到了 5 个多点,显示庄家做多决心,然后进行快速调整,第二波庄家轻而易举地将股价拉向涨停,上涨势头非常强劲。

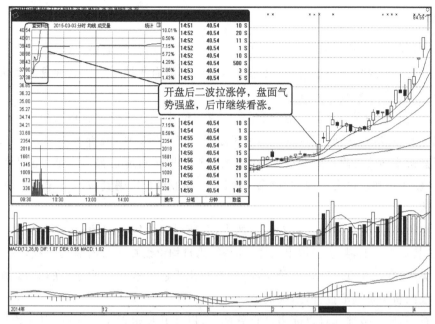

图 8-17

实例 8-18

图 8-18，江中药业（600750）：2015 年 5 月 11 日，股价开盘后小幅冲高，虽然第一波涨幅不大，但股价回落时得到均价线的有力支撑而再度走强，说明多头力量不可小觑，后市仍将强势上涨，所以均价线附近是一个较好的买入点位。

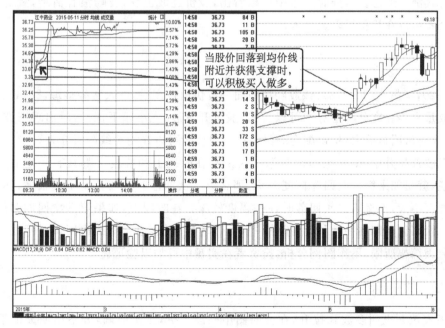

图 8-18

3. 三波式拉升

在分时走势图中,股价分三波拉升,中间出现两次回调蓄势走势,然后大幅上拉甚至涨停板。这种走势的盘面气势也是非常强劲的,但弱于前面两种形态。这种盘面后市仍有上升动力或冲高动作,是短线介入品种。

股价经过一波冲高后遇阻回落,在开盘价或均价线附近获支撑后再次拉升。股价开盘之后出现拉升走势,当达到一定涨幅后,由于短线获利盘的出现,股价出现回落,在股价回调至当日开盘价或均价线附近时获得支撑,市场企稳后股价再度走强。当第二波上涨达到一定幅度后,新的获利盘再次出现,股价第二次回落,当股价再次遇到技术支撑而企稳时,出现第三波上涨。

在强势市场中,开盘价附近有着强大的支撑,所以股价回落到此,往往会受到很大的支撑,而促使其掉头向上,甚至于拉出涨停。同样,当日均价线在弱势时是压力线,在强势时常常又是支撑线,它往往可以阻止股价下挫,使其掉头上涨。这种方式涨停的股票,在分时走势图上形成的轨迹是逐浪推升,拾级而上。

操盘技巧:昨日或前几日盘面表现良好的,可以在开盘附近买入,也可以在均价线或开盘价、昨日收盘价附近买入。如果第二次回落较深,可在第一波的顶点附近或低点稍上位置买入。

实例 8-19

图 8-19,福达股份(603166):该股蓄势整理结束后开始向上突破,在 2015 年 5 月 18 日出现三波式涨停形态。从分时走势中可以看出,股价逐波上涨,波峰浪谷清晰,量价配合理想。投资者可以在均价线附近介入。

实例 8-20

图 8-20,华昌达(300278):该股经过前面一波快速拉高后,进入蓄势整理,2014 年 6 月 6 日股价放量涨停。在分时走势中可以看出,股价开盘后,先小幅下探,然后出现三波向上拉至涨停,成交量明显放大,量价配合颇具韵律。投资者可以在均价线附近介入。

在三波式拉升中,第一次回落与第二次回落在时间上和幅度上都具有一定的互换性。具体地说,就是如果第一次回落幅度较深,那么第二次回落时往往幅度不会很大;如果第一次回落幅度不大,那么第二次回落时往往幅度较深。在时间上,如果第一次回调时间较短,通常第二次回调时间往往较长;如果第一次回调时间较长,通常第二次回调时间往往较短。这种现象因篇幅所限,不作图例分析,投资者在实盘中可加以验证。

4. 震荡式拉升

震荡式拉升也叫多波式拉升,在分时图中一波三折,多次回调,分不出明显的浪形,但总体上低点越来越高,高点不断被打破,低点和高点逐级而上。在拉升个股里,这种盘口

第八章　拉升阶段

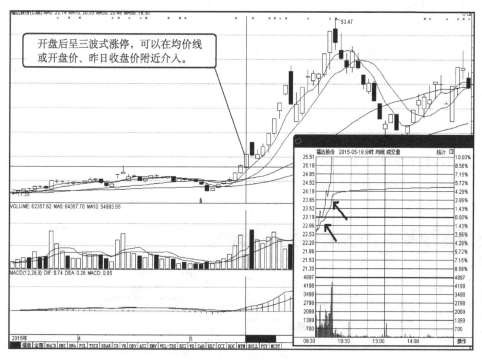

图　8-19

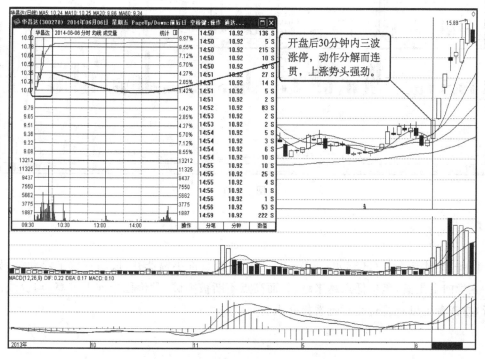

图　8-20

气势也算是最弱的了,但上升趋势一旦形成,其上涨力度也非常强劲的,而且往往持续较长时间。

操盘技巧:在当日均价线附近介入,要求均价线处于上行状态,起码均价线也要保持水平运行,绝对禁止在均价线转为下行状态时介入,因为下行的均价线说明股价已经开始走弱,甚至出现尾市跳水现象。

实例 8-21

图 8-21,扬子新材(002652):该股企稳后步入上升趋势,2015 年 4 月 1 日开盘后,股价稳步走高,盘面张弛有序,量价配合得当,当天收出一根涨停大阳线。从分时走势看,虽然该股没有上述几种盘面形式强劲,但上涨气势依然不可小觑,随后该股出现飙升行情。

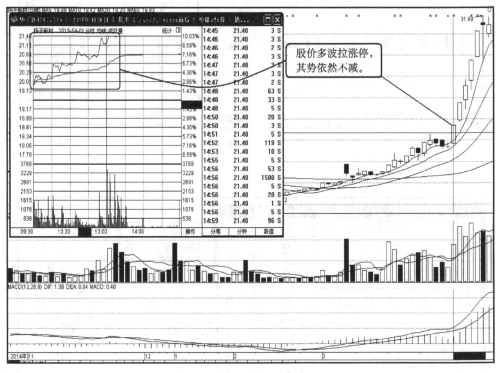

图 8-21

实例 8-22

图 8-22,永艺股份(603600):2015 年 5 月 11 日股价小幅低开,成功释放了浮动筹码后,开始企稳向上走高,盘中低点越来越高,而高点不断被突破,股价稳步向上推高,均价线向上运行,投资者可以在均价线附近选择介入。

第八章 拉升阶段

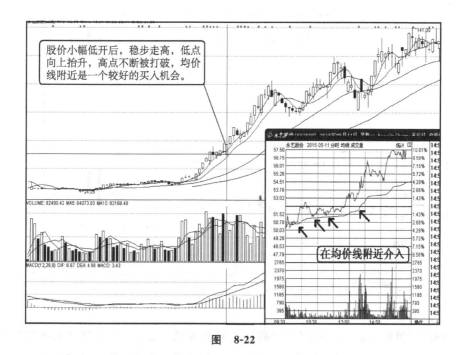

图 8-22

五、拉升的 K 线结构

1. 一字涨停拉升

这种形态大多以"一"字形涨停板为主,一般出现连续多个"一"字形涨停板走势,从而形成暴涨式行情。通常出现在消息类题材股、超跌低价股和新股、次新股中。

这种拉升基于以下 5 个原因:一是有突发性利好;二是股价超跌反弹;三是比价效应明显;四是技术面突破;五是庄家资金推动行为。

(1)消息类题材股。这种拉升从表面看,是由巨量买盘追高造成的,在涨停板上排队的巨大买盘将卖盘全部吃光。由于涨停板上的买盘巨大,而卖盘稀少,从而导致在涨停板上成交稀少,形成无量空涨现象。但实质上这种拉升的真正原因:一是由个股突发性的特大利好造成。二是资金推动的强庄蛮横行为。

通常,形成市场特大利好的有重大资产重组和重大资产注入两类。但不管是哪种利好,必须是属于当下市场最热门的概念,或者是能够给上市公司带来巨大利润的消息,这样才能引发股价持续拉高。

实例 8-23

图 8-23,通鼎互联(002491):2015 年 1 月 16 日公司因重大资产重组而停牌,4 月 28 日复牌后,股价受利好消息刺激,连续拉出 19 个涨停板,其中出现 11 个"一"字形涨停板,短期股价涨幅巨大。

215

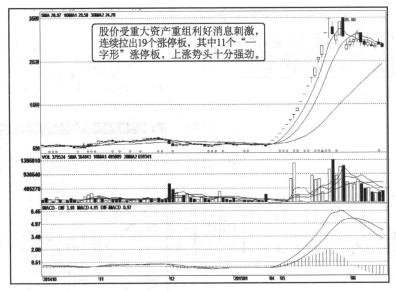

图 8-23

(2) 超跌低价股。这类个股因股价超跌而具有投机价值,也往往会被某些短线庄家看重而炒作一把,但因这些个股基本面缺乏亮点,且缺乏热门题材,难以成为持续上涨的大牛股。超跌低价股的拉升力度主要还是要看股价的投机性,投机性越强的股票,拉升速度越快,力度越大,幅度也越大。

实例 8-24

图 8-24,光电股份(600184):2015 年 6 月,股价从 40 元上方快速下跌到 15 元下方,短期股价严重超跌,7 月 9 日企稳后出现报复性反弹,股价呈"V"形井喷式拉升,在 140% 多涨幅的行情中,出现 4 个"一"字形涨停板。

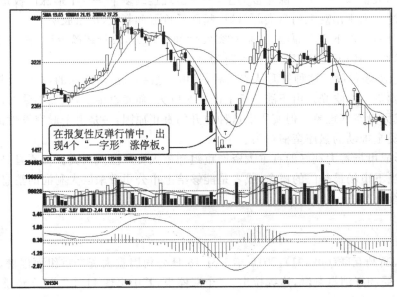

图 8-24

(3) 新股、次新股。炒新是我国股市的一大特点,不少新股一上市就被大爆特爆。庄家之所以选择新股、次新股,是因为这类个股没有套牢盘,且盘子小、好掌控,所以在市场中,新股如"新娘",有着无限的魅力所在。

实例 8-25

图 8-25,汉邦高科(300449):2015 年 4 月 22 日上市后,就被庄家疯狂炒作,一连拉出 26 个"一"字形涨停板。这类股票拉升没有章法,庄家完全凭兴趣和实力。散户中签者可以等待"一"字形开板时离场,离场后至少一年之内不用去关注,持币者只能观赏,不宜参与。

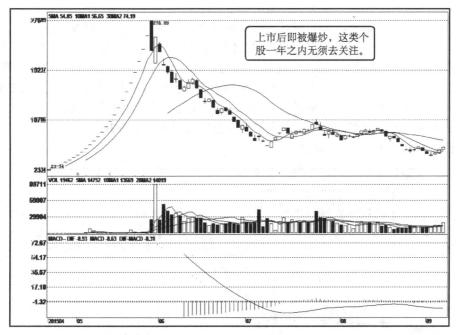

图 8-25

通过上述几个实例的分析,连续涨停尤其"一"字形涨停是所有拉升中最强烈的一种走势,相信很多投资者对这种拉升非常感兴趣。在实盘操作中要满足四个条件。

其一,要有重大利好。这是一字涨停拉升形成的内因,利好越大,股价上涨空间越大。

其二,绝对股价要低。股价越低,前期调整越充分,后市股价上涨的潜在空间就越大。

其三,比价效应要大。比价效应(或叫股价差值)是指个股股价要远远低于同板块里其他股票的平均股价,为了达到或接近同板块其他股票的平均股价,个股股价就有较大的上涨空间。股价差值=同板块其他股票平均股价-该股股价。股价差值越大,表示比价效应越大,股价的潜在涨幅越大。

其四,前期涨幅不应太大。一般来说,在拉升启动之前的股价涨幅越小或者处于盘整,在其利好公告后,形成连续一字涨停的概率越高,反之越低。

2. 连续大阳拉升

这种形态大多以大阳线拉升为主(或中间出现一两个涨停板),中间夹带一些小阴小阳或十字星 K 线,其上涨力度比上面所讲的"一字涨停拉升"要弱得多,但上涨势头仍不可低估。这种拉升同样基于上述5个原因,但无论何种原因引发的拉升,其盘面形式通常有三种类型:一是连续大阳线攻击形态;二是中间夹带小阴小阳或十字星形态;三是中间出现短暂停顿的调整形态。但无论属于何种类型,中间都会出现两个以上的涨停板,且上涨过程中一般不会有效击穿10日均线的支撑。

(1) 连续大阳线攻击形态。这种拉升是指股价连续出现5根以上的上涨大阳线,盘面出现逼空行情,分时走势逐波上涨,阳线的上下影线大都比较短小或是光头光脚的阳线,中间不时也出现几个涨停板形态。

实例 8-26

图 8-26,联创节能(300343):庄家成功完成建仓计划后,出现一波涨幅较大的拉升行情。从图中可以看出,股价从 2012 年 12 月 4 日开始连续收出 19 根上涨阳线,以上涨大阳线为主,其中出现了 5 根涨停大阳线,形成逼空行情。这种走势既有技术因素,又有庄家因素。技术方面就是股价突破了上市 4 个多月以来的新高,上涨空间被有效打开。庄家方面就是在短时间内完成了建仓、洗盘、拉高计划,说明庄家实力强大,做盘手法蛮横,同时也反映出庄家有急躁的一面。这类个股的买入点就是股价突破压力创出新高之时,一旦买入失误,可以在股价有效跌破10日均线时卖出。

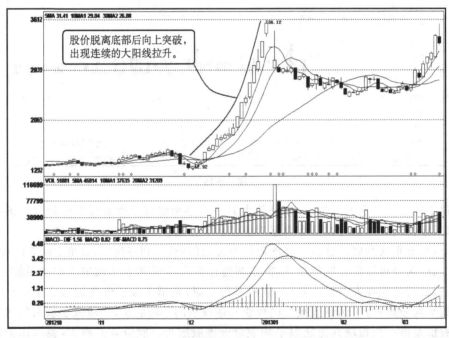

图 8-26

(2) 中间夹带小阴小阳或十字星形态。在这种拉升形式中,大阳线之间夹带一些较小的 K 线,这些小 K 线并不影响股价的上涨势头,反而有利于股价的加速上涨,因为通过小 K 线的震荡洗盘后,盘面会更加清爽,股价上涨更加稳健。在上涨过程中,经常出现高开低走的假阴线(实际股价仍上涨),以此达到洗盘效果,又能使盘面保持强势状态。而且,以大阳线为主,上下影线较短小或是光头光脚的阳线,不时伴随着涨停板 K 线,一般股价不会有效跌破 10 日均线的支撑。

实例 8-27

图 8-27，金科股份（000656）：该股庄家完成整理洗盘后，在 2015 年 3 月进入主升浪行情。在拉升过程中夹带一些小阴小阳或十字星 K 线，股价回调不破 10 日均线，使浮动筹码及时离场，然后拉升一气呵成，一浪到顶，盘面清爽稳健，走势坚挺有力，股价涨幅较大。

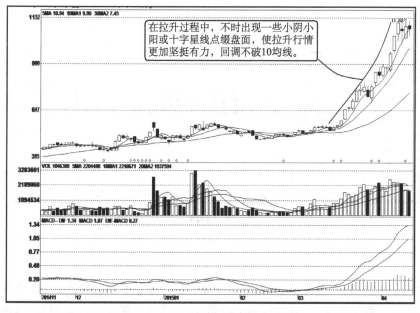

图 8-27

（3）中间出现短暂停顿的调整形态。这种拉升形式前面两种方式基本相同，不同之处就是该形态中偶尔出现短暂的调整走势，但这种调整不会对上涨势头构成破坏，盘面依然保持强势调整状态，这是拉升中的正常"小憩"。经过"小憩"后更多有利于主升浪的向上发展，而且不会有效跌破 10 日均线支撑。

实例 8-28

图 8-28，三丰智能（300276）：该股庄家完成整理洗盘后，在 2015 年 4 月进入拉升阶段，在股价拉升过程中基本以大阳线为主，虽然出现几次停顿现象，但上涨势头保持完好，股价依托 10 日均线上涨，说明庄家实力强大，做多信心十足，投资者应坚定持股，或在 10 日均线附近介入。

3. 阴阳交错拉升

在阴阳交错式拉升中，会出现一些小幅调整走势，股价有时会跌破 10 日均线，但不会构成有效突破，很快返回到 10 日均线之上，大多以大阳小阴为主的 K 线组合形态。就其盘面攻击力而言，一字涨停拉升最强，连续大阳拉升次之，而阴阳组合式拉升最弱。虽然这种拉升看起来属于最弱的一种，但其上涨力度依然势不可当，累计涨幅也不会低，有时甚至超过前面两种的涨幅，因为这种走势属于慢牛性质的主升浪，盘中浮动筹码往往比较少，所以持续时间比较长，累计涨幅也比较大，这是该种形态的一大特点。

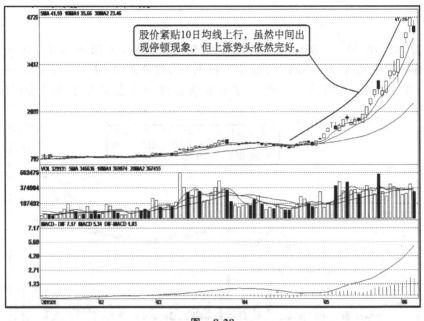

图 8-28

实例 8-29

图 8-29，瑞丰高材（300243）：该股 2015 年 4 月向上突破进入拉升阶段，在拉升过程中小阴大阳交错上行，股价紧贴 10 日均线向上拉高，中间虽然出现几次停顿现象，但没有明显下跌，更没有跌破 10 日均线的支撑，股价依然保持强势之中，说明庄家高度控盘，做多决心很大。在这类个股中，持股者应坚定持股与庄家共舞到底，持币者可以在 10 日均线附近做多。

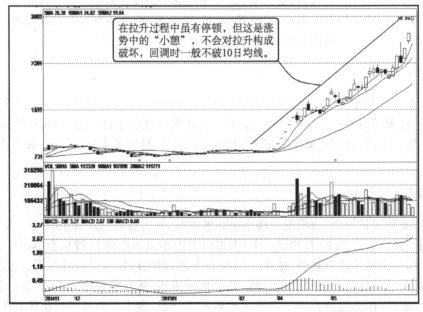

图 8-29

第八章 拉升阶段

> 实例 8-30

图 8-30，深天马 A(000050)：该股在 2014 年 7 月 28 日放量涨停，股价向上脱离底部盘整区域，从而产生一波主升浪行情。在拉升过程中，盘面以大阳小阴为主的 K 线组合形态，在 8 月中旬出现回调走势时，股价考验 10 日均线的支撑力度，然后再次向上拉高涨停，说明尽管短线出现回调走势，但不改股价上涨势头，仍然运行在强势拉升之中。所以，遇到这种走势时只要 10 日均线保持完好，就可以坚定地持股做多，不必为中途的小调整所困扰而做出错误的判断。

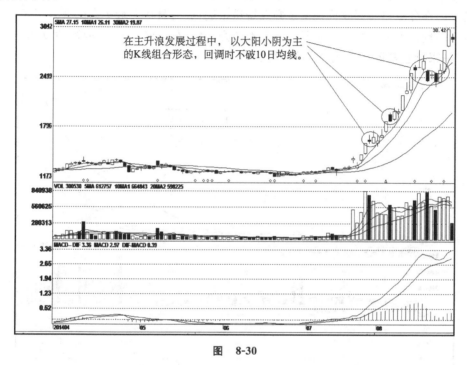

图 8-30

六、拉升的量价形态

1. 放量拉升

放量拉升是指成交量大幅增加的同时，股价也同步上涨的一种量价配合现象。通常股价在低位运行一段时间后，在上升行情中出现量增价涨，而且大部分出现在上升行情的初期，也有小部分出现在上升行情的中途。放量拉升的原因主要有两种。

一是庄家大手笔对敲自己的筹码，虚造市场热钱的运动方向，吸引散户的目光。

二是主要成交来自于散户对散户的对流筹码互换，让散户为庄家做活广告，吸引下一批散户进场。

当一只股票小幅拉升跃出盘整已久的底部区域后,将进入拉升阶段,在拉升过程中庄家资金要大量出手,同时通常大成交量吸引散户注意,诱导散户跟进。为了制造大的成交量,庄家通常利用对敲手法制造大幅震荡,从盘口来看,股价在分时走势当中,短线涨跌较大,在一些重要价位经常出现较大的买卖盘,庄家通过上下震荡,清理掉持股不坚定的散户。

实例 8-31

图 8-31,文峰股份(601010):在低位横盘整理期间,成交量一直处于缩量状态,2015 年 3 月随着股价突破盘整区域,成交量开始持续放大,庄家在这一区域承接了大量的市场抛盘,同时场外的部分散户看到股价开始拉升而纷纷跟进,成交量在大量买盘的介入下不断放大,股价也不断创出上涨新高。随着股价的不断拉升,大部分投资者看好该股,主动卖出的比较小,同时庄家持仓较重,成交量没有再继续放大。

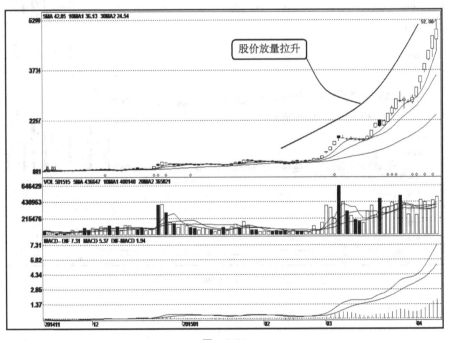

图 8-31

实例 8-32

图 8-32,同有科技(300302):该股在低位经过长期震荡筑底,每日成交清淡,但股价重心不断上移,随着时间的推移,庄家吸筹计划完成,经过反复震荡洗盘后,庄家于 2015 年 3 月开始启动股价,成交量伴随放大,庄家用几个交易日趁热打铁,向上突破前期高点,激发了散户的买入热情。随后经过缩量整理后,股价出现加速拉升行情,说明洗盘换手比较顺利,股价出现缩量上涨。在实盘中,通常股价出现放量之后,经过洗盘整理,大多会呈现缩量上涨状态,这时意味浮动筹码得到清理,庄家已经控盘,股价稳健上涨。

分析成交量的变化关键在于趋势。多少算放量,多少算缩量,没有一个可以遵循的规律,很多时候只是一个"势",即放量的趋势和缩量的趋势。这种趋势的把握来自于对前期走

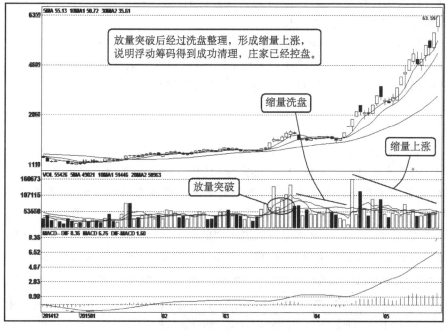

图 8-32

势的整体判断,以及当时的市场变化状态,还有市场心理变化。在用成交手数作为成交量研判的主要依据时,也可辅助使用成交金额与换手率进行研判,从而更好地把握量的"势"。

黑马股的出现好像是在某一天爆发,但在此之前从成交量的细小变化就能看出很多迹象:有一种黑马股的成交量是从某一天起突然放大,然后每天都维持这个水平。这种变化说明庄家在有计划地吸纳,这种吸纳往往引起股价上涨,但收盘时却有人故意将股价打低,形成上影线,从日 K 线图上可以看出,成交量放大时,股价小幅上涨,而在下跌时,常常形成十字星。另一种黑马股的成交量是从某一天起逐步放大,并维持一种有规律放大的趋势,这正是庄家已介入的迹象。同时,股价小幅上涨,说明庄家已没有耐心或时间慢慢进货。经过加速,股价必定会突然起飞。

股价连续上涨时,成交量随之放大,则上升趋势不变。成交量大幅增加,但价格并不持续上升,是反转征兆。股价持续下跌时,成交量放大,下跌趋势不变。成交量放大,而价格下跌趋缓,是反弹征兆。

2. 缩量拉升

缩量拉升与放量拉升刚好相反,股价重心连续上涨,而成交量却越来越小。从理论上来讲,放量拉升,特别是上涨时间不长,量也放得不大,那么就可以考虑买入,当量放到很大(特别是天量)的时候,就要考虑卖出。缩量拉升,表明筹码的锁定性非常好,整个群体一边倒,庄家几乎能将整个盘子一锅端,在一致看好的前提下,庄家对敲几笔就能够把股价拉高,但是,从另一方面也说明场外资金进场不积极,做多动力不足,一般不考虑买入股票,所以缩量拉升还要具体分析,不能一概而论。

缩量拉升出现在股价的各个时期之中,在底部平台启动的,或小幅拉升后缩量回调后的再度放量突破前小高点的形态,或股价处于拉升初期的,这些位置的缩量上涨,都是股价即将加速的特征,是需要散户重点关注的。

对于平台启动的,平台时间长短不一,但平台震荡后期均会呈缩量格局,某一交易日突发放量拉出大阳线甚至涨停板,并突破平台上轨,有时会以小幅跳空方式并伴随放量拉出大阳线或涨停板突破,然后呈现缩量上涨,说明庄家已经控盘。

实例 8-33

图 8-33,华鹏飞(300350):2015 年 2 月,该股受利好消息影响出现一波拉升行情,然后打开"一"字形涨停板进行放量洗盘,经过充分的洗盘换手后,浮动筹码离场,庄家基本达到控盘,股价开始缩量上涨。庄家控盘后,股价走势逐渐摆脱市场的束缚,走出自己的独立行情。这时候个股的涨跌已并非技术分析所能够判断,而是取决于庄家的意愿。在没有达到庄家目标之前,此类品种可能整体保持大涨小回的向上运行格局。在经历巨大升幅之后,一旦出现基本面恶化或庄家萌生退意时,将可能出现连续暴跌,带来极大的市场风险。

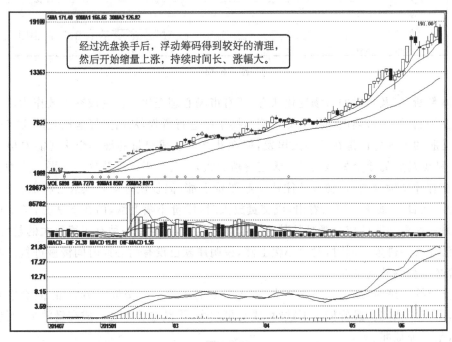

图 8-33

对于小幅拉升后缩量回调的启动,其回调时间跨度一般不宜过长,以 15 个交易日左右为宜,且回调必须缩量,股价回调深度不能低于前波启动时的最低价位,即后低要高于前低,总体趋势呈低点抬高走势。回升时必须带量,穿过前波段小高点时,应以放量大阳线或涨停板突破为主,说明浮动筹码清理比较彻底,股价仍将以上涨为主。

实例 8-34

图 8-34,国统股份(002205):2015 年 3 月,股价放量突破盘整区域后,缩量回调整理,然后在 5 月 13 日再次放量回升穿过波段小高点,此后出现缩量上涨状态,说明浮动筹码得到

较好的清理,庄家已经控盘,股价稳步上涨。

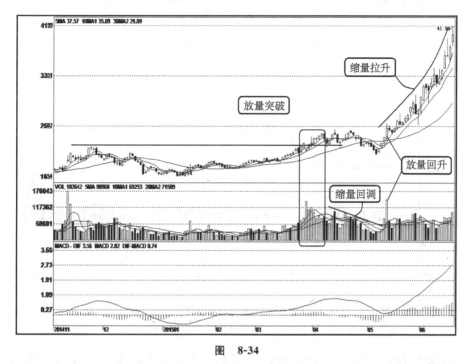

图 8-34

对于股价涨幅较大,且股价缩量上升时K线实体越来越小或者出现快速冲刺的情况,这是股价即将见顶的特征。

实例 8-35

图 8-35,全通教育(300359):庄家完成建仓计划后,股价逐波上涨,从30多元爆炒到460元,涨幅非常之巨。庄家控盘后一路缩量上涨,说明盘中浮动筹码很少,想炒多高庄家说了算。2015年5月,庄家利用除权除息之机,快速缩量拉升出货,随后股价暴跌。

3. 缩量上涨的意义

第一,什么情况下出现缩量上涨?

一般情况下,缩量拉升是好现象,缩量涨停可以放心持股,这种现象当属前途"无量"。大多数"缩量上涨"的个股其涨势仍将得到延续,只有少数"缩量上涨"的品种不具备持续性。具体有以下几种情况,仅供大家参考。

(1)大势向好,惜售筹码迹象明显。当市场欣欣向荣、欢歌笑语时,大多数投资者认为市场仍将进一步向好,未来上涨空间还很大。那么这时候投资者认为手中的筹码未来具备极大的增值潜力,因此具有很明显的惜售心理,即使出现小幅的上涨也不会轻易抛出,于是就出现了缩量上涨情况。

(2)庄家控盘,连续上涨无须放量。在庄家已经控盘的情况下,因外围筹码相对有限,庄家向上拉升是轻而易举的事。这是缩量上涨出现频率最高的情况。现在市场中很多庄股基本上都是属于这种情况。

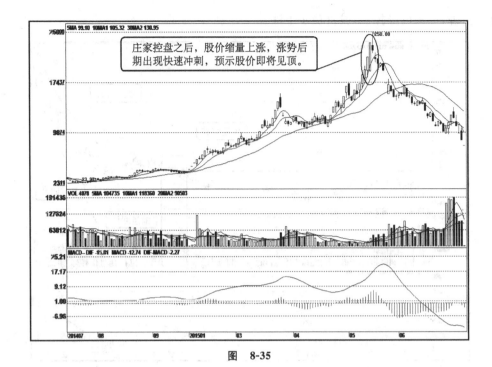

图 8-35

(3) 突发性利多,导致连续无量上涨。这种情况在市场中比较多见,特别是近期市场中因重大重组所引发的连续无量涨停体现得十分明显,而这类品种往往由于事发突然,庄家难以提前收集到足够筹码,后续大多存在较大的上涨空间。

(4) 新股、次新股,套牢盘少无量上涨。炒新是我国股市的一大特点,由于新股、次新股上方套牢盘少、盘子小、想象空间大,加之发行体制的转变,容易出现连续的无量上涨。比如在2015年上半年上市的这批新股,恰逢大盘火爆,出现10个、20个以上的"一"字形无量涨停已经不是什么稀奇之事。

(5) 暴跌后的无量反弹。这种情况只是投资者及时离场的好时机。一般情况下,股价在下跌过程中不放量是正常现象,一是没有接盘而抛不出去;二是惜售情形较高没人肯割肉,出现无量阴跌天天跌的现象,只有在出现恐慌性抛盘之后,再次放量才会有所企稳。其实放量下跌说明抛盘大的同时接盘也大,反而是好事,尤其是在下跌的末期,显示出有人开始抢反弹。由于弱势反弹主要靠市场的惜售心理所支撑的,止跌反弹的初期往往会出现在恐惧中单针见底,因此需要放量,但之后的上攻反而会呈现缩量反弹天天涨的现象,这时不必理会是否放量,因为弱势反弹中一旦再度放量,就说明筹码已松动了,预示着新一轮下跌的开始。

第二,缩量上涨对于大盘的意义。

若在相对低位,说明投资者观望气氛浓厚。空头经过前期的打压,能量也消耗不少,多空对决,多方略胜一筹,接下来量能温和放大,上涨的持续性值得期待。

若在相对高位,随着股指的上涨,投资者变得谨慎起来,追高意愿不强。一旦后续能量不能随着股指的上涨有所放大的话,见顶回落的可能性较大。

第三,缩量上涨对于个股的意义。

（1）开盘即涨停,持续至收盘,说明该股可能有重大利好,被庄家提早得知,在集合竞价时即进入,而持股者惜售,这样的涨停自然是缩量的。

（2）股价经历连续大跌,斩仓盘基本出局,剩下来的基本是意志坚定者,因此抛压不大,买入推高股价轻而易举,少量资金即可,于是缩量上涨。

（3）行情低迷,做多做空意愿都不强,大家都在观望,此时也是缩量,有可能上升也有可能下跌,但幅度一般不大。

对于量价关系来说,这只是一般规律,价格还是由买卖关系决定,因此量价关系只能作为参考。

（4）持续的缩量上涨意味着多空方向一致,庄家控盘程度高。在股价拉升时,"价涨量缩"比"价涨量增"的风险要小得多,这时往往是庄家控盘比例极高造成的。

（5）上升途中缩量上攻天天涨,下跌途中缩量阴跌天天跌。市场上有这样一种认识,认为股价的上涨必须要有量能的配合,如果是价涨量增,则表示上涨动能充足,预示股价将继续上涨；反之,如果缩量上涨,则视为无量空涨,量价配合不理想,预示股价不会有较大的上升空间或难以持续上行。实际情况其实不然,典型的现象是上涨初期需要价量配合,上涨一段后则不同了,庄家控盘的个股往往越是上涨成交量反而萎缩了,直到再次放量上涨或高位放量滞涨时反而预示着要出货了。

（6）如果价位偏高,说明多方做多意愿不足,回落的可能性较大,尤其是在放量大幅上涨之后再缩量上涨,说明行情可能反转向下,短线就可以出货。

七、拉升时的盘口现象

1. 日K线盘口

开盘,经常以涨停板开盘,且全天封盘不动,或连续大幅跳空高开,且跳空缺口近日不予回补,交易时股价节节拔高,直冲涨停价位附近,锁定盘中筹码,减少上行压力。盘中,股价出现一波回探后,很快用大单买盘拉起,基本运行在前一日收盘价上方,当日完成震仓洗盘。收盘,股价往往以最高点或次高点收盘,上涨势头十分强劲。日K线经常出现"一"形、"T"形或大阳线。

2. 分时图盘口

（1）在当日上攻时经常在买档和卖档位置上同时挂出大单子,成交量大幅放出,把买卖价位不断上推。个别股在分时曲线图上经常沿45°角的斜率上推。

（2）从分时走势看,在开盘后不久或收市前几分钟最易出现拉升现象。若在开盘后30分钟内即拉升至涨停,有利于庄家以较少的资金达到拉升的目的,由于离底部区域不远,一旦庄家拉升封涨停,会吸引场外短线资金介入,降低庄家拉升成本。这主要是因为中小散户在刚刚开盘时(和收盘前)并不知道自己所持的股票会上涨或上涨多少,所以此时挂出的卖单减少。庄家在这两个时刻只需运用很少的资金就可将散户的抛单统统吃掉,从而轻易达到拉升效果。但在尾市时拉升经常有刻意成分,其目的主要是为了显示庄家的买力,吸引散户注意和跟风,或者是为了做K线(骗线)图和构筑良好的技术形态。

(3) 实力强大的庄家在买档位置堆放巨大买单托盘,封死股价下跌空间,逼迫散户去帮助冲锋,要想买进只能在庄家前边排队,而庄家又会将买单再度提前,每一买价相差只有一两分。此时如果在底部股价刚启动上涨,可以追击介入。但有时是为了吸引场外跟风或减少抛压,有多头陷阱嫌疑,手法较陈旧。

(4) 庄家在卖档位置上始终挂着巨大卖单,显示抛压似乎很沉重,但是股价却不明显下跌,从成交明细上看,大笔的直接卖出成交(内盘成交)并不多见,显示出并没有多少主动性砸盘的筹码,而且盘中成交又非常活跃,这时候就有问题了,大笔的卖单不可能是散户所挂,而作为庄家挂出的卖单只是出现在盘面上又不肯主动卖出去成交,股价也不下跌,这往往是别有用心的表现,这种情况下如果这只个股在底部的累计涨幅并不大的话,很可能是面临拉升的前兆。在盘中挂出大笔卖单的做法只不过是虚晃一枪,投资者盘面当中发现了这样的个股须仔细观察委托盘的变化情况,如果发现突然有大笔买单向上吃进或者盘面上的大笔压单突然被撤的话,则是短线介入的好时机。

(5) 巨单突袭式拉升。庄家操纵股价的手法是相当多的,投资者应该认识庄家常用的经典的操盘手法,熟悉庄家的做盘思路。以便当某种操纵手法在个股盘口中出现时一眼就看出庄家在做什么,下一步想做什么。这里介绍一种几乎每天都能看到的庄家常用的拉升手法:巨单突袭式拉升。

巨单突袭式拉升是指庄家在操盘过程中,在盘中毫无征兆的情况下,突然连续几笔(有时仅一笔)大买单将股价大幅拉高的操盘行为。个股盘中突然出现巨大买单大幅拔高股价行为能快速引起投资者的广泛关注,吸引跟风盘的介入。一笔笔巨大的买单是吸引投资者眼球的最有效工具。懂得操盘技巧的庄家善用这一招往往会收到意想不到的效果。下面结合个股不同状态下的"巨单突袭式拉升"实例,剖析庄家这一操盘技巧中所包含的思路。

实例 8-36

图8-36,梅雁吉祥(600868):这是该股2015年8月7日的分时走势图,股价开盘后大部分时间在昨日收盘价下方横向震荡,似乎没有庄家关照。但从2:13开始连续巨大买单快速拉起,成交量成倍放大,形成攻击性量峰,股价由绿翻红,拉升到8个点上方进入强势整理,股价略有回落,但能够坚挺在当天的高位震荡,显示抗跌性极强,最后在尾市半个小时内再次以连续巨大买单快速拉涨停。这种盘面走势,说明庄家准备十分充分,股价将进入主升浪,此后该股再次拉出7个涨停板。

在股价横向震荡时,庄家在背后默默观察盘面变化,并不干预股价的走势。庄家根据市场环境变化灵活操盘,认为拉升时机到了就动手,若大盘环境不行,就不动手,让股价以横盘震荡直到收盘。投资者重点关注以下几种情况。

第一,股价小涨1%～3%横向震荡,然后突然巨单拉高。

这种表现是庄家已经早有计划的拉升,先小涨以观察该股及市场的表现伺机行动,这是继续做多的积极信号。

庄家为什么要观察市场环境才发动拉升?现在的庄家一般不是控盘坐庄,大量的筹

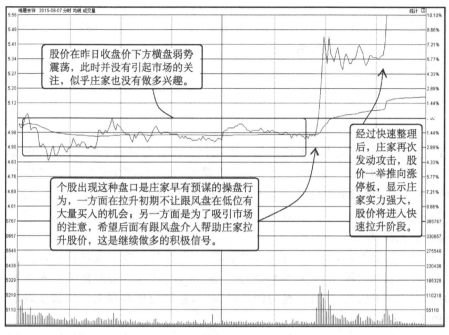

图 8-36

码在其他机构和散户手中,拉升时别的机构和散户完全可以自行决断。一旦拉升时机不对就有可能在拉高时遇到较大抛压,庄家要用更多的资金才能将股价拉上去,且还要在高位出手护盘。若此时抛压过大庄家接盘量就特别大,这对庄家很不利,所以庄家要选择适当时机。

这种盘口的出现,说明庄家早已有做多的计划与准备,只是展开拉升时操盘比较谨慎,先小拉一浪,在庄家认为各方面都安全后才发动第二波突然拉升。

第二,股价上涨 3%~6% 横向震荡,然后突然巨单拉高。

这种盘口说明庄家不但有做多的计划与准备,且在展开拉升时较为大胆,一般在开盘后就出现第一波拉高。第一波拉高后让股价进入横盘震荡,一是消化上升时的抛压;二是庄家寻找更适合的时间实施第二波更大幅度的拉高。

这种盘口是实力较强庄家的操盘行为,是做多信心坚决的表现,以巨大买单发动第二波拉升目的是继续快速拉高。这样的盘口部分个股会冲击涨停板价位,这类个股大部分当天涨幅较大。当然也有小部分个股在庄家实施第二波快速拉升后就开始减仓出货。到底是为了拉高还是为了拉高减仓,就看第二波拉升之后股价收盘这期间表现强弱来区别。

第三,股价上涨 6% 以上横向震荡,突然巨单拉高。

这种盘口说明庄家强势做多,拉高后强势横盘一般是为了清洗浮动筹码,同时也是为了冲击涨停板做准备。股价大涨后强势独立横盘能吸引大量投资者的注意,吸引涨停板敢死队的眼馋。

股价上涨 6% 以上横向震荡是为了冲击涨停板而做的,这个拉升动作也是早有准备的。这有的是在洗盘完毕后的继续拉高,有的则是追涨停板机构大手笔抢进造成的。这种在涨停板附近横盘震荡的盘口一般是庄家吸引涨停板敢死队的眼馋,引诱其介入的操作手法。

股价由横向震荡到在盘中毫无征兆的情况下,突然以大几笔快速拉高,还有其他多种庄家操作思路和做盘行为,比如突然拉高试盘和出货,这些都是现代庄家操盘常用的手法,投资者应有所掌握。

3. 量价关系

(1) 价涨量增。股价上升而成交量比平时增加,为买盘积极的表现。一般而言,反映市场投资者买卖情绪高涨,属典型升市现象。若股价在升势初段或中段时间,出现价涨量增,反映庄家及散户竞相追涨吸纳,构成足够的上升动力,预示后市继续上升机会很大。

在涨势中,如果尾盘出现价增量增,是人气看多的征兆,也叫作尾盘抢盘。若5日乖离率小于+5时,投资者可大胆追涨,次日仍会高走。即便是5日乖离率大于+8时,这种盘面次日也会高开上冲,短线也有机会。

在上升盘局的后期,如果尾盘出现价增量增,大盘在尾盘突然发动攻势,此时若盘整时间不小于上升过程的时期,并且调整的深度未破25日均线时,是调整结束的迹象可进场。若调整时间大于上升时间,并且调整的深度过深时,这种抢尾盘多为庄家诱多表现,次日应清仓,这种走势多伴有顶部出现。

(2) 价涨量平。股价上涨,成交量却与前几日差不多,反映庄家筹码锁定性好,上档压力轻,后市看高一线。如果价涨量平的现象是因为涨停板,股民无机会买货所致,翌日应该仍有高位可见,持股者不应急于沽货。

如果在尾盘出现价增量平,这种现象对次日发展趋势有两种情况,若均线系统在形成多头排列初期,价增量平属惜售现象,是买盘远大于卖盘的表现,可积极介入,一旦失去当日买入机会,可次日介入,但不宜追涨。这主要是前日在尾盘拉升,成交量不能有效放大的条件下,次日多会出现高开上冲后再回调的走势,因此,在这种情况下可在回调中大胆介入。若均线系统形成多头排列末期,即周KDJ指标进入超买区,特别是J值超出100时,尾盘出现价增量平纯属涨势高潮散户惜售,庄家借机拉高出货现象。此时,不可追进,也不必杀出,这种情况次日通常也会有高开冲高的过程,在此过程中派发手中的筹码。在上升趋势的中途盘局中,尾盘价增量平多为大盘指标股所为,次日走势仍会牛皮盘整,不宜进出。

(3) 价涨量缩。股价上升但成交量未能配合上升,反而减少,量价出现背离,此情况如出现在升势末期,表明后续能量不继,谨慎持股。若价涨量缩的出现是因为涨停板所致,则升势仍可延缓。

(4) 价跌量平。股价下跌而成交量与平时相等,反映当时的升势并未出现重大变化,预料仍将沿原有趋势运作。换句话说,在上升趋势中,价跌量平只反映有部分散户沽货套利,主要大户仍未大幅抛售股票,只要跌幅不致太深,其升势仍可继续下去。

(5) 尾盘急跌量大。这种情况称尾盘跳水,若发生在涨幅过大,即5日乖离率大于+8以上时,并且全天呈现一路下跌时的尾盘,应坚决离场,切忌摊薄操作及抢反弹。此种尾盘次日多为跳低开盘,并有可能形成顶部。若5日乖离率小于+3,并且全天盘面涨势较强,价量配合良好,仅在尾盘一刻钟,出现急跌,往往是庄家进行尾盘洗盘动作,不宜贸然杀出,应耐心持股次日再定进出,次日在没有利空的条件下,仍会高开高走。

在上升中途盘局中,尾盘出现价跌量增,不宜贸然抢进,次日多为平低开盘居多,是耐不住久盘的投资者出局的一种盘面表现。如果,该种盘面发生在10日均线处,或者跌破10日均线,且30日均线与10日均线相近时,当日的盘面有可能是上升盘局中的下跌转折点,投资者可弃股观望。若该走势虽然跌破10日均线或发生在10日均线处,而30日均线仍以原上升的角度上升时,此时,中线可不出局,等待30日均线处的盘面表现再做买卖决定。

4. 拉升速度

(1) 拉升速度快,具有爆发性。个股在启动初期经常出现连续轧空的走势,同时随着行情的展开,成交量连续放大。对这类庄家而言,时间比资金更重要,而且闪电式的突击本性已经根深蒂固了,连续轧空就是这种操作行为的最好写照。因此庄家的拉升一般都是十分迅速的,因为毕竟适合于拉升的良机不多,庄家必须及时把握时机而快速拉高,这样才能充分达到事半功倍的效果。同时快速拉升产生的暴利效应,能够更好地起到诱惑的作用。

(2) 短线庄家的拉升,最关键的就是借势。借大市反弹之势、借大市上升之势、借利好消息之势、借形态突破之势,借势拉高往往是一鼓作气的。短庄的拉高手法比较简单,以快、狠为主,有时快到让想追入的投资者不得不一次又一次地撤单将价位打高。一般来说,短庄的拉高多出现在尾市,因为如果过早地拉升,极有可能面临着抛压砸盘的风险,而在尾市拉升,往往可以将投资者杀个措手不及,想买的买不着,想卖的又舍不得卖。个别凶狠的庄家,甚至将股价用大单封至涨停,让投资者只能望单兴叹。

(3) 中、长线庄家的拉升,由于驻庄周期比较长,往往达到高度控盘,其目标利润定得比较高,而且手中掌握的筹码比较集中,其拉升时的盘口通常独立于大势而行,走势不温不火,碎步推升,一轮拉升段往往持续时间较长。但如果遇上合适的拉升时机,可使庄家事半功倍,不必花费大量的资金就可以达到目的,且拉升幅度更大。

(4) 个股行情一旦启动,其走势相对独立,上涨速度明显快于大盘或板块,而且多发生在大市比较乐观时。因为,此时大市表现出明显的多头特征,使股价的上升有很好的市场人气作为基础,可以使个股走出明显强于大盘的走势。很少选择大盘不明朗的时候发动进攻,但是如果发现个股在此时发动攻势,则一般隐藏有相应的题材或有可能是庄家在拉高建仓,未来的空间极其巨大。

(5) 当庄家企图大幅拉抬股价的时候,将通过媒介或股评放出题材,散布种种朦胧利多,并联系大户助庄,同时制造大成交量和大手笔成交(也可制造异动,如一笔特高或特低的成交),以降低抛压和吸引买气,从而加速股价的上涨。

(6) 拉升阶段中后期的典型特征是,股价上涨幅度越来越大,角度越来越陡,速度越来越快,成交量愈放愈大。但涨幅大、角度陡、速度快、成交量大的股票,持续时间较短,股民应随时做好出局的准备。若成交量呈递减状态,那么,这类股票要么在高位横盘慢慢出货,要么利用除权使股价绝对值下降,再拉高或横盘出货。

(7) 对倒拉抬。一边在上方堆积筹码,一边从下方不停往上拉升股价,促使股价快速上涨。对倒与对敲不同,对倒时可能大幅拉升股价,而对敲可能不拉升股价;另外,对敲的性质重股价的成交量,而对倒的性质在偏重成交量的同时偏重股价的涨势。

八、拉升阶段的市场特点

(1) 市场量能渐增。庄家在拉升时，成交量大幅放大，一般从小到大呈递增态势，能量逐步得到聚集，交投活跃，表明有场外跟风资金入场（其中不乏有庄家对敲放量成分），在日K线上一片绯红，股价节节拔高，势如破竹。否则，低迷的市场容易被人遗忘，很难产生投资者的兴趣。如向上突破时，一般会出现放量过程，价升量增，量价配合恰当，才能被投资者看中。这是为什么呢？因为突破是为了引起市场的注意，引发买盘介入，这样庄家才能轻松上轿或顺利派发。

(2) 市场人气火爆。庄家拉升不仅需要一定的时机，还需要一定的市场环境才得以完成。大家知道，低迷的市场适合进货或洗盘，火爆的市场适合拉升或出货。所以，庄家在拉升或出货时，特意制造火爆市场，吸引场外投资者。火爆市场分为两种：一种是大势火爆；一种是个股火爆。大势火爆时，人气聚集，交投活跃，证券交易大厅人头攒动，市场出现白热化，甚至有的个股达到疯狂境地。个股火爆时，一般表现为局部或个股行情，多属非主流板块或主流板块中的部分个股，除基本面因素外，往往有庄家资金关照。比如，中国股市于2007年10月结束了牛市上升期后，市场步入漫长的熊市调整期，广大股民因此亏损累累，一时间证券市场几乎无人问津，人气到了冰点，甚至到了绝望境地。2008年4月24日，降低印花税消息公布后，市场出现了"4·24"井喷式反弹行情，人气一时得到沸腾，但行情难以持久，股市再次步入调整期。

(3) 市场运行有序。在低迷的市场，股价往往是无序的波动，很难从技术面上去把握市场趋势。市场一旦进入拉升阶段，人气趋旺，往往出现有序波动，无论是日K线还是分时图上，股价逐波运行，高点一个比一个高，低点一个比一个高，这就是平常说的"涨跌有序"。我们可以用K线、波浪、趋势、切线、指标、形态等技术分析工具研判市场趋势，寻觅其中的蛛丝马迹，找出一个合适的切入点大胆介入。但是，这需要有较深厚的看盘功夫，经验不足者，宁可多看少动，切勿盲目决断。

(4) 市场机会增多。由于庄家拉升时，量能放大，人气旺盛，盘中多以大阳小阴即涨多跌少出现。在日K线上，平开高走或高开高走，拉出长阳或连续多根阳线后，出现1～2根小阴线或阴十字，然后再度拉出长阳或多根阳线，如此拉升股价，招揽散户抬轿。这不同于建仓时的小阴小阳，也不同于洗盘时的大阴长阳。如果是假盘面则不同，阳线之后，则伴随着大阴线，或2根以上中阴线，回调幅度较深，短期修复难度较大。

在股市中，吸引投资者的就是钱，只要有金可淘，就不顾一切地追进去，而庄家拉升时正是投资者淘金的黄金时期。由于这阶段行情向好，赚钱的机会大大增加，不像市场低迷时那么难了，尤其是大势十分火爆时，投资者随便买入一只股票，或多或少能获利，仿佛赚钱就那么容易。但赚钱的同时充满危险，如果把握不好卖出点，照样被折腾得死去活来。因此，看盘功底深的人可以获得丰厚的收益，看盘功底浅的人不仅难赚钱，不套进去也算是大幸了。

在这阶段中,庄家为了引起市场的注意,在盘面上出现一片绯红,至少要连续 5 天收阳,且股价都是上涨的真阳线,股市一片艳阳天。但有时庄家为了出货,特意制造好看的盘面,K 线天天收红,股价也天天收高,庄家却在暗中悄悄出货。因此,投资者要加强对盘面的深入研究,认真辨别庄家的真假行为,以提高操作的成功率。

九、拉升时的技术特征

1. 均线系统

在拉升过程中,均线呈典型的多头排列,5 日、10 日均线上升角度陡峭,一般都大于 45°以上,收盘价维持在 5 日均线之上是大牛股的基本走势,即使偶然在某一天收盘跌破 5 日均线,也会在 10 日均线处得到强大支持,并很快重返 5 日均线之上。5 日、10 日、30 日、60 日均线以多头排列的方式托着股价以流线型向上延伸。该阶段行情是最具有爆发力的主升段,获利快速,行情诱人,升幅可观,是投资者孜孜以求的目标。

2. 技术指标

大部分指标如 MACD、DMI、RSI、OBV、BRAR、CR、VR、PSY、KDJ、W％R 等处于明显的强势区,有些指标甚至在股价连续的大幅拉升下,在高位形成严重钝化。BIAS、36BIAS 等技术指标值增大,6 日 BIAS 的值达到±5 以上,12 日 BIAS 的值达到±10 以上,72 日 BIAS 的值达到±25 以上。

3. K 线特征

在拉升阶段中,庄家经常在中高价区连拉中、大阳线,阳线多于或长于阴线出现,日 K 线连续飘红收阳,且经常跳空高开形成上攻跳空缺口,且短期不予回补。股价拉升时,K 线组合与均线系统呈现典型的多头排列。

根据 K 线理论分析,这阶段常见的 K 线组合形态有大阳线、红三兵、上升三部曲、飞鸽归巢、锤头、身怀六甲、跳空缺口、"一"形、"T"形等。

4. 波浪特征

拉升阶段在波浪理论中,多出现在上升波浪中第 3 浪或第 5 浪之中。

第 3 浪是具有爆发力的上升浪,通常以延伸形式出现。其运行的时间和上升的幅度也是推动浪中最长的,其上升幅度是第 1 浪的 1.618 倍或 2.618 倍。第 3 浪中,成交量大增,沉寂底部的各种图表纷纷被突破,并以跳空的形式上升,投资大众失去的信心又重新找回。股市基本面各种利好不断、人气沸腾,外围资金在赚钱效应下不断加入股市并推动股价上升。

第 5 浪为继续上升的升浪。通常力度较弱,升幅小于第 3 浪,若第 1、3 浪已升幅可观,第5浪很可能走出失败的形态,即其顶点不能超越第3浪的顶端。如果第1、3浪升幅较少,第5浪也可能成为主升浪,其走势与通常理论中的第3浪相同。不管第5浪为主升浪、失败浪或一般升浪,人气都达到鼎盛,乐观情绪覆盖住整个市场,只有少数先知先觉者于此离场。

第5浪通常与第1浪等长或上升目标是1浪至3浪升幅的0.618倍。若5浪以倾斜三角形出现则后市会急转直下,快速下跌至倾斜三角形的起点;若5浪高点达不到3浪高点,则形成双头形态。

5. 切线特征

此阶段形成清晰的上升通道,股价经常在通过前期某一阻力位(区)时会进行震荡整理以消化该阻力的压力,而且突破之后又将加速上扬。股价回落到支撑位(区)时,多能获得支撑而再度升势。

6. 形态特征

制造良好的技术形态,是庄家的拿手好戏,许多形态已被多数投资者了解和接受,因而庄家用制造突破的方式吸引散户追高往往十分有效。可以这样说,所有实力庄家都必须努力维持庄股的有利技术形态,必须有计划地控制每日收盘价,以调整K线图和各种技术指标。

拉升阶段的技术形态比较简单,常见的形态有直线、N形。

(1) 直线。在拉升阶段,经常出现直线式拉升,这种形态在日K线和分时图上均能见到。在日K线中,庄家进入拉升角色后,连续以大阳线或"一"形、"T"形出现,在日K线上呈现直线形上升。在分时图中,股价呈直线上升,角度大于60°,有时股价在昨日收盘价附近甚至处于跌盘中,一口气把股价拉到涨停板位置。这两种走势形态,在大牛市中经常见到,在消息平静的情况下,某只股票第一次出现这种情况时,可大胆跟进。

(2) N形。关于N形的特征及操作策略前面已经作过介绍。这种拉升是兼洗盘性质的,此处重提,是因为洗盘与拉升具有连贯性的动作。在N形拉升中,第一波上涨速度慢,盘升时间较长;第二波上涨速度快,持续时间较短。第二波上涨角度大多比第一波陡峭;第二波的上涨幅度大多超过第一波的上涨幅度。在一轮拉升行情中,可能出现一个或多个N形的情况。

实例 8-37

图8-37,汇通能源(600605):2015年1月股价见底后缓缓上行,成交量温和放大。4月中下旬,出现回调洗盘整理。经过一段时间的成功换手后,5月初再度放量拉升,股价快速上涨,呈现"N"形拉升态势。第二波上涨角度比第一波陡峭,上涨幅度和速度也比第一波大和快,持续时间短。

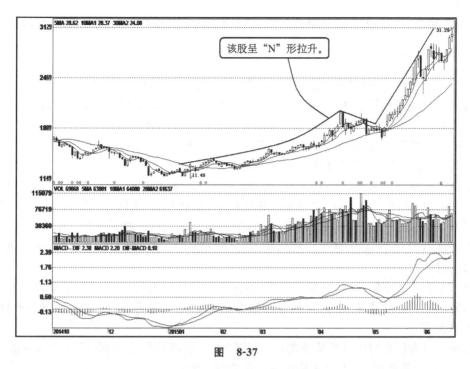

图 8-37

十、拉升阶段的时间与空间

1. 拉升时间

一般来说，相对于建仓、整理、派发阶段来说，拉升阶段的时间周期是最短的。庄家拉升时间的长短取决于庄家的实力和操盘风格，以及大势的情况和市场的氛围。拉升幅度的大小以及时间的长短，是体现庄家实力与操盘风格的所在。同时，拉高是庄家获利的关键，在庄家的操作中具有决定性意义。

一般短线拉升行情在1～2周，中线拉升行情在1个月左右，长庄股在3个月左右，个别大牛股的升势可能超过一年以上。

从另外一个角度来看，一般底部盘整结束后将股价拉升到一个台阶进行整理只需15天左右，其间没有震荡的可能在7天左右。以震荡爬升方式上行的个股，上升周期1～2个月。一个波段或台阶的拉升时间在15天左右，但总的持续时间较长，需要3～6个月甚至1、2年。为出货而快速拉升的持续时间较短，中途没有震荡或震荡幅度小的，需要20天左右，中途有震荡且幅度大的，需要2个月左右。

拉升时间通常与拉升性质、拉升方式、上涨速度、调理方式等因素有关。

拉升时间与上涨角度也有关系，30°角上涨的持续时间最长，可维持几个月甚至一年以上；45°角上涨的持续时间适中，一般在1～3个月；超过60°角上涨的持续时间最短，行情在几天或几周就结束。可见，角度平坦（但不低于30°为宜）的上升速率维持时间较长，角度陡峭（特别是超过 60°）的上升速率维持时间较短，因此股民遇见"井喷"式行情，不可恋战。

2. 拉升空间

拉升是指股价经过底部的充分换手并洗盘，且脱离底部庄家成本区域又进行过多次充分整理后，股价向顶部区域的快速挺进，是股票上涨最为疯狂的阶段（收益最高、最快，特别适合短线高手操作）。拉升空间就是庄家拉升股价所需要的幅度，它取决于目标股的炒作题材、市场人气、股价定位、技术形态、庄家成本、筹码分析、股本大小、庄家获利的目标等各种因素。其中，庄家的意志和实力是最具有决定性的。

股票拉升幅度至少在30%以上，否则的话就没有获利空间；一般情况下在50%以上，幅度较大的超过100%甚至200%以上，超级大牛市可能达到4～5倍以上。

通常，一只庄股的整体涨幅不小于1倍，流通盘较大的，在80%左右。基本面较差又无可以看好理由的，在60%～80%。小盘股、热门股的涨幅预期较高，可能达到2～3倍，甚至4～5倍以上。

庄家坐庄手法不同，其拉升幅度也有别：快速拉升的幅度在80%甚至2倍以上；一个波段或台阶的拉升幅度在30%左右，但总的幅度在1倍以上，推进式或复合式的拉升幅度在股价的1倍左右。

股票拉升幅度也可以参考股票的最低价确定，从底部最低价起算，可以按涨幅的80%、100%、150%或者200%以上分别确定拉升可能到达的价位。

十一、拉升阶段研判方法

1. 判断股价即将启动

买了股票就涨，这是做股票的人梦寐以求的事情。其实，对于投资者来说，盘中预知股票将要拉升，并不是"可想不可求"的事情，通过长期看盘、操盘实践，是可以达到的境界。其中一个重要方法，就是结合技术形态研判量能变化，尤其是研判有无增量资金。

（1）即将启动行情的识别方法。

第一，股价离历史最低价不远（指近一年），高位曾经放量，但后来一路盘跌，近两三个月忽然不再下跌，成交量比下跌时悄然放大，有时候放大甚至于到下跌时的5～10倍，股价在此期间涨幅甚小，不到20%，5日和10日均线走得很平，30日均线也快到了，突然某天大涨一下，过后好几天都没动静，又几乎跌回原处，甚至于无量跌破平台，此时并无该股的重大利空，倒是那天大涨之后有某种利好传闻。只要走出低位平台放量，然后无量向下急跌的形态（跌的过程中大家都在赔钱，只是庄家赔小挣大，而且跌的量小于平台放量的10倍以上），就表明该股离启动不远，不超过10天，此时果断介入，坐等抬轿，不亦乐乎！如果心里还不踏实，可继续观望至该股V形反转至平台处，不用放大量即轻松越过，到时再跟进也不迟，只不过是少赚15%～20%。

第二，股价处在高位或新高附近，然后长期横向盘整（横盘时大盘很可能在阴跌不止），此类股票在创出此高价时成交量逐级放大，到了高位后却没有放过量，而且成交量日益递减,到横盘末期,日换手率竟在千分之一二,在盘中经常可见几百股就把股价上下打来打去几毛钱,此时千万不要以为庄家体力太差或庄家不存在了。实际上当时见庄家进场跟进的人大都忍受不了长期的折磨,要么平推,要么割肉走了,而后来的人见股价太高,都不敢介入。从图形上来说,短中期的均线都已走平,长期均线即将与短期均线碰撞,K线收出一串小十字星或下影线较长的"T"形,有时也出现大幅低开后又迅速拉回平台的情况,这就意味着这只股票即将启动,必然创出又一高点。需要注意的是,这种股票有时有风险,就是临近年底或临近出报表时,庄家拉出一波天天放量的行情,其实是边打边退,K线图看着很漂亮,后来突然不放量了,一路阴跌,大家还以为是调整,死捂不放,或者还有个别股评家使劲推荐,公司的基本面也挺好,这都是配合庄家出货,所以这种股票一定要在成交量萎缩到极点时介入,一旦连着四五天放量推高,就不必去刀口舔血了。

(2) 一般涨升行情的识别方法。

量价关系如同水与船的关系:水涨船高。因此,只要有增量资金,只要增量资金足够,只要增量资金持续放大,则股价是可以拉升的。

这里面的重要预测公式和方法如下。

第一,首先预测全天可能的成交量。公式是:(240分钟÷前市9:30到看盘时为止的分钟数)×已有成交量(成交手数)。使用这个公式时又要注意:往往时间越是靠前,离开9:30越近,则越是偏大于当天实际成交量。一般采用前15分钟、30分钟、45分钟等三个时段的成交量,来预测全天的成交量。过早则失真,因为一般开盘不久成交偏大偏密集;过晚则失去了预测的意义。

第二,如果股价在形态上处于中低位,短线技术指标也处于中低位,则注意下列几种现象:如果当天量能预测结果明显大于昨天的量能,增量达到一倍以上,则出现增量资金的可能性较大;当天量能预测结果一般说来越大越好;可以在当天盘中逢回落尤其是逢大盘急跌的时候介入;如果股价离开阻力位较远,则可能当天涨幅较大;如果该股不管大盘当天的盘中涨跌,都在该股股价的小幅波动中横盘,一旦拉起,则拉起的瞬间,注意果断介入。尤其是,如果盘中出现连续大买单的话,股价拉升的时机也就到了。通过研判量能、股价同股指波动之间的关系、连续性大买单等三种情况,盘中是可以预知股票将要拉升的。综合上述,也即股价处于中低位,量能明显放大,连续出现大买单的股票中,有盘中拉升的机会。尤其是股价离开重阻力位远的,可能出现较大的短线机会。

第三,如果股价处于阶段性的中高位,短线技术指标也处于中高位,尤其是股价离开前期高点等重要阻力位不远的话,则注意:量能明显放大,如果股价不涨反而走低的话,则是盘中需要高度警惕的信号,不排除有人大笔出货,这可以结合盘中有无大卖单研判;高位放出大量乃至天量的话,则即使还有涨升,也是余波。吃鱼如果没有吃到鱼头和鱼身,则鱼尾可以放弃不吃,鱼尾虽然可以吃,毕竟肉少刺多。

2. 判断股价上涨真假

股价变动是通过涨跌来体现的。我们这里所说的涨跌,不是指每日涨一点或跌一点的小波动,而是指股价持续阶段波动或者日涨跌幅度很大的波动。在底部区域,一只股票成交量不能太少,特别是振幅不能太小,成交量少、振幅小的股票没有弹性,后市潜力可能不大。一只股票经常在涨幅排行榜前列出现,也经常在跌幅排行榜前列出现,敢涨也敢跌的股票才是好股票(以庄家没有赚过钱为前提),这样的股票以后可能成为大"黑马",值得重点关注。

对待上涨,最关键的是要区分清楚股价是不是真正的上涨。据经验得出以下结论。

(1) 从来没有上涨过的,而且股票价格定位又不高的,真涨的可能性就大。

(2) 股价离庄家成本不远的,上涨的概率就很大。

(3) 股价位置低,经过了充分盘整的,上涨的概率就更大。

(4) 没有消息,没有明显上涨理由的(主要指利好刺激),真涨的可能性很大,如果短期配合出利好消息的,则只是一小段。

(5) 因为出现突发性利好而上涨的,上涨可能持续不了多久,已经涨幅巨大的,下跌不久就要来临。

(6) 缺少成交量配合的上涨,真实程度不够(除非经过放巨量震荡整理后缩量上行,且控盘的庄股,此类股票以后不会太多)。

(7) 没有气势的涨是虚涨(除非持续不断小阳上涨,且温和放量),上涨可能是假的。

(8) 上涨过快的股票,除非经过长期的震荡整理,且量价配合理想,并刚刚进入庄家的拉升阶段,否则当心"震荡"或反转。快得很有"气势"的,可能是短跑黑马。

(9) 慢涨盘面上要慢的手法,经常有点"花招"又长期不涨,让人腻味的,股民不愿参与的,没有持股信心的,股价位置不高,又经历了充分震荡、换手的,可能是大黑马。

(10) 经过充分炒作累计上涨幅度巨大的股票,一旦开始下跌,其后可能有数次间歇性的上涨,尽管有时幅度还不小,但这仅仅是反弹而已,快跑为妙,千万不要抱有任何幻想。

对待涨跌都应该有一个直爽的认识,上涨不一定都是好事,顶部阶段的放量暴涨,下跌途中的单日放量突涨,以及平衡市和熊市中遇反弹时的大涨,可能都不是什么"福音"。因此对股价的涨跌,应辩证地看待。上涨蕴含着的是风险,下跌孕育着的是机会。涨虽然是机会,但如果涨得不真实或涨的基础不牢靠或者上涨的幅度过大、过急,则上涨就蕴含着风险,并且伴随着上涨,下跌是迟早的事情,而下跌的机会则更大。首先,只涨不跌就积累了巨大的风险,涨幅越大则风险越大,而下跌可以化解风险。其次,经过下跌以后,上涨基础反倒是坚实的,并且下跌为上涨积累了能量。最后,股市是逐利的场所,下跌幅度越大,机会就明显越大(以不是熊市前提),追逐利润最大化的新多,庄家就会入场,赚钱的机会也就来了。

3. 判断突破是否有效

从理论上讲,在上涨行情中,每一个未成交的委卖单都是阻力,在下跌行情中,每一个未成交的委买单都是支撑,只是阻力和支撑的力度大小不同而已。行情一旦突破成功,一般要惯性延续一段时间,股价的上升或下降都是需要推动力的,在行情发展过程中多少会遭遇到"阻力",只是"阻力"有时大一些,有时小一些。散户是一个不团结的群体,其心态因人而异,每个人买卖股票都有他自己的理由,在一般的价位上的成交是随机和没有规律的,但一个善于分析总结的人会发现在某一些点位上,散户们会不约而同地在某一个价位排队等候买卖,仿佛在盘面上形成了一道人墙,较大程度上阻止行情的上涨或者较大程度阻止行情的下跌,这些容易形成散户"不约而同"行为的价位,就是人们津津乐道和试图努力寻找的阻力位和支撑位,当然也是操盘手画图的依据,视"不约而同"的程度,阻力位和支撑位的作用也不同。以下是较有可能形成阻力位和支撑位的价格。

(1) 在历史高位、历史低位附近,或在前期高点、低点附近。

(2) 通道、箱体的上轨线和下轨线附近。

(3) 黄金分割线位置。如 0.382、0.618、0.5 等。

(4) 技术指标发出的买卖信号点。如金叉、死叉、顶背离、底背离等。

(5) 近期(3 个月左右)形成的成交密集区,是较重要的阻力点、支撑位。

(6) 重要的时间之窗(如 8、13、21、34 等)或者长假期(五一、国庆、春节)前后。

(7) 重要的整数关口(包括指数和股价的整数)。

(8) 突发性的新闻也会促使人们"不约而同"在某一个价位筑起一道压力线和支撑线。

在这里仅以第一种情况即上涨过程中对历史高位处的真假突破为例进行分析。可以设想一下,某只股票的走势接近历史高位时,行情继续上攻,所遭遇到的"阻力"主要来自:①底部买入的股票获利回吐的压力;②前期高位被套盘的解套抛压。如果以前的历史高位形成时的成交量(换手率)小,则说明被套住的筹码不多,这时上攻的阻力主要来自底部获利筹码的抛压。根据庄股运行的规律,当股价运行到一定的高度时,散户手中的大部分筹码应当是被震仓出局了的,少数"死多头"散户手中的筹码并不会对行情造成太大的阻碍,因此这种情况下,前期历史高位就较容易被突破。如果以前的历史高位形成期间成交量十分巨大,在后继行情展开的过程中,高位套牢的大量筹码并未割肉(可用移动成本分析法观察散户的割肉情况),那么今次行情上攻的主要阻力则主要来自于解套盘的抛压,从人们的心理层面分析,大部分散户的解套意愿一定大于获利了结的意愿。在解套价位下大部分的散户会"不约而同"地形成集体解套抛压,在这种情况下,行情的上攻就会遇到较大的阻力,这个历史高点较难被突破,投资者最好避开这堵"危墙",出局观望。

无论阻力大小,一旦真的被突破都会有大小不一的行情,但在许多情况下行情突破后散户一旦杀入,就会发觉股价不久又回到了原先的"阻力区"内再次徘徊不前,甚至掉头。庄家利用假突破诱多或诱空是常见的手法,就像足球场上的假动作,晃掉对方以后,才能长驱深入对方的禁区。

4. 判断上涨气势强弱

气势指股价涨升的气概、势头,股票真正的上涨,一定是有气势的涨升,这是从盘面上区分股价上涨的真假、虚实以及判断庄家意图的参考依据。在目前情况下,炒股赚钱的机会只能存在于上涨之中,但是上涨有多涨少涨、真涨假涨以及上涨以后是继续上涨还是很快反转下跌的区别。股价上涨和拉升,没有气势不行,庄家做多的意愿需要通过上涨气势体现出来。因此,研判股价上涨的气势,有助于我们分清真涨和假涨、大涨和小涨以及躲避风险及时把握获利机会。其主要特征为:

(1) 股价上涨能持续扬升的,才具有投资价值,绝不是偶尔的异动。伴随股价上涨成交量持续放大或者温和放大,不是偶然一两天突放巨量。

(2) 关键位置上涨有力度,突破时有力量,干脆利索而不拖泥带水。

(3) 股价紧贴 5 日均线上行,走势坚挺,总体走势的角度大于 45°。波段形状清楚,波段内 5 日均线是直线,不是弯弯的曲线。

(4) 一切"阻力"和"压力"阻挡不了股价的持续上涨,庄家做多意愿坚决。

如果股价上涨没有气势只是虚张声势,意味着该股可能没有庄家,或者庄家的实力不够,或者个股的基本面不支持该股做多,庄家没有底气或胆量。没有气势的股票盘面死气沉沉,其特征:上涨不够持续,股价偶尔突然大涨,成交量突然放大。股价走势疲软,总体走势平缓,角度低于 30°。关键位置上涨无力,阻力、压力重重,庄家无做多意愿。每一个上涨波段以内,K 线阴阳交错,波段形状不清晰,5 日均线走平或是弯弯的曲线。个股走势明显弱于大盘,总体上涨幅度跟不上同期的大盘上涨幅度,是市场的"落伍者"。

实例 8-38

图 8-38,太空极业(300344):股价经过长时间的震荡整理后,底部渐渐向上抬高,2015年 3 月 27 日股价放量涨停,一举突破前期整理高点的阻力区,股价快速拉高,并出现多个涨停板,成交量同步放大。上涨气势十足,股价不涨则已,一涨则气势磅礴,势如破竹。

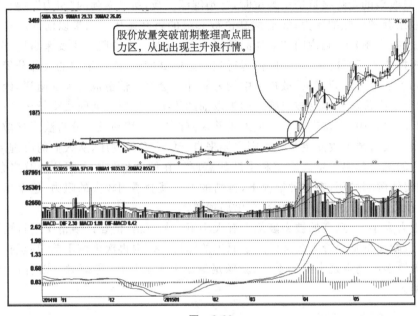

图 8-38

5. 判断股价持续长短

庄家入驻股票后,涨升是必然的,也是最令人激动的时刻,几乎是每一个股民孜孜不倦的追求目标。前面说过,股价涨升要有气势,也就是说有气势的股票才能上涨,无气势的股票就不能指望它上涨。那么,股票的气势靠什么体现出来呢?靠持续,这是股价上涨的重要因素之一。庄家的做多意愿体现在持续的上涨之中,股票真正的上涨,一定要有持续的涨升,这也是从盘面上区分股价上涨的真假、虚实以及判断庄家意图的参考依据。在实盘中,有的股票能够持续升势,投资者有获利机会;有的股票持续性不强,是昙花一现的"见光死"股票,投资者跟进后即遭套牢。因此,研究股价上涨的持续性,可以提高投资者的看盘技能,把握获利机会。其主要特征为:

(1)股价上涨必须是连贯性的,而不是一两天的短期上涨。

(2)股价上涨速度很快,在 K 线图上以长阳短阴、大涨小回、二阳一阴等方式,股价紧贴 5 日或 10 日均线快速上扬,角度大于 45°。

(3)上涨要有一定的幅度,一般一个波段大于 30%以上。在波段内,一般没有跳空缺口,股价呈小波段逐波上行,涨跌有序,买卖点明确。

(4)股价上涨是因为有人在刻意"拉动",是庄家的故意行为,具有明确的拉升目的和意图,如果仅仅是因为大家看好哄抢而上涨,则股价很快会归于沉寂。

(5)上涨中没有派发动作,这样的上涨是推升股价的一种方法,目的是为拉升服务,庄家通过盘中制造人气,吸引场外投资者介入,然后轻松推升股价。

实例 8-39

图 8-39,安硕信息(300380):该股在上市后,就有实力强大的庄家入驻,完成建仓计划后,股价持续走强,成交量温和放出。股价大涨小回,K 线长阳短阴,以小阴线或十字星代替洗盘调整,股价紧贴均线稳步拔高,在上涨行情中不留缺口,股价保持在一个强势的上升通道之中。从盘面看,股价上涨有气势、有力度,在突破前期高点及成交密集区时,动作麻利,庄家做多意愿坚决,不受外界因素干扰,2015 年 5 月 13 日股价创出了 474.00 元,累计涨幅超过 8 倍。

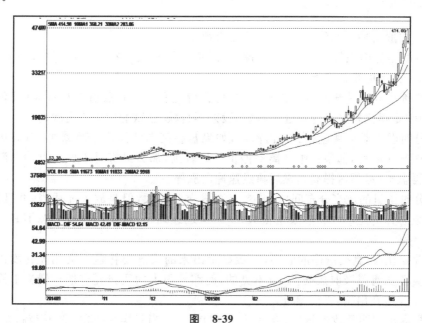

图 8-39

6. 判断走势是否极端

股价顺着上涨或下跌的发展方向达到了极限端点,市场产生非理性操作阶段,演化为极端行情。极端行情在股市中经常出现,这就是人们常说的强者恒强、弱者恒弱、惯性上涨、惯性下跌等。股价上涨令人兴奋,特别是连续的上涨更是激起人们疯狂地追捧,市场交投极其活跃,此时投资者往往失去了理性投资;股价下跌叫人忧伤,特别是连续的下跌更是引发人们疯狂的杀跌,市场交投极其低迷,此时投资者往往也失去了理性投资。在拉升阶段中的极端行情,有以下主要特征。

(1)股价上涨必须是连贯性的,而不是一两天的短期上涨,且涨得让人难以相信。越是让人害怕,股价越是上升。

(2)大多数技术指标失效,技术派高手无所适从。KDJ、RSI、DMI、W%R 等技术指标严重钝化,MACD、WVAD、SRI 等技术指标背离态势,BOLL、MIK、%BB 等技术指标失去压力。只有 VOL、OBV、SRAR 等量价技术较为理想。

(3)成交量要持续放大,而不是一两天的急剧放大,且量价配合理想。

（4）人气极其旺盛，交易所里人头涌动，新开户人数骤增；若是个股行情，则短期内股价大幅扬升，股票名称人人皆知，成为一时的明星股。

（5）极端行情的出现，往往是最后的疯狂，终点前的冲刺，股价很快见顶回落，股民应做好见好就收的准备。

十二、涨停板分析技巧

1. 分时涨停的盘口现象

分时图中股价冲击涨停时，关注以下盘口现象。

（1）分时走势中强势上攻，快速拉高，同时成交量放大。在推高过程中，一般呈现加速上攻的形态，而不能是拱形上涨。

（2）均价线应该是开盘后保持向上，支持股价上涨。当日股价在均价线（黄色线）上方运动，分时线走得比较平滑为最佳（会涨的股票不会跌，会跌的股票不会涨）。

（3）分时图里股价从盘整到冲击涨停，如果盘整区离涨停价位距离在5％以内，那么冲击涨停速度越快越好，如果盘整区离涨停价位比较远，那么最好是不要一直冲向涨停，而是冲高一下再盘整（盘整区提高），然后再迅速冲向涨停。

（4）分时图里的成交分布问题，要求上涨成交要放大，但是放大要适当，并且比较均匀连续。比较忌讳的是那种突然放量很大，一下又迅速缩小，这说明庄家心态不好，也会引起追涨盘的怀疑。

（5）看委托盘，真要涨停的股票，一般显示出来的买进委托盘不会比委托卖出盘大，因为庄家的真正买盘是及时成交的，看不见的，而那种很大的买盘托着股价慢慢上涨的，基本可以认为是庄家在出货，不能追进。

（6）早盘出现明显攻击量峰，换手区（整理）缩量。当日换手率在5％～7％，才可以买进股票，换手率太低不要进货。

2. 涨停股的买入时机

对于很多人来说，看到涨了六七个点的股票不敢去追，原因就是觉得今天涨的点数太多了，有点害怕。其实并非都是如此，强者恒强，越是强势的股票越是涨得凶猛，只要把握得好，就要敢于追涨停，敢当"涨停敢死队"一员。事实上，不少刚进入主升浪的股票，开始时就是一根涨停大阳线，庄家的目的很明确，就是引起市场的关注，一起抬轿，这样庄家用于拉升的资金可以最小化。

（1）开盘30分钟内涨停的个股，大部分具有追涨的价值。每日9:26左右，大盘开盘时立即找一找有没有开盘即冲涨停的个股？若有，立即查看买一位置上是否有大量买单，然后快速切换到日K线图中，看看有没有上涨的基础？近期是否为第一个涨停？然后立即以涨停价买入。

（2）开盘30分钟内涨停的个股，一般都是高开5％以上，很快涨停，刚涨停时成交量巨大，封盘量也越来越大，随后成交量萎缩。有些个股上午有一次打开涨停的机会，下午之后成交小得可怜,至尾市时几分钟才有几手、几十手的成交出现。

(3) 上午开盘半小时后到午市收盘前涨停的个股,盈利机会小于前者,日成交量已经很大,封盘较少,后市打开涨停板的次数较多。有些个股打开封盘后就不再封住了,因此这段时间内涨停的个股风险较大,不是不可追,仓位要小。

(4) 午后乃至尾市才涨停的个股,一般均为跟风庄家,封盘不坚决,封盘量很小,这类涨停股风险较大,尽量不要追。不要在尾市追涨停的理由:这类个股多数在明日还有比现价低2%～3%的价位出现,若形态较佳,可在次日下探时买入,成本会更低一些。

(5) 开盘30分钟内涨停并符合上述条件的,出现第一个涨停板的个股大胆追进。据统计,此类个股能盈利的可能占80%,短期盈大利的可能占60%。

(6) 如没有及时发现这类个股涨停,可重点关注一下选择最先涨停的前三只个股,最好使用软件的报警装置,如胜龙软件,将选择的涨停个股选入自选股中,以各自涨停价低一分钱的价位设置低位报警。然后可以去关注其他的个股,当大盘出现急速下调时,其中个股有可能打开涨停板,此时系统报警,可以注意并决定是否买它,大多个股会下调1.5%～2%,个别的能下调3%左右,可以此为参考价买入,绝大多数这类个股会迅速重新封至涨停。

(7) 为什么要买开盘即涨停的个股?通常有三个原因:一是出现个股重大利好,机构在前一日收盘后得到确切信息,今日开盘后立即以涨停价抢盘。二是个股庄家经过吸纳、试盘、震仓后进入急速抬拉阶段,由于庄家操盘手法特别凶悍,以涨停价开盘,避免散户抢到廉价筹码。三是有些个股庄家希望所坐庄的个股充当大盘或板块领头羊的作用,以某个涨停价开始连续拉抬几个涨停板,创造赚钱效应,吸引散户入市跟庄。

不管是什么原因,开盘后即涨停的个股,大多在开盘时立即买入才有可能买到,此时必须争分夺秒,机会是以秒来计算的。

3. 涨停股强弱分析

在实盘操作中,必须在个股本身技术形态良好、存在一定上涨空间、分时图显示出庄家向上做盘意愿强烈以及大盘的条件相对配合等因素都具备的情况下,才能采取追涨停战术,使风险降到最低。那么,怎么判断股价涨停是强是弱呢?可以从以下因素考虑。

(1) 涨停时间早晚。早的比晚的好,最先涨停的比尾盘涨停的好得多。

一般情况下,在当天交易中第一个封涨停的最好,涨停时间最好限制在10:10以前。因为短线跟风盘十分注意当天出现的机会,前几个涨停最容易吸引短线盘的目光,并且在开盘不久就能涨停,本身也说明庄家是有计划进行拉高,不会受大盘当天涨跌大小影响(但并非一点影响没有),如果这时走势技术形态也不错,在众人的集体追捧下,涨停往往能封得很快,而且买单可以堆积很多,上午收盘前成交量就可以萎缩得很小,在下午开盘时就不会受到什么冲击,涨停封死的可能性就非常大,第二天获利也就有了基本保障。

在下午开盘后,能在1:15以前封涨停的也是相当不错的。在开盘不久能封住,当然说明庄家有拉高计划,只是由于短线盘很多已经集中在上午的涨停板上,下午的涨停板吸引力相对小一些。

其他时间段涨停的股票相对差一些,其中10:10～10:30以前涨停的股票,如果摸到涨停时换手不大(普通股票换手要求低于2%,ST股票换手要求低于1%),分时图上股价走势比较连续正常,没有出现尖峰情况,分时成交也比较连续,没有出现大手笔对倒,则还可以。这类股票之所以相对差一些,一是这时候涨停的可能是跟风上涨的股票,庄家事先可能没有拉高计划,只是由于盘面影响,临时决定拉高。所以严格限制换手率条件,尽管拉高仓促,抛压要求比较小,这样次日才有机会冲高;二是由于涨停时间比较晚,在上午收盘前成交量不一定能萎缩得很小,那么在下午开盘时,受到抛盘的冲击相对大一些,风险也相应大一些。

在 10:30～11:10 涨停的股票,这种风险更大,经常有下午开盘后涨停就被打开的现象。

在下午 1:15～2:00 涨停的 ST 股,如果涨停时换手很小(低于 1%),分时图表现为在冲击涨停前只有非常稀少不连贯的成交,只是在冲击涨停时才逐渐有量放出,并且在冲击涨停时股价走势比较连贯,没有大起大落,则也可以。之所这个时间段以考虑 ST 股为主,原因就是 ST 股的涨停只有 5%,在上午的交易中,即使散户买进,今天涨停,散户获利也不大,第二天的获利抛压也不会太大。但是,普通股票就不同,上午涨停时,当天买进的散户获利就相当大,第二天的抛压相对较重,风险就大多了。

在 2:00～3:00 涨停的个股,除非大盘在连续阴跌后在重大消息的刺激下出现反转走势,或者是在下午走强的板块中的龙头股(这时大盘还必须处于强势中),否则不要轻易去碰。理由很简单,这时候的涨停是庄家尾市做盘,目的一般是为了第二天能在高点出货。在上午和下午买进的散户获利很大,第二天的抛压也就很重。庄家在尾市拉高不是用资金去硬做,而是一种取巧行为,此时跟进,风险非常大。

(2) 第一次即将封涨停时,换手率小的当然比大的好。

在大盘处于弱市和盘整时这一点尤其重要,理想情况是普通股换手低于 2%,ST 股低于 1%,在大盘处于强势时这个换手条件可以适当放宽,对龙头股也可以适当放宽,但无论在任何情况下,不能超过 5%,包括涨停被打开后又被封住时的换手率。对换手率的限定实际也是限定当天就能获利的买盘数量和今天抛压的大小,这时获利盘越小、抛压越小,第二天的上攻机会也就相应越大。

(3) 盘整一段时间后突然涨停的比连续上涨后再拉涨停的好,连续大跌后以涨停方式开始反弹的也可以,庄家重仓的比庄家轻仓的好。

盘整要求至少 5 到 6 天内没有出现大阴大阳,均线系统乖离率 BIAS 不能太大,拉到涨停位置后离强阻力区域不能太近,要给第二天的高开留下一定空间。对于庄家持仓太重、基本只有庄家自己参与交易的股票,首先必须看日 K 线,判断一下庄家这时的意图,然后决定是否参与。

在一般情况下,盘整后突破的股票是最好的,由于普遍的心理预期是突破后上涨空间打开,第二天的获利幅度会大一些。对于超跌反弹的股票,由于反弹性质决定,高度不能预计太大,要保守一些。对于连续上攻的股票,由于在低位买进的人可能随时抛出,形成大抛压,因此除非是在大牛市,否则追涨停的时候一定要小心。对于庄家仓位比较重的股票,庄家由于出货需要,常常是在涨停后继续拉高出货,才能降低仓位,所以反而相对安全些,当然具体情况要求大盘不能太差。在这里最强调一点,就是即使当天涨停个股,盘中获利盘依然不多,最好是洗盘后上攻涨停。

(4) 如果当天大盘急跌,破位就更不好,有涨停也不要追。

一般情况下,大盘破位下跌对庄家和追涨盘的心理影响同样巨大,庄家的拉高决心相应减弱,追涨盘也停止追涨,庄家在没有接盘的情况下,经常出现第二天无奈立刻出货的现象,因此在大盘破位急跌时最好不要追涨停。在大盘处于波段上涨时,涨 10% 的机会比较多,总体机会多,追涨停可以胆大一点。在大盘波段弱市时,要特别小心,尽量以 ST 股为主,因为 ST 股和大盘反走的可能性大一些,且 5% 的涨幅也不至于造成太大的抛压。如果大盘在盘整时,趋势不明,这时候主要以个股形态、涨停时间早晚、分时图表现为依据。

(5) 第一个涨停比较好,连续第二个涨停就不要追了。

理由就是由于短期内获利盘太大,抛压可能出现。当然这不是一定的,在牛市里的龙头股或者特大消息股可以例外。

一个从未涨停过的股票很难想象能走多高。

(6) 高开高走拉涨停的股票追起来安全些,最好开盘价就是最低价。

这里实际一是考虑K线组合,高开高走涨停说明走势极其强劲,更容易吸引跟风盘,第二天能走得更高;二是由于今天没有在低价区成交,获利盘较少,抛压出现的位置也会相应提高,从而留出更大的获利空间。

(7) 有重大利好首次被披露,拉涨停的股票比较好,但要考虑股价是不是已经涨得很高,股价有没有提早反映这个利好。

如果股价事先没有反映利好,一旦涨停,上攻力量就很强,机会很大;即使股价事先已经反映了这个利好,如果大盘条件比较好,庄家往往也会连续拉出涨停,这时只要股票形态好、分时图漂亮,也有很大的获利机会。

(8) 龙头股的涨停比跟风股好,有同类股跟风涨停的比没有同类股跟风涨停的好。

4. 涨停之后开板原因

涨停的股票反复开板又封板说明什么?大致原因有两种:一是无心封涨停;二是无力封涨停。

第一,无心封涨停。通常出现在相对低位,庄家并不希望封死盘口,而是反复打开,目的是迫使散户抛售离场,庄家自己吸纳筹码。也有的庄家通过这种方式进行洗盘换手,提高散户平均持仓成本。

实例 8-40

图8-40,洛阳玻璃(600876):从2015年8月11的走势中可以看出,开盘后股价直冲涨停,但封盘不坚决,全天多次开板,最终离涨停价差一分收盘。其实,这天对庄家来说封上涨停板并不难,为什么不封盘呢?庄家无心封盘。可以想象,如果庄家直接封盘不动的话,那么绝大部分散户就有了安全定心丸,持股不动了,那么庄家就很难达到洗盘换手的目的,所以,当天故意不封盘,让散户对后市产生疑虑而抛售出局。当庄家目的达到后,股价自然是快速地上涨。

第二,无力封涨停。通常出现在相对高位,庄家本想把盘口封死,但由于抛压大,一时堵不住盘口,被迫开板,当然庄家也在其中抛售,这也是庄家常用的一种出货手法。

实例 8-41

图8-41,冠城大通(600067):2015年8月17日以涨停价开盘后,由于庄家无力封盘而反复打开,这从成交量表现就可以看出,封单后抛盘十分强大,显示庄家已力不从心。虽然最终被封住涨停,可是第二天更是血雨腥风,股价冲高快速回落,以跌停价报收。

涨停后反复开板现象,具体地说有下列几种可能。

(1) 实力不强。庄家资金并不雄厚,没有能力封住涨停,这种情况往往直到最后收盘再

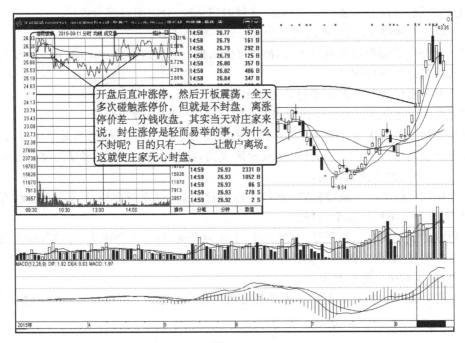

图 8-40

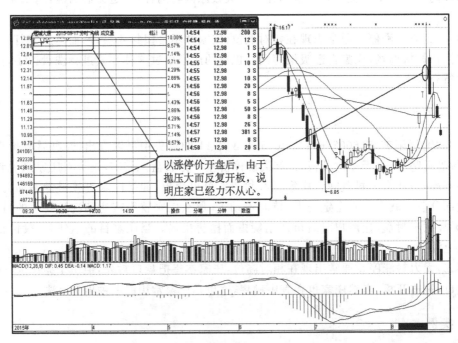

图 8-41

也封不住涨停了。

（2）大量抛盘。庄家很强，资金雄厚，当天动用了一部分资金封住涨停，但是突然抛盘增加，涨停打开，庄家发现涨停打开了，只好重新又调入资金，再次封住涨停。

（3）吸筹建仓。庄家打开涨停吸筹。庄家买不到更多的筹码，就用大单砸开涨停，让散户恐慌,纷纷交出自己的筹码。

(4) 洗盘换手。洗盘的目的是为了洗掉获利盘,减轻股价继续拉升的抛压,庄家故意开闸放水,让股价打开涨停。场内获利的散户一看,涨停打开了,觉得股票要跌了,纷纷卖出股票。这时场外想买入这只股票的散户,一看涨停打开了就追这只股票。庄家坐山观虎斗,让散户们互相交换筹码,新进来的散户还没赚钱,不会轻易卖出股票,这样就帮庄家锁仓了,庄家再往上拉升就省力了。

(5) 拉高试盘。庄家拉升股价冲击涨停,目的是试一下跟风盘和上方抛压程度,一般都是瞬间冲击涨停,迅速打开,最后不再封住涨停。

(6) 涨停出货。庄家想出货,先把股价拉到涨停板,吸引大家的眼球,让大家纷纷去追,庄家趁机把筹码都抛给新追入的人了,这时涨停总是封不住,而且成交量比较大,底部筹码迅速消失。

(7) 多实分歧。场内庄家之间意见不统一,有的做多,有的做空,盘面出现震荡。

(8) 在突现利空消息时,庄家会放弃做多。很多时候大盘大幅跳水时,也会打开涨停板情况,随后在大盘企稳时,又封于涨停。

5. 涨停股的后市研判

第一,涨停次日操作原则。

(1) 开盘就涨停的可不急于抛,但要死盯着上面的买盘数量。一旦买盘迅速减少,则有打开的可能,此时须立即抛售,获利了结。如果一直涨停至收盘,则不必抛,在第三天再考虑。

(2) 高开高走,密切盯住盘面变化,一旦出现涨势疲软(股价回调下跌一个点左右),则立即报单卖出。

(3) 平开高走,盯紧盘面,一旦出现涨势疲软,则立即报单卖出。

(4) 高开低走(涨幅在3%以上),则要立即抛售,并以低于买盘的价格报单,因为按照优先原则(价高的让位于价低的),可以迅速成交,而成交价一般都会高于自己的报价。如果在第一天涨停的过程中,出现一笔大单迅速使股价上涨3%以上的手法,则更要以低于价位1%以上的价格报单。这样做,既能保证成交,又能保证最大利润。

(5) 低开高走,盯紧盘面,一旦出现涨势无力,则立即报单卖出。

(6) 平开后迅速一跌,趁反弹时择高点出货。

(7) 低开低走,择反弹高点立即出货。

(8) 第二天5分钟内见昨收盘价,无论赢亏,出局。参照分时系统,15分钟或30分钟的MACD一旦出现小红柱,出局。

(9) 第二天大盘走势不佳时,先行退出观望。

(10) 第二天成交量大幅放大,而股价小涨或不涨,量价失衡,逢高出局。

第二,涨停次日强弱分析。

达到以下标准的,可以认定为强势股,第二天有望获利5%以上。

(1) 涨停板未被打开过。

(2) 早市跳空开盘小幅回档后直接快速封涨停。

(3) 涨停后未出现过四位数以上的抛盘。

(4) 股价低位放量涨停,继续持股,封单为五位数以上。

(5) 股价处于庄家拉升初期或中期。

(6) 刚创新高,且还没有远离低位成交密集区。

(7) 属于资金流向中的主流板块品种。

(8) 无量涨停继续持股,涨停后成交量极度缩小(涨停前量:涨停后量>4∶1或更大)。

对于弱势品种即涨停后被打开过的和涨停后放大量的,可采取"三点一赚"的原则,即有3%左右的涨幅就可以见好就收,保持实力为王。

在第二天看盘时要盯紧分时图、成交量、买卖五挡的变化,尤其要仔细观察分笔成交图,对于买盘上挂出的大买单要特别小心,此多为庄家出货前的征兆。对于经典的拉高诱多形态,应果断出局,不能留恋。当然,也要结合大盘走势和个股K线及均线形态,这样一来才能更有效地降低风险。

第三,涨停次日力度研判。

涨停个股第二天上冲能力大小和卖出点的选择,主要看日成交量和封盘量,在此仅提供一个参考值。

(1) 封盘量是日成交量的80%以上,该股明日高开6%以上,能上摸涨停价,并很有可能封死第二个涨停板。

(2) 封盘量是日成交量的50%~80%,明日高开5%以上,能上摸8%~10%,也有第二个涨停封盘的可能。

(3) 封盘量是日成交量的30%~50%,明日高开3%以上,能上摸6%左右。

(4) 封盘量是日成交量的10%以下,明日上摸2%~3%,计算好大概价位,明日竞价卖出,不赔先走人。

给出的封盘量的概率也是一个参考值,更重要的是在盘中观察个股在封盘过程中的表现,如个股上午10点以前封停,全日无打开的现象,本来封盘率较高,但收市时减少至10%~30%,这个现象表示该股今日惜售特征已很明显,收市前庄家已无大量封盘的必要,撤掉大部分买单去做别的股票了,这只股明日开盘不久仍将封停。再比如,一只股昨日封盘量很大,今日封盘率并不大,明日能否继续涨停?看看今日成交量,是不是比昨日明显减少,也许昨日成交100 000手,今日成交20 000手,表明庄家已控盘,明日开盘不久即会涨停。

十三、散户在拉升阶段的跟庄策略

1. 散户常见错误

(1) 不买而买。股市复杂多变,尤其在庄家的参与下,更是变幻莫测,不仅搅乱了市场的规律,也冲昏了散户的头脑。通常有两种现象:第一,在一轮跌势尚未结束中出现的反弹,误将其当作反转行情对待,不惜大举介入,结果套牢山腰之上,这是"不买而买"的结局。第二,股价经历数浪大幅上涨,其间股价多次下来又上去,似乎永远跌不下去,庄家在此编织美丽的图表。美丽的笑脸无不招人喜爱,爱占便宜的散户进去后,股价却反转而下,这也是"不买而买"的结局,或者叫不劳而获的苦果。

(2) 当买不买。历经多难多磨的散户,似乎聪明了许多,学会了少抢反弹不追涨。可是股市真是"道高一尺,魔高一丈"。当散户熟悉庄家惯用手法之后,庄家又不断变换新的花样,糊弄股民。大家知道,散户不仅在资金实力和信息上大不如庄家,在股市基本理论和技术分析手法上还技不如人。一般庄家都拥有一批精通股市理论和技术分析的人才,其中不乏从散户中选去的人才。他们洞悉散户的心态、水平和弱点,常常利用自己的优势制造骗线,散布于己有利的消息,使散户上当受骗、屡犯错误,庄家好大收其利。股价经过长期的下跌后,多次触底反弹夭折,等散户麻木之后,股价真正上扬了,而此时散户还将反转行情误当反弹行情对待,而不敢追涨介入,导致过早地下马,在大黑马身上抓了一撮毛,这是犯"当买不买"的错误。这就要求投资者该出力就得出力,该抬轿就得用力地当回轿夫,一分付出,一分收获,股市似乎也讲"按劳取酬"的原则。另一种"当买不买"的错误是,股价经历数浪大幅下挫,其间股价多次上去又下来,似乎遇到强大的阻力而永远涨不上去,这道庄家精心编织的门槛,令投资者望而却步。当大家纷纷抛出筹码后,股价却反转向上,这也是"当买不买"的错误。

(3) 不卖而卖。股价见顶后破位下跌,从而形成一条下降通道,盘面熊气弥漫,走势有气无力,股价步入下跌不归路。其间,多次反弹后股价再次创新低。每一次反弹高点都是卖出的最佳机会,似乎已经演变成为市场规律;早一天卖出少一分损失,似乎已经演变成为投资者的思维定式。因此,市场中不少投资者的操作习惯是:高不抛低抛,早不抛晚抛,涨不抛跌抛,上升不抛反弹抛。当大家差不多把筹码抛完后,股价却真正见底反转向上了,这是犯"不卖而卖"的错误。另一种现象是,股价从底部企稳后逐波上扬,5浪走势清晰可见,一目了然,这时庄家顺势展开调整(凶狠的庄家编织空头陷阱)。此时,散户以为涨势结束而纷纷出局,可是不久股价步入主升行情,散户只获取蝇头小利,这也是犯"不卖而卖"的错误。

(4) 当卖不卖。股价见底后逐波上扬,从而形成一条上升通道,数浪十分清晰,股价走势坚挺有力,每一次下跌后都被迅速有力地拉起,并创出近期新高点,股价似乎永远地跌不下去,场内散户享尽坐轿的滋味,暗暗盘算着更为丰厚的利润。然而,庄家早已做好撤退准备,忽然间股价已经下降了一大截。可是,有过多次的"狼来了"经历的散户,仍以为庄家正常调整,在犹豫之中等待上涨。就在散户心态不稳时,股价又下了一大截,犯了"当卖不卖"的错误。另一种现象是,股价经过大幅炒作后到了顶部,场内获利盘十分丰厚,因遭获利盘回吐股价回落。当下跌达到一定幅度时,股价企稳反弹,这时持股者加仓进入或抄底者介入抢反弹。在盘中,似乎反弹力度很大,气势较强,入驻者等待着高额利润。可是,股价很快反弹结束并再创新低,如此多次反复进行,庄家手中的筹码在不知不觉中派发得所剩无几了,散户却被套其中,犯了"当卖不卖"的错误。

2. 基本操作策略

无论是什么样的庄家,在进场收集一定的筹码、并经不同程度的洗盘(非必需的,可在拉升中完成)后,最终必然会将股价通过一定的手段拉升起来,以达到将来于高位派发获利的最终目的。具体到不同的庄家、不同的个股,其拉升手法也会有差异,拉升的幅度也难以准确把握。但是,由于这是庄家必须完成的一个关键阶段,纵观中外,概莫能外。这也是一批精明的投资人看准庄家,紧跟步伐,享受最高级别的快乐时光。

(1) 估算庄家的拉升高度。在解释这个问题之前,必须区别不同类别庄家的获利要求:①短线庄家的拉升由于收集的筹码比较少,一般都不会将股价拉得太高,通常在10%～20%,超过30%就要有个股的重大利好消息或大市的极力配合。②中线庄家的拉升由于控盘高、时间长、投入多、成本高,拉升幅度显然要求大一些,一般在80%～100%,强庄股或潜力股超过200%、300%以上者不乏其例。③长线庄家比中线庄家要求利润更高,拉升幅度更大,但往往分为几个大波段操作,每一个波段的利润区都较大,一般涨幅都在100%以上。

庄家入驻一只股票之后,没有获利一般是不会撤退的。作为庄家一进一出之间没有30%的净利润,一般是不会干的。我们在第3章通过计算庄家的持仓成本,加上30%的净利润,再加上融资成本、交易成本、拉升成本、洗盘成本等因素,最后没有50%的空间,庄家是出不了局的,有了这个起码目标作为参考,我们就不会过早地跟庄家说"再见"了。

(2) 在拉升初期时介入。此时介入几乎无须等待,马上就会有账面利润,这时跟进需要胆识,因为股价已脱离底部区域,并上升了一大截。跟进的价位不超过庄家成本的30%为宜,较强的庄家,可以调高至50%。注意,这里指的是庄家的成本,而非股价在本轮的最低价位。此时跟进的重点就是,要准确判断究竟是拉升还是洗盘的继续。有时候,有的庄家实力不济,反复在50%的空间内做波段。此时,若误中奸计,没准会买到一个波段顶点。这就强调在拉升初期跟进时不宜过分追高的原因。

(3) 在拉升中后期卖出。此时的典型特征是,股价上涨幅度越来越大,上升角度越来越陡,成交量愈放愈大,交易温度炙热。此时,大幅拉升阶段也就快结束了。因为买盘的后续资金一旦用完,卖压就会倾泻而下。此现象的出现表明涨势将尽,上升乏力,涨势力竭,有趋势反转之嫌。因此,该阶段后期的交易策略是坚决不进货,如果持筹在手,则应时刻伺机出货。

(4) 不同拉升手法采取不同操作策略。对于广大散户来说,最乐于持有的股票莫过于直拉式上升了。由于该类股票短期内涨幅巨大,且上升过程中一往无前的态势使得散户轻易获利,极大地满足了大部分投资者急功近利的心态,深受散户的欢迎。在投机较强的个股上容易发现这类个股的走势,而随着市场的发展,部分庄家已逐渐开始摒弃这种短线操作行为,逐渐采用长线投资策略。

对于台阶式拉升,一步一个台阶上升,每上升一个台阶,幅度都不会太大,30日、60日均线对股价的走势形成长期的依托,股价离移动平均线不远,很少形成加速走势,投资者在短期内获利有限,使庄家操作时上行压力不大。而一旦大盘不稳,该类股票回调也有限,在30日、60日均线处往往止跌。通常,这类个股很少居于市场的涨幅前列,基本上不为市场所关注,而成交量也不会呈现较明显的放大状态,经常以缩量的形式缓缓走高,在市场投资者不觉不知之中完成了推高过程。

事实上,发现庄家不是最难的事情,敢于跟定庄家最终大赢出局才是最难的。特别是每日坚持看盘的朋友经受的考验更是无法用言语形容,买进之后担心庄家继续打压无钱补仓;庄家拉升之后随时又担心庄家洗盘,失去波段利润。跟庄是辛苦的,但是坚持用这种方法操作的朋友最终会获得成功,并且在总结经验的基础上能驾轻就熟,成为一种有效的投资方法,其实庄家对那些选择长期持股的人一点招儿都没有。

十四、拉升与试盘的区别

拉升与试盘是两个截然不同的阶段（这里仅对向上试盘而言），但有时两者容易混淆，甚至倒置而为。当庄家试盘的时候误以为是拉升行情来临，而大量追进，结果套牢于顶点，被庄家折磨得精皮瘦骨。当庄家真正拉升了，又误以为是庄家在试盘而已，于是微利出局，结果眼睁睁看着到嘴的肥肉被人叼走了，气得直跺脚。这里笔者总结几点操盘经验，以供参考。

（1）维持时间不同。试盘时持续时间较短，甚至表现于几个小时。拉升时持续时间至少有三个交易日以上。

（2）K线形态不同。试盘时的K线上下影线较长，实体部分较短。拉升时上下影线较短，常出现光头光脚阳线，实体部分较长。

（3）成交量不同。试盘时成交量来势突然，持续时间较短，在盘面上经常出现单根孤孤单单的长红柱。拉升时呈有规律的放大态势，维持时间较长，在盘面上呈一片绯红。

（4）人气意愿不同。试盘时市场人气刚刚从恐慌中恢复过来，心存余悸，多空双方尚未完全形成一致看法。拉升时市场人气已经激活，赚钱心理趋热，交易所大厅里人头攒动，并出现追涨意愿。

（5）盘面形式不同。试盘时盘面震荡十分强烈，庄家刻意行为明显。拉升时尽管手法各异，但有规律地上行，以吸引更多的力量来抬轿。

（6）操作时机不同。试盘时主要技术指标转强信号不明显，甚至有的还处于下降通道或弱势格局之中，买入信号不强烈。拉升时主要技术指标已呈多头特征，做多态势明显，买入信号十分强烈。

（7）运行方向不同。试盘有两种运行方向，既可以向上拉抬又可以向下打压，而拉升就不存在向下打压的可能。

十五、拉升与初升的区别

股市扑朔迷离，庄家手法狡猾，散户难分难辨。在实盘中，很多人不能辨别拉升与初升的不同，误将拉升当初升操作，结果只在大牛股身上抓了一撮牛毛，而袖手叹悔；或者误将初升当拉升对待，结果套牢在阶段性顶点，而对庄喊冤。那么，拉升与初升有什么区别呢？根据多年操盘体会，罗列几点仅供参考。

（1）初升时除少数强庄外，盘内不留任何跳空缺口。拉升时除少数弱庄或控盘庄外，大多出现向上跳空缺口，且近日内不回补缺口。

（2）初升时多数股的移动平均线刚刚形成金叉或走平或抬头，买入信号初露端倪，但不强烈，BIAS指标值不大，相互间的差值也很少。拉升时多数股的移动平均线已经完全构成多头排列，买入信号十分强烈，BIAS指标值不断加大，相互间的差值也随之增大。

(3)初升时股价刚刚脱离成本区不久,此前股价基本没有出现过涨升。拉升时股价基本已经成功离开成本区,此前一般有过一段涨势,往往已经完成"空中加油"或震荡洗盘阶段。

(4)初升时市场人气刚刚从恐慌中恢复过来,余悸未尽,有"一日被蛇咬,三年怕井绳"之惧,多空双方尚未完全形成一致看法。拉升时市场人气已经激活,赚钱心理趋热,交易所大厅里人头攒动,并出现追涨意愿。

(5)初升时的成交量较为温和,属中等量。拉升时的成交量急剧放大,交投活跃,换手率高,且持续时间较长。

十六、多头陷阱与上涨行情的区别

在股价上涨初期,多头陷阱与上涨行情没有什么明显的区别,在实盘中容易误判,所以也是庄家常用的操盘手法。多头陷阱与上涨行情的主要区别为:

(1)位置不同。多头陷阱出现在股价的中、高位;而上涨行情则出现在股价的中、低位。

(2)阶段不同。多头陷阱出现在涨升行情的末期,股价有过较大的涨幅;而上涨行情则出现在涨升行情的初期,股价升幅不大。

(3)手法不同。真正多头陷阱来势凶猛,上行速度快,走势比较明显;而真正的上涨行情则在不知不觉中出现,股价慢慢脱离底部区域,直到最后才加速上涨。

(4)持续时间不同。多头陷阱持续时间短,很快回落并击穿起涨点;而上涨行情则持续时间较长,在回档时一般得到技术支撑。

(5)成交量不同。多头陷阱成交量来势突然,急剧放大,持续时间短暂来去匆匆,而上涨行情呈有规律的温和放大态势,维持时间较长,价涨量增,价跌量缩,量价配合理想。

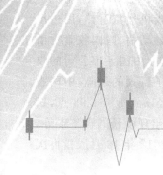

第九章 出货阶段

股谚语:能买不叫本领,能卖赚钱的才叫本领。当股价持续上升一段时间后,进入一个疯狂期。这时不管大盘和个股,都有可能遇到相反的力量,物极必反,股价回落,亦即出货或叫派发。

如果说庄家吸筹、洗盘和拉升都是手段的话,那么,派发手中筹码便是目的了。派发是坐庄的关键阶段,任何一个庄家,只有将筹码派发出去,才能使账面盈利变成钞票。若筹码派发不出去,永远只能是"纸上富贵"。因此,在时机成熟时庄家对派发是十分坚决的。

庄家出货是由于价受到质所规定的度的限制,股价上升到了度的上限位时,必然产生出货。从量的角度讲,这时散户的承接能量也开始减弱,矛盾的多空双方开始出现了对立。

出货阶段在坐庄流程中,是必经阶段,只有出货才能实现利润。

一、庄家出货的三大要素

目前,我国股市处于庄家盛行时代,没有庄家就没有持续上涨的股票,也就没有投资者获利的机会。在第三章"建仓阶段"中,分析了庄家建仓的三大要素:时间、价格、数量。同样,庄家将股票炒高后,出货时也必须具备这三大要素,但意义和目的有别。

1. 时间

时间,要天时、地利、人和。

出货阶段中的时间,说白了就是庄家出货的最佳时机。庄家出货时同样需要天时、地利、人和。天时,从大的方面讲宏观经济转淡,政策面要求股市调整。最好的出货时机应当在宏观经济运行至高峰而有回落迹象之时,此时的股市已经过了漫长的上涨,渐近牛市尾声。从本质上来讲,庄家只是大规模的投资者,他们的出庄行为也顺应市场趋势。

地利,个股题材已经全面被挖掘,股价已经涨到了尽头。

人和,庄家在炒作过程中一呼百应,八面来风,市场人气高涨。

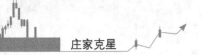

当天时、地利、人和时,庄家就毫不犹豫地离场,出货没商量。如上证指数从 998.22 点起步,一路高歌上涨。2007 年 10 月 16 日,上证指数创出了 6 124.04 点的顶峰,涨幅超过 5 倍,两市市值达到 32.71 万亿元。此时,炒股热潮一浪高过一浪,市场投机气氛过热,周边投资环境出现逆转,美国次贷金融危机、国际原油持续飙涨、越南出现金融动荡、国内收紧货币供应等,加之四川汶川 8.0 级强烈地震又给西南地区上市公司造成重创,中国上市公司的收益预计将大幅下降。技术指标高高在上,多种迹象表明市场已经聚集了巨大的风险,中国股市需要调整。很快,股指从 6 124.04 点上方回落,到 2008 年 10 月已经跌到 1 664.93 点,11 个多月时间指数跌幅超过 70%,两市市值缩小到 13 万亿元以下,随后出现漫长的盘整走势。不久,市场出现一波力度较大的反弹行情,但市场难以维持长期走牛,2012 年 12 月股指再次击穿 2 000 点。

2. 价格

价格,要卖得尽可能高的筹码。

价格高度比较好理解,庄家不拉高怎么获利呢? 但问题是拉到多高时才到目标,有的庄家拉了 30% 还不满足,可投资者无法知道庄家的计划,这就需要投资者根据数量、时间、价格三个因素来判断。一般情况下,庄家要获利出局,拉升 20% 的涨幅是不够的,这时关键是看成交量。另外,庄家尽可能地维持在高价位出货,以实现利润最大化,于是在高位形成"久盘不跌"的走势,久而久之,在高位出现各种各样的形态,如横线、M 头、头肩顶等。

3. 数量

数量,尽可能地在高位多出货。

一般情况下,庄家在盘面上不会告诉你他们在集中出货,放量的个股走势反而不好判断,是持筹不稳、换庄、还是集中派发? 相反,倒是稀少的换手率可以告诉你庄家正在锁仓,他们不想作出货动作。成交量的计算是从庄家的成本区之上,而且经过反复之后开始向上拉升之日算起。另外,庄家持筹量较高的股票一般不会超跌,道理很简单,因为庄家在里面,过度的下跌会给自己套上枷锁。

二、庄家出货的征兆

当股价持续上升一段时间后,进入一个疯狂期,市场上的获利筹码越来越多,获利回吐性的抛盘就会不断增加,就会遇到相反的力量,物极必反,股价回落,这时就形成头部。但在顶部形成之前,这种回吐所造成的股价回档的幅度是有限的。在一个升势中,成交量的逐渐增长是很重要的,一旦成交量跟不上去则越来越多的获利盘就会被抛出,于是造成股价的回档整理,当这种回档在一定限度之内时投资大众的心态仍能保持"逢低吸纳"的状态。如果股价出现较大的跌幅,就会唤醒一部分投资者的风险意识,使之产生获利平仓、落袋为安的想法,而这种想法又势必导致股价的进一步受压,从而唤醒更多的投资者,如此循环,大众心态得以转变,大市即会见顶。因此,时刻保持清醒,冷静地看待股价的波动,有助于及时看到即将见顶的征兆,从而避开风险,保住盈利。

根据操盘经验,升势即将见顶时的市场特征为:

(1) 劣股走强。一线股表现呆滞、垃圾股轮番上升,这一迹象是预示升势即将见顶的最早出现的征兆,起初一般一线绩优股原地踏步,稍后才会出现一线股价表现沉重,有欲支乏力,摇摇欲坠之态。而与此同时,三四线垃圾股却会轮流大幅上升,有一种鸡犬升天的感觉。这一市场特征出现时,虽然意味着升势即将见顶,但也不见得会很快见顶,垃圾股轮跳会持续一段时间,在这段时间里,大市仍然会艰难地上升,但已是夕阳余晖,临近黄昏。最后的晚餐虽美味,但不可贪吃。

(2) K线大阴。在升势之中,市场上人气很旺,大家都不惜追高买入,一旦股价有回落稍显便宜,理所当然地会被抢购的入市者承接住。因此,升势在延续过程当中一般不会出现大的阴线,如果有一天K线图上出现较大的阴线,说明市场上的人心有变,买与卖的力量正在形成新的对比。所以,大阴线的出现预示着市场已好景不长了。

(3) 振幅加大。股价大幅上下震荡,在升势顶部多空双方的正规力量相遇的区域里,看多者买入勇气未减,看空者忙于大量出货。因此必然造成股价上下剧烈波动,并且这种波动的高点和低点都不断降低,这种状态制造了许多很好的短线机会。但是,由于是在顶部区域,这类短线的风险性也应当重视。

(4) 击穿支撑。重大支持位被打穿。一般来说,这里指的重大支持位是总升幅回落0.382处的价位,只要这个重要位置被击穿。甚至只要日K线的下影线穿过此位,就足以说明市场上投资大众的信心已被动摇。因此,在大升特升之后,只要股价有力量向下穿透支撑位,往往意味着走势已经出现问题了。

(5) 目标达到。目标达到就是股价达到了坐庄目标价位,这一点应该属于庄家坐庄的商业秘密,一般投资者不可能知道,但投资者可以根据股价涨幅进行大致推断。简单地说,当我们买进一只股票后,用几种不同的分析测算方法获得的都是某一个点位的时候,那么在这个点位上就是目标价位。故当股价接近或超过所预测的目标位置时,就是庄家可能出货的时候了。

(6) 该涨不涨。在技术面、基本面都向好的情况下,股价却不涨,这就是出货的前兆。而且,不管什么情况下,只要是放量不涨,就基本可确认是庄家准备出货。但是,有时成交量减少也是股价近顶的明显表现,不过升势中的第二浪及第四浪调整也会出现成交量的大幅度减小。因此,成交量下降不是判断顶部形成的绝对依据,还要结合其他因素综合分析。

(7) 消息增多。正道的消息增多,报刊、电视、广播和互联网上的消息多了,这时候就要准备出货。上涨过程中,媒体上一般见不到多少消息,但是如果正面的宣传开始增加,说明庄家已经萌生退意,要出货了。大多数股票的上涨是悄无声息的,让投资者莫名其妙,可是股价高高在上时却利好频传,比如重大资产重组或置换、优良的分配方案、业绩大幅增长或向高科技生物制药转型等闪亮登扬。为什么呢?目的只有一个,配合庄家出货赚钱。此外,市场舆论出现较严重的分歧也是出货的市场征兆。市场舆论是投资者信心的反映,如果在对市场的信心上产生严重分歧,升势很难长时间维持下去。因此,舆论的严重分歧也是大市处于顶部区域的一大特征。

(8) 脱离价值。股价涨幅过大,个股股价翻倍,甚至达到十几倍、几十倍,价格明显脱离其内在价值,未来价值被严重透支,到了度的上极限区,有强烈的价值回归之势。成交量明显放大，甚至出现天量，但有个别个股成交量开始出现萎缩现象。有了这些现象，说明离头部不会太远了，散户的炒作思路应以出货和减仓为主。

在实盘中，如果有了上述这些征兆时，一旦出现了股价跌破关键价位的时候，不管成交量是不是放大，就应该考虑出货。因为对很多庄家来说，出货的早期是不需要成交量的。

三、庄家出货的几个阶段

庄家吸筹、拉升的目的都是为了最后出货获利。出货是庄家操盘最关键的一环。出货顺利，则能享受胜利果实。不能顺利出货，则前功尽弃。

短线庄家的派发并不困难，由于其手中所持的筹码并不多，通常派发可以在一两天甚至一两个钟头之内完成，而且战术也相对简单。而中、长线庄家比较讲究派发的艺术，尽可能做到让投资者认为他并不是在出货，而是打压。这是因为他们手中筹码较多，派发起来不可能像短线庄家那样可以在高位迅速派光，因而通常采用分阶段派货的方式来完成，即高位派发、中位派发和低位派发三个阶段。

1. 高位派发阶段

高价位区域是庄家最理想的派发区，庄家将股价炒高后，极力营造乐观气氛，激发市场人气，趁着散户买盘的积极涌入，庄家不断地在暗中出货，使股价出现回落走势。然后，庄家停止沽售，反手做多，创造强势反弹行情，设计美丽的技术陷阱，市场仍维持十分乐观，诱导买盘介入，庄家可以在更高的价位继续进行派发。这时成交量大增，将大部分筹码在这一区域集中进行套现，交投十分活跃，形成密集成交区，并创下近期甚至是历史天量。当庄家基本完成派发任务后，股价步入下跌不归路，在日K线图上形成顶部形态。

庄家坐庄意图：由于股价的大幅上涨，散户沉浸在获利的喜悦之中，这时庄家悄然出货，使股价滞涨回落。当股价回落到一定位置时，庄家发现有不少买盘介入，就将股价重新拉起。这时散户发现股价再次拉升，而纷纷介入做多，由于买盘不断增加，盘面十分活跃，庄家的筹码就可以在高位得到兑现。

散户克庄方法：对股价已经被炒高的个股，投资者要格外小心，特别是涨幅超过一倍甚至几倍的，更要谨防庄家出逃。在高位出现异常波动或异常图形时，应立即果断退出。如果在第一高点没有来得及退出的投资者，可以在反弹时坚决抛出，不要心存幻想。持币者不碰为好，场外观望，吸取别人的教训。

实例 9-1

图 9-1，蓝丰生化（002513）：2015 年 6 月，该股借利好出现一轮飙升行情，股价连拉 10 个涨停板，庄家获利极其丰厚，这时庄家在高位放量出货，股价出现横盘震荡走势。当庄家基本完成出货计划后，股价出现大幅下跌，回到了起涨点。这类个股涨得猛跌得凶，涨高了的个股还是不参与为好。

第九章 出货阶段

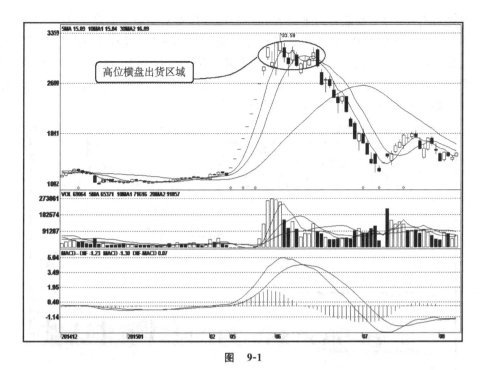

图 9-1

2. 中位派发阶段

中位派发阶段可以分为峰前派发和峰后派发两种。

（1）峰前派发。庄家在拉升过程中，股价尚未见顶时就边拉边派。庄家比散户的优势多，能体会到盘面的许多情况，当感觉到股价继续上行压力重重时，就随时进行派发，减轻仓位；或者股价将要达到目标价位时，就提前实施派发计划。因此在技术上制造许多假象，如向上突破、放量阳线、黄金交叉等，股价并没有出现持续性上涨，只是保持盘面活跃和维持市场气氛而已。

庄家坐庄意图：由于庄家手中筹码相对比较集中，无法保证可以在高位全部派光，或者由于市场不稳定的因素较多，使庄家有时无法完成预定的目标，因而庄家预先就在拉升过程中逐步减仓，以便在突发因素来袭时可以尽快将仓尾货尽数抛光，降低坐庄风险。

散户克庄方法：持股者遇到股价在高位滞涨时，不管后面市场变化如何，以先抛出观望为好，这样可以很好地降低市场风险。持币者对股价已经涨高的股票，就不要找买入理由了，还是在其他股票中寻找投资机会，这样可以回避盲目操作。

实例 9-2

图 9-2，金谷源（000408）：该股进入牛市行情后，累计上涨已经超过 5 倍，庄家运用一切手法兑现手中获利筹码。2015 年 6 月，股价在高位构筑一个蓄势整理小平台，然后向上突破这个整理平台，上涨势头强劲，K 线组合完好，均线系统多头排列，因此不少散户跟风而入，谁知，股价马上反转向下大幅跳水，将追涨散户套牢在高位。其实，在股价见顶之前，庄家已在峰前派发了大量的筹码，股价向上突破完全是一个假突破动作。

在实盘操作中,对于峰前整理平台到底是蓄势整理平台还是出货整理平台实在难以确认,只有结合K线及K线组合、价位高低、大盘环境等进行分析才能做出客观的判断。就该股而言,股价处于高价区域这一点无须解释,而K线组合上就有点问题了,突破的第三天就拉出一根光头光脚的跌停大阴线,而且是一根"穿头破脚"的大阴线,完全包容了前面的上涨阳线,在高位出现这样的阴包容K线组合形态,就是一个见顶信号。

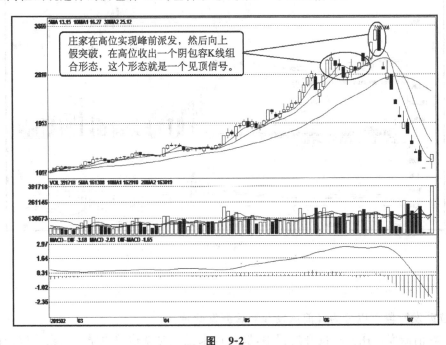

图 9-2

(2) 峰后派发。庄家经过高位派发之后,手中仍有不少筹码,此时股价已下跌了一个或几个台阶,这时庄家会再度将形态做好,吸引在高位介入的投资者进行回补及场外资金入场。在技术上稳住重要的技术关口,一方面停止抛售;另一方面积极护盘,让投资者感到股价已经止跌,同时做出一些典型的箱形、圆弧形走势,误导投资者以为股价结束调整,即将展开又一轮升势,从而盲目杀入,使庄家的派发活动得以继续进行。

这是一种最简单的出货方法,庄家完成拉抬后,股价站稳在高位,随着时间的推移,市场会慢慢承认这个股价。庄家不必刻意制造买盘,就可以保持股价稳定,达到从容出货的目的。如果股价在高位站不住时,庄家会把股价拉高,再让股价下跌一段,然后在次高位上站稳。由于股价前面有过一个高点,次高位比较容易被人们接受,价格容易稳住。然后庄家让股价长期横盘,在这个位置上慢慢把货出掉。高位和次高位横盘出货,都是股价在高位重新定位,带有价值发现的色彩,所以利用峰后横盘出货,操作手法上最简单,也最温和。

庄家坐庄意图:股价经过前面的大幅拉升,吸引了不少的跟风盘,市场人气较高,盘面较活跃。这时庄家停止拉升股价,悄悄向外出货,使股价出现回落。由于庄家掌握了大量的筹码,还没有全部派光,因此封堵股价大幅下跌,将股价维持在高位走势,构筑新的技术图形。许多散户以为技术形态完好而继续持股不动,或继续买进做多。庄家在散户不知不觉中,基本完成出货任务后,就放任股价下跌,使股价出现熊市走势。

散户克庄方法:持股者如果错过在高位卖出的机会,那么此时应当逢高退出,以避免市场带来的风险。持币者保持场外观望，不要在这些股票中寻找机会。因为，此时机会与风险已不能相等，风险远远大于机会。

实例 9-3

图 9-3，中信重工（600608）：2015 年 5 月，该股借利好出现一轮飙升行情，股价连拉 15 个涨停板，然后冲高回落，形成一个尖峰。股价小幅回落后，形成一个假的蓄势整理平台，欺骗散户入场，然后股价向下突破，将在整理平台区域介入的散户全部套牢。峰后派发比峰前派发容易判断，因为前面已经出现一个高峰，它对股价上涨构成重大压力，有经验的投资者一般不会轻易介入此种形态的个股。

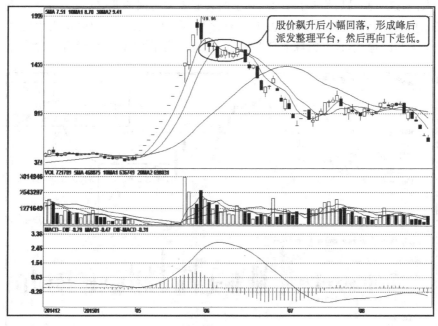

图 9-3

3. 低位派发阶段

如果庄家手中的筹码非常集中，在进行了高位和中位两个阶段的派发之后，手中仍有一小部分筹码，这时由于庄家的预定目标已基本完成，获利非常丰厚，常常会将最后的一些仓底货不计成本地大甩卖，以求资金的尽快套现。从盘面上看，出货特征十分明显，以大手笔的抛单明目张胆地显现，股价下跌的幅度非常快，有时甚至以跌停板的形式大肆贱卖。有时庄家利用手中最后的筹码极力压低股价，将股价打回原形，为下一次卷土重来做准备。

庄家坐庄意图：庄家拉高股价目的是想在高位出货，以获得利润最大化。那庄家为什么在低位派发呢？原因可能有由于庄家实力不大，在高位难以维持股价走势，不得不将股价向下放；或者操盘手法粗鲁，在高位出货时，被散户察觉，惊动了散户，使散户先于庄家出局；或者因外部因素出现变化，导致股价下跌。需要说明的是，这里所讲的"低位"，是相对当时股价所处的位置而言，当股价真正下跌后，这个位置又是中高位。

散户克庄方法：下降趋势一旦形成，就有助跌效果，反转需要很大的力度。因此，投资者遇到下降趋势时,应逢高斩仓出局,以免越套越深,造成资本大幅缩水,当市场真正出现底部时却因缺乏资金而错过机会。持币者不要在趋势扭转之前贸然介入,应等待趋势明朗之后择低跟进。

实例 9-4

图 9-4,宁波东力(002164):2015 年 6 月 3 日,该股创出 20.75 元高点后股价逐波下跌,7 月 7 日股价已经跌到 9.78 元,跌幅超过 50%,通常属于严重超跌个股,普遍认为这是低价区域。那么到底怎么样呢?股价小幅反弹后形成一个整理小平台,之后又出现大幅跳水,股价跌到 6 元下方。现在回过头来看看前面的整理小平台,就是一个庄家低位出货区域。此时,肯定会有人问:这不是马后炮吗!其实,真正的大底需要时间构筑,低位会有所反复,通常有二次探底过程,所以庄家在低位出货并非稀奇之事,况且该股在反弹时尚无力度,没有力度的反弹就是无为的挣扎,也就意味着还有低点,这也证实了"股价下跌没有底"的说法。

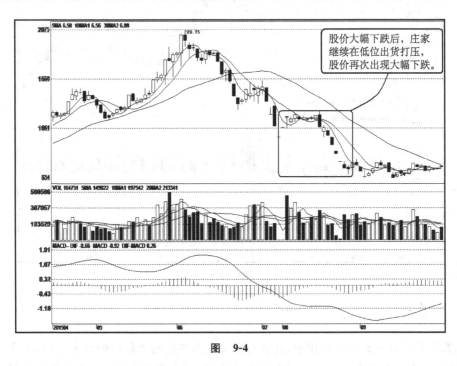

图 9-4

四、庄家出货的运作方式

庄家入驻后,通过充分的炒作将股价由低位推向高位,费了这么大力气,绝对不是争当慈善家,更不是充当高位套牢股民的"解放军",唯一的驱动力就是获利,而且是追逐暴利。完成这一最终目的就是在高位把筹码还给市场,让散户在高位将筹码接过去。

散户个个都是傻子吗?怎么会冒那么大的风险在高位去接庄家派发出来的筹码呢?问

题没有这么简单,每个人来到股市中都是想赚钱的,庄家正是利用这种心理,耍花样、玩伎俩"请君入瓮",由散户朋友去"埋单"。现就庄家常用的出货方式作一深入剖析。

1. 持续拉高法

这种出货方式大多出现在大幅上涨后末期,庄家利用大势狂热、人气旺盛之际,快速拉抬股价,令散户追涨跟进。成交量急剧放大,连续多日换手率超过10%。此时市场已失去理性,很多散户会丧失警惕,把风险抛于脑后,唯恐失去买入赚钱的机会,因此不断追高买入。庄家就在众多散户疯狂汹涌扑进之时,在有满意的盘面收益后寻机出货。此时很快形成一个结实的顶部,这种顶部一旦反转,一年半载难以解套。见机早的人及时"断臂"离场,尚可减少损失,迟缓者将深陷泥潭,不能自拔。

庄家坐庄意图:这是庄家利用散户暴富心理所采取的出货方式。一些在前期底部没有介入的散户受此影响,蠢蠢欲动,最后盲目追进。有的散户自以为是技术高手,认定后面还有第二波行情,因此没等股价下调多少就重仓买进,谁知行情一去不复返。

散户克庄方法:持股者在庄家什么时候停止拉升,就在什么时候坚决离场。这种拉升方式,如果得到惯性和外力作用可以持续上涨,一旦上涨动能中止,股价滞涨就出现大量抛盘,再也无法展开续升行情。持币者在中后期千万不能介入,就连后面的反弹也不要抢。这种走势通常是短线庄家所为,是匹急性马,真正的千里马是在不知不觉中产生的。

实例 9-5

图9-5,深华发A(000020):该股经过成功的炒作后,庄家获利丰厚,为了顺利出货,在2015年6月24日放量快速拉高,股价连续涨停,突破前期高位盘区,造成股价放量突破的假象。此时,不少散户被4根大阳线所诱惑,纷纷介入其中,可是股价冲高回落,跟随其后的也是4个跌停板,形成倒"V"形反转形态,把追高者个个套牢于盘中,这就是快速拉高出货的典型。

实例 9-6

图9-6,暴风科技(300431):该股庄家从一级市场获得大量的低价筹码,2015年3月24日上市后一路飙升,连续拉出29个"一字形"涨停板,庄家获利非常丰厚。5月6日,即第30个交易日收出一根中阳线,此后再连拉5个涨停板,随后经过两个交易日回调后,又连拉3个涨停板,股价站上300元。

从图中可以看出,该股经历这么几个阶段:第一个阶段,从上市首日到第29个"一字形"涨停板,为拉高产生盈利阶段;第二个阶段,从第30个交易日到连拉5个涨停板,为持续拉高出货阶段;第三个阶段,从第一根大阴线到6月10日的涨停阳线,为横盘出货阶段;第四个阶段,出现第一个"一字形"跌停板以后,为跳水砸盘阶段。这几个阶段前后连贯,无缝衔接,一气呵成,可谓坐庄的成功典范。

2. 拉高突破法

股价经过持续的大幅上涨或反弹行情后,庄家为了能使筹码卖个好价钱,而刻意在高位拉升股价,放量突破前期的一个明显高点,形成强势的多头市场特征,以此引诱散户入场接

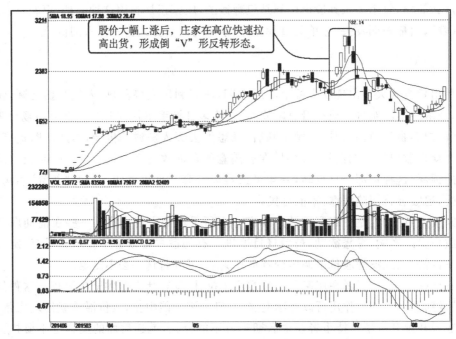

图 9-5

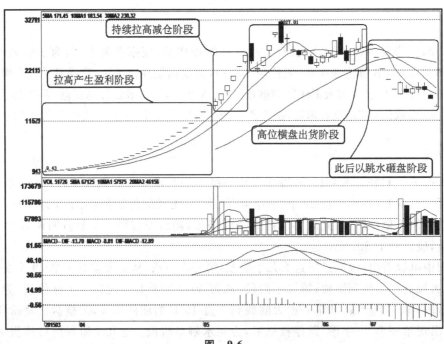

图 9-6

单。这时,散户看到前期高点压力位被突破后,认为股价上涨空间被有效打开,于是纷纷买入做多。这种做法在理论上讲没有错,关键是在实盘中经常出现"破高反跌"现象,股价创出新高后未能坚挺在高位,尤其是盘中瞬间冲高后快速回落,则更具有欺骗性。可见,在高位出现突破前期高点走势,不见得都是好事,操作不慎很容易中了庄家的阴谋诡计。

庄家坐庄意图：股价放量突破前期高点，形成上涨空间再次被打开的假象，以此吸引散户参与追高，实现高位出货的目的。

散户克庄方法：投资者在实盘操作中，遇到经过主升浪炒作之后的个股，无论出现多么诱人的看涨信号，也不要轻易介入，以免落入庄家设置的多头陷阱之中。夕阳余晖，虽然美丽，但已是落幕前的残波。

实例 9-7

图 9-7，上海物贸（600822）：庄家在低位吸纳了大量的低价筹码后，股价被大幅炒高，顺利完成主升浪上涨行情。这时庄家的首要任务就是出货，但对于大幅炒作后的个股，庄家出货并非易事，因此就要讲究出货章法。庄家常用的做盘手法之一就是以突破的方式继续创出新高，形成股价上涨空间非常巨大的假象，来吸引散户踊跃参与。从 2013 年 9 月 18 日开始，股价在高位连续拉出 4 根放量大阳线，成功突破了前期高点，形成新一轮上涨攻势。这时有的散户以为新一轮上涨行情又开始了，因而纷纷跟风介入。谁知，这是庄家精心布控的一个多头陷阱，当散户不断介入后，随之而来的就是连续两个跌停板，将高位买入的散户全线被套。

为什么说该股突破前期高点是一个多头陷阱呢？从图中可以看出：第一，股价已经完成了主升浪炒作，后市即使上涨也是涨后余波行情，上涨空间十分有限，介入风险极大。第二，连续的大阳线之后，股价高位跳空下跌，构成顶部"岛形"形态，预示股价后市走跌。而且，也是一个"头肩顶"形态，后市看空。第三，连续 4 根阳线呈收敛形组合，即上涨的幅度一天比一天小，K 线的长度一天比一天短，显示上方压力日趋增大。第四，MACD、RSI、KDJ、W％R 等多项技术指标呈现顶背离或钝化状态，不支持股价进一步走高。

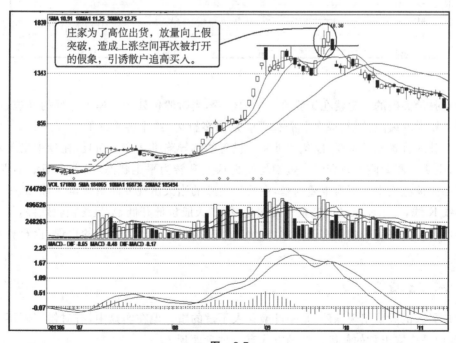

图 9-7

实例 9-8

图 9-8，华斯股份(002494)：2015 年 6 月 11 日、12 日，在高位连拉两根涨停大阳线，股价突破整理小平台，表面上看起来多头非常强劲，大有再来一波快速拉升的意思，这时就有不少散户被骗了进去。次日股价高开后小幅走高，继续刷新前期高点，在当日盘中不少散户纷纷追高买入，但到收盘时股价回落，在前一日收盘价附近收盘。随后，股价维持在高位盘整几个交易日，当庄家派发了大量的获利筹码后，股价出现了向下跳水。这时追高的散户才明白，原来这是庄家拉高出货所为。

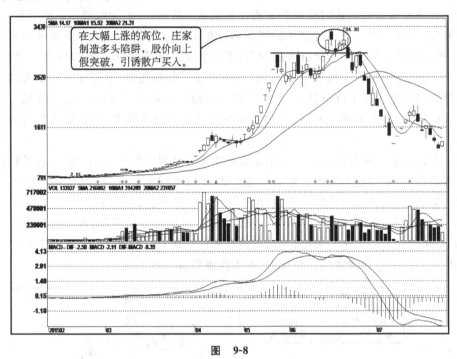

图 9-8

判断股价突破的关键就在于股价所处的位置，当时股价处于快速上涨后的高位，市场本身累积了较大的风险，因此每次上涨都可能是诱多行为，或是多头涨后余波所致。因此，分析股价突破的背景非常重要，以免掉进庄家设置的诱导陷阱之中。而且，在盘中出现对倒放量嫌疑，说明上涨动能渐渐衰弱。短期均线也从上升转为平走状态，爆发力渐渐消退，股价已处于摇摇欲坠之中。更为重要的是，在股价突破的当天出现冲高滑落走势，形成一根长长的上影线 K 线，显示庄家撤退迹象非常明显，第二天股价低开低走，最终报收跌停，从而进一步暴露出前一天突破的虚假性。因此，股价向上突破是庄家诱多行为的表现，投资者要谨慎看待。

3. 涨停出货法

散户买入的股票出现涨停，是一件最喜人不过的事。但在实盘中，有时候涨停不见得是好事，反而是庄家出货的伎俩。这种方式有三种盘面现象。

（1）股价以涨停板开盘，大部分时间处于封盘状态，造成强势上涨的假象。

(2) 以正常形式开盘后,股价直奔涨停板,封盘几分钟后再打开,多次涨停,多次开板,尾市稍向下回落。散户看到股价涨停,心理大受刺激,猜想第二天可能还会涨停,于是就抢先在涨停板价位挂买单追进。庄家待散户买单逐步增加时,迅速将自己的买盘封单撤掉,并在同一时间里,又在散户后面挂出数量与撤单相近的买单,这样盘面上看封盘数量没有变化,不会引起散户的注意。然后,庄家将散户的买单打掉,封盘被巨大卖单打开。股价出现下跌,但跌幅不大,不久股价又被拉到涨停板。庄家如此反复多次进行,在涨停位置悄悄出货。如果当天出货量不多,则第二天可能还会重演;如果当天出货量较多,第二天就低开低走,将这天买入的散户全部套牢,无形之中将套牢盘锁住。

(3) 以跳空高开的形式开盘后,股价直接冲向涨停板附近,造成该股当天要涨停的态势,不少散户见此走势而抢筹入场,但在接近停板的一两分价位时出现回落,而庄家在震荡运行中悄然出货,使散户套牢其中。

庄家坐庄意图:庄家根据"价格一致时间优先"的原则,将股价拉涨停板后先挂出大单,等后面散户挂买单时,就撤掉自己的买单,此时将筹码抛给散户。散户喜欢追涨停板,而庄家恰恰反做,利用散户这种追涨心态借助涨停掩护出货,这是根据散户的乐观心理所采取的出货方式。庄家通过股价的大幅上涨,制造活跃盘面,把散户诱骗进来,在高位接走筹码。另外,涨停的个股出现涨幅榜的前列,容易被市场发现和关注,吸引更多的眼球。

散户克庄方法:持股者遇到这种走势时,可以观察第二天盘面情况,如果第二天低开、冲高无力时,应择高出局。如果不是大牛市行情中,持币者尽量不要在涨停板位置追高买入。涨停板的操作思路一是股价在底部,第一个放量涨停板可以追;二是股价在相对高位,第一个缩量涨停可以追,换手低于5%;三是股价在相对高位,放量涨停坚决不追,换手率在8%或10%以上;四是涨停后放量打开,反复出现,最后封上涨停。若是在底部,庄家利用涨停洗盘的概率较大;若在相对高位,多数情况是出货,除非出现重大利好。

实例 9-9

图 9-9,上海电气(601727):股价大幅上涨后,庄家获利丰厚,在高位庄家不断兑现获利筹码,2015年6月9日股价放量涨停,K线上收出一根光头光脚的大阳线,股价似乎强势上攻,此时不少散户被这根涨停大阳线所诱,在高位纷纷介入。可是,第二天股价低开低走收阴,随后股价不断走低,将跟风介入的散户全线套牢。

实例 9-10

图 9-10,中海集团(601866):股价大幅炒高后,庄家在高位不断派发获利筹码,2015年5月21日股价在高位再拉涨停,以此吸引散户入场接单,随后出现一段时间的横盘震荡走势,庄家在此区域大量派发筹码,然后股价向下跳水,进入中期下跌调整。

另外,与涨停板出货对应的就是跌停板出货,有的个股早上以跌停板开盘,把所有集合竞价的买单都打掉,由于开盘低就会有许多抄底盘出现。如果不是出货,股价会立刻复原,若在跌停板上还能从容进货,绝对证明庄家用跌停出货。或者在跌停板附近开盘,然后直接跌停,之后又打开跌停板,反复几次最后跌停收盘。这样的情况要看股价的位置和利空消息的实质解读才能定下了,有时候是跌停板吸货行为。这里不做详细讲解,读者主要理解涨停

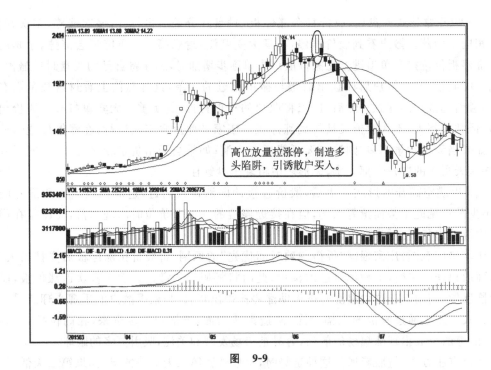

图 9-9

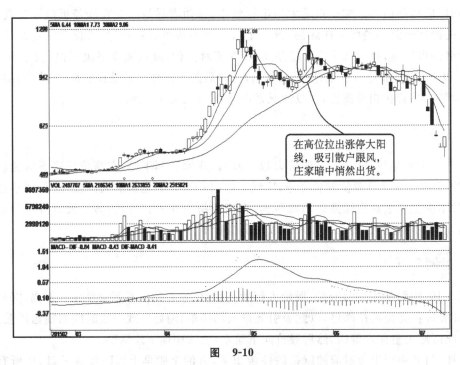

图 9-10

板出货行为就行了。

4. 边拉边出法

这种出货方式并不是将股价一步拉到出货价位,而是在接近出货价位的地方,开始减缓上升速率,走出继续盘升行情,这是出货最隐蔽、最高明的一种手法。它既可以稳定长期持股者,又可以吸引新的散户跟风,顺应庄家出货目的。其盘面特点是,股价每次向上创出新高后,就出现回调,但回调幅度并不深,不会打击散户的持股信心,在每次回调结束后,又向上创出新高,保持着良好的上涨态势。庄家在反复循环拉升过程中,在跟风旺盛时抛出一部分筹码,在上档压力减轻时用少量资金拉升股价。这样以大笔资金出货,小笔资金拉抬,庄家可顺利全身而退。此方法多见于强庄股,且股票本身有后续较好的题材配合。

庄家坐庄意图:通过这种稳健的走势,增强散户的持股信心,散户看到股价重心不断上移,就淡化了风险意识。庄家正是利用散户的这种心态,一边拉升股价,一边抛售股票,让散户心甘情愿地接走庄家抛出的筹码。这是最隐蔽、最高明的一种出货方式,在整个过程中很少出现放量情况,不少散户以为庄家没有出局,直到股价出现大幅下跌时,还不知道怎么回事。

散户克庄方法:低位持股者在股价拉高后,涨势明显趋缓时减仓,股价出现明显回落时清仓。持币者不参加高位爬坡,在这里风险大,收益小。

实例 9-11

图 9-11,平煤股份(601666):近几年煤炭板块由于行业不景气,个股整体表现不佳,该股随大盘出现两波推高行情后,庄家派发意图越来越强烈,在 2015 年 6 月后的上涨过程中,明显属于边拉边出行情。从图中可以看出,盘面出现典型的量价背离形态,说明股价已经到涨势的后期,此时投资者应逢高离场。

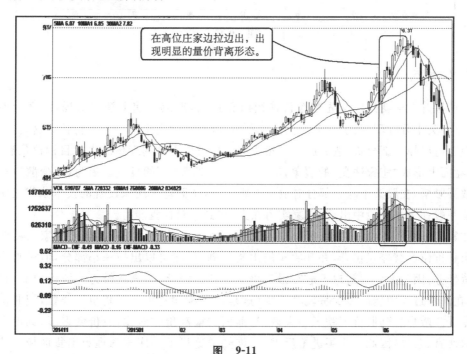

图 9-11

实例 9-12

图 9-12,快乐购(300413):该股在 2015 年 1 月 21 日上市后,就出现一波快速拉高行情,

然后进入长达3个月的横盘震荡走势,从5月初开始又是一波拉升行情。但股价到了拉升中后期,股价上涨明显有些吃力,说明庄家已力不从心,从K线组合排列中可以看出端倪。这显然属于庄家边拉边出操作手法,此时投资者应逢高了结为好。

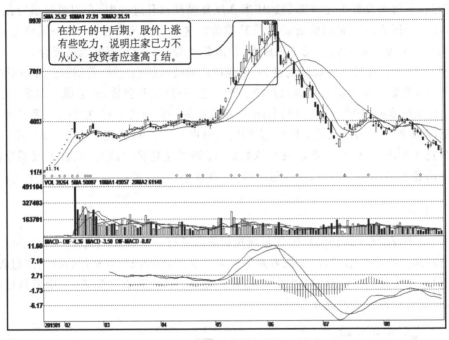

图 9-12

5. 先拉后跌法

这种拉升方法就是庄家先把股价连续疯狂拉高,形成加速上扬的格局,成交量不断放大,上攻势头十分猛烈,吸引众多的投资者参与,股价远远高于出货目标价位。这时,庄家就在盘中迅速出掉一部分货,造成股价自然滑落。当股价下跌到理想的出货目标价位后,止跌企稳,盘面上形成"庄家洗盘"的假象,给散户以"逢低吸纳"的良机。因为,不少散户在低价位不敢买股票,在股票下跌一部分时敢于大胆买进,从而落入庄家设置的技术陷阱之中。这种方法一般在中小盘股中出现,庄家实力强大,达到绝对控盘能力。

庄家坐庄意图:这是庄家根据散户对比效应所采用的出货方式。如果庄家只将股价拉升到出货价位区就停止拉升,并开始实施出货计划,虽然可以出掉一小部分,但很难完成全部出货任务,因为大多数散户不敢在最高价位接单。因此,庄家就极力将股价拉高,且越高越好,在高位过程中能出多少货就算多少(这是额外利润),出不了货也不要紧,把股价放下来就是了。散户看到股价下跌了一大截,与前面的最高价一对比,股价低多了,觉得在此价位买入便宜、合算,因此纷纷买进抢反弹,可谁知道这里就是庄家的理想出货区域。这样散户被大蒙一场,庄家则顺利而退。比如,庄家5元左右的成本仓,计划涨一倍到10元左右出货。在股价涨到7元、8元的时候,散户将股价与5元相比,觉得股价高了,不买。庄家就将股价拉升到13元以上,然后股价回落到10元左右。这时散户将股价与13元相比,觉得便宜了,买入。这样筹码就不断地流入散户手中,资金不断地流入庄家的账户中。

散户克庄方法:持股者在股价出现冲高回落或高位收阴线时,卖出做空。持币者尽量不做下跌过程中的小幅反弹,因为反弹幅度远远小于下跌幅度。若是技术高手,可以少量参与,这样即使被套,也不碍大事。

实例 9-13

图 9-13,中国中冶(601618):该股从 2 元下方炒高到了 11 元上方,在 2015 年 4 月继续大幅拉高股价,形成强劲的上攻势头,在散户开始跟风时,庄家抓住机会撤退,股价向下回落,在日 K 线图上出现一座小山巅。其实,庄家真正的出货价格并没有那么高,但在高位出货是件非常困难的事,因此庄家先把股价拉高,产生强烈的市场冲击感。这样做一方面刺激很大的跟风盘,借机在拉升过程中出掉一部分货,另一方面股价从高位下跌一截后,也会吸引很多散户来抢反弹,此时再派发一部分筹码,这样庄家便可轻松实现出货目的。

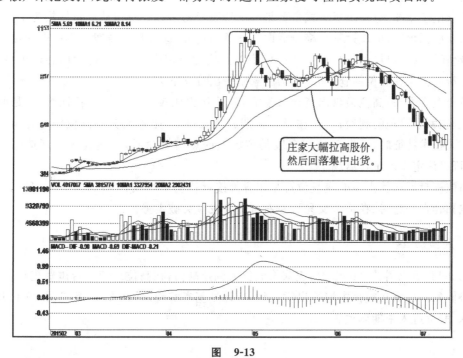

图 9-13

6. 高位横盘法

这种手法较为隐蔽且具有欺骗性,庄家在高位制造强势整理的假象,股价抗跌性强,给散户一种安全、稳定的错觉,而庄家从中悄悄分批出货。由于庄家持筹较多,很难一次性出清,而继续拉升会增加成本,让股价下跌又不合算,可能会引发抛盘出现。因此,股价在高位构筑平台形态,这种方式出货的利润高、风险小,操作起来也比较容易,基本上不需要什么操作技巧。同时平台式派发的隐蔽性较强,不会显露明显的头部特征,市场不容易觉察,反而更容易让投资者产生蓄势整理的错觉。当市场中没有其他抛盘的情况下,庄家可以从容进行派发,要多少给多少,慢慢地将筹码派发出去。

这种走势的成交量方面呈递减特征,偶尔有脉冲式放量出现。通常是有业绩支撑的中小盘股,股价在高位横盘是"理所当然"的,随着时间的推移,这个价格会被市场所接受,庄家出货也就不困难了。一般来讲,此法多运用于大盘累积升幅不大的情况下,如果大盘处于长期的盘升之中,盘中积累获利丰富,一旦有什么风吹草动,抛压立即涌现,带动个股的回吐压力增大,庄家无法完成出货目的。高位横盘出货的特点为:

(1) 股价前期经过大幅放量拉升,庄家获利丰厚。

(2) 庄家高度控盘,以至于曲高和寡,无人跟风,继续拉升已经没有任何意义。

(3) 这是一种长期的出货手法,庄家采用的是以时间换出货的方式。

(4) 横盘过程量能没有规律可循,在横盘区间有时会出现多次的上冲动作,制造要突破的假象。

(5) 出货完成之后,股价必定暴跌。盘整平台越长,意味着庄家出货越彻底,后市暴跌的空间越大。

庄家坐庄意图:这种出货方式主要是坚定持股者的信心。行情从熊市转换为牛市、股价从底部发展到顶部,出现过不少横盘后向上突破的走势,这给坚定持股信心的散户更丰厚的回报,给在横盘时出局的散户留下不少的悔意。这时出现横盘走势,持股信心也十足了,无形之中帮助庄家在高位锁仓,同时也为庄家暗中出货立下大功。

散户克庄方法:高位横盘出货比较温和,但杀伤力比较大。从技术特征看,一是股价涨幅较大,庄家有可观的利润;二是在横盘初期放过大量;三是筹码分布高位密集。当个股出现这三大技术特征时,还发现这些个股是市场上的热门概念股,并仍在大肆制造想象空间时,就可以认定庄家正在离场了。

高位横盘后可能出现的变盘位置是在股价接近移动平均线,5 日、10 日、30 日三条移动平均线黏合在一起时,在 7 个交易日左右可能会发生突破走势。

实例 9-14

图 9-14,方兴科技(600552):庄家将股价大幅拉高后,在高位维持平台震荡走势,造成强势蓄势假象。庄家在震荡中悄悄出货,当出货计划基本实现后,从 2015 年 6 月 25 日开始向下跳水,股价进入中期调整。

实例 9-15

图 9-15,亿通科技(300211):2015 年 5 月,股价快速拉高后,在高位形成抗跌性平台整理,散户误以为后市还有一波行情的感觉。庄家在震荡中悄悄出货,然后开始向下跳水,股价大幅下跌。

在实盘操作中,要区别横盘突破和横盘出货,虽然同样采用横盘方式,但却带来不同的结果。

(1) 横盘式洗盘,庄家主要是以换手为主要目的。庄家只有在关键时刻,才会在高位或低位出现,以主动性买单或卖单来控制股价,使得股价呈现出横向整理的走势,促使中小散户自由换手。在横盘洗盘的整个过程中,庄家真正参与买卖的行为并不多,所以股价走势沉闷,但股价比较坚挺,成交量也伴随着股价换手迅速萎缩。出现这种情况时,就标志着筹码日趋集中,浮筹逐步减速少。横向洗盘最终放量向上突破时,就标志着横盘洗盘结束。

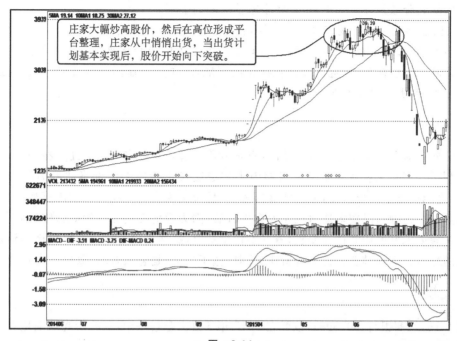

图 9-14

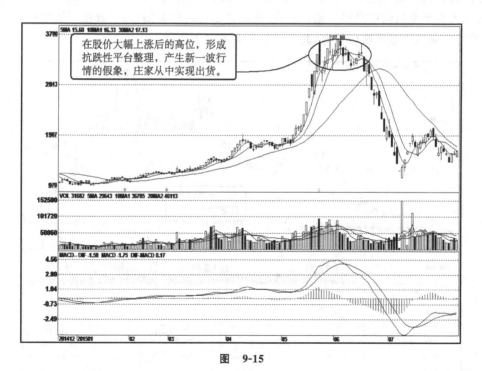

图 9-15

（2）横盘出货则恰恰相反。由于庄家这时是以抛售筹码为主要目的，因此在整个横盘形态演变过程中，庄家表现得最为活跃，常常做出各种各样的假突破姿态，以此来引诱跟风盘。随着庄家不断抛售筹码，导致盘面浮动筹码日趋沉重，股价走势也日趋疲软。每次股价跌至低点，庄家出来维持股价时，都会显得特别沉重。造成庄家控盘沉重的原因，是前期庄家抛出的筹码分散到散户手中后,致使庄家控盘能力下降。

(3) 横盘出货表现在成交量上的特征,就是在整个形态演变过程中成交量比较活跃,并且始终不能萎缩。在横盘洗盘的过程中,则不需要太大的成交量来维持股价横盘走势。股价在这么高的价位横盘,肯定不会存在换庄的可能性,再加上盘面浮筹日趋沉重,因此这时只有一种可能,那就是庄家在出货。

7. 放量滞涨法

高位放量滞涨的概念是一目了然的,就是股价经过长期炒作后已经处于相当的高度(或许已经翻了几倍),然后在一段较短时期内出现成交量不断放大而价格却停滞不涨的情况(当然也可能创出了历史新高,但总之涨幅较小,量价出现失衡),此时庄家出货概率较大,大家应当重视。这种情况较多地出现在大幅除权后,因为股价突然变得较低,许多不明真相的投资者一看如此好股居然这么便宜,就忍不住想买点,这就是因为高位变得模糊不清而容易蒙蔽人的地方。下面结合实例来看看庄家到底做了什么,是怎么做的,散户怎么应付。

实例 9-16

图 9-16,工商银行(601398):该股在 2015 年 6 月大盘暴跌中,股价始终顽强地在高位震荡,别的股票都腰斩有余了,它还一直抵抗到 7 月上旬,并在 7 月 7 日创出了 5.94 元的新高,这在大盘暴跌行情中难得一见。其实,在高位出现量价失衡,连续放量而股价停滞不前,这显然是庄家在大盘暴跌中作秀,此后股价不得不向下回落。

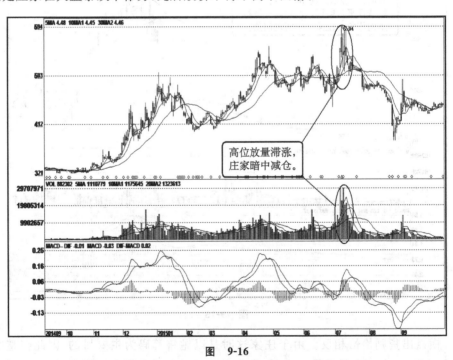

图 9-16

从这个例子就应当总结出一些要点,不管多好的股票,不管它有多少利好的传闻,只要在高位出现放量滞涨的情况,一定要先退出观望,即使个别股票存在高位换庄的可能,也应当在放量完毕后视其后续走势来定是否跟进,如果是换庄,紧接着就应该无量拉升,脱离庄家的成本区,何况高位换庄的情况很罕见,还是不把它考虑在内为好,为了安全起见,凡遇上这种情况就先退出,更谈不上一见放量就追了。此外万一当时追进去,过两天就被套的话,应当果断斩仓,千万别心存幻想,即使以后有反弹也不要等。

8. 反复震荡法

股价经过长期上涨后,获利盘已十分丰厚,随时都有抛售的压力,庄家如果此时在高位维系平台出货,往往因承接获利盘的回吐反而吃进更多的货,因此庄家采取反复震荡法出货。在高位区反复制造震荡,让散户误以为是强势整理,在震荡中打低股价,然后再展开反弹拉升,引诱投资者在低位回补,庄家于震荡反弹中慢慢分批派发。这种方式就是庄家加大震荡的幅度,增加派发的空间,拉得越高,跌得越惨,反弹空间也就越大,庄家出货也就越多。

这种方式出货的个股,在盘面上虽然总体上不再上涨,但由于震荡剧烈,所以短线机会相当多。没有经验的散户,看到股价暴跌之后又很快止跌,而且出现有力的上涨,迅速回到前期高位乃至突破前期高位,会感到买进的风险不大,希望股价还能再创新高。前期被轧空的散户,这时会对股价拉升抱有希望,希望给自己一个机会,在这轮行情中赚到钱,因此看到如此快速的拉升,以为机会又来了,于是疯狂买入。庄家因此暂时得以维持人气,稳住卖盘,顺利实现出货。

震荡出货有以下几个特点。

(1) 在高位震荡的这段时间里,庄家偶尔也会拉一下股价,显示庄家未撤走之势。但此时庄家的整体策略以派发为主,这段时间的成交量时大时小,但整体没有缩小,反而有所增长趋势。

(2) 若庄家出货较多,在外浮筹很多,这时高位护盘就显得很吃力,在关键时刻,还有摇摇欲坠之感。

(3) 若遇大势不好或庄家手中的货出得差不多时,高位震荡之后就放弃守卫,向下破位,股价应声而落。

庄家坐庄意图:这是根据散户的追涨杀跌心理所采取的出货方式。股价拉升到高位后,在人气旺盛时,庄家就不失时机地出货。由于庄家出货造成抛压增加,必然造成股价回落。当股价下跌到一定幅度时,庄家开始主动护盘,防止股价进一步下跌破坏技术形态。使股价重新拉起,人气得以维持和恢复,庄家又开始出货。经过下跌和反弹,出货和护盘,股价就形成了震荡走势,庄家也就顺利完成出货了。在震荡过程中,庄家也在高抛低吸做差价。

散户克庄方法:判断庄家震荡出货的一个重要标志是熊长牛短。庄家在一个区间内反复出货和护盘,由于卖得多、买得少,就形成熊长牛短走势。股价下跌时速度较慢,时间较长,这是庄家谨慎出货造成的,为的是利用有限的空间尽量多出一些货。股价上涨时比较迅速,持续时间比较短,这样拉升可以节约控盘成本。另外,看成交量和振幅,通常庄家出货会造成大的成交量和股价大幅下跌,如果持续出现带量且震荡幅度较大的 K 线,则表明庄家在出货,散户就采取紧急回避措施。

实例 9-17

图 9-17,山西汾酒(600809):由于庄家持仓量大,股价被大幅炒高后,很难在高位一次性

完成出货,因此就采用反复震荡的方式,吸引投资者跟风。该股在 2015 年 6 月中下旬的走势中,就可以发现庄家的诡异,股价大起大落,大幅震荡,而其目的只有一个,那就是在震荡中出货。

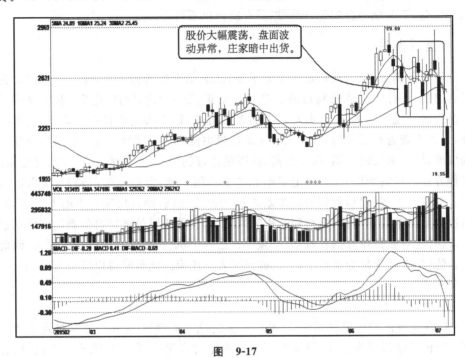

图 9-17

股价在震荡中,可能出现三种趋势:横盘式震荡、上倾式震荡和下倾式震荡。

实例 9-18

图 9-18,中国交建(601800):股价大幅炒高后,庄家在高位不断向外派发,从 2015 年 4 月开始,形成一条微向下倾斜的盘整带,股价下跌后反弹,反弹后下跌,庄家在反复震荡中渐渐撤离市场,散户在不知不觉中被套牢。

震荡式出货仅仅从表面和走势图来看,和震荡式洗盘没什么大的区别,但两者有明显的区别。

(1)震荡出货的目的是采用震荡的手段,达到抛售手中筹码的目的,在抛售筹码的同时,维持较高的市场人气。因为庄家具有抛售筹码的目的,所以从盘面走势来看,股价在向下震荡的时候,向下抛出卖单。股价在向下震荡至箱体底部或较低价位时,依然会有较大的抛盘。这些在低位的抛单出来后,股价依然会走得很疲软。有时股价往往会在大盘走势较好,或者公司有利好消息公布时,庄家就会采取向上震荡,但此时的买单往往不具备连续性,或者持续性的买单很假,其中绝大部分的买单都是庄家诱多时的对倒盘。当股价向上震荡到一定价位时,上面稍微有卖盘增加,庄家都不愿意去理睬,股价随后就会赶紧掉头而下。

在整个震荡过程中,庄家基本上是扮演空头角色,多头大多是对后市仍抱有幻想的散户。从成交量来看,由于股价下跌时,成交卖单均衡而持续,显得比较有组织有计划,所以在分时走势图和日 K 线图上,就形成跌时放量的态势。而股价向上震荡时,多头力量基本上来

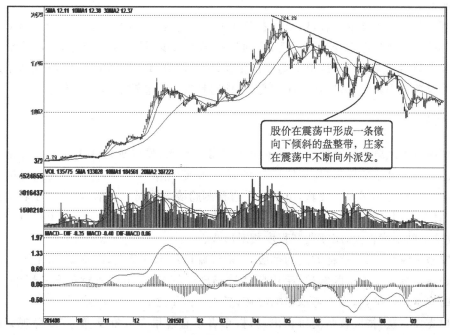

图 9-18

自对后市仍抱有幻想的散户,所以股价上涨时的买单就显得零碎和杂乱,缺乏集中性和计划性,股价出现涨时缩量的特征。这种跌时放量、涨时缩量的不健康量价关系,表明庄家急于出货的做空心理。

(2) 震荡洗盘从运作的方式来讲,庄家采取的同样是震荡的手段,但由于庄家的主要目的是促使获利盘换手,同时由于庄家对后市股价的走势很有信心,因此庄家在向上震荡的时候,买单往往具备持续性、集中性和均衡性的特征,在盘面上往往呈现出价涨量增的健康走势。而在股价向上震荡到没有什么抛盘压力区域时,一旦持筹者有抛售行为,庄家也敢于与空头搏斗,显示庄家的信心很足。

相反,在股价向下震荡的时候,由于做空的能量大多来自对股价后市走势产生怀疑的散户,所以股价向下回落时卖单显得零碎和杂乱,缺乏计划性、持续性和集中性的特征,成交量表现在盘面上也是价跌量缩,表明投资者不愿意在低位抛售手中的筹码。当股价向下震荡到箱底或者较低位时,一般就没有大的抛单了,偶尔有较大的抛单,股价也会止跌回升。在震荡式洗盘过程中,庄家的目的是把不看好该股的散户清洗出局,然后再把股价做高,让散户没有逢低吸纳的机会,从而追高买入,踏错节拍,垫高其投资成本,以起到洗盘的作用。

(3) 震荡式洗盘还有一种情况就是放量止跌。这种情况一般是庄家采取对倒的手法使股票放量,向下卖出的抛单很多很大,但是股价并不下跌。庄家这样做的主要目的,是恐吓意志不坚定的持股者,引诱信心不坚定者出局。此类情况根据盘面不同,也可能是其他小资金持有者获利出局,另有机构进场换手。这两点看似细微,却也非常重要,是区别庄家出货与洗盘的重要标志。

正是由于以上几种情况的存在,所以震荡洗盘的成交量表现在K线图和分时走势图上,往往形成价涨量增、价跌量缩,或者放量止跌的不正常态势,这是庄家震荡洗盘和震荡出货的重要区别。

从整个形态的成交量来看,由于两者存在本质上的区别,震荡洗盘在整个形态演变过程中,成交量迅速萎缩,标志着经换手后,盘面浮码迅速减少,最终向上突破,使震荡形态成为涨升过程中的中继形态。震荡出货则恰恰相反,由于庄家抛售筹码的行为,导致整个形态演变过程中浮筹越来越重,最终选择向下突破,使这种震荡形态演变为头部形态。

9. 快速出货法

这种出货方式就是庄家快速持续地将大笔筹码抛出,使股价快速下跌。此法常见于前期股价已有较大升幅的股票,庄家账面获利颇丰,需迅速落袋为安,并减少随后可能发生的风险。此法一般运用于大盘疲软,市场对后市预测趋淡等情况。目前,许多处于相对高位的股票,庄家常采用此法出货,表明急于了结心态较盛。此法也有其缺点,由于出货手法迅速简单,股价下跌幅度较大,庄家获利程度相对减少。

庄家坐庄意图:采用这种方式的个股,一般涨幅已经十分巨大,庄家获利相当丰厚,而且庄家已经高位抛出了大量的筹码,手中所持筹码已经不多,也不构成对利润的影响。所以,在出货时根本不去护盘,也不考虑影响好坏,反正一走了之。

散户克庄方法:持股者坚决斩仓出局,持币者不宜过早介入抢反弹,应冷静观察盘面调整情况,伺机而动,否则极有可能被套。

实例 9-19

图 9-19,华测万东(600055):2015 年 6 月,庄家快速拉高股价后,反手向下做空,不计成本地打压出货,出现快速跳水走势,形成倒"V"形反转形态。这类个股散户一旦被套短期无法解套,止损出局相当重要。

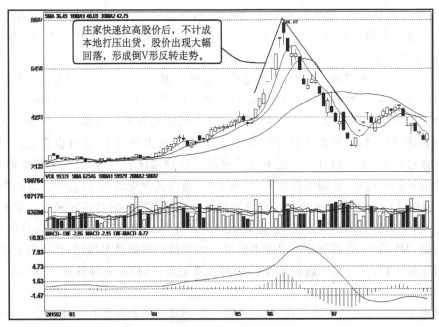

图 9-19

实例 9-20

图 9-20，奥康国际（603001）：该股脱离底部区域后，股价以圆弧式上涨，后期出现快速冲刺走势。2015 年 6 月 16 日，庄家突然反手做空，股价快速向下跳水，形成倒"V"形反转形态，散户杀得措手不及，防不胜防。

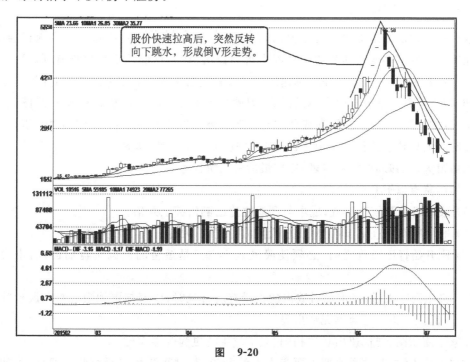

图 9-20

在实盘操作中高位放量跳水出货更可怕，这是某些庄家急于出货的表现。这种走势虽然很容易引起市场的反感，但也的确蒙蔽了不少短线散户，使诸多抢反弹的散户元气大伤、一蹶不振。股价在很短的时间内能跌掉一半，杀伤力之大无与伦比，因此也很容易把一只股票"做死"，至少一年半载缓不过劲来，所以采用这种手法出货的庄家并不常见，但对这种走势还是要加以分析，哪怕是一次都不要参与。高位放量跳水的股票一般在跳水之前都经过了长期的上扬，股价的累计涨幅都很大。

所以，对于累计涨幅很大的股票一定要时刻加以关注，因为此时的股价已远高于坐庄的成本，庄家在这只股票上早就挣够了，所以随时可以跳水而并无太多顾忌，投资者一旦发现风吹草动就要及时出局，回避高位风险，宁可错过上涨的行情（高位拉出一两根长阴，没准是洗盘呢，很多人善意地这么想），也不要赶上暴跌的行情。另外对于股票的基本面也要有一定的了解，不要盲目地长期持有一只自己并不熟悉的股票。高位放量跳水的原因里，除了庄家急于兑现的因素外（这个作为散户很难了解内情），很可能还是公司基本面发生较大变故，所以作为长期投资者，一定要对公司情况经常加以了解。事实上对于早就持有了类似股票的人来说，即使被跳掉一个跌停板并不可怕，大不了少挣点，最可怕的是不少投资者一看股价暴跌，以为是短线抢反弹的好机会，结果在股价并未跌到底的时候就介入，哪知道股价根本不反弹，刚一介入就被套，如果不能及时割肉，很可能迅速深套。

而且，由于这种出货手段造成了市场对该股的戒心，以后该股要改善自身的市场形象就需要一个漫长的过程，而且当时形成的密集套牢盘也需要很长时间才会被市场消化，所以对于这种股票，即使股价已跌得很深，基本上不会跌了也暂时不要考虑介入，最好是等低位有明显的庄家进驻并且市场差不多已经忘记它跳水的不良表现之后再介入不迟。

10. 高抬跳水法

这种手法比快速出货法更为凶狠，具有很大的杀伤力，意在让高位追进者无机会出逃。一般庄家在持筹不多或获利颇丰的情况下善用此法（即使打低几个价位仍有利润）。同时，也往往预示着牛熊转势，迫使庄家迅速撤庄。或者是由于重大利空隐患存在，并被庄家首先所获知，担心消息一旦公布而来不及出货，因此提前不计成本地出货。在日K线图上，连拉数根阴线或"一"、"⊥"形出现，对股票本身也造成极恶劣的市场影响，人气短时难以恢复，需要一段时间的修整。这种方法由于派发时间短，下跌速度快，大部分庄家无法全身而退，唯有利用后市大市回暖时，拉高自救，完成最后的出货任务。

打压出货有以下几个特点。

（1）股价已炒至较高位置，成本与利润之比已翻倍甚至几倍。

（2）股价前期一直处于强势之中，股价勇往直前，大有一去不回头之意。

（3）刚开始打压股价之时，必须使股民认为它只是短暂的回调洗盘而已，后市会延续升势。

（4）打压两三天后，当市场对放出的大量有所警觉时，庄家却更加狠心打压股价使其加速下滑，令前几日买入者套牢无法出局。

庄家坐庄意图：与快速出货法相同，只不过手法更为凶狠而已。

散户克庄方法：对这类股票不要抱太大的希望，花时间和精力研究此类股票，不如投资到其他有价值的股票里。

实例 9-21

图 9-21，三联虹普（300384）：该股上市后就被实力庄家相中，股价大幅炒高，累计涨幅超过 6 倍。2015 年 5 月庄家再次拉高股价，运用了多种出货方式，先是采用边拉边出手法，然后，股价小幅回落，庄家在横盘震荡中出货，构筑高台跳板。最后，在出货后期股价大幅下跌，庄家不计成本地出货。

实例 9-22

图 9-22，赢时胜（300377）：该股累计涨幅超过 10 倍，庄家获利非常丰厚。2015 年 5 月，股价向上突破 200 元后，形成小平台整理（高台跳板），然后停牌 39 个交易日。7 月 15 日复牌后出现高台跳水，股价出现连续跌停，庄家不计成本地打压出货。

这类个股需注意三点：一是尽量不要参与涨幅较大的个股，站在边上当观众；二是持股者果断离场，往往出现股价怎么涨上去的，也怎么跌下来；三是在跌势中不要参与抢反弹，即使出现 50% 以上的跌幅，股价仍然偏高。

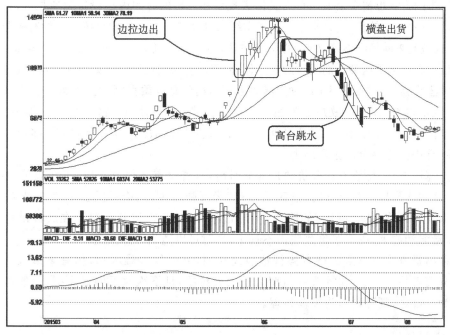

图 9-21

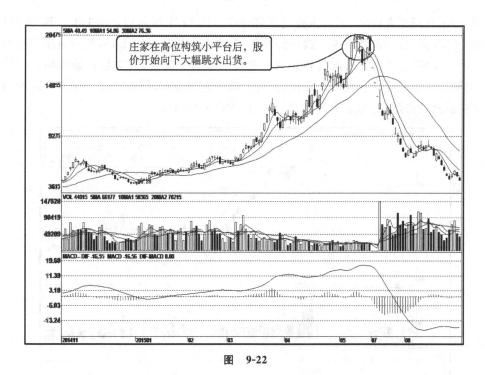

图 9-22

11. 持续阴跌法

事实上在多数情况下,许多股票庄家是以较温和的成交量慢慢阴跌出货的。这种出货手法隐蔽性较强,庄家不搞突然袭击,在散户不注意时悄悄出货,这样不易引发跟风出货的现象,对股票后市的走势也留有余地。盘面具体表现为在较短的时间内把股价急速拉升,然后缓慢逐波下跌,下跌时间较长,没有半年以上根本缓不过劲来。这样的股票拉起来的时候非常激动人心,可是跌起来就绵绵不绝,中间的反弹往往很短暂,一旦高位套牢,很少有解套的机会,不少人恐怕都有过忍受这种长期阴跌的痛苦体会,因此有必要讨论一下如何对待这种股票。

庄家坐庄意图:这是庄家的一把"温柔之剑",用的是以柔克刚的操作策略。庄家出货时量不大,跌幅也不大,这样散户容易承受。经过一点一滴的磨炼,散户的承受能力变强了。同时又给散户产生缩量整理、缩量洗盘的感觉。这种方式,庄家每天出的货不多,久而久之,在不知不觉中把筹码全部派发出去。

散户克庄方法:持股者在股价放量冲高时离场,若没有来得及卖出,可在股价回调到10日或30日均线附近出现反弹时,逢高了结;若无反弹产生,无论亏损多少,都应坚决斩仓离场。持币者对股价"跌跌不休"的股票,不应过早介入,免得被套。股价在底部出现大幅波动,成交量温和放大,说明股价离底部不远了,这时可以适当考虑买进。

这种出货方式与震荡调整蓄势行情表现相似,有时候很难区别,稍有不慎就会出现失误。区分两者关键在于:如果股价前期有过较大拉抬,且下跌时无明显支撑,一般可认定为出货行为。反之,则可判断为震荡整理。

实例 9-23

图 9-23,世纪星源(000005):该股庄家借利好连拉 14 个涨停板,2015 年 5 月 29 日股价摸高到 17.06 元之后,走势发生了微妙的变化,十多个交易日过去了,虽然没有出现急跌,但也没有出现反弹,这就应该引起警惕。此后股价一路向下阴跌,成交量开始萎缩,交投也显沉闷,短期均线形成死叉。说明庄家撤退坚决,散户越套越深,等待反弹的希望一次次破灭。这种走势虽然跌势不凶,却是一把温柔的剑,让散户进退两难。

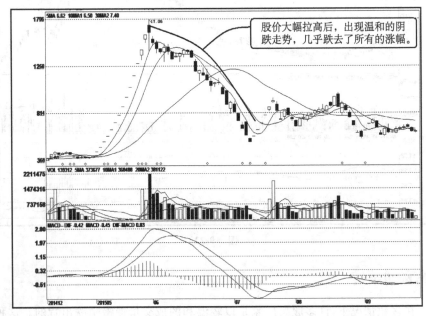

图 9-23

实例 9-24

图 9-24，紫金矿业(601899)：股价大幅炒高后，2015 年 6 月 1 日见顶回落，庄家采用持续阴跌手法出货，股价小阴小阳缓缓下行，虽然盘面跌势不凶，却是一把不见血的刀，散户根本没有退出的机会，账户亏损一天天扩大。

这类个股需注意四点：一是股价快速冲高远离 30 日均线时逢高离场；二是 K 线出现见顶信号时卖出，如长上影线、十字星、倒锤头和乌云见顶、倾盆大雨等单日或组合形态；三是 5 日和 10 日均线形成死叉时退出；四是股价跌破 30 日均线无反弹时果断止损。

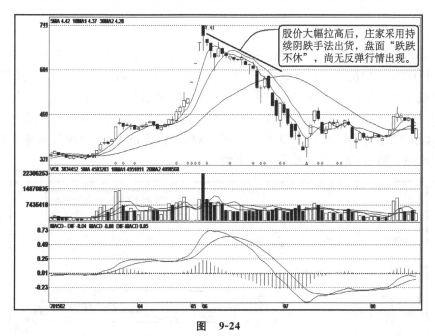

图 9-24

对于持续阴跌的个股，也许有人认为这是上升途中的强势整理，而且在分时走势中也经常快速直线拉起，一副再展雄风的样子，这完全是做给某些短线技术高手看的，因为庄家也知道大家都在盯着该股的走势，都在盯着股价涨不涨，为了满足一下散户的欲望，庄家在盘面上做出表态："股价还要涨！"其实这是庄家逗散户。它真要涨的话，早该向上突破创新高了，那样涨起来多轻松啊，但事实恰恰是庄家并不想当"解放军"，股价总是不去碰前面的高点，让那些望眼欲穿的套牢者在那摇摆不定，到底是再等等呢还是少亏点止损算了？正当散户犹豫不坚时，股价已经向下滑落许多，老的套牢者只好继续坚持了，但新的套牢族怎么办？是割还是不割？这就回到刚才说的话题。这就得出一个结论，一旦股价在高位走平，不管放不放量，都应退出观望，更别说介入了，何必参与高位盘整呢？如果说参与低位盘整只是赔点时间的话，那么参与高位盘整就是赔了时间又赔钱，真是何乐而为之。所以，如果在高位盘整或阴跌期间不慎被骗了进去，最好的办法是及早醒悟并退出。

12. 除权派息法

由于除权派息前可能引发市场抢权行情，除权派息后造成技术指标和成交量柱状图的失真,故在除权派息后往往经过一段时间的横盘整理,给市场以该股已经筑底成功,准备再次放量上攻的错觉。同时,庄家偶尔用小幅拉升动作,形成填权之假象,此时散户追高杀入,正符合庄家出货意图。

庄家坐庄意图:一是除权派息历来被市场当作题材操作,给散户留下炒填权的想象空间;二是除权派息后股价比价较低,高价股就变成低价股了(复权后股价仍然是高位,远高于庄家成本价),容易被散户所接受。通过这种手法,庄家实现顺利出货。

散户克庄方法:遇到除权派息的个股,在观察图形时应将日K线图复权起来进行分析(钱龙软件经典版 Alt+F10 即可复权),以免造成技术失真,然后综合其他因素分析。

实例 9-25

图 9-25,博腾股份(300363):该股庄家就采用除权派息法出货。2015 年 3 月 26 日,为 10 派 1.16 元转 15 股的除权除息日,股价从 145.75 元"下降"到 57.67 元。入市时间不长的散户以为股价便宜而介入,而且,除权后第一天就拉涨停板,做出一副要填权的样子,紧跟着就是两个跌停板,然后就是一堆十字星,最后便一直横盘震荡出货。这就是庄家利用股价除权后的"障眼法"进行放量出货,在买盘减少时,股价维持横盘走势,造成蓄势待发的假象,6 月股价出现向下跳水,从此进入中期调整走势。

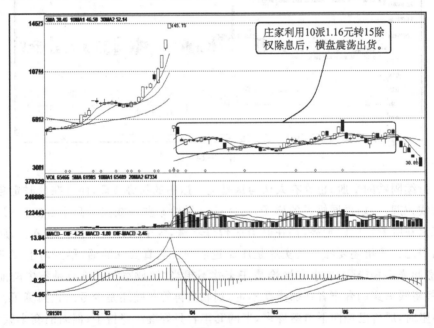

图 9-25

实例 9-26

图 9-26,中天城投(000540):2015 年 4 月 1 日,为该股 10 派 2 元送 5 股转 10 股的除权除息日,股价从 36.53 元"下降"到 14.31 元,然后庄家在横盘震荡中出货,庄家基本完成出货计划后,股价开始下跌。

这样的实例很多,大家可以再去找一找,凡是除权前拉得很高,除权后放量走平甚至贴权的,后面半年内的行情十之八九翻不了身。其实,高位开溜的本事比在低位发现黑马的本事还重要,跑得不及时的话,不说后悔终生,也得后悔半年。

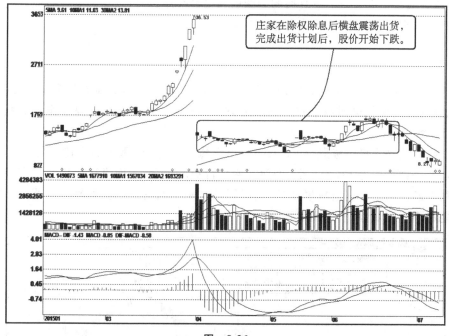

图 9-26

13. 借台演戏法

这种出货方式是利用个股题材或消息来激发人们的想象力,让你得出目前价位仍会有很多升幅的错误结论,误导散户跟风介入,最后深套其中。这些题材包括高送配的突出业绩(符合市场投机胃口)、重大资产重组或置换(市场永恒的话题)、介入市场热炒领域(如当前的"一路一带"、"互联网+"、航天军工、节能环保)等。题材是股价上涨的动力,纵观市场中众多黑马,无一不以良好的市场题材为后盾。对此,理性的投资者应具体分析题材的力度、对公司实质影响、二级市场庄家的成本以及估算目标价位、有无拉升空间等。但是,我们目前市场上理性的投资者太少了,所以庄家的派发难度不是很大。

还有一种现象就是,利用股评来帮助高位派发。在目前市场中,排除水平因素之外,不难发现确有个别股评人士职业道德有问题,成为庄家出货的"庄托"。股价在低位时,没见其推荐,而股价翻番之后,却能搜罗出一大堆利好足以支撑股价再创新高的理由。如果这时真的相信股评,买入所荐个股时,却发现自己很快变成套牢一族。在此,要提醒投资者一定要形成一整套自己的投资方法,将专家的意见作为参考,无论其名气有多大,过去有多好的表现,也要坚决以自己的分析为主,理清思路,再作判断。

庄家坐庄意图:这种方式的坐庄意图很明确,在出货过程中大量散布利好,通过外部环境的渲染,夸大投资价值,营造市场气氛,引起广大投资者的注意和追捧,结果庄家把希望留给了散户,把财富留给了自己。

散户克庄方法:首先对个股题材、消息、股评进行认真分析研判,然后做出相应的操作策略。对题材的认识:①新鲜题材容易追捧,老题材吸引力不强;②重大题材容易引起股价大幅波动,一般题材不会引起大幅波动;③明朗的题材可以作为买卖依据,朦胧的题材可信度差,不能作为买卖依据。对消息真假的判断前面已经介绍过,可以参考之。对股评的买卖建议可以不予以理会,最多只能作为参考。

实例 9-27

图 9-27,全通教育(300359):"教育,带我们去一个未曾到达的地方",头顶"在线教育第一股"光环的该股股价也到达未曾到达的地方,2015 年 5 月 18 日,大幅炒作后的股价到达 550.07 元(复权价)。

该股靠什么来支撑超级股价? 5 月 15 日,实施 10 股转 12 股的高送转方案,该股庄家与其各路盟友一面炒作着 PE 孵化器、产融并购平台等的概念,一面讲述股价平稳着陆与筹码套现路径的新故事。这些新故事就是"全课网"和"中山紫马——智慧教育示范区",庄家依靠各路题材借台唱戏,渐渐兑现获利筹码。

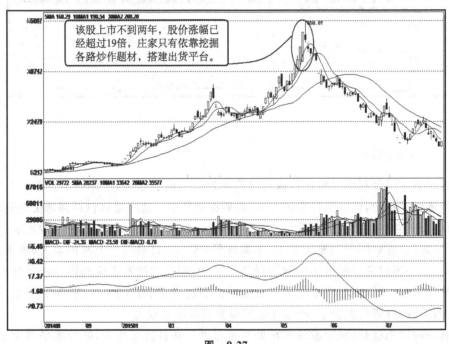

图 9-27

14. 逐级出货法

这种方式与平台式出货法有一定的联系,但又有很大不同,台阶式出货法是通过做多个平台达到出货目的,而每个平台的操作手法基本相同。当股价见顶回落后,庄家利用逐级下台阶的方式出货,每下一个台阶,都可在盘整区域出掉不少货。若跟进者发现庄家的意图,也跟着抢抛的话,庄家就会再下一个台阶盘整,又锁定一批套牢筹码,并造成筑底的态势,自己则慢悠悠地出货。

庄家坐庄意图:这种出货方式是股价下跌一个阶段后,进行横盘整理,使散户误以为庄家在蓄势整理，底部已经来临，因此纷纷买入，庄家悄悄卖出。当后来买盘逐渐减少时，庄家又将股价放下一个台阶再进行横盘整理，这时又一批散户进场，也有先前套牢的散户在此回补。如此反复进行，庄家则可以成功撤退。

散户克庄方法：持股者清仓离场，最佳卖出点是在股价放量冲高回落时，次佳卖出点是股价在均线附近，5日、10日、30日三条均线黏合后，股价出现向下突破时。持币者观望，待明显的底部形态出现时，分批介入做多。

实例9-28

图9-28，扬杰科技（300373）：该股庄家就采用了逐级出货法，2015年6月5日股价见顶后快速回落，由于庄家未能如期完成高位出货，当股价跌破30日均线后，形成回抽平台走势，庄家在此继续出货。7月27日，股价再次出现跳水，然后形成平台出货，当散户接盘减少时，股价将出现新的下跌，如此形成多个下跌台阶。直到庄家基本完成出货后，才获得初步企稳迹象。

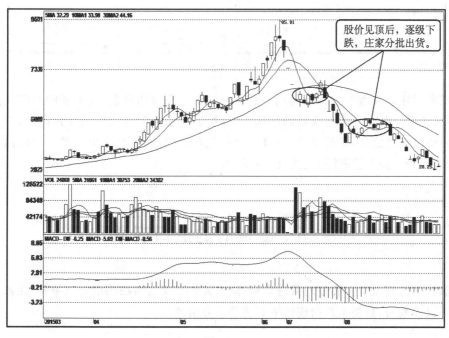

图 9-28

实例9-29

图9-29，未名医疗（002581）：2015年7月，股价见顶后连续出现5个跌停板，然后止跌企稳形成横盘震荡。不久，股价再下一个台阶后，又是一段时间的横盘震荡走势。8月21日，股价再次出现大幅跳水。在股价下跌过程中，出现逐级下跌走势，其实，中间的平台整理就是一次弱势反弹行情，股价不上涨就意味着下跌，因此弱势反弹结束后肯定还有一段下跌行情出现，投资者应当有所防备。

以上是庄家派发时常用的几种手法，其他诸如图表骗线、技术陷阱、盘中对倒等手法，优

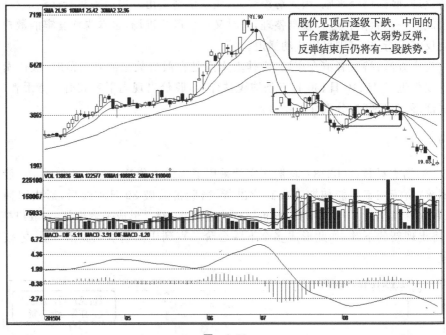

图 9-29

秀的看盘者对庄家在盘面上玩的把戏一目了然。对于庄家的派发，投资者的对策就是坚决抛售，不要计较一两个价位与收益的高低。同时，尽量不要参与庄家的反弹操作，因为此时风险与收益已不成比例，贸然出击，一旦失手反遭被套，与其冒这么大的风险博取微小的利润，不如将眼光投向其他有潜力、低风险的股票。

五、出货时的盘口现象

庄家建仓时必须实实在在地买进筹码，而出货时必须实实在在地卖出筹码，庄家巨额资金进出一只股票时，想要不在盘面留下痕迹是十分困难的。

1. 日K线盘口

股价经过飙升行情后，继续上行遇到了巨大的阻力，同时也积累了丰厚的获利盘，股价就会见顶回落。常见的日K线盘口如下。

开盘，经常以跌停板开盘，且全天封盘不动，或连续大幅跳空低开，且跳空缺口近日不予回补，交易时股价逐波走低，直冲跌停价位附近，盘中筹码松动，上行压力明显增大。

盘中，股价出现一波上行后，很快就被卖盘压下，股价呈逐波下探之势，基本运行在前一日收盘价下方，股价反弹受当日均价压制明显。

收盘，股价往往以最低点或次低点收盘，下跌势头十分强劲。日K线经常出现"一"形、"⊥"形或大阴线。庄家实力不大、控盘程度低的个股将快速脱离底部，步入下降通道；庄家实力强大、控盘程度高的个股,出现盘头走势,构成复合形头部。

有时候,庄家经常利用长下影线引诱和麻痹大众止损意识。事实上,目前有大部分散户都是因为没有及时止损而造成亏损的。那么,是什么原因导致这些投资者风险意识的麻痹呢?这和庄家利用所谓的探底调整有很大关系,不少个股在每天盘中直线打低,然后在临近收盘时又被大单强行拉上去,日K线上留出很长的下影线,投资者以为短期调整即将结束,继续持仓观望,或者有的仓位不重的投资者干脆继续加仓,试图降低自己的持仓成本,有的散户甚至在临近收盘的最后几分钟买进。但是,随后的时间里,几乎天天都是低开3%以上,这种一买就套的情况,让人走也不是,留也不是,这样的欺诈手法被不少庄家采用,成为庄家套牢众多投资者的阴险手段。

2. 分时图盘口

(1) 化整为零。有耐心的庄家每次只卖2 000～8 000股,根本不超过1万股,几乎所有的软件都不会把这种小成交量统计成庄家出货。

(2) 多卖少买。操盘手抛出99手,同时买进1手,在显示的时候,就是成交了100手,而且是按照买入价格成交,一般软件会统计成主动买入的量。这是庄家利用红箭头、绿箭头来蒙骗投资者。

(3) 大幅砸低。庄家将股价砸低到一个低点,然后在此价位出货。如目前价格是11元,有的操盘手会突然用巨量将股价砸到10元,然后股价回稳再缓升,买进的人以为捡了便宜,没有买的人以为也可以捡便宜,所以积极在10元附近挂买入盘,然后操盘手可以再次卖出大量股票。由于股价是突然下跌的,所以买进的人多,操盘手可以出的货比较多,而且实际上10元就是他预定的出货价格。

(4) 先吃后吐。操盘手先把股价拉高到目标利润线以上的5%～10%,而且在高位放出大量,并显示买盘量,多数人以为庄家在买进,风险不大,所以也跟风买进。然后,庄家开始出货,股价逐渐下跌。在这里,庄家在高位买进的可能确实是实盘,但随后他可以在目标出货价附近抛出很多货,这是很划算的。

(5) 跌停打开。开盘以巨量直接封于跌停板,接着庄家用巨量买入,许多人一看股价即将打开跌停板,生怕买不到股票而纷纷跟进。这种方法的辨别就是:如果不是出货,股价常会立刻复原,你根本就不可能买进来。如果你居然在跌停板附近从容买进许多,以后可能就要吃不了兜着走了。

(6) 涨停出货。庄家把股价拉升到涨停板附近,然后故意在涨停板上放几十万元或者上百万元自己的买单,等待追涨的人挂买单,有的时候还自己吃掉一些。当盘中堆积了许多散户的买单时,庄家把自己的买单逐渐撤掉,放在最下面(按照时间优先原则,先挂上去的先成交)。然后挂出卖单,将筹码抛散户,如果没卖完,为引诱散户买盘,庄家再在涨停板价位处虚挂巨额买单,这样反复操作自然可以达到高价出货的目的。所以,如果一只股票在涨停板上的成交量比较大,就是出货的迹象。因此,散户千万不要盲目地追涨杀跌,以免上当。明智的做法,是要仔细观察盘口,涨跌停后是否迅速关门,成交量大小,换手率高低,然后再决定操作方向。

(7) 买单推进。这是一种比较常见的盘口现象,操盘手在每一个买盘价位上挂几万元甚至几十万元的买盘,促使股价逐渐步步上移,总会有沉不住气的人勇敢买进,其实上面的卖盘都是庄家自己的,因为持仓者都想卖最高价格,所以,你如果买进来,那就离下跌差不多了。要注意:多数人认为大单推高是庄家拉高的方式,其实这是一种出货方式。

(8)买单托盘。在一些个股累计涨幅比较大的情况下,盘中的委托盘会出现另一种异常情况,当开盘之后股价震荡下跌,当跌到一定幅度时在买档位置出现大笔买单,好像有庄家在吸纳,股价无法继续下跌。但在这个位置股价反弹时明显无量,而且从成交明细来看,盘中主动抛盘(内盘成交)较多,而且股价重新下跌时抛盘踊跃。虽然在某一价位有强大的买盘托着,但股价总体呈下跌趋势,则很可能是庄家出货的先兆。原因很明显,如果只是护盘的话,就不应该在低位象征性地挂单,一面是买盘非常强大,一面是反弹无量,这本身就是矛盾的。所以投资者在盘中见到这种情况一定要小心为上,先出局了事。

(9)尾市拉高。在分时图上,股价前市一直走势平淡,但在临收市前半小时或者更短的时间内,突然出现一波放量的急速拉升,在K线图上出现一根放量上涨的大阳线,而此时的大盘并无明显异动迹象。但第二天该股却出现低开低走,之后一连数个交易日也是呈现出明显的走弱迹象,令人费解。那么,这种走势的盘面意义究竟何在呢?

这种走势一般出现在大盘疲软的情况下,而且是在个股图形的中部或平台附近,这时的尾市拉高带有明显的欺骗性,往往是庄家出逃的前奏,拉高的主要目的是吸引跟风盘,随后不可避免地出现连续下跌。如果这种走势出现在个股的平台整理区域,后市极有可能出现平台破位下行的走势,持股者宜迅速止损出局。如果上述情形出现在图形的高位区域,是一个极其危险的信号,表明该股已经处在头部区域。

3. 盘口玄机

庄家盘中采用什么方法出货,要观察市场人气状况,根据人气强弱不同和自己出货的决心,而采取不同的手法。

第一种手法:上涨出货。在人气最旺的时候,庄家预先在上档挂好卖单,然后借助大势向好人气旺盛,一路带着散户向上吃。追涨热情不足时,庄家就亲自出马,大笔吃掉几个卖单,向上拉出一段距离,等散户的热情被激发起来了,庄家就停手,让散户去吃。这样始终维持股价上涨,但实际上庄家买得少卖得多,在悄悄出货。

第二种手法:冲高回落出货。在开盘后快速拉起来,这时由于盘中卖单少、阻力小,拉高成本低,基本上整个上午都维持在高位,中间可以制造几次向上突破的假象,做出蓄势待涨的姿态,这样在拉高和高位盘整阶段,都会有追涨盘。到了下午,庄家可以根据大盘走势而定,如果大盘走势不太好,就开始打下面的买单,一路向下抛,把盘中一天挂出的买单都给打掉,来不及撤单的散户都成交了。如果大盘走势较乐观,庄家就坚挺在高位或上拉几个价位进行出货,这样筹码卖得较高。

第三种手法:下压出货。在人气不旺的情况下,靠上涨激发追涨盘成本又高效果也不好,庄家不再做冲高盘整诱人追涨,而是开盘后小幅上拉,乃至不拉,仅通过控制开盘造成一个上涨,留出出货空间,然后就一路出货。盘中下档出现了一些买单,庄家就抛货,下方买单打没了就停手,做出要反弹的样子,等下方积累了一些买单后再打下去。如此,一个价位一个价位的下压,充分利用每一段空间出货,而且控制下跌速度,稳定散户,不诱发恐慌性杀跌盘,这样散户的卖单仍以挂单委托在上方,庄家就有条件抢先出货。庄家在盘中基本上不做反弹,让犹豫不决的、挂较高的卖单都无法成交,而一路下压把所有的买单都打掉。

第四种方法：打压出货。在人气低迷时，庄家不再被动地等下方出现买单，而要在盘中制造快速下跌，然后制造反弹，诱使抄底盘介入。然后股价掉头向下，把抄底盘打掉。只有打得足够深、足够快才能引发抄底，但这样一来牺牲的价格比较多，而且会诱发恐慌性抛盘，使人气受到较大创伤，以后承接力更弱，很难再出货了。所以，这是一种杀鸡取卵式的办法，庄家一般在不得已的情况下采用。

从日K线上看，第一种方法形成阳线，第二种方法形成带上影线的阳线或阴线，第三种和第四种方法都形成阴线，但长度不同。

4. 量价关系

这阶段的成交量猛增至天量后，出现逐步萎缩，股价急速下跌。表明涨势将尽，上升乏力，盘面上随着人气的狂热，出现能量剧增，这就是常说的"天量天价"。它可分为两种：①单日放天量。成交量原先保持温和状态，量价配合理想，股价节节盘升，某日盘中放出巨量，量价配合失衡，第二天缩量下跌，在成交量指标中出现"顶天立地"长柱。②多日放天量。股价长期运行在上升通道之中，成交量适中，量价配合理想，股价逐波上扬，气势如虹。不久，股价在高位持续多日放出天量（有时庄家为了做盘需要，也能做出量价配合的K线图形），很快股价反转向下。

在价方面，股价先迅速下跌一个台阶，不给散户任何思考时间。在量方面，从天量逐渐缩小，但总体规模仍是较大的。如果错过了大势提供的最佳出货时机，也会出现低量出货、自然出货，即有人买就出，能出多少是多少，在未达到出货的总量之前股价一般不会大幅下跌。如果在拉升末期见量太大，且升幅较高，也会出现出货量。量价方面要把握以下几点。

（1）价涨量增。股价经过一段长期升势后，突然爆发一轮急涨升势，成交量显著增大，然后股价又突然向下反转。表明庄家拉高股价借势大举沽货，短期慎防见顶，应考虑将获利货沽出。

如果在尾盘出现价增量增，在下跌的初期，一旦均线形成空头排列，这种价量俱增的尾盘少见，即使有也多为庄家拉高出货的行为，不宜追涨，如果这种尾盘发生在跌势末期，是反弹征兆，由于没有经过长期的横盘，这种反弹不宜看得太高。

如果在下降趋势的盘局中，尾盘出现价量俱增，要视30日均线的位置与角度，若30日均线走平，且与10日均线相距较近时，这种盘面表现多为结束调整信号，可介入，次日有望上攻均线。若30日均线尚未走平，这种尾盘可视为反弹行情，中线不宜进场。

（2）价跌量增。股价下跌而成交量增大，价量出现背离。此时有三种启示：①若股价在跌势初段或下跌趋势中段，出现价跌量增，反映沽压沉重，后市仍看跌。②若股价原先处于升势，突然止升下跌，而成交量有小幅度的增加，显示高位承接开始乏力，但这未构成股价立即转向的变化，故宜先行观望。③若股价原先处于升势，突然止升下跌，且成交量大幅度增加，可视为大户出货的举动，后市看跌，持股者应趁最后机会先行沽货套利。

如果在尾盘出现价跌量增，投资者应视周RSI的位置而定，若周RSI未处低位，而跌势中尾盘出现价跌量增，仍是恐慌性抛盘，次日也必将低开盘，因此，不宜抢反弹，而应果断离场。若周RSI已进入超卖区，尾盘无重大利空条件下，价跌量增，有可能是庄家的诱空行为，一旦次日出现平开或高开的情况下，反弹有望展开，投资者可择机而入。

如果在下跌趋势的盘局中，尾盘出现价跌量增，该盘面如果发生在一个调整时间等于或

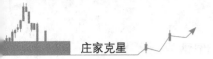

大于下跌时的时间,要慎防诱空行为,不宜贸然杀出,应视次日的盘面变化再作抉择;若此种尾盘发生在一个调整时间小于下降时的时间,这种盘面多为弱市特征,次日继续下跌的概率极大,不宜抢进做反弹摊薄操作。

(3) 价平量增。股价持平,涨跌幅很小,但成交量却突然增加。若股价上升已有一段时间,接近升势末段时,出现价平量增的现象,反映卖方分批有秩序地沽货,将股价维持在稳定水平,无论如何,这都是代表抛压逐步增加的现象,预示股价将会有秩序地反复下跌。

(4) 价涨量平。股价上涨,但成交量却与前几日差不多。如果股价原先以上涨居多,出现价涨量平,反映多空双方的力量已趋均等,多方再占不了上风,后市股价有可能会止涨下调,具转向意味。

如果在尾盘出现价增量平,这种情况多属庄家所为,无成交量的配合空头能量得不到释放,反弹必然受阻,次日很难挑战均线,一般而言,不参与这种弱势反弹。

(5) 价跌量平。股价下跌,而成交量与前几日差不多。在下跌趋势中,价跌量平是投资者分批离场的信号,下跌仍会持续下去。

如果在尾盘出现价跌量平,若均线系统刚形成空头排列初期,出现尾盘价跌量平,纯属买盘不济,投资者对后市信心不足的盘面表现,这种无量下跌不能单纯理解为惜售,反而,卖压得不到释放,会引起大跌发生。若股价出现连续下跌之后,而周KDJ进入了超卖区时,这种价跌量平多为惜售所致。此时,不宜恐慌抛出,但买入则要等待次日探底时择机而入。

(6) 价平量平。股价的涨跌幅度很小,成交量与前几日差不多,反映多空双方受不明朗因素困扰,对后市走势不明,故作观望休息,一般散户在此阶段中不宜入市。

(7) 价涨量缩。股价上升,但成交量未能配合上升,反而减少,量价出现背离。在升势的末段时(可以观察股价上涨的时间,股价累积升幅在50%以上等来判断),出现量价背离反映高位缺乏承接力,小心这是下跌先兆。

(8) 价跌量缩。股价下跌,而成交量减少,这是大势趋弱、买盘欠积极表现,不宜在此阶段做买卖。若股价刚从高处下跌,成交量迅速减少,出现价跌量缩,反映庄家正悄悄地分批沽货。预期跌势正有秩序地展开,底部不容易得知,持股者宜沽货离场。

(9) 价平量缩。股价升跌幅微少,且成交量减少。若股价涨幅已大,反映高位追货买盘不足,后市随时停止升势而转跌。

六、典型的分时出货形态

庄家出货是正常的市场行为,买卖筹码是股市生存的形式和条件,没理由谴责和质疑。有时候出货不代表个股后市股价就下跌,很多时候也只是市场某一时期的阶段性行为或短期波动,所以不能一概而论。这里介绍几种典型的分时出货形态,以飨散户投资者。

1. 高开低杀

在高位股价大幅跳空高开,甚至从涨停板价位开盘,然后几笔或一笔大卖单将股价"秒杀"到前一日的收盘价附近,个别凶狠的庄家可能从涨停板打到跌停板位置。然后,股价又放量快速拉起,涨幅达到 8 个、9 个点左右,或再次触及涨停板位置。此后,全天呈现逐波震荡走低态势,成交量渐渐萎缩。这种"途穷日暮式"的分时形态,对于盘感不佳或者动作迟钝的散户有一定杀伤力,稍微迟缓账户缩水明显,对于观望者难以产生购买欲望,如此大幅下挫谁还能跟进?对于持有筹码的散户可在早盘开盘挂好单子以备不时之需,养成习惯。

实例 9-30

图 9-30,东方新星(002755):该股上市后连续拉出 20 个涨停板,2015 年 6 月 12 日股价从涨停板价位开盘,但封盘时间仅维持 15 分钟,9:46 连续几笔大卖单抛出,股价直线回落到前一日收盘价附近。此时,原先低位持股者眼看 10% 的涨停板被完全抹去,就不甘心卖出了,计划等待股价回升时再抛。随后股价放量快速拉起,再度封上涨停板,但很快被打开。这时持股者看到股价还很强势,在贪婪的心理作用下,还是舍不得抛。可是,此后股价逐波走低,盘面渐渐走弱,尾盘还出现小幅跳水动作。从第二天开始股价出现暴跌走势,就这样散户在犹豫中被套牢,庄家在喜悦中开溜。

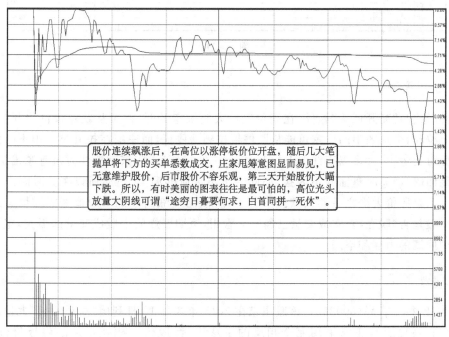

图 9-30

实例 9-31

图 9-31,梅雁吉祥(600868):该股庄家手法更为阴险,股价拉出 9 个涨停板后,2015 年 8 月 18 日跳空以涨停板价位开盘,然后连续几笔大卖单抛出,股价从涨停价"秒杀"到跌停价。之后,股价又放量直线拉升到 9 个多点,接近涨停板价位,可是又快速回落,股价在大起大落中逐波走低,庄家在剧幅震荡中分批出货,最终以跌停板收盘,当日收出一根幅度达到 20% 的大阴线。

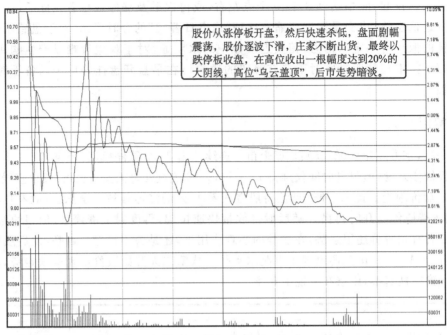

图 9-31

2. 低开高冲

这种形式与"高开低杀"相反,在高位股价大幅跳空低开,甚至从跌停板价位开盘,然后放量向上拉起,个别凶狠的庄家可能从跌停板拉到涨停板,而庄家在拉升过程中不断派发筹码。在分时走势中,大多以直线向上拉升,每拉一波行情后,庄家就抓住时机赶紧出货,股价向下震荡回落,回落时盘面并不凶猛,如同一把不见血的温柔之剑,所以在分时图中杀伤力不明显。只是股价大涨之后离大跌就不远了,所以已经涨高了的个股追涨需谨慎。这时判断一只个股是否"脱壳"其实成交量已经不大管用,短期爆炒的个股成交量都很大,主要可观察分时中回调的力度和空间。

实例 9-32

图 9-32,梅雁吉祥(600868):该股庄家在 2015 年 8 月 18 日利用"高开低杀"大量出货后(见图 9-31),第二天,庄家采用完全相反的手法出货,股价大幅跳空从跌停板价位开盘,10:01 巨量打开跌停板,然后股价逐波震荡上涨,庄家边拉边出,股价上涨很流畅,尾盘还封上涨停板,当天收出一根幅度达到 20% 的大阳线,吸引了不少跟风盘介入。可是,次日低开后冲高回落,从此股价连续 4 个交易日跌停。

实例 9-33

图 9-33,双杰电气(300444):该股在 2015 年 5 月 28 日也出现了从涨停到跌停的"高开低杀"式出货,5 月 29 日股价从跌停板价位开盘,然后巨量打开跌停板,庄家从震荡中派发了大量的筹码后,股价从跌停附近直线拉起,涨幅接近 8 个点时停止拉高,庄家在震荡回落中

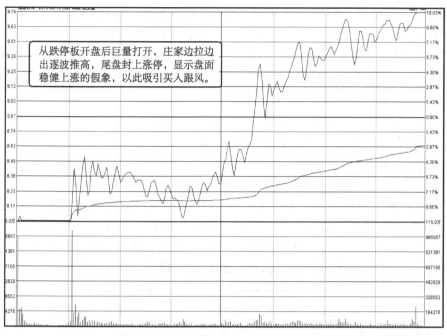

图 9-32

不断出货,最后以下跌9.38%收盘,在日K线图中形成一条长长的上影线,市场发出明确的见顶信号,此后股价出现暴跌行情。

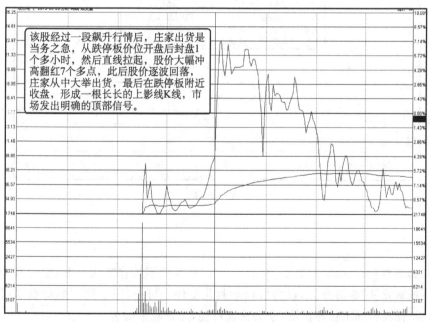

图 9-33

3. 顽强攻击

这种形态在开盘后不久,多头咄咄逼人,摆出一副大涨的架势,向上发起猛烈攻击,股价逐波强劲上涨或直线单波上行,涨幅达到八九个点后停止拉升,股价开始震荡,庄家大规模出货,大多在尾盘还会出现跳水动作。有的个股更加凶猛,股价顽强上攻,一步步向涨停板逼近,似乎在告诉大家股价封涨停板已经没有悬念,于是大批"涨停敢死队"纷纷扑进。可是,当眼看股价就要强势封涨停时,多方偃旗息鼓,拉升戛然而止,随后股价缓缓走低,以最低点或次低点收盘,K线上形成长长的上影线。

这种走势总的一句话,就是"上午拉高,下午出货",在目前市场中庄家采用比较多,几乎每次坐庄都在使用,投资者实盘中需多加研究总结。

实例 9-34

图 9-34,自仪股份(600848):2015 年 6 月 10 日,股价开盘后先进行小幅下探,把开盘价附近的挂单成交掉,然后出现三波式放量拉升,形态非常标准,盘面十分漂亮,吸引不少散户热情追捧。当股价涨幅接近 9% 时,庄家停止拉升,继而进入横盘震荡出货,让散户产生强势整理的假象。此后,股价全天渐行渐弱,尾盘继续打压,说明庄家出货坚决,已无心做多。

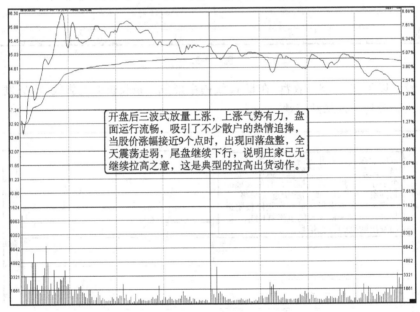

图 9-34

实例 9-35

图 9-35,三维丝(300056):2015 年 6 月 2 日,开盘后不久直线式拉升,股价直奔涨停板,此时"涨停板敢死队"纷纷介入,以为股价能封住涨停。可是,股价如同蜻蜓点水,仅仅碰触一下涨停板,便反身向下快速回落,全天横盘震荡,庄家稳中出货。

4. 停而不封

这种形态就是股价拉涨停但不彻底封死盘面,在涨停板附近反复进行。通常在早盘 10:30 前后快速拉到涨停板后,出现短暂(几分钟)的封盘,然后打开再封盘,反复进行,形成

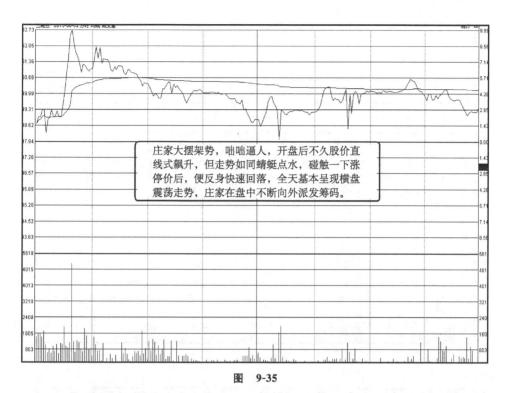

图 9-35

"停而不封"的走势形态,但在收盘时往往能封在涨停板位置,不过封单一般都不大,大多次日会低开震荡。这就是庄家让喜欢追涨停板的散户有足够的买入时间,是庄家常用的出货方法之一。

实例 9-36

图 9-36,巢东股份(600318):该股前期出现飙升行情,2015 年 5 月 27 日开盘后逐波上行,股价被拉到涨停板位置,庄家故意不封盘,在涨停板附近反复开板震荡,这不得不让人产生怀疑,如果庄家真的想拉升股价的话,就会果断封死盘面,不给散户介入的机会,这样在涨停板附近敞开大门让散户进入,背后一定怀有不良目的。

实例 9-37

图 9-37,华丽家族(600503):2015 年 6 月 24 日,股价触及涨停板后便回落横盘整理,形成回调蓄势假象,庄家在股价横盘中不断出货,尾盘牵强收于涨停板,保持强势盘面状态,让当天介入的散户晚上放心睡一觉。可是,次日股价不但没有强势上涨,反而震荡走低,从此开启暴跌行情。

5. 尾盘异动

尾盘是一日之内最重要的时刻,有时全天都在上升,但临到收尾的数分钟却变成"跳水";有时全天都在下跌,到临近收盘时却戏剧性地以飙升收场。这其中当然有各种各样的用意,但肯定也是出货的一种形式。

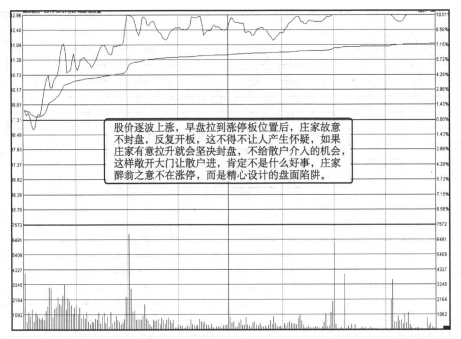

图 9-36

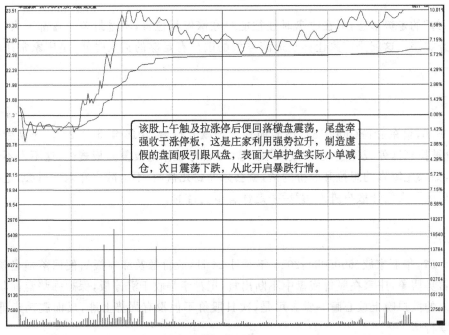

图 9-37

实例 9-38

图 9-38,南京化纤(600889):该股在 2015 年 6 月 15 日盘面出现异动,在没有任何消息干扰的情况下,股价无缘无故大幅低开 6.77%,全天一直在昨日收盘价之下弱势震荡,一度

触及跌停板位置,而成交量保持较高水平,显示庄家愿意以较低的价格出售。在临近收盘前 10 分钟盘面出现戏剧性变化,股价放巨量拉高,从跌停板边缘直线拉至涨停,当天换手率达到 18.21%,次日股价低开低走,此后股价出现暴跌行情,短短的 22 个交易日股价从 27.13 元开始一路下跌创出 7.08 元低点。

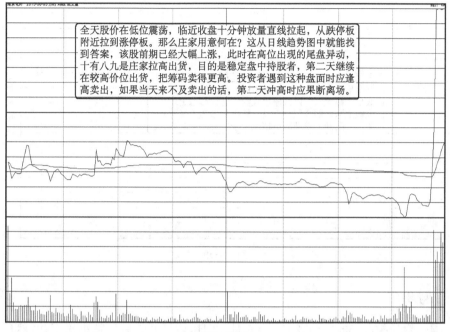

图 9-38

实例 9-39

图 9-39,深圳华强(000062):该股前期出现飙涨行情,累计涨幅接近 3 倍,庄家出货无须指责和质疑。2015 年 6 月 15 日,股价开盘后一直围绕昨日收盘价震荡,临近尾盘时大幅下挫,以跌停板收盘,目的是为了第二天高开或拉高出货,以"红盘"吸引散户参与。这种盘面如果出现在大涨后的高位,那么股价离暴跌已经不远,投资者应及早离场。

6. 上下穿梭

这种形态在分时盘面波动幅度不大,股价上下穿梭,呈锯齿形状走势。具体有两种盘面现象。

(1)纯粹的横向波动,股价开盘后小幅上涨或下跌,然后形成震荡走势,全天基本围绕均价线上下震荡,直至收盘。

(2)股价大体上沿着一个方向震荡运行,上涨不急,下跌不凶。

这种形态对于看盘功底不深的人来说,很难从分时上判断庄家明显的出货行为,因此一定要结合日 K 线图、价位高低以及前期的市场表现(有无快速拉高行情)等情况综合分析。

297

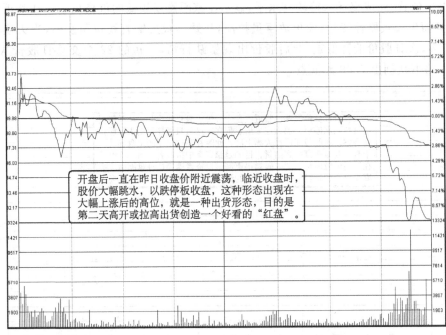

图 9-39

实例 9-40

图 9-40，绿地控股(600606)：2015 年 6 月 12 日，该股开盘后先是小幅下跌，然后回升穿越当日均价线，之后，全天围绕当日均价线上下穿梭，而均价线呈横向发展，盘面没有大的起伏，成交量保持恒等，直至收盘这种局面没有被打破。散户遇到这种盘面怎么办？可以采取两点策略：一是观察日 K 线图，分析股价位置和前期股价表现；二是观察次日或随后几个交易日的盘面变化情况。就该股而言，股价处于大幅上涨后的高位横盘，震荡幅度渐渐收窄，K 线实体不断缩小，构成一个小型的三角形整理形态，预示股价将要发生变盘，通常在高位出现这种走势向下变盘的可能性大。

实例 9-41

图 9-41，盐田港(000088)：2015 年 7 月 1 日，该股小幅低开后逐步向上震荡，然后股价回落到开盘价附近，此时庄家出手护盘，股价又回升，但股价回升到早盘高点附近时，再次出现回落走势，全天在分时图形成一个"M"头形态。仔细观察当天的分时走势可以发现，无论是上涨还是下跌，盘面都比较温和，股价上下穿梭朝一个方向运行一段距离后，反转朝另一个方向温和运行，而中间呈现锯齿形态。结合日 K 线图分析，可以定义为庄家出货行为，应及时逢高离场。

7. 定位对敲

庄家在出货时很多时候会在某一个价位进行定位对敲和托盘出货。所谓定位对敲出货，就是庄家在某一价位的卖档位置堆放大卖单，然后自己逐一吃掉，反复在这一价位进行

第九章 出货阶段

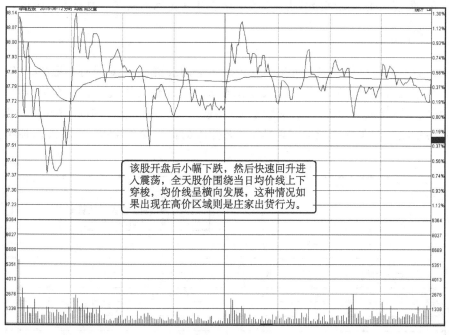

该股开盘后小幅下跌,然后快速回升进入震荡,全天股价围绕当日均价线上下穿梭,均价线呈横向发展,这种情况如果出现在高价区域则是庄家出货行为。

图 9-40

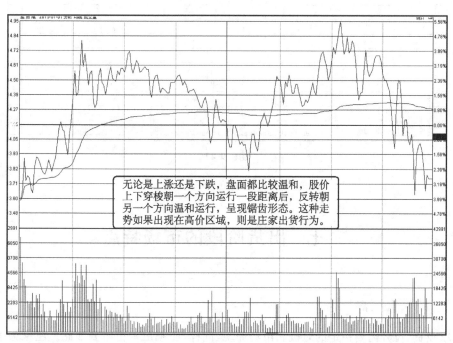

无论是上涨还是下跌,盘面都比较温和,股价上下穿梭朝一个方向运行一段距离后,反转朝另一个方向温和运行,呈现锯齿形态。这种走势如果出现在高价区域,则是庄家出货行为。

图 9-41

对敲,显示下方买盘积极,由此吸引散户入场。

定位对敲所对应的就是托盘出货,所谓托盘出货,就是庄家在某一价位的买档位置堆放大买单,承接少量的散户抛盘,吸引更多的散户吃掉上方的抛单,反复在这一价位进行托盘,显示下方支撑有力。这是一种比较流行的出货方法,也是一种拉高手法,有时候庄家在买盘上挂上大单,促使股价逐渐飘带式上移,市场总会有一些沉不住气的散户勇敢买进。

实例 9-42

图 9-42,中国中车(601766):如果关注该股走势的投资者,一定没有忘记 2015 年 6 月 11 日庄家进行定位对敲出货的一幕。这天庄家在 26.67 元价位堆放巨大的卖单,然后庄家逐一吃掉,吃完了再堆放大卖单,然后继续吃掉,在这一价位多次进行,造成下方买盘积极的假象。直到中午收盘前股价出现向下跳水,当天介入的散户全线套牢,庄家则抛掉了大量的筹码。

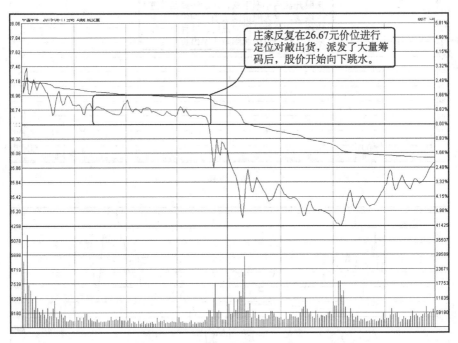

图 9-42

七、出货阶段的市场特点

1. 市场人气狂热

庄家吸货、拉升需要一定的时机和市场环境,同样,庄家出货更需要如此。庄家为了出货,必须制造一个狂热的市场气氛,才能达到派发的目的。它可分为两种:大势火爆和个股火爆。

(1)大势火爆。此时人气聚集,交投活跃,证券交易大厅人头攒动,座无虚席,生怕买不到股票,市场出现白热化,甚至有的个股达到疯狂境地。

(2)个股火爆。一般表现为局部或个股行情,多属非主流板块或主流板块中的部分个股,除基本面因素外,往往有庄家资金关照。

2. 股价巨量天价

盘面上随着人气的狂热,出现能量剧增,这就是常说的"天量天价"。庄家只有在巨量的成交中"浑水摸鱼",无量的下跌多属洗盘或空头陷阱。它分为以下两种。

(1) 单日放天量。成交量原先保持温和状态,量价配合理想,股价节节盘升,某日盘中放出巨量,量价配合失衡,第二天缩量下跌,在成交量指标中出现"顶天立地"长柱。

(2) 多日放天量。股价长期运行在上升通道之中,成交量适中,量价配合理想,股价逐波上扬,气势如虹。不久,股价在高位持续多日放出天量(有时庄家为了做盘需要,也能做出量价配合的 K 线图形),很快股价反转向下。

3. 股价大跌小涨

这种现象正好与庄家拉升时的图形相反,庄家趁着市场人气旺盛,交投活跃之机,将股价呼呼地往上拉,随后不久股价迅速回落,出现 1~2 根长长的阴线,接着产生 1~2 根小阳线或十字星,然后再度拉出长阴或多根阴线。此时,由于股价回调幅度较深,不少散户认为这是庄家刻意打压洗盘,或者认为瞬间跌幅较大,而纷纷介入,结果个个被套其中。

4. 股价快速脱顶

股价见顶后迅速脱离头部,形成加速下行之势,气势转弱。在实盘中,有不少散户当股价在相对高位进行强势调整时不敢介入,担心股价炒高了会下跌,其实这是涨升的刚刚开始,偏偏在股价深幅回落走弱时介入,以为调整已到位,其实这是下跌途中的暂时停顿。这就是常说的"强者恒强,弱者恒弱",涨得让你不敢相信,跌得让你无法接受。在一轮行情中,会涨的股票是不会下跌的,会跌的股票是不会上涨的,这就要求散户懂得"弃弱从强"的道理。快速脱顶也有两种现象:

(1) 单日脱顶。这是指股价快速上冲后,当日就翻脸向下迅速脱离顶部。常见的有两种走势:一种是股价急速上冲后快速回落,当日 K 线上留下长上影线;一种是高开或涨停价位开盘后,股价快速回落(此种现象多属于阶段性头部)。

(2) 多日脱顶。这是指股价经过多个交易日的连续上扬后,快速翻脸向下迅速脱离顶部。往后的盘面就是涨小跌多,阴长阳短,行情步入漫漫熊市之路。

八、出货时的技术特征

庄家出货行为较不隐蔽,手法也较为高明,但庄家在抛售筹码的行动中,或迟或早,或多或少,总会露出一些蛛丝马迹的市场征兆。一般来说,如果有以下现象出现时,就要注意庄家很可能是在出货。

1. 均线系统

当股价经过数浪上升,涨幅已大时,如 5 日均线从上向下穿过 10 日均线,形成死叉时,

将显示短期头部已经形成。5日、10日、30日均线在高位出现死亡谷（死亡谷是指短期均线由上向下穿过中期均线、并继续向下穿过长期均线，随后中期均线也向下穿过长期均线，不久长期均线也出现下行，从而在顶部形成一个尖头向下的不规则三角形，这个三角形就叫死亡谷或死亡角），说明中短期股价见顶。60日均线走平或向下拐头，构成中期转势信号。

2. 指标特征

（1）周KDJ指标在80以上，形成死叉，日KDJ在高位严重钝化，通常是中期顶部和大顶的信号。

（2）10周RSI指标如运行到80以上，10日RSI指标严重超买并出现顶背离，预示着股指和股价进入极度超买状态，头部即将出现。

（3）TOW指标经过数浪上涨，在高位两平头、三平头或四平头翻绿时，是见顶信号。

（4）MACD指标在高位形成死叉、顶背离或M头时，红色柱状不能继续放大，并逐渐缩短时，绿柱出现并逐渐增长，头部已经形成。

（5）股价随BOLL通道上升较长时间，当股价向上越过BOLL上轨线后回落，下穿BOLL中轨线，随后又下穿BOLL下轨线时，上升通道拐头。

出现上述一种信号时，则应果断卖出以避免造成利润的减少和不必要的损失。

3. K线特征

在出货阶段，K线组合在高位呈阴阳相间，或阴线出现次数增多，或在高位连续出现放量中、大阴线，或高位放量长上影线及缺口向上的十字星等，表明股价正在构筑头部，虽然此时买盘仍较旺盛，但已露疲弱之态，显示庄家已在派发离场，此时应果断出货。

庄家要撤退，总会在K线图上留下一些痕迹，若某股已有较大的涨幅，某天出现一根带长上影的K线，伴随着较大的成交量，此形态通常为庄家逃跑时来不及销毁的"痕迹"，股价短期将见顶，后市极有可能反复下挫。这种K线形态为一根K线（可为阳线亦可为阴线），带着长长的上影线，同时伴随着较大的成交量，股价往往当日反转向下。此形态通常在升势末期出现，股价加速上扬之后出现跳空缺口，当日股价快速拔高之后直线下挫，留下长长的上影线。出现此形态的原因：①庄家诱多，早市先大幅拉高，吸引跟风盘涌入，待散户介入之后再反手做空，股价先升后跌。②股价连续上升后获利盘丰厚，对后市看法出现分歧，多头阵营出现变化，散户纷纷落袋为安，导致股价冲高回落，亦会留下长长的上影线。

投资者对带长上影的K线宜保持高度警觉，特别是大批股票同时出现该形态时，大盘见顶的可能性极大，出现带长上影K线的同时一般伴随较大的成交量，此为庄家出逃的"铁证"，宜及时出局。

在出货阶段经常出现的K线组合形态有墓碑形K线、反攻阳线、孕星线、穿头破脚、乌云盖顶、垂死十字、三只乌鸦、下跌三部曲、平顶、黄昏十字、吊颈、射击之星、顶部弃婴、大敌当前、顶部三星、跳空缺口等，这些都是股价见顶的信号。

4. 波浪特征

出货阶段在波浪理论中，属于A浪多翻空的大转变。A浪为下跌三浪中的第一攻击浪，回落幅度通常不大，多以平台或三角形的方式出现，原因在于人们还未从长期的牛市思维中转变过来,部分投资者仍以为升势尚未结束,仅仅是回档而已,未来会有更大的升幅,因此杀伤力不大,跌幅也不会很深。A 浪中震荡幅度加大,庄家出货坚决,成交量放大股价却下跌。

A 浪下跌的形态,对研判后市强弱具有十分重要的意义。若 A 浪调整呈 3 浪下跌,后市下跌力度较弱,接下去的 B 浪反弹会上升至 A 浪的起点或创新高。若 A 浪是 5 浪下跌走势,表明庄家对后市看淡,B 浪反弹高度仅能到 A 浪跌幅的 0.382 倍、0.5 倍或 0.618 倍,后市 C 浪将比较弱。

5. 切线特征

在长期上涨过程中,形成明显的上升趋势线,对股价回档具有支撑作用;在高位横盘震荡时,可能形成成交密集区。如果股价向下有效击穿上升趋势线或成交密集区时,意味涨势结束,头部初步形成,为卖出信号。

6. 形态特征

在这阶段中,传统的顶部形态的分类十分复杂,经常出现的有圆形顶、潜伏顶、倒 V 顶、岛形顶、M 头、三重顶、头肩顶、扇形顶、盘形顶、横向形、长方形等形态,都是非常明显的顶部形态。这里将其分成三种:单峰顶、双峰顶和三峰顶(多峰顶)。

(1) 单峰顶。单峰顶又可分为:圆形顶、潜伏顶、岛形顶、倒 V 顶等。

(2) 双峰顶。双峰顶又可分为:M 顶、倒 N 顶、单肩顶(头肩顶的变异体)等。

(3) 三峰顶(多峰顶)。三峰顶又可分为:三重顶、头肩顶、扇形顶、盘顶形、长方形等。

这里仅就倒 N 顶形态作一介绍,因为这一形态在其他书籍中很少谈到。倒 N 形顶是双重顶(M 头)的变异体。股价经过一轮持续性上升行情之后,先期低位持仓者开始沽货套利,股价回落,形成一个顶端,成交量逐步减少。当股价下跌至某一点位(支撑位或线)时,庄家停止打压出货,股价获得企稳。这时回补盘和短线盘介入,股价展开反弹行情,但成交量明显减少,股价很快回落,并轻松击穿前期低点,形成一个倒"N"形。我们对于一浪低于一浪的倒 N 形波,称其为下跌潮。一个下跌潮包含"下跌—上升—下跌",当股价向下跌破倒 N 形波的转折低点时,为一个完整的向下倒 N 形形态。一个大的倒 N 形波可以包括许多个小的倒 N 形波。倒 N 形态的特征及操作策略:

(1) 当股价向下突破颈线时,一般以收市价低于前一个低点超过 3% 以上,倒 N 形获得成功确认。有时突破后可能产生短暂的反抽,以收市价计,只要未突破颈线 3 日以上,仍可视为反抽之内,后市应看淡。股价在跌破前期低点时,无须有大成交量的配合。

(2) 倒 N 形形成的时间长短尚无标准,三五日有之,几周、几月也有之。在实盘中,形成时间短的,短期下跌力度却很强;形成时间长的,后市跌幅越大,利淡信号更为明显。

(3) 量度跌幅:测出第一次反弹高点至颈线间的垂直距离,再从突破颈线点向下量出等倍距离,即为至少量度跌幅。一般情况,实际跌幅比量度出来的大得多。

(4) 买卖策略:当股价突破颈线或回抽颈线成功时,持股者坚决抛出,持币者观望。

实例 9-43

图 9-43,科远股份(002380):该股在 2015 年 6 月见顶后的下跌过程中,连续出现两个小型的倒 N 形形态,股价都有一定的跌幅。股价见顶后回落,经小幅反弹后再次回落并击穿前

期低点,形成第一个倒N形下跌。经小幅反弹后再次下跌,形成第二个倒N形下跌。

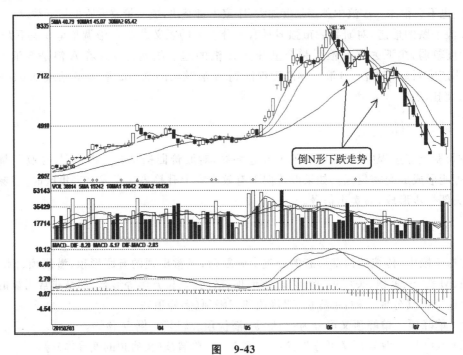

图 9-43

九、出货阶段的时间与空间

1. 出货时间

庄家出货是整个坐庄过程中最难的工作,要有步骤、有计划地"撤离",在这个阶段中需要一定的时间。而出货时间的长短主要根据庄家持有的筹码多少、大势的好坏、操盘手法的高低等因素而定。

一般而言,在一轮完整的行情中,庄家出货最短需要2周到3个月。以快速拉升并快速砸盘方式出货的,需要时间1个月左右。拉升后高位震荡方式出货的,在半年以上甚至更长。庄家以跌停板出货的时间一般在2个星期以内。股票涨幅几倍的特大牛股,因股价太高,没人接盘,股价在盘跌过程中突然大幅跳水,一刹那股价仅剩下1/3或1/4,时间一般不超过10日。严格地说这不是庄家出货,而是慌不择路的"出逃",无奈的"跳楼"。一个完整的中级顶部形态的出货时间在3~5个月,如圆形顶、潜伏顶、M头、三重顶、头肩顶、盘形顶等形态。

2. 出货空间

出货空间是指庄家出货所需要的幅度,假设一只股票底部价10元,最高价20元,庄家都在20元一带出货是不可能的,只能在18~20元出货。因此,没有足够的空间庄家就出不了货。

如何判断庄家已经进入出货空间？依经验之见，上涨幅度较大，且又进行了充分盘整后，再度上涨且走势强劲，股价到达至高位，成交量显著放大，可以认定股价到达出货空间。

庄家出货所需要的空间最低在20％以上，累积上涨幅度越大的股票，所需要的出货空间也越大，翻了几倍的股票可能还需要将股价再拉升30％～50％的空间，或者往下砸盘跳水20％～30％的空间才能出货。一个完整的中级顶部形态的出货空间在30％～50％。

实例 9-44

图9-44，北方导航（600435）：该股累计涨幅已经超过5倍，庄家在高位不断出货。先后经过出货—下跌—砸盘—反弹—再出货的过程，出货时间为4个月左右，出货空间在20％左右，庄家比较顺利地完成了撤退任务。

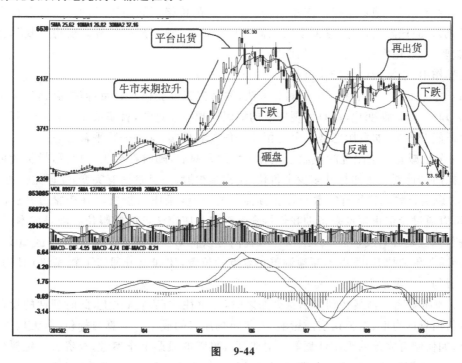

图 9-44

十、散户在出货阶段的操作策略

1. 散户常见错误

在出货阶段，原则上不符合跟庄要素，所以不主张在这一阶段跟进。一旦介入，若不及时退出，即遭套牢，不缺胳膊断腿很难离场。但是，个别短线高手，愿意承受风险去虎口拔牙，如果操作得当，也能获得不错的回报，而且极可能是短线暴利。

在此阶段散户常犯的错误有二：①误将出货当洗盘。在实际投资中，散户经常把庄家洗盘当作出货而过早出局，错失获利良机，或者把出货当作洗盘而持股不动，错失了出货良机而遭套牢之苦（两者区别在后续叙述）。②误将出货当空头陷阱。散户常把庄家出货当作空头陷阱而纷纷介入，以为捡了便宜货，却不知风险悄然而至，或者把空头陷阱当作出货而仓皇逃离，眼看股价升而捶胸跺脚。

2. 基本操作策略

在这一阶段操作股票对于绝大多数人来讲，都是风险很大的时段。如果确信自己属于短线高手，也不要忘记设止损来保护自己。另外，还要讲究快进快出，做到心快、眼快和手快，该出手时就出手，不仅要求技术好，还要求心态佳。

在此阶段主要任务是将筹码还给庄家，那么作为大众投资者有没有办法寻求到合适的卖出点呢？有，但不绝对精确。庄家出局是在一定的价格区间内进行的。将股票在最高价位出局，那是股坛高人；在庄家派发时的高位区域出局，那是理想境界。要想寻找到合适的卖点，就要把握"庄家走，我也走"的原则。

在操作中，应掌握以下操作策略。

(1) 适可而止。采用上一节的测算方法，估算庄家可能拉升的目标位，到达目标位附近（±10%）时结合盘面变化，一旦发现庄家的筹码出现松动迹象，就坚决出局，一去不回头，不管日后还能升多少，勿贪图恋战。最终留住一份胜利果实，保持一颗平常心态。

(2) 分批减仓。当跟进的庄股已经有一大段升幅后，随时都会出现回调，投资者可以制订分批抛出的计划。比如每升多少个价位，抛出多少股；一旦盘面有突变，立即抛空清仓。

(3) 设定止盈。就像有些散户设止损点一样，中线跟庄的投资者在庄家拉升后已有获利时，可以通过设定止盈点来帮助我们持仓到终点。庄家洗盘的极限位一般是成本区，拉升的第一目标位是脱离成本区30%~50%，我们可以将第一止盈点设在其成本区20%上方。日后，伴随股价的拉升，可以不断地调整止盈点的位置，比如上升通道下轨线、30日均线，或根据庄股的个性灵活掌握。

(4) 兼听则明。当某些利好消息公布之时，股价往往已高高在上，此时理性的投资者应具体分析消息的力度、对公司实质影响、二级市场庄家的成本。估算目标位，有无拉升空间。若跟进，如何制订完善的跟庄计划等。对股评及推荐的股票仅作参考，投资者一定要形成一整套自己的投资方法，熟练运用，坚持以自己的分析为主，理清思路再作出判断。

(5) 技术为先。股价经过连续上升后形成单日反转，为连续下跌。这种形态相对较易识别，当一只个股以45°的斜率连续单边上升，涨幅超过30%或50%以上时，应考虑其可能形成反转。

股价经过主升浪大幅上升后，在高位长达一个月的横盘整理。在此过程中，股价反复冲击最高价，均无功而返，且每次成交量递减，当30日均线走平和渐成向下趋势后，股价向下破位开始急跌。在技术分析上称为"箱形顶部或者圆顶"形态，这类股票主要是超级强庄控盘的个股或者相对流通盘较小的个股或者在一些高价股中出现。

3. 基本操作原则

在操作时，坚持"三避免、四优先"的原则。

第九章 出货阶段

"三避免"是指：①避免股价已跌破年线的个股，跌破年线往往意味着较大级别的调整浪正展开，后市下行空间和时间难以预测，此时应回避；②避免股价已向上突破年线、但年线仍持续下行的个股，这种形态往往是熊股在展开反弹，反弹高度难以确定，投资者宜参与主升行情，避免反弹行情；③避免年度内已出现翻番行情的个股。原则上一年之内翻了一倍，一年之内不碰；一年之内翻了两倍，两年之内不碰。以此类推，一波行情下来翻了n倍的个股，n年之内不碰。坚持：宁可错过一千匹黑马，亦不可错买一只狗熊。

"四优先"是指：在同时出现众多符合买入条件的个股，为提高命中率、扩大投资收益，以下个股可优先考虑：①长期熊股优先；②上市后第一次出现买入信号的个股优先；③小盘股优先；④低价股优先。

4. 看穿庄家动作

读懂庄家具体动作的含义，是实盘操作中不可缺少的基本功。

(1) 看穿庄家拉抬动作。当庄家在其初期建仓区域内完成吸筹计划后，在大盘的配合下，将展开拉升，使股价迅速脱离其成本区，以免更多低价筹码落入他人手中，在盘面上表现为基本脱离大盘的干扰，走出较为独立的短线向上突破行情。实盘中可以从以下几个方面识别庄家的拉抬动作。

一是开盘形态。强庄股在其起涨的瞬间，开盘后的20分钟走势较为关键。如果开盘后大盘出现上下震荡走势时，个股受其干扰不大，在大盘走低时稳固运行于前一日收盘价上方横盘，均价与股价基本保持平行，量比超过1，即使有抛单打低股价，也能被迅速拉回盘整区。在此期间，如出现向上大笔提拉的过激动作，要视股价与均价的位置决定买入时机，在股价脱离均价2%以上，均价却无力上冲时，切勿追高买货，短期内股价必将有一个向均价回归的过程，可以在均价附近吸纳。开盘形态的强度决定了该股当日能否走强，从中可以洞悉庄家当日的操盘决心。

二是盘中形态。日线图上刚出现突破迹象的个股盘中运行一般都较为稳健，特点之一就是庄家很少将股价再打到均价下方运行，因为当天没有必要做这个动作。如果发现盘中跌破均价回抽无力时，要仔细判断此时开盘形态是否是一个诱多动作，识别这个动作的要领是诱多形态开盘一小时后必然向下跌破均价走低，显示庄家无心护盘，有意作震荡。所以如果错过了开盘强势的个股，要及时发现摆脱大盘震荡而能以温和放量的方式将股价运行于均价上方的个股，尽量在均价附近进货比较稳妥。

三是尾盘形态。如当日盘口强劲，会在尾盘半小时左右引发跟风盘的涌入，使股价脱离当日大盘走势单边上行，此时庄家会借机大笔提拉，以封死下一交易日的下跌空间。由于此时跟进的买盘都有强烈的短线斩获利润的兑现心理，所以尾盘若在抢盘时出现5%以上的升幅，要小心次日获利盘兑现对股价造成的抛压以及庄家次日开盘借势打压震荡所带来的波动，因此不要在尾市过分追高抢货，以免陷入庄家次日短期震荡给仓位带来的被动局面。

(2) 看穿庄家洗盘动作。洗盘动作可以出现在庄家任何一个区域内，基本目的无非是为了清理市场多余的浮动筹码，抬高市场整体持仓成本。盘中庄家洗盘一般有下面两个方式：直接打压、宽幅震荡。

直接打压较多出现在庄家吸货区域，目的是为了吓退同一成本的浮动筹码。在盘中表现为开盘出奇的高，只有少许几笔主动性买单便掉头直下，一直打到前一日收盘价之下，持仓散户纷纷逢高出局,在这里不要简单认为股价脱离均价过远就去捡货,因为开盘形态基本决定了当日走势,庄家有心开盘做打压动作,这个动作不会在很短时间内就完成。较为稳妥的买入点应在股价经过几波跳水下探,远离均价3%～5%以上,在此位置当日短线浮筹已不愿再出货,庄家也发现再打低会造成一定程度上的筹码流失,这个位置应该是在洗盘动作中较为稳妥的买入点,就算当日不反身向上,也是当日一个相对低价区,可以从容地静观其变,享受在洗盘震荡中的短差利润。尾盘跳水这个动作是庄家在洗盘动作时制造当日阴线的一个省钱的工具。盘口表现是在临近收盘几分钟,突然出现几笔巨大的抛单将股价打低,从5分钟跌幅排行榜中可以发现这个动作。这时买入机会不好把握,建议实盘中不要抱有侥幸心理去守株待兔地找这样的买入机会。

宽幅震荡较多出现在上升中途,容易被操作者误认为是庄家出货。识别这个动作的要领是观察庄家是否在中午收盘前出现急速冲高。一般在临近中午收盘前急于拉升股价都是为下午的震荡打开空间,此时盘中一般只用几笔不大的买单便打高股价,且冲高的斜率让人难以接受,均线只作略微上翘,这时手中有持仓最好先逢高减仓,因为马上股价就会大幅向均价附近回归,甚至出现打压跳水动作。这种情况下,均价可能任凭股价上蹿下跳而盘整不动,此时均价的位置是一个很好的进出参考点。

(3) 看穿庄家出货动作。只要不受情绪影响,出货的盘口表现一般比较容易识别。庄家运用得最多的是高开盘,集合竞价量很大,但股价难以承继前日的强劲势头上冲,掉头向下,放量跌破均价,虽然盘中有大笔接单,但股价走势明显受制于均价的反压,前一日收盘价处也没有丝毫抵抗力,均价下行的速度与股价基本保持一致,因为是庄家集中出货造成的。

十一、散户如何才能将股价卖得更高

股谚云:"会买的是徒弟,会卖的才是师傅。"这里揭示了卖股票的学问和难度,那么股票应当在什么时候卖出为好?根据多年的操盘经验,采用以下办法可以帮助我们将股价卖在相对高价位。

(1) 股价从高位下来后出现反弹,如果连续三天未收复5日均线,稳妥的做法是先出来观望。或者,股价反弹未达前期最高点或成交无量达前期高点时,不宜留着该只股票。

(2) 股价破20日、60日均线或号称生命线的125日半年线、250年线时,一般尚有8%～15%的跌幅,可以先退出来观望较妥。当然,如果资金不急着用的话,死顶也未尝不可,但要充分估计未来方方面面可能发生的变数。

(3) 日K线图上突然出现大阴线并破重要平台时,不管第二天是否有反弹,都应该出掉手中的货。或者,股价上升较大空间后,日K线出现十字星或长上影线的倒锤形阳线或阴线时,是卖出股票的关键。上升一段时间后,日K线在高位出现十字星,反映买方与卖方力量相当,局面将由买方市场转为卖方市场,犹如开车遇到十字路口的红灯,反映市场将发生转折。股价大幅上升后,出现带长影线的倒锤形阴线,反映当日抛售者多,若当日成交量很大,更是见顶信号。许多个股形成高位十字星或倒锤形长上影阴线时,形成大头部的概率极大,应果断卖出。

(4)新股上市尽量在早上交易时间的10:30～11:00卖出,其收益较为理想。

(5)重大节日前一个星期左右,开始调整手中的筹码,乃至清空股票,静待观望。

(6)政策面通过相关媒体明示或暗示要出整顿"金牌"告示后,应战略性地渐渐撤离股市。如遇重大利好当天不准备卖掉的话,第二天高开卖出或许能获取较多收益。或者,股价大幅上扬后,公布市场早已预期的利好消息是卖出的关键。

(7)市场大底形成后,个股方面通常会有30%～35%的涨幅。记着,不要贪心,别听专家们胡言乱语说什么还能有38.2%、50%、61.8%等蛊惑人心的话,见好就收。若还能再涨的话,给胆子大点的人去挣吧。

(8)周边国家社会、政治、经济形势趋向恶劣的情况出现时,早作退市准备。同样,国家出现同样问题或不明朗或停滞不前时,能出多少就出多少,而且资金不要在股市上停留。

(9)同类(行业、流通股数接近、地域板块、发行时间靠近的次新股等情况下)股票中某只有影响的股票率先大跌的话,其他股票很难独善其身,手里有类似股票的话,先出来再说。

(10)雪崩式股票什么时候出来都是对的,大市持续下跌中,手中持有的股票不跌或微跌,一定要打起精神来,不要太过侥幸,先出来为好,像此类股票总有补跌赶底的时候。

(11)股价大幅上扬之后,持股者普遍获利,在上扬过程中一旦出现卖单很大,特别是主动性抛盘很大,反映庄家在抛售,这是卖出的强烈信号。尽管此时买入的投资者仍多,买入仍踊跃,这很容易迷惑看盘经验差的投资者。

(12)股价大幅上升之后,成交量大幅放大,创出近期的最大值,是庄家出货的有力信号,是持股者卖出的关键,没有庄家拉抬的股票难以上扬,仅靠广大中小散户很难推高股价的。上扬末期成交量创下天量,是形成大头部区域的先前信号。

(13)股价大幅上扬之后,在高位除权日前后是卖股票的关键时机。上市公司年终或中期实施送配方案,股价大幅上扬后,股权登记日前后或除权日前后,往往形成冲高出货的行情,一旦该日抛售股票连续出现十几万股的市况,应果断卖出,反映庄家出货,不宜久持该股。

十二、散户如何免遭被套

可以说,许多成熟的散户,都是从亏蚀和被套中学得聪明起来的。套牢是股市中最难熬、最痛苦和最伤心的事,也是最常见的事。尤其是满仓被套的人,股票跌得深了,无钱补仓摊低成本,无法动弹,只有让它慢慢解套。或者自己无法斩仓,又眼睁睁看着行情启动,别人天天赚钱,此时的心情用如坐针毡来形容最为恰当。

1. 免遭套牢的要领

(1)有备而来。无论什么时候,买股票之前要找出充分的买进理由,并计算好买进价位和出货目标。千万不可以盲目地进去买,然后盲目地等待上涨,再盲目地被套牢。

(2)该卖不留。如果买进股票发现错了,就应该坚决卖出不留。总之,做长线投资的必须是股价能长期走牛的股票,一旦长期下跌,就必须卖。

(3) 谨慎放量。有的股票无缘无故地下跌并不可怕,可怕的是成交量的放大。有时是庄家持股比较多的品种绝对不应该有巨大的成交量,如果出现,十有八九是庄家出货。所以,对任何情况下的突然放量都要极其谨慎。

(4) 拒绝中阴。无论大盘还是个股,如果发现跌破了大众公认的强支撑,当天有收中阴线的趋势,都必须加以警惕!尤其是本来走势不错的个股,一旦出现中阴线可能引发中线持仓者的恐慌,并大量抛售。有些时候,庄家虽然不想出货,但无力支撑股价,最后必然会跌下去,有时候庄家自己也会借机出货。所以,无论在哪种情况下,见了中阴线就应该考虑出货。

(5) 用熟几个指标。市场上技术指标很多,优点各有千秋,只要认准自己运用熟悉的两三个指标就可以了,发现不妙立刻就蹓。如 RSI、MACD、W%R 等技术指标,就可以把一只股票的走势掌握在心中,发现行情有效突破了关键的支撑位,马上就走。

(6) 不买问题股。买股票要看看它的基本面,有没有令人担忧的地方,尤其是几个重要的指标,防止基本面突然出现变化。在基本面确认不好的情况下,谨慎介入,随时警惕。最可怕的是买了问题股之后漫不经心,突发的利空可以把你永久套住。

(7) 基本面服从技术面。股票再好,形态坏了也必跌;股票再不好,形态好了也能上涨。最可怕的是很多人看好很多知名的股票,当技术形态或者技术指标变坏后还自我安慰说要投资,即使特大的资金做投资,形态坏了也应该至少出 30% 以上,等待形态修复后再买进。要知道,没有不能跌的股票,也没有不能大跌的股票。所以对任何股票都不能迷信,对家人、朋友和祖国可以忠诚,对股票忠诚就是愚蠢。

(8) 不做庄家的牺牲品。有时候有庄家的消息,或者庄家外围的消息,在买进之前可以信,但关于出货千万不能信。出货是自己的事情,是很自私的,任何庄家都不会告诉你自己在出货,所以出货要根据盘面来决定,不可以根据消息来判断。

2. 解套的基本诀窍

庄家突然"变脸",散户就容易套牢。其实,套牢并不可怕,可怕的是套牢以后不知怎么办?所谓"套牢"是指投资者预期股价上涨,但买进股票后,股价却一路下跌,使买进股票的成本已高出目前可以售出所得市价的一种状况。任何涉足股市的投资者,不论其股战经验多么丰富,几乎都存在着在股市被套牢的可能性。如果你一旦被高价套牢,则应根据套牢状况,积极寻求金蝉脱壳的策略,化被动为主动。

(1) 热门股套牢怎么办?热门股套牢以后的办法和普通股套牢以后的办法是不同的。前者,往往根据成交密集区来判断该股反弹所能摸高的位置和根据量价关系来判断该股反弹的时机。热门股涨得快,跌得更快。如其下跌 10%,还不宜补仓,更不用说在同一成本增仓,因为一旦过早补仓,股价继续下跌,往往"弹尽粮绝"。由于高位追逐热门股被套,必须确立下一个宗旨:是救自己而不是再谋求盈利,因为第一步已经走错,千万不能走错第二步,不然亏损越来越大,以后"翻身"的日子都没有。在以后的大盘反弹或上升趋势中,原先热点很可能已经沉寂,即使大盘逐波走高,原热点题材很可能像普通股走势一样,随波逐流,所以采取的措施既不要急又不能拖。操作中需要从三方面进行分析:①先分析其密集区在哪里,理论上有可能存在的反弹高度;②分析其是否已具备补仓条件;③分析补多少的问题。

(2) 普通股套牢怎么办?普通股套牢(一般的中位套牢),不像热门股套牢那样揪心,但解套周期较长。

通常的解套策略有：①以快刀斩乱麻的方式停损了结。将所持股票全盘卖出，以免股价继续下跌而遭受更大损失。采取这种解套策略主要适合于以投机为目的的短期投资者，或者是持有劣质股票的投资者。因为在处于跌势的空头市场中，持有品质较差的股票的时间越长，给投资者带来的损失也将越大。②弃弱择强，换股操作。忍痛将手中弱势股抛出，并换进市场中刚刚发动的强势股，以期通过涨升的强势股的获利，来弥补其套牢所受的损失。这种解套策略适合在发现所持股已为明显弱势股，短期内难有翻身机会时采用。③采用拔档子的方式进行操作。即先停损了结，然后在较低的价位，予以补进，以减轻在解套时所出现的损失。例如，某投资者以每股 10.00 元买进某股，当市价跌至 8.00 元时，他预测市价还会下跌，即以每股 8.00 元赔钱了结，而当股价跌至每股 5.00 元时又予以买进，并待今后股价上升时予以卖出。这样，不仅能减少和避免套牢损失，有时还能反亏为盈。④采取向下摊平的操作方法。即随股价下挫幅度增大反而加码买进，从而使股价成本变低，以待一定时期后股价回升获利。但采取此项作法，必须确认整体投资环境尚未变坏，股市并无由多头市场转入空头市场的情况发生为前提，或者股价真正见底企稳，否则，极易陷入愈套愈深的窘境。

（3）高位套牢怎么办？变高位套牢为中位套牢。当大盘瀑布式直泻后，许多股票回到其长期构筑的平台附近，由于市场平均成本及多种原因，一般来说，迟早会有一波次级行情出现。许多中小投资者往往此时买一些，抱着买套的心理介入，这时不能说不会再跌，而是中期上扬空间大于短期下跌空间。如股价出现反弹，可将补仓筹码获利回吐，从而降低上档套牢筹码成本。再进行一次循环，则上档套牢筹码就变为中档套牢筹码。更何况在涨跌停板制度下，迅速的、持续的无量下跌极易形成空投陷阱，此时不买点放着，一旦出现无量上涨，且以涨停板的情况出现，想补仓或者建仓都不能如愿了。但是这种补仓并不会立竿见影，但中期赢面已定。然后，既可参照"普通股套牢怎么办？"进行操作，也可把剩余资金投入潜力股。后者一旦成功，前者即斩仓。这样，手中又拥有大量资金，可以从容选股。

十三、空头陷阱与下跌行情的区别

由于空头陷阱与下跌行情在开始时没有什么明显的区别，所以产生的效果十分接近，是常被庄家用来戏弄散户的重要手法。空头陷阱与下跌行情的主要区别。

（1）位置不同。空头陷阱往往出现在股价的中、低价位；而下跌行情则往往出现在股价的中、高价位。

（2）阶段不同。空头陷阱经常出现在涨升行情开始之前，股价没有出现过涨幅；而下跌行情则出现在涨升行情结束之后，股价已有较高的升幅。

（3）手法不同。真正空头陷阱来势凶猛，手硬心软；而真正的下跌行情则来势"温柔"，口蜜腹剑，套得散户没商量。

（4）时间不同。空头陷阱持续时间短，下行速度快；而下跌行情则持续时间较长，熊市漫漫路。

（5）量能不同。空头陷阱出现放量下跌之势，形成庄家出货的假象，有庄家刻意打压成分。而在真正的下跌行情中,庄家力求控制好量能的变化,盘面放量并不十分明显,庄家在隐隐约约中悄然退身,散户在不知不觉中被套牢。

十四、如何判断庄家在洗盘还是在出货

在实盘操作中,如果能够正确区分洗盘与出货,就可以从容出入,自由驾驭,稳赚不赔。可是,分清洗盘和出货是件很不容易的事,很多人不但无法完全正确判断洗盘和出货,而且往往会在两者之间造成误会。当庄家洗盘的时候误以为是出货,慌忙出逃,结果眼睁睁看着到嘴的肥肉丢了。等到庄家出货时,又误以为那只不过是庄家在洗盘而已,在最危险的时候反而死抱股票,结果煮熟的鸭子又飞了。为什么会这样呢?如果从庄家的角度分析一下就明白了:庄家洗盘时总是千方百计动摇人们的信心,而出货时必将以最美好的前景给人以幻想的余地。其实,庄家洗盘与出货从性质上看截然不同,从手法上看各有特点,从目的上看也恰恰相反。在炒作中,区分洗盘与出货的问题显得极为必要。

(1)在盘口方面。庄家洗盘时在卖盘上挂有大卖单,造成卖盘多的假象。若庄家对倒下挫时,是很难分清是洗盘还是出货的,但在关键价位,卖盘很大而买盘虽不多却买入(成交)速度很快,笔数很多,股价却不再下挫,多为洗盘。

庄家出货时在卖盘上是不挂大卖单的,下方买单反而大,显示委比较大,造成买盘多的假象(或下方也无大买单),但上方某价位却有"吃"不完的货,或成交明细中常有大卖单卖出而买单却很弱,导致价位下沉无法上行。

(2)K线形态。从日K线形态上分析庄家是出货还是洗盘更为关键。

庄家洗盘只是想甩掉不坚定的跟风盘,并不是要吓跑所有的人,否则庄家就要去买更多的筹码了。所以必须让一部分坚定者仍然看好此股,继续跟随它,帮它锁定筹码。所以其在洗盘时,某些关键价是不会有效跌穿的,这些价位往往是上次洗盘的起始位置,这是由于上次已洗过盘的价位不需再洗,也就是不让上次被震出去的人有空头回补的价差。这就使K线形态有十分明显的分层现象。庄家经常做出经典技术中认为应做空的K线、K线组合、技术形态来达到洗盘的目的。

庄家出货则以力图卖出手中大量的股票为第一目的,所以关键位是不会守护的,导致K线价位失控,毫无层次可言,一味下跌。庄家经常做出经典技术中认为应做多的K线、K线组合、技术形态来达到出货的目的。

(3)股票重心。股价重心是否下移是判别洗盘与出货的显著标志。

庄家洗盘是把股票图形做得难看,但并不想让其他人买到便宜货,所以日K线无论收乌云线、大阴线、长上影、十字星等,或连续四五根阴线甚至更多,但重心始终都不下移,即价位始终保持。

庄家的出货虽有时把图做得好看些,收出许多阳线,从日K线图形上看,出货往往表现为高点一个比一个低,而低点也一个比一个矮,股价重心下移明显。

(4)洗盘深度一般不会很大,因为深度过大往往让散户识别后趁机捡走筹码,因而一般不会下破10日均线,即使在盘中下破也会在尾盘拉起。

出货时庄家的目的是让手中的获利筹码尽快卖出，并不介意下破多少条均线，即使在杀跌过程中在尾盘拉起，亦只是力求卖个好价钱或拖延时间。

（5）庄家洗盘往往利用大盘波动和个股利空消息进行，而出货则往往利用市场指数大幅上扬或个股利多消息趁机派发。当庄家进驻股票是在投资者和整个市场一致看好后的环境下，为了获得足够的筹码，庄家一方面进行较长期的横盘打压外，也借助外力或内部利空消息进行洗盘。大家试想，庄家持有大量筹码，在突发性的暴跌面前怎能拔腿而逃？总结历史走势可看出，每次暴跌都是逢低买入的时机而绝不是卖股的时候。

（6）洗盘的位置一般处于第一上升浪之后，有时也会在较低的位置，一般涨幅在30%以内。而出货一般出现在第5浪上升之后的高位区，一般大于80%，甚至几倍。因此，区分是洗盘还是出货，视股价处于高档区域还是阶段性低位，投资者可以测算目前价位庄家是否有获利空间，若目前价位庄家获利很薄，苦心经营已久，岂会轻易弃庄而逃呢？若目前价位庄家获利较丰，则应高度警惕了。

（7）洗盘目的是为了吓出跟风盘，因而洗盘时庄家往往假戏真做，假出货真回购，把图形做得越难看越容易达到目的，图形上往往表现为大阴线。而出货则是为了尽快派发筹码，出货则是真戏假做，把出货的企图时不时用一两根阳线来掩盖。从趋势上看，出货往往表现为高点一个比一个低，重心下移明显，而洗盘最终目的是向上突破。

（8）观察庄家的洗盘次数。如果庄家在吸足筹码之后，是第一次进行洗盘，投资者不妨继续持股。如果是已经经过了几次洗盘之后再次出现回落，而且累计升幅已相当可观时，则要随时警惕庄家的出货。

（9）股价形态上连续出现多个上升缺口，高位的回落也伴随着缺口的出现，而且短期内不予回补（三天之内不回补），说明庄家派货坚决，此时应立即离场观望。

（10）洗盘时股价快速回落，往往击穿一些重要的支撑点位，但又迅速拉回，不有效击穿，说明庄家并不希望股价进一步走低，而是通过营造短期的空头气氛将盘中浮筹震荡出局。在高位形成明显的头部形态，要求形态要大一些，判断的结果才更准确。

（11）洗盘时股价的回落呈现典型的无量空跌走势，在重要的技术支撑点位会缩量盘稳，"缩量跌"是洗盘的主要特征之一。对于持仓巨大的庄家来说，他不会用大量筹码来洗盘，这既没有现实意义又没有必要，只会拿部分筹码来均衡市场。当盘中浮筹越来越少，成交量呈递减趋势，最终形成突破并伴随着成交量骤然放大，表明洗盘过程已基本结束，新的一轮攻势即将展开。庄家在洗盘过程中，盘面上成交量图形呈现明显的圆弧底特征。

庄家在派发阶段，在见顶回落前或回落当天伴随着巨量的出现，也就是筹码在大量抛出，成交量一直保持较高水平。因为庄家通常采取边拉边出，以高位派发为主的战术，即使股价在回落后止跌盘稳，在造势过程中也不会再度大手笔买入，股价往往在顶部形成放量滞涨或无量空涨的现象，成交量比洗盘时密集得多，但出货后期成交量不一定迅速放大，呈阴跌状态，表明庄家出货完毕，股价由散户支撑，必然继续一跌。

（12）均线发散趋势。洗盘时均线仍然向上呈多头排列，但上攻的斜率不是很陡，且喇叭口刚刚发散。出货时均线多头排列已被破坏或开始向下，先前上攻的斜率一般已经大于45°角，且喇叭口发散程度放大，股价重心开始小幅下移。

（13）日K线是否连拉（大）阴线。洗盘一般不会，顶多拉2~3根中（小）阴线。出货时经常连拉中（大）阴线。此外，从当天外盘与内盘的成交量对比看，两者也有所区别。洗盘时外盘与内盘成交手数差不多,出货时一般内盘(绿单)成交手数大于外盘(红单)成交手数,且经常有大卖单出现。

(14)庄家洗盘时,作为研判成交量变化的主要指标OBV、均量线也会出现一些明显的特征,主要表现为,出现大阴巨量时,5日、10日均量线始终保持向上运行,表明庄家一直在增仓,交投活跃。此外,OBV指标在高位震荡期间始终保持向上,即使瞬间回落,也会迅速拉起并创出近期新高。这说明单从量能的角度看,股价已具备了上涨的条件。

(15)识别洗盘时下跌与出货时下跌的简单方法是,洗盘时会出现大幅跳水,而出货则不然,前者会在下跌时与均价产生较大距离,且均价对股价有明显的牵制作用,而后者表现为放量盘跌,均价对股价反压力甚大。

总之,面对庄家的各种形式的洗盘方法以及出货的方式,投资者应加以区分和辨别,如果能够正确地识别庄家正在洗盘,那么上下打压之时,就是逢低买入与逢高卖出之机。如果庄家在高位出货,或遇有重大利空出货,由于持仓量大,投资者的卖出时机要比庄家更快,常会使股价形成巨幅波动,多次反弹,形成较多的短线机会,投资者可以把握更多的短线机会。虽然投资者害怕被庄家套牢,而庄家更怕被广大的投资者所舍弃。

第十章 反弹阶段

股价下跌以后,出现短暂的一定幅度的回升过程,叫反弹。一般来说,股票的反弹幅度要比下跌幅度小得多,反弹结束后将恢复原来的下跌趋势。由于受下跌惯性的影响,庄家还没有充分出完货,价格已跌到了目标利润线之下。庄家为了达到高位出货的目的,就产生了反弹。我们这里所研究的是股价的阶段性反弹,以股价见顶进入回落阶段为前提,并且具有一定的反弹幅度和反弹时间周期,不是指股价的一两天小幅波动。

在股市中,上升之中有回档,下跌之中有反弹,这是股市中的对称原理。在辩证法上讲,反弹是肯定下跌中的否定现象,是一种假象。股价在回落过程中,除非是连续暴跌,一般都会有若干次反弹,即使是连续暴跌的股票,在暴跌后期也会有一定次数和一定幅度的反弹。

介入反弹比介入庄家吸货、股价整理、股价拉升的风险都要大,反弹结束以后,股价又会大幅度快速下跌或者缓慢长期下跌,股价再创新低,如果慢走一步就可能赔钱,如果犹豫不决就有可能深套。短线高手可借反弹行情,介入短炒。因此,总结反弹规律对于我们判断反弹的力度、介入的风险、退出的时机,特别是对于我们判断股价是否见底具有很大的帮助。

反弹阶段在座流程中,属于次要阶段,有的庄家没有反弹过程。

一、什么时候出现反弹

股价回落过程中,因为股价可能随大市上涨或反弹而波动,也可能因庄家手中尚有一些剩余筹码而活跃。另外,股价在回落很大一段以后,抛售的人又会逐渐减少,空方也需要积累继续下跌的能量,这时候会有部分人短线参与抢反弹。因此,股价回落过程中会有反弹出现,只是时间早晚和幅度大小的不同。引起反弹的主要因素有以下几方面。

1. 获利保本而反弹

由于庄家在顶部出货,震动了散户,引发股价出现较大幅度的下跌,等股价跌至庄家的目标利润线附近时,庄家利用一些其他形势的配合,如大势企稳等,主动组织反弹,从而达到充分出货的目的。如上升楔形、下降三角形、下降旗形、扩散三角形,就是由于这种反弹形式完成的。这种形式可分两种情况:一是控盘利润线;二是持仓成本线。

实例 10-1

图 10-1,百润股份(002568):股价成功炒高后,庄家在高位派发了部分获利筹码,然后渐渐回落,2015 年 6 月 25 日、7 月 7 日、7 月 31 日先后三次到达控盘利润线附近时,均出现一定幅度的反弹行情,庄家在反弹中继续减仓。

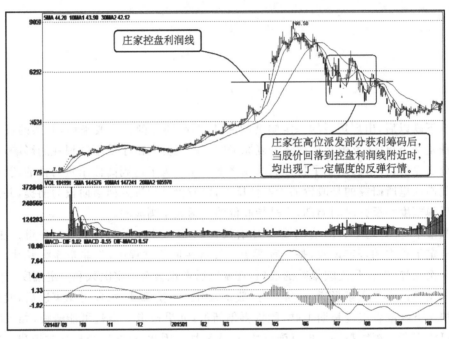

图 10-1

实例 10-2

图 10-2,视觉中国(000681):该股见顶后大幅回落,2015 年 7 月初和 9 月初,当股价下跌到成本线附近时,庄家为防止利润损失,便出手护盘,股价出现企稳反弹。由于庄家没有全部撤退,预计该区域将成中长期的底部区域,投资者不妨逢低吸纳,波段滚动操作。

2. 技术支撑而反弹

股价回落中,受到技术支撑而引发的短暂反弹行情,如均线、趋势线、百分比线、黄金分割线等支撑,或庄家成本区、心理关口、成交密集区、股价(指)整数、前期低点等支撑,一般均会出现大小不等的技术性反弹。有时,股价在前期上涨时,盘中留下上涨跳空缺口,一般在股价回调到这个跳空缺口附近时,具有一定的支撑作用,也能引发一波短暂的反弹行情。因此,把握好反弹的重要位置,具有重要的实盘操作意义。

技术支撑位很多,看起来眼花缭乱而不得要领,为了分析方便可以对支撑位进行梳理。受均线或趋势线支撑而反弹的,大多出现在跌势刚刚开始或跌势接近尾声之时,均线一般处

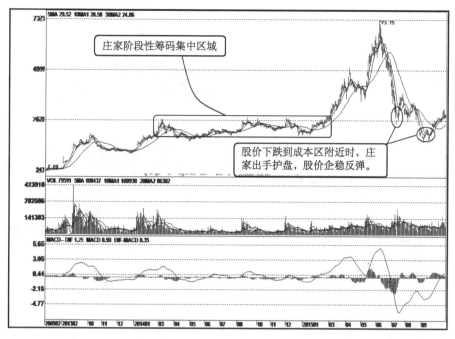

图 10-2

于走平或微向上；受百分比线、黄金分割线支撑而反弹的，肯定出现在跌势中段位置；受庄家成本区支撑而反弹的，大多出现在跌势的后期或涨势初期；受前期低点支撑反弹的，大多出现在跌势的后期；受心理关口、成交密集区、股价（指）整数等支撑而反弹的，也都有相应的区域，投资者可以在实盘中多加摸索。

实例 10-3

图 10-3，万福生科（300268）：该股大幅炒高后，于 2015 年 6 月 3 日见顶回落，股价快速下跌。7 月 6 日，股价下跌到前期低点附近，次日受下跌惯性影响而击穿前期低点支撑，股价以跌停报收，短期严重超卖，反弹要求强烈。随后出现强劲反弹，股价以"一"字形涨停。9 月中旬，股价再次回落到该位置附近，同样遇到支撑而反弹。因此，技术支撑位附近是短线抢反弹的较好点位，或多或少会有反弹行情出现，投资者不妨多加研究。

实例 10-4

图 10-4，明家科技（300242）：2015 年 6 月，股价连拉 7 个"一"字形涨停板后，出现快速回落走势，股价几乎重回起涨点，在 7 月 6 日股价甚至击穿 30 日均线的支撑位（未能形成有效突破），次日股价出现"一"字形涨停，从此形成强劲反弹走势。

在实盘中需要注意的是，30 日均线应当处于上行状态，只要股价不在高位，大多会出现反弹；如果 30 日均线平走或下行，则支撑力度有所减弱，此时应结合其他技术综合分析。

3. 利好消息而反弹

在下跌过程中，遇到某种突发性利好消息而引起短暂的反弹行情。在实盘中，突然出现

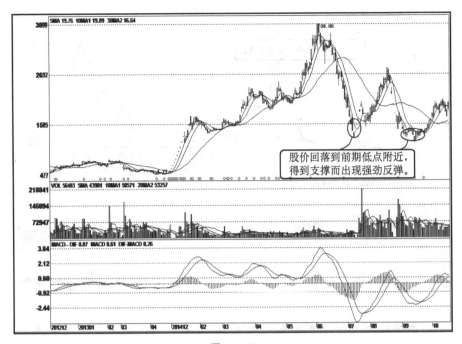

图 10-3

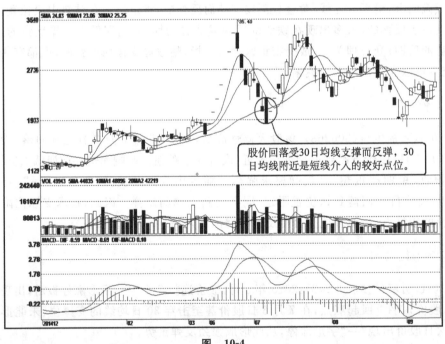

图 10-4

的利好消息引起的反弹,往往力度都不大,行情也难以持久。因为庄家对此没有进货的准备,在庄家没货的情况下,任何反弹都是形式上的表示。如果这一现象出现在庄家刚刚开始出货的时候,这只能给庄家带来一次出货的机会。如果将此作为进货的依据,其结果是可想而知的。如 2015 年 6 月 28 日,央行发布"双降"消息,对股市本是一大利好消息,但上证指数 29 日开盘后只是小幅冲高，随后步步走低，当日以大阴线报收，股指并没有就此企稳。

实例 10-5

图 10-5，冠城大通（600067）：该股受 2015 年六七月的"股灾"影响，股价出现大幅下跌。8 月 12 日公司发布公告称，根据中国证券登记结算有限公司上海分公司提供的截至 2015 年 7 月 31 日的股东名册，中国证券金融股份有限公司直接持有本公司 50 439 494 股股票，占公司总股本的 3.40%，为公司第二大股东。受此利好消息影响，该股一度成为热门的"救市"概念股，股价出现快速反弹，连拉 4 个涨停板。可惜的是，随后股价出现快速回落，并再创新低。

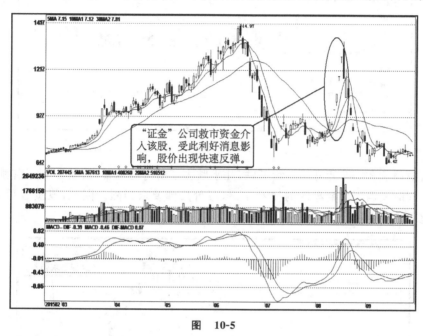

图 10-5

4. 股价超跌而反弹

股价经过一轮深幅下跌后，空方能量消耗过大，往往引起超跌反弹。当个股连续跌幅超过 30% 或 50% 以上时，一般会出现短期反弹（问题股除外）。一般来讲，跌幅越大，速度越急，反弹力度则越大。

实例 10-6

图 10-6，瑞丰高材（300243）：股价从 2015 年 6 月 4 日的最高价 34 元开始一路下跌，7 月 8 日最低创出 9.72 元，跌幅达到 71%，股价短期严重超跌，反弹要求强烈。这时，投资者可以低逢轻仓介入，此后股价产生报复性超跌反弹行情，短期涨幅接近一倍。一轮超跌反弹行情不逊于一波中级行情的涨幅。

实例 10-7

图 10-7，蓝丰生化（002513）：该股在 2015 年 5 月受利好消息刺激，股价连拉 10 个涨停

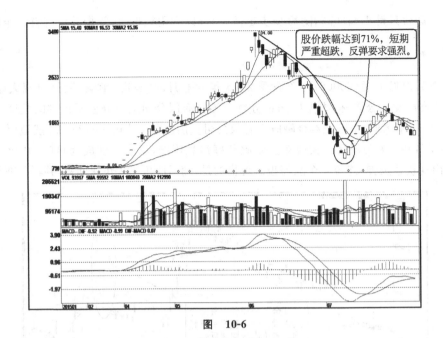

图 10-6

板,然后从最高价33.59元开始持续下跌,几乎跌去了所有的涨幅,股价回到了起涨点,短期严重超跌,同时又遇到前期盘区的技术支撑,股价反弹要求强烈。因此,投资者可以短线轻仓介入,此后出现企稳反弹,回升幅度达到50%。

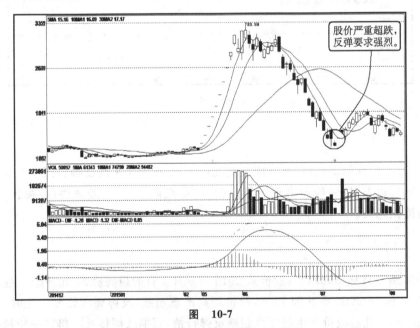

图 10-7

俗话说:"下跌容易上涨难。"反弹比下跌难得多,从表面看,一只股票下跌50%与下跌70%似乎相差并不大,但仔细一算,会让你吃惊不小。比如:一只原来股价为10元的股票,下跌50%为5元,要涨回到原来的价格,需要上涨100%,如果下跌70%的话,则为3元,要涨回到10元则需要上涨233.33%,被套后解套难度相差何止一倍。

二、庄家反弹的运作方式

庄家成功地做一只股票,都需要掌握了大数的流通筹码,这些筹码很难在高位一次性出完,因此在下跌过程中就会出现一次或几次反弹行情。目前中国股市中,比较常见的反弹方式有以下几种。

1. 强势式反弹

这种方式就是股价经过大幅操作或快速拉升后,涨幅十分巨大,庄家在高位派发筹码,造成股价见顶回落。由于庄家没有在高位集中派发完毕,股价下跌一定幅度后,出现强劲的反弹走势,上涨势头不亚于主升段的攻势,上涨高度可能到达顶部附近,甚至微创新高,成交量也未见萎缩,严格地说这种强势反弹还属于头部区域。通常在下跌行情开始后,出现的第一波反弹行情都属于强势反弹性质。

庄家坐庄意图:通过强劲上攻势头,使散户产生强烈的追高欲望,从而协助庄家拉抬股价,促使庄家加快出货步伐。

散户克庄方法:持股者在股价反弹到前期高点附近,出现滞涨或收阴线时,卖出做空;持币者在股价深幅下跌后,出现放量上涨时,少量买进做多。

实例 10-8

图 10-8,金杯汽车(600609):该股经过大幅下跌后,在 2015 年 7 月出现强势反弹走势。从图中可以看出,股价前期出现快速上涨行情,见顶后形成倒"V"形反转走势,阶段跌幅超过 60%,股价短期反弹要求强烈。

一般而言,出现倒"V"形反转形态,庄家很难一次性完成出货计划,这就意味着股价存在短期反弹的可能,因此投资者可以寻找技术支撑点短线介入。很快,该股出现强势反弹,上攻气势凶猛,成交量继续放大,最大反弹幅度超过 140%,然后庄家继续在高位减仓。

实例 10-9

图 10-9,思创医惠(300078):该股大幅拉高后回落调整,2015 年 7 月中旬,股价回落到 30 日均线附近,获得技术支撑后出现强势反弹,股价连拉 4 个涨停并创出反弹新高。

2. 弱势式反弹

弱势反弹也叫平台式反弹,平台反弹听起来不太好理解,其实是一种实实在在的反弹方式。这通常是庄家在高位没有顺利完成派发任务所形成的一种走势。股价出现一轮下跌后,维持小幅震荡爬高或形成平台走势,成交量明显萎缩,庄家在此继续实施出货计划,然后恢复下跌趋势。股价涨幅很小,甚至没有什么涨幅,其实它是以平台代替反弹走势,因此也叫下跌中继平台,或叫出货平台。此种形式多数出现在市场极度弱势之中,在回落的中后期

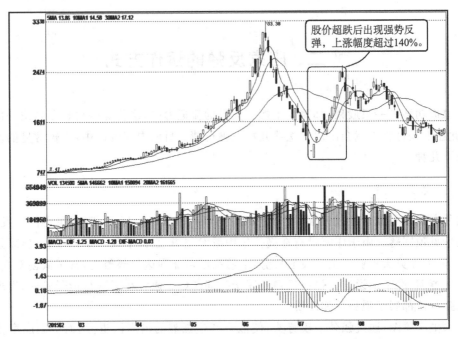

图 10-8

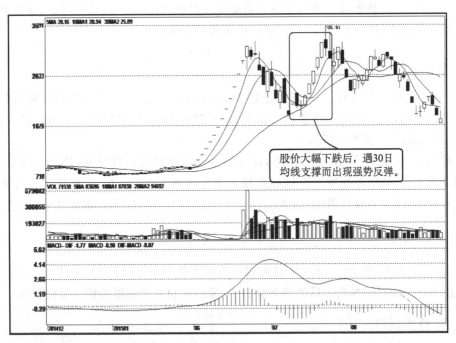

图 10-9

出现的机会最多。

庄家坐庄意图：这是利用散户喜欢抢反弹心理所采取的一种操作方式。股价经过一轮下跌走势后，由于买盘的介入初步获得支撑，而这时庄家并没有全部完成派发任务，但又不想增加拉升成本，所以出现平台走势。这时散户以为庄家整理蓄势或酝酿反弹，而进场接走庄家的抛单。庄家将货出得差不多时,股价就出现向下破位走势。

散户克庄方法:先前在高位没有退出的散户,此时股价冲高时应离场。在股价接近均线,5日、10日、30日三条均线黏合后,股价出现向下突破时,坚决斩仓离场。此阶段成交量的大幅萎缩,表明没有得到场外资金的关照,持币者不宜过早介入,非技术高手者不参与为上。

实例 10-10

图10-10,中南建设(000961):2015年6月,股价见顶后持续下跌,虽然短期股价超跌,但随后出现的反弹走势并不强劲,基本上以平台代替反弹,从而演变为下跌中继整理走势,说明庄家出货坚决,当庄家大量减仓后,股价再次向下破位。

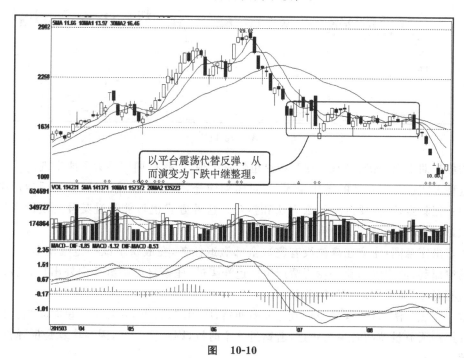

图 10-10

实例 10-11

图10-11,鱼跃医疗(002223):2015年7月13日开始,股价连续出现3个"一"字形跌停板,然后企稳形成小幅反弹,而反弹几乎没什么涨幅,仅仅是一次平台整理而已。不久,股价又下跌一个台阶,再次形成以横盘代替反弹走势,盘面十分脆弱。8月中旬,再次出现跳水下跌,说明庄家减仓坚决,短期股价难有起色,投资者不要参与弱势反弹操作为好。

3. 快速式反弹

股价在回落中突然快速放量反弹,像平地竖立的旗杆,但涨势仅维持两三天甚至仅上涨一天就结束,来得急、去得快,其后股价继续回落或沿原趋势下跌。快速反弹的时间周期特别短,反弹在几天内快速完成,成交量也呈突然放大的态势,反弹的幅度不会太大。这种反

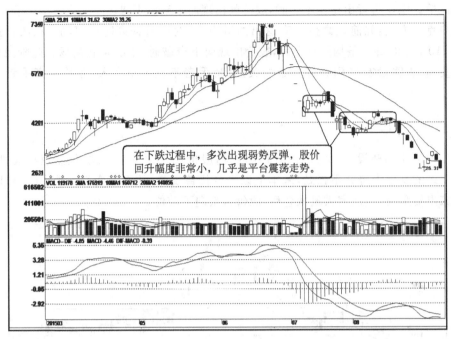

图 10-11

弹在跌势初期出现的机会较多,回落中途也偶尔出现,回落后期则不太可能出现。

这种方式也可能是新的短庄介入,通过短期建仓,掌握了少量的筹码,然后运用少量的资金炒一把就走,不需要讲究什么方法和技巧。这种方式也可能是受某种突发性利好消息的刺激,而引发"井喷式"反弹行情。

庄家坐庄意图:庄家在高位没有完成全部撤退任务,在股价下跌一定幅度后,突然放量向上腾空而起,散户以为新一轮行情产生而追涨买进,庄家自己则继续向外出货。若是新短庄则另有意图,即获取短期利润差额。

散户克庄方法:持股者在股价放量冲高回落,收阴线、长上影线、十字星时卖出。持币者可以在第一天放量拉高时少量跟进,若错过这个时机,则观望为好,因为毕竟是反弹行情,不做也罢。

实例 10-12

图 10-12,春兰股份(600854):该股从高位一路下跌,阶段性跌幅较大。在下跌过程中出现两次明显的放量快速反弹行情,反弹结束后均创出新低,股价继续沿原趋势下跌,将追高者全线套牢。

实例 10-13

图 10-13,中捷资源(002021):该股在 2015 年 6 月受利好消息影响连拉 7 个涨停板,由于高位获利盘大量涌出,股价出现 4 个跌停板,回落到 30 日均线附近。然后,股价企稳并出现快速强势反弹,连拉 4 个涨停板,股价回升到前期高价区,此时遇到获利盘和套牢盘双重抛压,股价再次出现暴跌。

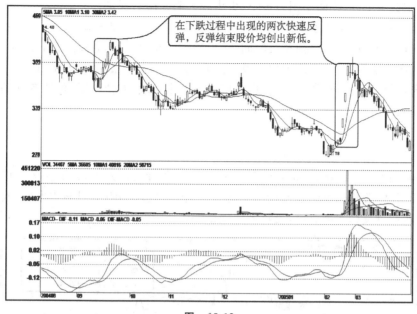

图 10-12

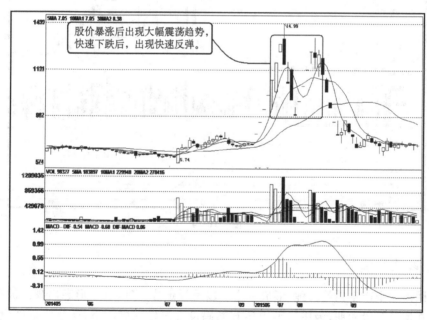

图 10-13

4. 慢速式反弹

这种反弹方式就是股价回落一定幅度后，受场外资金影响，或庄家继续完成出货的需要，股价企稳后不断以小幅震荡的方式向上反弹，股价在一个近似的上升通道里运行，反弹角度不大，走势形成 25°～45°的斜坡。反弹的总体幅度不大，但所需时间周期较长。与顶部巨大的成交量相比，这时成交量虽然有较大的减少，但仍然维持在一定的温和水平。在日 K

线图上,阴阳交替上升,小阴小阳为多,很少出现大阴大阳的现象。

庄家坐庄意图:由于庄家在高位没有全部撤退,当股价下跌一定幅度后,采取边反弹边出货的方法进行派发,慢速反弹持续时间长,出货时间充分,又不需要太大的拉升成本。

散户克庄方法:在股价出现大幅下跌后,可以用少量的资金做一些反弹行情,但利润要求不能太高,适可而止。在熊市时期,以悠闲的心态去炒股,养精蓄锐,保持良好的平常心等待牛市的到来。

实例 10-14

图 10-14,世荣兆业(002016):2015 年 6 月 15 日股价见顶回落,分别在 7 月中旬和 8 月初出现反弹行情,股价以小幅盘升的方式碎步上行,K 线以小阴小阳形式出现,股价回升角度不大,说明股价反弹力度有限,投资者应谨慎操作。

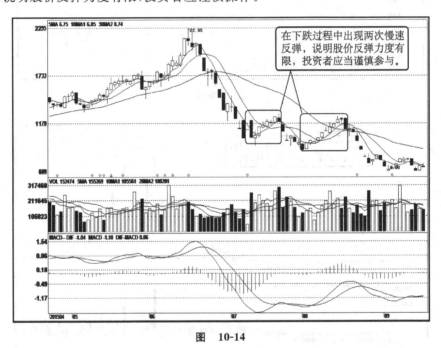

图 10-14

5. 波段式反弹

股价回落途中产生强劲反弹,形成一个波段反弹走势,多以旗形形态出现。波段形反弹大多发生在回落阶段初期,为庄家手中还有筹码没有派发完毕所至,反弹的幅度也较大,成交量也比其他类型的反弹要大,但相对于个股前期的顶部来说,成交量有所减少。庄家一旦完成剩余筹码派发,则其后就再不会有波段反弹走势,成交量也不会再次放大。在日 K 线图上,阴阳交替上行,有时出现大阴线或大阳线的现象。

庄家坐庄意图:在反弹中继续完成出货任务,如果庄家手中筹码所剩不多时,可以在低位进行回补,做波段差价。

散户克庄方法:这种反弹方式的波浪起伏比较明显,运行规律也有节奏,短线高手可以高抛低吸做差价。反弹行情完成三波走势以后,在股价放量冲高时出局,四波以后的反弹走势尽量不要参与操作。

实例 10-15

图 10-15，云南旅游（002059）：该股就是波段式反弹走势的例子。股价经过大幅下跌后，在 2015 年 7 月止跌企稳并产生 B 浪反弹，B 浪以 5 浪方式上涨，反弹结束进入 C 浪调整，投资者应在 5 浪高点离场。

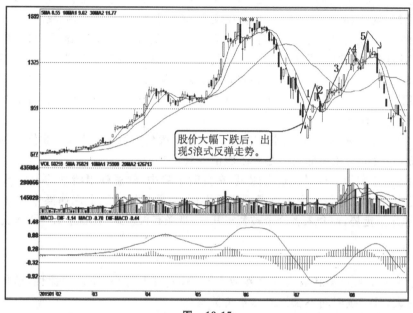

图 10-15

上面介绍的几种反弹方式，是庄家坐庄过程中常用的运作手法。股市瞬息万变，反弹形式多种多样，但无论庄家采用什么样的操作方式，只要认真分析观察盘面迹象，就能领悟到庄家的坐庄意图，并找到较好的克庄方法。

三、反弹时的盘口现象

认识反弹中的种种现象，对于判断行情的趋势、介入的风险、退出的时机，特别是对于我们判断股价是否见底具有很大的帮助。

1. 日 K 线盘口

反弹时的盘口现象：开盘，以平开或微幅高开为多见，也有大幅跳空高开的情况，交易时以很较快的速度向上拉抬，给人留有上涨空间的想象，以减轻阻力。盘中，强庄股迅速拉高股价，直至封住涨停，或在涨停板附近盘旋，从中伺机出货；弱庄股随大盘的涨跌而动，很少出现大起大落。尾市，常搞"突袭"行为，快速拉高，多属弱庄所为。

2. 分时图盘口

（1）压盘。在股价处于反弹上涨时，卖档位置始终挂着大单压盘现象，显示抛盘很重，但股价又没有明显下跌，大笔成交也不多见，表明主动性抛盘不大，且成交又非常活跃，此时应值得分析。如果股价在底部涨幅不大的话，可能有继续动能，压盘只是一种假象。一旦卖单被吃掉或撤掉而股价上行，则是短线介入的好时机。

（2）托盘。当股价反弹到一定幅度后，在档买位置挂出大单托盘，股价无法继续下跌。但是，此时股价反弹无量，从成交明细看主动性抛盘较多，则有可能反弹渐近尾声，故散户小心为上。

（3）隐单。就是在买卖档位上看不见，而在成交明细表里却有显示，叫隐单。在交易时，通常委买委卖单出现在买卖档位上排列等候，但庄家有时为了隐蔽手法，未能在买卖档位中体现，却在成交瞬间出现在成交栏里，这就蕴藏着庄家诡秘。通常在股价不高时，出现大量主动性隐单买盘，股价不跌反涨，则后市看高一线，否则出现大量主动性隐单卖盘，股价不涨反跌，则后市看空。

（4）对敲。庄家用多个账户同时进出，人为地将股价拉高或打压，若股价在顶部多是为了掩护出货，若股价是在底部则多是为了激活人气。

（5）画图。庄家为了吸引投资者跟风，在分时走势中，刻意画出清晰的走势图形，呈现逐波上扬的走势，并力求让每一个投资者都能看得懂，当散户按照以上规律操作时，庄家却一改常态，改变原来的走势，使介入者个个被套牢其中，难怪有人感到纳闷，怎么一买入就变样了。

3. 量价关系

这阶段的成交量呈温和放大或突然放大态势，或时大时小，缺乏规律性，整体量能不如前期上涨时大，且持续时间不长。具体量价关系：

（1）价涨量增。股价上升而成交比平时增加，为买盘积极的表现，预示后市继续反弹，可适时跟进。

（2）价涨量平。股价上涨，但成交量却与前几日差不多，这反映庄家并未进场积极买货，由于这批人士很多是股价上升的动力来源，既然庄家未进场，涨势仍难以持久，预示反弹过后股价仍会再跌。

（3）价涨量缩。股价上升但成交量未能配合上升，反而减少，量价出现背离，此情况经常出现在反弹升势中，可能是庄家托高股价以便松绑，希望顺利将货源沽出。

（4）价跌量增。股价下跌而成交量放大，价量出现背离。若股价已累计下跌一段时间，或累计一个颇大跌幅（达50%以上），此时，价格突然急挫且成交量显著大增，视为最后解脱现象，沽盘全数涌现后，看好的一批买盘接货，从而令后市出现无阻力的反弹升势。

四、反弹阶段的市场特点

1. 盘面压力重重

中国股民经过20多年的实盘磨炼，不像以前那么"幼稚"了，他们不断地总结积累与庄家斗智斗勇的策略。面对逐步走向成熟的股民,庄家也不好轻易对付了,如果操作不慎就成了散户们分享的羹饭。被套于盘中的庄家如同一条未死的蛇,看着一个一个出逃的散户,欲罢不能,有苦难言。盘面特点是每上一个价位都会遇到重重压力,而每下一个价位时又不需要太多的力量,就被轻易击穿。

2. 市场量能趋弱

在这阶段由于散户参与较少,成交量逐步萎缩,人气冷淡。有的庄家借利好或大盘上涨,骤然放出一两天的巨量,以引起投资者的注意,但量价失真,随后又迅速缩量。有的庄家在盘中放量时大时小,尚缺乏可循规则。在日K线上多以大阴小阳、小阴小阳等形态出现,股价跌多涨少。在图表上,拉出长阴或连续多根阴线后,接着出现1～2根小阳线或阳十字,然后再度拉出长阴或多根阴线,如此放任股价下跌。

3. 市场风险增大

在股市中,吸引投资者的就是钱,只要有金可淘,就不顾一切地追进去,而庄家被套时正是投资者赚钱的危险时期。由于这阶段行情向淡,赚钱的机会大打折扣,不像市场火爆时那么容易了,尤其是大势十分清淡时,投资者如果买入一只庄家被套的股票就要小心了。因为在这样的股票中,庄家出逃是唯一的选择,即便反弹时其高度也是有限的,一般落后于大盘的涨幅,如果把握不好出入点,就会被折腾得死去活来。可见,看盘功底深的人可以借刀杀人,把握一波反弹行情的涨跌节奏,并不亚于做一波中级上涨行情,收益也是丰厚的;看盘功底浅的人往往聪明反被聪明误,很难把握买卖点,这样不仅难赚钱,不套进去也算是大幸了。

五、反弹时的技术特征

1. 均线系统

在均线系统中,5日、10日均线出现向上金叉,但30日均线一般仍处于下降趋势或走平后继续下降,中级以上调整后的反弹,则60日均线也处于下降。一般情况下,强势反弹时,5日或10日均线与30日均线形成金叉,但很快又出现死叉,30日均线维持向下;弱势反弹时,5日或10日均线贴近于30日均线后,调头下行,无法与30日均线形成金叉。

2. 指标特征

在技术指标体系中,RSI指标到了强势区后很快回落或未到强势区即出现回落,弱势再现。KDJ指标从高位回落形成死叉,J线到达弱势区,D线拐头向下,形成卖出信号。MACD指标中的DIF线与MACD线金叉后,快速死叉,或者DIF线拒绝与MACD线金叉,BAR红柱很快缩短或绿柱缩短后再度增长,有做空因素。DMI指标未能持续呈单一方向,买入信号不强。TRIX 和 DMA 指标处于走平状态,做多信号不强烈,不可盲目跟进。

3. K线特征

在反弹阶段 K 线阴阳相间,上下影线较长。常见的 K 线组合形态有射击之星、十字星、长十字、早晨之星、底部弃婴、锤头、曙光初现、身怀六甲、平底、好友反攻、红三兵、上升三部曲、戮人线等。

4. 波浪特征

反弹阶段在波浪理论中,属 B 浪调整形态。B 浪为下跌三浪中的调整浪,即对 A 浪下跌的反弹。B 浪反弹的力度一般较弱。因此抢 B 浪反弹者要特别小心,不可要求过高。当升达 A 浪跌幅 50％左右时即行了结,否则将面临 C 浪的大幅下跌而深套其中,由此"牛市陷阱"也频频出现于 B 浪中。

B 浪反弹一般以三浪形式出现,投资者往往误认为多头行情尚未结束,并对后市还抱有幻想,但此时成交量不大,价量已呈背离,一般人经常把 5 浪与 B 浪弄混,而 B 浪反弹却是庄家最后的逃跑机会。

5. 切线特征

在前期的下跌过程中,可能形成一条明显的下降通道,股价的高点一个比一个低,低点一个比一个矮,从而形成一条下降趋势线或轨道线。当股价触及通道下轨线时,将遇到支撑而产生反弹,买入为宜;当碰及通道上轨线时,将遇到压力而产生回档,卖出为宜。

6. 形态特征

反弹阶段中常见的形态除了楔形、三角形和旗形等,还有 V 形、头肩形、圆弧形反弹形式。

(1) V 形反弹。股价快速下跌一段距离以后,再以相同的上涨角度快速反弹。V 形反弹的下跌和上涨的角度在图形上是对称的,但反弹幅度不一定对称。如果庄家筹码没有派发完毕,股价刚刚开始下跌时很容易出现 V 形反弹,强势反弹的幅度可能与下跌幅度大致相当;如果庄家已经出完货,就不能指望有较大的反弹幅度,一般情况下可能只有下跌幅度的一半左右,弱势反弹只有下跌幅度的 1/3 左右。

(2) 头肩形反弹。在回落中,股价小幅反弹后进行整理,然后再次小幅反弹,在再次整理后股价转身下跌,走出小型的头肩形状。头肩形反弹所需的时间周期相对较长,两次反弹的幅度大致相等,下跌与反弹的图形也大致对称。这类反弹出现以后,后市下跌速度平缓,在没有出现大幅急速下跌以前,股价不太容易见底。

(3) 圆弧形反弹。股价经过一段跌势以后,跌幅逐渐减小,其后开始上涨但初始涨幅不大,一段时间以后再加快上涨,因而形成圆弧形状的反弹走势。圆弧形反弹的幅度较大,但时间周期较长,成交量也不会有太大,下跌与反弹的图形也大致对称。如果是小型圆弧反弹,则反弹的幅度就小,时间周期也不会很长。

六、反弹阶段的时间与空间

1. 反弹时间

反弹的持续时间不长,远远短于一轮涨升行情。一般强势反弹所需时间在1个月左右,快速反弹1～2周,弱势反弹3～5天可能就结束。在反弹方式上,快速反弹的时间在7天左右,波段反弹的时间在5～10天,慢速反弹的时间可能在15天以上。此外,出货初期的反弹长于出货后期的反弹,且与庄家出货量有关,庄家出货量小则反弹期长,反之则短。

2. 反弹空间

反弹空间就是庄家反弹所达到的大致幅度,反弹的幅度远较下跌幅度小,高位多数不高于顶部的最高价。股价可能发生反弹的位置,大致为股价原先上涨的0.809、0.618、0.5、0.382、0.191等位置,越是往前反弹发生的概率和幅度越大,反弹的力度也越强。通常,反弹可能到达的位置,大致为前期股价下跌幅度的0.809倍、0.618倍、0.5倍、0.382倍、0.191倍时,又恢复原来的下跌趋势,越是往后反弹到达位置的概率就越小,反弹的力度也越弱。

实例 10-16

图10-16,佳士科技(300193):股价见顶回落后快速下跌,2015年7月17日开始企稳反弹,反弹时间为5个交易日,反弹幅度为30%左右,反弹到达的位置为下跌幅度的0.5左右。

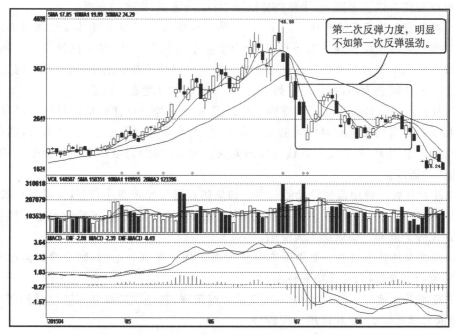

图 10-16

然后下跌到前期低点附近,出现第二次反弹,但第二次反弹力度明显不如第一次强劲,反弹时间为6个交易日,反弹幅度只有17%左右,反弹到达的位置为第二波下跌的0.618左右,然后恢复下跌走势。

七、如何判断反弹力度的强弱

大家知道,抢反弹的风险很大,不少投资者就败在抢反弹上面。因此,如何有效控制风险,制定恰当的操作策略,就必须对反弹的力度做出准确的判断。具体可以从以下几个方面进行分析研判。

(1) 是否有政策面和消息面的支持。如果有政策面和消息面的潜在利好配合支持,那么反弹力度和空间一般较大。否则,反弹仅仅只是庄家的一种自救行为而已,力度和空间都不会很大。

(2) 对下降趋势扭转的大小、级别需要做出准确的判断。如果是较长趋势、大周期趋势的扭转,则反弹的力度较强、空间较大。否则,应降低反弹力度和空间的预期。

(3) 反弹时的位置。从浪形结构上分析,如果前面的循环浪形已告终结,目前是否正展开新的一轮循环的1浪推动或3浪推动?如果是,则反弹力度较强、空间较大。如果大盘仍运行在循环浪形的A浪或C浪延长之中,或者反弹已在第5浪上,那么反弹力度和空间的预测需要持谨慎、保守的态度。

(4) 观察反弹过程中的价量配合情况,这是一个非常重要的指标。如果成交量能持续有效放大,表明有场外新增资金介入,对行情的延续和纵深发展极为有利,反弹力度较大,反弹空间可以看高一线。否则,如果量能持续减少,应持谨慎、保守的态度。

(5) 观察市场是否酝酿有热点产生,而且是否对指数和市场人气具有较强影响力和号召力的持续性领涨板块涌现。如果有,反弹力度和空间则会大些,如果仅仅是短暂热点,那么对反弹力度和空间分析要保守地进行预测。如果个股处于热点之中,甚至是领涨龙头股,则反弹力度和空间会大些,如果不在热点之中,则反弹的力度要小得多。

(6) 观察市场中是否涌现出有赚钱效应的龙头股品种。反弹行情的延续和纵深发展,需要市场不断培育出数个涨幅巨大的龙头品种,以此来激发、领涨人气。如果有,则反弹的力度和空间将会增大,如果没有赚钱效应的龙头品种,反弹的力度和空间将会受制约,应持保守、谨慎的态度。

(7) 注意观察反弹中板块轮动的节奏。如果热点板块比较集中,而且持续性较长,则大盘反弹的力度和空间就会大些。如果热点切换过快,板块轮动频繁,或后续热点不能及时跟上,那么,反弹力度和空间就会大大受限。

(8) 反弹时的技术状态。如果反弹是从大周期技术低点开始的,则反弹的力度和空间将中大些。否则力度较弱,反弹空间较小。

(9) 反弹的次数。一般来说,第一次反弹力度最强,越是往后反弹到达位置的概率就越小,反弹的力度也越弱,直到市场出现转势。

八、散户在反弹阶段的操作策略

1. 散户常见错误

（1）买入过早。股价见顶后下跌,但由于受牛市思维影响,没等价格下跌多少便抢先"逢低"买进,可是股价并未止跌而继续下滑,当阶段性底部出现时,却无资金补仓而套牢在上,犯了过早买入的错误。

（2）买入过晚。股价见顶后大幅下挫,市场空头气氛浓厚,使得散户魂魄不定。当股价出现阶段性底部并向上反弹时,受大跌惊慌的散户还不敢接单买进,直到受涨势的诱惑而追高买入,可是这时反弹已渐尾声,这时又犯了过晚买入的错误。

（3）卖出过早。散户朋友经过牛熊颠簸后,也学了不少经验,懂得赶底了。可是,股价刚刚出现小幅的向上反弹,但由于受前期下跌时的恐慌影响,见好就收,可股价还在上升,结果只抓了一撮牛毛,这时犯了卖出过早的错误。

（4）卖出过晚。股价经过深跌后,出现了大幅反弹的走势,股价节节拔高,图形甚是漂亮。由于反弹与反转的底部形态极其相似,容易产生将反弹当成反转,故而纷纷介入做多,可谁知反弹很快见顶回落并再创新低,这时又犯了卖出过晚的错误。

2. 分析反弹性质

反弹行情的不确定因素相对较多,市场行情变化较快,在参与反弹行情时一定要认清反弹性质,确定反弹的种类,测算反弹行情的未来发展趋势和上升力度,并据此采用适当的投资方式、把握介入尺度。主要通过以下几方面分析反弹性质。

（1）看成交量是否有效放大。从走势上分析反弹行情的性质,不仅要观察日K线,更要注意盘中的变化。有时候股指在全天的大部分时间内表现平平,仅仅依靠尾盘的拉升才勉强上升几点,这种反弹虽然外表走势强劲,但本身的基础并不牢靠,往往会引发更大的下跌。

（2）从个股方面也可以识别反弹行情的真实有效性。其中,均价指标是几乎所有分析软件中最常见的指标,也是最容易被忽视的指标。投资者分析行情涨跌时,总是喜欢用收盘价的高低作为衡量标准。但现实走势中,常常会出现尾盘突然拉升或跳水的走势。这种尾盘异动使得收盘价处于异常的高或低位置,从而影响投资者对行情的研判。均价指标则在一定程度上消除了这种误判,如果股指出现反弹,但是大多数个股的均价不涨反跌时,投资者就应该保持高度警惕。

（3）在不同的市场背景下,启动不同的热点板块,对反弹行情所起的作用是不同的。如果在市场外围资金充沛、股市向好的背景下,启动板块数量少、流通盘小、缺乏号召力的小市值投机类股票,往往会给行情造成一定不利因素。而在市场萧条、外围资金匮乏、市场内资金存在严重供给不足的情况下,启动大型蓝筹股板块,将使资金面临沉重压力,反弹行情往往会迅速夭折。

（4）值得注意的是,指标股滞涨,带动反弹的领涨板块及个股开始见顶而大盘又切换不到新的热点,股指跌破20日均线在随后一至两天内不回抽,成交量创反弹以来天量,指数却徘徊不前,那多半是反弹接近尾声的征兆。

3. 抢反弹的若干事项

(1) 反弹的形式是复杂多变的,不能以固定思维固守反弹的定式,更不要说介入反弹的风险远远大于介入吸货、整理、拉升的时候。

(2) 不少朋友喜欢抢反弹,但介入反弹没有一定的功夫不行,那就需要知道反弹可能发生的大致位置和反弹的大致幅度以及懂得掌握退出反弹的时机。

(3) 介入反弹不能牛向思维,不能太贪,更不能死守,否则就会"葬身"反弹。

(4) 在可能出现反弹的位置上,反弹不一定就会发生的,只是可能发生,也可能只是走势暂时企稳(实质是为继续下跌而蓄势),股价构筑一个小的平台后继续下跌。

(5) 介入反弹赚钱的概率较小而赔钱概率较大,因此我们没有必要把过多的精力投入反弹的研究之中。另外,对反弹的指导思想应该以避免风险为主,以赚小钱为辅,千万不能把介入反弹当作炒股赚大钱的主要目标,那样就本末倒置了。

(6) 指标股与强势股兼做。此种方法较为稳妥,它至少可以赚到市场的平均利润。投资者可采取将资金一分为二地压在指标股与强势股上,而且指标股与强势股均应选反弹凌厉的领涨股。因为指标股与强势股通常成为庄家资金首先关注的对象,应做到综合平衡。

4. 抢反弹的若干原则

(1) 快进快出原则。动作迟缓者,不适合抢反弹。

(2) 获利就跑原则。不能寄予太高的获利要求。

(3) 止盈止损原则。无论盈亏,都应设立止盈、止损的价位。

(4) 轻仓介入原则。介入反弹不可重仓出击,轻仓为宜。

(5) 时机把握原则。遇到大市刚刚开始反转,个股刚刚开始暴跌,个股长期阴跌不止等情形时就不应该介入抢反弹;相反,大市或者个股下跌幅度已经十分巨大又暴跌时或者又利空时,则是考虑介入反弹的时机。同样,应该在反弹结束时把握好果断出局的机会。看不明白时,有股票应该减仓,没有股票应该观望。

5. 抢反弹的若干条件

反弹是股市趋势中的一种常见现象,一次强劲的反弹丝毫不亚于一波次中级或者短多行情,而且具有极高的盈利机率。因此,每一位职业证券投资人均应学会逆向思维,不仅股市上涨可以获利,同样,充分利用股市暴跌后形成的反弹机会,也可以赚取丰厚的利润。但应具备以下条件,才能成功抢反弹。

(1) 有的放矢。一波强劲的反弹行情通常由一两个主流板块领涨或采用板块轮涨的形式。与此同时,反弹过程中个股的反弹力度参差不齐。投资者应锻炼自己的辨别能力,即在股市下跌中准确地判断出未来反弹强劲的板块与个股,从而择机建仓。

(2) 果断退场。反弹行情不同于反转行情,它只是市场对一种趋势的过分反应的技术修正。一旦这种修正完成,股指仍会沿着原有的下跌趋势运行。因此,投资者应懂得节制,切莫被突然赚到的利润冲昏了头脑,过分恋战,以致到手的利润再次被市场吞噬。

6. 抢反弹的操作定律

(1) 转化定律。反弹未必能演化为反转,但反转却一定由反弹演化而来。但是,一轮跌市行情中能转化为反转的反弹只有一次,其余多次反弹都将引发更大的跌势。为了搏一次反转的机会而抢反弹的投资者常常因此被套牢在下跌途中的半山腰,所以千万不能把反弹行情当作反转行情来做。

(2) 时机定律。买进时机要耐心等、卖出时机不宜等。抢反弹的操作和上涨行情中的操作不同,上涨行情中一般要等待涨势结束时,股价已经停止上涨并回落时才卖出,但是在反弹行情中的卖出不宜等待涨势将尽的时候。抢反弹操作中要强调及早卖出,一般在有所盈利以后就要果断获利了结。

(3) 决策定律。投资决策以策略为主,以预测为辅。反弹行情的趋势发展往往不明显,行情发展的变数较大,预测的难度较大,所以,参与反弹行情要以策略为主,以预测为辅,当投资策略与投资预测相违背时,则依据策略做出买卖决定,而不能依赖预测的结果。

(4) 弹性定律。股市下跌如皮球下落,跌得越猛,反弹越快;跌得越深,反弹越高;缓缓阴跌中的反弹往往有气无力,缺乏参与的价值,可操作性不强;而暴跌中的报复性反弹和超跌反弹,则因为具有一定的反弹获利空间,因而具有一定的参与价值和可操作性。

(5) 资金定律。存量资金是成功抢反弹之首要条件,投资者应培育自己的一种职业素养,当行情见顶时,果断出局,为自己储备好充足的资金,一旦反弹机会出现,则迅速出击。

7. 哪些个股可以抢反弹

(1) 前期明星股。一波多头行情通常是由数只强势股领涨的。但在跌市中,有些个股的庄家或是由于严重被套,出不了货,或是手中的筹码尚未派发干净,因此反弹行情一经形成,该类个股即开始作秀。

(2) 大盘指标股。股市下跌时,指标股往往成为空头庄家率先打压股指的工具。随着大盘指数不断下挫,空方势力渐成强弩之末。此时多头开始准备反击,拉抬指标股遂成为庄家烘托人气带动大盘反弹的有效手段。故适时选择指标股建仓,可使投资者迅速取得立竿见影的效果。当然,各个指标股的反弹表现也不尽相同,那些绝对价位低、流通盘适中、业绩稳定的个股效果可能更好。

(3) 严重超跌股。尤其是严重超跌股的绩优股与新股、次新股。某些绩优股虽然股性不甚活跃,然而本身却质地优良。一旦反弹局面出现,这类因股价下跌投资价值凸现的个股很快又会反弹回其合理的价值中枢区域。而一些跌市中上市的新股、次新股,由于上市时恰逢股市低迷而定位不高,上方更无套牢盘,则很容易成为庄家的选择对象。

(4) 活跃小盘股。流通盘偏小使庄家控盘相对容易,反弹时向上拉升自然比较省力。而股性活跃的个股,盘中的庄家更不会放弃反弹良机,借势震荡,以博取差价。

(5) 近期强势股。有时,一轮跌市看似接近尾声之时,却突然加速下滑,这往往有庄家人为打压的因素在内。某些具有潜在题材的个股往往成为抢反弹的首选目标。随着股市下跌,机构采取暗渡陈仓的手法,悄悄收集筹码。大盘反转后,此类个股通常能走出极具爆发力的行情。

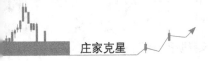

8. 反弹阶段的自身规律

在反弹阶段中,也有其自身规律,找准这个规律有助于减少风险,增加收益。

(1) 如果是顺势股票,并且涨跌幅度与大盘区别不是过大,大部分股票都会随大盘波动而反弹(只是程度不同而已),具有与大盘走势相似的特点。如果是逆势股,或者涨跌幅度明显大大超过大盘,则个股可能走出相对独立的反弹走势。

(2) 在一般情况下,回落初始阶段,股价反弹次数多、反弹力度大,其后的次数少、力度小,到最后甚至不再反弹(这时候股价倒有可能快要见底)。在特殊情况下,回落阶段初期股价暴跌或者连续阴跌,反弹次数少、力度小或没有反弹,则回落阶段后期反弹的次数多、力度也大。

(3) 庄家如果在顶部已经将筹码派发完毕,股价一般不可能很快见底,像样的反弹也不会有;如果没有充分地派发完毕,可能有较大幅度的反弹,而且反弹的力度可能会很大。

(4) 股价下跌速度快、角度陡,反弹则快、时间短(问题股或者涨幅十分巨大的股票,刚刚暴跌时除外);股价下跌速度慢、角度缓,反弹则慢、时间长。

(5) 适时抢反弹是一个比较复杂的技术性问题,理论上讲,大盘走势一旦形成一条下降通道,每一次股指快速跌破该通道下轨即可被视为进场的时机;而股指无量上冲该通道上轨之时,则应获利了结。此外,政策面暖风频吹,技术上各项指标如 RSI、KDJ 等显示严重超卖,成交量连创地量,新股发行节奏明显减缓,股指跌至整数大关或历史上的重要点位等因素,也是判断股市将要反弹的重要参考依据。

(6) 反弹可能发生的和可能到达的大致位置,具体都需要依据股价前期头部走势、庄家剩余筹码状况、市场人气、反弹位置、反弹力度、反弹次数、大势状况、股价回落走势等情况综合判断。

9. 反弹阶段的换股技巧

换股是一种主动性的解套策略,运用得当的话,可以有效降低成本,增加解套的机会。一旦操作失误,也会陷入"两边挨巴掌"的窘境,所以投资者在换股时要非常慎重。那么,换股有什么具体方法,应该遵循什么原则呢?

(1) 以"强"换"弱"。当一只股票已完成主升浪,庄家基本出完货,其上攻能量就会散尽,即使高位横盘,也只是强弩之末,上涨的空间较小。这时候,投资者就不如选择正处于庄家吸筹期的相对"弱势"股。

(2) 以"弱"换"弱"。就是将手中被庄家彻底抛弃的弱势股,调换成新庄家资金进场的弱势股。因为前者在弱市中就像自由落体,底不可测,即使大盘走强,也往往反弹乏力,在整个行情中不会有出色的表现。后者由于有新的庄家资金进场,尽管暂时表现一般,但终会有见底转强的时候。

(3) 以"强"换"强"。有些股票经过快速拉升后,即将或者已经进入高位盘整,有的仅靠惯性上涨,投资者追涨的热情明显不高,盘面出现放量滞涨的迹象。这时候投资者应该及时将其换成刚启动即将进入快速拉升的强势股。

九、反弹与反转的区别

股价经过充分调整或大幅下跌，必然会出现反转行情。所谓反转，是指股价探明重要底部后，出现强劲的上涨行情，并创出前期高点或历史最高点。在一轮反转行情中，其收益是非常丰厚的。因此，庄家便在反转行情的初期，耍弄种种手法，使盘面变得更为离奇复杂，不少散户将反转当成反弹对待，在"起轿"前就"下轿"，一轮涨升行情就这样白白地随风而去，炒股的悲伤莫过于此。

由于反弹行情和反转行情有本质的不同，对投资者而言将关系到操作方向的选择。在反弹行情中，投资者主要侧重于及时减轻仓位，盘活资金；而在反转行情中，投资者则要及时调整持仓结构，在必要时可能还需要追高介入。因此，在股指出现上涨时，对反弹还是反转的判断是需要面对的一个问题。

在多数情况下，反弹行情与反转行情虽然初期貌似相同，但如果细心观察会发现两者其实截然不同，也就是说，反弹一般不会演化为反转，反转行情在出现时就与反弹行情有明显的区别。

（1）判断是反弹还是反转，首先要看政策面是否出现变化。因为这是制约股市趋势的最重要因素。当政策面转暖，基本面向好时，市场环境的宽松会使反转行情比较容易形成。而在缺乏来自于政策面、基本面支持时的股价上扬多数还是反弹。

（2）比较在此次股价上扬之前大盘调整的时间跨度。一般而言，一次明显的中期调整所需要的时间不可能在一两个月内就能完成，多数情况下，从中级调整开始到下一次反转出现的时间周期都至少要经历四个月以上的时间跨度。这一点来看，如果股价出现的上涨时间距离明显的顶部较近，很有可能是一次反弹行情。但如果市场已经连续调整四个月以上，此时出现的上涨才有可能是反转。实际上，即使短时间内股价调整幅度较深，探明了底部区域，但由于调整的时间还不充分，在底部出现的上涨行情还会出现反复，所以绝大多数情况下仍属于反弹。

（3）看成交量的变化。反转行情通常都伴随成交量的放大，这种放大不是指单个交易日的成交金额明显增加，而是要求连续几个交易日的成交金额都需要达到并稳定在一定水平之上。一般的反弹行情虽然都有交易量的放大，却不能持久，三四个交易日后量能便会出现萎缩。这一点是反弹与反转在技术分析上的明显差异。主要原因是在反转行情中，一方面买卖双方不断换手；另一方面增量资金又源源不断地进场交易。但在反弹行情中却不一样，卖方在出掉手中的股票后，一般会保持观望，而买方在看到没有后续的接盘时会迅速转向杀跌出局，等待下一次的机会。由于没有增量资金的积极介入，因而反弹行情中成交量缺乏持续放大的基础。

（4）投资者还可以从市场热点方面来判断行情是反弹还是反转。反弹行情一般是在技术面出现严重的超卖，或下跌过急时出现的短暂恢复性行情，由于是在技术上对过急的行情进行一定的修正，因而此时热点多集中在超跌股中。同时还可能出现多个热点同时出现或热点转换过频过快的现象而导致行情的过早夭折；而反转行情却一般是在严重超跌，投资者基本上没有获利空间时产生的。热点大多具有一定市场号召力和资金凝聚力,具有向纵深发展的动能和可持续上涨的潜力,使行情具备良好的持续性,这也是反转与反弹之间的一个明显的不同。

(5)看股价的下跌幅度,股价下跌幅度不大的,可能是反弹;下跌幅度超过50%的,回落见底才有可能。此外,还要结合价值确定,如果价格定位仍然偏高,又没有可以视股价已经见底的其他充足理由,那就应当先视为反弹对待。再者,要看前期的炒作程度,前期炒作过度的,反弹的可能性往往大于见底的可能性。

(6)看股价的盘面走势,除非下跌周期很长且跌幅极大,股价形成"V"型反转且走势特别强劲时底部可以成立,在正常情况下,股价构筑底部需要很长的时间,期间股价可能多次反复探底,因此股价一次见底的可能性不大。在对股价见底没有把握的前提下,一般都应该先以反弹对待。

(7)股价震荡走势或者形态给人感觉非常好的,位置不在绝对底部而成交量突然放大许多的,一般不太可能是庄家吸货(庄家要么隐蔽吸货,要么低位持续放量拉升吸货)。同样的走势成交量极度萎缩的,也不可能是庄家吸货,股价温和放量震荡滞涨才可能是庄家在吸货,在这种情况下也应先以反弹对待。

(8)看股价前期位置。股价前期涨幅巨大、位置过高、成交量又很大的,则反弹的可能就很大。股价前期涨幅较小的,股价位置又不算高的,则回调后继续上涨的可能就大。

(9)看庄家有无充分派发筹码。看庄家有没有将筹码充分地派发完毕,如果已经充分派发完毕的,则只能是反弹而不可能是回调整理后的新一轮的继续上涨。如果庄家没有将筹码充分地派发完毕,重新经过吸货整理的,可能是反转。

(10)看股价反抽的走势。在股价回落幅度超过1/3、1/2、2/3附近如果放量滞涨,或者走势凝重滞呆,成交量萎缩,则反弹的可能就大。如果股价在这些位置虽然有震荡但很快就突破上行的,则是新一轮的上涨。

十、反弹与回抽的区别

回抽,指行情呈趋势运行或突破盘局后不久,股价返回到某一价位的逆势现象。回抽结束后,股价恢复到原来的市道之中,继续朝原方向运行。庄家在坐庄过程中,经常运用回抽手法,如在高位出货、突破盘局、回落洗盘、企稳反弹、行情反转等阶段。在实盘中,底部区域或顶部区域的回抽确认倒是容易辨认(均以回抽对待为佳),确认回抽的难点在于中部区域,此阶段投资者在研判时容易出错,因为可以上涨回抽,也可以下跌回抽,如果误将回抽当洗盘结束,或误将回抽当反弹结束,或误将回抽当下跌,或误将回抽当上涨等,都容易出错。因此正确认识和把握回抽的要领,对于判断行情的真假是至关重要的。这里分析一下反弹与回抽的区别。

(1)回抽的持续时间相对较短,一般在5个交易日左右即可完成,如果时间过长,可能就不是回抽,要提防演变为趋势。

(2)在上涨突破后的回抽时,一般成交量大幅萎缩,上涨无力,下跌不猛,回抽结束后成交量会再度放大。但在下跌突破后的回抽时,一般成交量保持在中等水平,因为庄家要出货,只要有接盘存在,庄家就会悉数发货,回抽结束后成交量也会再度放大,有时会缩量下跌。

(3) 一般来说,回抽的幅度通常是上涨或下跌幅度的1/3～1/2,然后又恢复原来的市道之中。如果股价返回到起涨点或起跌点,甚至超越起涨点或起跌点而创出新低或新高,这可能不是回抽,要小心行情的转势。

(4) 无论是向上或向下回抽,一般以30日移动平均线作为极限位置。如果30日均线有效被击穿,表明回抽无效,即假回抽。若是30日均线走平或拐头,表明行情已经转势,应尽快采取行动。

(5) 回抽结束后,股价会迅速脱离回抽区域,无论向上或向下其气势均较凶猛,行云流水,势如破竹,在日K线上大多出现一阳包二阴或一阴包二阳的K线组合走势,在分时图上呈单边上扬或下跌之势。如果股价在回抽时,胶着时间过长,气势不足,走势拖泥带水,表明假回抽的可能性极大。

十一、反弹与反攻的区别

经常可以看到,当股价盘升到达启动价格的一倍左右时,股价发生大幅度震荡,大量的获利盘汹涌而出,日K线伴随巨大的成交量,收出一根大阴线。此时,K线组合清楚地表明,空方已积累了强大的能量,多方的攻击能力已近衰竭。不久,多方发起反攻,在巨量的推动下股价再度走强,而且一般都创出新高点。然而,随后的几个交易日股价却接连下挫,显示多方已回天无力,主升浪过后的上涨只不过是多方势力的最后一搏,回光返照而已,股价将面临较长时间的调整,这就是反攻。如此反复数次,参与者就会晕头转向,通过几次来回反攻,庄家就可以趁机派发筹码。反攻与震荡有相似之处,但反攻的速度比震荡快,反攻幅度也比震荡大,一般超过20%甚至超过30%。其主要特征为:

(1) 可以分为短期反攻和波段反攻。在股价见顶并回落一定幅度后,所产生的持续时间较短、反攻幅度较小的走势,就叫短期反攻。反攻的时间一般为1～3日,幅度也只有5%左右,主要以修复过快下跌后的技术形态。在股价见顶并回落一定幅度后,所产生的持续时间较长、反攻幅度较大的走势,就叫波段反攻。反攻的时间会达到1～4周,甚至更长,幅度也会达到20%～30%,甚至更大,有时可能会改变短期均线技术指标,或构筑一些常见技术形态。无论是短期反攻还是波段反攻,其共同之处就是当反攻结束后,股价将步入下跌走势。

(2) 反攻的持续时间不长,远远短于一轮涨升行情。一般强势反攻所需时间在1个月左右,快速强势反攻1～2周,弱势反攻1～3天可能就结束。同时,出货初期的反攻期长于出货后期,幅度也大于后期,且与庄家出货量有关,庄家出货量小则反攻期长,反之则短。

(3) 成交量方面,每一次反攻时的成交量,都不及前一次大,越是往后成交量越小,呈逐波缩量态势,且与庄家出货量有关,庄家出货量小则成交量可能大一些,反之则小。

(4) 反攻行情一般会突破前期高点,但力度一次比一次减弱,股价的高点也逐渐趋向平淡。而反弹行情一般不会创出新高,其高点一个比一个低,低点也一个比一个矮,呈逐波向上态势。

(5) 反攻的位置不同。反攻往往出现在中、高位,而反弹多数出现在中、低位。

第十一章 砸盘阶段

庄家刻意向下大幅压低股价,引起市场恐慌的现象,叫砸盘。庄家在整个坐庄过程中,都有可能出现砸盘动作,如砸盘吸筹、砸盘整理、砸盘震仓、砸盘出货等。我们这里研究的是庄家派发后期出现的不计成本的砸盘阶段,有一定的时间持续性和下跌空间性。

砸盘既是派发的一种特殊手段,又是下一轮行情开始吸筹的一种常用方法。砸盘可分为主动性砸盘和非主动性砸盘。主动性砸盘,通常是指庄家在高位派发了大量的筹码,获得了丰厚的利润。庄家在出货将要结束时,为了给下次进货打基础,便会刻意制造低落的人气和较低的价位,一般会利用手中不多的筹码向下砸盘,目的是为了得到跌价的效果。这种砸盘一般是诱空手段,是股市中的一种假象,在辩证法里,是矛盾特殊性的表现。非主动性砸盘,通常是指市场受到某种突发性重大利空消息影响,导致卖盘涌出,庄家随波逐流加入卖盘之中,从而导致股价大跌。目前市场上大多是庄家主动性砸盘,本章研究的重点也在于此。

在这个阶段里,市场极度低迷,人气意愿低落,是散户最容易割肉的区域,也是散户心理最脆弱的时期。在坐庄流程中,砸盘阶段是次要阶段,有的庄家无此过程。

一、为什么会出现砸盘

一般砸盘分为两种情况,一种是上升过程中,庄家要对跟风筹码做一次清洗,在某个价格大幅度抛空股票,造成下跌假象,引诱散户和跟风者卖出;另一种发生在某个股票庄家完成了坐庄的目的,股价处于相当高的时候,庄家通过大幅度抛出股票砸盘,达到出逃的目的。根据长期的市场运行规律,出现砸盘的主要原因,归纳起来有以下几种。

(1)突发利空消息引起的砸盘。庄家在坐庄过程中,遇到一些不可预见性的利空消息,卖盘旋即涌出,庄家迫于无奈向下砸盘,多属非主动性行为。这种情况可能产生两种结果:一种是庄家一去不复返,中长线弃庄,不少"跳水"明星股就属于此类型;另一种是先随着向下砸盘,然后再度拉起,属"利空过后变利多"性质。

（2）筹码派发后期引起的砸盘。庄家在高位派发了大量的筹码后，仅剩下极少的筹码，已经不需要顾忌市场"形象"和成本而护盘，这部分筹码对利润已不构成太大的损害。

（3）为新行情准备引起的砸盘。对于业绩稳定、成长性好的个股，庄家可能进行几轮的炒作，前一轮成功撤退后，为了下一轮在较低价位吸筹，便用手中的小部分筹码，刻意向下砸盘，制造空头气氛。既有砸盘动作，又有建仓行为，两者同时兼施。

（4）股价涨幅巨大引起的砸盘。股价经过一轮或几轮炒作后，升幅已经达到一倍或几倍，庄家获利十分丰厚。由于股价涨幅巨大，见顶前后成交稀少，无法在高位派发筹码，只能等待股价回落一段以后，当别人认为股价很低或者误以为调整已经到位的时候，不少人想占便宜或者做一把短线而挂单买入，庄家就会顺水推舟把股票抛售给他们，于是引发砸盘出现。

（5）基本面发生变化引起的砸盘。题材穷尽、行业不景气、业绩滑坡等基本面出现变化而引起砸盘。能够可以挖掘炒作的题材都已经被挖掘炒作了，利好消息也都公之于众了，剩下的只是"壳"资源而已。行业、业绩不理想也会引起撤庄现象，如近几年的百货、家电、零售等行业整体不容观乐、业绩滑落，导致部分个股砸盘。

（6）庄家为了建仓产生的砸盘。这种手法的有以下几种情况。

第一种情况，大盘较为平稳或处于上升途中，该股有重大潜在利好，庄家急于吸筹，一般会形成短期上升通道再向下砸盘吸货，在 K 线图上形成一个倒"V"。庄家通常会在该股前期的下跌过程中，待抛压盘力竭时进场吸纳，使得该股的短期下跌趋势得以改变，形成一条短期的上升通道，庄家正是在这条通道拾到一定的筹码作为砸盘的原动力。通道内通常会出现价升量增，震荡盘上的局面。在向上通道的末端与一般见顶很不一样的是，庄家很少使用连续急拉见顶的方法，以免吸引更多的跟风盘，为日后留下不必要的解套压力。通道见顶转而下跌时，庄家常常使用极端凶悍的打压，不是留下多个大的缺口，就是长阴连连。整个打压过程将会呈现一个较为鲜明的特点：每一个缺口或大阴将会引来一段较长的横盘或小幅盘升，在整个形态上出现一个阶梯式的下跌。这样会有利于吓跑散户和解套散户，可谓一箭双雕。庄家采用这样的砸盘手法吸筹，主要目的是能捡到更便宜的货，所以庄家打压的低点通常会比第一次触底时的低点要低或相等。庄家使股价在整个下降过程中与大盘走势相背离的原因，是要使持股坚定的投资者背起"赚了指数亏了钱"的压力，最后信心崩溃而抛弃手中的股票。

第二种情况，大盘在下跌之时，庄家利用资金与大盘联动顺势打低股价，获得更加便宜的筹码。比如，一只股票已经跌了很长时间，看似已经跌到底了，但庄家利用大盘暴跌，经济不景气等外在原因，用自己手中的存量筹码拼命向下打压。由于该股票长期下跌，一般散户屡买屡套，已经吓破了胆，几乎没人敢再买，持有该股的散户会误以为股价又开始一轮新的下跌，竞相割肉逃命。此时正好中了庄家的招，庄家在砸盘时悄悄地吸纳低价筹码。

第三种情况，股票被投资者普遍看好，庄家吸筹较为困难，拉高吸筹成本较高，只有运用利空打低股价才能达到低位吸筹的目的。

砸盘下跌吸筹，主要利用了散户的恐惧心理，但是在此期间庄家所耗的成本也有所增加，如果有高手在每次低点都加仓，则比庄家成本要低，这样会使其较为被动，股价也可能出现反复。不管是借助于大盘还是独立于大盘，一般来说后两种情况均表明庄家吸筹遇到了困难。因此在跟这种庄家时，要等止跌企稳一个月左右再考虑跟进，至前期高位时应出局观望一下再说。

二、庄家砸盘的运作方式

砸盘是股价下跌的一种特殊方式,它不是因为自然波动而下跌,而是有人故意抛售造成股价下跌。一只股票如果有庄家,就一定有人要把水搅浑,除了制造波动和震荡以外,故意抛售打压股价就是其惯用的一种手段。最常见的砸盘方式有以下几种。

1. 断崖式砸盘

这种方式多数出现在庄家出货接近尾声的时候,有时是遇到某种突发性重大利空消息影响,或庄家自身原因,如资金紧缺、违规操纵被查等。庄家采取极端的手法迅速砸低股价,形成"瀑布式"跳水形态。在K线图上,连续拉出大阴线或直接跌停板,盘面上经常出现"一"或"⊥"形形态。采用这种手法的庄家看空后市,适逢大势趋淡,人气冷却,且庄家筹码已经不多了,不在乎剩余筹码的利润。这种方式结束以后,可能会出现历史大底部区域,但底部震荡时间相当长,而且震荡幅也很大,散户操作起来难度也很大,底部也容易亏钱。

庄家坐庄意图:这种走势往往不讲什么道理,不计较利润,也不管什么后果和市场影响,因此也就没有什么明确的坐庄意图。当然,有的庄家是为了下一次坐庄,而刻意将股价打到一个低点,砸盘与建仓可能同时存在。

散户克庄方法:远离市场,观赏庄家"跳水"表演。待跳不下去时,进去先做一波反弹后,再视情况而定。

实例 11-1

图 11-1,特力 A(000025):该股庄家完成阶段性炒作后,在高位大幅减仓,股价于 2015 年 6 月见顶回落,庄家大幅向下打压股价,盘面出现断崖式下跌走势,在短短的 20 多个交易日里,股价从 30 元上方快速下跌到了 10 元以下,跌幅超过 67%。大量的浮动筹码被清洗出局,庄家在暴跌后期大举接纳筹码,随后股价企稳后出现暴涨,成为两市的"妖股"。

实例 11-2

图 11-2,澳柯玛(600336):该股大幅拉高后,庄家在高位完成集中出货计划,成功构筑双重顶形态后,从 2015 年 6 月 16 日开始庄家不计成本地向下砸盘,股价出现断崖式下跌,累计跌幅超过 65%。庄家为下一轮行情炒作腾出足够的空间,此后股价进入筑底走势,庄家开始悄悄吸纳低价筹码。

2. 逐级式砸盘

这种走势就是庄家将股价下砸一个台阶后,调整一段时间,待散户因判断失误而介入时,又将股价再砸一截,之后又整理一段时间,再向下砸盘,日K线组合形成下行的台阶式。

第十一章 砸盘阶段

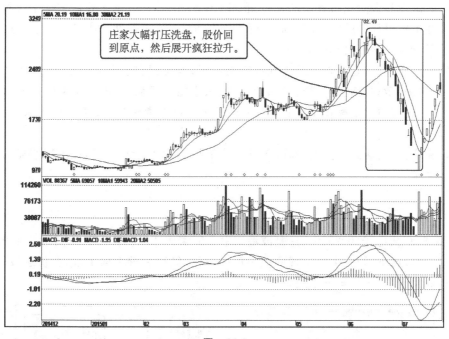

图 11-1

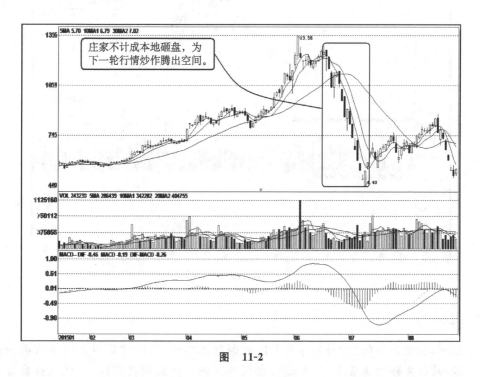

图 11-2

砸盘结束以后,股价可能会到达底部区域,但盘底时间长、振幅大,散户操作难度也大。引起砸盘的原因,可能是为新行情作准备,或是筹码派发后期,庄家弃庄换股,一般不会是消息引起的砸盘,消息引起的砸盘一次性动作,砸完就结束。逐级式砸盘包括波浪式砸盘和台阶式砸盘两种盘面现象。

逐级式砸盘与台阶式出货在走势上、形态上十分相似,两者的主要区别在于台阶式出货往往出现在下跌过程中的中、高位,股价远没有见底;逐级式砸盘往往出现在下跌过程中的中、低位,股价基本达到底部区域。

庄家坐庄意图:一是筹码已经派发得所剩不多,坐庄利润也十分丰厚,但股票(宏观)本身不错,对盘面(微观)诸多因素也了如指掌,庄家不想弃盘而去,因此用手中少量筹码砸低股价,为新一轮行情腾出操作空间;二是受宏观和微观因素影响,或庄家自身原因,不再恋战,故弃庄而去。

散户克庄方法:遇到这种走势时,不应过早介入,免得受套牢之苦,在出现明显的底部形态后再作决定。

实例 11-3

图 11-3,积成电子(002339):这是波浪式砸盘的实例,2015 年 6 月 15 日股价创出 56.70 元后,庄家大幅向下砸盘,中间出现两次小反弹,反弹结束后继续向下砸,股价逐波下跌,盘面被砸得面目全非,股价剩下不到 1/3。

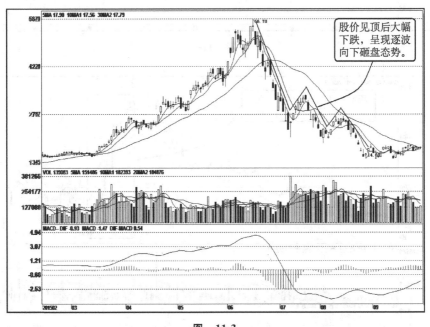

图 11-3

实例 11-4

图 11-4,鑫龙电器(002298):这是台阶式砸盘的实例,台阶式砸盘比逐级式砸盘走势要弱得多,其反弹幅度非常小,几乎以横盘代替反弹。该股成功炒高后,庄家在高位大幅减仓,2015 年 6 月股价见顶回落,庄家采用了台阶式砸低方式。股价下一个台阶后,横盘一段时间再下跌,一级比一级低,形成多级台阶式砸盘走势,每次砸盘时的跌幅都比较大,投资者损失惨重。砸盘结束后,股价基本到达底部区域,但盘面"伤势"较重,需要一个较长的恢复过程。

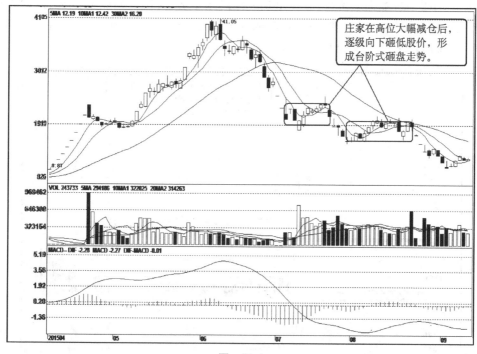

图 11-4

3. 空头式砸盘

这种方式通常有两种现象：一种是诱空式砸盘。庄家基本完成了出货任务，为了使股价更低而采取的诱空式假象，目的是给下一次炒作腾出足够的吸筹空间，因而用已有的筹码刻意大幅向下砸低股价，诱发散户抛盘出现。另一种是利空式砸盘。庄家在坐庄过程中，遇到某种不可预见的突发性重大利空消息，大量抛盘涌出，庄家应接不暇，被迫加入砸盘队伍之中。

诱空式砸盘和利空式砸盘的主要区别：诱空式砸盘是庄家的主动行为，什么时候砸盘，在什么价格砸盘，砸到什么位置，全由庄家说了算；利空式砸盘是庄家的被动行为，受外界因素影响引起的，主动权不在于庄家，对盘面走势庄家也一时难以预测。

庄家坐庄意图：诱空式砸盘是一种假砸盘，坐庄意图是建仓或洗盘。利空式砸盘可能是真也可能是假，主要取决于消息的真假及力度大小。若是假消息引起的砸盘，坐庄意图同样是为了建仓；若是真消息引起的砸盘，庄家可能还在继续出货。

散户克庄方法：诱空式砸盘可以观察盘面变化进行分析，在分时走势中，庄家在卖盘和买盘上同时堆放巨量卖单，然后用大单向下砸，使股价一路走低。若是这种现象，散户可以在股价下跌一段距离后，逢低买入等待反弹行情出现。对于利空式砸盘，可以根据前面介绍的消息的真假判断方法进行研判，并决定买卖行为。

实例 11-5

图 11-5，跨境通（000264）：股价经过一轮炒作后，庄家在高位完成减仓计划，然后在

2013年12月2日开始向下砸盘,股价出现大幅跳水走势,阶段跌幅接近50%,此时不少散户选择止损离场操作,而庄家则通吃筹码,顺利地完成建仓计划。2014年7月庄家借利好大幅拉升,股价出现飙涨,阶段涨幅接近300%。

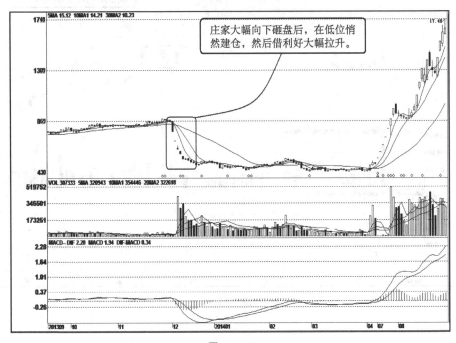

图 11-5

实例 11-6

图11-6,烯碳新材(000511):股价经过一段时间的横盘走势后,在2014年1月6日出现放量向下砸盘,制造空头陷阱,技术形态遭到破坏,抛盘大量涌出。这时庄家再低位吸纳低价筹码,股价渐渐企稳回升,成功完成建仓计划后,股价于3月4日向上突破,从此出现一轮拉升行情。

4. 惯性式砸盘

股价运行时受到外力作用即资金推动而出现涨跌行情,在一轮趋势行情的末端,受惯性作用往往会出现一定幅度的价格延伸,这同机械运动的原理是一样的。因此这种砸盘方式,是由于庄家长期采用无量阴跌式出货,股价形成一条下降趋势线,在派发接近尾声时,庄家利用下跌惯性进行砸盘,使股价下跌加速,幅度加深。这种形式出现后,也往往预示着股价跌势渐近尾声。

庄家坐庄意图:这是庄家运用惯性原理所采用的操盘方式。可能是想清仓离场,所以不计成本在抛空股票,或者故意打低股价,再度进场收集筹码。

散户克庄方法:持股者此时盲目杀跌已不可取,已经忍受了长期下跌的痛苦,再跌一次又如何,或许这是胜利之前的厮杀,黎明之前的黑暗。持币者不应过早介入,即使是底部区域,并不等于有上涨行情,等到明显的底部形态出现时买入也不迟。

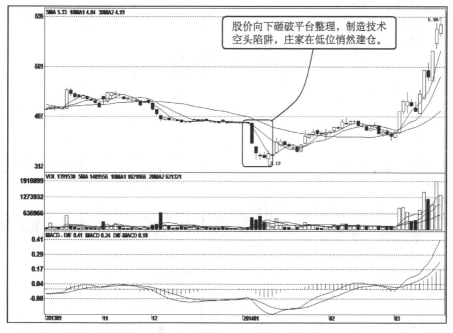

图 11-6

实例 11-7

图 11-7，华丽家族（600503）：2015 年 5 月，该股受利好消息影响出现飙涨行情，庄家在高位不断派发获利筹码。6 月 25 日开始股价向下大幅跳水，庄家不计成本地砸盘，股价几乎回到起涨点。从图中可以看出，在大幅下跌的后期没有出现明显的抛盘，属于典型的惯性砸盘形式。此时，散户不应再割肉杀跌，反倒是逢低介入抢反弹的绝好时机。

实例 11-8

图 11-8，锦江投资（600650）：庄家在阶段性高位边拉边出，大幅减持筹码，2015 年 6 月 12 日股价见顶回落，随后出现持续打压砸盘，累计跌幅超过 67%。从图中可以看出，在跌势后期出现缩量跌停现象，说明割肉止损盘已经很少，基本已经没有杀跌动力，属于惯性下跌影响所致。散户此时可以少量吸纳，随后股价逐波走高。

5. 探底式砸盘

通常，股价经过第一轮砸盘之后，会有一波反弹行情出现，然后出现第二轮砸盘走势，而第二轮砸盘往往也是最后的砸盘动作，所以称为探底式砸盘，也叫二次砸盘。经过探底式砸盘后，也预示着股价下跌幅度不会很大了，大底部区域即将出现。需要说明的是，探底式砸盘出现后，虽然股价离底部不远，并不说明股价立即出现上涨，可能进入较长时间的筑底走势，也可能出现小幅下跌行情。

庄家坐庄意图：股价经过第二次砸盘，探明市场底部区域，然后根据底部位置采用相应的操盘手法，这样庄家控盘就得心应手了。

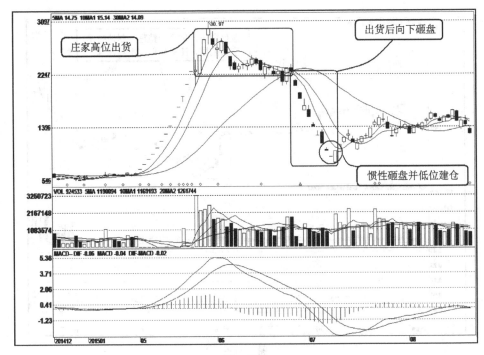

图 11-7

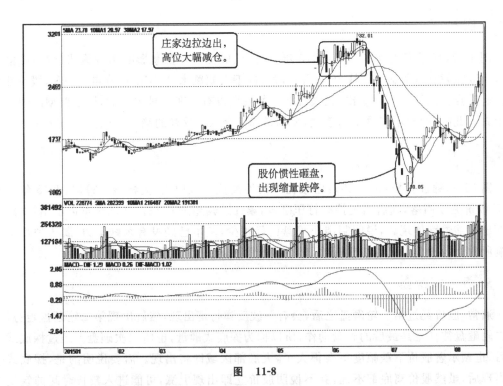

图 11-8

散户克庄方法：持股者不要在二次砸盘中割肉出局，持币者可以在二次砸盘中轻仓介入，股价向上突破时加仓持有。

实例 11-9

图 11-9，信威集团（600485）：该股庄家在高位大幅减仓后，从 2015 年 6 月开始出现一波跳水行情，然后在 7 月中旬出现小幅反弹，反弹结束后形成盘整走势。9 月 10 日开始，在没有消息影响的情况下，股价大幅向下砸盘，中间连续出现 4 个"一"字形跌停。这种盘面显然属于探底式砸盘行为，目的是为下一轮炒作行情创造空间。

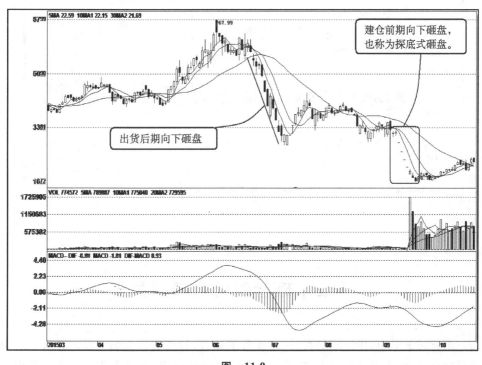

图 11-9

在实盘中，探底式砸盘有时在前期底点附近获得支撑而企稳回升，从而形成双重底形态。此时，投资者可以在前期低点附近轻仓介入，当股价放量突破双重底形态的颈线时加仓买入。

实例 11-10

图 11-10，多氟多（002407）：2015 年 6 月，该股在高位构筑小双重顶形态后，股价出现断涯式下跌，跌势非常凶猛。7 月下旬股价出现"V"形反弹，在 8 月中下旬出现二次探底走势，股价大幅下砸到前期低点附近，此时得到前期低点支撑而回升，有构筑双重底迹象。这时投资者可以在前低附近轻仓介入，9 月 23 日股价突破双重底颈线位，此时投资者可以加仓操作。

上面介绍的几种砸盘方式，是庄家坐庄过程中常用的运作手法。股市瞬息万变，盘面千变万化，只要认真分析观察盘面迹象，就能领悟到庄家的坐庄意图。

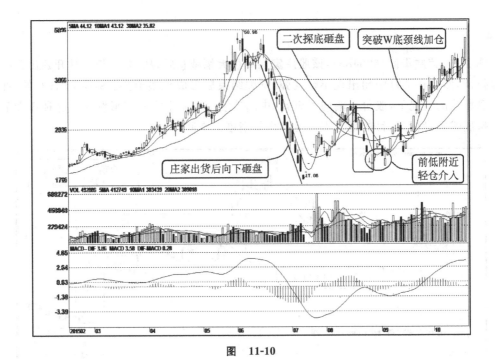

图 11-10

三、砸盘时的盘口现象

（1）在分时走势中，庄家不护盘，并连续数笔抛售，致使股价大幅下跌。在底部时，吸货或整理可能性居多，为了将股价打到下一个台阶进行整理，砸盘是假砸。在高位时，庄家获利丰厚，采用砸盘出货，砸盘是真砸，虽然其中有庄家自己的挂单在内，但砸的是别人的买盘。

（2）以大数额卖单往"买三"以下价位凶猛抛售，或者利用开盘买方承接挂单较少的时候，狠狠地砸一笔，这些情况多出现在庄家派发尾声的时候。

（3）利用开盘卖单较少、压力不大时，庄家大幅向上拉抬，当散户纷纷追进后，庄家反手大幅向下砸盘，这种情况常见于庄家出货初、中期阶段。

（4）利用尾市收盘的最后几秒钟，别人没有准备且来不及反映的时刻偷袭。这种方法是为了刻意造成股价收大阴或影响技术指标，次日上涨的可能性极大。

（5）趁盘中跌势凶狠下方没人敢承接的时候砸盘。这种情况最大的可能系庄家测试下面的承接能力和股票的活跃程度，个别情况下系散户投资人抛售离场。

（6）收盘前的最后30分钟或几分钟内，出现连续砸盘。如果在低位吸庄家洗盘，如果在高位且盘整时期较长，系凶猛下跌的前奏。

（7）下方只要挂出大的买单就立刻成交。在低位吸庄家洗盘（不排除是庄家自己挂单对敲），在高位系庄家不计成本以砸盘方式出货。

需要强调一点,碰到庄家砸盘的时候一定要冷静分析股价所处的位置。在高位长期横盘的,就是下跌的征兆,起码不应该买入。如果股价位置不高,庄家也没有赚到钱,那就没有必要害怕,相反应该调整好自己的心态,注意把握送到眼前的赚钱机会。遇到大盘市道十分不好的时候,庄家也会随波逐流放弃护盘甚至顺势做空,许多散户因信心丧失也会加入抛售行列之中,这时候盘中的砸盘可能是大家共同的行为,在个股没有独立走强时不要考虑介入。

四、砸盘时的技术特征

1. 盘口特征

(1) 在均线系统中,移动平均线处于大空头排列,股价处于均线之下运行,且短期均线下跌角度较陡。5 日、10 日、30 日、60 日均线以空头排列的方式压着股价以流线型向下发散。

(2) 在技术指标体系中,RSI 指标处于超弱势区。KDJ 和 W%R 指标处于严重超卖状态,在底部严重钝化。BIAS 和 36BIAS 指标绝对值较大,接近历史最大值。MACD 指标呈下行趋势,BAR 绿柱与日增长。

(3) 在成交量方面,这阶段成交量大幅萎缩,几乎呈现无量下跌,市场气氛凄凄惨惨。量价关系应把握以下几种情况。

第一,价跌量增。股价下跌而成交量升,价量出现背离。若股价已下跌了很多,此时跌幅并未见逐渐收窄,跌幅仍很大,而且成交量大幅增加,反映沽压仍未消除,后市继续趋跌。

第二,价平量增。股价止跌而成交量比前几日放大,反映买盘介入,砸盘即将结束。

第三,价涨量增。经过一轮砸盘后,出现价涨量增,表明买盘介入,砸盘已经结束,可趁回调低点介入。

2. K 线特征

经常在盘中连拉中、大阴线,阴线多于或长于阳线出现,日 K 线特征像垂挂的绿柳枝条,且经常跳空低开,形成下跌跳空缺口,且短期不予回补。股价下跌时,K 线组合呈现典型的空头排列。

开盘,平开低走或连续大幅跳空低开,且跳空缺口近日不予回补,盘中股价逐波走低,直冲跌停价位。或者,直接以跌停板开盘,且全天封盘不动。

盘中,股价基本运行在前一日收盘价下方,每一波反弹都受到当日均价线的压制。如果在砸盘后期,股价一路下跌至低位,连续数日在尾盘小幅度砸盘收阴,这种方法是为了在 K 线图上出现连续的阴线,目的是制造一种难看的图形,这大多是假砸盘动作,预示股价将要很快见底。

收盘,以当日最低价或次低价收盘,日K线经常出现"一"字形、"⊥"字形或大阴线。

根据K线理论分析,在砸盘阶段常见的K线组合形态有倾盆大雨、乌云盖顶、三只乌鸦、穿头破脚、跳空缺口等。

3. 波浪特征

砸盘阶段在波浪理论中,多属于C浪调整。C浪为下跌三浪中最具毁灭性的一跌,时间长,跌幅大,为最令散户难熬的漫漫熊途,呈无量空跌走势状态。C浪跌幅一般为A浪跌幅的1.618倍,甚至更大。至C浪后期,股票价格全面下跌,惨不忍睹。人气涣散,市场气氛极为悲观。但是,如果C浪的低点明显高于A浪的低点,则为强势、甚至超强势的平台整理。

在C浪下跌中,庄家盘中砸盘明显,基本面及消息面利空频繁出现,利好消息往往成为庄家出货良机,市场人气涣散,资金不断抽离,与第三浪正好相反的是C浪必须以5个子浪的形态出现,C浪结束即是新的升浪开始。

4. 切线特征

此阶段形成清晰的下降通道,股价经常在通过前期某一支撑位(区)时会进行短暂的停留,之后向下突破并将加速下跌。当股价反弹到压力位(区)时,受到压制而再续下跌。

5. 形态特征

在砸盘阶段中常见的形态有直线、倒N形、倒V形等。

(1) 直线。顾名思义,股价呈一条直线式下跌,势头十分凶猛。这种现象多出现在涨幅巨大的个股中,无至少量度跌幅测算方法。

实例 11-11

图11-11,山水文化(600234):庄家在高位平台震荡中派发了大量的获利筹码后,2015年6月25日开始一路向下砸盘,连续10个交易日下跌,股价呈一条直线式跳水,来势凶猛,10个交易日股价跌幅超过60%。

(2) 倒N形。股价经过一轮下跌行情行后,出现小幅反弹走势,然后再度恢复下跌走势,股价再创新低,在图形上呈倒N形向下砸盘。这种盘面无至少量度跌幅测算方法。

实例 11-2

图11-12,当代东方(000673):该股在2015年6~8月的走势中,股价呈现倒N形砸盘方式。这种砸盘方式可能是由于庄家在高位没有顺利派发筹码,而遇外围环境不佳时出现砸盘,庄家只好在砸盘过程中继续低位减仓。

(3) 倒V形。股价经过一轮凶猛的涨势行情后,见顶反转快速向下,跌幅较大,甚至回到了起涨点位置,在图形上呈倒V形向下砸盘,庄家可能以砸盘的方式完成筹码派发。

第十一章 砸盘阶段

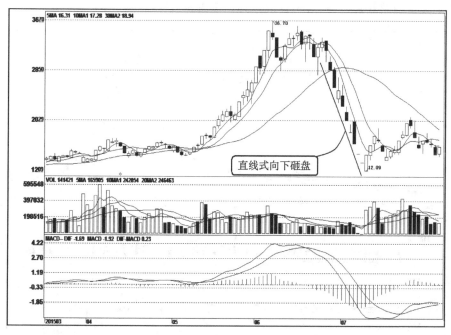

图 11-11

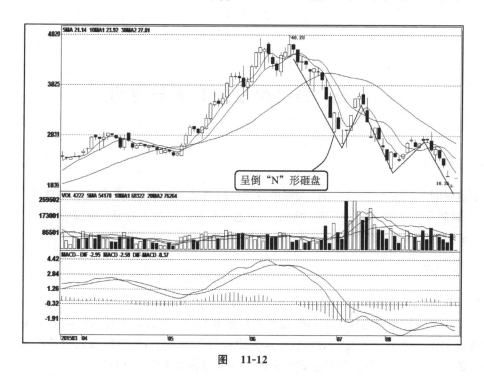

图 11-12

实例 11-13

图 11-13，九阳股份（002242）：该股在 2015 年 8 月 13 日见顶后，形成倒 V 形反转走势，股价持续向下砸低。该股累计涨幅接近 4 倍，庄家获利非常丰厚，在前期拉高过程中边拉边

353

出，兑现了大量的获利筹码，然后不计成本地向下砸盘。

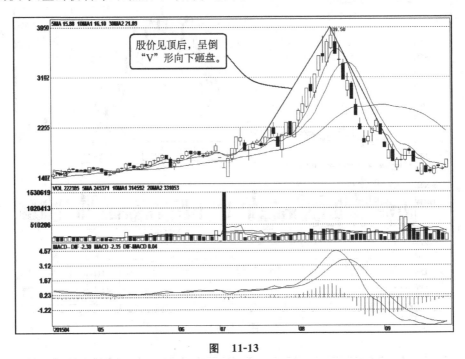

图 11-13

五、砸盘阶段的时间与空间

1. 砸盘时间

砸盘时间一般在 1 周～1 个月，大熊市阶段可能超过 3 个月。长期弃庄的砸盘可能不计成本地砸，时间可能较短；周期性调整的砸盘时间通常长些。瀑布式的砸盘时间在 10～20 天，一个波段或台阶的砸盘时间在 10 天左右，诱空式、利空式和死叉式的砸盘时间在 7～15 天。

2. 砸盘空间

庄家砸盘同样运行在一个大致空间里，一般下跌末期砸盘在股价的 30%～50%，长期弃庄或遇重大利空打击而不计成本的砸盘可能超过股价的 70%，周期性调整的砸盘幅度一般为股价的 10%～20%。瀑布式的砸盘空间为股价的 50% 以上，一个波段或台阶的砸盘空间为股价的 20% 左右，诱空式和利空式的砸盘空间为股价的 20%～40%。

实例 11-14

图 11-14，九牧王（601566）：2015 年 6 月，该股构筑双重顶形态后，庄家向下砸盘，股价出现瀑布式下跌。这阶段中，砸盘持续时间 15 个交易日，砸盘幅度在 60% 左右。在 8 月 18

日开始出现的末期砸盘中,砸盘持续时间6个交易日,砸盘幅度在36%左右。从两次砸盘情况看,第二次的砸盘幅度比第一次小,时间也短,说明做空力度已经减弱,基本达到庄家的坐庄意图,随后股价逐步盘稳并出现盘升走势。

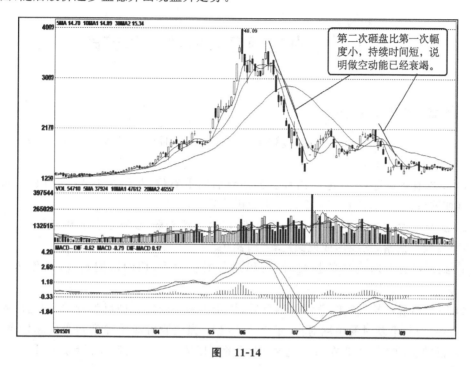

图 11-14

六、如何辨别砸盘的真假

辨别砸盘的真假,主要从基本面和技术面进行分析、结合盘面变化、庄家持筹量及股价所处的位置进行区分。

(1)股价在底部时,可能是假砸盘,目的是为了吸筹或洗盘的需要。此时的砸盘是通过对敲装出来的,且成交量是萎缩的。个别情况下为了凶狠洗盘,股价高开低走,成交也可能单日放巨量,但不可能持续数日放量,并且放量也是对敲出来的。

(2)股价已经过大幅下跌,并在底部经过较长时间的横盘整理后,出现短暂的一两日砸盘现象,多数是诱空动作。如果在中、高价以上部位经横盘后,再向下砸盘,庄家的筹码可能已经派发差不多了,此时大多是真砸盘。

(3)如果放量向下砸盘,可能是真砸盘,千万别当作"底部放量",跟进做多。反之,为假砸盘。

(4)大势处于上涨,个股无利空消息,且股价不高,此时如果出现大幅砸盘,可能是为了洗盘,是假砸盘。如果大势低迷,人气涣散,股价较高,庄家可能随波逐流地抛售,此时可能是真砸盘。

(5) 在高位遇到利空消息时,可能会出现真砸盘;在低位遇到利空消息时,可能会出现假砸盘,往往是"利空过后变利多"。

七、散户在砸盘阶段的操作策略

1. 砸盘时的操作策略

砸盘阶段是市场人气极度低迷,投资者心理最脆弱的时期。据多年市场操作经验,基本操作策略归纳为以下几点。

(1) 发现有砸盘迹象时,坚决出局。如横盘后向下破位、跌破重要支撑位(线)、重要技术指标(如 RSI、MACD、KDJ、W%R)发出卖出信号等。

(2) 涨幅巨大的个股,庄家一旦开始出货,就会中线走弱,反弹后仍将继续下跌。因此,反弹结束后股价回落,均线形成死叉后,及时离场。

(3) 如果没有及时离场的投资者,历尽痛苦的折磨后,切勿割肉斩仓,以免卖在地板价上。

(4) 股价出现一轮大幅的急促的砸盘后,往往迎来一轮报复性反弹行情(问题股除外),力度较大,一般与下跌时的角度对称,呈 V 形形态。强庄股可能反弹到砸盘的起始点,弱庄股仅到砸盘幅度的 1/2、1/3 左右。此时,持币者可以适当介入抢反弹;持股者可以补仓,摊低持仓成本。

(5) 没有赶上抢反弹的投资者,请勿急躁追涨,以免再度被套。当底部明显出现时,可以待回落时,逢低介入。

2. 砸盘时的操作原则

(1) 在跌势中个股遇到利空消息时,第一时间逢高出局以免深度创伤;在跌势中出现利好,也是逢高卖出的较好时机。在跌势中出现中长线利空的行业,逢高只出不进。熊市里,利空未尽继续跌;牛市里,利好未尽继续涨。

(2) 在跌势中的趋势就是"不断创新低"。因此,跌势中阳线是假的,应该逢阳线卖出;阴线是真的,应该逢阴回避。下跌途中只要出现十字星,往往就是反弹终结信号。

(3) 在跌势中的弱势股轻易不可碰,往往其基本面有"地雷",所以才阴跌。

(4) 在跌势中的卖出时机,就是股价反弹一天半到两天就卖。

(5) 在跌势中,盘中只要继续出现急跌股、跌停板,则不管技术指标是否超卖,仍不看好。

(6) 在跌势中,短线指标金叉时候卖出是较好时机,因为熊市中金叉是假的;死叉是真的,应而避之。

(7) 在跌势中阻力位上放量的时候,是较好的逢高卖出的时机。原因在于在跌势里面市场本来钱就少,稍微一放量,市场的存量资金就用完了。

(8) 在跌势中地量不是底,而是下跌中继;熊市中,不要以为某个股票有庄家就好,庄家同样可能被套。

(9) 熊市下跌途中,领先上涨的股票,往往没有板块效应,属于超跌反弹。

(10) 熊市中 20 日、30 日均线是中线下跌的压力线,个股反弹到此,往往是逢高派发的时机。

3. 砸盘时的注意事项

(1) 不要盲目杀跌。在股市暴跌中不计成本地盲目斩仓,是不明智的。止损应该选择目前浅套而且后市反弹上升空间不大的个股进行,对于目前下跌过急的个股,不妨等待其出现反弹行情再择机卖出。

(2) 不要急于挽回损失。在暴跌市中投资者往往被套严重,账面损失巨大,有的投资者急于挽回损失,随意地增加操作频率或投入更多的资金。这种做法不仅是徒劳无功的,还会造成亏损程度的加重。在大势较弱的情况下,投资者应该少操作或尽量不操作股票,静心等待大势转暖,趋势明朗后再介入比较安全可靠。

(3) 不要过于急躁。在暴跌市中,有些新散户中容易出现自暴自弃,甚至是破罐破摔的赌气式操作。但是,不要忘记人无论怎么生气,过段时间都可以平息下来。如果资金出现巨额亏损,则很难弥补回来的。所以,要懂得"下跌 50%,上涨需要 100%"的道理,投资者无论在什么情况下,都不能拿自己的资金账户出气。

(4) 不要过于恐慌。恐慌情绪是投资者在暴跌市中最常出现的情绪。在股市中,有涨就有跌,有慢就有快,其实这是很自然的规律,只要股市始终存在,它就不会永远跌下去,最终毕竟会有上涨的时候。投资者应该乘着股市低迷的时候,认真学习研究,积极选股,及早做好迎接牛市的准备,以免行情转好时又犯追涨杀跌的错误。

(5) 不要过于后悔。后悔心理常常会使投资者陷入一种连续操作失误的恶性循环中,所以投资者要尽快摆脱懊悔心理的枷锁,才能在失败中吸取教训,提高自己的操作水平,争取在以后操作中不犯错误或少犯错误。

(6) 不要急于抢反弹。特别是在跌势未尽的行情里,抢反弹如同"火中取栗",稍有不慎,就有可能引火上身。在当前的市场环境,不存在踏空的可能性,投资者千万不要因为贪图反弹的蝇头小利,而冒被深套的风险。

第十二章 庄家自救

人有喜怒哀乐,股有涨跌输赢,庄有进退为难。大家知道,庄家有诸多优势,也可能是市场的常胜将军,但是这并不意味着他们不遇挫折,没有烦恼,因为庄家力量的背后同样也是人,也都有人性的弱点,只不过他们面对市场的变化能够处理得比一般的外围散户好一些而已,面对大势的下跌,庄家也很无奈。比如说,2015年6、7月大盘暴跌期间,被套的庄家不在少数,甚至因此造成亏损。不过成功的庄家,在大势低迷时期可以顺利地排解了自己的烦恼,但不少庄家不能顺利解脱自己,也就是说,庄家面对着大势低迷同样充满着烦恼,因此庄家只能依靠发动自救行情,才得以脱身。

被套庄家,指在高位未出货或未出完货,大量抛盘涌出,股价持续下跌,而被股市套牢的庄家。它分为轻度被套和深度被套两种。轻度被套庄家拉高无须收集,故突发性较强,难以预测。深度被套庄家要等到市场明朗、气氛乐观及场外资金纷纷涌动时发动行情。

一、自救行情的产生

很多投资者认为庄家都是稳赚大钱的,实际上并非如此,庄家坐庄亏损离场的不在少数,庄家运作过程中暂时被套的更不是稀奇之事。如遇某种政策、消息突变,或操盘手法传统、不甚老道,或股价反复爆炒、高高在上,此时一有风吹草动时,由于散户资金小可以很快地溜之大吉,而庄家资金大很难全身撤退而遭受套牢。被困于盘中的庄家,手握筹码,钱袋空空,只有通过自救行情才能变被动为主动。

庄家被套有的是因为基本面改变,有的是因为对大盘趋势判断失误,有的是因为成本控制不当造成资金困难,也有的是因为合伙方临时变卦等。庄家被套的筹码成本有低有高,有的是大量获利盘被套在高位,因为出货空间不够而没有办法出货或不愿出货,有的是在建仓期被套住,有的是在刚开始拉升时被套住。对于不同原因的被套,庄家所采用的自救方法也不同。最常见和最简单的做法是低位摊平,这种方法一般都能见效,前提是需要有超过原来坐庄预计的资金量,这种操作法是投资者较熟悉和常见的一种,这种卷土重来的庄股来势凶狠,在盘口上可以看出来。

以下原因可能导致庄家被套,并引发自救行情的产生。

(1)政策突变时。有人说:中国的股市是政策市。这句话虽不十分确切,但充分反映出政策对股市的重大影响。政策(主要指宏观政策)在股市中的反映是利多和利空两个方面。它包括经济周期、经济指标、货币政策、银行利率、财政政策等。上述因素的变化均会引起股市的震荡。此外,政治因素、国际金融市场环境以及公司基本面的变化对股市也往往有突发性。庄家对这些因素也十分害怕,一旦判断失误,也容易被套,这是庄家苦恼的因素之一。

(2)大盘暴跌时。大盘对个股的波动影响是相当大的,特别是弱势市场。大盘的下跌往往会引发个股庄家和投资者纷纷出货。大盘出现持续下跌或者恐慌性下跌时,不用庄家行动,一般大户和散户地抛出就能将股价砸下去,把庄家套住,这是套牢庄家最多的直接原因。如2015年6、7月的大盘暴跌期间,不少庄家来不及出货而被深套其中。

有时候个股在没有大盘大跌时,也会出现比较大的抛压,如果庄家实力较弱无力护盘,也会在众多卖盘出逃下,导致股价下跌被套住。

(3)介入较深时。唯物辩证法告诉我们,任何事物都具有两面性,有其强必有其弱,有其长必有其短,有其利必有其害。股市中的庄家虽然有诸多的优势,但这些优势有时会演化为不利的一面。比如,庄家虽然有资金优势,但由于对基本面研究不够、技术面把握不准或错误估计投资价值或操盘手法过于简单等原因,造成吃进筹码太多,介入资金较深,场内散户逢高离场,场外散户又不敢贸然入场,结果庄家无法顺利脱身,成为散户的牺牲品,这是庄家最苦恼不过的事了。

(4)行情极端时。股市中常常出现两个极端:涨得让你不敢相信,跌得使你不敢接受。大家知道,无论庄家实力多么强大,也只能占一部分的流通盘筹码,另一部分筹码分散在散户手中(少数高度控盘股除外)。如果股价无节制地上涨,出现极端走势,结果投资者不敢参与追涨,庄家只好自拉自唱,吃不了兜着走,这也是庄家的苦恼之一。

(5)操作失误时。人有失足,马有失蹄,而庄有失手之时。庄家虽然具有比一般散户优势,但也有失误的时候,这也是引起庄家苦恼的因素之一。比如说,庄家操盘手法不慎,原本想来个假破位或空头陷阱,但由于时机把握不好或操盘手法呆板,造成筹码松动,大量抛盘涌出,使庄家招架不住,被迫放弃护盘,反手做空。有的庄家开始时只是高抛低吸或短线操作,但由于对市场的调研不够深入仔细,操作手法不够老道等原因,使自己被套于盘中,成了典型的无人跟盘的庄股。

(6)打压洗盘时。部分庄家入场后发现跟风盘过多,就会展开打压洗盘。打压洗盘令股价下跌,也可能出现套庄的现象。不过,这种庄家有目的的主动打压被套往往是暂时性的,在庄家洗盘结束后,股价很快就会被拉起。

(7)打压出货时。庄家出货是整个坐庄过程中最重要也是最难的环节,往往展开出货一段时间后仍未能完全脱身。庄家出货时股价大部分会震荡下跌,有时股价已经砸到庄家自己的成本价之下仍然还有大量筹码在手。所以部分庄家在打压出货时,也会套住自己一定数量的筹码,需要后面展开自救才能全身而退。

二、自救行情的运作方式

庄家和散户一样,被套也是经常发生的事。那么,庄家被套牢后怎么办?等待散户来救援吗?显然不可能。庄家花巨大的资金,不可能坐以待毙的,只能自己拯救自己,依靠发动自救行情为自己开辟一条出逃的路子。但庄家被套情况各有差异,所应对的策略也各不相同。目前庄家常用的自救方式主要有以下几种。

1. 拉升式自救

股价经过大幅下挫后,累计跌幅较深,庄家被套其中。忽然,股价止跌掉头向上,出现连续以中、大阳线往上拉升,攻势凌厉,不可阻挡,成交量明显放大,宛如一片艳阳天,漫天红霞,形态非常抢眼。场内持股者,看到股价暴涨也坚定了持股信心;场外持币者,因受短线暴涨刺激,也纷纷入场抢购筹码,从而协助庄家完成自救行情。这种操作手法极其凶悍蛮横,使人不敢想象,反映被套庄家穷凶极恶、垂死挣扎、生死一搏的特性。在当日分时走势图中呈低开高走,或高开高走,股价回调至当日均线附近时企稳向上,一波比一波高,有的强庄股干脆沿一条直线上升,不管风大浪急,我行我素。拉升结束后,行情再次步入熊市走势。

庄家坐庄意图:股价突然止跌拉升,吸引散户广泛关注,场外资金不断进场,为庄家抛盘买单。而庄家又不敢把股价拉得太高,以防抛盘出现,加重负担。庄家在股价上涨过程中,不断向外抛售股票,直到顺利而退。

散户克庄方法:对于放巨量上涨的个股,持股者在股价出现放量滞涨时卖出。持币者不应追涨介入,因为这类个股回落盘整需要很长时间。

实例 12-1

图 12-1,亚星锚链(601890):股价大幅拉高后遇到大盘暴跌,散户夺路而逃,庄家在成交量极度萎缩的情况下难以全身告退,只好任凭股价顺势下滑,累计跌幅较大。无奈,庄家只好在 2015 年 7 月发动一波自救行情,股价重新向上拉起,成交量持续放大,日 K 线连续收阳线,一片火红,好一幅美丽诱人的画卷。量、价、势十分醒目,这是为什么?为了吸引散户,实现自己出货(如果是一轮真正的上涨行情,庄家一般是不如此造出"醒目"的盘面)。8 月初股价又回升到前期高位区,此时庄家停止拉高,出现放量不涨现象,庄家继续出货。不久,股价再次暴跌,重回起涨点。

实例 12-2

图 12-2,广晟有色(600259):股价见顶后逐波回落,庄家未能全身而退被套其中,2012年 12 月不得不发动自救行情,实现高位撤退目的。从盘中可以看出,股价持续拉高,成交量大量放大,K 线连续收阳线,以最大视觉吸引散户参与。

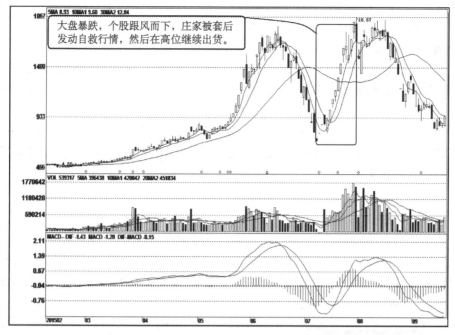

图 12-1

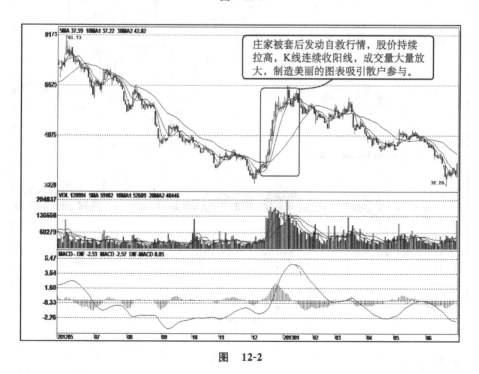

图 12-2

2. 反弹式自救

庄家被套后以反弹的方式实现自救,在表现形式上不温不火,不理会大盘的走势,以缓慢推升的方式将股价推高,成交量大幅放大。常见的有两种现象:一种是阴阳相间,交替推升;一种是连续小阳,稳步推升。在上升速率上,循环上升,走势坚挺。日K线图上连续收阳线,盘面一片绯红,制造视觉冲击力,吸引散户眼球。

庄家坐庄意图:这是根据散户喜欢赶底心理所采用的自救方法。庄家缓缓地将股价往上推升,使散户以为股价已经见底,而纷纷介入抄底。同时,庄家通过对敲手法大幅放量,散户以为底部放量,更加激发散户的买入热情和持股信心。庄家在反弹过程中,不断地向外出货,这样就成功地实施自救。

散户克庄方法:根据反弹原理,成交量大幅放大,而股价没有明显的上涨,量价关系明显失衡。其原因,要么是庄家对敲所为,要么是上方阻力大。因此应小心为之,不宜看得太高,也不应太贪心,见好就收。

实例 12-3

图 12-3,长白山(603099):该股在 2015 年 6 月随大盘快速下跌,庄家被套其中,庄家在 7 月发动反弹行情自救,然后庄家在反弹高位出货。从盘面观察分析,这是一段典型的庄家反弹自救行情,股价放量缓缓推高,日K线以小阳线为主,庄家极力打造一幅好看的图表,以此吸引散户跟风买入。

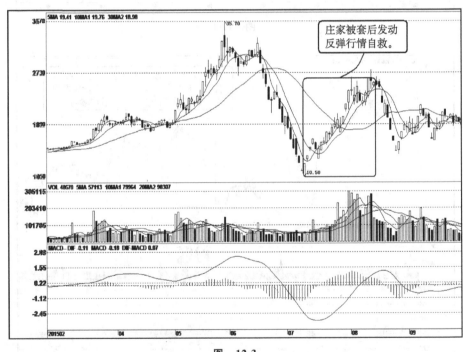

图 12-3

实例 12-4

图 12-4,欧比特(300053):该股大幅炒高后出现倒"V"反转,股价阶段跌幅超过 60%,庄家遭受套牢之苦。2015 年 7 月出现一波强势反弹行情,成交量明显放大,日K线连续收出 7 根阳线,盘面红艳艳一片,很是吸引人,这是典型的反弹自救行情。

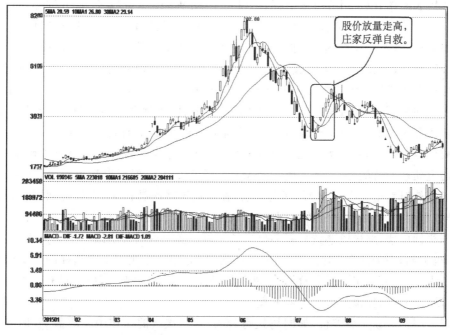

图 12-4

3. 止损式自救

庄家看错大盘或操盘不慎而被套,随波逐流或止损离场是最好的自救方法。如果在跌势初期,股价处在高位,意味着后市下跌幅度深,调整时间长,此时选择止损离场,可以有效规避市场下跌风险。如果在跌势中期,把被套的筹码卖出,再等股价下跌到低位时重新买入,这样能够最大限度地减少因套牢造成的损失。

庄家坐庄意图:止损自救对庄家来说是一种高抛低吸的做倒差价方法(顺差价为低吸高抛),这是庄家筹码向下滚动的操作手法。倒差价是指当手中筹码被深套而无法斩仓,又确认后市大盘或个股仍有进一步下跌时,可以采用做空方式,忘记以前的买入价格,先把套牢筹码逢高卖出一部或全部,等到更低的位置出现时再补回,以达到有效降低成本,简单地说是高抛低吸。目前我国股市是单边市,没有做空机制,准确说是倒差价或高抛低吸,只能降低成本,不能避免亏损,只是被套后的补救措施。

散户克庄方法:庄家被套大多发生在大盘非常不好或熊市时期,操作难度非常大,因此持币者观望为宜,获利散户应及时离场,被套散户可以通过做倒差价降低成本。这里介绍两种做倒差价的技术:

(1)运用通道趋势操作,深套的股票就是处于下降通道之中,方法就是在股价接近通道上轨时卖出,在接近通道下轨时买回。那么,怎样判断上轨和下轨呢?把下跌以来的股价高点连接成直线,那就是上轨,把股价低点连接成直线,那就是下轨。如果在反弹行情中,有些股票已经形成了上升通道,操作道理也是一样的,通道上轨减持下轨买回。此外,箱体震荡的股票也是一样的道理,上轨卖出下轨接回。

(2)上述方法相对时间长一点,因为上轨卖出,下轨买回来,一般不会在一天里完成。

下面介绍短线操作方法,用分时来把握,可以用 15 分钟、30 分钟以及 60 分钟操作。时间周期短,指标反应敏感,差价会少一些;时间周期长,指标敏感度差一些,但是差价会大一些。具体以布林线(BOLL)指标为主,建议用 30 分钟的指标线,当分时布林线触碰上轨时卖出,当分时线回落接近下轨时买回。技术上要注意的是,在布林线刚刚触碰上轨时可以先观望,因为强势的时候股价会沿着上轨向上延伸,可以在开始回落时卖出。同理,在触碰下轨时也不要急于买回来,弱势的时候股价会沿着下轨向下延伸,等到开始向上回升时买回。还可以配合参考用分时的 MACD、RSI 指标,分时指标高位死叉卖出,低位金叉买回。

需要注意的是,不要一次卖光所有的股票,应分批操作。因为股市是有不确定性的,不会每次碰上轨就回落的,到一定的时候是会向上突破的。一般可以把筹码分 3~4 次操作,先在接近上轨时卖出 25%~30%,回落以后,在接近下轨时补回来,可以补回同样数量的股票,那样数量相同,但是由于低价买回来就产生了差价,资金多出来了。也可以把上轨卖出的钱全部买回股票,那样股票数量就多出来了。万一卖出后股价继续向上突破上轨,补不回来了,那也无妨,因为还有 70%~75% 的筹码在手,上涨也能获利。用这样的方法还要调整自己的心态,忘记原来买进时的价格,不然的话总是在想,不能割肉,那就只有上上下下坐电梯了,要明白割肉同做倒差价是不同的概念。

在股价来回波动中做差价,如同蚂蚁啃骨头,从一次次的操作中获取盈利,时间一长利润也就很可观了。不过这些方法也不能教条地做,股票盈利多少是和股票波动的振幅大小与波动次数有关的。在上升趋势中,应持股待涨,减少操作。处于横盘震荡和下跌趋势的股票可以采取上述方法,在滚动操作中赚取差价,经过多次操作自然也就解套了。

实例 12-5

图 12-5,中发科技(600520):该股在 2015 年 5 月 25 日大盘乐观时开始停牌,在停牌期间大盘出现暴跌,7 月 24 日复牌时又没有带来惊人的利好,于是股价出现暴跌走势,庄家惨遭套牢。在股价如此大幅下跌 54% 后,在企稳时却没有出现反弹行情,这就令人费解了。其实,这是庄家止损自救,分明告诉大家后市还会下跌,因此应尽快离场观望。

实例 12-6

图 12-6,前锋股份(600733):2015 年 6 月,该股大幅炒高后,受大盘影响而暴跌,庄家被套其中,在下跌中途庄家采取了止损自救手法,然后又采取反弹自救。庄家大幅减仓后,股价又出现新一轮暴跌行情,庄家自救非常成功。

4. 抵抗式自救

股价炒高以后,虽然庄家获得巨大的账面盈利,但要想将这些盈利转化为实际利润并非易事,由于庄家持筹较多,一时难以完成派发,股价下跌就会造成盈利缩水乃至被套,为了降低下跌的幅度和强度,庄家就少不了护盘行为。

庄家坐庄意图:极力阻止股价下跌过快过大,稳定盘中散户持股信心,庄家在暗中边护盘边出货,当筹码派发得差不多时,就放弃护盘行动,股价向下突破,一泻千里。

散户克庄方法:在高价位区域,根据下列现象采取相应的操作策略:

第十二章 庄家自救

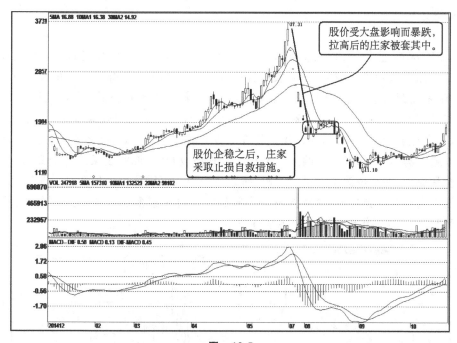

图 12-5

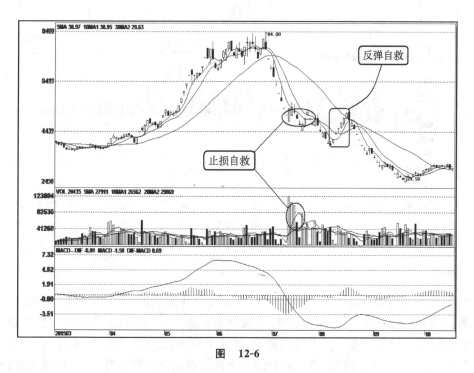

图 12-6

（1）大盘下跌，而个股不跌或微涨，庄家护盘自救，应离场观望。
（2）大盘下跌，而个股下跌，庄家杀跌出货，果断卖出。
（3）大盘上涨，而个股上涨，个股与大盘同步，持股观望。
（4）大盘上涨，而个股不涨或微跌，庄家暗中出货，应逢高卖出。

实例 12-7

图 12-7,深高速(600548):大盘在 2015 年 6 月 15 日开始出现暴跌,上证指数从 5 178.19 一路下跌到了 3 373.54,阶段跌幅达到 35%。该股庄家却极力抵抗股价下跌,在 6 月 15 日庄家高调出手护盘,当日以小阳线报收,而大盘这天大幅下跌 2%,估计这天不少散户获利离场了。无奈,庄家无法在高位扛住市场抛压,该股此后也随大盘下跌,庄家获利筹码消失,且小幅被套。从 6 月 30 日开始股价逆势上涨,庄家实施抵抗式自救。然后,在 7 月 7 日、8 日随大盘影响而跌停,这两天股价直接以跌停板开盘,说明庄家前几个交易日的抵抗式自救非常成功,在高位派了大量的筹码,所以庄家敢于以跌停板价位开盘。此后,从 7 月 9 日开始随大盘展开反弹自救,继续派发手中筹码。经过庄家多次自救,历经大悲大喜,基本实现顺利脱身,8 月下旬出现新一轮跳水行情。

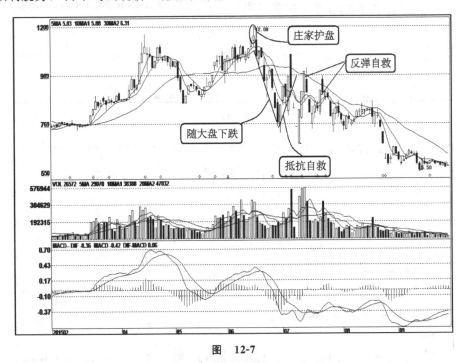

图 12-7

实例 12-8

图 12-8,武钢股份(600005):2015 年 6 月在大盘暴跌期间,该股庄家以强大的资金实力,在高位抵抗股价下跌,边护盘边出货,实现胜利大逃亡。如果庄家不坚决高位护盘,就会惊动盘中散户,一旦散户在恐慌中抛盘涌出,庄家就很难抵挡股价下跌,如此一来庄家不但出不了货还会被困其中。可见,没有被套的庄家能够在高位顺利脱身,既是抵抗自救的一种方式,更是一种高超的操盘技巧和智慧的较量。

5. 利好式自救

长期以来,庄家喜欢讲故事,散户也爱听故事。庄家是讲故事的高手,业绩好的股票可

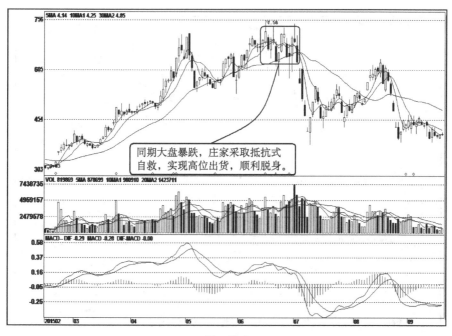

图 12-8

以讲一个前景广阔的故事,业绩差的股票可以讲一个重组的故事,实在没有什么特别的股票可以讲一个有大庄家做庄的故事……市场题材可以层出不穷,只要是散户喜欢听的,庄家都可以讲出来,甚至可以编出来。散户就在这一个个动听的故事里渐渐失去方向,心甘情愿地买入这些热门股票,并很快会发现这都是些质次价高的劣质货。

第一种现象是:庄家被套后,通过"讲故事"实现自救,炮制个股题材、发布虚假消息来激发人们的想象力,让你得出目前价位有很大投资价值的错误结论,误导散户跟风介入,最后散户成"瓮中之鳖",庄家则"金蝉脱壳"。

第二种现象是:包装上市公司,不管庄家是不是被套都可以实施,长期被套的老庄这种策略用得多一点。其实质就是从根本上改变上市公司的状况,常用手法是资产注入、利润注入、主业转型、兼并和改名等。这么做的好处对庄家来讲可以达到市场底部抬高和吸引买盘介入,轻松推高股价的目的,对上市公司来讲也多了点实质性的转变,比无中生有地捏造题材要稳妥得多。其中的运作方法变化多端,有点讲不清楚谁是谁非,反正庄家和上市公司都是大赢家。

庄家坐庄意图:这种方式不是靠技术盘面和庄家实力来完成,而是通过外部环境变化,营造投资气氛,引发股价波动,实现自己撤退。

散户克庄方法:判断消息的真假后,再做买卖决定。判断方法前面已介绍过,此不赘述。

实例 12-9

图 12-9,暴风科技(300431):该股上市后被庄家疯狂炒作,由于股价被过度炒作,未来股价严重透支,所以高位散户接盘很少,庄家很难顺利撤退。2015 年 7 月受大盘暴跌影响而快速下跌,庄家被套其中,且有越套越深之虞。庄家为了解脱自己,通过微博、微信等公众平台散布公司董事长通过二级市场增持公司股票的虚假信息,然后股价企稳盘整,庄家实现抵抗式自救。

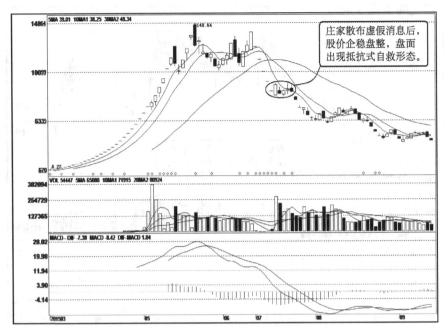

图 12-9

6. 停牌式自救

2015年6、7月,中国A股史上出现前所未有的停牌潮。据证券时报记者不完全统计,自6月29日至7月7日,两市多达769家上市公司发布停牌公告。这意味着一周之内,A股2 809家上市公司中,有27%的公司处于停牌状态。7月8日,两市停牌超过1 200家,A股停牌比超过40%。

市场分析人士认为,A股上市公司纷纷停牌是为了自救。综合来看,除部分公司明确停牌缘由外,多数公司其实并未披露具体的停牌原因,而是以"策划重大事项"笼而统之,理由并不具体,可以是签署重大合同,也可以是非公开发行,抑或资产重组。在A股出现连续下跌的背景下,大部分公司的停牌颇有逃避风险的意味,等大盘恢复平静后,公司抛出一个无关大局的计划,这样就是可以避免股价受腰折的伤害,庄家也就安全躲过一劫。当然,也为散户减少风险,自跌停潮以来,众多上市公司纷纷拿出停牌"绝招"自救,投资者也期待上市公司能借停牌"避风",不少散户称停牌公司为"良心公司"。

庄家坐庄意图:保护股价最安全的避风港。

散户克庄方法:分析停牌原因,复牌后根据公开的消息决定走留。

实例 12-10

图12-10,良信电器(002706):2015年6月15日至7月8日,大盘出现持续暴跌,该股在6月19日起以"策划重大事项"为由停牌,那么能否躲过危险期呢?7月7日复牌并发布公告称"公司拟非公开发行股票不超过1 000万股"和"募5.16亿元加码主业"。复牌后,股价仅仅出现两个跌停板,然后快速拉起,跌幅远远小于同期的大盘。庄家在高位实施自救,大规模派发获利筹码。当庄家大量减仓后,股价开始向下突破,成功地躲过大盘暴跌带来的利

润损失。

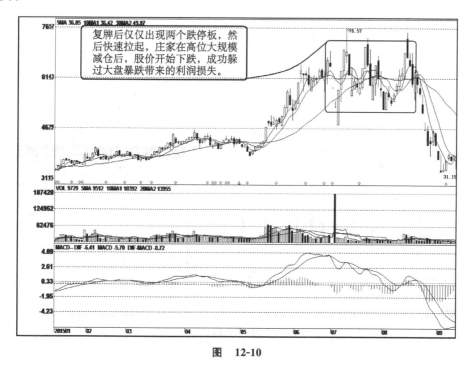

图 12-10

当然，停牌可以避险，但复牌也需谨慎。不少个股虽然避开大盘暴跌时期的影响，但复牌后也出现补跌的行情。

实例 12-11

图 12-11，南都电源（300068）：该股以披露收购公告不能完成为由，于 2015 年 6 月 30 日开盘起宣布临时停牌，虽然避开了早盘的杀跌，而等到下午 A 股强势反弹之时，该股随即又宣布复牌，盘中一度冲出涨停板，并最终以上涨 4.51％收盘。遗憾的是，此后股价连连下挫，显然未能逃过最后的下跌噩运。

捕捉被套庄家的自救机会是重要短线机会。虽然介入此类个股有一定的风险，操作难度系数较大，如何把握值得大家探讨。在建仓期被套，庄家不会维持股价不动，而是主动向下砸盘，希望带出割肉盘，做倒差价，以求建仓的成本更低。对获利盘在高位被套，如果资金充足，被套庄家经常会演变成长庄，在一个箱体内高抛低吸，最后可能成本极低，当然这需要很大的耐心。这类庄股一旦跳水出货，不是二三个跌停板就能止跌的，根本不可能有反弹。

上面介绍的只是几种常见的自救方式，还有一种常用的自救做法是上市公司包装法，不管庄家有没有被套都可以实施。长期被套的老庄经常使用这种策略。这种策略的实质是从根本上改变上市公司的状况，常用的解决手法是资产注入、利润注入、主业转向、兼并和改名称等。对庄家来讲，这种做法可以达到抬高市场底部和吸引买盘的目的。对上市公司来讲，也多了些实质性的转变，比无中生有地捏造素材要稳妥得多。当中的运作方法变化多端，很难弄清楚谁是谁非，但最终庄家和上市公司都是大赢家。

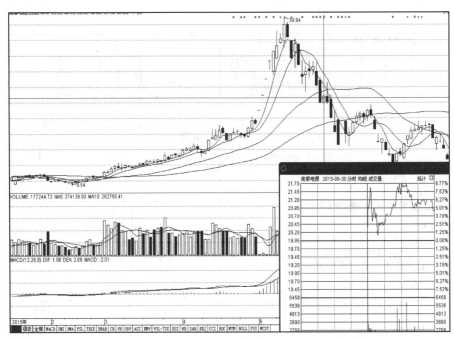

图 12-11

三、如何识别庄家自救

股价下跌后出现大幅反弹,判断是否属于被套庄家自救?首先了解前面是不是有大资金进入被套其中,这可以通过个股K线、成交量、分时走势进行分析研判。然后从庄家展开自救时的操盘痕迹入手进行分析。

一般情况下,庄家自救的通用做法是:一是用较少的资金尽量将股价拔得更高;二是尽量吸引更多的跟风盘买入,帮助庄家推高股价;三是大多通过对倒手法放出很大的成交量,出现量价背离走势。这种思路指导下的操盘手法,在拉高自救时有其独特的盘面特征。

1. 放量对敲

对敲是庄家操盘的常用手法,对敲往往伴随着成交量的同步放大,放量对敲是庄家自救的一大特点,目的是为了引起市场注意,吸引到足够的跟风盘介入。在卖档位置挂出大单,然后大手笔吃掉,大买盘有意无意地出现在即时成交上,造成还有大资金继续吃进,股票还可继续大涨的假象。这种对敲做法,令持股者幻想后期股价还会上涨,不急着抛售,这样也减轻了庄家的护盘成本,庄家就可以顺利撤退。散户遇到此种情形时,应果断离场,以防中计。

庄家坐庄意图:庄家利用多个账户进行对敲,活跃个股交易气氛,制造大量的大手笔买单维持人气,吸引散户跟风买入,共同推高股价以节省拉升成本,为出货自救腾出空间。同时,利用对敲手法制造大量不明交易,以迷惑欺骗投资者,让其看不清庄家的真正操盘意图。

散户克庄方法:认识庄家利用对敲推高股价出货自救,可以回避买入这类个股带来的不必要损失,如果手上持有这类个股,在出现明显的庄家对敲诱多行为时,应及时退出。

实例 12-12

图 12-12,汇通能源(600605):该股庄家在长期低迷的市场中不慎被套,只好通过对敲放量手法,制造虚假的成交量,活跃盘面气氛,维持市场人气,吸引散户跟风买入,达到出货自救的目的。

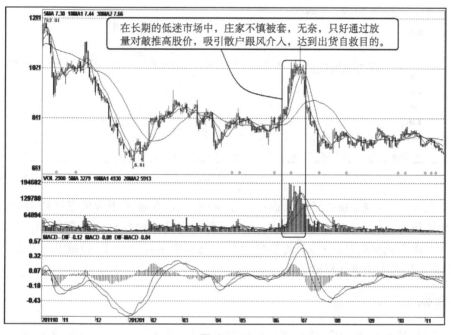

图 12-12

实例 12-13

图 12-13,北玻股份(002613):该股上市后一路走低,庄家因判断失误被套其中。2012年9月庄家发动反弹自救,庄家为了活跃盘面气氛,维持市场人气,特意制造虚假的成交量,以此误导散户跟风买入。10月10日在尾盘再次放量涨停,极力炫耀庄家实力,可是第二天低开低走以跌停板收盘,此时庄家自救行动彻底暴露,随后股价不断下行。

2. 量价背离

基于上述特征,庄家在对敲放量自救时,往往也是量价背离,也就是成交量短期大量堆积,但是股价没有因成交量的放大而大幅上涨,仅仅是小涨甚至不涨,呈现量升价平、放量滞涨现象,这是庄家自救的又一盘面特征。

庄家坐庄意图:通过持续的对敲放量,造成大资金入场、股价继续上涨的假象,以此误导散户买入,庄家在对敲放量中出货自救。

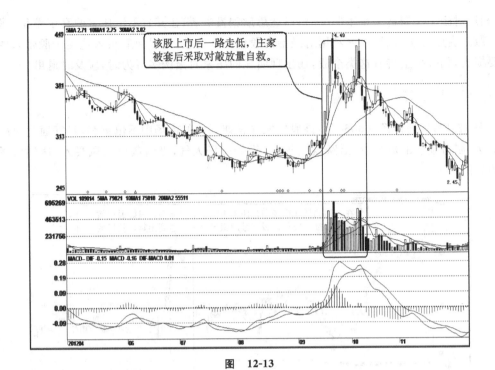

图 12-13

散户克庄方法：成交量持续放大而股价小涨或不涨，是极不正常的盘面现象，要么上方遇到重大抛压，要么庄家暗中对敲出货，无论何种原因造成的量价背离现象，散户都应离场观望为宜。需要说明的是，一两天的量价背离不是真实的量价关系，持续几天（至少 3 天以上）的背离才是真实的盘面反映。

实例 12-14

图 12-14，紫鑫药业（002118）：该股前期大幅下跌，庄家通过持续对敲放量出货自救，形成明显的量价背离走势。在 2012 年 1 月 9 日至 2 月 23 日的走势中，庄家为了活跃盘面气氛，成交量持续大幅放大，累计换手率达到 346.39％，日平均换手率接近 12％，但同期的股价只是小涨，特别是反弹后期量价背离现象更为突出。当个股出现这种现象时，投资者应离场观望。

实例 12-15

图 12-15，中发科技（600520）：该股庄家被套后放量拉高，然后在前期高点附近对敲放量出货自救，成交量持续放大，而同期的股价却未能同步上涨，维持横盘格局，出现严重的量价背离走势，不久股价向下跳水。

3. 持续飘红

庄家在自救时，极力打造出一幅美丽的图表，来招引散户。其主要特征就是尽可能地连续拉出阳线，哪怕股价不涨或下跌，也要低开高走收阳线，K 线图中持续的串阳，一片火红，煞是漂亮。有的散户就被阳线所吸引，贸然入场接单，结果被套牢。

第十二章 庄家自救

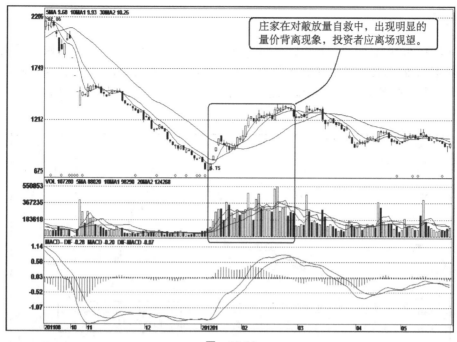

图 12-14

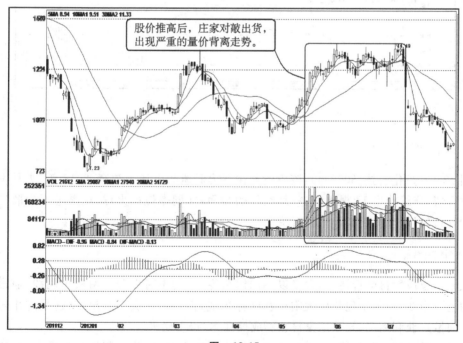

图 12-15

庄家坐庄意图：拿美丽的图表来逗散户。

散户克庄方法：对那些股价变化不大，而出现持续串阳的个股，务必保持警惕，短线投资者应该在庄家即将抽身离场之前出局。

实例 12-16

图 12-16,得利斯(002330):该股在 2015 年 6 月受大盘暴跌拖累而出现快速下跌,不仅抹去了庄家的盈利,还被套牢其中,8 月份庄家借大盘企稳震荡之机,发动拉高自救行情,连续拉出 10 根阳线,且大多以低开高走之势,盘面红红火火,煞有气势,视觉非常好。可是,不久呈倒"V"形反转,股价大幅跳水。

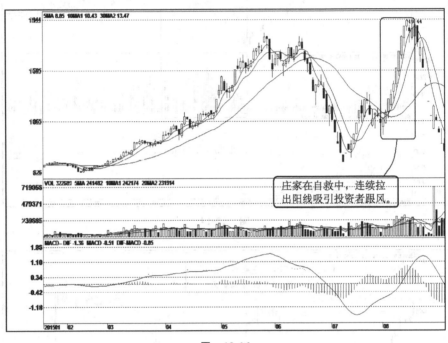

图 12-16

实例 12-17

图 12-17,丹化科技(600844):该股庄家在持续低迷的市场中被套,2013 年 11 月发动反弹自救行情,连续拉出 13 根阳线,一片红红的盘面,如同燃烧的火球,点燃了不少散户的购买激情,而狡猾奸诈的庄家暗中不断减仓。

4. 小阴小阳

庄家在波段性自救行情中,大多以小阳线为主,中间不时夹着一两根小阴线,通常伴有较长的上下影线,偶尔出现几根大阳线和涨停阳线,但一般不会持续出现,这是防止短期涨幅过大而散户获利离场,导致庄家自救不成反蚀本,得不偿失。

如果是单日的自救行情,庄家还是喜欢用大阳线做盘,因为大阳线最具吸引力,庄家可以速战速决完成自救。当然,这仅适用于浅套且持仓不重的庄家,深套且持仓较重的庄家大多采用波段自救。

庄家坐庄意图:庄家自救也是慎之又慎,如同做一波短线行情,也面临着一定的市场风险。所以在自救时,不敢也不会拉出太长或太多的大阳线,以防散户获利退出,造成自己

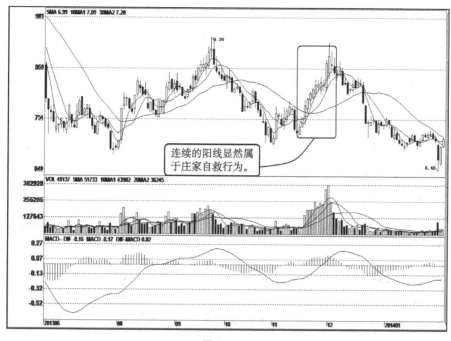

图 12-17

自救不成,反遭重新被套。

散户克庄方法:首先要识别是不是属于庄家自救行情,然后根据盘面变化采取行动。在持续的小阴小阳之后,一旦拉出大阴线或其他见顶 K 线形态,就是反弹行情结束的信号,此时应果断离场。

实例 12-18

图 12-18,万福生科(300268):该股在 2015 年 6 月随大盘快速下跌,庄家被套其中,庄家在 7 月发动反弹自救行情。从盘面观察分析,K 线大多以小阴小阳的形式出现,股价在众多小阳线的簇拥下缓缓爬高,中间以两根小阴线为点缀,很少拉出大阳线或涨停阳线,庄家以边推高边自救的方式有序撤离市场,之后股价出现新一轮跳水走势。

5. K 线形态

最经典的庄家被套后拉高自救 K 线形态就是左边明显出现连续多日拉升走势,连续阳线后出现较长的上影线(庄家出货),随后股价震荡下跌(5～10 个交易日左右),接着出现一次明显的拉高(庄家做反弹)。这种走势大部分属于庄家出货未完被套拉高自救 K 线形态。

在震荡市场或弱势市场中,股价下跌后出现再次拉高,庄家一般在盘中拉高后就马上展开继续出货,日 K 线上再次出现较长的上影线。遇到上述形态的个股,投资者千万不能轻易追进,这是个反弹陷阱。

实例 12-19

图 12-19,神剑股份(002361):该股在 2015 年 5 月借利好庄家连拉 14 个涨停板,虽然庄

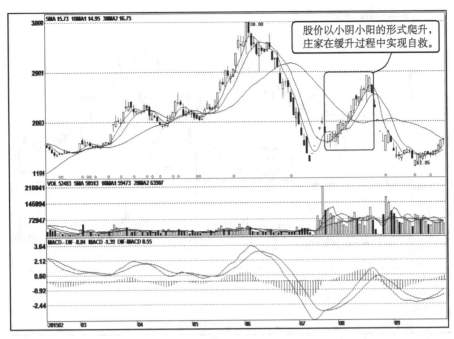

图 12-18

家在高位派发了不少的获利筹码，但由于拉升过于急躁，又逢大盘暴跌，从而导致大量散户出逃，庄家不慎被套牢。然后止跌回稳连续拉出 5 根阳线，7 月 14 日股价冲高回落，收出一根带长上影线的阴线，说明庄家在暗中继续减仓。此后出现 6 个交易日的震荡下跌走势，股价回到前期低点附近。接着，出现一波小幅反弹行情，不久股价再次大幅杀跌。

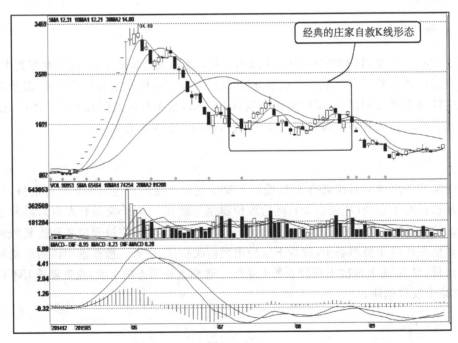

图 12-19

实例 12-20

图 12-20，东方精工（002611）：该股受大盘暴跌拖累，股价快速大幅下跌，庄家不幸被套其中。2015 年 7 月 14 日开始庄家展开反弹自救，股价连拉 6 个涨停板，第 7 个交易日在高位收出一根带长下影线的十字星线。这根星线意味着自救行情即将结束，接着出现两次小反弹行情后，反弹结束后股价重回跌势。

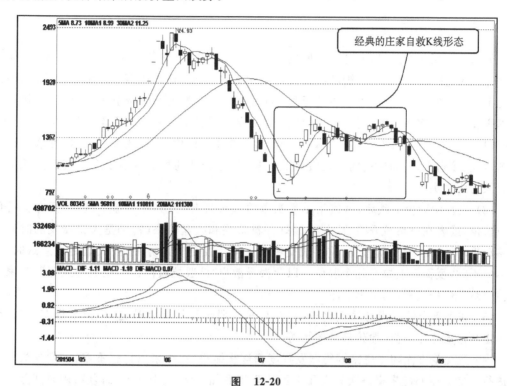

图 12-20

四、庄家在自救中如何护盘

面对逐步走向成熟的散户，庄家如果操作不慎就成了散户们的牺牲品。被套于盘中的庄家看着一个一个出逃的散户，欲摆不能，有苦难言。股价在每上一个价位都会遇到重重压力，而每下一个价位时又不需要太多的力量，就被轻易击穿。

1. 护盘的特征

护盘的目的是为了使股价保持在一个相对的价格区间以内，不至于破坏股价的"势"和"形"，这是庄家为了有利于自己出逃，在一些重要位置做些必要的救护动作。但这种救护的强度不大、时间不长，股价很快脱离护盘区。其主要特征为：

（1）在分时走势中，庄家看见大盘下跌或跳水时，特意将股价向上拔高几个价位，以安

定民心,但当大盘企稳时却不动了,甚至出现下跌走势。

(2) 护盘时间不会太长,如果有较大的抛盘出现时,庄家很快就会放弃护盘行为。

(3) 被套庄家在护盘时,大多呈横盘或微升走势,一般不敢贸然拉升护盘,以免再栽跟头。但当大盘真正企稳上升时,它却走下跌路。即使不走下跌路,但其涨幅也远小于大盘的升幅,因为庄家在借势出货。

(4) 被套庄家的护盘一般成交量不大,因为没有也不敢有新增资金介入。

2. 护盘的方式

如果在吸货建仓阶段,大部分时间内庄家是不需要刻意护盘的,而且还往往砸盘;如果在整理阶段,庄家也只是在关键的位置或价位才有主动性护盘的表现。庄家在出货时,护盘就免不了了,甚至是一种不可缺少的手段,因为一路的下跌是不会吸引买盘介入的,特别是在筹码没有派发完毕以前,要尽可能使股价的走势走得漂亮一些。庄家常用的护盘方法有:

(1) 庄家在盘中的买一、买二、买三、买四、买五几个价位里,堆放大单托盘,使散户误以为抛盘轻、接盘大,从而使场内的投资者放心持股,让场外的投资者纷纷介入甚至高几个价位介入为庄家买单。

(2) 当盘中股价下跌后,迅速用小量买单将股价拉起,尤其在大盘下跌时,死守关键位置或价位,或者在尾市拉升股价,并控制好开盘价格和收盘价格(特别是大量派发的时候)。如移动平均线、颈线位、轨道线、重要成交密集区等。在分时走势中,当大盘跳水急跌时,个股不但不跌,反而向上拉升几个股位。以此误导散户"该股抗跌性强""庄家介入深""庄家在悄悄吸纳"等,安定民心,吸引买单。

(3) 在大部分筹码没有派发完毕以前,尽量将股价维持在上升通道、技术形态、波段调整等走势形态之中,谨防股价破坏图形等。

(4) 成交量方面随着庄家筹码派发程度而逐步缩小,往往采取化整不零、多卖少买的方法进行。如有耐心的庄家每次只卖几十手甚至几手,很少超过 100 手,而且巧用时间差进行操作,如抛出 9 手,几乎在同时买入 1 手,在统计显示的时候,就成了 10 手买入单。

3. 对敲式护盘

对敲护盘出货是指庄家利用较大的手笔大量对敲,制造该股票被市场看好的假象,以达到出货自救目的。对敲出货后一般股价下跌,许多跟风买进的散户被套牢。对敲出货自救的特点为:

(1) 大买单突袭,股价直线飙升,然后迅速回落,如此反复多次。整个过程很突然(一般在几秒钟完成拉升和回落),散户没反应(股价虚高为庄家做出来的)。

(2) 在某一个价位巨单压顶,下面大买单不断,造成吸货假象,散户这个时候最容易冲进去。

(3) 股价"抽风"之后归于平静,或继续横盘(出现在出货初期),或大幅下跌(出现在出货末期)。

(4) 对敲出货会持续 3~5 个交易日甚至更长,很难在一天内完成。

(5) 成交量短期大量堆积,但是股价涨幅却很小,甚至不涨(量升价平或放量滞涨)。

五、庄家自救的盘面特点

1. 走势独立于大盘

被套庄家在盘中一般表现为独行性,无论大势冷热涨跌,其走势我行我素,但最后股价如果支撑不住时,便会出现大幅跳水而告终。例如,前几年的"德隆系",一直以来,都是以战略投资者的姿态出现,通过买壳上市,筹集资金,再对传统产业进行整合。即使在大盘弱势格局,"德隆"总是扛住股价不放,因此被人们称为"熊市不倒翁"。然而,"不倒翁"也会变成"趴地熊",不久,"德隆系"的三驾马车齐刷刷地连封多个跌停板。

自救行情的主要盘面特征为:

(1) 庄家颇有一幅江湖大侠风范,不顾大盘涨跌起伏,走势我行我素,似乎与这个市场无缘,给那些不敢于做高的庄家一个莫大的讽刺。

(2) 股价高企在上,如果庄家与公司配合默契的话,会以各种题材支撑股价。由于缺乏散户的积极参与,庄家很难脱身。

(3) 一般出现在一些冷门股上,庄家控盘程度较高,一般达到80%以上。这类股票一般老股民只看不碰,一些新散户由于被庄家的种种手法所迷惑而入瓮。

(4) 这类股票不可能长期扛着股价不放,最终会因各种原因而崩溃,崩溃的形式就是跳水。庄股一旦开始跳水,会出现连续的跌停,散户一般很难出局。"英雄"一旦倒下就会成为"狗熊",很长一段时间起不来。

2. 股价波动无规律

苦恼的人其思维总是错乱的,苦恼的庄家其运行方式也是无序的。在低迷的市场,股价往往是无序的波动,很难从技术面上去把握市场趋势,K线、波浪、趋势、切线、指标、形态等技术分析工具几乎失去研判市场的价值,买卖点不十分明确。有时遇到利好刺激,便来一波自救行情,庄家借机出掉一些筹码,行情结束后又无规律可循,上下涨跌完全取决于庄家的意愿,脾气好时拉一把,脾气不好时又把它放下来,如果按照常用技术分析工具来研判后市走势,可能吃亏的是自己。其主要特征为:

(1) 在日K线上,小阴小阳相间出现,阴阳十字星居多,并带有长长的上下影线。上下影线的形成速度较快,有时甚至只是在电脑上一闪而过,就出现了上下影线了,散户很难在上下影线价格区间内进行买卖成功。

(2) 盘面变幻无常,有时盘面非常平静,几分钟甚至半个小时没有交易,或者股价在一个极小的价格区间内波动,如同编织毛衣上下穿梭;有时盘面非常热闹,瞬间振幅较大,买档与卖档之间价差很大,可能出现几毛钱甚至几元钱之差,盘中用1手的成交量,可以使股价产生几个点的振幅,散户可操作性不强。

(3) 成交量时大时小,忽然间放出天量,忽然间又缩至地量。在分时走势中,有时忽然连续放出巨量,有时出现几笔或单笔巨量,将股价瞬间大幅拉高或打低,但很快又回原形。

(4) 开盘异常,有时大幅低开,有时大幅高开,但多数股价很快又回到昨日收盘价附近处震荡;收盘异常,收盘前有时大幅拉高,有时大幅砸低,但多数在第二天开盘时,股价又回到前一日的收盘价附近。在中盘时,往往是上午拉高,下午跳水出货,这是庄家自救的常用手法。

六、散户在自救行情中的操作策略

1. 把握庄家自救的机会

只要是庄家被套,一旦行情出现企稳迹象,很多时候会展开自救。毕竟在当前市场中,愿意就此认赔出局的机构并不多,除非真的是资金出了问题或者受到了查处。比如在2015年6、7月的暴跌行情中,有很多机构被套其中,随后绝大多数庄家展开自救行情。但是对于这种庄家自救行情,投资者必须注意以下几点。

(1) 既然是自救行情,就不要指望短期行情能够出现转势,要把握的是选择什么价位出局的问题。

(2) 在反弹过程中要注意成交量的变化,一旦成交量急剧放大,则往往预示着被套庄家可能在减仓。短期股价能够相对平稳,甚至继续冲高,很有可能是因为短期技术形态的走好,市场气氛被短暂调动起来。当后续买盘不能跟进的时候,行情很容易重新陷入调整。

(3) 假如在反弹过程中有利好配合,如果之前已经对此提前做出反应,那么消息明朗后要适当减持,一般情况下这时候也会出现上述成交量明显放大的情况。

二级市场庄家也经常有马失前蹄的时候,尤其当市场出现系统性风险的时候。例如,年初因查处庄家以及推出退出机制等引发的暴跌,绝大多数股票在那段时期都不能幸免。又如近期受到查处违规资金以及国有股减持等因素影响,大盘再度出现暴跌,短期能够不受波及的只有少数几只股票。

2. 识别受困庄家

在弱势市场中,新增资金非常有限,被套庄家就是这一时期的市场主导力量,是市场热点的主要制造者。介入此类个股有一定的风险,把握的难度也较大,但如果把握好被套庄家的自救行情,也是重要的短线获利或逢高离场机会。

(1) 识别被套庄家蛰伏的品种。为提高个股选择的准确率,确保选中的个股中有庄家被套于其中,且有较强的自救要求,因而宜将目标锁定在近几个月内曾有过强势表现的个股。如果在几个月内交投比较低迷的话,庄家马上展开自救的可能性就非常小,散户不宜参与。

(2) 下跌过程中很少有放量反弹,一路缩量的品种最具上涨的潜力。被套庄家短线一个波段运作后,迫于大盘环境,只能随大盘阴跌,持续性的缩量表明庄家根本无法出逃,依然困在其中。而无量空跌是产生"V"形反转的重要基础,只要庄家没有大量派发,这类个股会有较大的上涨潜力。而下跌过程中出现放量,说明庄家派发的意愿很强烈,选择介入的风险较大。

（3）许多庄股是目前市场中风险最大的板块，走势带有很大的随意性，存在许多不可预测的风险。谨慎，永远是第一位的。尽量选择那些走势稳健的品种参与，避开涨幅巨大的老庄股，对于曾经出现过跌停的庄股尽量少碰。操作上宜采用守株待兔的策略，切忌追涨。最佳的策略是寻找技术上超跌、有庄家被套，同时切合市场热点的个股。

（4）对于庄家自救的个股，没有一个获利空间的标准，所以在介入这些个股时，应随时观察盘中资金的动向。由于庄家在下跌趋势中很难获得主动，它的行为一般不会符合技术面上的特点。因此，在一些技术面的压力位和支撑位无须更多的信心，更不能作为介入或卖出的重要依据。

（5）如果散户与庄家一起被套，应抓住庄家自救行情解套。根据解套策略的不同特点，采用不同种类的解套策略，才能达到最好的解套效果。不同阶段的操作策略如下。

第一，止损策略适用在熊市初期。这时股价处在高位，后市调整时间一般来说是较长的，调整幅度也较深，投资者此时应该果断止损，可以有效规避熊市的投资风险。

第二，做空策略适用在熊市中期。中国股市还无做空机制，但对被套个股却是个例外，投资者在下跌趋势明显的熊市中期，把被套的股票卖出，再等大盘运行到低位时候择机买入，这样能够最大限度地减少因套牢造成的损失。

第三，捂股策略适用在熊市末期。当股市处于熊市末期时，股价已经接近底部区域。这时候如果盲目地卖出，风险会非常大，反之如果耐心捂股，则可能会有大收益。

第四，摊平策略适用在底部区域。摊平是种相对被动的解套策略，如果投资者没有把握住摊平的时机，而过早地在大盘下跌的时候摊平。那么，不但不会解套反而会陷入越摊平越套得深的地步。

3. 基本操作策略

庄家炒作被套是常有的事，有的是因为基本面改变，有的是因为对大盘趋势判断失误，有的是因为成本控制不当造成资金困难，有的是因为合伙方临时变卦等。庄家被套的筹码成本有高有低，有的是大量获利盘被套在高位，因为出货空间不够而无法出货或不愿出货；有的是在建仓期被套住；最惨的是在刚开始拉升时被套住。对于不同原因的不同套法，庄家所采用的自救方法是不同的。最常见和最简单的做法是低位摊平，这种方法总是有效的，只是需要有超过原来坐庄预计的资金量，对这种操作法我们很熟悉也很常见，这种卷土重来的庄股是十分凶狠的，一口恶气全出在盘口上。

在建仓期被套，庄家不会维持股价，而是主动向下砸盘，希望带出割肉盘，倒做差价，以求建仓的成本更低。对获利盘在高位被套，如果资金没有问题的话，这种庄家经常会演变成长庄，在一个箱体内高抛低吸，最后可能成本极低，当然这需要很大的耐心，这种庄股一旦跳水出货，不是两三个跌停板就能止跌的，根本不可能有反弹。因此，基本操作策略是：

（1）不要依恋股票。通俗地讲，就是该出手时即出手，绝不抱任何幻想。在股市里，当大盘岌岌可危，面对强大的空方，出货已成必然。但恐慌性的杀盘并不可取，此时最好的策略是找个高点坚决出局。应该切记的是，不管使用何法何计，当大势下行股票被套时，应果断地利用反弹高点斩仓出局，回购现金，积小亏而成大盈，此时出货止损是保全资金安全的最好方法，不要把股票视如情人般难以割舍。股市探底后，有足够的时间去换回别人暂为保管的股票。有的投资者在股价下滑时突然改变了主意，改短线炒作为长线投资，但当股价真的到了投资区域时，却把股票卖了，典型的因小失大。

无数专家警告我们"应做亏损的估计"。估计到亏损却没有勇气止损，入木三分地刻画了人性想赢怕输的弱点，表现在股市里就是赚了钱时不会卖，亏了钱不知如何卖，股海中无数输家都是因为选择错了一个卖的时机。

大家知道，不是说庄家在控制了一定量的低位筹码后，股价就会自然而然地上去。它需要庄家不断地用资金把股价拉上一个又一个新的高点，在此高点处再卖出差不多的股票。这种滚动式的操作在任何一只庄股里都可以见到。用来拉抬股价吃进的股票虽然难以获利，但手中的低价筹码却在不断地增值。这一浅显理论简明了股价波动中经常出现的冲高后的回落整理。

从股价运行本身规律来说，任何形态的波浪都是成功。所谓形态不仅不能视作多头庄家的败笔，恰恰相反，其形态应视为庄家大获全胜的一面鲜艳的旗帜，在广大中小散户期盼着新的一波行情到来而纷纷抢进时，庄家却在此时的市场狂热中抽身出逃。表面上看，庄家购入的股票被套，但正因为有了此处的新高，庄家才有未完成的第五波的获利空间。

（2）不要逆势而为。股市是看不见刀光剑影的沙场，看不见对手，但却能感觉到对手实力的强大。股市也是多种力量综合的市场，再强劲的实力和操盘技巧也仅仅只能暂时改变它的运行轨道和价格定位，历史无数次证明，"因势利导""顺势而为"无疑是最好的投机策略。

在一轮上升行情里，为了把意志不坚定的多头淘汰出局，波浪理论中的第二波和第四波是必经之路，有时甚至要变化面目，反复呈现，使市场跟风者只能赚取微利，甚至仅赚够手续费。第二波和第四波及各种复杂的回调都是股市中很锋利的刀，且每一刀对追涨杀跌者来说都是致命的一击。虽然大多属虚晃一刀，投资者已视如儿戏，不以为然。当真的一刀砍下的时候，投资者非但不卖，反而拼命吃套，逢低便买，稍有不慎便会成刀下之鬼，在波浪中淹没。

因此选择好强势股后，坐稳轿子，借助庄家的力量去抬拉行情。在多头行情借回调杀入，在空头市场里更可以举刀杀人，借力打力。自救庄家正是利用中小投资者抢反弹的心理或继续看涨而达到顺利出货的目的。

（3）不要轻易入驻。股市有一个较为普遍的规律，上涨的速度缓慢，下跌的速度较快，且较大的幅度往往在下跌行情里出现。理由很简单，上升需要推动力，而下跌只需要惯性支持。

大家知道，股市有大涨也有大跌，有暴涨也有暴跌。如果你忽视盘中的小涨小跌而只贪图暴利，则可专门在急跌中趁火打劫，赚取急跌后迅速回升而造成的短期巨额差价。在庄家危难时趁火打劫，在自救行情中寻找机会。

自救行情一般对基本趋势不发生根本性改变作用，它与整个走势相违背，主要是指熊市中的自然回抽，属上涨形态中持续时间最短暂的一种。抢反弹在操盘技术和交易策略上一般不被提倡，因反弹的力度和持续时间较难把握，短线投机更难能如愿。因此需要有过硬的短线技术，练好火中取栗功夫，方可为之。长期的股市理论倡导的都是做大势，但对于没有耐心持股的投资者和善于捕捉战机的投机家，抢反弹是最为有效的投资手段之一。抢反弹特别是抢暴跌后的反弹不仅仅是技术上的成功，更重要的是能力上的证明和心理上的充分准备，这也是做股票人的乐趣所在。实践证明，每一个人都不认同抢反弹，但每一个投资者有意无意中都在做抢反弹的尝试。中国股市受政策面、消息面影响很大，翻开股市曲线图，沪深两市暴跌后的暴升比比皆是。

由此可见，在弱市中新增资金非常有限，受困庄家就是这段时间内市场的主导力量，是市场热点的主要制造者。因此，捕捉受困庄家的自救行情是重要的短线机会。虽然介入此类个股有一定的风险，把握的难度也较大，但如果总结一些经验，把握一些规律，是可以搏杀的。

七、自救行情与反弹行情的区别

自救行情不同于反弹行情，两者不能混淆。其主要区别是：

（1）自救行情一般没有增量资金介入，而反弹行情一般有新增资金介入，有时还有短线庄家介入。

（2）自救行情是场内老庄所为，而反弹行情有时可能有其他庄家在炒作。

（3）自救行情以出货为目的，而反弹行情有时可能是在吸货，或者是一轮独立的炒作行情。

（4）自救行情的庄家通常被套其中，自救是为了解套，而反弹行情的庄家可能还有其利，反弹是为了获得更多的利润。

（5）自救行情通常出现在股价的中、高价位，股价大多创出新高，而反弹行情多数出现在一轮跌势行情之后。

八、自救行情与反转行情的区别

（1）自救行情一般以快速上扬为主，上涨势头极为强劲，而且较为突然，充分达到使散户蠢蠢欲动的境界，但下跌时也极为凶猛，使人措手不及。而且，无论是涨是跌，其走势甚为独特，一般不会与大盘同步而行，在大盘上涨时其涨幅远远超过大盘的涨幅（有时甚至大盘是下跌的），在大盘下跌时其跌幅远远小于大盘的跌幅。反转行情的起步往往是不知不觉中出现，在犹豫中产生，直到火热时才出现主升浪。

（2）自救行情相对持续时间较短，一般在几天之内就完成，很少超过十个交易日的。在盘面上，一般表现为持续连贯的拉升，一口气到位，拉升结束即是自救行情的顶部，随后股价继续下跌。反转行情持续性较长，几个月到几年的行情。

（3）在自救过程中，成交量突然大幅放大，远远超过一轮上涨行情的正常成交量。这是因为，庄家在对倒出货，使散户产生放量上涨的错觉，自救行情一般没有增量资金介入。在一轮真正的上涨行情中，成交量是温和放大的，价升量增，配合得当，而一般有新增资金介入。

（4）自救行情的上涨幅度一般在30%左右，超过40%以上的比较少见。反转行情中上涨幅度远远超过此数，涨幅超过一倍或几倍。

（5）自救行情是场内被套老庄所为，以出货为目的，上涨是为了解套，而反转行情有时可能是其他新的炒作，是一轮独立的炒作行情。

第十三章 庄家变盘

一、变盘和变盘临界点

在股市中,很多人对"变盘"两字非常敏感,也特别重视,那么什么叫变盘呢?变盘是指指数或股价本来处于某种长期趋势之中,由于受某种原因影响,在短期内迅速改变原来的运行模式,由一种新的运行模式代替原来的运行模式,并延续新的运行模式持续一段时间。简单地说,变盘就是改变原来的运行轨迹。例如,股价打破盘整而转为上涨或下跌,或者股价由牛市转为熊市或熊市转为牛市,市场出现彻底的多空模式转换。

严格地说,只要股价出现不能维持原来的运行模式都称之为变盘。例如,原来上涨的行情出现滞涨盘整,或原来下跌的行情出现止跌盘整,就属于变盘。或者,缓慢上涨变加速上涨或变下跌,或缓慢下跌变加速下跌或变上涨,也叫变盘。

变盘具有以下几个特征。

(1) 明确改变一个方向,形成一个转折点。

(2) 股价短时间内出现急剧变化,一锤定音,胜负立即见分晓。

(3) 股价延续新的运行模式持续一段时间,而不是一两天的震荡走势。

变盘临界点也叫变盘节点,就是根据多年的股市运行规律总结出来的重要变盘时点,即股价运行到了变盘的关键"时间窗口",可分为政策时间窗、周期时间窗、理论时间窗、技术时间窗。例如,连续上涨多少天,这一波上涨趋势多少天,会不会改变趋势,都是很重要的变盘节点,股市变盘节点应当重视、必须重视。变盘节点一般处于股票顶底和底部区域,或者股价运行到技术形态的末端。

临界点有空翻多的底部临界点,也有多翻空的顶部临界点。变盘究竟是向上变盘还是向下变盘,则取决于多种市场因素,其中主要有以下几点。

(1) 股指所处位置的高低,是处于高位还是处于低位。

(2) 股市在出现变盘预兆特征以前是上涨的还是下跌的,因为上涨行情发展到强弩之末时达到某种的多空平衡,还是因下跌行情发展到做空动能衰竭而产生的平衡。上涨中的平衡要观察市场能否聚集新的做多能量来判断向上突破的可能性,而下跌中的平衡比较容易形成向上变盘。

（3）观察市场资金的流动方向以及进入资金的实力和性质，通常低位大盘指标股的异动极有可能意味着将出现向上变盘的可能。

（4）观察主流热点板块在盘中是否有大笔买卖单的异动，关注板块中的龙头个股是否能崛起，如果仅仅是冷门股补涨或超跌股强劲反弹，往往不足以引发向上变盘。

二、变盘的主要原因

变盘的产生和发展，需要基本面和技术面的相互配合。股票的复杂之处在于很多因素相互交织在一起共同发挥作用，是多种因素作用的结果。对于引起变盘的基本面和技术面这两个因素来说，它们既可以单独存在，单独发挥作用，又可以相互影响，共同发挥作用。当共同发挥作用时，就会形成力量的叠加效应，而使变盘的力度更大。所以，在分析变盘时，必须了解变盘的成因。

1. 基本面因素

（1）宏观政策。股市又是国民经济的晴雨表，宏观政策的变动直接或间接影响到股市的涨跌，这是引发股市变盘的内在原因，包括宏观政策导向、经济运行状况、国内外政治因素、国际金融市场秩序等。

（2）公司消息。上市公司发布的具有实质性的利多或利空消息，能够直接导致股价的大起大落，这是引发股价变盘的直接原因。目前，能够引发个股股价变化的包括投资价值和投机价值的增长或缩短两方面内容。

投资价值的增长或缩短有以下两类：一是业绩增长，如爆发性增长、由大亏转大盈、持续高增长等；或绩业亏损，如盈利大幅下滑、由大盈转大亏、持续亏损等。二是资产增值或贬值，如隐蔽资产、股权等增值或贬值。

投机价值的增长或缩短也有以下两类：一是个股题材，如高送配、产品价格大幅上涨、资产重组、收购或者注入热门资产、重大行业性利好等；或个股题材落空，资产重组失败等。二是比价效应，如同板块或者同概念股票价格出现暴涨或暴跌，也会带动相关个股走牛或转熊。

2. 技术面因素

股价在长期的运行过程中，大多由于技术到达临界点而出现变盘，如股价到达变盘时间窗口。这里根据庄家运行的各个阶段，结合实例分析一下技术面引起的变盘情况。

（1）建仓结束。庄家完成建仓计划后，大多出现向上变盘，此时投资者可以积极参与，但也不排除短期出现加速下跌赶底走势。

实例 13-1

图 13-1，西部证券（002673）：在长时间的底部震荡过程中，庄家吸纳了大量的低价筹码，顺利完成建仓计划。2014 年 9 月 23 日，股价放量向上变盘，从此该股步入牛市上涨行情。

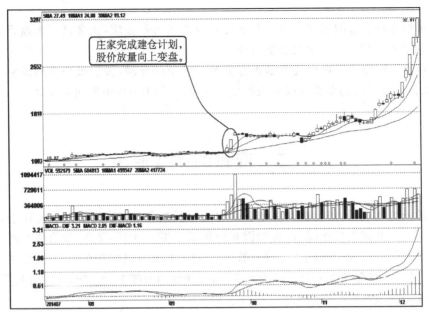

图 13-1

(2) 整理末期。在行情发展过程中,整理行情是积蓄势待发的过程,当整理行情结束之时,股市将选择突破的方向,要么向上变盘,要么向下挖坑。横盘整理的变盘方向,在较大程度上取决于横盘整理行情的形成情况。横盘整理行情是由以下三种情况形成的:下跌行情形成的横盘整理、上涨行情形成的横盘整理、收敛三角形成的横盘整理。横盘整理行情变盘方向的研判技巧如下。

横盘整理往往是变盘的前奏曲,特别是股价经过下跌过程后的横盘整理,很容易形成阶段性底部,下跌行情形成的横盘整理行情结束时,绝大多数情况将选择向上突破,这种概率较大,往往能形成阶段性反转行情或力度强劲的反弹行情。

上涨行情形成的横盘整理是最为复杂的整理行情,其最终的方向性选择具有相当大的不确定性,必须根据量价特征,并结合技术分析手段进行具体的研判。一般情况下,上升以后的横盘整理走势,要密切关注成交量是否处于萎缩状态,如果成交量萎缩的不明显或成交量有放大迹象,往往说明庄家有部分资金正在外逃,后市极有可能见顶回落。如果成交量是急速萎缩的,说明做空动能不强,当横盘整理行情结束时,后市仍有进一步上涨的机会。

上升以后的横盘整理走势,持续时间大多在 20 日以内,有可能形成向上突破走势。但如果横盘时间越长,向上突破的可能性就越小,表明后市行情并不乐观。

另外,"横盘箱体"在变盘前两周以上可观察箱体中的高点和低点的移动,如低点逐步抬高,高点逐步突破可看多,相反则看空,简单地说就是重心的上下移动。当然,有很多庄家利用这一观点而做出骗线,例如,先用假象突破大箱体,再来挖一个大坑下来,并跌破前面所有低点。为了防庄家骗线,建议在向上突破后回踩时,得到原箱体上轨的反支撑时再参与。

实例 13-2

图 13-2,兔宝宝(002043):股价小幅上涨后进入横盘整理,经过 10 多个交易日的横盘震

荡,振幅渐渐收窄,此时股价与缓缓上行的30日均线胶合,市场达到整理末期,股价临近变盘节点。2014年7月25日,股价终于出现向上变盘,成交量持续放大,此时投资者应积极跟进,此后股价向上走牛。

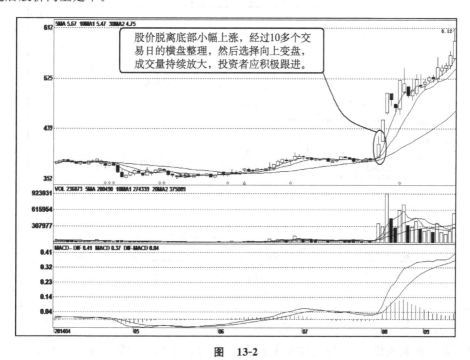

图　13-2

收敛三角形由于其形态特征是上涨高点不断下移、下跌低点不断抬高。这种形态通常表示投资者的投资心态比较缺乏信心和趋于犹疑,投资行为更加谨慎,观望心理占据上风。这种形态在大多数情况下,会延续原有的趋势选择突破方向,只有1/4的概率会演变成与原来运行趋势相反的走势。

从三角形形态上来看,上升三角形在整理末端时,一般会放量向上变盘,形成加速上涨;下降三角形在整理末端时,一般会放量向下变盘,形成加速下跌。它的技术特征在于K线运行到三角形的尖锐处时,波动幅度收窄,成交量出现萎缩,如果能在末端的小阴小阳中观察量能变化,也能提前得知方向性的突破,如阳线有量阴线缩量可看多,相反则看空。这是较为明显的一个变盘时间期,此时大多投资者处在观望。

实例 13-3

图13-3,高乐股份(002348):这是一个对称三角形整理形态,出现在股价上涨途中。在三角形整理末端,振幅渐渐收窄,到了变盘的临界点。2015年5月8日,股价出现向上变盘,成功突破三角形的上边线,从而走出一波加速上涨行情。从走势图中可以看出,股价处于涨势之中,30日均线支撑强劲,因此投资者以介入做多为主。

(3)出货完毕。当庄家顺利完成出货计划后,就会放弃护盘行动,股价出现向下变盘,这是技术因素引起的重要变盘之一。

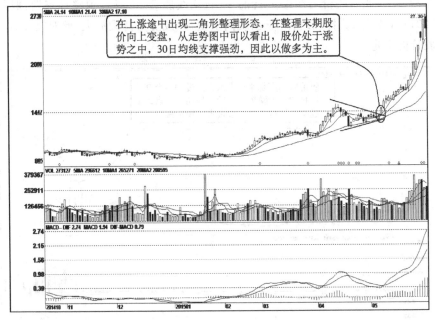

图 13-3

实例 13-4

图 13-4,锦龙股份(000712):该股庄家炒高股价后,在高位大量派发获利筹码,2015 年 6 月 10 日大幅跳空低开 5.26%,股价逐波放量下跌,一度触及跌停板,尾市有所回升。盘中向下跳空缺口就是一个向下变盘信号,且 30 日均线渐渐下压,此时投资者应果断离场。

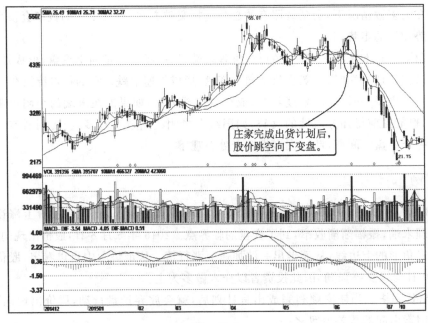

图 13-4

(4) 超买超卖。如果在上涨之后的相对高位,短期股价出现超买,那么向下变盘的可能性较大,但也不排除短期出现上涨加速赶顶走势。相反,如果在大幅下跌之后的低位,股价严重超卖时,那么向上变盘的可能性较大,但也不排除加速下跌赶底。

实例 13-5

图 13-5,再升科技(603601):该股上市后大幅炒高,股价上市首日以 4.22 元开盘,不到半年时间股价突破 50 元,涨幅超过 10 倍,股价严重超买,随时有回落的风险。2015 年 5 月 28 日股价高开低走,在高位收出一根大阴线,这就是一个变盘信号,随后股价一路走跌。7 月 8 日,股价回落到 17 元下方,累计跌幅接近 70%,股价严重超卖,随时有超跌反弹。7 月 9 日,股价出现"一"字形涨停,这是一个向上变盘信号,随后出现强劲的反弹行情,反弹中收出 6 个涨停板。

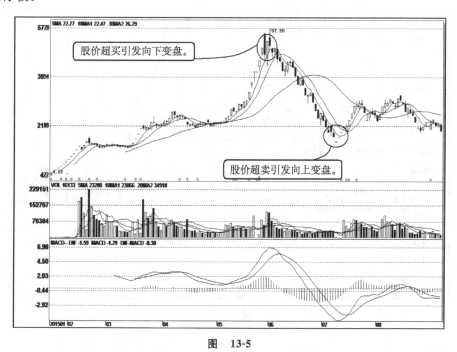

图 13-5

三、变盘的征兆

一般来说,股市发生变盘总是来得非常突然,但庄家在酝酿变盘之前,也会呈现出一些预兆性的市场特征。

1. 区间震荡狭窄

指数或股价在出现变盘之前,大多有一个平静的过程,这是暴风雨前的宁静,意味着市场将要出现变盘。在盘面上,市场在某一个狭小区域内,保持横盘(微向上或向下倾斜)震荡整理走势,持续时间较长,多空处于上下两难状态,涨跌空间均十分有限。某日,股价出现大幅上涨或下跌,此时市场做出了方向性选择,变盘就此展开。

实例 13-6

图 13-6,浪潮软件(600756):从该股 2014 年 5 月 20 日之前的走势中可以看出,股价在一个狭窄的区域运行,震荡幅度渐渐缩小,整理时间达 3 个月,这种情况就是一个变盘征兆,随时以变盘的方式,打破这种闷局。此时,投资者应密切关注,一旦出现变盘,应立即采取行动。5 月 21 日,股价开盘后一路走高,成交量大幅放大,当日以涨停板报收,股价突破 30 日均线和盘区,这就是一个向上变盘信号,投资者应大胆介入。

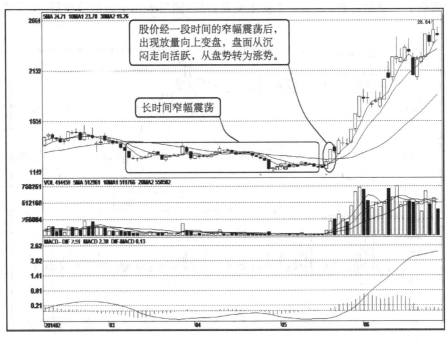

图　13-6

实例 13-7

图 13-7,中南建设(000961):该股经过一波下跌行情后形成横盘整理,震荡幅度渐渐收窄,K 线实体缩短,此时 30 日均线继续下压,说明股价已经到了变盘的临界点。2015 年 8 月 18 日股价放量下跌,收出一根跌停大阴线,股价向下变盘一目了然,此时投资者应果断离场。

2. K 线实体较小

在 K 线形态上,实体渐渐缩小,经常有多根或连续性的小阴小阳线,并且其间经常出现十字星走势,说明股价将发生变盘。此时,投资者可以根据股价所处的位置高低进行分析判断,如果股价处在大幅上涨后的高位,则向下变盘的可能性较大,宜逢高离场操作;如果股价处在长期调整后的低位,则向上变盘的可能性较大,宜逢低吸纳为主,但往往还有最后一跌的可能,此时也不必过于恐慌,毕竟股价已经到了市场的底部区域,应坚定持股待涨。

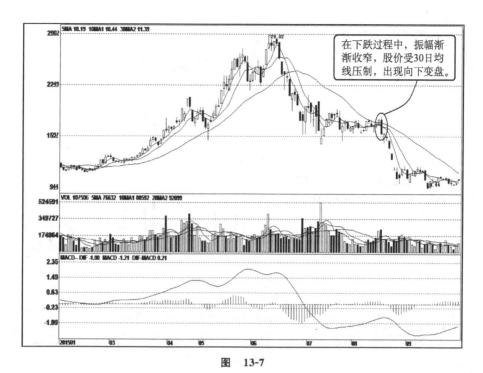

图 13-7

实例 13-8

图 13-8，康芝药业(300086)：该股见底小幅上涨，然后进入横盘整理，30 日均线坚挺上行。在震荡整理过程中，K 线实体渐渐收缩，股价形成窄幅震荡，预示股价即将出现变盘。由于股价处于涨势之中，预计向上变盘的可能性较高，投资者应密切关注。2015 年 3 月 31 日，股价在 30 日均线临界点附近放量向上变盘，此时投资者应积极跟进。在 4 月份该股又出现同样走势，均是中短线介入的好时机。

实例 13-9

图 13-9，金信诺(300252)：在股价大幅上涨的高位，震荡幅度慢慢变窄，K 线实体渐渐缩小，逐步形成一个小形三角形整理形态，股价面临变盘节点。由于股价涨幅已高，预计向下变盘的可能性较高，投资者必须做好撤离准备。2015 年 6 月 16 日，股价跳空低开 2.96% 后逐波走低，无力回补当天跳空缺口，并以跌停板报收，形成一个有效的向下变盘信号。

3. 个股波澜不兴

当市场大部分个股波澜不兴，缺乏投资热点时，板块表现平淡，既没有强悍的领涨板块，又没有能够聚拢人气的龙头个股，市场一片沉寂，一时失去了方向，缺乏大幅盈利的波动空间，这往往也是变盘的征兆。

比如，在 2015 年 6、7 月的大盘暴跌期间，市场板块普遍下跌，个股纷纷跳水，市场没有持续热点板块，唯有钢铁板块独善其身，逆势飘红，那么该板块能扛起大盘吗？显然不可能。大盘的持续低迷预示着该板块即将出现变盘，投资者应有先知先觉准备，逢高离场观望。

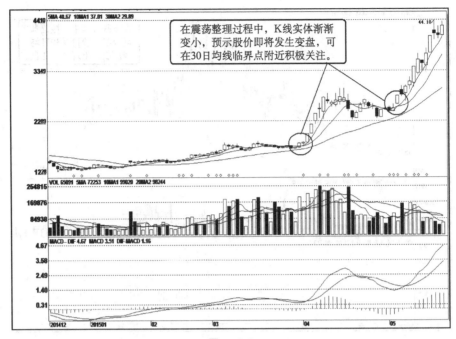

图 13-8

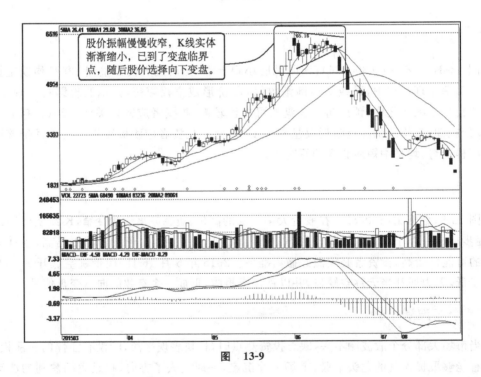

图 13-9

实例 13-10

图 13-10,武钢股份(600005):2015 年 6 月 15 日至 7 月 8 日大盘出现持续暴跌,市场个股波澜不兴,而该股在 7 月 1 日之前一直坚持在高位震荡,那么该股能坚持得住吗?大盘的

持续暴跌,市场的持续低迷,就是个股的一个变盘征兆。7月2日,庄家终于放弃护盘计划,股价向下击穿30日均线后,出现一轮急跌走势,从此进入中期调整行情。

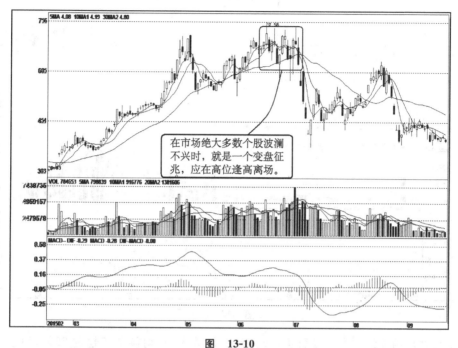

图 13-10

4. 量能出现异常

在实盘操作中,成交量出现异常的骤增或萎缩,都是不正常的,这是发生变盘的典型征兆。当增量资金入市犹豫,成交量明显趋于萎缩且不时出现地量,说明股价做空动能衰竭,庄家酝酿向上变盘,此时如果价位不高,可以逢低介入;当增量资金大举入市,成交量明显趋于放大且不时出现天量,说明短期炒作过头,且有庄家对敲嫌疑,一旦能量不继,就容易出现向下变盘,此时如果股价处于高位,应果断离场。

实例 13-11

图 13-11,文峰股份(601010):在 2015 年 2 月中上旬的整理时段,成交量极度萎缩,说明做空动能衰竭,股价面临变盘,投资者应积极关注,2 月 27 日选择向上变盘,此时应大胆介入。经过庄家大幅炒作后,4 月 13 日、14 日出现异常放量情况,K 线收大阴线,说明市场出现变盘,此时应果断离场。

实例 13-12

图 13-12,厦门信达(000701):股价大幅下跌后,在底部出现震荡整理走势,成交量极度萎缩,说明下跌空间已经不大,股价面临变盘,投资者应积极关注。一般而言,这种底部缩量盘整走势,大多出现向上变盘的可能性较大,此时投资者应积极关注,一旦向上变盘应大胆介入。2015 年 10 月 12 日,股价出现向上变盘,短期股价快速上涨,连拉多个涨停板。而在

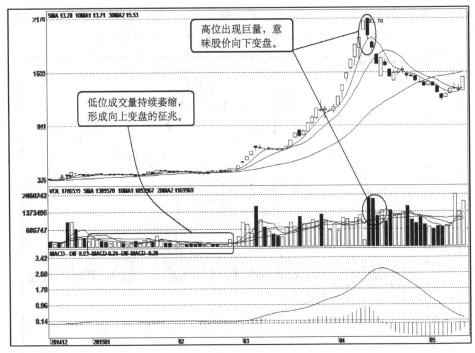

图 13-11

10月21日之后的连续3个交易日里,成交量大幅放大,平均换手率超过22%,而股价已经出现滞涨现象,说明股价将要发生变盘。由于股价处于阶段性高点位置,向下变盘的可能性较大,投资者应做好离场准备。随后几天振幅收窄,K线实体缩小,变盘临界点越来越近,11月2日终于出现向下变盘,此时应立即出局。

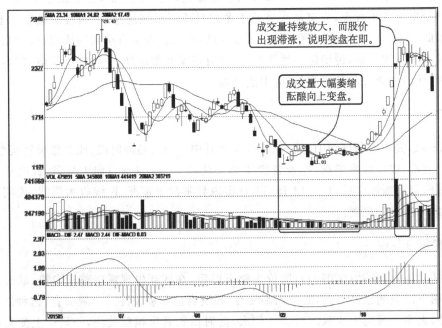

图 13-12

5. 人气出现冷热

市场投机气氛的变化,也是股市变盘的征兆之一。当市场人气极度涣散,投资者观望气氛浓厚,盘面交投清淡,预示股价即将出现向上变盘;当市场人气出现极度狂热,投资者争相购买股票时,往往失去理性投资,此时容易出现向下变盘。

实例 13-13

图 13-13,上证指数(000001):市场在 2014 年 7 月之前的盘势中,每日成交均量在 800 亿左右,说明盘面交投清淡,市场人气涣散,同时也反映下方空间已经不大,只要出现做多由头,市场极易引发向上变盘。而到了 2015 年 6 月,股指已经突破 5 000 点,此时市场人气沸腾,争相开户炒股票,成交量大增,热钱不断涌入市场。人们对市场产生较高预期,有人看高到 8 000 点甚至 1 万点,这种过度投机和不理性的反映,是市场变盘的一个征兆,意味市场将出现阶段性顶部。

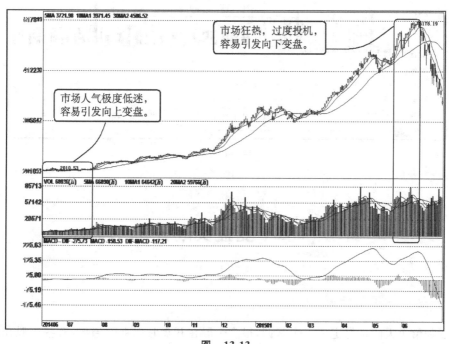

图 13-13

6. 市场走势极端

股价出现暴涨暴跌,市场形成超买超卖,短期过度投机,此时容易出现变盘,股价从一个极端走向另一个极端。

实例 13-14

图 13-14,双杰电气(300444):该股上市后就被实力强大的庄家大幅炒作,股价出现飙涨行情,一共拉出 23 个涨停板,短期投机过度,股价超买严重,已经到了极端走势,随时有向下

变盘的可能。2015年5月28日，股价跳高从涨停板开盘，然后逐波震荡走低，以跌停板收盘，在高位收出一根幅度达到20%的大阴线，说明股价开始向下变盘，随后一路走低。到7月8日股价累计跌幅已经达到77%，说明此时股价严重超跌，又是一种极端盘面，有企稳反弹要求，且该处恰逢前期上涨过程中的开板位置，股价在此得到支撑后出现企稳反弹。

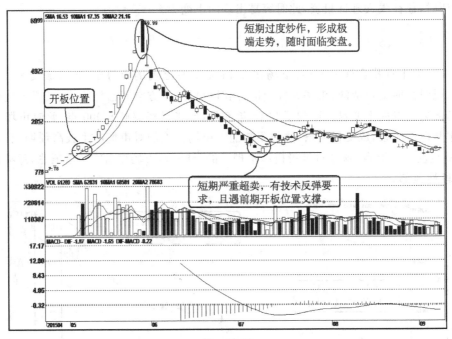

图 13-14

四、变盘实战分析

1. 开盘——高开低开

开盘是给全天的走势定下一个基调，很多个股在开盘时就咄咄逼人，有些庄股在即将启动时也利用开盘来显示其风采。投资者如果充分利用好开盘的某些异动来分析和判断，就能够捕捉一些市场机会。开盘异动重点关注大幅跳空高开和大幅跳空低开盘两种情况。

（1）大幅跳空高开。大幅跳空高开是一种强烈地向上变盘信号，最强烈的变盘信号就是直接从涨停板开盘，全天巨量封盘不动，形成"一"字形涨停。一般性跳空开盘会留下一个向上缺口，且当天跳空缺口不回补，往往以涨停板收盘。这种盘面说明多空力量趋于一致，股价强势向跳空一方发展，盘面气贯长虹，势如破竹。

实例 13-15

图13-15，绿盟科技（300369）：该股经过一段爬高行情后，进入横盘震荡整理。2015年4

月22日,在没有任何利好消息影响下跳空高开8.84%,连续交易中一笔拉涨停,在盘中打开涨停板洗盘,然后再封涨停板,留下一个当日没有回补的向上跳空缺口,显示庄家强烈的做多意愿。在涨势中出现这种现象,就是一种强势变盘信号,上涨势头猛烈,投资者应积极关注。

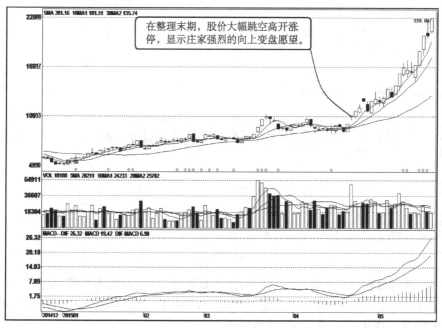

图 13-15

实例 13-16

图13-16,潜能恒信(300191):该股经过一波快速暴跌行情后,股价出现严重超卖,反弹要求强烈。2015年7月9日,在没有任何利好消息影响下,股价从涨停价位开盘,全天封单不动,形成"一"字形涨停。说明股价向上变盘强烈,盘面气势磅礴,不可阻挡,此时可以在涨停价位挂单买入,此后股价形成"V"形反转走势。

通过上述两个实例分析,在实盘中遇到股价跳空高开时,应注意以下几点。

① 在底部建仓末期。要观察股价是否经过一轮大跌之后的阶段性底部,如果是,则说明已经有庄家开始关照了,应密切注意该股的动向,一旦向上变盘,随时准备介入。

② 在拉升阶段初期。要观察股价是否从底部向上突破了30日均线,如果是,则说明股价已经进入拉升阶段初期,庄家前期建仓计划已经完成,此时可以在开盘价附近买入。

③ 在拉升阶段中期。要观察股价是否处在突破30日和60日均线后的上升通道中,如果是,则说明庄家在按计划进行波段性拉高操盘,股价将向上变盘。当天如果涨停,则是变盘加速上涨信号,可在涨停位置排队买入,盘中开板就是入场机会。

④ 在拉升阶段末期。要观察股价是否已经完成了一轮大波段涨幅。熊市30%以上,牛市80%以上。如果是,即使向上变盘也不能追涨,股价加速后会快速回落见顶,只有短线机会,追涨风险较大。

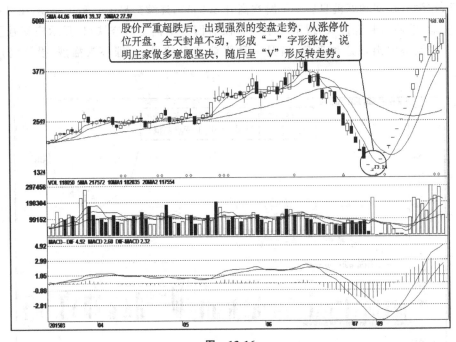

图 13-16

⑤ 在盘头阶段初、中、末期。要观察股价是否处在 60 分钟技术系统的低位,如 KDJ 指标在 50 以下金叉。如果是,则可以考虑轻仓买入,但只有短线机会。一般情况下,这种短线机会较小,因此建议还是以观望为主较好。

⑥ 在下跌阶段初、中期。这是股价超跌反弹的结果,庄家是在完成最后的出货计划,此时向上变盘,买入的风险仍然较大,应以观望为主。

(2) 大幅跳空低开。大幅跳空低开是一种强烈的向下变盘信号,最强烈的变盘信号就是直接从跌停板开盘,全天巨量封盘不动,形成"一"字形跌停。如果跳空低开留下一个向下缺口,且当天跳空缺口不回补,说明空方打压力量强大,股价将继续向下走低,甚至出现断涯式的连续跳水走势。

实例 13-17

图 13-17,海伦钢琴(300329):该股在高位出现连续的小阳拉高,2015 年 6 月 18 日开盘后小幅冲高,然后逐波走低,直至跌停(变盘征兆)。次日,大幅跳空低开 9.52%,然后冲高回落,当天股价巨量封于跌停板,此时市场从变盘征兆转变为有效变盘。投资者在开盘时就应引起警惕,盘中冲高时坚决离场,哪怕套牢也要止损出局,因为变盘信号一旦成立,短期趋势难以改变,股价会继续向变盘方向发展,所以要止损认亏。此后,股价继续向下击穿 30 日均线的支撑,出现大幅跳水走势。

实例 13-18

图 13-18,特力 A(000025):该股经过短期疯狂暴炒,累计涨幅超过 4 倍,股价短期严重超买,随时面临回落风险。2015 年 10 月 26 日和 27 日,连续两个交易日以跌停板开盘,全天

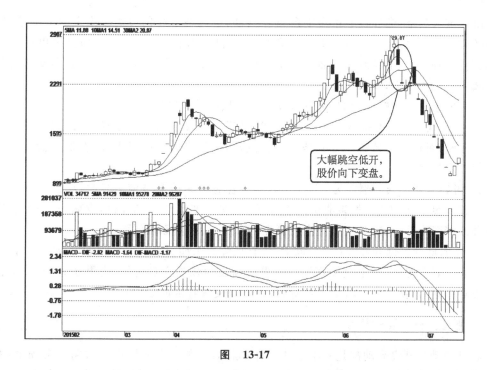

图 13-17

巨量封单不动,形成"一"字形跌停,说明盘面已经出现变盘。虽然在随后的两个交易日里股价再次上攻,但这是庄家诱多出货动作,夕阳下的余波。

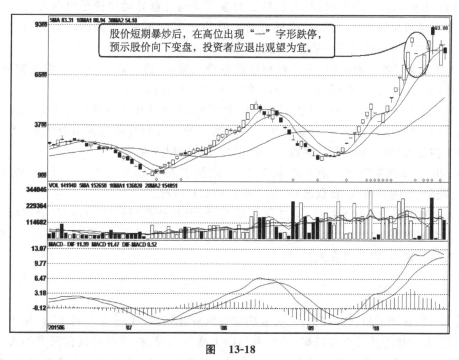

图 13-18

一般而言,导致股价大幅低开的原因有两个:一是突发性利空消息;二是庄家有意为之。若是突发性因素所致的低开,一般不会导致股票原有趋势的改变。具体来讲,如果在大牛市当中出现重大利空,会导致股市短期急跌和震荡,但调整之后仍会继续原来的上涨趋势,可以不必理会这种短期调整,甚至是加仓的大好良机。当然,如果在下降趋势中出现重大利空,只会加剧股市的下跌态势。面对突发性利空,无法事先得知,也无计可施,所能做的就是尽量减小自己的损失,及时止损。

若是庄家故意大幅低开的,可参考以下三个档次进行操作。

① 强势低开。低开幅度为 $1\% \sim 2\%$,当日反弹时突破前一日收盘价,回调不破均线和当天开盘价,可以继续持有。可能是庄家在洗盘,洗盘之后会拉起来,多表现开盘就拉或长时间横盘后拉起。

② 弱势低开。低开幅度为 $3\% \sim 7\%$,当日反弹时未能突破前一日收盘价,反弹后下撤击破当日开盘价和均线。如果股价处在高位,大多为变盘信号,应离场或减仓;如果股价处在底部或涨势中途,可能是庄家洗盘或试盘,应根据后续盘面强弱而定。

③ 极弱低开。低开幅度在 8% 以上,当日反弹时未能突破前一日收盘价,回调后再次击穿均线和当日开盘价,盘中直接跌停。如果在高位为强烈变盘信号,应果断离场;如果在底部或涨势中途,可能是庄家洗盘或试盘,根据下方支撑程度而定。

2. 收盘——急涨急跌

收盘异动与开盘异动都是一个短线操作的极好时机。在股票市场与期货市场中,波幅最大的时间就是临收盘前进半小时左右。庄家最喜欢在这段时间兴风作浪。尾市是一日之内最重要的时刻,有时全天都在上升,但临到收尾的数分钟却变成"跳水";有时全日都在下跌,到临近收盘时却戏剧性地以飙升收场。收盘异动与开盘异动理论是根据市场的运行规律去推测市场短期的走势,特别是股票市场取消"T+0"制度后,更加体现出此理论的实际操作意义。收盘异动理论主要依据下述理由操作:

(1) 如果某日临收盘之前,突然有利好消息传入股市,将会刺激投资者购买欲望,但已临近收盘,买方全力买入也买不到多少,只能等到明日开盘再买。

(2) 第二天一开盘,昨天尾市意犹未尽的购买欲,将会体现于一开盘就上升。因为大家唯恐踏空,昨日买不到,今早一开盘就买。短线市场笼罩着利好消息和乐观气氛,所以往往昨天尾市扫货收场,今朝一开盘多数也会出现高开继续扫货现象。

(3) 相反,如果某日尾市有一些利空消息,以至于人心惶惶,个个争先恐后,你抛我也抛,互相践踏,但时不与我,收盘已到,抛不出货的明日再抛。

(4) 这些恐惧的心理会持续,第二天一早开盘,大都会是"低开"的,一开盘就能见到抛货镜头。大家唯恐手中头寸抛不出去会越跌越凶,所以争着做第一,抛货也要第一,快人一步在相对高价抛出,以免落在人后,加重损失。

实例 13-19

图 13-19,凤帆股份(600482):庄家成功完成筑底计划后,2015 年 3 月 17 日尾市出现放量突破,预示股价将进入上涨行情,是典型的向上变盘信号,投资者可以在涨停的瞬间或次日伺机介入。这种走势如果出现在股价刚启动的底部区域或者在股价上涨的中途,属于向上变盘信号,标志着庄家开始进入拉升或加速阶段,后市股价将会继续向上走高。此时,投资者可以在尾盘跟进,或者在第二天开盘后股价继续走强时果断追进。

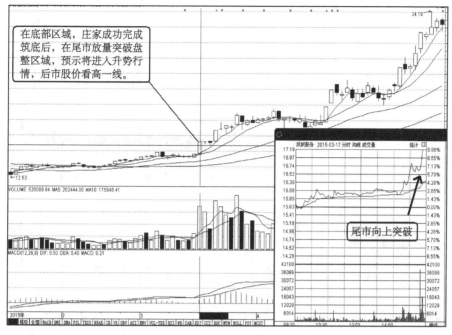

图 13-19

实例 13-20

图 13-20，龙溪股份(600592)：庄家大幅炒高股价后，在高位派发了大量的获利筹码，然后向下变盘。2015 年 6 月 25 日，开盘后股价渐渐盘弱，在尾盘半小时出现加速跳水走势，股价一度触及跌停，在 K 线图中收出一根超过 9 个点的大阴线，并出现双重顶雏形，盘面发出向下变盘信息。次日，股价跳空低开 4.33%，然后逐波奔向跌停板，留下一个当日没有回补的向下跳空缺口。此时，双重顶形态成立，股价向下变盘明确，从此股价出现大幅跳水。

收盘异动理论告诉我们，今日尾市有消息，效应会延续到第二日一早。这是一个十分合乎逻辑的推论，有人做过一些研究统计，发觉这个理论准确性程度十分高，是一个炒短线股票的可取策略。如果今日尾市有消息，理论就指示应该立即采取行动。今日尾市采取行动，譬如在尾市好消息之下买入，明日在利好消息仍然发生效应之下，趁高开之机，立即平仓，获利不菲。

当然，世事并非一成不变，利好消息引发收盘异动，使尾市股价狂升，如果收盘之后证实是"流言"，明日股价可能会跌得面目全非。但只要持之以恒，长期运用尾市理论，赢利肯定是比较大的。不过，千万不要太贪。如果昨日尾市拉升时买入，今日高开，根据理论就应立即获利回吐，不要希望市势不断上扬，因为到今日尾市又可能有坏消息流入市场。用这个理论只做隔夜市，无论是赚是蚀都要平仓了断，否则，一旦看错，死不认错，可能越陷越深，不赚反蚀，而且越蚀越心寒。或者当你有钱赚时又希望能赚更多，市势却突然转变，原本可以赚钱却变成亏本，浪费机会和时间。如果要做一些中长线买卖，就应该参考其他理论。

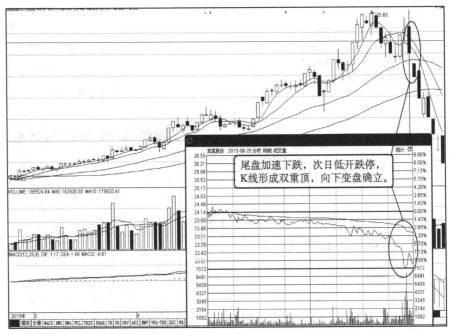

图 13-20

3. K线——大阴大阳

具有变盘意义的K线,就是标志性K线,它是指位于均线系统"多头发散起始点"或"空头发散起始点"的单根或2~3根组合K线,通常以单根K线居多。前者称之为"标志性阳K线",为做多信号;后者称之为"标志性阴K线",为做空信号。标志性K线一旦出现,往往意味着庄家的进场和离场,或者说是头部和底部的确立,其可信度很高。

标志性K线不仅可以出现在日线图上,还可以出现在周线图或月线图上。标志性K线通常以大阳线、大阴线和带长上下影线的K线为信号,有且只有站(倒)立式、贯穿式和跳空式三种。

对标志性阳K线而言,所谓"站立式",就是站在均线系统之上,阳线的根部和均线系统平齐;所谓"贯穿式",就是从均线系统的下方向上贯穿,切断均线系统;所谓"跳空式",就是跳空站在均线系统上方。无论这三种中的哪一种,都必须伴随着成交量的明显放大。标志性阳K线也有一些变种,如有时候表现为一前一后两根放量K线,放量是为了突破均线系统的压力。

对标志性阴K线而言,所谓"倒立式",就是倒悬于均线系统之下,阴线的开盘价和均线族平齐;所谓"贯穿式",就是从均线系统的上方向下贯穿,切断均线系统;所谓"跳空式",就是完全脱离均线系统,以跳空的形式位于均线系统下方。与标志性阳K线不同的是,这种形态所对应的成交量没有明显特色。标志性阴K线也可能演变为"三连阴切断均线系统""五连阴切断均线系统"等经典形态。

需要特别强调的是,标志性K线变盘信号的前提是"均线发散起始点",短、中、长三条均线由黏合状态向发散状态转变的节点位置,也就是说股价到了变盘的临界点,这样才能认为是有意义的标志性 K 线。

实例 13-21

图 13-21,达安基因(002030):这是站立式标志性 K 线变盘实例。该股探底成功后,缓缓向上爬升到前期盘整区域,然后进入横盘震荡走势,均线系统渐渐收窄,接近黏合状态,成交量持续大幅萎缩,意味着股价到达变盘临界点,此时投资者应关注盘面变化,一旦向上变盘应立即介入。2015 年 2 月 13 日,一根放量涨停大阳线拔地而起,股价突破整理平台,均线系统向上发散,这根大阳线成为站立式标志性 K 线,就是一个向上变盘信号,此时投资者应大胆介入。

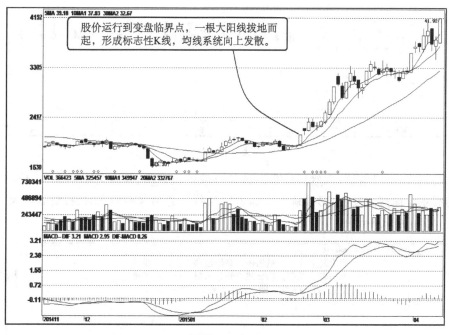

图 13-21

实例 13-22

图 13-22,商赢环球(600146):这是贯穿式标志性 K 线变盘实例。该股依托 30 日均线稳步上行,在 2015 年 5 月中上旬股价形成横盘整理,与均线渐渐接近,均线系统几乎呈黏合状态。5 月 19 日,一根光头光脚的放量涨停大阳线从均线系统下方向上贯穿而过,一针穿三线,形成贯穿式标志性 K 线。这根大阳线如出水芙蓉,亭亭玉立,随后均线系统多头发散,股价向上变盘。

实例 13-23

图 13-23,健康元(600380):这是跳空式标志性 K 线变盘实例。该股小幅上涨后进入横盘震荡整理,成交量持续低迷,均线系统呈现微向上胶着状态,预示股价即将变盘,此时应关注盘面变化,一旦向上变盘立即介入。2015 年 2 月 13 日,股价跳空高开 2.26%,盘中小幅

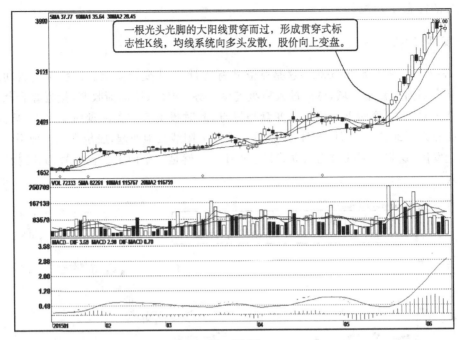

图 13-22

回落但未回补向上跳空缺口,然后放量两波拉至涨停板,直至收盘封单不动,股价突破整理平台,均线系统向多头发散,形成跳空式标志性K线。遇到这种形态时,投资者应大胆介入,随后股价出现主升浪行情。

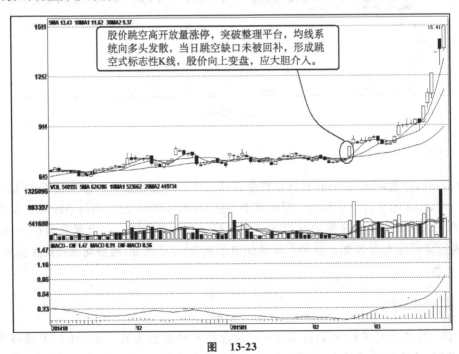

图 13-23

标志性阴K线与标志性阳K线的分析意义正好相反,由于篇幅有限,对标志性阴K线不作举例分析,请投资者结合实盘自行总结研判。

4. 量能——天量地量

天量和地量只是一个相对的概念,指的是个股走势出现前所未有的成交水平。相对地说,天量是指在近一轮行情周期中,从没有出现过的成交水平,而且这个成交水平出现后,短期内也不大可能重复出现。所以,相对的天量要具备两个条件:一是近一轮行情周期中从未出现的成交量;二是这个成交量过去及以后很难在短期内再次出现。天量天价,出现天量以后要注意回避,并采取卖出的操作方式。地量与天量对应,也是相对来讲的,表示的是成交量较前期低很多。成交量经过天量到地量的转化,并从地量缓慢增多的过程就会企稳了。

天量与地量要有一个参照点,没有参照点的天量和地量是没有任何意义的。如何设立这个参照点,每个人都有自己的观点。一般的参照点就是历史均量,也就是出现历史最大量之后的一段时间内一定会有一次或几次的地量出现,如果是几次,那么这几次所对应的价格一定是一个比一个高才对,如果不对那么就证明趋势尚未成立,也不是进场的时机。通常,天量对应的价格难以逾越,地量对应的价格也是难以跌破,如果这两点价格被反复穿越或击破,那就是要关注的股票。

高位天量应用法则:①股价处于大幅上涨的高位,或前期有过加速上冲走势,股价累计涨幅较大;②成交量必须创出近期新高;③量价出现背离;④股价远离均线系统。符合上述条件的个股,应当引起高度警惕,股价很快将会出现向下变盘。

实例 13-24

图 13-24,南京化纤(600889):该股进入上升趋势后,股价逐波走高,2015 年 6 月 15 日盘面出现异动,在没有任何消息干扰的情况下,股价无缘无故大幅低开 6.77%,全天一直在昨日收盘价之下弱势震荡,一度触及跌停板位置,而成交量保持较高水平,显示庄家愿意以较低的价格出售。在临近收盘前 10 分钟,再次放出巨量,股价从跌停板边缘直线拉至涨停,当天换手率达到 18.21%,放出近一年多来的天量,说明庄家利用对敲放量出货。

实例 13-25

图 13-25,海伦钢琴(300329):2015 年 9 月下旬开始,股价渐渐向上走高,后期股价出现加速上涨,成交量持续大幅放大,从 10 月 21 日起连续 8 个交易日平均换手率为 35.83%,成交量创出近期天量,且在高位出现放量滞涨现象,说明股价将要发生变盘。11 月 2 日终于出现向下变盘,股价以"⊥"字形跌停。

地量的出现往往意味着股价接近阶段性底部。但地量的出现,仅仅是底部的一个信号,地量出现后底部并不一定立即随之出现,可能出现三种运行方式:一是继续地量。二是放量下跌,在长期下跌的末端,出现地量后再次放量下跌,基本可以肯定是底部信号。三是放量上涨,是典型的上涨信号。

地量大多出现在筑底区域、洗盘末期和拉升之前这三个阶段。地量可以用来预测调整是否结束,以及当前的调整是中级调整还是小级别调整。如果成交量在下跌过程中能够迅

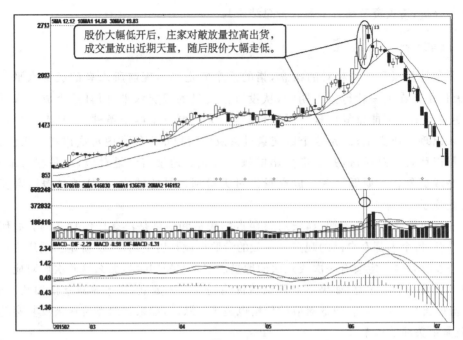

图 13-24

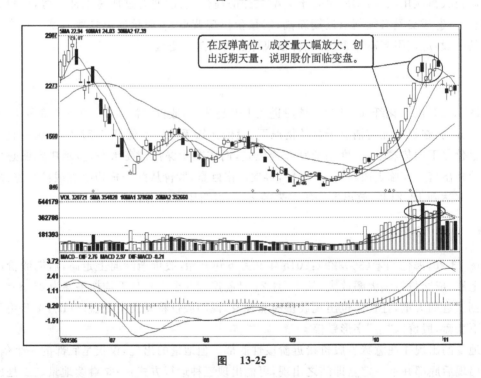

图 13-25

速缩小到高峰期的 30% 以内，则调整可望结束，牛市继续上涨的概率较大。反之，如果下跌过程中成交量不能萎缩，说明市场分歧较大，庄家在利用人们的惯性心理大幅减仓，调整的幅度会加大，时间会延长。

地量的应用缺陷就是对地量的判断问题，当日出现量能的极度萎缩，但很难确定为地量,要结合其他指标应用。在分析地量时,必须结合市场趋势,趋势向上时,如果确认出现地量,可以择机介入。当趋势向下时,即使出现地量,也要谨慎,不要轻易介入。同时,还要结合技术分析、个股实际情况和资金动向等。

地量的选股技巧:一是波动幅度逐渐缩小;二是成交量缩小到极点;三是量缩以后出现量增;四是成交量连续放大且连续收出阳线;五是突破之后均线开始转为多头排列。

实例 13-26

图 13-26,旋极信息(300324):股价小幅爬高后进入横盘震荡整理,成交量持续萎缩至地量水平,说明下跌空间已经不大,随着盘整的延续,均线系统渐渐收紧并呈黏合状态,这种现象预示股价面临变盘,投资者应积极关注。一般而言,这种底部缩量盘整走势,大多出现向上变盘的可能性较大,此时投资者应积极关注,一旦向上变盘应大胆介入。2014 年 5 月 22 日股价放量走高,形成站立式标志性 K 线,均线系统向上发散,成交量持续放大,一轮涨势行情由此展开。

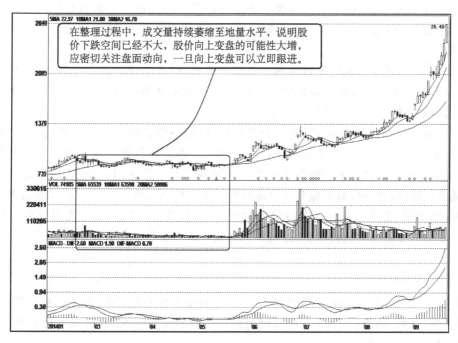

图 13-26

地量是个实用较强的技术指标,在股市中各种技术指标多种多样,但骗线、骗量、骗指标也不少。那么,在众多的技术指标中,有没有一种较少欺骗性的、最简单的指标呢?答案是肯定的,那就是地量。

(1)地量在行情清淡的时候出现最多。此时,人气涣散,交投不活,股价波动幅度较窄,场内套利机会不多,几乎没有任何赚钱效应。持股的不想卖股,持币的不愿买股,于是地量的出现就很容理解了。这一时期往往是长线庄家进场的时机。

(2)地量在股价即将见底的时候出现的也很多。一只股票经过一番炒作之后,总有价格向价值回归的道路。在其慢慢下跌途中,虽然偶有地量出现,但很快就会被更多抛压淹没,可见地量持续性较差。而在股价即将见底的时候,该卖的都已经卖了,没有卖的也不想再卖了,于是地量不断出现,而且持续性较强。如果结合该公司基本面的分析后,在这一时期内介入,只要能忍受得住时间的考验,一般均会有所收获。

(3) 地量在庄家震仓洗盘的末期肯定也会出现。任何庄家在坐庄的时候,都不愿意为别的投资者抬轿子,以免加大自己拉升途中的套利压力,于是,拉升前反复震仓、清洗获利盘就显得非常必要了。那么,庄家如何判断自己震仓是否有效,是否该告一段落呢?这其中方法与手段很多,地量的出现便是技术上的一个重要信号。此时,持股的不愿意再低价抛售,或者说已经没有股票可卖了,而持币的由于对该股后市走向迷茫,也不敢轻易进场抢反弹,于是成交清淡,地量便油然而生,而且一般还具有一定的持续性。这一时期往往是中线进场时机,如果再结合其他基本面、技术面的分析,一般来说均会有上佳的收益。

(4) 地量在拉升前的整理阶段也会间断性地出现。一只股票在拉升前,总要不断地确认盘子是否已经很轻,以免拉升时压力过大而坐庄失败。换句话说,就是拉升前要让大部分筹码保持良好的锁定性。而要判断一只股票的筹码锁仓程度,从技术上来说,地量间断性地出现是一个较好的信号,由于庄家需要不断地对倒制造成交量以达到震仓目的,所以,这一阶段中,地量的出现是间断性的。如果能在这一时期的末期跟上庄,可能会吃到这只股票最肥的一段。

由此可见,地量作为成交量指标的一种表现形式,由于其不可能存在欺骗性,而且对投资者的操作具备相当的实战指导价值,因而被认为是最有价值的技术指标,其真实性及实用性是其他技术指标所望尘莫及的。

但是,多空双方看法高度一致时也会出现地量,如一致看涨或一致看跌,就会出现无量上涨或无量下跌的情况,这时地量与地价没有什么关系。通常出现在筹码主要集中在庄家或散户的股票上。如果筹码主要集中在各种不同利益的庄家之间,由于各庄家之间看法雷同,造成成交稀少,这时候的地量与地价也可能就没有什么关系了。我们可以找到很多庄家高度控盘的股票,尤其在股价处在高位的时候,成交量稀少。如果筹码主要集中在散户之间,散户之间的交易通常比较稀少,这时候的地量与地价也没有什么明确的关系了。

实例 13-27

图 13-27,华鹏飞(300350):该股在 2015 年 2 月至 6 月的行情中,由于庄家高度控盘,盘中交投稀少,从而形成股价持续上涨而成交量持续萎缩至地量水平,出现无量上涨情况,这时地量与地价没有任何关系。

5. 信号——事不过三

俗话说:一而再,再而三,三而竭。在这里向大家介绍一条非常实用的操盘经验,那就是当相同的信号出现三次以上时,这个信号就不准确了,说明市场将要变盘,也就是说,庄家前面几次用的是假动作、假信号,而出现三次以上时就是真动作、真信号。比如说,股价前面几次遇到支撑时均出现回升,而当三次以上遇到同一支撑位置时,可能就没有支撑作用了,股价就会出现向下突破。同样,股价前面几次试探压力时均出现回落,而当三次以上试探同一压力位置时,可能就没有压力作用了,股价往往会向上突破。总之,一种模式运行时间过长,并多次出现时,就会引起变盘,市场转换为一种新的运行模式。

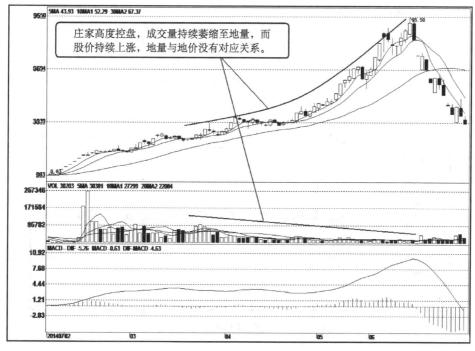

图 13-27

这条经验可以延伸到台阶式走势、形态整理等技术领域,甚至还可以运用到消息之中(如三次以上的同一利多消息,已经不"多"了,反之亦然)。而且也与波浪理论相吻合,大家知道波浪理论中有 5 个推动浪,而这 5 个推动浪中 1、3、5 为上升浪,2、4 为调整浪,股价经过 1、3、5 三波拉升后,预示着整个波浪已经走完,随后将是 A、B、C 三浪调整,调整浪也与"事不过三"对应。

"事不过三"的操盘原则:在多头行情中,一次大胆买入,二次酌情买入,三次谨慎买入,四次拒绝买入,在空头市场中则相反。需要强调的是,在出现三次以上相同信号时,是否形成变盘走势,必须结合其他技术综合分析。下面结合实例作进一步分析。

实例 13-28

图 13-28,实达集团(600734):该股在 2014 年 6 月进入上升通道,30 日均线坚挺上行。8 月底,股价第一次小幅击穿 30 日均线,然后快速拉起,股价继续上涨。10 月底,股价第二次击穿 30 日均线,又被快速拉起。11 月中旬,股价第三次击穿 30 日均线,但回升力度大不如前。然后股价反弹时遇前高压力,当第四次股价跌破 30 日均线时,真的"狼来了",此后股价出现较长时间的调整。

实例 13-29

图 13-29,昆百大 A(000560):从该股 2015 年 2 月至 6 月的走势中可以看出,在上涨趋势中前面三次股价回调到 30 日均线附近时均遇到较强的支撑而回升,而第四次回落到该支撑位置附近时,一举向下有效击穿,股价由此出现快速下跌行情。

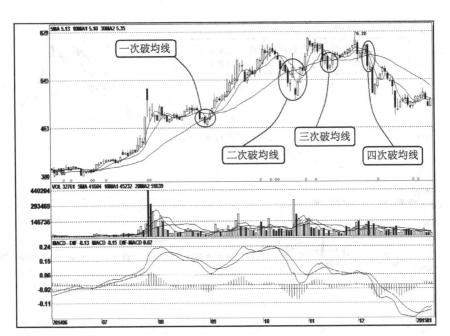

图 13-28

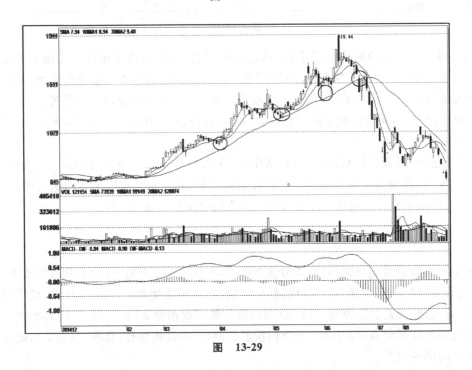

图 13-29

实例 13-30

图 13-30，锦龙股份（000712）：庄家在高位出货期间，股价几次跌下去又被拉起来，市场有惊无险，重回震荡中枢。有的散户见此走势反而放心了，认为庄家在蓄势整理。可是，在 2015 年 6 月第四次下跌到前期低点附近时，股价却没有任何反弹，而是直接向下变盘。

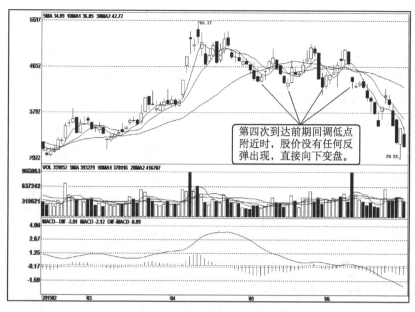

图 13-30

实例 13-31

图 13-31，龙元建设（600491）：2014年9月，该股小幅上涨后回落震荡整理，形成一个阶段性小高点，该位置对后市股价上涨构成不小的压力。10月中上旬，股价回升到前期小高点附近时，遭到抛压而回落。11月上旬，再次发起攻击时，仍然无功而返。此后，经过一段时间的震荡整理，上方压力逐步得到消化，第四次发起攻击时，则成功突破，股价向上变盘，此后股价加速上涨。

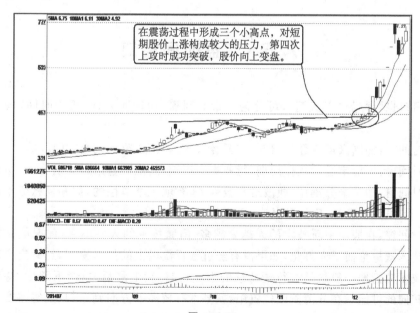

图 13-31

实例 13-32

图 13-32,中国武夷(000797):该股在 2014 年 7 月脱离底部区域后,股价台阶式上涨,前面三级台阶很有规律,可是,2015 年 6 月进入四级台阶整理时,股价就出现向下变盘了,再次验证了市场信号事不过三的可靠性。

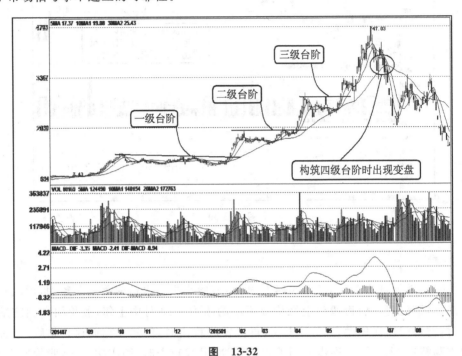

图　13-32

五、变盘时间窗口

时间窗口也可称为"变盘期",可分为政策时间窗、周期时间窗、理论时间窗、技术时间窗等。

政策时间窗:如国家重要会议召开、重要经济数据公布、重大调控时间段等。

周期时间窗:如股市运行规律周期、行业生命周期、其他一些运行周期等。

理论时间窗:如黄金分割位,菲波纳奇数列,还有就是季节性的,如春夏秋冬不同节气的时间窗口等。虽然是理论,宁可信其有,也不信其无。

技术时间窗:在股市中玩技术的人越来越多,但懂技术的人并不多,何况能做精技术的人更少。技术随量价而千变万化,如果没有经过数百次以上的技术操练,那肯定会在技术上吃大亏。技术变盘期一般是处在行情持续的末端,如持续上涨后、持续下跌后、持续盘整后发生变盘转向的可能。在分清阶段位置中,就基本有较高的方向判定,只是等待变盘信号出现。简单地说,上涨后高位出现放量大阴下跌或向下跳空缺口、下跌中后期出现大阳或向上跳空缺口、横盘箱体后的向上或向下突破上下轨道线时,这些是已经变盘的信号。

这里介绍几种简单的变盘时间窗口预测方法,供投资者参考。

1. 日历预测法

这种方法就是将时间天数与黄金分割数字结合起来,测算可能出现的变盘日期。

实例 13-33

图 13-33,上证指数(000001):从 2015 年 2 月 6 日到 6 月 15 日共走了 85 个交易日,这段时间称为上涨时间。根据黄金分割数字 0.25、0.33、0.382、0.50、0.618、0.667、1,这几个关键数字进行乘法计算。

然后,用前期上涨时间 85 分别乘以上述黄金分割的数字:85×0.25、85×0.33、85×0.382、85×0.50、85×0.618、85×0.667、85×1,分别得出(四舍五入):21、28、32、43、53、57、85,这些数字所对应日期就是变盘日。那么,时间运行到该变盘日时,结果到底怎样呢?

7 月 15 日,反弹结束,大盘下跌 3.03%,收中阴线,预测结果准确;

7 月 24 日,冲高回落下跌 1.29%,次日大跌 8.48%,预测结果准确;

7 月 30 日,反弹结束,大盘下跌 2.20%,预测结果较准确;

8 月 14 日,大盘收小星线,变化不大,预测结果偏差;

8 月 28 日,加速上涨,大盘大涨 4.82%,预测结果准确;

9 月 7 日,加速下跌,大盘下跌 2.52%,预测结果较准确;

10 月 21 日,大盘下跌 3.06%,预测结果准确。

可见,预测结果只有一次出现偏差,其余预测结果准确或较准确。这个方法只可以用来算大盘,在大盘好使,在个股失灵。因为个股有人为因素,个股几乎就是不好用。

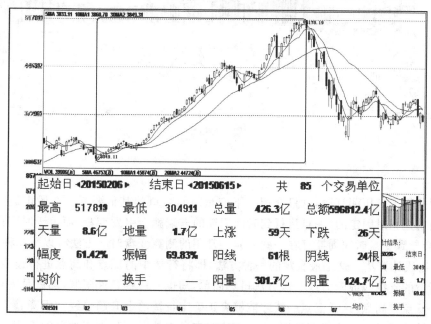

图 13-33

2. 涨跌等长周期

涨跌等长周期就是出现明显的上涨(下跌)多少天,那么下跌(上涨)多少天,那里就是变盘日。其实这种方法可以归到黄金分割里面,但是由于其特殊性,所以把它单独提出来讲。这种方法适合于短线操作,且在震荡盘整行情中较为可靠,在趋势行情中准确率往往不可靠。

实例 13-34

图 13-34,上证指数(000001):这是上证指数 2014 年 1 月到 6 月的走势图,涨跌天数具有较高的对称性,可以作为短线买卖参考。在实盘中可以灵活运用,允许一二天的偏差。当然,这种现象有一定的巧合性,一般不作为买卖的决定性依据,可以辅助其他技术分析结果使用,因此不作重点推荐。

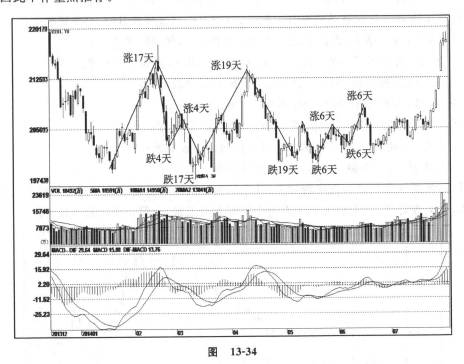

图 13-34

3. 重要时间周期

上面分析了日历测算法,这里介绍一下变盘时间窗口的其他要素。在股市运行中有一些时间周期是相对固定的,一旦运行到时间周期的末端就会引发变盘,而由于时间设定方法很多,就会导致变盘时间周期存在一些差异。常用的测算变盘时间方法有以下几种。

(1) 连线计算法。这是最直观的一种方法,即将行情中的低点和高点进行连线,从而直接找到行情的支撑线或阻力线。该方法虽然简单,却也有一些条件限制,那就是需要至少明确的三个低点和高点,这样三点一线才能够真正确定行情的上升趋势线和下降趋势线,而一旦行情频繁震荡或者运行周期较短,这种方法就容易失效。而且由于选点的不同,也会导致所计算的点位出现重大的误差,不过对于新股民来说,这种方法依然是感知市场行情,逐步建立趋势概念的好方法。

(2) 均线法。这种方法较连线计算法有一定的改进,均线是由行情生成的,不会产生因选点差异而带来的差异,此外均线本身还有平均成本的意义。比如5日均线是5日内股价的平均成本,而且5日均线也就相当于将周K线浓缩为一个点,随后点动成线。一旦均线相互黏合,则说明市场多个时间周期的平均成本相同,此时就极易引发市场资金的共振效应,因为资金最敏感的时期就是行情在其成本区间波动时,此时盘面很小的变化就会导致其由亏损变成赢利,或者由赢利变成亏损,这样的变化也会直接影响到资金的操作,而如果大量资金都是类似的情况,自然就会引发变盘,即向上或向下的突破。所以均线的合理运用是投资者判断趋势的关键,当然均线也有其劣势,那就是会有一定的滞后性,尤其是长周期的均线,需要等待一段时间走势后才会体现,这也是为什么很多时候股价突破均线后会有反复争夺,不过整体上均线是投资者在市场胶着状态时判断行情是否要出现变盘的关键指标,而一旦行情实现突破后,均线的作用就会大大降低,尤其是在预测顶部方面,均线很难发挥作用。

(3) 神奇时间效应计算法。主要是指行情由下跌转为上涨过程中经常出现的一些固定的时间周期,也就是所谓的"3和5效应",一旦反弹持续5天后经过3天的确认有效,那么就能够迎来3周的安全平稳期,一旦行情持续了5周,经过3周的确认就会迎来3个月的安全运行时间。根据这样的特性,就能够提前预测相关的变盘时间点。这种方法简单实用,非常适合投资者在实盘中应用,不过在实际应用过程中对于投资者的执行力是一个考验,比如在5天和5周后的3天确认期中市场出现了横盘,此时无法预知市场究竟是向上还是向下突破,那么也要做好止损止盈的准备,一旦市场走势出现就必须严格地执行对应的操作,哪怕原先的计划多么完美都不能改变市场走势这个客观事实。换句话说,虽然这种方法能够提前预测市场的变盘点,但一般投资者毕竟不是行情的发动者和改变者,只是行情的顺应者,因此千万不要陷入臆造行情的误区中,一切还是以实盘走势为准,无条件服从市场走势。

(4) 止损止盈法。也就是说投资者将指数按照平时操作个股那样进行止损止盈的设定。该种模式的主旨是,放弃小部分空间来换取操作上的主动,追求风险与收益比的合理。具体到操作上是两层含义:第一层含义是提前预知变盘点,主动出击,采取风险控制,以小博大。也就是说采取提前对某个板块加仓的操作模式,比如说国庆行情或者是春节红包行情,都是类似的做法。第二层含义是无法预测变盘点,通过被动方式博弈。作为散户未必每次都能够提前预知变盘点的具体位置,但能够对于市场可能出现的变盘有一定的感知。比如说,市场已经横盘很久都无法突破,而此时又出现了一些利空或利好要素,对庄家来说必然要尽快寻找突破方向。再比如说,量在价先,市场方向并未明确,而明确在量能上发生变化,量能开始快速萎缩或者放大,这往往也是突破的前兆。

(5) 趋势技术计算法。这个相对复杂,也没有前面那些分析法直观,利用的是"赚在起跑线",寻找趋势惯性的拐点,也就是其将时间、量能和指数空间三者进行了叠加分析。量能的意义在于让投资者更好地把握市场的"惯性",根据牛顿定律,惯性与物体质量有关,物体质量越大,惯性越大,而动能与物体质量和速度均有关。将其具体运用到股市中,股市中的"质量"就是资金,而速度实际上就是股价上涨或下跌的快慢,那么个股或指数在单位时间段内量能越大,其趋势的惯性也就越大,出现转势时消耗的时间也就越大。在相同的动能下,要想加快股价上涨的速度,只有选择资金消耗量小的个股,这其实也是为何往往中小盘股的

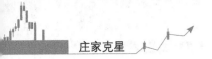

股性更为活跃的原因。在相同速度下,惯性越大的个股对资金的消耗也越大。

总的来看,由于股市行情的时间设定方法很多,就会导致变盘时间周期存在一些差异,此时投资者就要明确,规律性的东西要比具体的点位和时间更重要,或许使用不同的方法得出来的生命线和变盘点不同,但这不要紧,重要的不是具体数值上的差异,而是投资者要及时根据市场发生的变化进行操作上的改变,这样才能够趋利避害,顺应市场的变盘。

六、变盘和洗盘的区别

分辨庄家是洗盘还是变盘,在操盘中十分关键,直接关系到投资能否盈利。结合历史走势规律,可以通过以下几种特征进行综合研判和识别。

1. 价格变动的识别特征

洗盘的目的是为了恐吓市场中的浮动筹码,所以其走势特征往往符合这一标准,即股价的跌势较凶狠,用快速、连续性的下跌和跌破重要支撑线等方法来达到洗盘的目的。而变盘的目的是为了清仓出货,所以其走势特征较温和,以一种缓慢的下跌速率来麻痹投资者的警惕性,使投资者在类似"温水煮青蛙"的跌市中,不知不觉地陷入深套。

2. 成交量的识别特征

洗盘的成交量特征是缩量,随着股价的破位下行,成交量持续不断地萎缩,常常创出阶段性地量或极小量。变盘时成交量的特征则完全不同,在股价出现滞涨现象时成交量较大,而且,在股价转入下跌走势后,成交量依然不见明显缩小。

3. 持续时间的识别特征

上涨途中的洗盘持续时间不长,一般5～12个交易日就结束,因为时间过长的话,往往会被投资者识破,并且乘机大量建仓。而变盘的时候,股价即使超出这个时间段,仍然会表现出不温不火的震荡整理走势或缓慢的阴跌走势。

4. 成交密集区的识别特征

洗盘还是变盘往往与成交密集区有一定的关系,当股价从底部区域启动不久,离低位成交密集区不远的位置,这时出现洗盘的概率较大。如果股价逼近上档套牢筹码的成交密集区时遇到阻力,那么,出现变盘的概率比较大。

第十四章 散户克庄

一、传统经验新解

中国股民历经20多年的市场磨炼，总结出不少成功的操作经验，有的甚至已上升为一种理论，为普通投资者所接受。但有时也会被庄家用来造假。

1. 久盘必跌

股价上涨到相对高位，经短暂的技术调整后，继续走高或反转向下，这是行情的延续或转势，投资者容易识别。但是，有的庄家比较刁滑，在相对高位进行长时间的盘整，后市是涨是跌方向不明，投资者难以识别。根据传统经验，这种盘势的后市大多选择向下破位走势，故有"久盘必跌"之说。由此也常常被庄家用来作为洗盘或吸货的手段，以欺骗其他投资者。不久，股价出现更为强劲的上升走势。

实例 14-1

图14-1，哈空调（600202）：庄家完成建仓计划后，于2014年7月向上脱离底部，股价从4元多涨到7元多，涨幅超过80%。然后，在高位呈现横盘震荡走势，时间长达4个多月，成交量大幅萎缩。按传统经验，该股在当时的环境下涨幅已经算是不小了，在高位盘整这么长时间不上涨，散户显然有些顾虑，怀疑庄家在出货，此时"久盘必跌"的传统经验越来越凸显出现，不少散户选择落袋为安，相继抛售手中的股票。可是不久，股价在2015年2月开始缓缓向上盘升，成交量温和放大，走出一波靓丽行情。

在这类个股中，若是上涨中继调整，则盘整是为了蓄势，通常盘整时间越长，筹码换手越充分，后市上涨的空间越大；若是顶部震荡，那么盘整是为了出货，通常盘整时间越长，堆积的筹码越多，就属于"久盘必跌"类型，一旦股价向下突破这一区域，将成为中长期的一个重要阻力位，多头要想重新突破这一区域，需要很大的力量和良好的市场环境才能突破，投资者遇到这种情形时，应逢高及时退出观望。那么如何鉴定是中继调整还是顶部盘整呢？可以参考以下技术要点。

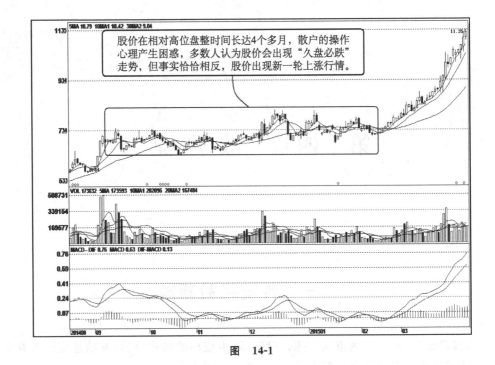

图 14-1

(1) 在股价见底之前，累计下跌幅度较大，有一个充分的蓄势筑底过程。

(2) 在出现盘整之前股价累计涨幅不大，则属于蓄势整理，"横有多长，竖有多高"，说的就是这种盘面。

(3) 在盘整过程中，成交量大幅萎缩，说明筹码稳定，没有出逃迹象。

(4) 关注大势强弱，是否属于偏强性质。

2. 天量天价

股价经过一轮拉高后，处于相对高位，此时庄家为了做盘的需要，便展开整理走势，整理过程中成交量大幅放出，达到近期天量。传统经验认为，在高位成交量持续放大，表明有庄家资金出逃迹象，后市股价会下跌，故有"天量天价""高位放量会跌"之说，投资者应抛出为宜。因此，庄家正利用投资者的这种思维定式，在上涨途中对敲放量，造成高位放量出货假象，当投资者纷纷出售筹码后，盘面却向上突破，股价再上一个台阶。

实例 14-2

图 14-2，康美药业（600518）：经过长时间的底部震荡后，2015 年 2 月 11 日开始连续几天放量上攻，股价向上突破底部盘区，成交量创出了两年多以来的天量。这时由于股价处于有了一定涨幅的相对高位，不少投资者以为庄家放量出货，担心股价出现"天量天价"，于是纷纷抛空离场。但是，股价并没有下跌，在震荡中稳步向上攀高。

成交量为什么会大？在回答问题前，要区分成交量是真的大还是假的大，因为成交量造假在股市中是司空见惯的事情，比如常见的对倒交易。

如果成交量主要是庄家的对倒造成的假成交量，则要看股价处在高位还是低位，如果处

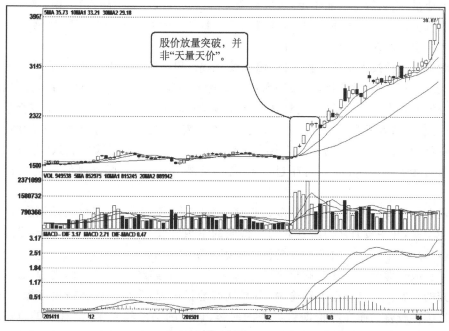

图 14-2

在高位,则很可能是庄家诱多出货,这时候容易出现天量天价。如果发生在低位的对倒,则要注意是不是有什么"地雷",庄家通常先于散户知道某些信息,如果是利空消息,则庄家也会通过对倒吸引散户接盘达到"避雷"的目的,这时候的天量未必对应天价,在低位的股票也会发生暴跌。当然,庄家在低位通过对倒吸引散户的跟风,还可能隐藏着其他动机。因此,如果是假的大额交易量,不管在高位还是在低位,通常情况下,散户均要回避。

如果大的成交量是基于投资者之间的看法差异(即大成交量是真的),这时候的交易主要是在散户和庄家之间发生,需要区分是谁在买,谁在卖。如果庄家在卖,散户在买,并且股票处在高位,则容易出现天量天价,许多经验人士喜欢用"高位、放量、收阴"来描述这一形态,并指导自己的投资。如果股票处在低位,则很可能庄家提前知道了某些利空消息,不惜低位出售股票。这时候的天量未必有天价。如果庄家在买,散户在卖,则需要考虑庄家是否知道了什么潜在的利好消息,这时候即便出现天量,也未必会出现天价,因为价格还会往上涨。

天量的操作技巧:

(1)选出近期成交量突然连续放大,日换手在8%以上,盘中大幅上涨甚至出现涨停的个股作为自选股。其主要特征是巨大的成交量伴随一根大阳线使股价迅速脱离盘整区。这个成交量是3个月以来的最大成交量,换手在8%~25%。

(2)发现目标股不要急于介入,该股放出天量并短线冲高之后必然有缩量回调,为了避免套牢和把握有利时机,可以等回档时再买入。

(3)观察60分钟的MACD是否发出买入信号。在60分钟MACD出现红色柱后的一两个小时介入。买入后耐心持有,并及时关注。

3. 地量地价

股价经过长期的调整后,成交量大幅萎缩至地量水平。根据传统经验,在低位成交量持续萎缩至地量,表明做空动能不足,股价有望见底回升,故有"地量地价"之说,这往往是投资者买入的机会。可是事实并非如此,地量之后无地价,股价仍将继续下跌,其实这是庄家利用投资者的思维习惯所采用的反向做盘。

在股市中各种技术指标多种多样,但骗线、骗量、骗指标也不少。那么,在众多的技术指标中,有没有一种较少欺骗性的、最简单的指标呢?答案是肯定的,那就是地量。地量是个实用性较强的技术指标,不同的人对其可能有不同的定义。一般认为,地量是成交量的一种表现形式,它意味着成交量的极度萎缩;它是一个相对值,也是一个浮动值;地量随流通盘的变化而变化,每日仅几万股的成交量肯定是地量;流通盘过1.5亿股的股票,每日几十万股的成交量当然也是地量;流通盘超过5个亿的股票,每日一二百万股的成交量肯定也是地量。

地量在行情清淡的时候出现最多。此时,人气涣散,交投不活,股价波动幅度较窄,场内套利机会不多,几乎没有任何赚钱效应。持股的不想卖股,持币的不愿买股,于是地量的出现就很容易理解了。这一时期往往是长线庄家进场的时机。

地量在股价即将见底的时候出现的也很多。一只股票经过一番炒作之后,总有价格向价值回归的道路。在其慢慢下跌途中,虽然偶有地量出现,但很快就会被更多抛压淹没,可见地量持续性较差。而在股价即将见底的时候,该卖的都已经卖了,没有卖的也不想再卖了,于是地量不断出现,而且持续性较强。如果结合该公司基本面的分析后,在这一时期内介入,只要能忍受得住时间的考验,一般均会有所收获。

地量在庄家震仓洗盘的末期肯定也会出现。任何庄家在坐庄的时候,都不愿意为别的投资者抬轿子,以免加大自己拉升途中的套利压力,于是,拉升前反复震仓、清洗获利盘就显得非常必要。那么,庄家如何判断自己震仓是否有效,是否该告一段落呢?这其中方法与手段很多,地量的出现便是技术上的一个重要信号。此时,持股的不愿意再低价抛售,或者说已经没有股票可卖了,而持币的由于对该股后市走向迷茫,也不敢轻易进场抢反弹,于是成交清淡,地量便油然而生,而且一般还具有一定的持续性。这一时期往往是中线进场时机,如果再结合其他基本面、技术面的分析,一般来说均会有上佳的收益。

地量在拉升前的整理阶段也会间断性地出现。一只股票在拉升前,总要不断地确认盘子是否已经很轻,以免拉升时压力过大而坐庄失败。换句话说,就是拉升前要让大部分筹码保持良好的锁定性。而要判断一只股票的筹码锁仓程度,从技术上来说,地量间断性地出现是一个较好的信号,由于庄家需要不断地对倒制造成交量以达到震仓目的,所以,这一阶段中,地量的出现是间断性的。如果能在这一时期的末期跟上庄,可能会吃到这只股票最肥的一段。

由此可见,地量作为成交量指标的一种表现形式,由于其不可能存在欺骗性,而且对投资者的操作具备相当的实战指导价值,因而被认为是最有价值的技术指标,其真实性及实用性是其他技术指标所望尘莫及的。

实例 14-3

图14-3,柳钢股份(601003):股价见顶后逐波下跌,成交量持续萎缩,多数交易日的日换手率在0.05%以下,盘面交易清清淡淡,几乎无人问津,人气极度低迷。那么,是否意味着就出现地价了呢?成交量持续萎缩一方面说明投资者惜售;另一方面也是重要的一面,反映市

场十分疲软,投资者根本没兴趣买股票,在弱势市场中扭转趋势绝非易事。所以,市场底下有底,地量之后有低价。

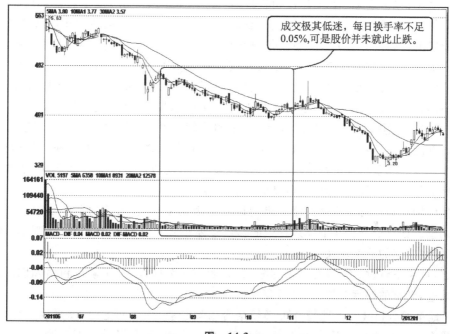

图 14-3

天量和地量只是一个相对的概念,指的是个股走势出现前所未有的成交水平。相对地说,天量是指在近一轮行情周期中,从没有出现过的成交水平,而且这个成交水平出现后,短期内也不大可能重复出现。所以,相对的天量要具备两个条件:一是近一轮行情周期中从未出现的成交量;二是这个成交量过去及以后很难在短期内再次出现。天量天价,出现天量以后要注意回避,并采取卖出的操作方式。地量与天量对应,也是相对来讲的,表示的是成交量较前期低很多。成交量经过天量到地量的转化,并从地量缓慢增多的过程就会企稳了。

(1) 成交量为什么会小?成交量很少,这种情况庄家很难造假,这时候可以认定投资者主要基于自己的看法进行交易,而不是有其他动机。成交量少主要有以下几种情形。

第一,买方(资金持有方)不认同当前的价格,认为价格应该更低才合理,而卖方(股票持有方)也不认同当前的价格,认为价格应该更高,从而惜售。如果潜在的卖方主要为散户,则股价向下从而寻求成交的可能性更大些,稍大点的向下波动,就可以使得天性喜欢追涨杀跌的散户抛出筹码。因此,这时候的地量未必对应地价。地量之后可能还有地量,直到庄家在其认为足够低的价位购入了足够多的筹码为止。因此,地量可能面临价格继续大幅下跌的情形,地量之后的持续温和放量和价格的止跌才可能见到地价。如果潜在的买方主要为庄家,则股价向上从而寻求成交的可能性更大些,稍大点的向上波动,就可以使得天性喜欢追涨杀跌的散户追涨买入。因此,这时候的地量对应地价。如果多空双方主要是不同利益的庄家,散户很少参与,则地量与地价的关系就很不明确了,未来的股价涨和跌的概率相差无几,如果未来价格跌,则今天地量所对应的价格就不会成为地价,反之就成为地价。

第二,买方和卖方看法高度一致,如一致看涨或一致看跌,当前价位下的成交也会很少,这时可以看到无量上涨或无量下跌的情况,即地量与地价没有什么关系。举个例子,现在股价为10元,多空双方均认为会跌到5元,则价格跌到5元之前,成交量都会很少,比如,9元时成交量就会很少,这与5元的地价相差甚远,虽然从时间上看,可能很快就要到地价了,但9元买入将是一个噩梦。看法高度一致,通常会出现在筹码主要集中在庄家或主要集中在散户的股票上。如果筹码主要集中在各种不同利益的庄家之间,由于各庄家之间看法雷同,造成成交稀少,这时候的地量与地价也可能就没有什么关系了。我们可以找到很多庄家高度控盘的股票,尤其在股价处在高位的时候,成交量稀少。如果筹码主要集中在散户之间,散户之间的交易通常比较稀少,这时候的地量与地价也没有什么明确的关系了。

(2) 地量的应用法则。地量的出现,往往意味着股价接近阶段性底部。但地量的出现,仅仅是底部的一个信号,地量出现后底部并不一定立即随之出现,可能出现三种运行方式:一是继续地量。二是放量下跌,在长期下跌的末端,出现地量后再次放量下跌,基本可以肯定是底部信号。三是放量上涨,是典型的上涨信号。

地量应用法则还可以用来预测牛市的调整是否结束,以及当前的调整是中级调整还是小级别调整。如果成交量在下跌过程中能够迅速缩小到高峰期的30%以内,则调整可望结束,牛市继续上涨的概率较大。

反之,如果下跌过程中成交量不能萎缩,说明市场分歧较大,庄家在利用人们的惯性心理大幅减仓,调整的幅度会加大,时间会延长。

(3) 地量的分析技巧。地量分析必须结合市场趋势,趋势向上时,如果确认出现地量,可以择机介入。当趋势向下时,即使出现地量,也要谨慎,不要轻易介入。地量分析必须结合技术分析、个股实际情况和资金动向等。

(4) 地量的选股技巧。一是波动幅度逐渐缩小;二是成交量缩小到极点;三是量缩以后出现量增;四是成交量连续放大且连续收出阳线;五是突破之后均线开始转为多头排列。

4. 低位放量

一般认为,股价经过充分调整后,如果在低位成交量持续放大,表明有场外资金介入,后市理应看好,故在实盘中有"低位放量会涨"之说,是投资者介入的最佳时机。可是,庄家正是利用投资者的这种思维定式,在下跌途中对敲放量,造成低位放量吸货假象,当投资者纷纷介入后,走势却向下突破,股价再下一个台阶。

实例14-4

图14-4,天业通联(002459):该股上市首日冲高到28.35元后开始一路下跌,最低下探到7.25元,然后企稳反弹。2012年7月在反弹过程中成交量持续大幅放出,股价出现向上涨升。此时出现持续大幅放量,被认定为底部放量,吸引了不少投资者的参与。可是,股价并没有真正见底,反弹结束后再创新低,成交量也开始萎缩。此后,盘面上一路调整一路下跌,散户一路补仓一路被套。同样的个股还有东方银星(600753)、青海华鼎(600243)等。

"底部放量会涨"是许多投资者都熟悉的经验总结,在一般情况下该经验是对的。但要实际应用这一经验规律,却需要仔细分析这其中的缘由。因为这一规律是经验性的,而且价和量并不同步,有时候是要失灵的。

(1) 市场上的交易者主要分为散户和庄家,这里散户指信息和资金占劣势的交易者,庄

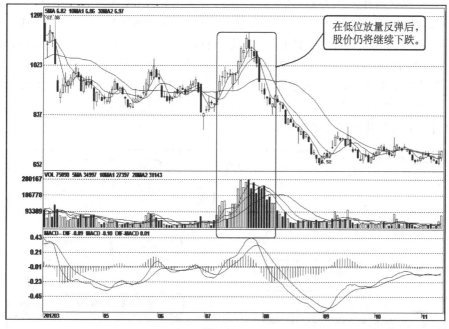

图 14-4

家则指信息和资金占优势的交易者。

(2) 投资者之间的交易动机有：看法有差异、其他特殊目的（庄家交易的动机有可能是看法差异之外的，比如，通过关联账户的交易，吸引散户的注意、在大宗交易中获得的低价股票在二级市场上抛售赚取差价、在不同账户间腾挪资金等）。散户交易主要是基于对走势的看法，而庄家除此之外，还可以是基于某些特殊目的，但主要是基于想引起散户注意的动机。

(3) 交易可以在散户与散户之间发生，但散户之间的交易量不会很大，一方面是因为散户的资金量少；另一方面是散户的看法趋同，经常处在交易的同一方。大的成交量主要发生在散户与庄家之间，也可以发生在相同庄家不同账户之间（出于特殊交易动机），不同庄家之间大的交易通常可以通过大宗交易平台完成。

5. 利好买入

利好消息出台时入场，甚至不惜追涨买入，这是不少散户的习惯做法和经验。认为利好公布，后市股价乐观。如果在上升趋势中出现重大利好，则会加速股市的上涨步伐，这时可以追涨买入。但是，如果在下跌趋势中出现重大利好，会导致股市短期反弹，在反弹之后仍会继续原来的下跌趋势，比如，2015 年 6、7 月的一系列"救市"利好政策和措施，并没有使行情立即止跌上涨，利好之后股指仍将创新低，"利好买入"的散户被套牢在半腰，直到市场底部形成之后，市场才有所起色。

实例 14-5

图 14-5，上证指数（000001）：2015 年 6 月 15 日开始，A 股出现连续暴跌，股指从 5 218.79 点快速下跌到 3 900 点下方，下跌势头依然不止。6 月 28 日央行宣布降准降息的

利好,29日指数仅高开2.31%后,几乎没作任何冲高动作,一路盘跌而下,盘中一度跌幅超过7%,尾盘跌幅稍有收窄,下跌3.34%收盘。此后,大盘继续暴跌,不断创出新低。7月4、5日(周末),决策层再次出台新的"救市"举措,包括暂缓IPO发行、1 200亿资金投放入市、央行为证金公司提供流动性等一系列利好,"救市"上升到"维护国家金融稳定"的高度。7月6日,股指大幅高开7.82%,但盘中仍然一路走低,最后仅上涨2.41%收盘,此后两天继续走低。此后,大盘维持横盘震荡一个月左右,8月18日开始出现新一轮暴跌。由此可见,如果在"利好买入",其结果套得非常惨。

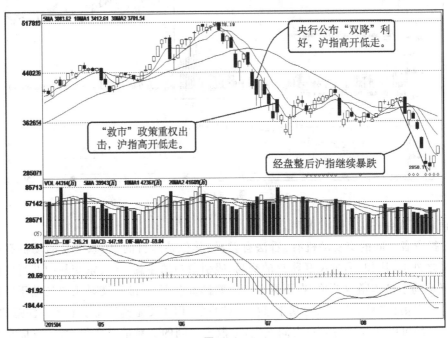

图 14-5

6. 利空卖出

一般而言,遇到利空时卖出这没有错,但具体来讲,如果在上升趋势中出现重大利空,会导致股市短期暴跌和动荡,但调整之后仍会继续原来的上涨趋势。当然,如果在下降趋势中出现重大利空,只会加剧股市的下跌态势,这时应坚决卖出。面对这种利空,如果不能事先得知,基本上无计可施,所能做的就是尽量减小自己的损失,及时止损。

实例 14-6

图14-6,上证指数(000001):A股市场从2014年7月渐渐盘出底部,进入上升通道,市场气氛开始活跃。2015年1月18日晚,市场出现一重大利空:叫停伞形信托和场外配资。受此利空影响,19日股指大幅低开5.53%,全天弱势震荡,当天以下跌7.70%收盘。此时不少投资者以为股市会见顶下跌,于是纷纷出局观望。可是,股指震荡一段时间后,于2月初重拾升势,从3 000附近上涨到5 100上方。

可见,如果市场整体趋势处于大牛市当中,可以不用理会这种利空带来的短期调整,反而是加仓的大好良机,通常调整之后股市会继续上涨。投资者所要高度重视的是一系列的政策利空,因为我国股市受政策的影响较大,政府主观上也存在调控股市的念头,所以必须高度警惕这种连续性的政策利空。

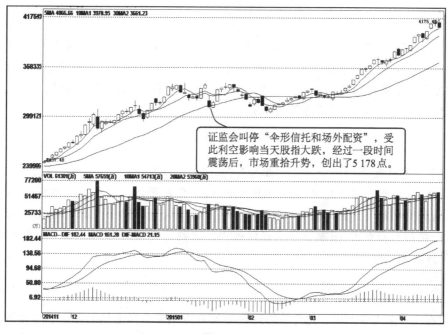

图 14-6

二、庄家经典的盘面阴谋

在股市中,庄家手法多变,狡猾奸诈,从而导致散户追涨杀跌,结果庄家全身而退,而散户被套其中。庄家常用的操盘阴谋有如下几种。

1. 涨、跌停板阴谋

庄家发力把股价拉到涨停板上,然后在涨停价上封几十万的买单,由于买单封得不大,于是散户跟风盘蜂拥而来,然后庄家就把自己的买单逐步撤单,在涨停板上偷偷出货。当下面买盘渐少时,庄家又封上几十万的买单,再次吸引最后的一批跟风盘追涨,然后又撤单,再次派发。

有的个股以跌停板开盘,把所有集合竞价的买单都打掉,许多人一看见就会有许多抄底盘出现,如果不是出货,股价会立刻复原,如果在跌停板上还能从容进货,绝对证明庄家用跌停出货。

2. 尾盘拉高,真出假进阴谋

庄家在收盘前几分钟用几笔大单放量拉升,刻意做出收盘价。此现象在周五时最为常见,庄家把图形做好,吸引股评免费推荐,骗散户以为庄家拉升在即,周一开盘,大胆跟进。此类操盘手法证明庄家实力较弱,资金不充裕。尾盘拉高,投资者连打单进去的时间都没有,庄家图的就是这个。只敢打游击战,不敢正面进攻。

3. 高位盘整放巨量突破阴谋

通常个股换手率超过10%,十有八九是假突破,股价在高位,那么庄家获利甚丰,为何突破会有巨量,这个量是哪里来的?很明显,巨量是短线跟风盘扫货以及庄家边拉边派共同成交的,庄家利用放量上攻来欺骗散户。细分析之,连庄家都减仓操作了,这股价自然就是兔子的尾巴长不了。放量证明了筹码的锁定程度已不高了。

4. 盘口委托单阴谋

在证券分析系统中的五个委买委卖的盘口,庄家最喜欢在此表演,当五个委买单都是三位数的大买单,而委卖盘则是两位数的小卖单时,一般人都会以为上方压力轻,庄家要往上拉升了,这就是庄家要达到的效果。引导散户去扫货,从而达到庄家出货的目的,水至清则无鱼,若一切都直来直去,庄家拿什么来赚钱呢?这就是庄家的反向思维。因此要赚钱,就必须跟庄家步调一致。

5. "推土机"式拉升阴谋

庄家在每一个买单上挂上几百手的买单,然后在五笔委卖盘上挂上几十手的卖单,一个价位一个价位上推,都是大笔的主动性买盘,其实这上面的卖单都是庄家的,吸引跟风盘跟进,此类拉升,证明顶部已不远了,股价随时都会跳水。透过现象看本质,就不会被庄家所骗。

6. 强庄股除权后放巨量上攻阴谋

这种情况大多是庄家对倒拉升派发。庄家利用除权,使股票的绝对价位大幅降低,从而使散户的警惕性降低,由于散户对强庄股的印象极好,因此在除权后低价位放量拉高时,都以为庄家再起一波,做填权行情。吸引大量跟风盘介入,庄家边拉边派,拉高幅度不大,已进场的散户没有很多利润不会出局,未进场的觉得升幅不大可以跟进,这样庄家就在散户的帮助下,把股票兑现为钞票,顺利出逃。

这些都是股市中常见的现象,只是很多投资者不知道怎么利用,将这些现象总结在一起,希望能为每位投资者带来帮助。

三、庄家惯用的做盘手法

(1)收盘前瞬间拉高。在收盘前一两分钟,个股盘口显示突然出现一笔大买单,把股价拉至高位。

此举目的:由于庄家资金实力有限,为节约资金而使股价收盘于较高位,或者通过尾盘突然袭击瞬间拉高,来突破强阻力的关键价位。比如个股股价为10元,庄家欲使其收在

10.8元,如果上午就拉升至10.8元,为把价位维持在10.8元至收盘,就要在10.8元处接下大量的卖盘,需要的资金量必然很大。采取尾盘偷袭的手段,由于大多数人尚未反应过来,反应过来也无法卖出,庄家因此能达到自己的目的。

(2) 收盘前瞬间砸低。在收盘前一两分钟突然出现一笔大卖单,把股价砸至低位。

此举目的:一是使日K线形成光脚大阴线或十字星等较难看的图形,使持股者恐惧而达到震仓的目的。二是为第二天高开并大涨而跻身升幅榜、吸引投资者注意做准备。

(3) 瞬间大幅高开。开盘时涨停或以很大涨幅高开,瞬间又回落。

此举目的:一是突破关键价位,庄家不想由于红盘而引起他人跟风,所以做成阴线,达到震仓的目的。二是吸筹的一种方式。三是试盘动作,看看上方抛盘是否沉重。

(4) 瞬间大幅低开。开盘时跌停或以很大跌幅低开。

此举目的:一是出货,收出大阳,使图形好看。二是操盘手把筹码低价卖给自己或关联人。

(5) 盘中瞬间大幅拉高。盘中涨停或以很大涨幅一笔拉高,瞬间又回落。

此举目的:一是试盘,看看上方抛盘是否沉重。二是建仓,在低位拉高扫货。三是出货,在高位拉高出货。

(6) 盘中瞬间大幅打压。盘中跌停或以很大跌幅一笔打低,瞬间又回升。

此举目的:一是试盘,看看下方接盘的支撑力及市场关注度。二是建仓,在低位制造跳水假象,引出恐慌盘。三是出货,在高位砸低出货,只要下方有接盘就下砸。

四、破解指标陷阱

技术指标是将原始的市场交易数据,如成交量、开盘价、收盘价、最高价、最低价等按一定的方式进行整理,然后将整理后的数据制成图表。因此,技术指标分析就是对整理后的数据、在图表上的位置及演变趋势进行分析,据此来判断股价的变化倾向,从而决定最佳买卖行为。技术指标之所以能体现股价走势,是因为被广泛使用的技术指标容易得到广大投资者的一致或较大程度的认同和信任。它往往是借助于投资者的心理因素对股价产生影响,在相同心理的影响下,当某一技术指标达到一定位置时,投资者会不约而同地采取相同的投资策略。但不是所有指标都适合某人,也不是所有人都适合某指标,必须有选择地使用适合于自己的指标并了解指标的优缺点。

在实盘中,庄家常用指标发出虚假的买卖信号来欺骗投资者做出错误决策。

1. 假位置信号

技术指标的相对位置高低可以提示买卖信号,尽管不同技术指标数值差别很大,但多数都会有一个大体上的或完全固定的波动区间。如随机指标KDJ、相对强弱指标RSI、趋向指标DMI、心理线PSY等技术指标均波动于0~100。当指标值小于一定数值时,为买入信号;当指标值大于一定数值时,为卖出信号。于是,庄家常利用技术指标的位置信号制造虚假图形来欺骗投资者。

实例 14-7

图 14-7,杭齿前进(601177):股价经过长时间的震荡整理后,于 2015 年 3 月开始向上盘升。期间,如果执行 KDJ 指标要求的"高于指标值 80 时卖出",那么即使是低位介入者,也只是获得蝇头小利,一大截利润失之于误判之中。同样,如果执行 KDJ 指标要求的"低于指标值 20 时买入",那么此时介入的投资者,就很难获得利润。这就要求投资者在使用技术指标时,一定要多项技术指标综合起来考虑,如果多项技术指标同时发出买卖信号时,其准确率就高。

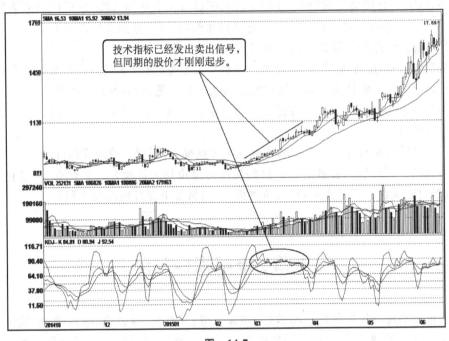

图 14-7

2. 假方向信号

在指标图形中指标的方向向上为买入信号,方向向下为卖出信号。方向信号出现在平衡位置不太可靠,只有出现在超买或超卖区较为可靠。如移动平均线 MA、指数平滑异同移动平均线 MACD、三重指数平滑移动平均线 TRIX、平均线差指标 DMA 等技术指标均具有方向指示性。当指标向上运行时,为买入信号;当指标向下运行时,为卖出信号。于是,庄家常利用技术指标的方向信号制造虚假图形来欺骗投资者。

实例 14-8

图 14-8,中航地产(000043):该股在 2015 年 6 月至 10 月的走势中,TRIX 指标几次出现方向性信号,但股价并没有依照信号所提示的方向运行,形成假方向信号。

3. 假突破信号

当指标突破重要阻力位或支撑位、历史成交密集区、重要中心平衡位置时,是重要的买

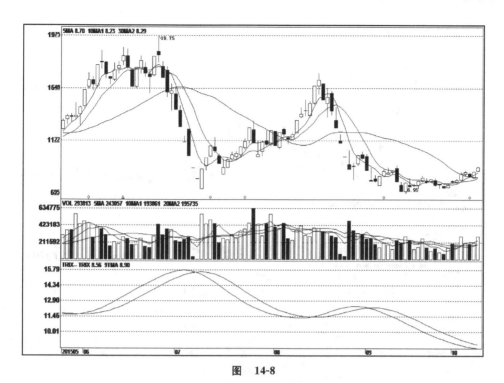

图 14-8

卖信号。如麦克指标 MIK、布林线 BOLL、指数平滑异同移动平均线 MACD、能量潮 OBV、威廉变异离散量 WVAD 等技术指标均具有突破信号。当指标向上突破时，为买入信号；当指标向下突破时，为卖出信号。于是，庄家常利用技术指标的突破信号制造虚假图形来欺骗投资者。

实例 14-9

图 14-9，冀东水泥(000401)：该股在 2015 年 8 月中上旬，MACD 指标上穿 O 轴，本是一个买入信号，可是此处恰恰是一个小高点，从而成为一个假突破信号。

4. 假交叉信号

图形中出现多条指标线时，短期快速线由下向上穿过长期慢速线是黄金交叉，为买入信号；短期快速线由上向下穿过长期慢速线是死亡交叉，为卖出信号。如移动平均线 MA、指数平滑异同移动平均线 MACD、超买超卖指标 OBOS、随机指标 KDJ 等技术指标均具有交叉信号。交叉信号只有出现在超买或超卖区时较为可靠。于是，庄家常利用技术指标的交叉信号制造虚假图形来欺骗投资者。

实例 14-10

图 14-10，思美传媒(002712)：该股在 2015 年 8 月中旬，MACD 指标中的 DIF 线由下向上穿越 MACD 线，构成金叉信号，本是一个买入信号，可是金叉后股价并没有继续上涨，从而成为一个假交叉信号。

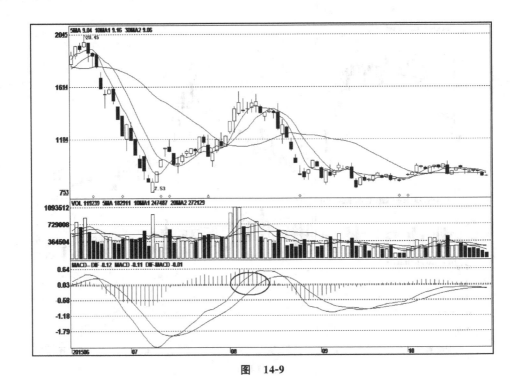

图 14-9

图 14-10

5. 假形态信号

形态分析中的顶部图形、底部图形和中途整理图形的方向判断可用于指标分析,该信号也是出现在超买或超卖区较为可靠。如强弱指标 RSI、心理线 PSY、能量潮 OBV、随机指标 KDJ、变动率指标 ROC、腾落指标 ADL 等技术指标均具有形态信号。于是，庄家常利用技术指标的形态信号制造虚假图形来欺骗投资者。

实例 14-11

图 14-11，德尔未来（002631）：该股在 2015 年 6 月至 7 月的走势中，出现一个标准的"W"形态。按 RSI 指标常规理论，该形态是一个理想的买入信号。可是，该股后来的走势与此恰恰相反，股价不涨反跌，是一个假的"W"形态。

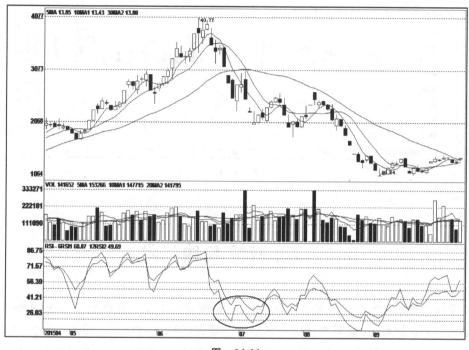

图 14-11

6. 假背离信号

当指标方向与股价涨跌走势方向相反时称为背离，特别是指标与股价其中之一创出新高或新低、另一个未能创出新高或新低时是典型背离。当背离信号出现时，原则上以指标的方向作为买卖依据而不是股价方向。如指数平滑异同移动平均线 MACD、强弱指标 RSI、威廉变异离散量 WVAD、随机指标 KDJ、变动率指标 ROC、涨跌比率 ADR 等技术指标均具有背离信号。于是，庄家常利用技术指标的背离信号制造虚假图形来欺骗投资者。

实例 14-12

图 14-12，东华实业（600393）：该股在 2015 年 4 月至 5 月的走势中，股价不断震荡上涨，而同期的 RSI 指标却逐波向下，股价与 RSI 指标产生顶背离走势。按 RSI 指标的常规买卖原则，应是一个卖出信号。谁知，这是一个假的顶背离信号，经过"三连阴"洗盘后，股价继续强劲上涨。

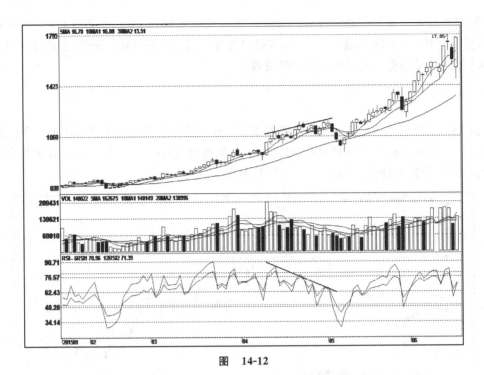

图 14-12

五、破解 K 线陷阱

K线理论源于日本古代的米市,其研究手法是侧重若干天K线的组合情况,推测股票市场多空双方力量的对比,进而判断股市多空双方谁占优势,是暂时的、还是决定性的。K线图是进行各种技术分析的重要的图表。单独或若干的K线形态有十几种甚至几百种。庄家常用的虚假K线组合如下。

1. 假大阳线

大阳线属于低开高走或平开高走的格局,其本身具有强烈地向好信号。在盘中,在接近全天的最低开盘,然后一路狂奔,最终以全天的最高价或接近最高价收盘,其上下影线都较短,或者是光头光脚的大阳线。其市场意义为大阳线出现在市场的底部,尤其是出现在市场开始盘稳之后,往往会以强烈的冲击力突破某个长期压制价位上涨的阻力线。一般而言,大阳线吞没的日K线数量越多,说明反转的意义越大;大阳线一般会带来成交量成倍放大,市场能量的爆发让人感到涨势如虹。

大阳线的失败形态常见,很多追高套牢者发生在大阳线里。因此要注意:①大阳线出现在连续上涨过程的末段时,容易发生拉高出货的技术陷阱。②成交量剧烈放大的大阳线值得高度重视,通常是出货形态。通常换手率在10%以下属于较安全,超过30%应高度警惕。③突破前期高点的大阳线要注意是否属于假突破。如果突破高点时涨幅小于3%时,应考虑是否属于反跌形态。如果大阳线的上影线刺破高点,出现破高反跌的可能性极大。

实例 14-13

图 14-13,亚泰集团(600881):股价见顶后逐波下跌,成交量明显萎缩,形成一条明显的下降趋势线,均线系统空头发散。2015 年 8 月 17 日,在日 K 线上出现一根光头光脚的涨停大阳线。这根放量大阳线看似一个突破看涨信号,不料被第二天的一根跌停大阴线全部吃掉,随后股价继续走低,形成了一个失败形态。这类失败情形多属庄家自救行为,发现巨量长阳之后股价重陷跌势,应作逢高派发之操作计划。

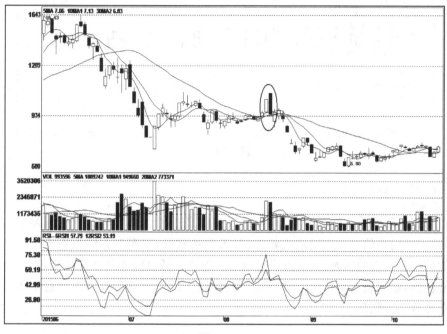

图 14-13

2. 假红三兵

红三兵由三根阳线组成,每日收市价都高于前一天的收盘价,武士勇往直前的精神跃然纸上,市场趋升的形势明朗化,表示可能见底回升。红三兵一般出现在见底回升的初期,升幅不大,动作缓慢,但升势相当稳定。如果红三兵实体过长,短期指标有超买迹象,应引起注意。成交量无太多变化,但在随后的突破飙升时会成倍放大。红三兵也常出现失败形态,低位的红三兵可能是弱势反弹的一种表现形式,大阴线之后的红三兵要提防它演变为下降三角形或下降旗形。

实例 14-14

图 14-14,中国化学(601117):股价见顶后快速下跌,2015 年 7 月 9 日开始连拉三根大阳线,收出一个红三兵形态,但随后股价经过一段时间的横盘震荡后继续下跌,构成了假红三兵形态。

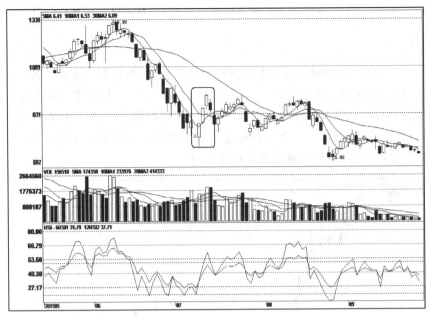

图　14-14

3. 假三只乌鸦

当市场还沉浸在乐观气氛时,三只乌鸦从头顶掠过,令人不寒而栗。三只乌鸦由三根阴线组成,是一种向淡信号。三根阴线相连,每天价格收低,表明多方体力不支。三只乌鸦也常常成为调整或洗盘的形态,具有陷阱的意味。通常在低位可能是整理吸货,在相对高位可能是强势洗盘,随后展开新一轮上涨行情。大阳线之后的三只乌鸦要注意它是否会演变为上升三角形或上升旗形。

实例 14-15

图 14-15,东南网架(002135):股价经过一轮盘升行情后,出现震荡调整走势,2015 年 5 月 5 日开始连跌三天,形成三只乌鸦看跌 K 线组合形态,阴线大小相当,股价一天比一天低,股价跌破 30 日均线。但是,股价很快企稳回升,重返 30 日均线之上,并出现加速上涨走势,三只乌鸦形态成为一种洗盘调整形态。

4. 假早晨之星

早晨之星是 K 线理论中重要的反转形态之一。在太阳尚未升起的时候,黎明前最黑暗的时刻,一颗明亮的星星在天边引导着那些走向光明的夜行人。早晨之星预示股价见底,后市看好。它由三根 K 线组成,第一天由于恐慌盘抛出而出现一根巨大的阴线,大事不妙。第二天跳空下行,但跌幅不大,实体部分较短,星线可阳可阴。第三天一根长阳线拔地而起,收复第一天的大部分失地,股价转危为安。早晨之星出现在长期下跌之后、暴跌之后、上升回调后的准确率较高。

早晨之星常常成为庄家刻意画线的形态,因此需多加留意:①在第三天拉阳线时,成交

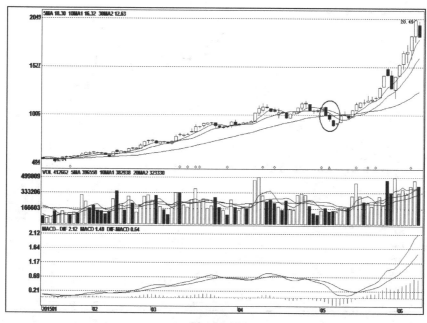

图 14-15

量没有放大。②第四天没有拉出阳线。③股价下跌超过第三天阳线实体的 1/2 处。如果出现其中一种现象，则有可能构成假早晨之星；如果同时出现其中两种或两种以上现象，则假早晨之星确立。

实例 14-16

图 14-16，如意集团(000626)：2015 年 6 月，股价在高位横盘震荡过程中，形成一个标准的早晨之星形态。从走势图来看，如果早晨之星成立，股价应快速上涨，似乎庄家要再做一波。但第二天股价的发展否定了这个具有强烈看涨意义的 K 线组合形态，而是在收了一根阴线后，接着出现连续的下行走势，早晨之星消失在漫漫阴跌之中。很显然，这是一个多头陷阱，早晨之星形成之后没有出现持续的上升走势，也无成交量有效放出，投资者应在股价跌破第三根阳线实体的 1/2 处止损。

5. 假黄昏之星

黄昏之星是 K 线理论中重要的反转形态之一。在太阳从西山之巅缓缓落下，预示曙光即将完结，人们要在黑暗前抓紧行动。黄昏之星预示股价见顶，后市看淡。黄昏之星与早晨之星的形态正好相反，第一天市场在一片狂欢之中步步走高，收出大阳线。第二天跳空冲高，但尾市回落，全天涨幅不大，实体部分较短，星线可阳可阴。第三天转头下跌，一根长阴线似乌云盖顶，抹去了第一天的大部分阳线，股价转强为弱。黄昏之星出现在长期上涨或暴涨之后，几乎可以肯定是反转信号。

黄昏之星常常成为庄家刻意画线的形态，因此需多加留意：①要认真分析行情性质，股价所处位置，防止被庄家洗盘所骗。②如果上影线较长并带有较大成交量应采取减仓观望。③如果股价涨幅很大，黄昏之星见顶的机率较大；如果股价涨幅不大，可以认定为回档整理

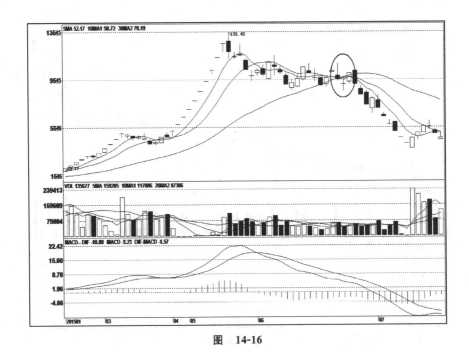

图 14-16

或洗盘。在实盘中,要结合这些盘面现象进行综合分析,以辨别真假黄昏之星。

实例 14-17

图 14-17,美利纸业(000815):2015 年 3 月,在股价上涨过程中,形成一个非常标准的黄昏之星 K 线组合形态。这个形态预示反弹行情的结束,尤其是这天一根光头光脚的阴线,颇有几分恐怖色彩。谁知,黄昏之星出现后,股价并没有出现大幅调整,第四天股价就止跌回升。随后,股价继续大幅盘升而上。

6. 假乌云盖顶

乌云盖顶形态一般由两根 K 线组成,第一根为阳线,第二根为阴线,发生在涨势之中,常被人误以为是市场的调整形态,所以其隐蔽性较好,翻脸之时出其不意。

乌云盖顶常常成为庄家刻意画线的形态,在分析时应注意:①阴线应高开于阳线之上,但收盘价大幅回落,深入到阳线实体部分的一半之下,否则意义不大。跌幅越大,信号越强。②阴线在开盘后曾经上冲,但受阻后掉头向下,说明多头上攻无力,大势见顶迹象初露端倪。③阴线的成交量明显放大,说明庄家派发意愿强烈。④乌云盖顶为次要见顶信号,可靠性因出现的位置不同而不同。通常出现在反弹行情的顶部、涨幅超过 50% 或快速拉升之后的形态可靠性较高,而出现在突破颈线位之后、涨幅小于 30% 的行情中,属庄家洗盘的可能性大。

实例 14-18

图 14-18,天音控股(000829):该股在 2014 年 3 月形成的这个乌云盖顶 K 线组合形态是前期解套盘和底部获利盘蜂拥而出的结果,但实力庄家顶住了这波抛压,继续稳步上行,终于使一个乌云盖顶的空头陷阱充当了强势上升过程中的上涨快速调整。

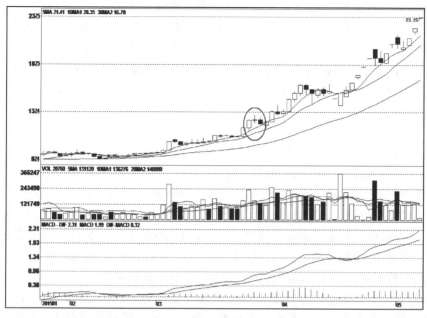

图 14-17

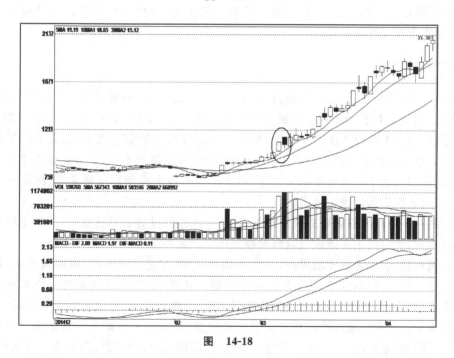

图 14-18

六、破解形态陷阱

形态理论是根据价格图表中,过去一段时间走过的轨迹的形态来预测股价未来的变化趋势,从价格轨迹的形态中,推测出股市处在一个什么样的大环境中,对今后的投资活动给予一定的指导。因此,形态是判断股票走势、所处的阶段、股价潜力以及庄家意图的重要参考要素。但是,标准的形态上涨潜力小,怪异的形态上涨潜力大。其实,真正标准的形态往往是庄家刻意打造出来的假形态,多数产生反向进行;真正能上涨的股票其形态是隐藏在不规则的K线之中。

1. 假底部形态

常见的假底部形态有V形、W形、潜伏形、头肩底、楔形、三角形、岛形等。形态的特征和研判法则,见前面相关章节论述,此不赘述。

(1)假W形底。双重底是一个重要的底部反转形态,具有强烈的看涨意义。但双重底不一定都出现在原始趋势的底部,有时候在市场下跌行情的整理过程中,也会出现小型的双重底形态。也就是说,双重底形态形成之后,后市出现继续下跌的情况亦经常出现,这就给判市测势增加难度,加之庄家见机行使借技术形态发出虚假的盘面信息,因而市场存在许多技术陷阱或失败形态。其常见陷阱或失败形态有以下几种盘面现象。

第一,双重底失败形态。在技术图形上出现双重底形态时,一般预示下跌行情已告结束,后市股价将迎来上涨行情。因此可以根据双重底形态的买卖法则积极买入做多,等待股价的上涨。但在实盘操作中,经常看到双重底失败形态,股价不但没有出现预期的上涨行情,反而下跌将介入的投资者套牢。

实例 14-19

图14-19,天津松江(600225):股价从11元上方一路下跌,最低跌到5元以下,短期跌幅超过60%。这时股价初步企稳并形成反弹,当反弹到一个高点后再次回落,股价回落到前期低点附近时,得到支撑而再次产生反弹,形成一个非常漂亮的双重底形态,预示后市有一段升势行情。这个形态不可谓不吸引人,于是散户投资者纷纷介入,暗暗盘算着双重底的最低量度升幅。谁知,这个双重底形态失败了,股价不能有效突破前期反弹高点,很快就转为下跌走势,美丽的愿望瞬间变为泡影。

该股是一个典型的双重底失败形态。其实,有经验的投资者早已看出,该双重底形态并没有成功构成,股价向上突破颈线时遇到强大压力而无功而返。

从表面观察,确实像双重底形态,两个底部很对称,左边放量上攻,时间跨度也适中,很标准的一个双重底形态,那么为什么会失败了呢?其实,确切地说这只是一个双重底的雏形。这个雏形能否成为现实,要看最终的摊牌结果,可非常遗憾,最终未能有效突破,双重底形态胎死腹中。导致失败的原因主要来自两处位置的压力:一方面来自双重底中间反弹高点的压力,即颈线附近的压力,股价到达此位置时,前期套牢盘和低位获利盘大量涌出,股价最终无法突破,虽然偶尔冲破高点,但无法成功站稳。另一方面来自前期成交密集区域的压力,该股的颈线恰好是前期成交密集区域的底边线,此处已由原来的支撑转化为新的压力,一般难以攻克。

在实盘操作中,投资者遇此情形时,不要提前下结论。该股的"第二买点"和"第三买点"均未出现,因而不要提前介入,以免过早介入遭受被套之苦。在"第一买点"即前期底部附近介入的投资者,可以在颈线突破失败时抛空离场。

第十四章　散户克庄

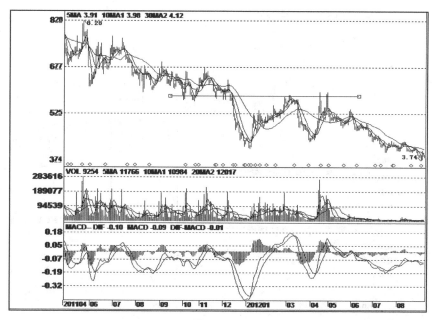

图　14-19

第二，无量双重底陷阱。通常第二个低点的成交量比第一个低点小，在突破后回抽确认时成交量也有所萎缩，第一个低点形成后的反弹也要有成交量放大，但这并非绝对要求。在双重底形态中成交量特别要求的是，股价向上突破双重底颈线时，成交量必须明显放大，才能推动股价上涨，否则就是虚张声势，十有八九是庄家设置的陷阱。

实例 14-20

图14-20，开滦股份（600997）：股价经过一段时间的盘跌后，在低位企稳反弹，经小幅反弹后股价再次回落到前期低点附近，这时看好后市的投资者逢低介入，股价获得支撑而再次反弹，从而形成双重底形态，预示股价将出现新一轮涨升，因而可以积极买入做多。可是，买入股票后股价仅仅反弹到前次高点附近即掉头下跌，从而成为双重底陷阱。

那么，为什么该股双重底形态形成后股价不涨呢？

其主要原因在于成交量方面，在双重底形成以后成交量并没有放大，特别是第二次反弹时得不到成交量的积极配合，表明场外资金十分谨慎，入场意愿不强，因此反弹行情很难持续发展，更不能形成突破走势。另外，形态构筑时间太短，两个谷底相距不到一个月时间，其形态信号不太可靠，这是庄家诱骗投资者的常用手法。而且，双重底的上方又是前期成交密集区域，对股价上涨构成重大压力。

在实盘操作中，投资者在分析成交量时，要掌握四种盘面现象：一是无量向上突破；二是放出巨大的天量突破；三是突破后放量不涨或小涨；四是放量后快速缩量。这四种盘面现象，均为量价配合失衡，要小心形态失败，提防假突破走势。

第三，高位双重底陷阱。股价经过充分的炒作后，庄家获利十分丰厚，这时庄家开始兑现获利筹码。但如果股价一路下跌，庄家则很难顺利出逃，因此将股价维持在相对高价区里震荡，由于在上下震荡过程中会形成各种各样的技术形态，而双重底形态就是其中常见的一

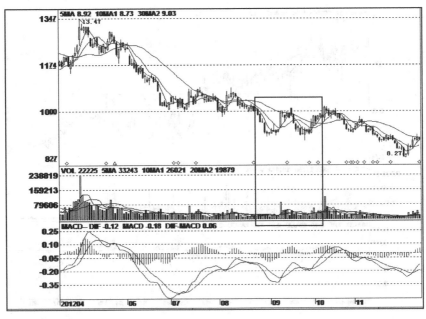

图 14-20

种。这时就有不少投资者以为回调已经结束,将有上涨行情可期待,因而被骗了进去,不久股价下跌而遭受被套之苦。

实例 14-21

图 14-21,通化东宝(600867):这是典型的高位双重底陷阱走势,股价脱离顶部区域后,逐波震荡回落,然后形成一个标准的双重底形态,这时吸引了不少投资者跟进做多,结果套牢在高位,一时无法解套。

从该股走势图中可以看出,这是一个明显的双重底失败形态。首先,股价处在高价庄家出货区域,而不是低价庄家建仓区域。其次,成交量没有出现明显的放大,特别是第二次反弹时得不到成交量的积极配合,表明场外资金没有进场,因此反弹行情很难持续发展下去,更不能形成突破走势。最后,形态构筑时间太短,两个谷底相距不到一个月时间,其形态信号不太可靠,这是庄家诱骗投资者的常用手法。此外,股价遇到前期成交密集区域的压力,该股的颈线恰好是前期成交密集区域附近,此处对股价上涨构成强大的压力。

第四,双重底向下假突破。假突破的意思是价位于突破后,出现和理论完全相反的变动,例如,向上突破后不升反跌,向下突破后不跌反涨,这就是技术陷阱。在双重底形成过程中,可以看到一种向下假突破情况,当第一个谷底形成后,市场缩量向上反弹,然后再次下跌,并且击穿了第一个谷底,正当市场预期继续下跌时,多头却力挽狂澜,逆势拉起,形成了第二个谷底低于第一个谷底的双重底形态,这就是空头陷阱。

实例 14-22

图 14-22,平高电气(600312):股价经过较长时间的大幅下调后,在底部企稳反弹,反弹高度达到20%左右时,股价再次回落。当股价回落到第一个低点附近时,庄家在此设置了一

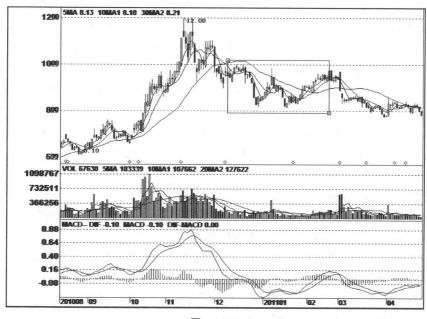

图 14-21

个技术陷阱,故意向下击穿第一个低点的技术支撑,造成破位下跌之势。有的投资者就上当了,认为前期低点支撑被跌破后,支撑转化为压力,股价将下一个台阶,因而纷纷选择抛空操作。可是,股价在第一个低点之下短暂停留后,便企稳回升步入上升行情。

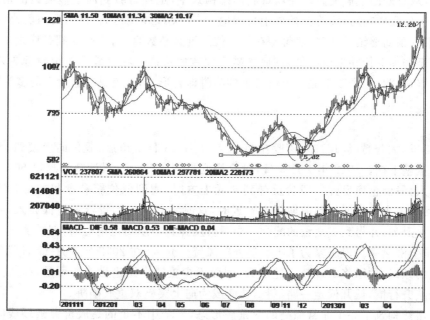

图 14-22

该股虽然一度击穿了第一个低点,但对整个形态并未造成破坏。

首先,从下跌幅度分析,其跌幅不大,属于可以接受的范围内。通常在出现向下突破前期低点的盘面中,投资者应根据突破的有效性来识别,一般利用百分比(幅度在 3% 以上)穿

441

越原则或时间(3天以上)穿越原则来判断,具有一定的效果,若股价没有超越这一百分比,则属正常范围以内,形态没有技术分析意义。事实上,双重底的两个低点也很难形成对称图形,很多时候并不一定在同一价格水平,少数情况也会稍稍跌破第一个低点,如果第二个低点的股价小于3%的幅度是正常的现象,且很快又上升至第一个低点之上,仍视为双重底形态。第二个低点较第一个低点低的现象,显示股价经过之前下跌后,市场仍有部分投资者看淡后市,企图压低股价,可是低位遇到强大支撑而回升。特别值得一提的是,当股价在第二次回落,接近第一个低点价格时,不但没有停下来,反而以收盘价计算超过第一个低点达3%以上,慎防营造双重底形态失败,此时宜考虑再度卖出。当然,第二个低点较第一个低点略高一些,在投资者心中更具吸引力。

其次,从下跌时间分析,股价在第一个低点之下停留时间非常之短,未构成有效性突破。一般有效性跌破要在此价位之下持续时间至少超过三天以上,而该股在此价位以下收盘只有两天时间,因此属于假突破的可能性越发突出。

最后,该股成交量符合涨跌韵律:一是中间反弹的成交量比前期下跌时温和放大,说明有部分人赞同底部区域;二是第二个谷底的成交量比第一个谷底缩小,这表明第二次股价回落时,卖压明显减少;三是第二次反弹时,成交量明显放大,反映买盘加强,股价以放量涨停的方式突破双重底的颈线,其可信度大增。

由此可见,投资者遇到这种盘面时,不必惊慌,可先观察几天再作定夺,一旦形成有效突破,立即采取做空思路。如果股价止跌回升,很快返回到双重底形态之内,可在股价向上突破30日均线时买入,或者在有效突破颈线时加仓买入。

第五,双重底向上假突破。在双重底形态构筑中,也经常看到向上假突破的情形,当股价经过再次探底成功后,股价开始向上反弹时,一举突破颈线压制,预示后市看高一线。但是,正当市场预期继续上涨时,股价却在颈线位附近盘整数日后,又跌回到颈线之下,更多的是股价甚至继续下行并创出新低,彻底击破了双重底形态。在突破颈线位附近买入的筹码全线被套牢,至此,一个双重底向上假突破的陷阱即告形成,这就是庄家设下的多头陷阱。

实例 14-23

图 14-23,大智慧(601519):该股在 2011 年 1 月 28 日上市后,股价向上摸到 13.56 元,然后一路盘整下跌。2012 年 1 月 5 日,股价最低打到 4.80 元,累计跌幅超过 60%,这时短线买盘介入,股价企稳反弹。股价反弹到 6 元上方时,遭到低位获利盘和前期套牢盘的打压,遇阻回落。当股价回落到前期低点附近时,这时看好后市的投资者逢低介入,股价获得支撑而再次反弹,并得到成交量的配合。当股价反弹到前期高点附近时,似乎遇到一定的压力,放缓了上涨速率。但庄家为了吸引场外跟风资金介入,在 2012 年 5 月 17 日股价向上突破双重底的颈线,预示将出现新一轮涨升,因而不少投资者跟进做多。可是,第二天股价却没有出现续升行情,低开低走一路下行,从而成为向上突破双重底陷阱。

该股虽然构筑了一个非常漂亮的双重底形态,但美中不足的是股价突破颈线时存在下面一些技术疑问。

其一,一个关键的原因是股价突破时没有得到成交量的积极配合,在 2012 年 5 月 17 日股价向上突破的当天,呈现缩量突破走势,成交量不及前一天的 2/3,第二天就缩量下跌,根本谈不上补量的问题,因此这种突破方式只是虚涨场势而已,为庄家刻意拉高出货所为。

其二，第一天向上突破后，第二天没有出现续涨行情，而且大幅低开后，下跌收出中阴线，当天收盘价远远低于前一天阳线的开盘价，构成阴包阳看跌 K 线组合。

其三，当股价以决定性的 3％以上的幅度，向上突破双重底的颈线时，才能构成有效突破，为强烈的买入信号。而该股的突破幅度和时间均达不到要求，股价仅在突破上方停留一天时间，突破幅度超过 3％以上的也只有一天，因此是一次无效突破，为庄家故意设置的技术陷阱。

投资者在实盘中遇此情形时，一定要等到突破后经回抽确认有效后，才可以介入做多。若是先前低位介入的投资者，当股价突破失败时应立即抛空离场。

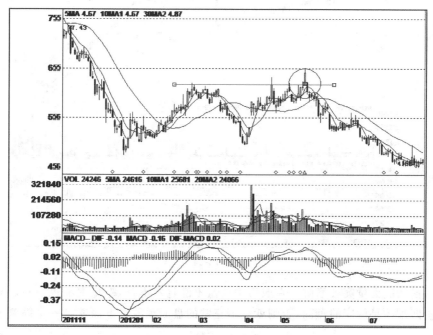

图 14-23

（2）假潜伏底。潜伏底是经过长期的蓄势整理后形成的底部反转形态，一旦脱离底部区域其上涨潜力非常巨大。但不是所有的潜伏底形态都会出现上涨走势，有时看似一个非常漂亮的潜伏底形态，背后却隐藏着巨大的技术玄机。其常见陷阱或失败形态有以下几种盘面现象。

第一，潜伏底失败形态。股价到了跌无可跌的底部，但又缺乏上涨动力，市场多空双方出现胶着状态，而庄家耐心地收集低价筹码。一旦庄家吸足筹码，随时都有可能发动上涨行情，且上涨幅度非常惊人。但是，潜伏底也经常出现失败形态，投资者在操作中要倍加小心。

实例 14-24

图 14-24，河北宣工（000923）：股价经过一波大幅上涨后，从 13.00 元上方见顶回落，很快跌破 9.00 元，阶段跌幅超过 30％。这时股价有所企稳，经过 30 多个交易日的横向窄幅缩量整理后，股价渐渐向上抬高，形成一个非常漂亮的潜伏底形态，是一个不可多见的多头看涨形态，不少投资者选中了它。可是，股价并没有走出上升行情，很快回落并击穿前期低点，

此后股价再次步入跌势。

该股看起来是一个标准的潜伏底形态，但却功亏一篑，未能突破前期的成交密集区域，形态最终能否构成为时尚早。再说，该股在突破潜伏底时力度不够，而且回抽确认时，股价立即滑落到形态之下，这时形态失败的可能性进一步加强。聪明的投资者，即使误判介入，也应当在回抽失败时坚决出局，否则损失更大。

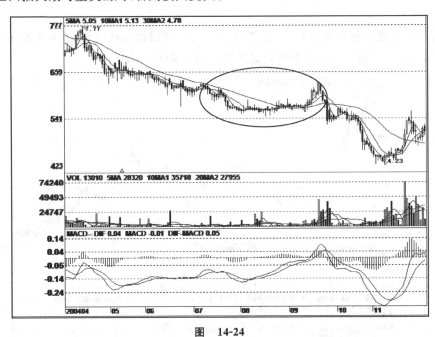

图 14-24

第二，潜伏底无量突破陷阱。在股市中放量不涨肯定不行，缩量上涨也不行。只有放量上涨，量价匹配才是健康的盘面，否则就是不正常的盘面现象。下面就是一个缩量上涨的潜伏底陷阱。

实例 14-25

图 14-25，京能置业（600791）：股价经过一段时间的盘跌后，在低位形成横向缩量盘整走势，时间长达两个多月，期间成交量十分低迷，股价波动幅度很小，出现潜伏底皱形。不久，股价渐渐走高，脱离底部区域，此时潜伏底形态基本构成，预示股价步入涨升行情，因此可以作为一个多头买入形态对待。可是，随后股价很快回落，形成新的下跌走势。

在这只股票中一个重要的原因就是成交量没有出现同步放大，股价上涨得不到成交量的积极配合，上涨行情肯定不能持续。这种盘面走势通常是弱势反弹表现，可能是受同期大盘或同板块股票上涨的影响，或是庄家特意推高股价出货。因此，投资者在实盘操作中，遇到无量上涨的潜伏底形态，要小心形态失败。

第三，潜伏底向上假突破。股价向上突破潜伏底形态是一个较好的买入时机，表示黎明前的黑暗已经过去，市场将是曙光初现，后市升势可期。因此当股价出现明显的向上突破时，是一次较好的买入机会。但是在潜伏底形态中，也经常看到向上假突破的情形，股价突破后很快回落，并出现下跌走势，从而形成向上假突破陷阱。

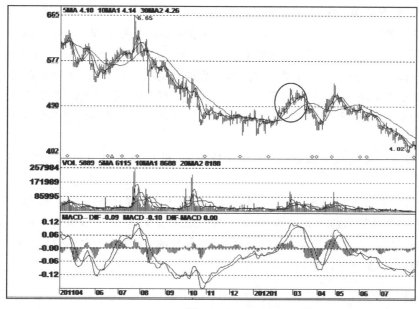

图 14-25

实例 14-26

图14-26，英飞拓（002528）：该股从高位下跌到了底部，股价已经跌无可跌，交投十分低迷，盘面沉闷，一时淡出投资者的视野之中。股价在9元附近徘徊，形成较长时间的横向窄幅整理走势。庄家为了激活市场，吸引场外跟风资金介入，2012年8月中下旬股价放量向上拉起，脱离潜伏底盘整区域，预示股价将有一波升势行情出现，因而不少投资者纷纷跟进做多。可是，股价很快又归于沉寂，市场重蹈下跌覆辙。

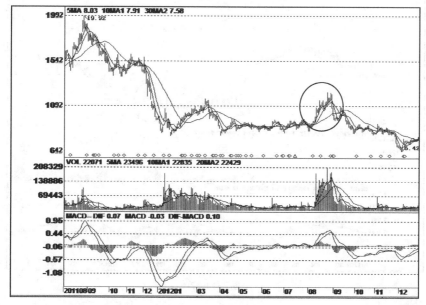

图 14-26

那么,该股突破潜伏底形态后,为什么股价不涨呢?

从该股走势图中可以看出,一方面股价受到前期高点压力,前期套牢盘和低位获利盘涌出,股价上涨受阻。另一方面是庄家的缘故,在盘面上出现如此的"堆量",属于放量不涨现象,量价失衡,反映庄家非常"高调",大张旗鼓地进行对倒,目的是为了吸引投资者的注意。股价若是真正的上涨,反而在不知不觉中进行着,忽然间也已脱离底部区域,股价也上了一大截。因此异常放量或放量不涨,本身就隐藏着玄机,所以最终演变为假突破当属预料之中。

因此,投资者遇到这种盘面时,不可盲目追高,低位持股者可逢高了结,持币者观望为宜。

第四,潜伏底向下假突破。潜伏底形态形成过程中,经常看到向下假突破的情况。在股价真正进入上涨行情之前,先向下跌破潜伏底的底边线支撑,造成股价向下破位假象,误导投资者离场,当大家纷纷抛空筹码后。股价却不跌反涨,正式步入上涨行情,从而形成向下假突破走势,这就是空头陷阱。

实例 14-27

图 14-27,高乐股份(002348):股价经过一波深幅下调后,在底部获得企稳,然后进入横向缩量盘整走势,股价波动范围渐渐缩小,时间长达 4 个多月,庄家耐心地收集低价筹码。当庄家顺利完成建仓后,在 2012 年 11 月初进行一次向上试盘动作,然后回落整理。这时,庄家在此故意设置了一个空头陷阱,向下打压股价,跌破潜伏底的下边线支撑,股价创出调整新低,形成技术破位走势。投资者遇此情形时,深感恐慌,遂将股票抛空。随后股价止跌企稳回升,出现一波亮丽的上涨行情,股价涨幅超过 200%,令抛空者捶胸顿足,深感悔意。

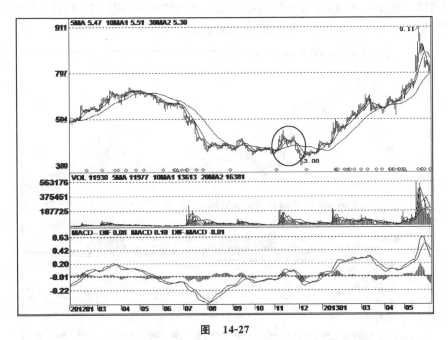

图 14-27

该股虽然一度击穿了潜伏底的低点,但从盘面分析有效突破的可能性不大。其原因是:

从图中可以看出,股价无量向下突破,有一定的欺骗性。虽然下跌并不要求成交量的大小,但在突破时的那几天应当有放量现象,否则空头陷阱的可能性较大。股价跌破潜伏底低点时,在K线上形成一定的恐慌性,通常应有恐慌盘杀跌出现,但突破后却无量下跌,说明盘内筹码依然稳固,没有出现松动迹象,这就反映了庄家故弄玄虚,欺骗散户的筹码。另外,股价突破潜伏底后,没有迅速脱离盘整区域,依然在突破位置附近逗留,暗示假突破的可能性大。而且,股价经过向上试盘和向下洗盘(也属向下试盘)后,底部根基更加扎实坚固。

由此可见,投资者遇到这种盘面时,不必惊慌,应密切观察盘面的变化,一旦形成有效突破,立即采取做空思路。如果股价止跌回升,很快返回到潜伏底形态之内,可在股价穿越30日均线之上时买入,或者在有效突破前期高点时加仓买入。

(3)假头肩底。头肩底是一个重要的底部反转形态,具有强烈的看涨意义,但不是所有的头肩底形态都会出现上涨走势,有时看似一个非常漂亮的头肩底形态,实际却是一个巨大的技术陷阱或失败形态。其常见陷阱或失败形态有以下几种盘面表现。

第一,头肩底失败形态。在头肩底形态中,股价经过三次下探后,底部基础更加扎实,在技术图形上出现头肩底形态时,表明市场曙光初现,最悲观的时刻已经过去,后市股价将迎来上涨行情。因此可以根据头肩底形态的买卖法则积极买入做多,等待股价的上涨。但是,头肩底也经常出现失败形态,股价再陷调整走势,或步入下跌行情,使投资者被套其中。

实例 14-28

图14-28,北京旅游(000802):股价创出24.37元后逐波走低,历经两年半的下跌调整,股价跌破6.00元,跌幅十分惊人,之后股价在5.70元至7.90元之间波动。当股价第三次向上反弹时,一批新多资金积极进场,构筑一个非常漂亮的头肩底形态,预示后市有一段升势行情。这个美丽诱人的头肩底图形,吸引了不少人的热情参与。谁知,最终股价无法有效向上突破颈线,头肩底形态以失败而告终,股价很快回落形成新的跌势。

该股是一个典型的头肩底失败形态。其实,有经验的投资者早已看出,该头肩底形态并没有成功构成,股价向上突破颈线时遇到强大压力而无功而返。

那么为什么说头肩底形态会失败呢?其实,这仅是一个头肩底的雏形,最终功亏一篑,形态没有圆满构成。导致失败的主要原因是股价上涨遇到前期反弹高点的压力,即颈线附近的压力,股价到达此位置时,低位获利盘和前期套牢盘大量涌出,多头资金不敢轻举妄动,股价最终未能向上突破。另外,从这幅图表中可以看出,股价在突破时虽然有成交量放出,但未能以决定性的3%以上幅度突破形态的颈线,而且在"回抽确认"时跌幅过深,破坏了头肩底形态,这也是导致形态失败的一个重要原因。

通过这个实例的分析,得出的经验是:不要过早下定结论,更不要提前买入,要耐心等待形态成功构筑完毕,发出明确的买点时择低介入。在低位附近介入的投资者,可以在颈线突破失败或跌破30日均线时抛空离场。

第二,小型头肩底陷阱。头肩底不一定都是反转信号,有时也会成为整理形态,特别是一些小型头肩底形态,因其构筑形态的时间太短,其触底回升的信号就不太靠谱,反弹上去了要随时注意其回落的可能性,因为庄家常用这种手法来诱骗投资者,对此投资者要引起警觉。

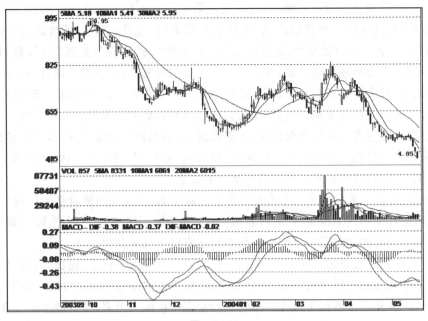

图 14-28

实例 14-29

图 14-29,联美控股(600167):庄家在高位不断地向外派发筹码,股价逐步向下走低。由于股价短期已有一定的跌幅,不久得到初步企稳反弹,形成一个小型头肩底形态,股价以放量涨停的方式向上突破小型头肩底的颈线。这时有的投资者认为头肩底形态已经成功确立,是一个看涨信号,因而纷纷买入股票待涨。谁知,这是一个庄家精心编制的美丽陷阱,散户受骗上当了,股价很快掉头下跌。

头肩底形态通常在长期跌势的底部出现,为一个预示趋势将摆脱跌势重拾升势的转向信号。一般而言,股价在经过一段跌势后,要令投资者恢复购买信心,是需要时间的,而多空双方在低位也会有一番对峙。因此,头肩底形态时间较长,一个完整的头肩底形态需要两三个月时间,甚至超过半年以上,时间太短的微型头肩底形态不太可靠,在周线图中出现的头肩底比日线图中出现的头肩底要可靠得多。

该股只是一个小型的头肩底形态,时间只有一个多月,因此只是下跌抵抗形走势。小型头肩底可能是市场震荡过程中自然而成,也可能是庄家故意构筑的形态(因为形态微小,容易做假图形),但有一点可以肯定,庄家选择向上突破是为了吸引更多的买盘介入,是庄家故意拉高出货行为。另外,股价突破后的回抽确认走势,不符合回抽确认的"两个高点"法则,即回抽确认成功后的上涨高点,低于突破时所产生的高点,为股价上涨缺乏动力的表现。

第三,头肩底无量陷阱。通常头肩底形态的成交量韵律是,在左肩由于股价经过长期下跌后,成交量相对减少,持股者惜售,持币者观望。之后,少数抢反弹者介入,成交量有所增大,行情出现反弹。在底部阶段的成交量往往比左肩少,底部上涨时成交量再度放大到左肩时的水准。右肩的成交量大多比左肩和底部小,右肩上涨时又出现放大。在颈线附近的成交量大量增加,在突破颈线时的成交量必须持续放大。如果出现回抽时成交量又快速缩小,

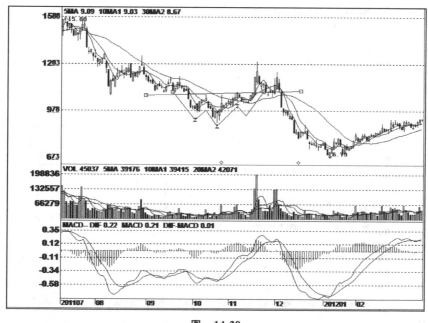

图 14-29

然后再度放量上涨。这是成交量的一般韵律,实盘中不见得有这样的标准,但必须特别硬性要求的是,股价向上突破头肩底颈线时,成交量必须明显放大,才能推动股价上涨,否则就是虚张声势,十有八九是庄家设置的多头陷阱。

实例 14-30

图 14-30,上海能源(600508):股价经过一段时间的盘跌后,在低位企稳反弹,经小幅反弹后股价再次回落并跌破前期低点创出新低。这时看好后市的投资者逢低介入,股价获得企稳而再次反弹到前期高点附近。此时由于前期套牢盘和低位获利盘的涌出,股价上涨遇阻回落,但股价没有下跌到最低点,就反转向上运行,从而形成头肩底形态,预示股价将出现新一轮涨升,因而可以积极买入做多。可是,买入股票后股价仅仅反弹到前次高点附近即掉头下跌,从而成为头肩底陷阱。

如此标准的头肩底形态,为什么股价就是不涨呢?

通过图表分析,其主要原因在于成交量方面,在头肩底形成以后成交量并没有出现相应的放大,特别是第三次反弹时得不到成交量的积极配合,表明场外资金十分谨慎,入场意愿不强,因此反弹行情很难持续发展。特别是股价反弹到颈线附近时,成交量仍然没有明显放大迹象,因而难以形成有效突破走势,股价的上涨是虚张声势,为庄家出货行为。

因此,投资者在实盘操作中,遇到无量头肩底时,要小心形态失败。特别是第三次反弹到颈线附近时,若成交量仍然拘谨放不开的话,可在前期高点附近选择卖出操作。

第四,回抽确认陷阱。有时候股价突破头肩底形态后出现回抽确认走势,在盘面上表现为股价向颈线附近回落,一般不破颈线(或略破颈线),然后股价重新拉起,表明突破有效,从此步入正式上升行情。若股价重回形态之内,说明突破不成功,后市延续调整或下跌。但在实盘操作中,庄家回抽确认时也暗藏玄机,股价向上突破颈线后,来一个假的回抽确认动作,

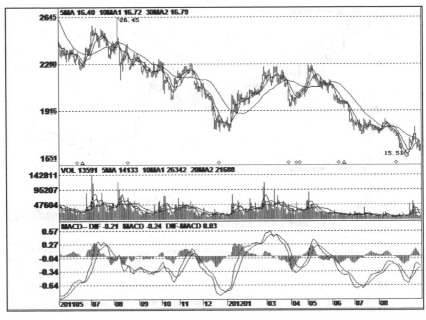

图 14-30

在盘面上形成突破有效的假象,当散户投资者纷纷介入时,股价却回到形态之内调整或形成下跌走势。

实例 14-31

图 14-31,南京高科(600064):股价经过充分的调整后,在低位构筑了一个头肩底形态。不久,股价放量向上突破了头肩底形态的颈线后,进行回抽确认动作,股价先后两次回落到颈线附近时均获得支撑而回升,此时在图表上形成突破有效的走势,后市股价应当看高一线。因此,投资者在颈线附近纷纷介入,而庄家却在暗中悄然出货,当买盘渐渐减少后,股价便回落到头肩底形态之内,从而成为回抽确认陷阱。

该股从表面上看,两次回抽到颈线附近时,均获得颈线的支撑而回升,似乎突破确认有效。但其实并非如此,庄家只是在颈线附近采用了"障眼法",形成颈线支撑的假象,以此吸引买盘介入。从更深层次分析,股价在回抽确认突破是否有效时,没有成功地重新被拉起,创出突破时形成的高点。对向上突破后的回抽确认,判断标准是"两个高点"法则,即回抽之后的上涨必须高于突破时所形成的高点,如果低于突破时所产生的高点,则突破力度不强,十有八九成为失败走势。也就是说,股价向上突破颈线后,回抽结束重新上涨时,第一个高点必须高于突破时所形成的高点,如果第一个高点低于突破时所产生的高点,则上攻力量较弱,突破容易出现失败,后市有可能形成横向盘整走势,或重回下跌趋势。另外,成交量方面在回抽确认时也非常关键,特别是股价向上突破颈线,在回抽结束后重新上涨时,成交量要大于突破时的量能,至少也要保持较高的活跃盘面,如果成交量与突破时相差很大,就很有可能导致突破失败。而该股在回抽确认后的上涨过程中,成交量却没有继续放大,反而呈逐步萎缩状态,表明上攻力度十分有限,为后市下跌埋下祸根。

因此,投资者在实盘中遇此情形时,一定要等到突破后经回抽确认有效后,才可以介入做多。若是先前低位介入的投资者,在股价突破失败时立即抛空离场。

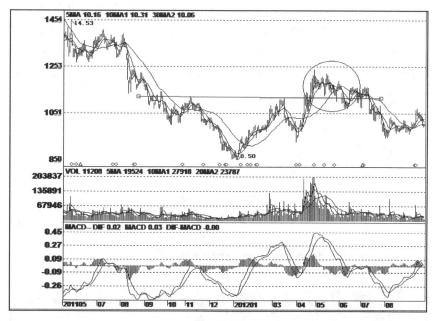

图 14-31

第五,头肩底向上突破陷阱。股价突破要有气势、有量能,上涨气势磅礴,量能充沛,力大无比,这样的突破才可靠。忸怩作态,盘面松松散散,上涨有气无力,这样的突破就值得怀疑。下面就是一个突破没有气势、没有能量的实例。头肩底形态构成中,经常看到向上假突破的情形,当股价成功构筑右肩后,股价开始向上反弹时,一举突破头肩底的颈线,预示后市将出现涨升行情。但是,正当市场预期继续上涨时,股价却在颈线位附近盘整数日后,又跌回到颈线之下,随后形成盘整走势,或重拾跌势。至此,一个头肩底向上假突破的陷阱即告形成,这就是庄家设下的多头陷阱。

实例 14-32

图 14-32,招商银行(600036):股价经过较长时间的调整后,在底部几起几落中形成了头肩底形态,不久股价向上突破头肩底形态的颈线。此时,有的投资者看到这样标准的头肩底形态而喜出望外,以为股价将出现新一轮涨升行情,因而争相介入。结果,事与愿违,股价不但没有涨升行情,反而出现下跌走势,陷入了向上突破头肩底陷阱之中。

该股是一个典型的无量、无气势的盘面表现,这是庄家为了吸引场外跟风资金介入,故意进行假突破,制造虚涨声势的盘面,以此欺骗散户上当。

股价真正上涨的走势,一定是有气势的涨升。在盘面上:股价上涨能够持续扬升,绝不是偶尔的异动,伴随股价的上涨成交量持续放大或者温和放大,不是偶然的一两天突放巨量。关键位置上涨要有力度,突破时要有力量,干脆利落而不拖泥带水。股价紧贴5日均线上行,走势坚挺有力,总体走势的角度在45°左右。而且,"阻力"或"压力"阻挡不了股价的持续上涨,多头士气强盛。如果股价上涨没有气势只是虚涨声势,意味着该股可能没有庄家,或者庄家的实力不够,或者个股基本面不支持股价上涨,庄家没有底气或胆量做多。从该股图中可以看出,股价突破上涨没有气势,盘面小阴小阳,阴气沉沉,上涨不够持续。股价没有大幅拉开,盘面走势疲软,总体趋势平缓,说明盘面压力重重,庄家无做多意愿。

通过这个实例的分析,得出的启示是:股价突破颈线不见得一定会上涨,能否上涨要从量、气、形中找出答案。投资者遇到这种盘面时,不要轻易介入,等待上涨趋势真正形成时再介入也不晚,在低位买入的筹码可以在股价重回形态之内或跌破 30 日均线时抛空离场。

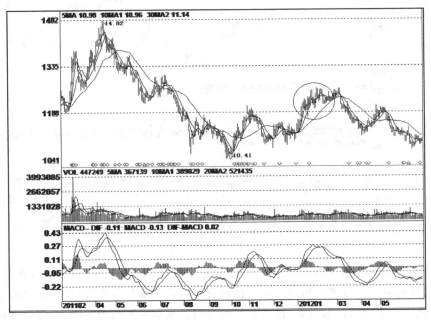

图 14-32

2. 假顶部形态

常见的假顶部形态有倒 V 形、M 形、潜伏形、头肩顶、楔形、三角形、岛形等。其形态的特征和研判法则,见前面相关章节论述,此不赘述。

(1)假 M 型顶。双重顶是一个重要的顶部反转形态,具有强烈的看跌意义。但不一定完全出现在原始趋势的顶部,有时候在市场上涨行情的整理过程中,也会出现双重顶形态。也就是说,双重顶形态形成之后,后市出现继续上涨的情况也经常发生,这就给判势测市增加了不少难度,加之庄家见机行事,借技术形态发出虚假的盘面信息,因而市场存在许多技术陷阱或失败形态。其常见陷阱或失败形态有以下几种盘面现象。

第一,双重顶失败形态。在技术图形上出现双重顶形态时,一般预示上涨行情已告结束,后市股价将出现下跌行情。因此可以根据双重顶形态的买卖法则及时卖出做空,等待股价的下跌。但在实盘操作中,经常看到双重顶失败形态,股价不但没有出现下跌行情,反而上涨使卖出者踏空。

实例 14-33

图 14-33,扬农化工(600486):股价见底后实力强大庄家入驻其中,经过充分的准备,达到高度控盘,股价悄然脱离底部区域。经过一波上扬后股价回落调整,经过短期的调整后,

再次上攻,当接近前期高点附近时,股价无力突破上方阻力。然后稍作调整再度上攻,但量能不足再次回落,K线上形成双重顶形态,是一个短线卖出信号。谁知,这是一个假的双重顶形态,股价小幅回落后很快企稳,并放量上涨,展开新一轮上涨行情,从而形成双重顶失败形态,使不少散户上当受骗。

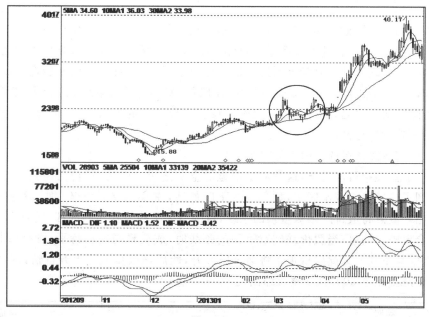

图 14-33

该股是一个典型的双重顶失败形态。其实,有经验的投资者早已看出,该双重顶形态并没有成功构成,股价向下突破颈线时遇到强大压力无功而返。从表面上观察确实像双重顶形态,两个顶部很对称,时间跨度也适中,很标准的一个双重顶形态,那么为什么说会失败了呢?

其实,确切地说这只是一个双重顶的雏形,这个雏形能否成为现实,要看最终能否有效突破,事实说明结果没有成功突破。其原因有以下三点。

一是得到双重顶中间回落低点的支撑,即颈线附近的支撑,股价到达此位置时,买盘逐渐增加,将股价逐步推高。

二是得到前期成交密集区域的支撑,该股的颈线恰好是前期成交密集区域的上边线,此处已由原来的压力转化为新的支撑,对股价起到较强的技术支撑作用。

三是得到30日均线的有力支撑,股价回落时恰巧遇到30日均线,不断上移的30日均线支持股价进一步走高,一时对股价不会构成威胁。

四是股价调整时成交量大幅萎缩,做空动能不足,表明庄家没有出货机会。

由此可见,该股双重顶不能成立。投资者在实盘操作中,就不要提前下结论。该股的"第二卖点"和"第三卖点"均未出现,因而不必为之惊慌。在"第一卖点"即前期顶部附近卖出的投资者,倒是可以在股价突破双重顶时适量买入。

第二,低位双重顶陷阱。股价经过充分的调整后,处于市场底部区域,这时庄家开始逐步建仓。然后,股价出现一波小幅反弹行情,当反弹到一定的幅度后,遇到上涨压力而出现震荡,在震荡过程中形成双重顶形态。这时就有不少投资者以为反弹行情结束,股价将会出现新一轮下跌走势,因而纷纷抛空筹码,但不久股价重拾升势,步入上涨行情,使出局者踏空,从而成为低位双重顶陷阱。

实例 14-34

图 14-34,碧水源(300070):股价经过大幅调整后见底回升,当反弹到一定的幅度后,遇到前期套牢盘和低位获利盘的双重打压,股价回落整理。股价回调到前期低点附近时,由于买盘积极介入,止跌回升。但股价到达前期高点附近时再次遇阻,盘面逐步走弱,回到颈线附近。这时,庄家借机设置空头陷阱,竭力打压股价,使其向下击穿双重顶的颈线,形成技术破位之势,恐吓散户出局。可是,随后股价并没有出现预期的下跌走势,企稳后重返形态之上,并产生一轮盘升行情。

那么,如何解读该股的盘面走势呢?

从该股的图表中可以看出,这是一个明显的空头陷阱。因为,股价已经到了低价区域,也就是说到了庄家建仓成本区了,如果继续下跌的话,庄家也成了套牢一族,这是庄家不愿意干的。庄家故意将股价跌破双重顶的颈线,目的是为了构筑扎实的底部,同时也是洗盘和试盘的综合反映。而且,当股价跌破双重顶的颈线时,成交量与前期持平,没有引起更大的恐慌,做空气势不强。因此股价很快将会企稳回升,此后该股步入了上升行情,到 2013 年 8 月股价累计涨幅超过 300%(观察压缩图)。

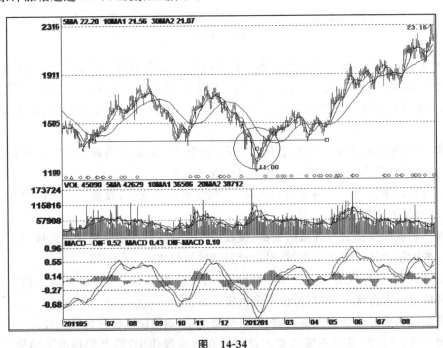

图 14-34

第三,小型双重顶陷阱。双重顶不一定都是见顶反转信号,有时也会成为整理形态,特别是一些小型双重顶形态,因其构筑形态的时间太短,其见顶信号不太可靠,股价下跌仅是短暂的调整,经过一段时间的修复后,将出现新的上涨行情,甚至出现大幅上涨行情。

实例 14-35

图 14-35,南京中商(600280):庄家成功完成建仓任务后,股价逐步向上盘升。由于股价短期已有一定的升幅,不久在高位出现滞涨震荡,形成一个小型的双重顶形态。2013 年 4 月 25 日,股价向下跌破小型双重顶的颈线。这时,有的投资者见此情形,认为双重顶形态已经确立,是一个看跌信号,因而纷纷抛出股票。谁知,这是一个庄家精心编制的空头陷阱,股价小幅下跌后就止跌回升,出现一波快速上涨行情。

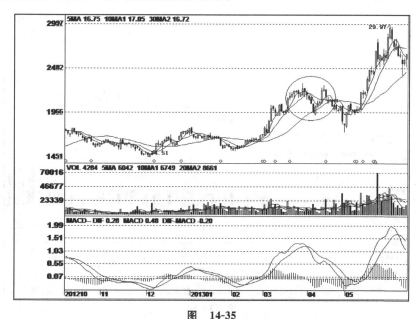

图 14-35

双重顶通常在长期涨势的顶部出现,为一个预示趋势将要转跌的信号。一般而言,股价经过一段涨势行情后,投资者往往比较兴奋,而庄家出货也需要一定的时间,因此双重顶形态时间较长,理想的双重顶形态需要一至二个月甚至更长。时间太短的微型双重顶形态不太可靠,在周线图中出现的双重顶比日线图中出现的双重顶要可靠得多。从该股的图表中可以看出,只是一个小型的双重顶形态,两个高点之间不足一个月时间,因此只是上涨过程中的整理走势,而不是头部形态。小型双重顶可能是市场震荡过程中自然而成,也可能是庄家故意构筑的形态(因为形态微小,容易做假图形),但有一点可以肯定,庄家选择向下突破是为了恐吓更多的抛盘出现,从而达到洗盘震仓目的。

第四,双重顶向下假突破。在双重顶形成过程中,经常看到向下假突破情况,当第一个高点形成后,市场缩量向下回调,然后再次向上反弹,当股价反弹到第一个高点附近时遇阻回落,一举击穿双重顶的颈线,一个标准的双重顶即告构成,是一个具有强烈看空意义的顶部形态。可是,股价突破颈线后不久就止跌企稳回升,从此步入上升通道之中,这就形成一个空头陷阱。

实例 14-36

图 14-36,丹化科技(600844):股价见底后盘升而上,因低位获利盘和前期套牢盘的抛压

而遇阻回落。经过短期的调整后，股价再次向上运行，但前期高点附近仍有不小的压力存在。庄家试图通过横盘整理消化上方的压力，但效果不理想，最终只好暂时放弃攻击。因此股价向下回落，左边头部呈现圆形顶形态。2015年5月当股价下跌到颈线附近时，庄家在此设置了一个技术陷阱，故意向下击穿了双重顶的颈线（图中圆圈处），造成破位下跌之势。这时，有的投资者就上当了，认为双重顶已经构成，股价将下一个台阶，因而纷纷选择抛空操作。可是，股价很快止跌回升，使出局者踏空了。

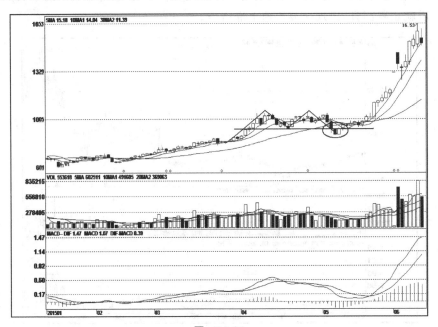

图　14-36

从该股的走势分析，虽然股价一度击穿了双重顶的颈线，但对整个形态并未造成破坏。

首先，股价下跌幅度不大，属于可以接受的范围内。通常在向下突破双重顶的颈线时，投资者应根据突破的有效性来识别，一般利用百分比穿越原则或时间穿越原则来判断，即突破幅度要超过3％，时间要超过3天，若股价突破没有达到这些要求，则属正常范围以内，不具有技术分析意义。而该股向下突破的幅度小于3％，当天收盘时又向颈线附近拉回，因此只是一个疑似突破图形。

其次，从下跌时间分析，股价在颈线之下停留时间非常短，未构成有效性突破。一般有效性跌破，要在此价位之下持续时间至少超过三天以上，而该股在此价位以下收盘只有一天时间，因此属于假突破的可能性越发突出。

再次，成交量出现大幅的萎缩，说明下跌动能不足，庄家完全控制盘面。

最后，股价调低点距离前期低点很近，前期低点将对股价有一定的支撑作用。因此该股只是一次假突破动作，是庄家故意设置的空头陷阱，投资者可在前期低点附近作重点关注，一旦向下有效突破，即采取做空操作，否则可以不必理会一时的盘面波动。

通过这个实例的分析，投资者遇到这种盘面时，不必惊慌，可先观察几天再作定夺，一旦形成有效突破，立即采取做空思路。如果股价止跌回升，很快返回到双重顶形态之内，可在股价穿越30日均线之上时买入，或者在有效突破双重顶的两个高点时加仓买入。

(2)假潜伏顶。潜伏顶是经过长期的盘头整理后形成的顶部反转形态,一旦脱离顶部区域其下跌空间非常之大。在实盘操作中,有时看似一个非常标准的潜伏顶形态,但实际股价并没有形成跌势,往往成为技术陷阱或失败形态。

第一,潜伏顶失败形态。股价经过一段上涨行情后,因缺乏持续的上涨动力,又无下跌理由,而在高位多空双方势均力敌,形成平衡格局。股价一旦向下突破,其跌幅往往非常惊人。但是,潜伏顶也经常出现失败形态,股价经过下探整理后,市场重回升势之中。

实例 14-37

图 14-37,华能国际(600011):股价经过小幅上涨后,出现震荡走势,以 5.50 元为中轴上下波动,形成一个上有压力、下有支撑的窄幅震荡区间,期间成交量十分稀疏,K 线图呈小阴小阳交错排列,时间长达三个月,随后股价渐渐下移,形成一个非常标准的潜伏顶形态。可是,股价并没有出现明显的下跌走势,经过短暂的盘整后企稳回升,出现一波盘升行情,潜在的潜伏顶形态以失败而告终。

该股看起来是一个标准的潜伏顶形态,但最终并没有真正形成,也就是说未能成功向下突破前期的成交密集区域,只是形态的基本框架,到底如何依靠最后突破才得以确认,而该股没有最终有效突破。同时,股价在向下滑落时成交量也未见放大,说明筹码没有出跳,下跌动能不足,特别是后期股价摇摇欲坠时,成交量萎缩到了地量水平,盘面几乎出现静止状态,这样的盘面很难形成大幅下跌走势。因此,投资者遇到这样的盘面走势时,最好的办法就是观望,等待有效突破后再行坚定,否则容易出现失误。

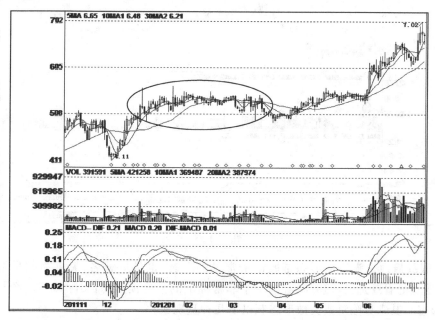

图 14-37

第二,潜伏顶向下假突破。股价向下突破潜伏顶形态是一个较好的卖出信号,表示乐观的上涨行情已经过去,市场被乌云所笼罩,后市跌势可期。因此,当股价出现明显的向下突破时,应当立即卖出。但是在潜伏顶形态中,也经常看到向下假突破的情形,股价突破后很快企稳回升,并出现新的上涨行情,从而形成向下假突破。

实例 14-38

图 14-38,荣丰控股(000668):该股非常有趣,先形成一个潜伏顶,然后再形成一个潜伏底,股价最后大幅上涨。股价经过一轮上扬后,上攻力量逐步衰竭,在高位出现震荡走势,股价重心略有下沉,但总体处于一个涨不上去、跌不下来的胶着状态,这就构成潜伏顶形态。不久,股价跌破整理区间的低点,形成一个令人看空的潜伏顶形态。可是,股价下跌幅度并不大,企稳后演变另一个横盘整理区间,随后再度放量上扬(此时构成一个潜伏底形态),走出一波有力度的上攻行情。

从盘中走势看,在股价横向调整的后期,出现向下突破时成交量也极度萎缩,表明庄家惜售现象非常明显,几乎没有抛盘出现,说明该抛的人在整理过程中已经出局了,此时不会有大的杀跌盘出现。而且,股价回调时遇到前期成交密集区域的支撑,吸引买盘介入,最终向上推高。成功的投资者,可以在放量突破时及时跟进,或者在突破后回抽确认成功时加仓买入,享受一下庄家为你抬轿的感觉。

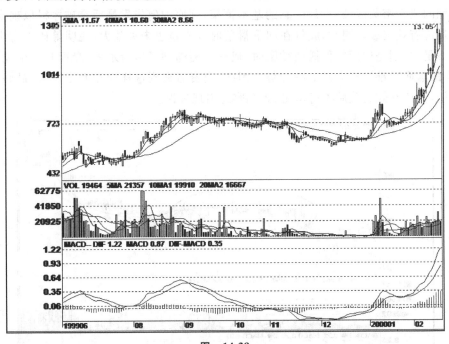

图 14-38

(3)假头肩顶。头肩顶形态是股市最常见的形态,也是最著名、最可靠的顶部反转形态,有着强烈的看跌意义,但有时看似一个非常标准的头肩顶形态,实际却是一个技术陷阱或失败形态。其常见陷阱或失败形态有以下几种盘现象。

第一,头肩顶失败形态。在头肩顶形态中,股价经过三次上涨后,不能形成持续的上涨行情,表明市场风险已经开始聚集,最乐观的上涨时刻已经过去,后市股价将出现下跌行情。因此可以根据头肩顶形态的买卖法则及时卖出做空。但是,头肩顶也经常出现失败形态,股价经过短期的调整蓄势后,形成一波新的多头力量。

实例 14-39

图 14-39,汤臣倍健(300146):股价经过一波有力度的炒作后,在高位出现震荡走势,短线获利筹码纷纷退出,在震荡过程中形成一个头肩顶形态,通常这是一个看跌形态,而且股价从 14 元上方上涨到 29 元以上,累计涨幅已经超过 100%,稳健的投资者选择获利了结的操作思路不会错。可是,股价经过短期调整蓄势后,又出现一轮上涨行情,累计涨幅也超过 100%。

其实,该股头肩顶形态也没有有效形成,虽然股价一度冲刺破头肩顶的颈线,但很快回到了颈线之上,在突破幅度上和时间上均达不到要求。而且,从图表中也没有发现庄家大规模出货的迹象,本着稳扎稳打的坐庄计划,通过头肩顶形态进行洗盘换手,最终将多头行情进行到底。在实盘中,投资者遇到此类走势时,不要过早下结论,可等待形态成功构筑时,根据突破方向再做买卖决策。一旦向下突破,则立即抛空,若重新走强,则可以在突破 30 日均线时积极买入。

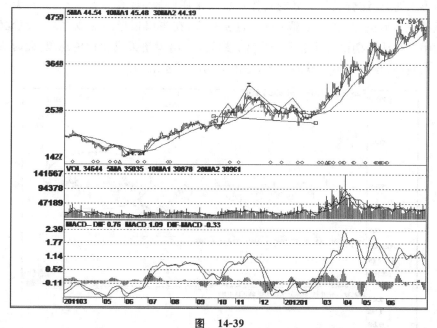

图 14-39

第二,低位头肩顶陷阱。股价经过长时间的下跌调整后,处于市场底部区域,这时庄家开始逐步建仓。然后,股价出现一波小幅反弹行情,当反弹到一定的幅度后,遇到上涨压力而出现震荡,在震荡过程中形成头肩顶形态。或者,庄家为了吸纳更多的低价筹码,通常压箱顶方式建仓,在震荡过程中形成头肩顶形态,为了加强恐慌盘面气氛,故意向下击穿头肩顶颈线,造成技术破位之势。这时,就有不少投资者以为股价后市将会出现下跌走势,因而纷纷抛空筹码,但不久股价企稳回升,步入上升通道之中,从而成为低位头肩顶陷阱。

实例 14-40

图 14-40,拓尔思(300229):这是典型的低位头肩顶陷阱走势,股价见底后出现小幅反

弹,当反弹到前期成交密集区域附近时,受到一定的压力而形成震荡走势,然后形成一个标准的头肩顶形态。这时庄家为了进一步夯实底部基础,在2013年4月26日一根大阴线向下击穿了头肩顶的颈线,造成技术上破位走势,不少投资者因此陷入空头陷阱之中。但股价经过短暂的缩量整理后,快速向上拉起,将头肩顶形态踩在脚下。

那么,如何分析该股的头肩顶形态呢?从该股的图表中可以看出,这是一个明显的空头陷阱。

首先,股价处在低价庄家建仓成本区域,离底部不远,不跌空间不大。

其次,股价处于前期成交密集区域,距离前期低点很近,此处具有较强的技术支撑。

最后,成交量出现大幅的萎缩,已经萎缩至地量水平,说明下跌动能不足,庄家已经控制盘面。由此可见,这是庄家为了建仓、洗盘而设置的空头陷阱。

面对这种盘面走势,操作中可做两手准备,对于已经套牢的投资者来说,此时割肉显然是不明智之举,而静待反弹,适当做差价以降低成本或是唯一选择;而对于轻仓或者已经空仓的投资者来说,也不要盲目入场,耐心等待技术面出现重大转机再择机介入。所以,在分析头肩顶形态时,要结合股价所处的具体位置及坐庄阶段,对股价涨幅不大的,无论出现什么样的顶部技术形态,其可靠性都不高。也就是说,在头肩顶形态形成之前,股价必须经过充分的大幅炒作或短期出现快速上涨走势,技术指标出现超买或顶背离现象,此时头肩顶形态的可靠性就高,投资者不管获利与否,考虑迫切的应是出局。

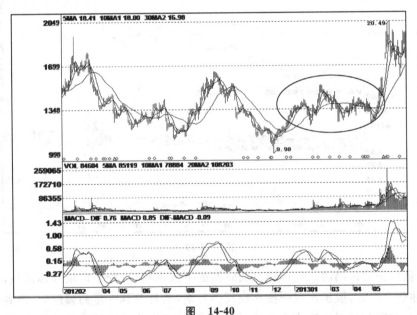

图 14-40

第三,小型头肩顶陷阱。在实盘操作中,有时候头肩顶形态经常演变成为整理形态,特别是一些小型头肩顶形态,因其构筑形态的时间太短,其见顶信号就不太可靠,往往成为一种中继整理形态,庄家也常用这种手法进行洗盘换手,对此投资者应有所了解和掌握。

实例 14-41

图14-41,利友控股(000584):股价成功见底后,庄家顺利地完成了建仓任务。股价从5

元多开始向上盘升到8元以上后,由于短线低位获利盘和前期套牢盘的涌出,股价出现震荡走势,在上下震荡过程中形成一个小型头肩顶形态。股价在2013年4月23日开始连续出现4根下跌阴线,一举击穿了头肩顶的颈线,预示涨势行情即告结束。谁知,这是一个庄家精心编制的空头陷阱,股价在颈线之下经过短期调整后,重新聚集做多能量。2013年5月14日,以放量涨停的方式向上突破小型头肩顶的高点,从此产生新一波涨升行情。

头肩顶通常在长期涨势的顶部出现,预示趋势将要结束上涨的转向信号。一般而言,股价在经过一段上涨后,全面完成高位出货是需要时间的,多空双方在高位也会有一番较量。因此,头肩顶形态时间较长,一个完整的头肩顶形态需要3~4个月时间,甚至超过半年以上,时间太短的微型头肩底形态不太可靠,在周线图中出现的头肩顶比日线图中出现的头肩顶要可靠得多。小型头肩顶可能是市场震荡过程中自然而成,也可能是庄家故意构筑的形态,因为形态微小,庄家容易做假图形。

从该股的走势图中可以看出,只是一个小型的头肩顶形态,时间只有一个多月,属于上涨过程的正常回调。而且,该股30日均线依然处于上行之中,MACD指标处于O轴上方,说明中期趋势仍然处于强势之中。另外,股价向下突破头肩顶的颈线时,成交量大幅萎缩,说明抛盘不大,筹码没有松动,无量突破不得不使人产生怀疑。庄家选择向下突破是为了更加彻底地进行洗盘换手,是庄家故意打压行为所致。

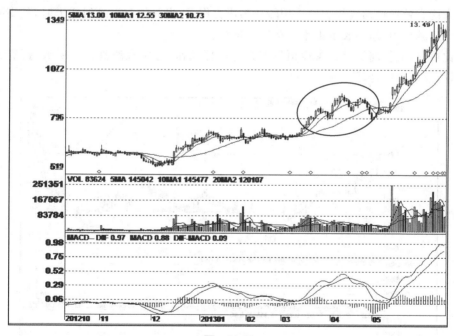

图 14-41

第四,头肩顶向下假突破。头肩顶是一个顶部反转形态,向下突破是形态的基本特征,但经常看到向下假突破的情形。当股价成功构筑右肩后,在出现向下回落时,借力使力一举突破头肩顶的颈线,一个标准的头肩顶形态即告完成,预示后市将出现跌势行情。但是,股价却在颈线位附近盘整数日后,又回升到颈线之上,随后出现升势行情。至此,一个头肩顶向下假突破的陷阱即告形成,这就是庄家设下的空头陷阱。

实例 14-42

图 14-42，鸿利光电（300219）：庄家成功完成建仓后，股价开始向上反弹，当反弹到一定的幅度后形成调整走势，几起几落，在上下震荡过程中形成了头肩顶形态。庄家为了进行洗盘换手，从 2013 年 4 月 10 日开始，连续几根阴线向下跌破头肩顶形态的颈线，造成技术形态破位，头肩顶形态有效构成，预示股价将出现新一轮跌势，因而不少投资者纷纷抛空操作。可是，股价并未下跌多远就止跌回升，重新返回到颈线之上，并出现新一轮涨升行情，从而成为向下突破头肩底陷阱。

该股突破头肩顶形态后，为什么股价不跌反涨呢？从该股走势图中可以看出，股价突破存在以下几点技术疑问。

一是股价突破后成交量没有出现放大，属于无量空跌现象，筹码出逃不明显，股价下跌具有很大的欺骗性，而且整个形态中成交量都十分低迷，表明市场已经处于地量地价水平。

二是股价下跌距离前期低点不远，此处是多头一道坚强的防线，在此价位之上不宜过分看空后市。在实盘操作中，投资者应密切关注这一位置的盘面变化，观察股价是否在此构筑双重底形态，然后根据盘面变化采取相应的操作策略。

三是股价突破后不久，直接返回到颈线之上，说明颈线对股价的回升没有形成压力，也就是说未能有效地将颈线的支撑作用转化为压力作用，当股价重返颈线之上时，其支撑作用将进一步得到巩固，短期股价很难击穿这条颈线。

由此可见，股价向下突破头肩顶形态是一次假动作，为庄家洗盘行为所致，投资者不必为之惊慌，反而可以逢低介入。

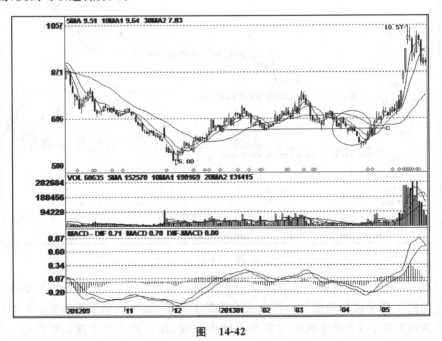

图 14-42

第五，头肩顶突破无气势。股价无论向哪个方向突破，一定要有气势、有量能、有力度，一气呵成，不拖泥带水，迅速脱离突破区域，大有一去不回头，这样的突破才可靠。如果股价突破某一位置后,仍然在这一位置附近逗留而不愿意离去,那么这样的突破就值得怀疑。下面这两个例子就是突破没有气势、没有力度的盘面表现,当然是假突破。

实例 14-43

图 14-43,富瑞特装(300228):股价从 16.14 元开始盘升而上,一路涨到 33 元上方,涨幅超过一倍,盘中堆积了较多的获利筹码,此时股价出现调整走势。在震荡过程中形成了头肩顶形态,2012 年 11 月 26 日,一根大阴线向下突破头肩顶形态的颈线,一个标准的头肩顶形态即告完成,预示股价后市不容乐观。此时,有的投资者看到这个头肩顶形态后,对后市产生怀疑而选择退出。可是,事实并非如此,股价不但没有大幅下跌,反而止跌后快速上涨,产生新一轮上涨行情。股价从 2012 年 11 月 28 日的 27.50 元开始上涨,到 2013 年 7 月已创出了 95.10 元的新高,短短 7 个多月时间,股价累计涨幅超过 200%。

那么,如何分析判断该股的技术图形呢?

股价如果是真正的向下突破,肯定是有气势的下跌。在盘面表现为,股价出现持续下跌,绝不是偶尔的下探,股价快速脱离突破区域。关键位置的下跌还有成交量的配合,干脆利落而不拖泥带水,股价渐行渐弱,总体走势以 45°角下行。而且,一切"支撑位(线)"抵挡不了汹涌的跌潮,空头士气强盛。如果股价下跌没有气势只是惊虚一场,意味着该股可能是受某种消息影响,或者庄家的刻意打压。

从该股走势图中可以看出,股价向下突破头肩顶的颈线时,盘面没有气势,股价没有大幅压低迅速脱离突破位置,而是缠绵于突破位置附近,这不得不让人产生假突破怀疑。而且,突破时没有成交量,说明筹码没有大规模出逃,盘中缺乏做空动能,为庄家故弄玄虚而已。

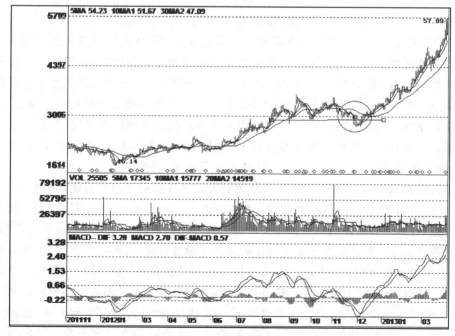

图 14-43

七、识别庄家设置的骗线

1. 识别技术分析骗线

技术分析是用过去和现在的走势预测未来,因此受到广大投资者的青睐,而当它成为大众的测试工具时,庄家便利用它制造骗线。

（1）利用技术关口。例如,在上升行情中,指数面临颈线位、整数位或前期高点等重要技术关口,当市场人士和投资大众普遍认为难以冲破时,庄家往往就利用资金的优势,坚决突破。迫使过早下马者杀回马枪,诱使场外的观望资金追涨,以便扩大胜利成果。若在重要的技术关口,市场人士和投资大众普遍认为肯定能冲破,并看高一线时,庄家便会出人意料地乘机逢高出货,甚至压低股价出货,让跟风者全线套牢,然后砸盘,往下破位。

（2）制造技术形态。由于市场分析人士以及关注盘面的投资大众都非常重视 W 底形态、M 头形态、黄金交叉和死亡交叉等,把它们作为买卖的依据。庄家便经常巧妙地加以利用。在波段中低位,庄家往往制造 M 头形态和死亡交叉,迫使市场上的抄底筹码和浅套割肉筹码沽出,然后一网打尽。而在波段高位,庄家往往制造 W 底形态和黄金交叉,形成蓄势上攻的假象,导致市场人气高涨,买盘汹涌,然后乘机出逃。

（3）制造波浪理论。每当在大的波段顶部和底部,总有技术分析人士出来高叫"主升浪开始"和"最具有杀伤力的下跌 C 浪开始"。但是,在绝大多数场合,"主升浪"和"下跌 C 浪"总是陷于"流产"。这除了管理层及时进行政策调控,阻止情况发生以外,庄家"反波浪"操作亦至为关键,往往这也是绝大多数在顶部和底部受骗上当的"致命伤"之所在。

（4）利用指标骗线。所谓指标骗线就是庄家通过控制技术指标计算公式中的一个或几个变量来达到使指标钝化或制造预期指标数值的骗线方式。众所周知,任何技术指标都是建立在股价运行的实际数据之上的,都是"价＋量＋函数关系"的产物,任何技术指标都有其致命的弱点。当人们习惯于用 KDJ、RSI、MACD、DMI 等技术指标来决定买进或卖出时,庄家频频制造指标的钝化来设置骗线。一是利用市场对利好或利空的预期,制造技术指标在顶部或底部的钝化。二是利用周 K 线和日 K 线的错位,即周 K 线在顶部,而日 K 线在底部钝化,以掩护出货,或周 K 线在底部,日 K 线在顶部钝化,以掩护建仓。

（5）利用 K 线骗线。日 K 线是每一个投资者日常接触最多的股票走势数据,不论是短线投资者或是中长线投资者往往都通过日线进行选股、分析,从而作出买卖决定。很多庄家利用这一点,在即将拉升或出货之前往往通过刻意打压或对倒拉抬来迷惑投资者,制造出恐慌或跟风气氛。这样的庄家在市场中运作的周期一般都比较长,其在完成建仓、洗盘等工作后,在拉升初期往往会刻意制造出日线上连续下挫的诱空形态,利用最后一砸达到使盘子更轻的目的。同样,很多庄家在完成了拉升以后即将出货时,往往会制造出高位放量突破的假象,使投资者误认为前期的减仓过程是庄家的一次洗盘,股价将继续放量上扬,进而盲目跟风被套在高位。这种骗线的杀伤力是巨大的,倘若投资者被套在庄家正式出货之前的高位往往几年难以翻身,因此辨别这类骗线的最好方法是有自己的操作理念,关注股价的相对位置,以中长线投资规避风险的标准来约束自己的选股与操作。对于周 K 线骗线,其操作难度大、成本高昂往往难以实现,据了解目前国内能够成功实现周线骗线的操盘手屈指可数,而其形态与日 K 线类似,所以大可不必花费太多的精力去研究。

2. 识别行情走势骗线

庄家通过制造"单边市",使散户投资者形成看多(看空)的坚定信念和思维定式。而在行情展开后,庄家突然翻空(翻多),这就是庄家在利用行情走势骗线。

(1)缓上急落,逼空诱多。自从实行 10% 的涨跌停板制度以后,庄家可以在有限的涨跌幅度中,通过每天盘中的震荡,洗去获利盘,并引发割肉盘;既化解下跌的风险,又减轻上涨的阻力,并以指数股来引诱追涨盘、跟风盘和外围资金的介入。于是,多头单边市就应运而生。每一次多头单边市,庄家都是通过"缓上"的走势,连连逼空,迫使做空出场者再翻多入市,像助动器一样,轮番把指数节节推高,拉大庄家的获利空间。随后,庄家突然翻空,制造连续"急落"的大黑棒,压低获利出逃,令人防不胜防。这种走势,不但将人们先前的赢利一举消灭,而且还把绝大多数人在高位死死套牢。

(2)单边下挫,逼多诱空。目前中国股市没有做空机制,但是庄家当发现难以往上做的时候,就利用资金和筹码的优势,惯于采用割肉、对倒、打压、砸盘等手法,改为"往下做",甚至是凶狠地"往下做"。许多投资者天真地以为,指数和股价已被打到庄家的建仓成本之下了,市场获利盘早已没有了,再跌,岂不套牢了庄家自己?于是,就奋不顾身地做多,抢反弹。结果,股价一跌再跌,一次又一次地被套牢,最后弹尽粮绝,动弹不得,直到最后抛出筹码。可以说,在空头市场、弱势市场中,"往下做"是庄家的一种非常有杀伤力的骗术,对于中小投资者来说,无疑是灾难,但对于庄家来说,则可调集资金补进更多的低价筹码,利用 1/3 或 1/2 的反弹,就可解套获利。对庞大中小投资者而言,当前庄家"往下做"的空头单边市。因为股价下跌 50%,涨上去却需要 100%。

(3)利用分时走势骗线。分时线反映了股票在一天当中的完整运行轨迹,对于一些职业投资者来说每天有充足的时间来参与操作,因此也能够有机会经常面对分时线的起落变化。分时线骗线的特征往往是在盘中突然出现并且快速延续,而后迅速走出相反行情。例如,一些股票莫名其妙地出现高开之后,分时线呈现出明显的快速上攻形态,许多投资者往往在这个时候会出现盲目跟风的心理,未待多时该股却开始了全日单边下跌、反弹无力的走势,使盲目跟风者后悔不已。这样的股票一般在日线上都显现出难以乐观的形态,表现为下降通道、连续阴跌、下降中继平台等特点,而且庄家对倒骗线过程中成交量并未达到巨幅放大的标准,在快速拉高过程中每一笔买单都有明显的对倒性质,即多以零散买单跳跃式拉高。当投资者发现某只股票早盘走势异常的时候,最好能够谨慎关注其日线形态、放量情况、基本面情况等多方面因素,避免盲目追涨,倘若该股并非骗线而确有上涨潜力,可以在 5 分钟或 15 分钟(大盘整体不好则时间标准应延长)线及其 KDJ 指标回调到位并且支撑明显的情况下少量介入,此举能够有效地避免误踩分时形态陷阱。

(4)利用盘口数据骗线。这种骗线方式主要是指盘口的委比、内外盘等实时数据的陷阱,由于操作方法比较简单,往往能够被资深投资者一眼看破。由于很多经验不够丰富的投资者喜欢在盘中将委比、内外盘作为观察庄家动向的一种依据,同时也有很多软件具有盘中委比、内外盘即时选股功能,因此一些庄家就利用这一点制造陷阱。例如,庄家在震荡出货

的过程中希望股票的盘中委比为正(或正值很大),那么他可以挂出价格很低(暂时根本不可能成交)的大买单,由于电脑不能够对此进行识别,所以一并记入委买,同时尽量减小上方卖单量,这样盘中实时委比就会形成一个正值很大,反之则可以制造出负委比。对于内外盘骗线则需要付出一定的手续费作为代价,庄家可以通过事先埋单并且适时用大致相等的单量自己打掉先前的单子,这样的话相应的内盘(或外盘)数据就会出现期望的增长数值,而股价往往出现逆向运行。

3. 识别指数涨跌骗线

利用指数股设置多头或空头陷阱,是庄家的惯用手法。当大盘处于波段顶部区域时,庄家往往利用拉动指数股,使大盘在顶部钝化,或制造假突破,设置多头陷阱,并做出 M 头、头肩顶,以便争取更大的出货空间和时间。当庄家出完货,就往往炒作指数股,造成大盘的快速下跌,以便庄家再次捕捉抄底回补的机会。当大盘处于波段底部区域,成交量萎缩,庄家就往往打压指数股,制造假破底,设置空头陷阱,以便拣到更多的恐慌割肉盘。久而久之,庄家拉高指数是为了出货,打压指数是为了进货,便成了庞大投资者观察大盘走势和庄家意图的风向标。

但是,任何一种思维,一旦成为定式和众人皆知的东西,就可能失灵。庄家就必然会另出新招。比如,有时庄家在低位拉高指数股,目的并不是为了出货,而是造成人们的心理恐慌,纷纷交了抄底筹码和割肉盘,以便自己轻松地建仓。又如,有时庄家也会在高位打压指数股,意在让人们知道,庄家并不急于出货,只是在震仓,还是往上做。实际上,庄家是通过指数的下跌,锁定众人的筹码,以便自己压低出货,吸引抢反弹者进场,达到顺利出逃的目的。再如,当大盘处于中低位时,庄家选择了长期超跌的大盘低价股,利用其题材,想做一把行情。但大众误以为庄家想拉高指数,掩护大盘出货,便纷纷沽出筹码,甚至是割肉筹码。其实,这正中庄家的下怀。因为,此时的大盘低价股启动,正是大盘基础扎实、行情向好的标志。以上三种情况,是庄家利用市场的思维定式,进行反向操作,制造骗线的例子。

4. 识别成交能量骗线

人们一直认为,股市里什么都可以骗人,唯有成交量是真实可信的。正因为如此,庄家便处心积虑地在成交量上制造一系列假象,诱使跟风者追涨杀跌,上当受骗。庄家利用成交量骗线,主要表现在以下几个方面。

(1)无量下跌。成交量极度萎缩,投资者大多认为股价已接近底部区域,假以时日,必将反转。而恰在此时,庄家却继续进行打压,创出新低,使人们的信心发生动摇。事实上,这种破位下行的假破底,终究是要发生反转的。而此时恐慌割肉,正好下了庄家制造的"无量下跌"的骗局。

(2)无量上涨。历史上每一次走出底部时,总是出现无量上涨的情况。一是因为在上方套牢者割肉的都已割了,不割的人也就不割了,休想叫他们略有上涨就把筹码交出来;二是外界抄底者的获利盘少之又少,多数底部筹码都被庄家掳掠而去,用于摊平高位持仓成本,除了封盘打压以外,一般不敢大量抛售;三是走出底部后人们还心有余悸,担心反弹结束后再创新低,故不敢大量买进,这也加剧了市场的观望气氛。因此,庄家只能用无量小阳上涨,来引发抛盘,以便建到更多的底仓。可以说,走出底部后的无量小阳上涨,也是庄家制造

的一种骗线。等大家都清醒过来,庄家的筹码也是已收集好了,指数已远离底部。

(3) 中位量价背离。股价经过拉升一段后,往往会出现继续缓慢上行,而成交量却逐渐递减的量价背离现象。投资者如果据此认为多头上涨乏力,跟风不足,股价将随时发生反转,便会陷入庄家骗线的圈套。因为这种量价背离现象实际上是庄家在完全控盘后,进行震荡洗盘的伎俩,其目的是要进一步减轻上涨的压力,以便继续拉升。投资者如果此时抛出筹码,将错失良机。当股价在中位出现量价背离时,应大胆持股,静观其涨,择机而沽。

(4) 顶部放量收阳。人们都知道,顶部放巨量收阴,表明庄家在出货。但是,对顶部放巨量收阳,却失去警惕,反而还认为有量是好事,表明庄家在进场,还要做大行情。其实,这种想法正中庄家的圈套。

历史证明,每一次放巨量,正是人气最足的时候,也是庄家出逃的极好机会。如果只想到"巨量时有庄家进场",而不想一下"若不是庄家出货,何来这么大的量?"就势必会上当受骗。因此,对于巨量,投资者务必保持头脑清醒。若是巨量收小阳,表明是量增价滞,必是庄家出货无疑,应坚决派发;若是巨量收中阳,说明还有走高的机会,可出一半,留一半;若暴量收阳,则可次日前半小时关注成交量是否超过前一天的成交量的 1/8。一旦量跟不上,就应坚决清仓。

5. 识别消息题材骗线

消息、概念、题材,人们预期中的利好或利空,都是庄家制造行情、诱骗散户追涨或杀跌的重要工具。综观近年来几次"缓上急下"的单边上升市,庄家是充分利用了大众对某种利好政策的预期,把行情做足,乘机引退。

比如,每年两次财务报表公布前,都有一批股票成为黑马,走势强劲,步步攀高。而当消息满街流传时,股价虽已涨到极至,但此时追者特别多。一旦消息公布,高位跟进者就难有逃路。这往往是与庄家事先获悉利好消息,提前做完上升行情有关。而开始时对利好一无所知,中途对利好将信将疑,最终对利好深信不疑的中小散户,往往成为接最后一棒的套牢族,成为庄家出逃的垫脚石和牺牲品。

庄家也往往利用利空消息打压进货。在个股方面,有些庄家也经常与上市公司密谋策划,采用中期公布出乎人们意料的坏报表,引发人们割肉,庄家却乘机建仓。然后,一跌狂拉,创出新高,使股价翻番。仅隔了几个月,年终报表便来个大幅增长,辅之以大比例送配,庄家借机全胜而退,牟取暴利。

庄家还利用概念和题材的美丽光环,制造骗线。在当今中国股市中,概念和题材的魅力远胜于绩优和送股。于是,庄家在制造概念和题材方面,更是煞费心机。

庄家之所以能够利用消息、题材成功骗线,主要是因为:①依靠消息灵通,选择时机;②凭借手中资金和筹码的优势;③仗着特殊的身份,容易得到上市公司的配合;④得到报刊、广播、电视、网络、沙龙等多种舆论工具的宣扬;⑤充分利用了中小散户的贪婪、恐惧、从众的人性弱点,指引人们追涨杀跌。因此,人们对媒体上众口一词、占主导地位的舆论,必须多一点反向思维;对家喻户晓的消息、概念和题材,必须进行反向操作;对庄家的言行,必须善于区分真假。更重要的是,应从行情优势、量价关系、波段和箱体位置方面,多多关注庄家资金动向。

市场之大,无奇不有,对于市场中的骗线行为,希望广大投资者能够细心鉴别。古语说得好:要想人不知,除非己莫为。任何骗线行为终将露出其狐狸尾巴,只要能够细心分析、谨慎操作,任何人都能够避免掉进庄家的陷阱,同时也能够很好地规避风险。

八、看盘的基本套路

看脸识人,看图跟庄,看盘炒股。炒股票的人,每天都想到证券营业部去看看。看什么?看盘。可是,盘面是一个整体反映,内心蕴含着许多复杂的因素,看盘功底不深的人恐怕还看不出其中的规律。凡进入股市的人,都要碰到各式各样的线条、图形、数字,面对千奇百态、变化无常但对每个人来说是又相同的图表,不同功底的人有不同的观察方法,有人看表面,有人看内涵,其结果也是大相径庭;有人看涨,有人看跌,有人看平,最后有人轻松地赚了钱,有人赔了时间,有人赔了时间还赔钱。那么,股坛高手是如何看盘的呢?在这里与朋友交流一下,共同修炼。

1. 看盘功夫的修炼

(1)开盘。开盘其实很有说头,无论大盘还是个股,因为它是经过一夜的思考,所有参与者做出的决定。由于个股容易受操纵,大盘的开盘更客观一些。高开、低开、平开三种情形各有其复杂的含义。结合上一日的K线和整体形态所处的相对位置,进行具体分析。

第一,若上一日是带上下影线的阳线,其开盘意义:①股价跳高开盘,说明买方实力强大,行情上涨趋强,如果前期股价缓慢上升,说明目前已经进入加速上涨阶段,投资者可考虑跟进;②开盘于昨日上影线之内,表明行情有续涨可能,但买方力量有限,需要进一步观察再作定夺;③开盘于昨日阳线实体之内,表明买方力量衰竭,卖方有反击的可能性,此时不可以追涨;④开盘于昨日下影线之内,表明行情可能转势,此时应观望或撤退;⑤股价跳低开盘,说明卖方力量强大或遇到利空影响,此时应退出观望。

第二,若上一日是带上下影线的阴线,其开盘意义:①股价跳高开盘,说明遇到利多影响,或者是庄家结束洗盘所为,行情可能进入拉升阶段,可以考虑跟进;②开盘于昨日上影线之内,表明行情有所转强,但是否出现持续涨势,仍需进一步观察而定;③开盘于昨日阴线实体之内,表明买卖双方实力相当,若无外力援助,股价也很难强势上攻;④开盘于昨日下影线之内,表明行情可能转弱,卖方力量呈强,股价下跌的可能性比较大;⑤股价跳低开盘,说明卖方力量强大或遇到利空影响,股价将加速下行,此时应果断退出观望。

(2)盘中。可以先扫描一下涨幅榜、资金流向榜和量比排行,看有哪几个板块在表演。一般当天的热点板块,交叉利用三种排行榜在开盘30分钟内就确定了。然后锁定热点板块中的领头股,可以用自选股的多股同列显示,一目了然。大盘和个股盘中的波动轨迹很重要,重要的不是它涨几个点、跌几个点,而是即时走势的图形。日K线的图形研究的人很多,而即时走势的图形研究得不多。看盘口挂单,也就是看买档卖档的变化。将买档卖档的变化与股价的运动结合起来,买一卖一的挂单数量与实际成交数量的对比,可以告诉我们丰富的信息。买档卖档就是庄家的布阵形势,攻、防、进、退、洗盘、拉高、出货等种种意图都可从中发现一些蛛丝马迹。比如,上面挂大卖单不一定是真卖,下面挂大买单不一定是真买,如卖一挂很大的单,下面买盘很小,股价不跌也不涨,这很可能是庄家在有意控制股价节奏,一

旦出现连续稍大的买单吃上方的大卖单,那就是要动了,马上跟进,起码短线能赚点小钱。还有,如果成交的单子很大,而卖一买一并没有太大变化,那可能是庄家在自己对倒,制造大量吸引人注意,此时如果图形处于横盘之后,则后面拉升的可能性较大,如果图形处于高位,则掩护出货的可能性较大。有时,看着庄家用一副夹板押着股价一步一步往上走,那种情景,真的很美妙。盘中的语言最为刺激最为精彩,令人着迷。每天在盘口语言的世界中徜徉,真是一件身心俱爽的享受。看盘看盘,就是看语言看意图。

(3)盘后。由于盘中战斗十分激烈,很多时候人的心思难以沉静下来,用盘中的时间制定战斗方案往往不合适。所以,盘后的研究工作就显得十分关键。盘后是总结、计划的时间。画线画图、统计数据、分析大势、更新自选股、读研究报告,都是盘后工作的内容。有时候,静静地盯着不再变化的图形看,你会突然产生某种灵感。这种灵感,是在浮躁的盘中难以产生的。由于没有指数股价波动的影响,此时的看法更为冷静更接近真相。一般来说,盘后制订的计划,轻易不要改变。

2. 观察盘面的方法

(1)研究股价长期的走势图。观察个股一两年价格的整体走势和局部走势,判断个股处于上升态势还是处于下跌态势?如果处于上升态势的还要考虑股价是低位、中位还是高位,只有在低位或中位的才可以考虑买入或持股待涨,若是高位只能观赏而不能盲目介入;如果处于下跌态势的也要考虑是跌势的初期、中期还是后期,若是跌势的初期或中期则择机卖出,只有在适当时才可以少量地介入一些个股抢反弹,若是跌势的后期认可忍受而不必轻易割肉。

大家知道,庄家在短期的走势图上"造假"很容易,而且这还是他们经常玩弄散户的把戏。比如,在顶部出货时做成假的圆弧底,在底部吸货时做成假的双底等。但是,庄家在长期的走势图上"造假"而不被发现,那是绝对不可能的。需要强调的是,有的散户只看股价近期的走势,甚至还有不少散户放大图形,那样容易造成图表失真,继而误导投资决策。

(2)分析技术面所处的位置,根据技术指标、K线、波浪、切线、形态等技术面所处的位置分析,如果处于上升态势的,注意指标是否到了超买区,K线是否构成出货组合,波浪上升5浪是否走完,切线、形态是否被突破以及时间周期窗口等,据此决定获利了结或持股观望。如果处于下跌态势的,注意指标是否到了超卖区,K线是否构成见底组合,下跌C浪是否调整结束,切线、形态是否被突破以及时间周期窗口等,据此决定逢低吸纳或持币观望。

(3)看清楚庄家所处的阶段。在本书中,将庄家坐庄流程划分为准备、吸货、试盘、整理、初升、洗盘、拉升、出货、反弹、砸盘、自救等几个阶段进行深度解析,投资者应当了解目前庄家所处的大致阶段,这有利于把握操作节奏和频率。知道了庄家处在哪个阶段后,就容易做到在吸货末期、初升之前介入,在洗盘结束、拉升开始时加仓,在吸货、整理中观望,在反弹结束、洗盘开始时减磅或卖出,在出货、砸盘开始时离场。

(4)根据盘面判断当前市况。当前市况决定股价的未来走势,而未来走势又有许多变数,但可以从当前给定的已知条件,判断未来股价走势的基本规律,也就是用逻辑推理方法研判股价未来趋势及发展潜力。有的股价虽然处在历史底部区域,但市道十分脆弱,底气不足,介入风险仍然较大;有的股价长期在底部盘整,走势上蹿下跳,小幅波动,股性死气沉沉,介入没有获利机会,反受折磨一番;有的股价虽然已经涨了一程,但市道十分强劲,气血顺畅,仍有向上拓展的潜力。分析判断当前市况强弱,寻找介入或退出的机会。

(5) 选准所炒作的股票类型。目前,沪深两市挂牌上市股票有近3 000只,其划分方法有多种:按地理可分为北京股、四川股、浦东股、深圳股等;按行业可分为金融股、网络股、钢铁股、汽车股等;按股价高低可分为高价股、中价股和低价股;按业绩优劣可分为绩优股、绩差股和成长股;按股本大小可分为大盘股、中盘股和小盘股;按市场炒作程度可分为热门股和冷门股。有时,人们还把某项政策、某种现象或某一事件与某类股票联系在一起,产生了新的"概念",并将其当作一个板块来看待,有时一只股票因同时具有两个或两个以上的特征而被划进多个板块。

板块多是作为题材而推向市场的,庄家常常利用板块作为炒作的题材。中国证券市场经过二十多年的发展,股票数目从最初的8只发展到近3 000只,市场规模还在不断扩大。对于广大中小投资者而言,要从这么多股票中选出有投资价值的实在不易。但倘若先对板块进行深入研究和细致分析,知道自己炒的是什么样的股?跟的是什么样的庄?这不仅比漫无边际地乱打一气要高明,也比单纯研究股价指数更务实。

(6) 分析研究历史炒作情况。根据"历史往往会重演"的市场假设,从一轮行情的最低点起观察股价的运动轨迹,分析庄家过去坐庄手法、脾性、风格,从而进一步判断庄家意图、目标价位,以此决定买卖股票行为。比如,在一个上升趋势里,要分析是波浪型、急拉型、缓升型、台阶型,还是洗盘型、推进型、随意型、圆弧型的炒作手法,并了解庄家的风格和脾性,这样有利于寻找低点买入。在下跌趋势里,同样从一轮行情的最高点起观察股价的运动轨迹,分析庄家的手法、脾性、风格,从而决定退出或观望,还是短线介入抢反弹。

需要强调的是,如果前期已被大幅炒作过的股票,无论画出什么样的"美人图",都应当远而避之,不抱有什么幻想。

(7) 研究庄家属于何种类型。目前庄家队伍日趋庞大,多种多样,不同类型的庄家有不同的个性,不同的操盘手法,从而与之周旋的策略当有区别。跟的是综合券商庄家,还是超级大户庄家;是新庄家,还是老庄家或被套庄家;是短庄、弱庄,还是长庄、强庄等。投资者在买卖股票时,一定要分清自己跟的是什么庄家,然后才可以采取相应的投资策略,否则就会人仰马翻,坐失良机。应当指出,尽管股市上的投资者形形色色,但在具体的操作实力上只能被划分为散户和庄家,这种划分有助于我们明确市场中的角色,从而把握自己的操作行为。

这是观察庄家盘面的基本方法,但并非每只股票都要经过这些工序,有的仅用其中的一种或几种,如上市不久的次新股就无法去研究历史炒作情况,只能根据其他因素而定。

3. 观察盘面的内容

前面分析了观察庄家盘面的主要方法,这里就观察盘面的主要内容进行分析。

(1) 总体形象。总体形象也就是股价运行的总体趋势,是处于上升态势还是处于下跌态势?股价与大盘逆势的,走势怪异的,敢涨也敢跌的,潜力大。走起来有气势的,不回头的,是匹骏马。反之,潜力小,是匹病马。最关键之处是炒过没有?被爆炒过以后开始下跌的,就没有潜力,碰上只能亏钱。没有爆炒过,涨幅不大,总体趋势向上的,就有潜力,参与可以赚钱。也就是说,多次炒作过的潜力小,没炒过的潜力大。

(2) 基本位置。位置是股价所处的高低位置和阶段。位置高的上涨潜力较小,风险较大；位置低的上涨潜力较大，风险较小。位置包含三层意思：①股价是高价股还是低价股（结合其价值来判断）；②股价位置是高位区还是低位区；③股价所处于的操作阶段。同样，我们对大盘所处的位置同样予以高度重视。大盘累计上涨幅度过大或者在短期内上涨速度过快的（涨势太好的），累积的风险反而大；大盘累计下幅度过大或者短期下跌速度过快的，后市赚钱的机会反而大。

（3）盘面迹象。庄家是操纵股价的"大师"，只要股市有投机、有泡沫，就有庄家的存在，只有跟对了庄家才可以赚钱。投资者依靠看盘炒股票，要想赚钱就不得不面对盘面和庄家，操盘实际上就是在盘面上和庄家玩"操刀"的游戏。但是，庄家也是人，他再怎么有本领，也不得不出现在盘面上，不得不花费时间、金钱和脑力与散户在盘面上"比画"。庄家的喜、怒、哀、乐，庄家的弱点、缺点和优点，庄家的内心思想都得暴露在盘面上。

庄家在盘面上搞花样，手段不外乎发信息（发布公告需停牌大家就会关注）、在分时走势图上虚张声势或者创造"繁荣"或"灾象"等景象、做自己想做的K线图、对倒或对敲放大成交量、绘制走势怪异的或者"美丽"的形态图、影响或修正技术指标等。因此，看盘面的重点就是通过观察盘面上的庄家手法，来判别庄家正在想什么，下一步将要干什么。

（4）庄家实力。股价走势凌厉、势如破竹的，实力强大；股价走势黏糊、气势不佳的，实力弱小。散户跟着强庄，才能有机会赚到钱。庄家实力的大小完全可以从盘面上看出，累计堆积的成交量就是庄家实力的标牌。但需要注意，只舍得一天或在一小段时间内花钱的，实力就不强或者是"虚的"，只有舍得持续花大钱的，实力才强。还需注意一点，庄家在底部舍得花钱才有实盘意义，如果股价处于高位，研究庄家的实力也就没有意义。

（5）控盘程度。控盘程度是庄家实力和能力以及获利目标的综合体现，最重要的是庄家拿了多少货？控盘程度不高（20%以下）的股票上涨潜力小，遇大市好的时候，有30%～50%的涨幅就很不错了，一般跑不赢大盘。控盘程度较高（40%左右）的股票上涨潜力大，遇大市好的时候，翻番不成问题。控盘程度高（60%以上）的股票上涨潜力巨大，能够独立于大盘运行，一两年内上涨到三倍不在话下，甚至四五倍以上的也不鲜见。

（6）操盘手法。操盘手法就是庄家拿什么"刀"、操什么"剑"去炒作股票。庄家操盘时，在开盘、盘中以及收盘时以什么的手法来影响股价波动，以什么样的方法来制造或影响K线、指标、成交量以及波浪、切线、形态等，庄家吸货、洗盘、拉升和派发的方法等。庄家的"实力"通过操盘方法体现出来，庄家的"目标"也通过操盘方法反映出来，庄家的"意图"也要通过操盘方法表露出来。研究庄家手法才可以充分认识、了解庄家行为的本质，把握庄家行为的规律。标准而明显的指标、K线、波浪、切线、形态上涨潜力小，怪异的指标、K线、波浪、切线、形态上涨潜力大。底部经过充分换手的上涨潜力才大。洗盘程度越凶狠的，越有可能是黑马。走势怪异的，敢涨也敢跌的，潜力大。走起来有气势的，不回头的，是黑马。

（7）庄家意图。"与庄共舞"是当前市场中形成的一种共识。在"舞池"中庄家是领步的，散户是庄家的"伴舞者"。"领舞者"的每一个动作都预示着未来的运动方向，因此"伴舞者"要紧跟"领舞者"的步伐，深刻领会"领舞者"的意图，"舞步"是快是慢，是进是退，从而推断下一步该怎么跟着"跳"。如果经常踩踏庄家的"脚尖"或者常把脚尖塞到庄家的脚下，就不能成为庄家的好"舞伴"，这舞也是没办法"共舞"的。庄家的意图以及下一步该怎么"跳"，都暴露或反映在盘面上，依据庄家在盘面上的各类"动作""花招""位置""手法"等进行综合判断。"领会"不了庄家的盘面意图，就不可能成为庄家的"舞伴"。庄家想要干什么是最关键的,涨是真涨还是假涨,跌是真跌还是假跌?今天或前几天的K线组合是什么意思?想涨、想跌还是想盘整?股价为什么要走成这样的形态,而不是那样的形态?等等,心里都要有谱。

(8)炒作目标。庄家介入一只股票没有获利一般是不会出局的,获利多少以及股价达到多少价位这是庄家的最终目标,为实现这一目标庄家还需要分阶段做出许多艰苦的努力,这就产生了庄家的中线目标和短线目标。庄家目标是判断股价走势以及目标价位的重要依据。如果股价未达到庄家目标价位,投资者可以"与庄共舞"到底,股价一旦已到或接近目标价位时,投资者应先走为快,别抱太多幻想。如何判断庄家目标,依笔者的经验,可以参考时间、空间、价位、成本、实力、仓位、大势以及股票本身的投资价值、炒作题材、宏观背景等因素。

(9)投资价值。这里所说的投资价值是指对二级市场股价的评估定位,投资价值通俗一点说就是股票的含金量,包括判断当前价值和未来价值,重点是判断未来价值。价值是判断股价现在及其将来的合理定位,以此来决定短线或中长线介入或者退出时机的依据。价值随未来题材或基本面的变化而变化,判断一只股票含金量的高低,可以参考公司业绩、公积金、未分配利润和净资产值等,其中最重要的是公积金与未分配利润这两项。净资产值高当然好,但是不太好"炒",业绩变化有人"遥控",实在难以预测,而公积金和未分配利润是明摆的,只要股价不高,早晚会有人"打主意"。分析股票投资价值可以判断当前股价被低估了还是被高估了,以及当前股价是投资价值挖掘还是投机炒作所为。

(10)股本结构。股本结构即盘子构成,"大小非"减持情况,盘子中最重要的是流通盘,它是评估和决定股票的投资价值以及二级市场股价最重要的参考指标。在了解股本结构后,不得不谈盘子的大小问题。一般情况下,小盘股与大盘股相比较,有"小巧玲珑"的优点。盘子小的好"包装"、好"控制"、好"炒作",小盘股的壳资源大,股本扩张能力强,资产重组也较容易。目前,股本大小的划分大致为:流通盘在5亿股以下的为小盘股,流通盘在6亿~10亿股的为中盘股,流通盘在10亿股以上的为大盘股,但随着上市股票数量的增多,这个划分标准也会发生变化。

(11)股东结构。投资者可以从公告的信息中,了解十大股东的有关情况:①主要大股东的历史背景、经营状况、经济实力、投资环境、行业前景、远景规划等,都要求投资者有所掌握;②第一、二、三大股东持股比例情况,如果持股比例十分接近,可能引发股权之争,是发生股价大幅波动的潜在因素;③持股对象分析。如果是基金重仓、券商持有或大户介入,表明未来发展潜力大,进而从中洞察庄家筹码集中程度。如果股票根本没有被"庄家"相中,表明基本面有待挖掘,甚至发展前景暗淡,投资者应多分谨慎;④流通筹码的增减变化。若是庄家增仓的,后市看好,股价迟早会被炒上去;若是庄家减仓的,说明庄家在逐步撤退,在此介入必将被套;⑤筹码控制程度分析。庄家筹码控制应适中,这样股性最活跃,易引起投资者的跟风,市场效应好;如果筹码过于松散,庄家无法把握全局,股价易随波逐流,赚钱效应不佳;如果筹码过于集中,往往股性较死,盘面上只有庄家自己"单独表演"。

(12)当前势道。当前势道几乎是所有投资者关心的大事。势道分为强势势道、弱势势道和盘整势道三种。势道中最受投资者关注的是大盘点位或位置,投资者经常会问:"大盘后市怎么样?"可见大盘对投资者是何等重要。我们并不过分看重大盘点位,但大盘的走势在一定程度上牵制着个股的走势,因此大盘点位对判断个股股价定位以及庄家的操盘手法具有参考意义。在一个大背景、大环境下"重个股、轻指数",特别重视个股走势以及股市总体运行环境及其趋势。

在当前势道中,股价涨跌的气势即力度,也是投资者关注的问题,这是从盘面上区分涨跌真假虚实以及判断庄家意图的参考依据。在上涨行情中,虎虎生威有神气,牛劲十足,表明多方力量强大,有续涨要求。在下跌行情中,步步向下不回头,熊气弥漫,表明空方力量强大,有续跌要求。不是偶尔行为,伴随着一定的成交量便能持续涨跌的,才具判断价值。

(13) 市场热度。市场热度也叫人气指数,是判断股市一定时期内投资者买卖股票的意愿程度的重要参考依据。通过市场热度判断多空双方力量的对比,以反映市场超买超卖状态,较好地把握重要的高峰和谷底。大家知道,没有只涨不跌的股市,也没有只跌不涨的股市,股市是在涨跌震荡中运行的,市场热度随着股市的起落涨跌而产生冷热差异。通常,股价从高处向下滑落时,市场人气逐渐开始冷却,直至到了冰点,大多数散户对股市失去了信心,就在此时一轮新的行情即将产生,赚钱的机会就在于此。当股价从低处向上推升时,市场人气逐渐凝聚,股市炒作十分火暴,一呼百应,八面来风,投资者往往失去理智,市场风险就在于眼前。可见,赚钱的市场定律是:冷淡时买进,狂热时卖出。

(14) 炒作空间。股市在震荡中运行,黑马在调整中产生。炒作空间对于把握买卖机会、控制市场风险、研判市场规律具有重要的意义。炒作空间是股价运行所面临的空间制约因素,或者说是股价震荡幅度的大致范围。如我们经常听到的"上涨空间""下跌空间"。空间也是判断股价未来走势及其潜力的重要参考依据。一般来讲,运作周期长上涨空间大,解放了多年套牢盘的,上涨空间也大;上涨幅度巨大以后回落以及跌破巨量密集成交区的,下跌空间较大。

(15) 运行周期。运行周期是股价运行所经历的吸货、盘整、试盘、拉升、派发和反弹等各阶段所需要的时间因素。庄家要想赚钱,在几天、几十天甚至几个月内就把钱轻轻松松地赚到手,这是绝对不可能的。庄家吸货需要时间,洗盘、拉升、盘整需要时间,出货更需要时间,股价涨幅越大所需要时间周期越长。运作时间长庄家获利目标高,一年多应有一倍的升幅,两年以上应有两倍以上的升幅。离开了时间周期,庄家肯定一事无成并且非得赔了"夫人"不可,了解了这一特点,一只股票就将为我们提供赚不完钱的机会。

(16) 炒作时机。在股市中能做到只赚钱、不赔钱,特别是赚大钱,时机的把握十分重要。善于捕捉时机的才是真正的高手,恰到好处的买卖时机,才能赚到大钱。盘面上的时机分两种:一种是庄家根据大势和个股情况,寻找吸货、洗盘、突破、拉升和派发的机会;另一种是我们需要及时把握的进出机会。投资者炒股赚钱以"与庄共舞"为主,因此研究庄家行为特别是庄家如何选择关键时机"捣鬼",对于我们把握庄家的规律,识破庄家的"把戏"并跟着庄家轻松赚钱具有重要的实盘意义。

(17) 资金流向。一般而言,在每一轮涨升行情中,都有领涨股票在"打头阵",当前方力量攻下一座山头后,需要休息整固,继而由后续力量替补而上,方能保持股市的活跃,同样在每一轮下跌行情中,也都有领跌股票在轮换大跳水,这就是板块轮动或叫热点切转,是股市的基本特性。因此,盘面上的大部分资金往往流向这些热门板块,且由一个热门板块流向另一个热门板块,市场中不断地有一股资金暗流在涌动。所以,摸准了股市的基本特性,掌握资金流向,赚钱肯定很轻松;如果摸不准股市特性或跟不上市场节拍,那亏钱就成为必然。那么如何跟住资金流向呢?投资者在跟随一个热门板块炒作时,要选好第二、三、四个替补板块(从未被炒作过的、有潜力的股票中挖掘),盯住那些蠢蠢欲动的板块及股票(有资金流入的),当一个热门板块末了时(在较长的时间内不要去理会它),立即撤出并介入另一个可能形成的热门板块之中。

(18) 消息动向。股价经过一轮调整后,在底位利空消息不断,散户争相抛售,而庄家却张着大嘴通吃筹码,到建后期往往出现消息真空状态。股价在低位遇利空消息打击而暴跌的可重仓杀入(如果从盘面上看出"有人"刻意玩命"砸盘",预示未来蹦出一匹大黑马)。

股价在高位,公布某些利好消息时,投资者应具体分析消息的力度、对公司实质影响、二级市场庄家的成本。估算目标价位,有无拉升空间。若跟进,如何制订完善的跟庄计划等。另外,如果股价低廉有朦胧利好的,可轻仓介入。

将观察庄家盘面的基本方法和基本内容结合起来综合分析,就可以轻松地"与庄共舞"了。

九、外盘和内盘的研判

1. 外盘和内盘的含义

将所有以买方申报价成交的数量叫内盘,而将所有以卖方申报价成交的数量叫外盘,外盘和内盘相加成为成交量。通常,内盘大于外盘,说明申报买入的委托价都愿意有人卖出去,此时卖方力量较强;外盘大于内盘,说明申报卖出的委托价都愿意有人买下来,则买方力量较强。内盘和外盘的数量相差越大,则说明买卖双方力量强弱明显;若两者的数量相差不大,则说明买卖双方力量相当,不分强弱。

比如,有投资者卖出股票100手并希望马上成交,可以按买一的价格卖出股票100手,便可以尽快成交。这种以低价位叫买价成交的股票成交量计为内盘,也就是主动性的抛盘,反映了投资者卖出股票的决心。如投资者对后市不看好,为保证卖出股票一定成交,抢在别人前面卖出股票,可以买二、买三的价格或者更低档位的价格报单卖出股票。这些报单都应计入内盘,因此内盘的积累数越大(和外盘相比),说明主动性抛盘越多,投资者不看好后市,所以股票继续下跌的可能性越大。

如有投资者想买入股票100手并保证成交,可以按卖一的价格报单买入股票100手,即可以马上成交。这种以高价位叫卖价成交的股票成交量计为外盘,也就是主动性买单。如投资者对后市看好,买不着股票,可以卖二、卖三,甚至更高档位的价格报单买入股票,这种主动出高价以叫卖价成交的成交量,反映了投资者主动买入股票的决心。因此,通常外盘的积累数量越大(和内盘相比),说明主动性买盘越多,投资者看好后市,所以股票继续上涨的可能性越大。

从其含义中,总的可以理解为:外盘大于内盘,股价看涨。反之,小于内盘则看跌。但在具体判断上,则需考虑股价所处的价格位置的高与低,目前的技术走势形态等,这需要靠盘口以外的功夫。

2. 外盘和内盘的技术要点

内盘、外盘通常来讲是反映主动卖出和主动买入量的大小。因此不少人以内盘、外盘的大小来衡量当日股票走势的强弱,并以此为依据作为短线买卖的参考。而且通过外盘、内盘数量的大小和比例,还可以发现主动性的买盘多还是主动性的抛盘多,并在很多时候可以发现庄家动向,是一个较有效的短线指标。但是,庄家可以利用外盘、内盘的数量来进行欺骗。在大量的实践中,我们发现如下情况。

(1) 股价经过了较长时间的数浪下跌,股价处于较低价位,成交量极度萎缩。此后,成交量温和放量,当日外盘数量增加,大于内盘数量,股价将可能上涨,此种情况较可靠。

(2) 股价经过了较长时间的数浪上涨,处于较高价位,成交量增大到不能再继续增加,当日内盘数量放大,大于外盘数量,此时股价将可能继续下跌。

(3) 在股价阴跌过程中,时常会发现外盘大、内盘小,此种情况并不表明股价一定会上涨。因为有些时候庄家用几笔抛单将股价打至较低位置,然后在卖档挂卖单,并自己买自己的卖单,造成股价暂时横盘或小幅上升。此时的外盘将明显大于内盘,使投资者认为庄家在吃货,而纷纷买入,结果次日股价继续下跌。

(4) 在股价上涨过程中,时常会发现内盘大、外盘小,此种情况并不表示股价一定会下跌。因为有些时候庄家用几笔买单将股价拉至一个相对的高位,然后在股价小跌后,在买档挂买单,一些投资者认为股价会下跌,纷纷以叫买价卖出股票,但庄家分步挂单,将抛单通通接走。这种先拉高后低位挂买单的手法,常会显示内盘大、外盘小,达到欺骗投资者的目的,待接足筹码后迅速继续推高股价。

(5) 股价已上涨了较大的涨幅,如某日外盘大量增加,但股价却不涨,投资者要警惕庄家制造假象,准备出货。

(6) 当股价已下跌了较大的幅度,如某日内盘大量增加,但股价却不跌,投资者要警惕庄家制造假象,假打压真吃货。

(7) 在股价已被打压到较低价位,在卖档位置挂有巨量抛单,使投资者认为抛压很大,因此在买一的价位提前卖出股票,实际庄家在暗中吸货,待筹码接足后,突然撤掉巨量抛单,股价大幅上涨。

(8) 在股价上升至较高位置,在买档挂有巨量买单,使投资者认为行情还要继续发展,纷纷以卖一价格买入股票,实际庄家在悄悄出货,待筹码出得差不多时,突然撤掉巨量买单,并开始全线抛空,股价迅速下跌。

(9) 当股价处于低位的上升初期或主升期,外盘大于内盘,则是大资金进场买入的表现。

当股价处于高位的上升末期,外盘小于内盘,则是大资金出场卖出的表现。

当股价处于低位的上升初期或横盘区,外盘远小于内盘,不管日线是否收阴,只要一两日内止跌向上,则往往是大资金假打压、真进场买入的表现! 是在诱空。

当股价处于高位的上升末期或高位横盘区,外盘远大于内盘,但股价滞涨或尾市拉升,无论日线阴阳,往往是大资金假拉升、真出场卖出的表现,是在诱多。

(10) 关于内盘和外盘的细节,还可以进一步仔细研究。

经常看盘的朋友应该都有过这样的经验,当某只股票在低位横盘,庄家处于吸筹阶段时，往往是内盘大于外盘的，具体的情形就是庄家用较大的单子托住股价，而在若干个价位上面用更大的单子压住股价，许多人被上面的大卖单所迷惑，同时也经不起长期的横盘，就一点点地卖出，3 000 股 5 000 股地卖，市道特别低迷的时候还见到一两百股的卖单，此时庄家并不急于抬高价位买入，只是耐心地一点点承接，散户里只有少数人看到股价已无深跌可能，偶尔比庄家打高一点少量买入，才形成一点点外盘，这样一来就造成主动性卖盘远大于主动性买盘，也即内、外盘比较大，这样的个股当时看起来可能比较弱，但日后很可能走出大行情，尤其是长期出现类似情况的个股值得密切关注。

但如果股价经过充分炒作之后已经高高在上了，情形就恰恰相反，盘中买单要较卖单大，庄家用大买单赶着散户望上冲，他一点点地出，出掉一些后把价位再抬上去，其实是原来的大买单撤了又高挂了，看起来像是大家奋勇向前，其实是散户被人当过河卒用了。偶尔有跟庄的大户一下子把底下的托盘给砸漏了，我们才会看到原来下面的承接盘如此弱不禁风，原因就是大家都被赶到前面去了，个别没买上的恐怕还要赶紧撤单高挂，大有不买到誓不罢休的架势，底下其实并没几个单子了，庄家只好尽快补个大单子顶住。这个时候的外盘就远大于内盘了。短线跟进，快进快出可能还行，稍不留神就可能被套进去，让你半年不得翻身。

当然很多时候股价既非高高在上也不是躺在地板上不动，而是在那上蹿下跳走上升通道，或走下降通道，或做箱形振荡，或窄幅横盘，这些时候又如何来判断内外盘的意义呢？

当股票沿着一定斜率波浪上升时，在每一波的高点之前，多是外盘强于内盘，盘中常见大买单层层推进或不停地有主动买盘介入，股价在冲刺过程中，价量齐升，此时应注意逐步逢高减磅，而当股价见顶回落时，内盘就强于外盘了，此时更应及时离场，因为即使以后还有高点，必要的回档也会有的，可等低点出现时再买回来，何况我们并没有绝对的把握说还会有新高出现。后来股价有一定跌幅，受到某一均线的支持，虽然内盘仍强于外盘，但股价已不再下跌，盘中常见大买单横在那，虽然不往上抬，但有多少接多少，这就是所谓逢低吸纳了，此时我们也不妨少量参与，即使万一上升通道被打破，前一高点成了最高点，我们起码也可寄希望于双头或头肩顶，那样也还是有逃命的机会。这是指股价运行在上升通道中的情况，而股价运行在下降通道中的情况恰恰相反，只有在较短的反弹过程中才会出现外盘大于内盘的情况，大多数情况下都是内盘大于外盘，对于这样的股，我们不参与也罢。至于箱形振荡股，由于成交量往往呈有规律的放大和缩小，因此介入和退出的时机较好把握，借助内盘、外盘做判断的特征大致和走上升通道的个股差不多。窄幅盘整的个股，则往往伴随成交量的大幅萎缩，内盘、外盘的参考意义就更小了。因为看待内盘、外盘的大小必须结合成交量的大小来看，当成交量极小或极大的时候往往是纯粹的散户行情或庄家大量对倒，内盘、外盘已经失了本身的意义，虚假的成分太多了。

另外有两种极端的情况就是涨停和跌停时的内盘、外盘。当股价涨停时，所有成交都是内盘，但上涨的决心相当坚决，并不能因内盘远大于外盘就判断走势欠佳。因为，庄家目标价位更高，不愿意以此价抛出，买方买不到，所以成交量很小。第二天买方会继续追涨，因而出现续涨。但是，当出现涨停中途打开，而成交量放大，说明想出的人增加，买卖力量发生变化，下跌有望；而跌停时所有成交都是外盘，但下跌动力十足，因此也不能因外盘远大于内盘而说明走势强劲。因为，买方寄希望于第二天以更低价买入，因而缩手观望，结果在缺少买盘的情况下成交量小，跌势反而不止。但是，在跌停中打开，成交量放大，说明有主动性买盘介入，有望止跌回升。

在涨停、跌停情况下,量价分析基本判定方法如下。

(1) 涨停量小,将继续上扬;跌停量小,将继续下跌。

(2) 涨停中途开板次数越多、时间越长、成交量越大,反转下跌的可能性越大;同样,跌停中途开板次数越多、时间越长、成交量越大,则反转上升的可能性越大。

(3) 涨停时间越早,次日续涨可能性越大;跌停时间越早,次日续跌可能性越大。

(4) 封住涨停的买盘数量大小和封住跌停的卖盘数量大小,说明买卖盘力量大小。这个数量越大,继续当前走势的概率越大,后续涨、跌幅度也越大。

投资者在使用外盘和内盘时,要注意结合股价在低位、中位和高位的成交情况以及该股的总成交量情况。因为外盘、内盘的数量并不是在所有时间都有效,在许多时候外盘大,股价并不一定上涨;内盘大,股价也并不一定下跌。

总而言之,内盘和外盘的大小对判断股票的走势有一定帮助,但一定要同时结合股价所处的位置和成交量的大小来进行判断,而且更要注意的是股票走势的大形态,千万不能过分注重细节而忽略了大局。

3. 识别主动性大买单的真伪

正确判别单笔主动性大买单的真伪是看盘的基本功夫,也是看盘的基本要求。就单笔主动性大买单的真伪判断而言,它并不是一件简单的事情,需要分析者具备比较扎实功底。其中,交易规则、成交捏合规则、交易所行情对外发报规则、行情接收终端软件的显示原理等这些最基本的知识都应该非常清楚和熟悉,而这些基本知识和资料并不是神秘难以获得的,在网络上通过搜索就可以找到。

在盘口中,对于一个比较熟悉各种交易规则和具有一定经验的投资者,大部分庄家在操盘时所用的做盘手法并不神秘,多数运用各种技巧"做"出来的挂单,单笔成交等都可以轻松判断出来。

比如,某一个股动态盘口出现一张1 000手后面标志红色字母"B"的主动性买单(在分时图成交回报上,一张成交单的后面标志着红色字母"B",代表这张成交单属于主动性买入成交买单,这是行情软件系统给这张单属性的定义)。但事实上这不一定就代表这张后面标志红色字母"B"的成交单一定就是主动性买入成交买单。为什么这样说?这与交易所的电脑主机每分钟成交捏合规则和每分钟的成交捏合数据对外发报的规则有关。下面先来认识上交所每分钟(60秒)对外发报行情数据的规则。

以单个个股交易而言,上交所每分钟对外发报10笔个股交易数据,也就是说把1分钟分为10个时间段,每个时间段就是6秒。上易所把每个时间段6秒内的所有成交单捏合成一张单对外发报。而这张单是主动性买单还是主动性卖单,按照上交所电脑捏合规则是由这个时间段6秒内最后那一笔成交属于主动性买单还是主动性卖单来决定这张在6秒内将所有成交的小单捏合而成的大单的属性。通过这一电脑交易捏合规则和对交易时间的把握,就可以轻易地做盘,改变大买单的性质。在操作过程中庄家很难把握每一个6秒的最后在什么时候。但如果要把真正的大买单改变为大卖单,或者是想把真正的大卖单改变为大买单。解决这个问题的方法其实很简单,个股的交易里,如果庄家想大单抛出又不想让看盘者知道自己是在出货,或者在买进时不希望看盘者知道自己是在进货,操作时确认抛出或者买进的大单后马上利用同一账户或者其他账户几乎同时反方向买进或者抛出多张小单,只要这一分钟内大单成交范围内的那一个6秒的最后成交的那一张小单是庄家想要的反方向的买单或卖单,这张由6秒内总成交单捏合而成的大单的属性就和最后成交的那一张小单(主动性买单或者主动性卖单)的属性相同,这样就能实现改变原来大单的买卖性质。6秒钟时间是很短的,现在庄家坐庄的所在证券公司一般会有子母账户(一个主账户下连带多个账户),部分券商的交易系统具有批量下单的先进功能。

庄家坐盘时只要用子账户,或者是批量下单,几乎同时反方向敲出多张小买单,一般情况下都能改变原来大单的买卖性质。

平常交易盘口,庄家坐盘就是通过这样的操纵手法改变盘中成交大单的属性,这是利用交易制度坐盘的技巧。至于庄家改变盘中成交大单的属性的目的是什么就各有不同了。

了解上面判断一张后面标志着红色"B"的买单是否属于真正的买单的判断方法,基本可以判断出平常交易盘口的买单真实情况。这时也应该知道,一张后面标志着红色"B"的买单就算属于真正的买单,它只表示有资金在盘中买入,并不是说这样的买单就代表庄家在吸货或者是拉升,这个大家一定要理解和明白。

对"主动性买单"共识的定义,是判断"主动性买单"是不是真正的资金买入。它不考虑"主动性买单"是不是庄家通过交易技巧将不是真正买入的成交单做成"主动性买单"属性虚假的成交单。一般来说,一张后面标志着红色"B"的买单就算属于真正的买单(真正的资金买入),它在表面上也只表示有资金在盘中买入,深层次分析,这并不是说所有这样的买单就是代表庄家在吸货或者是拉升。因为在交易中,庄家经常会欺骗性操纵股价。操纵的目的因各种情况而异,在这暂时不作探讨。操纵股价中庄家最常用的手法之一就是"对倒"。一张后面标志着红色"B"的买单,如果是庄家在自己的A账户挂单卖出,B账户主动买入,这样的成交单在盘口上显示也同样是属于后面标志着红色"B"的真正的主动性成交单,但在本质意义上这张主动性成交单并不是真正的庄家在吸货。所以在分析完一张后面标志着红色"B"的买单是不是真正的买单后,还要对这主动性买单真正的行为意义进行分析,这是一个深层次的分析。

判断一张大单是否属于庄家对倒出来的主动性买单,单从盘口的挂单角度去研究和判断,看盘要点在大买成交瞬间卖一价位的挂单情况。实践经验是:在大买单成交瞬间,如果当时卖一价位的挂单数量比较小(或者说和其他价位的挂单数量对比是正常状态的),那么这张单属于真正的进场买单(真正买入并持有的筹码)几率比较大。如果大买单成交瞬间卖一价位的挂单数量异常的大,那么这种情况就要进一步分析了。

后　　记

　　股市千变万化,庄家手法多变。本书终于将庄家的坐庄秘密揭露出来,将它奉献给曾经在股市中赔钱或想要赚钱的股民。但很难一概全貌,加之受市场和庄家行为影响,有些盘面现象不可能事先被发现,只有在市场运行过程中,才逐渐地被人们发觉和认识,并在实盘中发挥作用。大家知道,庄家坐庄有一定的道理,没有固定的方法,也就是说庄家有一定的坐庄规律,却无一个固定的坐庄模式。任何庄家行为均是相对的,且不同市况、不同个股、不同人的心理因素,其结果也各不相同,甚至千差万别。所以,希望投资者将本书中的原理、方法和技巧,在即时行情中进行活学妙用,切不可用固定的模式去乱套。在实盘中,投资者应不断积累经验,探索规律,感悟股性,逐步形成一套适合自己的识庄、跟庄、克庄技法。这样,才能在瞬息万变的股市中用敏捷的思维能力对市场做出弹性的分析和处理,达到融会贯通,应变自如,成为股市庄家的一大"克星"。

　　作为作者,深知要感谢太多给予帮助的人,有太多的人可以分享这本书出版的荣誉,没有广大的股民(或读者)的普遍认可,就不会有本书的生存市场,所以第一个要感谢的是读者。更要感谢读者朋友提出了不少非常有远见的评论、建议,在许多技术领域提供了很多具有参考价值的建议,这样才使本书内容更加丰富、完善。

　　本书在编写过程中,得到了不少专家、学者的精心指导,从而有一个新颖的选题和恰当的定位,同时还参阅了不少同类著作,恕不列出,借此对这些著作的作者表示由衷的谢意!感谢他们如此慷慨地与大家分享专业知识。在此还要感谢清华大学出版社的大力支持,特别是责任编辑彭欣女士对本书提出了许多具有真知灼见的修改意见,并亲自动手斧正,让我深为感激。在此付梓之际,致以最衷心的谢意!

　　需要说明的是,书中所举个股实例均为前期市场走势图形,相距今日已有一段时间,所以不能以一当百,对号入座,况且此一时彼一时,市场环境对比也有了明显的改变,所以在实盘应用时不要生搬硬套。

　　股市变幻莫测,涉及内容也非常广。虽然竭尽全力,努力减少书中错误,但百密一疏,难免疏忽之处,敬请广大读者不吝斧正,并多提出宝贵意见,以便在今后再版时进一步改进和提高。

　　愿本书为广大朋友在实盘操作中带来一点启示、创造一份财富。如是,我将深感欣慰。

麻道明
于楠溪江畔